福沢諭吉の予言

―文明主義 対 国体主義―

渡辺 俊一

東京図書出版

亡父に捧ぐ

はじめに

福沢諭吉は思想家としては日本で最も有名な人間である。その一般的なイメージは、彼が着手した全ての方面で大成功した幸福な人間というものであろう。一万円札における彼の肖像はそれを象徴する。彼の著作は、明治初期における大ベストセラーであり、現代においても様々な形で出版されている。さらに彼に関する書籍も絶えることなく公刊され続けている。また、彼の創立した慶應義塾は高い権威と人気を誇っている。福沢自身もその有名な自伝において、自己の成功と幸福に手放しで満足しているように見える。

しかし、成功者としてのイメージは実像を隠しがちである。先の福沢の明るい一面は事実ではあるが全てではない。その裏には、その明るさに釣り合うような暗い側面があった。福沢自身が、晩年に会い意気投合した海軍軍人の山本権兵衛に、自分の人生は失敗と失望の連続であったと告白している。この言葉は、その後半生に関してはある程度真実である。福沢の主唱した自由と個人主義が主流となった第二次大戦後の空気の中に生きている現代人の我々は、明治初期の彼の名声と権威が、そのまま現代に連続しているように錯覚している。事実は、明治の半ば頃から、福沢の影響力と威信は急速に低下した。そのことを、福沢を取って代わるべきライバルと注視していた徳富蘇峰が、福沢の後期の影響力は前期の十分の一にも及ばないと証言している。

福沢の文明主義は明治半ば以降には後退して、教育勅語に基づく国体主義が取って代わりつつあった。明治の後半の日本に彼は決して満足していなかった。「公平の論は不平の人より生ずる」とは、彼の言葉である。日本に不平を持っていた福沢の後期の文章には、彼の得意の時代であった明治初期の啓蒙期における文章に劣らぬ価値を持っていると私は思っている。特に日本の将来に強い危機感を抱いた晩年の文章は、その洞察の深さにおいて殆ど他に比較するものがない。そのような危機感の深まりの中で、福沢は日本に関して驚くべき予言をした。その予言は、その後の日本の進んだ方向と運命を正確に予見するもので、福沢の著作においてだけでなく、日本近代においても最も注目すべき文章の一つである。私は本書において、その予言に沿って日本の近代史を見直していくことにする。

福沢諭吉の予言　目次

第四部 『暗黒日記』と国体主義 …… 262

第五部 蘇峰の『終戦後日記』

第六部 井上毅と福沢諭吉 …… 403

序論

日清戦争は福沢諭吉にとって、彼の諸々の宿願が成就した思想的な一種の終着点であった。そして、福沢の思想家生命は日清戦争で終わったというのが、一般的な通説となっている。[1] しかしそのような説は、それ以降に福沢に起こった重大な変化を無視するものである。福沢が日清戦争の勝利に大喜びし、日本の将来に対して非常に楽観的になったのは事実であるが、そのような楽天的な時期は二年間ほどしか続かなかった。明治三十年六月の米国によるハワイ併合は、幕末以来、米国に大きな好意と信頼を寄せていた福沢に大きな衝撃を与えた。この事件を境に、日清戦争以後の福沢の論調は一変した。日本の前途に対する明るい楽観は、未来に対する暗い悲観に取って代わられた。福沢があれほど誇りにして喜び、対外発展の出発点とした日清戦争の位置づけも、日本の本格的対外困難の始まりとするようになった。

福沢は世界における日本の地位に関して根源的な危機感を抱くようになった。彼は人種と宗教を異にする西欧文明が支配する世界における、日本の将来を深刻に憂慮するようになった。従来からの持論である日本の西欧化論に緊急性が増した。日本の社会における西欧化への最も頑強な反対勢力が国体主義者達であった。国体主義は、この時期の福沢が強い敵意を持ち対立していた対外硬派の思想的基礎であり、陸羯南をはじめとする代表的な対外硬論者は国体主義者であった。重要なことは、その国体主義を説く教育勅語が、国民の絶対的な道徳として全国の学校で盲従が強制されていたことであった。

明治三十年以降における福沢の最晩年の著作である『福翁自伝』や『女大学評論』は、教育勅語への抵抗の意図を根底に秘めたものであった。その教育勅語の絶対的権威への直接的抵抗は、彼の死の前年に慶應義塾を挙げて始められて、彼の死後までも続けられた「修身要領」普及運動であった。「修身要領」は形式的にも内容的にも、教育勅語へ対抗する意図が明白であった。

福沢の晩年は、文明主義者として、陸羯南のような対外硬論者や、国体主義の根本となった教育勅語との対決に当てられた。『福翁自伝』に代表されるように、この時期には明治初期にも匹敵するような福沢の傑作が書かれたが、それは彼の危機感が生み出したものであった。西欧文明を紹介する啓蒙思想家として始まった福沢の思想的生涯は、文明主義と相容れない国体主義に対する抵抗によって閉じられた。本書の第一部「福沢諭吉の晩年」では、この福沢の晩年の言論活動を紹介する。

福沢の憂慮にもかかわらず、彼の死後においても、日本の文明化は進展しているように見えた。明治末の日露戦争も、大正初めの第一次世界大戦も、国際法を遵守したその捕虜の待遇に見るように、文明主義に基づいて戦われた。大戦で米英をはじめとした西欧側に立ち勝利した日本は、戦後には大正デモクラシーの時代を迎えた。政治的には政党内閣の慣例が確立し、日本の工業化も発展し、大衆社会的状況が生まれて、日本は文明主義のコースを順調に進んでいるように見えた。教育の場においては、自由主義教育が流行していた。しかし、日本の教育の絶対的基礎とされた教育勅語には、指一本触れることが出来なかった。表面的な西欧化の底では、国体主義思想が社会の基層部に蓄積されていった。

大正末の米国における排日移民法の成立に始まる、昭和の対外危機の深化によって、対外硬の軍部を担い手とする国体主義思想が社会の表面に現れて、文明主義を一掃することになった。極端主義の軍人が、「国体破壊の元凶」と呼んだ文明主義的な重臣達を虐殺した二・二六事件は、そのような展開を象徴するものである。思想面では、昭和十年代の国体明徴運動の結果、昭和十二年には国体主義を国家の基本思想と公認する「国体の本義」が成立した。文明主義から国体主義の思想の交代は、それを担う勢力の交代を伴った。政党は無力化して解散して、軍部と官僚が実質上の支配者となった。政治家としては、昭和十年代に、絶大な国民的人気の下に三度も内閣を組織して、日本の運命を決めた近衛文麿に象徴される。思想学問の世界においては、文明主義者で代表的憲法学者の美濃部達吉が国体主義者達の攻撃の的となり失墜して、軍人と官僚に同調して迎合する国体主義で歴史学者の平泉澄のような人間が主導権を握った。[2]それとともに自由主義の言論人達は逼塞して、国体主義者の徳富蘇峰が言論界の絶対的な首領となった。

驚くべきことに、福沢はそのような展開を、次のようにほぼ正確に予言していた。[3]国際社会において異質な日本の発展は欧米列強の警戒感を強め、日本は四方への発展の道を閉ざされる。その結果、国内においては不平不満の空気が強まり、攘夷派と開国(文明)派の対立が深まる。やがて、その対立は武力を用いるような内乱状態を生み出して、極端主義が勝利して対外硬の気風が社会を風靡する。そのような排外主義による支配は日本の文明発展を後退させて、自滅的戦争にさえ乗り出しかねない。福沢にそのような危機感を抱かせたのは、文明主義に反する国体主義に基づく教育勅語を、全国の学校において生徒に絶対的に崇拝するよう強制していることにあった。それ故に、彼は晩年の全精力を教育勅語への抵抗に当てたのである。教育勅語の起草者は井上毅である。日本の近代史は、文明主義と国体主義の対立が大きな流れであり、人間としては福沢諭吉と井上毅の対立として総括できる。

本書では、この福沢の予言を跡づける形で、近代日本史における文明主義と国体主義の対立と相剋の歴史を、それぞれの思想の代表的人間を通してたどることにする。思想の対立とは結局は、各々の思想を奉じた人間の対立であり、ある思想が勝利するとは、その思想を信じ、その思想の波に乗った人間が社会において支配的になることである。本書では、主に国体主義者達の文章によって、明治期には少数派で劣勢であった国体主義が、昭和になって、どのようにして日本を支配することになったかを見ていくことにする。

日本の近代国体主義の元祖は、教育勅語の起草者の井上毅であるが、官僚である井上毅は思想的な文章を殆ど残さなかった。そこで、その代理として、対外硬の思想家の新聞『日本』主筆の陸羯南の文章を、第二部「陸羯南と国体主義」で取り上げて、詳しく検討する。対外硬派と対立していた福沢の晩年の文章には、明らかに陸羯南を批判の対象としているものが多い。井上毅より十三歳年下の陸は、早くから井上毅に目をかけられて深く信頼されていた。それ故にその方でも井上毅に兄事し強く尊敬していた。陸の文章は井上毅の影響を色濃く受けていた。井上毅の研究者の木野主計氏は、二人の密接な関係と極めて類似した主張を取り上げて、「井上毅は官において、陸は野において、政府の施策に対する輿論形成を計った」という仮説を立てている。(4) それだけではない、後に詳しく論じるが、井上毅の文章を陸羯南の名前で発表していた可能性が大きい。それ故に、陸羯南の文章は井上毅の思想を知るためにも、国体主義の本質を知るためにも重要である。注目すべきは、明治期には少数派であった陸羯南の主張の多くが、昭和の戦争において実現していることである。これは陸羯南の影響というよりは、井上毅を起源とする国体主義の社会への浸透を示すものである。

明治に続く大正時代は、「大正デモクラシー」という言葉に象徴されるように、文明主義が花開いた時代で、思想家としては民本主義の吉野作造に、政治家としては、政友会の指導者として明治の伊藤博文の思想を受け継いでいた西園寺公望と原敬に代表される。明治期に西園寺は、その文明主義の主張故に、陸羯南のような対外硬派からは攻撃の的となった。一方、福沢の晩年の文章には、文明主義の政治家としての西園寺を強く支持し擁護するものが多い。大正期には、民主主義、国際主義、平和主義が支配的な風潮であり、陸羯南の対外硬運動の同志であった徳富蘇峰も不遇であった。この時代に明治の対外硬運動の政治的指導者の近衛篤麿の遺児の文麿が、西園寺の庇護の下に有望な華族政治家として表舞台に登場した。その主張は全く西園寺譲りの文明主義であり、西園寺が己の後継者として望みを託すのにふさわしいものであった。

しかし昭和になると近衛は明確に西園寺の影響から離れて、その敵対陣営に移った。昭和の対外危機の深化とともに、近衛は西園寺に象徴される議会政治や国際協調外交の担い手を、現状維持勢力として敵視する革新派に転向したのである。それを明瞭に示すのがその交友関係である。近衛は、皇道派の軍人の真崎甚三郎や荒木貞夫、外務省革新派の白鳥敏夫や松岡洋右、歴史学者の平泉澄などと親密に交際するようになり、彼等の同志となっていった。そして後に政権に就いてからは、彼等を閣僚やブレインとして重用するようになった。そしてそれらの勢力の思想が国体主義であった。

短命政権が続いた昭和十年代に、近衛は国民の絶大な人気を背景に三度も政権に就いた。昭和になっての西園寺の権威の失墜と死が、文明主義の運命を象徴しているとすれば、近衛の華々しい登場は国体主義の興隆と覇権を代表する。現代において近衛は、事志に反した「悲劇の政治家」として語られることが多いが、それは近衛を文明主義者と見る、西園寺も陥った誤解の結果である。処女作『英米本位の平和主義を排す』以来、文明主義の流行に乗った大正の一時期を除いて、近衛は一貫して国体主義に基づく対外硬論者であった。昭和の満州事変以降の、彼の文章と言葉はそれを明瞭に示している。そして近衛が首相となって実行した政策は、徹底的に対外硬論に基づくものであった(5)。

近衛は政治家としては全く無能であったが、文筆家としてはかなり有能で説得力がある文章を書いた。近衛は対米戦の直前になって対外硬派から離脱して文明派に接近した。彼の戦争に関する手記の多くは、その立場から書かれている。その内容は、昭和天皇が評したように、「自分にだけ都合のよい」自己弁護の文章である。彼に関する研究の多くは、それに影響されて、近衛を軍部や時勢に引きずられた被害者のように描いている。第三部「近衛文麿と国体主義」においては、文明主義の西園寺や昭和天皇との対照において、後になっての言い訳ではない、同時代の近衛自身の言動から、軍部に同調的な国体主義者であった政治家近衛と、その政策を詳しく分析する。

国体主義者であり、国民に圧倒的な人気のあった近衛という人物が存在しなければ、軍部の主張があれほど政治に実現し、国体主義が新体制運動という形で社会を全面的に支配することはなかったかも知れない。三国同盟に反対するなど、戦争に向かう時流に抗していた文明主義の昭和天皇の意志を、五摂家筆頭の貴族であったため他の首相達のような天皇への畏怖の気持ちがなかった近衛は、平気で無視することができた。昭和十年代を「近衛時代」と呼ぶ人がいるように、近衛はこの時代を動かした主役であったのに、近衛自身やその側近により、彼の役割と責任を小さく見せようとする歴史の歪曲工作が為された。その結果、名目上の主権者であった天皇の姿が拡大して見えることになった[6]。

近衛の絶大な国民的人気は、当時の近衛と並ぶ国民的人気者が国際連盟脱退の主役の松岡洋右であったように、この時代を風靡した対外硬の気風の表れである。対外硬の気風の盛んな国は、客観的力関係を顧慮することなく「精神一遍」で自滅的戦争に乗り出すという福沢の予言[7]は的中して、近衛の後を継いだ典型的な対外硬の首相東条の下、日本は圧倒的に国力の差のある米国との戦争を開始した。戦時体制において、新体制運動で支配者の地位についていた軍部と官僚と右翼はその社会支配を徹底し、文明派の自由主義者は殆ど口を封じられた。その一人がジャーナリストの清沢洌である。彼は孤立を恐れぬ独立自尊の精神と、昭和初期に在っては稀であった自由主義への強い信念において、福沢諭吉の思想的後継者と言える人間である。清沢は、この暗愚な時代を記録に残して、後代への教訓とするという明確な目的意識を持って、大戦中に『暗黒日記』を書いていた。日本の戦時下における国体主義支配の実態が、反対側の視点から克明に描写されていることに、この日記の比類の無い価値がある。第四部「『暗黒日記』と国体主義」において、その内容を詳しく紹介する。

『暗黒日記』において、最も強い批判の的となっていたのが、言論界の絶対的な首領となっていた国体主義者の徳富蘇峰であった。松岡洋右の思想的同志であった蘇峰は、戦前には強硬に開戦論を主唱し、戦争になってからは東条首相を支持して戦争を煽り続けた。戦況が不利になっても、少しも反省すること無く、国民に責任を負わせるような言論で清沢を怒らせていた。敗戦により蘇峰は戦犯に指名されて、言論発表の場を失った。その蘇峰が、終戦後直ちに書き始めたのが『終戦後日記』であった。この日記には、時流に乗った新聞や放送への批判など、清沢の『暗黒日記』と、その性質と形式において似たところが多い。共に、執筆の機会を失った言論人が、直接の公刊を目的とせずに、後代の教訓のために書き残した記録であった。しかし、二人の相反する思想を反映して、その日記の内容は人物や事件の評価などにおいて正反対である。

第五部「蘇峰の『終戦後日記』」においては、敗戦によっても思想を変えることがなかった蘇峰の戦争に関する主張を紹介して、無謀な戦争を主導した国体主義とは何であったかを知るために、蘇峰の日記を詳しく分析する。敗戦直後の日記において、蘇峰は日本の敗戦の責任者として、上は昭和天皇や政治家・軍人から下は国民一般を非難攻撃していた。しかし、終戦後一年も経つと内容が変化してきた。蘇峰は国体主義者ではあったが、優れた歴史家でもあった。この点については清沢も認めていた。戦後しばらく経つと、戦前戦中には表に出なかった、この歴史家としての側面が現れるようになった。中でも、この日記の根本的な目的であった「日本は何故敗れたのか」という考察は優れたもので、今でも価値を失わない。特に注目すべきことは、その結論が清沢と一致していることである。

さらにこの日記では、公刊された文章では決して明かされなかった、蘇峰の福沢諭吉に対する強い反感が示されている。その内容は、福沢の影響力を日本から駆除することを一生の念願としていた、というほどに根本的なものであった。これは福沢の思想の排斥を主張した井上毅の、明治十四年政変後の「人心教導意見」を受け継ぐもので、同郷の井上毅を尊敬し親密であった蘇峰が、国体主義者として、まさに井上毅の思想的後継者であったことを示すものである。

最後に結論としての第六部「井上毅と福沢諭吉」において、改めて近代史における井上毅と福沢の思想的対立について考察することにする。

本書では優れた文筆家であった五人の人間の文章によって、自ら語らせることを意図している。本書の第一部、第二部、第三部、第四部、第五部は、それぞれ『福澤諭吉全集』（岩波書店）、『陸羯南全集』（みすず書房）、『近衛文麿』（弘文堂）、『暗黒日記』（評論社）、『徳富蘇峰　終戦後日記』（講談社）からの引用が柱となっている。各部の引用部分においては、引用文の直後に、次のように引用箇所を示している。第三巻五五頁は、それぞれ（F3p55）（K3p55）、（ANp55）、（SN3p55）と記す。第三部の『近衛文麿』のみは（上or下p55）とする。

第一部　福沢諭吉の晩年

一、日清戦争前（明治二十八年まで）

この部では明治二十八年以降の、晩年の福沢諭吉を論じることを主な目的としているので、それ以前の彼の生涯については、ごく簡単に基本的事実を紹介するにとどめることにする。それでも明治十四年政変に関しては、彼の後半生に大きな影を落とした重大な事件なので、少し詳しく触れる。彼の前半生に関する伝記としては、日本の自伝文学の最高傑作である『福翁自伝』を超えるものはない。

福沢諭吉は一八三四年に豊前中津藩の蔵屋敷で、廻米方を務める下級武士の福沢百助の次男として大坂に生まれた。数え年三歳でその父を失い故郷の中津に帰った。大坂での生活に慣れた母と兄一人姉三人の一家は、故郷では周囲となじめずに孤立しがちであった。諭吉は教育を受けることは普通より遅かったが、学問を始めてからの進歩は早かった。ペリー来航の翌年一八五四年には長崎に出て蘭学の初歩を学び、翌年には大坂の緒方洪庵の塾に入って本格的に蘭学を学んだ。この塾における優れた師や友人との出会いや、猛烈な勉強こそが後の福沢の基礎を作った。一八五八年に藩命によって江戸に出府して、中津藩下屋敷に蘭学塾を開いた。これが慶應義塾の前身である。一八六〇（万延一）年最初の幕府使節のアメリカ派遣に際し、軍艦奉行木村摂津守の従者となって咸臨丸に乗って渡米した。以後一八六一年から翌年にかけては遣欧使節の一員としてヨーロッパ各国に旅し、一八六七年には再び遣米使節の一員として米国に渡った。幕末においてはまれな三度もの外遊の機会に恵まれた福沢は、現地において各国の政治、社会、文化に関する情報を貪欲に吸収して、書籍では得られない貴重な知識を得ることが出来た。そのような経験から生まれたのが幕末から明治初年にかけて大ベストセラーとなり、日本の社会に大きな影響を与えた『西洋事情』であった。

最初のアメリカ行きから帰った年に福沢は幕府外国方に雇われ、一八六四年には幕臣となった。この幕末の激動期における日本と各国の外交文書を翻訳することによって、外交の内情に触れたことは福沢の対外思想に大きな影響を与えた。彼は必ずしも幕府に同情を持っていたわけではないが、テロによって人を殺し外国に無謀な攻撃を加え日本を危険に陥れる、討幕派による尊皇攘夷運動に対しては強い嫌悪感を持っていた。それ故に幕府の敗北が確実になった一八六八年の六月に幕府に御暇願を出し、この四月に慶應義塾と正式に名付けた私塾によって文明教育に身を捧げることを決意した。新政府は当然攘夷政策をとるだろうと考えていた福沢は、度重なる明治政府からの仕官の申し出には応じなかった。

しかし福沢の予想に反して、新政府は攘夷とは全く反対の開国政策をとっただけではなく、国内においても廃藩置県などの大胆な革新的政策を実行しはじめた。福沢はこの文明化政策を民間においても啓蒙活動で援助しようとして、明治五年から九年にかけて出版された『学問のすゝめ』において、封建時代の卑屈一遍の旧思想を攻撃して、個人の独立・自由・平等を基礎とした文明の思想を鼓舞した。この『学問のすゝめ』も新しい時代の方向を示して社会に歓迎され、日本で空前の大ベストセラーとなった。この書や明治八年の『文明論之概略』などの書物によって、福沢の名声はますます上がり、彼は文明開化の思想家として社会に前例のないほどの影響力を有していた。

政治方面においても、直接的なものでなくても、福沢の思想は政府の開化政策に大きな影響力を有していた。そして政治家との関係では、大隈重信をはじめとする伊藤博文や井上馨などの開明派の政治家とは親交もあり、岩倉具視も彼には気を使っていた。明治四年頃から十四年までの時期は福沢にとって、彼の思想が政治においても社会においても実現されて、匹敵するもののいない名声と権威を享受していた順調で幸福な時代であった。

そのような幸運な状況が一挙に暗転したのが、「明治十四年政変」であった。明治十三年の末に福沢は、伊藤博文・井上馨・大隈重信の三人の参議から政府機関紙の発行を依頼された。当初は断っていたが、国会開設の決意を打ち明けられたので福沢は喜んで承諾した。ところが、翌明治十四年の春に大隈が秘密裏に憲法意見を上奏し、夏以降には開拓使官有物払い下げに反対する民間の運動が空前の盛り上がりを見せた。それらは福沢を謀主とする大隈が民権派と結んでの政府転覆陰謀であるという疑惑が政府内で強まり、十月に大隈とその配下と福沢の弟子達は政府から一掃された。これが明治十四年政変であった。伊藤・井上馨と福沢はそれ以降十年以上も絶交状態になった。政府機関紙の約束は反故にされたが、福沢はそのために用意された機材で『時事新報』を翌十五年三月に創刊して、それ以降はそれを舞台に言論活動を展開していくことになった。

大隈の政府転覆陰謀なるものは全くの事実無根であった。事件の当初から一貫して福沢を主役とする陰謀の存在を訴えていたのは、伊藤や岩倉などの政府首脳から信望の厚い官僚の井上毅であった。憲法意見を秘密裏に上奏した大隈への疑惑や、開拓使払い下げ反対の世論の盛り上がりに対する政府の恐怖心を利用して、井上毅は福沢こそがその主謀者であると政治家に讒言して政府に福沢を敵視させることに成功した[1]。

政変直後に政府がとるべき方策として井上毅が政府首脳に提出した「人心教導意見」[2]こそ、彼が何を目的に政変を引き起こしたのかを示し、後年の福沢にも大きな影響を与えた重要な文書であるので、少し詳しく紹介する。この文書では、冒頭に政変後一応人心は沈静したが過激論の危険はまだ去らないと警告して、次のように述べている。

今日ノ謀コトヲ為スハ、政令ニ在ラズシテ、風動ニ在リ、人口ヲ塞クニ在ラズシテ人心ヲ導クニ在リ、福沢諭吉ノ著書一夕ヒ出テ、、天下ノ少年、靡然トシテ之ニ従フ、其脳漿ニ感シ、肺腑ニ浸スニ當テ、父其子ヲ制スルコト能ハズ、兄其弟ヲ禁スルコト能ハズ、是レ豈布告号令ノ能ク挽回スル所ナランヤ、天下ノ人、方嚮ニ迷錯シ、顧テ問フ所ノ者僅ニ新聞ノ社説ト、一二著訳ノ書ニ過キザルノミ、今ノ時ニ當テ、姦雄ノ為ニ、人心ヲ牢絡スルノ計ヲ画スルハ、実ニ掌ニ運ラスカ如シ、政府ノ為ニ謀ルノ道、他ナシ、亦彼レノ為ル所ニ反スルノミ

すなわち、福沢こそ過激思想の蔓延をもたらした元凶で、現在の政治的危機を引き起こした姦雄と位置づけているる。そして、幕末の『西洋事情』以来の福沢の著書による青少年一般に対する影響力を、政府にとって排除すべき敵として提示しているのである。この意見書では、これに続けて、私学抑圧、漢学復興、ドイツ学奨励などという、具体的な政策案を提示している。これらはいずれも政府によって強力に実現された。これらの諸政策は、福沢の説の反対の方向をとるという、彼の影響力排除を究極の目的としていたことに注目すべきである。福沢は晩年になって、政変後に政府はその全力を以て、文明化教育を潰しにかかったと回顧しているが、それは誇張ではなかった。

全国各地に第一以下の高等中学校が創立されて、私立学校に対する徴兵免除の剝奪などの私学抑圧政策により、私立学校の人気は急落して、慶應義塾の地位と福沢の影響力は確実に低下した。漢学復興策によって漢学者や国学者の類が教員として採用され、外国語などの文明の学問は抑圧されて、福沢の著書は教育現場から一掃された。そのような教育の反動化の帰結であり、その方針を天皇の権威で固定化したものこそが、国体の尊厳と封建的道徳による忠孝の至高価値を説く、皇祖皇宗の遺訓であり明治天皇自身の言葉とされた、明治二十三年に発布された井上毅起草の教育勅語であった。

後に見るように、福沢は政変後における教育の反動化こそが、日本に計り知れない害毒をもたらしたと主張するよ

うになるのであるが、井上毅のこの意見書こそが、その反動化の指導原理となったことは明白である。井上毅はこの意見書によって、教育を反動化することで、人心を導き、福沢が主導した気風を一変させることを主張している。晩年に、福沢が政府に繰り返し求めたのは、政変後の教育の反動化を矯正して、人心を導いて危険な排外の気風を一変することであった。即ち井上毅がこの「人心教導意見」で実現したことを逆転することであった。

　福沢は後に彼自身述べるように謀反人同様に遇されて、陰に陽に政府から様々な弾圧を被ることになった。これ以降『時事新報』紙上で展開されるようになった福沢の言論は、自分が政府の敵と見なされるようになったことを意識して慎重になり、彼の大きな魅力であった、無遠慮なまでの率直な議論は影を潜めた。その意味で精彩を欠くようになった。政変で伊藤らに裏切られても、福沢は是々非々主義をとって反政府一辺倒になることはなかった。そして一貫して主張したのが有名な「官民調和論」であった。この議論は、当時も現在も非常に評判が悪いものである。

　しかし、福沢の主張はよく見れば、決して誤解されているような無原則の挙国一致論ではない。政府内の伊藤のような開明派と、民党の首脳である大隈のような穏健派の間に原則的な対立はなく、協力が可能であるという彼の確信に基づくものであった。そのように原理的に協力可能な勢力が、お互いに相容れない敵のように対立することが、議会政治の健全な運用を不可能にするという憂慮に基づくものであった。福沢のこの心配は、初期議会の麻痺状態によって実証された。議会政治が曲がりなりにも作用するようになったのは、政府内の勢力と民党内の勢力が協力するようになってからである。

　福沢と伊藤・井上馨という開明派の政治家との和解が成立するには、明治二十六年の対外硬運動の高揚が大きな役割を果たした。度重なる条約改正反対運動で主役を務めた国粋主義勢力は、自由党と結託した第二次伊藤内閣の成立を前に、改進党勢力も取り込んで対外硬派を結成して、条約励行を旗印にして伊藤に対し、その内閣を攻撃した。これに対して伊藤内閣は「開国進取」の主義を掲げて対抗した。福沢は対外硬派が議会の多数を占める状況に危機感を抱き、政変以来疎隔していた伊藤に対し、その内閣支持を明確にした[3]。福沢は、対外硬主義とは幕末の攘夷論の再来に異ならない、と強い反感を示した。そしてこのような反動主義が社会の表面に現れたのは、十四年政変後の政府の教育反動化の結果で、そのために政府が苦しむのは自業自得であると伊藤を強く批判した。

　福沢のこの批判は、ある意味であの政変の本質を明らかにしている。政変後の反動政策を主導したのは井上毅であり、政府首脳の伊藤や井上馨は井上毅に操られていたにすぎなかった。井上毅の中傷を信じた伊藤と井上馨は、福沢とそれにつながる進歩的勢力を追放した。その代わりに政府内で上昇したのは、山県有朋のような官僚保守派や、元田永孚のような宮中勢力であった。民間では、井上毅の推薦で政府の庇護を受けるようになった熊本紫溟会のような国粋主義勢力が社会の表面に現れた。これらの勢力こそ条約改正反対運動の主力となって、井上馨の条約改正や欧化主義政策を葬り去り、対外硬運動の主役となって、伊藤政府を攻撃したのである。開国進取の主義を掲げる伊藤政府が窮地に陥ったときに、その救援に立ち上がったのは、彼等が政変で裏切って捨てた福沢であった。伊藤政府の困難はまさに自業自得であった。

しかし、福沢は日本全体のことを考えれば、伊藤内閣を自業自得と見捨てることは出来なかった。福沢は既に彼等は悔悟しているから既往は問わないとして、伊藤内閣を強力に擁護した。対外硬派の攻勢に対しては、何度議会を解散しても、このような反動勢力には一歩も引くなと政府を鞭撻した。この対外硬運動に大隈と改進党勢力が参加したことで、この一派に対する福沢の態度は目に見えて冷たくなった。

このような福沢の奮闘にもかかわらずに、開明派の伊藤政府を支持する勢力は少数派にとどまった。この時の対外硬運動に熱狂する民衆や新聞などへの福沢の失望が、晩年における日本に関する暗い予言に導いたと私は考えている。そして、言論界において対外硬運動を導いた、陸羯南の新聞『日本』に対する福沢の敵意を決定的にしたものと思われる。晩年の彼の文章には、明らかに『日本』への対抗を意図していると思われるものが非常に多いのである。

二度の議会解散にも一向に衰えない対外硬運動の高まりを前にしては、福沢も打開の道を考えあぐねていた。そのような時に朝鮮に東学党の乱が生じて、これを機会として日本は日清戦争を引き起こして、国内の対立は棚上げにされた。消極的な首相の伊藤は別としても、外相陸奥宗光には条約改正の難航[4]や国内の内戦的状況を、外戦によって解消しようとする意図があった。ある意味では対外硬運動が、本来穏健派である伊藤内閣を戦争にまで追い込んだのであった[5]。この時に既に、戦争の方向に政治や社会を導く対外硬運動というものの危険性が示されていた。戦前における対外硬運動の高揚が、開戦後には挙国一致して戦争を支持する熱狂的な社会の雰囲気を作り上げたのである。

福沢も明治二十七年の七月に開始された日清戦争を強く支持していた。戦争熱に酔ったようなこの時期の福沢の文章は、彼自身が後に「大いに狂した[6]」と認めたように、福沢のものとしてあまり価値のあるものではない。

二、戦争直後（明治二十八年）

日清戦争の大勢がすでに決した明治二十八年初頭の頃から、福沢は一時の熱狂を脱して理性的に戦争を論じ始めていた。

一月八日の論説「兵馬の戰に勝つ者は亦商賣の戰に勝つ可し」（F15p13）では、日本を勝利に導いたものは文明に基づいた武器の優越性で日本軍人の勇気ではない、支那人に日本軍の武器を持たせれば日本の敗北は必至であったろうと述べている。ここには、日清戦争の一方的勝利から日本社会に生じていた、日本人の武勇に対する唯我独尊的自惚れ、武器に対する軽視、中国人に対する蔑視など、後の日本を亡国に導いた要素は全くない。

一月二十四日掲載の慶應義塾における演説（F15p28）で、改めて文明の実学による数理に基づく勇気や愛国こそ、戦争に勝利を得て国力を増進させることが出来るのである。「忠勇義烈」の精神のみが盛んであっても、普仏戦争のフランスのように敗北し、トルコのように国力が衰亡すると論じて、維新以来の自分が唱道してきた文明開化の推進の重要性を強調していた。福沢がこのような演説をするのは、今回の戦勝は日本の「忠勇義烈」の伝統の賜であるとして、忠孝などの伝統的徳目の重要性を強調して「漠然とした荒唐無稽の大言壮語を放って得意になっている者」、すなわち対外硬派の国体主義者の主張に対抗するためであった。後に紹介する陸羯南の「皇道之敵」[1]などという文章は、その代表的なものである。半世紀後の昭和の日本においては、愛国心や大和魂などという忠勇武烈の精神のみが重んじられ、福沢が文明開化の根本にある有形の真理原則で、戦争における「一事一物」もその「範圍外に逸するを許」さないと形容した数理、即ち科学的理性的な思考は軽視されるようになった[2]。

三月十二日の「義俠に非ず自利の爲めなり」（F15p94）も、そのような国体主義者に対する強い反感が示された論説である。ここで彼は、日本の対朝鮮政策の基礎は義俠心などではなく利害であることを内外に明白にせよと主張している。その利益とは土地を割譲させることでもなく保護国にすることでもない。政府を改革して賄賂や収奪を排して、人民をその生業に安んじさせれば朝鮮は発展する。そうなれば、日本のためには好市場となり、結果として世界の貿易を拡大して他を利して日本も利するものであると主張している。「去年からの戦争の事情に関して単に弱小の朝鮮を助ける義俠の行動であったなどと言いはやす者」があるために、かえって外国人はその美辞麗句に不信を抱き日本の野心を疑っている。むしろ日本が朝鮮に干渉するのは、現在の国際関係の根本にある利害のためであることを公言する方が、無用な疑惑を抱かれないで済むと述べている。

日清戦争は義侠のためであったなどと主張していたのは、対外硬派の陣営であった。この論文を生み出す直接の原因となったものは、前にも言及した陸羯南の「皇道之敵」と思われる。陸自身も自分が福沢に批判されたことを自覚していた。[3]この問題は後に、陸羯南を扱う第二部で詳しく検討する。陸羯南が主筆をしていた、対外硬派の本拠地とも言うべき新聞『日本』は、福沢のこの論説を次のように攻撃している。

「此の点より見ればかの自ら開化人と称する実利先生たちこそ一層見下げたる根性なれ、彼等は朝鮮のために起こしたる義戦すら実利戦争と心得、義侠云々は一種の託言なりと解釈せり故に此の一派の輩は戦争中にも軍隊あるを知らず、国民あるを知らず、只法網を潜りて私利を計りたるのみ[4]」

開化人と称する実利先生が福沢を指すことは疑いない。福沢が一貫して敵と考えて対決したのは、このような対外硬派の国体主義者達であった。福沢と『時事新報』の思想的にも政治的にも対極にあったものとして、そして福沢自身が相容れない敵と見ていた勢力として、陸羯南と『日本』を考える必要がある。

三月二十四日に、和平交渉のために来日していた清国の全権使節の李鴻章が日本人小山豊太郎（六之助）に狙撃されるという不祥事が発生した。福沢は二十六日に、その題名も「兇漢小山六之助」（F15p106）という論説の冒頭で、「不倶戴天の国賊として百千年も忘れることが出来ないところの者」であると、その無思慮な行動を最大限の表現で強く非難している。後の部分では李鴻章への同情という私情とは別に、国家としての政策を進めるべきと論じていたが、暗殺やテロリズムというものに対する、福沢の根源的な反感がよく示されている。

四月の末になると戦勝の余韻を吹きとばすような大事件が起きた。三国干渉事件が発生したのである。ドイツ・ロシア・フランスの三国が共同して、日清戦争によって日本が清国から割譲された遼東半島を日本が占領するのは東洋の平和を脅かすという理由で、その返還を勧告したのである。実際は三国の軍事力を背景にした脅迫であった。日本はとてもこれらの三国に対抗できる実力はなく、その勧告に従うという形で遼東半島を返還するしか道はなかった。この事件は、日清戦争の勝利に酔っていた日本の社会に大きな衝撃を与えた。

この時期に政府との間に特別なルートがあり、情報を提供されていたらしい福沢は、事件が公になる前の五月四日の「言行不一致」（F15p146）以下の一連の論説で、この問題を精力的に論じて、伊藤政府を擁護し、また国民が排外的になることを防ごうとした。その内容は、国際関係は道理ではなく利害で動くものであり、日本が日清戦争で本格的にその表舞台に参入したからには、その力関係に支配されざるを得ず、西欧の二国間の戦争においても、第三国の干渉によって戦勝国の不利を招いた前例は少なくないと、日本人が一方的に被害感情を募らせることのないように、国際関係の客観的情勢を説いたものである。国民の理性に訴える力にあふれた説得的なもので、福沢の言論人としての力量を示すものであった。

福沢が客観的観点から理性的に国際関係を論じていたのに対して、対外硬派はひたすら主観的観点から感情的に政府を攻撃した。国威を損じ国家と天皇に屈辱を与えたというのが、陸羯南が伊藤政府を執拗に攻撃する最大の理由であった。既に対外硬運動参入で進歩派から対外硬派に転向していた徳富蘇峰も、遼東半島を返還した伊藤博文の軟弱さに対して憎しみを募らせた[5]。まるで、政府が強硬でありさえすれば、三国干渉は拒否できたと考えているようであった。客観的な国際情勢や力関係を無視して、自国の屈辱や主張のみを言い募って、協調論や妥協を軟弱と攻撃する対外硬運動の論法は、井上馨の条約改正交渉への反対運動以来、対外世論の主流となりつつあった。後の日露戦争のポーツマス講和条約反対運動や、昭和のロンドン海軍軍縮条約問題や、国際連盟脱退問題においても特徴的なものであった。

日清戦争後の福沢の言論の根底には、対外硬派への警戒の念が一貫して流れている。五月三十日の「御還幸を迎へ奉る」(F15p172) において、今回の勝利も「畢竟明治の初年に夙に開國進取の大方針を確定あらせられ、大に西洋文明の事物を採用して、文に武に改良進歩を奬勵せられたる結果に外ならず。」と述べて、一層の文明化の必要を主張しているのも、国体主義を掲げる対外硬派への対抗の意図が秘められている。六月三十日の「日英同盟論に就て喜ぶ可き一事」(F15p214) においても、「近年來我國人の一部に排外の氣風を生じたる其次第を尋ぬるに、日本人が自國を愛するの觀念甚だ盛なるは誠に喜ぶ可き次第なれども、中には極端に趨りて自尊自重の一偏に傾くものなきに非ず。」と、対外硬派の動向への警戒を示している。

福沢は外地における対外硬派の動きにも憂慮していた。七月十三日の「在韓日本人の取締を嚴にす可し」(F15p230) において、朝鮮の現状について警鐘を鳴らしている。日本人が自国を重んじる精神に富んでいることは国を利することもあるが、個々の人間があまりにその気象が強すぎるときにはかえって国の害になることもあると述べて、朝鮮における日本人が増長して、ややもすれば戦勝の威光を笠に着て横暴に振るまい朝鮮人の感情を害して、日本に対する反感を生み、戦勝の結果を無にしかねないと警告して、これらの日本人を厳しく取り締まるべきであると主張している。[6]

福沢のこの心配は、三カ月後の十月に現実となってしまった。不良日本人を取り締まるべき、現地当局の最高責任者たる公使の三浦梧楼が、先頭に立って王妃である閔妃を虐殺して、朝鮮人の感情を深く傷つけて日本人への敵意を決定的なものにした。主謀者の三浦や暗殺部隊の主力となった現地の熊本紫溟会の指導者の安達謙蔵は、条約改正反対運動以来の対外硬運動の同志であった。

この八日に発生した事件の詳報がまだ入手できない十五日に、福沢は「事の眞相を明にす可し」(F15p304) においてこの事件を取り上げている。まだ詳しいことは不明であるとしながらも、「兎に角に京城在留の日本人中に多少その事に關係したるものあるは疑もなき事實なるが如し」と日本人の関与への確信を表明している。そして次のように主張している。

「其事變に日本人が關係したりとの報道は、我輩に於ても實際の事實たるを疑はざるものなり。事實果して然らんには、今後たゞ願ふ所は其事實を有の儘に表白し、苟も事變に關係したる形跡あるものは根底より其罪を糺して一歩も假すことなく、前後の始末を明白ならしむるの一事のみ。假令ひ無知無識の輩とは云ひ乍ら、他國の宮中に闖入して亂暴を働くが如き、實に言語道斷の擧動にして、其罪惡は決して恕す可らず。或は外國人などが今回の事變を以て日本人の發意と認め、日本は亂暴國なりなど、斯る暴徒の爲めに一國全體の上までも汚名を蒙るが如き成行あるにも至らば、實に迷惑至極にして容易ならざる次第にこそあれば、此際の處置は嚴密に實際の形迹を取調べ、關係者を悉く嚴罰に處して滿世界に事の眞相を表白し、日本國民の眞意を了解せしめんこと我輩の敢て希望する所なり。」(F15p305)

福沢がこのように当初から閔妃虐殺が日本人の仕業であることを疑っていないのは、日本内部にそのような行動に出る類の人間が少なからず存在し、そのような人間を駆り立てる思想があることを以前から深く憂慮していたからである。彼は次のように論じている。「今の日本の國情に於ては時として斯る亂暴人の出づるも自から止むを得ざるの事情あり。抑も我國にて維新革命の前後より國内に一種の政治思想を養成して、殆んど政治狂とも云ふ可き有様を呈し、政治の爲めとあれば人を殺し身を殺すの殺伐を演じて自から怪しまざるものあり。革命以來、政府の大臣を暗殺し、又その事を企てゝ成らざりしものゝ如き、數ふるに遑あらず。單に內國人のみならず、外國人に對しても等しく兇暴を逞ふしたるは毎度の事にして、先年露國皇太子に危害を加へたる如き、又本年彼の李鴻章を銃傷せしめたる如き、著るしき事例として見る可し。」(F15p304)、すなわち「日本人中に一種殺伐の思想を懐くものあるは疑ふ可らざるの事實」だからである。福沢がここで「一種殺伐の思想」と呼ぶものは幕末の尊皇攘夷運動の思想的基礎となった水戸学の国体主義である。維新後の文明開化の時代に一時衰退したが、明治十四年政変後の反動で復活して、教育勅語により一種の国教のような地位を得た。特に条約改正に反対する対外硬運動として社会の前面に躍り出たのである。その代表的な勢力は、十四年政変を機に結成された熊本紫溟会や、条約改正反対運動によって政治の表舞台に現れた陸羯南の新聞『日本』などである。森有礼暗殺や大隈外相暗殺未遂事件などを引き起こしたのは、頭山満の玄洋社など、これら対外硬派の人間達である。

　福沢は条約改正反対運動における対外硬運動の高揚に対して、幕末の攘夷論の復活であると強い敵意と警戒感を表明していた。閔妃虐殺事件の主謀者の三浦梧楼と安達謙蔵は条約改正反対の対外硬運動の同志であった。福沢の犯人に関する推測は完全に当たっていた。しかし福沢も公使の三浦が先頭に立っていたとは予想できなかったようである。後になるとこの事件の真相究明についての福沢の主張は明らかに後退した。三国干渉事件で示された外務省との特殊な関係が、この場合は率直な言論への障害となったのかもしれない。しかし、三浦の関与を否定したり犯人を擁護したりすることは決してなかった。

　一方、三浦や安達の同志である対外硬派は、後に見るように徹底的に彼等を擁護した。陸羯南と『日本』は、三浦ら日本人の虐殺への関与そのものを全面的に否定したのである。外国人などの証言を信じて、日本人である三浦らの無罪の申し立てを信じない日本の政府や社会を陸羯南は非難していた。そして、後の日本の裁判における三浦らの無罪判決を、自分たちの主張の正しさを証明したものと歓迎した。[7]

　政府は、福沢が主張したように、厳密に事件を取り調べ関係者を厳罰に処して全世界に事件の真相を公表することをしなかった。その結果は福沢が警告していたように、事件は日本政府の企図と認められて、日本は乱暴国として一国全体までも汚名を被ることになった。日本人以外に、日本政府が無関係であったなどと信じるものはいなかった。三浦も安達もこの事件への関与は手柄とはなっても、経歴の汚点とはならず順調に出世した。この二人は後になって、むしろ自慢げにこの事件を回想している。

　この閔妃殺害事件やそれに対する対応は、対外硬派の本質を示すものである。対外硬論は、従来は軽薄な欧化主義とその屈辱的条約改正に反対した健康なナショナリズムと評価されてきた。しかしながら、西欧との協調に基づく条約改正に強硬に抵抗する態度が、外部に向けられるときには露骨な侵略主義となる[8]ことは無視されてきた。陸羯南などの対外硬論者は偏狭で主観的な観点でしか国際関係を見ることが出来ない。彼等は国際法や国際世論などは、西欧による非西欧世界への蚕食の手段にすぎないと軽蔑していた。

日本しか眼中にない忠君愛国主義が、彼等の行動の基準である。対外硬派にとって、「皇道」の普及と美化された、日本の勢力の海外拡大こそ、どのような手段も許される至上目的である[9]。三国干渉問題への対外硬派の反応で示されたように、客観的国際情勢に関係なく、譲歩や後退そのものが許されない罪なのである。譲歩の項目を含んだ条約改正に強硬に反対することと、外国での自国民による重大な犯罪行為をも徹底的に否定する態度は、対外硬という、「対外盲[10]」とも呼ぶべき、盲目的ナショナリズムの本質の現れである。

一方世界における日本の地位という客観的情勢を何よりも重視した福沢は、国際世論や国際法を尊重して、相手の身になって客観的に考えるということが対外問題の基本的姿勢となっていた。福沢による、後に見るような、朝鮮や中国に対する同情ある態度、さらには日本の将来に対する正確極まる予言も、「彼を知り己を知る[11]」という優れた客観的認識能力の現れである。このように外部を正確に見ることを重視していた福沢が、外部世界に故意に目と耳を閉ざすような対外硬論に、強い反感と危機感を持つのは当然であった。福沢は日清戦争の勝利を文明の勝利と喜んだが、その文明主義と対立する対外硬派に対する警戒心が、戦後においても一貫して保たれていた。

三、戦後の楽観（明治二十九年から三十年前半）

日清戦争の勝利は福沢に大きな満足を与えて、日本の将来に対しても非常に楽観的になった。勝利が決定した明治二十八年の半ばから二年間ほどは、福沢の生涯において最も満足して楽天的になれた時期であったかも知れない。従来の福沢の晩年に関する通説は、この時期の福沢の態度を晩年一般に拡張して解釈している。

明治二十八年に還暦を迎えた福沢に対して、この年の十二月に慶應義塾で還暦を祝する会が開かれた。そこにおける演説（F15p333）において福沢は、自分の人生を振り返って、「亦自から多幸多福なりと自白せざるを得ず」と認めている。そして自分の健康と家内安全もさることながら、自分も一定の役割を果たした過去四十年間における日本の文明の進歩という活劇を現場で目撃したことこそが、彼が自分を幸福と考える第一の理由であった。

彼はそこにおける自分の役割を「唯空論を論じ大言を吐きたるのみ。俗に云へば法螺を吹きたるものなり。」と、「ホラをフクザワ、ウソをユウキチ」という自分への悪口を、彼らしくユーモアをもって逆用している。幕末の門閥と因習が支配している社会において、洋学者として殆ど前途に何の期待も持てなかったが、それでも文明開化（シヴヰリジェーション）の主張を続けていたところ、思いも掛けずに明治維新の大革新において、それまで洋学者の空論、法螺と無視されていたことが実地に採用されることになった。維新以来の、廃藩置県をはじめとする、法律、軍隊、教育の方面や社会の各部門における文明の事業は枚挙に暇はないが、中でも昨年以来の日清戦争の勝利において日本の国光を世界に輝かしたことは、洋学者でさえも想像できなかったことであるとして、次のように述べている。

「今日これを實にして吾々の眼前に此盛事を見るとは、扨も〳〵不思議の幸福、前後を思へば恍として夢の如く、感極まりて獨り自から泣くの外なし。長生はす可きものなり。老生の如き、還暦の年までも生き延びたればこそ此仕合せなれ、唯遺憾なるは昔年の舊友中、志を同ふし辛苦を共にし不平を共にしたる者が、不幸にして早く世を去り、此實況を見るに及ばずして共に今日の幸福を與にすること能はざるの一事のみ。」

この一節は日清戦争の勝利を喜ぶ、『福翁自伝』における有名な部分と殆ど同じであり、福沢の真の感情を示すものである。しかし、注目すべきは、彼はこのような後ろ向きの感激に浸っていただけではなかったことである。以上のように自己の生涯を振り返った後に、彼は学生に向かって次のように述べている。文明の進歩には終わりがない、諸君は今の日本に甘んじないで、国の利益と信じたことには直ちに着手すべきであるし、時勢が許さなければ自分がしたように空論法螺というそしりを恐れずに自己の主張を勇敢に表明していくべきである。そして、自分の場合のように三、四十年の後にはその法螺が実現することもあろうと結んでいる。

明治二十九年年頭の「明治二十九年一月一日」(F15p345)という論説も、この時期の福沢の気分をよく表している。そこで彼は次のように述べている。

「吾々今代の日本國民は何等の幸福ぞ、建國以來未曾有の愉快を懷いて建國以來未曾有の新年に逢ふ。例年なれば屠蘇一周、家内の安全を祝するの常なれども、今朝は先づ其前に萬歳を唱へて國運の隆盛を祝すること、我輩の云ふまでもなく國民一般に同うする所なる可し。金甌の膨脹增大、誠に目出度き次第のみならず、更に內を顧みれば戰勝の餘勢として商賣企業の繁昌は兼て待ち設けたることながら、實際の景氣は實に豫想外にして驚くに堪へたる所なり。」

福沢は戦争の結果による好景気を決して一時的なものではなく、国力の発達の当然の結果であると主張して、日本の発展の可能性への楽観的な展望を示している。そして、これ以降その発展の具体的な方法や政策について論じていくのである。

そのような日本の発展に伴い人口の増加も予想される。福沢はそれに対して一月三日以降の一連の論説において、海外移民について論じている。三日の「人口の繁殖」（F15p347）においては、数字によって過去十年間の日本の人口増加の状態を示して、今後もこの増加状態が続くことが予想されるが国土は限られており限界に達することが予想されると述べている。そして、四日の「人民の移植」（F15p350）において、アングロサクソン人の例に見るように国力の発達は人口の増殖に比例するものであると述べて、日本人もこれに倣って新領地の台湾をはじめとして、どんどん世界各地に移住すべきであると論じて次のように結んでいる。

「幾多の人民を外に出すも其跡には人口直に繁殖して毫も缺乏の患なきは我輩の慥に保證する所なれば、苟も空隙の土地あるときは之に向て日本人種の繁殖を謀り、恰もアングロサクソン人種が今の世界に於けるが如き勢力を占むるに至らしめんこと、我輩の希望する所なり。」

ここには日本の国家の外部への発展を楽観視する、この時期の福沢の極めて積極的で外向きな姿勢が見られる。彼は外部の障害は殆ど考慮せずに、内部にこそ問題があると見ているようである。七日の「日本人は移植に適するや否や」（F15p352）においては、日本人は長年鎖国体制の下で国内に蟄居していたので、故郷に執着して外に出たがらない内気な性格だから、海外移住に向かないという通説を取り上げて、外向的で海外移住に一見適しているようなフランス人が成功せずに、家居団欒を楽しむ英国人の方が成功していると指摘して、日本人には英国人に通じる性格があるので移植に適していると主張して、ハワイがその見本であると述べている。今まで前例がなかったから盛んでなかったが、奨励の工夫によって必ず成功すると保証している。

福沢は、移民問題の次に工業の分野に目を向けた。二月二十二日の「工業の前途」（F15p384）において、彼は戦後における日本の工業の発達に関して次のように述べている。

「近頃に至り我日本の工業は實に目を驚かすばかりの發達進歩にして、是には種々の原因もある可しと雖も、其主なるものは金銀貨の差位と戰捷後の人氣とにして、我輩とても開戰の當初已に我經濟の發達を豫想せざりしに非ず。蓋し一國の進歩は古來無事平穩の際に偶然突飛するは甚だ希有の事にして、必ずや戰事なり、悪疫の流行なり、又は饑饉等の爲めに、一時人心を攪亂し停滯不流の人氣を疎通し、以て長大足の進歩を爲す其狀は、恰も霹靂一聲、安眠の夢を破るが如きものなれば、今度とても人事の定則に違はず必ず眼覺しき發達を視る可しとは兼て充分我輩の覺悟したる所なれども、斯くまでの進歩ある可しとは實に豫想外にして、唯之を望外の僥倖と云ふの外なし。從來輸入の主品に數へられたる紡績絲の如きは、獨り全く其輸入を防遏せしのみならず、現に之を海外に輸出し、又之を輸出して多くの利益あるに至り、古來之を以て特許專賣の如く心得、獨り壟斷の利を占めたる英人の株を奪ひ、彼をして遽かに狼狽せしむるに至りたるは、恰も後進青年の學術俄かに上達して昔日の教師を凌駕したるに異ならず。先生の狼狽は誠に氣の毒なりと雖も、青年の得意は筆紙に述べ難し。」

　このように彼にとってさえも予想以上であり、英国さえも脅かすに至った日本の戦後の工業の発達を手放しで喜んでいる。そしてこの勢いで進んでいくが何処まで膨張するか想像も及ばないとして、「我輩年來の宿志、此に至て始めて其端緒を開き、愈〻文明の佳境に入らんとする」ものであると大きな期待を表明している。このように福沢は日清戦争後における工業の発達をはじめとする、社会の各方面における前進を喜び、日本の将来を楽観していた。そこには前途に関する不安の影は全く見られない。

　このように国内に向いていた福沢の関心を外に向ける事件が、この二月に朝鮮で起こった。国王が王宮を出てロシア公使館に入るという事件が発生したのである。日本にとっては大きな外交的失点であるが、これを論じた二月二十六日の「朝鮮事變の善後策」（F15p387）において、福沢は今回の事件は前年十月の閔妃暗殺事件の反動であると冷静に受け止めている。そして、各国政府と協議して国王を王宮に帰らせて、日本かまたは他国の軍隊によって、朝鮮の平和を保持することが急務であると論じている。

　注目すべきは前年の事件で日本政府は関係なかったが、「京城駐在公使以下の日本人が多少關係したるは疑ふ可らざる事實」と三浦公使などの日本人の関与を福沢は認めていることである。それ故に国王がロシア人を頼ることになったと理解を示し、日本政府に対しても批判的な調子は見えない。一方閔妃暗殺事件に関する三浦らの無実を強硬に主張していた対外硬派の陸羯南は、日本政府の外交の屈辱的な失敗であると執拗に伊藤政府を批判していた[1]。

　翌二十七日の「朝鮮平和の維持策」（F15p390）でも、この問題を取り上げて、今の朝鮮で重要なことは国内の平和を維持することである、改革を実現するために平和さえ保たれれば、その手段は問わない、日本は単独ではなく、各国と共同して朝鮮の平和の維持に努めるべきと主張している。そして三月三日の論説「對朝鮮の目的」（F15p392）において、日本の対朝鮮政策の長期的目的に関して次のように詳しく論じている。

「朝鮮の始末に付き或は日本の獨力を以て扶植云々の説なきに非ざれども、其獨力云々とは開戰の當初、支那に對したる宣言にして、何れの國とも事を共にせずとの意味に非ざるは、前號の紙上に辯明したる所なり。抑も外交の事は冷淡、水の如くにして、期する所は只利益の一點のみ。朝鮮の扶植にして果して我國に利する所あらんには、世界に對して獨力これに任ずるに憚らざるのみか、時宜に據りては其國土を併呑して屬國と爲すも敢て差支なしと雖も、日本人決して愚ならず、斯る愚擧を演じて自から損するが如きは斷じて爲さゞる所なり。左れば我輩は朝鮮の扶植を日本の獨力に負擔して義俠の名を成さんとするの空想を懐かず、又これを併呑して屬國と爲すが如き野心あるに非ず、只その國事を改革して之を文明に導き、商賣工業を發達せしめて貿易上に永遠の利を謀らんとするものにして、目的は只この一事に存することなれども、其目的を達するには差當り諸外國と協同して彼國の改革を助成し、一日も早く文明の門に入らしむるを以て目下の至計と認むるものなり。」

そして次のように続けている。朝鮮人は決して無知の蛮民ではなく土地も豊饒で発達の素質を備えているが、長年の失政で貧弱なだけである。それ故に政治を改革して人民の生命財産の安全を確実にすれば必ず国力は発達する。ただ朝鮮人に任しておいては達成できないので、各国が共同して改革すべきであると主張しているのである。どの国が当たろうとも改革が実現して朝鮮の文明開化が進めば、貿易において最も大きな利益を受けるのは、距離も近く風俗習慣も近い日本であることは疑問の余地がないとして、「我輩は商賣貿易上に永遠の利益を目的として彼の國事を改革し、其人民をして文明の門に入らしめんと欲するのみ。」と述べている。

この論説は前年の論説「義俠に非ず自利の爲なり」の主張を、詳しく展開したという趣がある。日本の朝鮮に対する政策の根本は利益であるという主張を改めて述べている。これは日本の政策の目的は弱小の朝鮮を助ける義俠のためであるなどという対外硬派の主張への反論である。[2] 利益を目的とする福沢の朝鮮観にはその潜在能力に対する高い評価があった。一方、義俠を掲げる対外硬派の朝鮮観の根底には自立不能な弱小国であるという蔑視があった。[3] それは閔妃を虐殺した三浦梧楼らの行動や、それを徹底的に擁護する陸羯南の言動に明白である。

三月十五日の「歐洲線の初航海」(F15p398) においては、日本郵船会社の土佐丸が欧州航路の初航海に関して、ペリー来航以来わずか四十年間で、欧州にまで定期航路を開くことになった、日本の航海業の目覚ましい進歩を回顧して次のように述べている。

「開國匆々、多事多難の其四十年間に、尚ほ且つ斯る結果を見たりとあれば、社會の秩序次第に整ふて改良進歩の一方のみなる今後の四十年間は、前期に比して更らに幾層倍の成蹟を擧げざるを得ず。是れぞ今代の國民が前人に對し又後人に對して當さに盡す可きの責任なる可し。我輩は本日土佐丸の出帆に際し過去の經歷、前途の希望に付き、聊か一言して其緣喜を祝するものなり。」

ここでも戦後における日本の各方面における進歩に対する満足の念と、今後の発展への明るい期待が示されている。

日清戦争後における国力の発達を前提とした軍備拡張、特に海軍増強論は、この時期の福沢の一貫した持論で、度々論説で取り上げて論じている。しかし、福沢の軍備拡張論はあくまでも国家の発展を保護する手段に過ぎなかった。四月十八日の「軍備と實業」(F15p409)においてそのことが明白に示されている。冒頭では、ある会合において軍人が国家における実業の役割を軽んじるような言葉を吐いたことをとらえて、次のように論じている。

「抑も軍備と實業と比較して其輕重を論ずるは我輩の敢てせざる所なれども、商賣立國は實際の必要にして、苟も商賣實業を外にして今の文明世界に國を立るの基礎はある可らず。昔しの時代に於ては單に兵力を強くして他國を侵略し、恰も切取強盜を事として國の生存を遂げたることなきに非ず。自から時の必要に出でたるものにして、其時代に立國唯一の必要物は兵力のみなりしかども、今の世界は然らず。實業を盛にして自から物を造り自から物を賣り、外國と商賣貿易して平和の間に國命を維持し國光を燿す可し。卽ち國の生存は商賣貿易に依賴し、軍備は外に對して其商賣貿易を保護するものなり。孰れも輕重の別はある可らずと雖も、國に護る可きの實業なければ、其生存も覺束なくして、軍備も全く無用のみか、假令ひ軍備を張らんとするも實際に得べからず。極端に奇語を用れば、十年の間軍備を止むるも國の生存は難からずと雖も、實業なしには一日も生存を得ずと云ふも不可なきが如し。畢竟軍備は實業ありて後の談と知る可し。」

福沢にとってあくまでも平和を前提とした実業こそが目的であり、軍備はそれを守る手段にすぎなかった。軍人の軍備を国の安全や存在そのものと同一視して、実業などの他の職業を軽んじるような態度は、彼には我慢できないものであった。この文章には、そのような軍人の思い上がりへの強い反発が現れている。福沢が大きな進歩を期待した四十年後の昭和になると、日本は、福沢が過去のものとした切り取り強盗のように、満州を侵略して傀儡国家を作り、軍人は総力戦に備えるためとして軍事力を最優先の課題として、それを支えるための産業発展を主張するようになった。時代は退歩して、目的と手段は逆転した。

四月二十一日の「板垣伯の入閣に就て」(F15p413)において、自由党党首の板垣退助の入閣に関して、過去二十年間の進歩の自然な結果であると非常に好意的な意見を表明している。開明派の政府首脳と野党の党首は穏健な進歩派として本来政治的に近いので、調和して一致協力すべきであるというのが福沢の一貫した持論であった。それゆえに、その官民調和論の一定の実現として、板垣の入閣を歓迎したのであった。

福沢はこの時期に、自由党には非常に好意的になっていた。対外硬運動が高揚して野党勢力が開国進取の主義を表明した伊藤内閣を攻撃したときに、自由党はそれに加わることなく政府の条約改正を支持し続けた。一時期世論の攻撃の的となっていた、自由党の指導者の星亨に対する福沢の一貫した好意的な擁護の姿勢には顕著なものがあった。

一方、本来大隈との関係や、その幹部に慶應義塾出身者が多いこともあって、近い関係にあった改進党に対して、対外硬運動以来、福沢は目に見えて冷淡になった。攘夷主義の反動派と福沢が嫌悪していた対外硬派への改進党の加入に対する福沢の怒りは大きく、結局最後まで完全に解けることはなかった。福沢の官民調和論とは、決して城内平和のための挙国一致の勧めではない。政策と主義で相容れない勢力に対しては徹底的に反対した。その勢力の代表が対外硬派であった。その指導者の陸羯南が伊藤だけでなく板垣や自由党を執拗に攻撃していたのも[4]、そのような根本的対立の構図を示すものである。

四月二十六日の「公債を外國に賣るの利益」（F15p417）においても、戦争ではなく平和を優先する福沢の立場が示されている。その論説では、日本の公債を外国で売ることの間接的な利益の内容について論じている。外国人が日本の公債を所有すれば自己の利害感情から、それまで無知であった日本の事情に関してより詳しく知るようになるし、日本の安全に関して関心が強くなり、日本を危険に陥れるような事態への反対の世論を形成し国防上の助けになりうると実例を挙げて説明している。

このように福沢の国力発展論は平和的で経済的なもので、外に開かれたものであった。一方、対外硬派は外資導入を外国の日本蚕食の手段と警戒して、外国人の土地所有に強く反対したように、外国人と外資をひたすら恐れて閉め出そうとしていた。

五月六日の「外戰と外交」（F15p425）においては、戦争と外交における国民のとるべき心構えの相違について論じている。戦争においてはひたすら戦意を高揚すればいいのであるが、外交においては全く異なると述べている。外交には虚々実々の駆け引きがどうしても必要で、時には外に虚勢を張るにとどまらず内を欺く必要さえ出てくる。はなはだ陰険ではあるが、事実を一々公開して世論に委ねれば、まとまるものもまとまらなくなる。外交の機密とはこのことで、問題が大きければ大きいほど秘密を要するものである。日本は日清戦争ではじめて戦争を経験したが、戦意の高揚は予想以上で、その結果も満足すべきものとなった。一方、外交に関しては戦争後の三国干渉において、はじめて国の栄辱に関わるような重大な外交問題に出合った。この事件は一応落着したが、今後の日本の外交はこのように重大なものになると覚悟すべきであるとして、次のように結んでいる。

「我國民たるものは此有様に就て如何に擧動す可きや。今の外交の局に當るもの必ずしも萬能の人間に非ざれば、多少の失策は免れざることならんなれども、漫に其失策を捕へて之を云々するが如きは、事に益なきのみか、寧ろ事を妨ぐるの掛念なきに非ず。世間の人々とても親しく當局者に接して事の眞相を知り得たらんには、成る程と合點することもある可しと雖も、其處が外交の機密にして他言の限りに非ず。當局者の心を苦しむる所のみならず、假令ひ親しく聞かざるも、少しく政治上の知識あるものならんには、外より大勢を察して其趣を推測するに難からざる可し。左れば世間の俗論は致方なけれども、苟も社會に多少の勢力を有する人々は、其言動を謹みて事の成行に注意し、恰も戰爭の場合と反對の心得を以て此處暫くの間を忍び、他日論ず可きの機會を待て大に論ずるこそ、今日の事態に處する國民の覺悟なる可し。」

『福澤諭吉全集』（以降全集）では「遼東還附に關する政府の責任論の喧しかつたとき」という註が付いている。この論説が、伊藤内閣と陸奥外相の外交政策に対する支持と擁護を意図していることは明白である。執拗に三国干渉の政府の責任を追及していた論者の典型が陸羯南であった。この文章は目前の具体的な問題を超えて、ひたすら日本の屈辱を言い立てて主観的な感情に訴え世論を煽動しようとする、対外硬派が常用した外交問題に関する議論方法に対する客観的な理性に基づいた批判となっている。

八月九日の「大阪人」（F15p479）において、その企業家精神について論じている。日本において大阪人は銭もうけで有名であるが、その方法は、「種々の工風を運らし様々の計畫を試み、自から危険を冒して新事業に着手し、以て大利を期するときは、其新工風新計畫は自から利すると同時に廣く世間を益して一般の進歩を助」けることが多い、「文明人の貨殖法」である。近来大阪地方で工業が発達しているのは、大阪人が資本を投下して危険を冒した結果であり、大阪が日本の工業の中心であるのはその進取の勇気の賜である。

「或は大阪人が平生錢を重んじて一厘一毛の微を吝しむを見て非難するものあれども、其錢に吝なるは取りも直さず考の緻密なることなり。一軍の指揮官が戰に臨んで充分の勇氣はありながら、其注意甚だ周密にして一發の發砲さへも忍にせず、況して兵士の如き、一人も漫に動かしめずして、扨いよ〳〵接戰となれば勇往直進、向ふ所、前なく、忽ち敵陣を衝破るが如き、之を目して智勇兼備の擧動と云はざるを得ず。大阪人の平生に吝なるが如きは卽ち其考の密なるを示すものにして、時に臨んで決斷の勇氣は決して血氣の勇に非ず。平生の緻密なる考より出づるものにこそあれば、彼の金満家の輩が細々積んで巨萬の富を致しながら、之を散じて更らに大に利するの工風を知らず、一生守錢奴に終るものと同日の談に非ざるなり。」

まるで後の大阪が生んだ代表的な企業家の松下幸之助を予見しているような文章である。[5]それに続けて、東京・横浜にも富豪は少なくないが、企業家精神の点で遙かに劣っているとして、次のように結んでいる。「大阪人は實に企業に適當の人民にして、其性質と勇氣とを以てすれば眞實大阪を工業の中心たらしめて、ますく國の富殖を助くること疑ふ可らず。我輩の大に望を屬する所なり。」

まだ封建時代の価値観の強く残る当時の思想・言論界では、金銭や利益そのものが卑しいものとされて、それを獲得するための経済活動も軽蔑の対象であった。同じ時期に陸羯南が、繰り返し営利主義の実業家に対する嫌悪を表明していたのも、[6]その儒教的価値観の表れであった。陸が鉄道の国営を主張し、国家社会主義を説くのも、そのような実業家への反感から生じるものであった。一方、福沢は経済活動に対する国家の干渉には一貫して強い反発を示して、彼自身が生まれ青春時代を過ごした大阪に多い企業家(entrepreneur)とも言うべき実業家に、日本の発展の主役となることを期待していたのである。第二次大戦後に抑圧されていた福沢流の自由主義経済が復活すると、前記の松下幸之助が高度経済成長を象徴する人間になった。

この年の九月に伊藤内閣は総辞職して、松方と大隈を首班とする松方内閣が成立した。福沢は対外硬運動の高揚以来、伊藤内閣を強く支持してきた。特に伊藤や開明派の閣僚の陸奥宗光や西園寺公望に対しては絶大な信頼を寄せていた。この三人はまた、陸羯南などの対外硬派の攻撃の的となっていた。[7]対外硬派の支持を受け、内部に高橋健三などのその分子を含む松方内閣に対して、福沢は当初から冷淡であった。この時期から、日清戦争後の福沢の楽観一方の明るい論調に暗い影が差すようになった。

九月二十四日の「文部大臣の後任」(F15p510)では、内閣交代による西園寺文部大臣の後任について次のように論じている。

「我輩に於ては人に就て誰れ彼れの毛嫌はなけれども、只周公孔子の末を酌む漢儒者流の就任は斷然不同意を表せざるを得ず。或は世俗の見る所にては、儒流の輩は學者に外ならず、學者ならば文部に適任ならんなど思ふことならんなれども、文明の眼より見れば、漢儒の如き、如何に博學能文の名あるも決して學者と認む可らざるものなり。今の日本は一切萬事文明の世の中にして、殊に教育の如き自から社會の原動力として一般の人心を左右す可きものは、最も文明流ならざる可らず。例へば彼の漢方醫が漫に醫者の名を冒せども、今日の醫學上に苟も草根木皮を用ふる輩は斷じて醫者と見る可らざると同様にして、儒流の如き、實際に全く無知無學の阿蒙に外ならざる其輩に、文明教育の事を委任して如何す可きや。從來の事例に徴して我輩の懲り果てたる所なれば、文部の當局に儒流の後任は飽くまでも反對する所なり。」

福沢が断然不同意あるいは、あくまでも反対と表明して、彼が「懲り果てた」と述べる漢儒者流の文部大臣とは、西園寺の前任者で「博学能文」の名声があり、『儒教を存す』という著書のある井上毅を指すことは確実である。その対照において文明流の西園寺が評価されて、その辞任が次のように惜しまれるのである。

「西園寺の如きは在任甚だ永からずして文政の施設意の如くならず、今日まで實にしたるものは百歩中の五、六歩に過ぎざることならん。成蹟の見るに足るもの少なきは勿論なれども、其平生の主義懷抱、純然たる文明の流義にして、今の文政の當局者としては先づ以て適任と認めざるを得ず。我輩は引續き在任を希望するものなれども、今回の辭職、事情止むを得ずとあれば無理に引留む可きに非ず」

福沢のこの評価と信頼は決して根拠のないものではない。西園寺は第三次伊藤内閣の文部大臣の時に、より開明的な第二教育勅語の発布を目指していた。[8] 実現していれば教育勅語の害を薄めることが出来たであろう。

十一月一日の慶應義塾の同窓生の集まりでの演説大意（F15p531）が三日の『時事新報』に掲載された。全集では「氣品の泉源智德の模範」と題されたこの文章において、三十年前に始まった慶應義塾の歴史を回想している。攘夷全盛で国内騒乱の当時において、塾が如何に時勢に逆らって西洋文明の火を守り抜いたかを簡潔で力強い言葉で振り返り、塾生が西洋文明の導入に努めた有様を紹介している。昨年末の福沢の還暦の祝いにおける演説の内容とも共通して、慶應義塾が日本の文明化に果たした指導的な役割を満足をもって回顧している。しかしこのような実績にも満足することなく、今後も慶應義塾が日本社会で大きな役割を果たすことへの強い期待を表明している。

この演説にも福沢の戦後における楽観的な気分が続いていることがわかる。慶應義塾に関しても日本に関しても、今日までの文明の歩みを極めて肯定的にとらえて、将来も同様な発展を遂げるであろうことを期待し確信している。後に現れる日本の前途に対する不安の影は全く見られない。

明治三十年になっても、福沢の戦勝による高揚感の余韻がまだ続いているように見える。一月二日の「新年の心算」（F15p575）において、個人においても国家社会においても物事は思うようにならず失敗や失望の割合の方が多いものであると前置きして次のように述べている。

「我日本國年來の經過を見れば全く反對にして、時に齟齬失策はなきに非ざれども、何れも一局部の些末事に過ぎず。全體に影響を及ぼすに足らずして、年々膨脹進歩の一方のみなりと云ふ。如何なる幸運ぞや。」

日本国内の政治社会の各方面の進歩も予想を上回るものであったが、国外への発展について次のように述べている。

「殊に外に對して國威を燿かしたるの壯擧は、神功皇后、豐太閤の昔語として、只歴史上の談に過ぎざりしに、日清戰爭の結果は版圖を海外に擴め、世界の表面に日本の勇武を轟かして、開闢以來の夢を實にしたるが如き、何れも案外の成行にして、豫算以外の成蹟と云はざるを得ず。我輩の如き、國民の一人として自から當局者にてありながら、顧みて其成蹟を見れば今更ら驚嘆に堪へざるものなれども、又退いて自から考ふるときは今日の成蹟は決して偶然ならず。卽ち國民の銘々に自から發達進歩の素質を備へ、其奮勵勉强の結果を國勢の上に現はしたるものに外ならずして、ます〳〵勉めて倦まざるに於ては、今後の進歩はます〳〵大ならざるを得ず。我國の前途ます〳〵多望なりと云ふ可し。」

年の初めに当たって、以上のように過去に対する手放しの満足と、未来に対する大きな楽観論を示していた。しかし、この年から前の年には見られなかったような暗い不機嫌な調子が彼の文章に現れてくるようになった。その原因は、根本的には対外硬派に担がれた松方内閣への不満に発しているように思われる。

一月二十六日の「何ぞ大に人權問題を論ぜざる」(F15p591)にも、福沢のそのような感情が表れているように見える。政府の新聞条例改正案に関して一定の改善の跡を認めながらも、今の社会にはもっと重大な人権上の問題が存在するとして、華族という制度を取り上げ次のように述べている。

華族という「其名譽は恰も他の不名譽を以て買ひ得たる次第なればなり。然かのみならず犯罪の場合にも華族有位の者に限りては一般人と處分の手續を異にするが如き、何れの點より見るも今の人民は非常の不名譽を蒙るものにして、其關係の大小は言論集會の一般に不自由を同うするものと同日の談に非ず。然るに眼前の屈辱は之を不問に置きながら、實際には格別の利害もなき新聞紙の禁停止事件などに人權問題の名を付して大聲喋々するとは、畢竟人權の眞實貴重なるを解せざるものにして、共に名譽の何物たるを談ずるに足らざるなり。」

この論説は福沢が新聞条例や言論の自由の問題を軽視したとるよりも、彼の対外硬派への反感の強さを示すものであると見るべきであろう。対外硬派の陸羯南こそ新聞条例の問題を重視して繰り返し論じていた代表的な存在であったからである。(9)

この松方内閣の功績と考えられている金本位制度の導入に対しても、福沢自身も金本位制度に基本的に賛成であったが、やり方が拙速であると批判的であった。三月に入って、二日の「金本位案提出」(F15p615)や四日の「議會は幣制案を如何せん」(F15p618)において政府の金本位制度導入に対する、慎重さを欠くと福沢に思われる政府や議会の対応への強い不満の意が表明されている。

そのような福沢の政治への不満の昂進の結果、暗い予言の文章として生まれたと思われるのが、三月六日の「人心の不平」(F15p622)という論説である。彼はその冒頭で、日本の過去三十年間の社会の各方面における進歩は驚くべきものがあり、三十年前と現代を相比較すれば地獄から極楽に移ったような大変化であると述べている。それでは今の人民は何の不平もなくひたすら現状に満足しているかと言えば、その反対で足るを知らずしてますます不平を増しているのが現状である。これは人間の欲情のどうにも出来ない性質である。地獄を経験したものさえも極楽に移れば以前の苦労を忘れがちである、まして極楽に生まれたものに地獄のことを語り現代のありがたさを知らせようとしても無理である。そして注目すべきは教育の役割であると次のように述べている。教育の普及に伴って人民の知識が進むと共に、理想も高くなるのが必然であり、その理想の目で現実を見れば、その社会における階級や経済的な不公平は顕著であり、人民は堪えられない不平不満の感情を抱くようになるだろうとして、次のように結んでいる。

「其感情は積り〳〵て何時か一度は破裂せざるを得ず。即ち政治上に何か大變を釀し、又社會上に貧富平均論の發生は、必然の成行にして到底免かる可らず。我輩の斷言する所なり。但し政治上の大變と貧富論の發生と孰れか早くして孰れか晩きかは豫じめ明言するを得ざれども、早晩到來の免かれざるは明白にして、存する所は只時期の問題のみなりと知る可し。」

文明の進歩は人民の満足を増して社会の静謐をもたらすのではなく、より多くの欲望を刺激して社会を不安定にするというのは、著書『民情一新』以来の福沢の持論であった。福沢自身は維新以来の文明の進歩を高く評価していたが、まさにその進歩が日本の社会の不安定要因となることも見逃さなかった。福沢は政治上の「大変」や「貧富論」の内容を詳しく説明していないが、後年の知識層における社会主義の流行や、社会におけるテロの横行を思わせる。

三月二十八日の「農商務省の大改革」(F15p636)も、この時期の福沢の不機嫌さを示すように、非常に感情的な文章である。政府の保護主義的な経済政策を、「愚狂」という言葉を何度も使って強く批判している。経済合理性を無視して、ナショナリズムや政府の指令で経済を動かそうとする政策に、彼は早くから一貫して反対していた。これほど強く反発したのは、松方内閣における対外硬派の影響を示すものと見たからであろう。彼は以前にも対外硬運動を形容するのに愚狂という言葉を使っていた。

一方松方内閣を支持していた対外硬派の陸羯南は、自由主義による弱肉強食の社会を救うのが国家の役割であるなどとして、国家が主導する経済政策の「国家的社会主義」[10]を主張していた。福沢はこの時期に話題となっていた足尾鉱毒事件に対しては、一貫して冷淡な姿勢を貫いた。それは農民への同情心の欠如というよりも、この事件を自由主義経済の欠陥を示す典型的な事件として、大々的に取り上げていた対外硬派への反発の結果であるように思われる。

明治二十九年は前年の戦勝の余韻が続き、福沢は一層の国内の文明化の進展と国力の発展を楽観的に予想していた。けれどもこの年の九月の、福沢が強く支持していた開明的な伊藤内閣の崩壊と、福沢が敵視していた対外硬派の支持を受けた松方内閣の成立は、そのような明るい展望に影を落とすようになった。明治三十年になると、それまで見られなかったような不機嫌で陰気な調子が文章に現れるようになった。

四、ハワイ併合の衝撃（明治三十年六月）

明治二十九年九月の松方内閣の成立以降、戦後の福沢の楽天的論調に暗い影が差すようになった。けれども、彼の論調に決定的な転機をもたらしたものは、外から来た。彼が最も親しみ信頼していた米国が原因となった。それは明治三十年六月の米国によるハワイ併合である。けれども、彼は既にその前から日米関係に異変の兆しを感じていた。

五月十一日の「日米の交際」（F15p657）は、福沢の従来の手放しの親米姿勢と日本の将来への楽観に大きな影を落とすことになる重要な論説である。冒頭において、日米間の「特別の交際」は初代公使ハリスによる日本のための様々な好意によるとして、彼が日米の通商条約の締結やその後の他の国々との条約の交渉において、国際事情に全く無知な日本のために親身になって助言してくれたので、不平等条約もあの程度ですんだのであると説明している。そして、その後も幕末の混乱期における攘夷派の乱暴に関しても、日本の事情に理解を示して英仏のように強硬な態度をとることなく日本の政府を支持してくれたと紹介して、次のように述べている。

「夫れ是れの行掛りより、ハリスは吾々の利害に關せずして専ら日本に贔負するものなりとて、他の外國公使との折合甚だ面白からず、遂には途中に遭ふも互に目禮せざるまでに至りしと云ふ。其他ハリスが我國の爲めにしたる親切の行爲を計ふれば、到底一日の新聞紙上に書き盡すを得ず、一册の著書に記すも尚ほ餘りある程なれども、其事實は今に生存する故老の中に現に記憶するもの少なからず。今後子孫後世にも永く傳ふ可きものなり。」

以上の福沢の言葉は、彼自身が幕府の外交当局にあり、自分自身が経験したことであるので実感がこもっている。そして、次のように続けている。以上のような事実があるので、日本人もハリスを非常に信用して何でも打ち明けて相談したのである。さらには彼だけではなく米国人一般も信用するに至ったのである。学問教育においても米国へ依頼することが多く、教科書なども米国のものを使用することが多かった。このような日本の好意に対して米国も応えて、旧幕府における使節などを非常に歓迎して厚くもてなしてくれた。明治に至っても日本においては官民を問わずにアメリカ人に対する好意は非常に大きいとして、「日米間の交際に一種特別の次第は凡そ右の如き由來にして、忘れんと欲して忘るゝを得べからず。今後萬々歳も亦正に斯の如くなる可きは日本人の希望なり」と述べている。

ただ問題であったのは両国の貿易関係で、日本側の著しい輸出超過となっているのは遺憾であり、特別の交際を維持するために均衡策を模索していたが、近年日本の工業の発達により米国の輸入が増えてきたのを喜んでいたところ、最近米国議会に日本の輸出品に対して禁止税に等しいような高関税を課す法案が提出されたことに、日本人は大きな衝撃を受けているとして、たとえ関税増加のために輸出が停止されても貿易全体への影響は知れたものだが、重大なことは日本人の感情に与える問題であると指摘している。男女間の不和が、他人の間よりも夫婦の間における方が重大化するように、この法案が原案のまま通れば、日本人の従来の米国への大きな好感の反動として非常な悪感情となり、理性的な説明さえも受け付けなくなる恐れがあるとして、次のように述べて米国の良識ある行動を期待している。

「我輩の殊に掛念する所は貿易上の小得失に非ず。之が爲めに多年來今日に至るまで兩國の間に持續して、忘れんと欲して忘る可らざる一種特別の交情を、一朝にして無にせんとする只その一事のみ。」

この長文の論説は福沢の意を受けて記者の石河幹明が起草したものと全集の註にあるが、非常に力のこもった緊張感に満ちた文章であるので、恐らく口述筆記に近いもので福沢自身のものと扱って問題ないと思われる。福沢は、目先の貿易問題ではなく、日米関係全体において何か重大な事態が起きつつあることを予感している。この文章の前半にある回想の明るい調子と対照的な後半の暗いトーンは、福沢が事態を決して楽観していなかったことを示している。福沢の日米関係へのこの暗い予感は、翌月における米国のハワイ併合で決定的なものとなった。その衝撃は大きく、以後の福沢の論調は一変することになる。

明治三十年六月の米国のハワイ併合以後の論文は、それ以前のものとは完全に区別されるべきである。この年の六月下旬からの一カ月間は福沢の晩年における大きな転換点となった。ハワイ併合の直接の衝撃から生まれた六月二十四日の「米布合併に付き日本の異議」(F16p17) から、七月二十二日の「外患未だ去らず内憂來る」(F16p55) の一カ月間こそが、福沢の危機感が最も昂進して、彼の最晩年の論調への転換がなされた重大な時期である。本章では、この六月の間の、対外問題に関する彼の文章を詳しく検討する。

六月二十四日の「米布合併に付き日本の異議」において福沢は、日本人移民も多く日本の利害関係が少なくないハワイの併合が、米国によって日本を欺く形で突然になされたことを強く批判して、有望だったハワイとの貿易の前途も危うくなったことを嘆いている。全体にみなぎる裏切られたという苦々しい感情と危機感にあふれた調子は、福沢が米国の日本に対する敵対的とも言える行動に強い衝撃を受けたことを示している。この事件は「日本と米國との交際は特別に親密にして恰も兄弟の如くなる其交誼の永久に全からんこと」を願っていた、親米派の代表的人間の福沢であったからこそ大きな衝撃であったのである。対外硬派の陸羯南などは殆ど影響を受けていない。

福沢は単に、米国がハワイを併合して日本の経済上の利益が損なわれる、という当面の事実のみに反応しているのではない。日清戦争を契機に発展する日本の前に、米国が潜在的敵国として立ち現れたという、重大な象徴的意味を明らかに意識している。既に彼は前に紹介した五月十一日の「日米の交際」という論説において、維新以来の日米の関係が相互の好意から生じた如何に良好なものであったかを回想しつつも、最近米国議会において日本からの輸入品をねらい打ちしたような関税の大幅な引き上げが、歴史的に非常に良好な日米関係を損なうことになることへの強い懸念を表明していた。日本の国力が増大すれば、それだけ外部からの抵抗も増して困難も大きくなることを覚悟すべきであるということは、福沢が三国干渉に関して主張していたことであった。しかしそれは、あくまでも帝国主義のヨーロッパの列強を対象にしたものであり、福沢が絶大な好意を抱いていた親日的で侵略的傾向のない米国の反日的行動は、明らかに彼の予想外のものであった。この米国のハワイ併合がもたらした福沢への衝撃が、彼の最晩年を規定することになった。

翌日の六月二十五日の「對外前途の困難」(F16p19) という長文の論文は、福沢が日本の近代の国際社会における日本の地位を詳しく論じて、彼のこの時期の危機感を十分に表現した重要な論説であるので詳しく紹介する。

福沢は冒頭において日本の開国、即ち国際社会への加入が偶然の出来事であったと次のように述べている。日本の鎖国主義は広く知られていたが、東洋の一小島国として諸外国は度外視していた。ペリーが日本の開国で求めたことは、この時期に鯨の脂に対する需要が高まり、日本近海が有望な漁場であったので捕鯨船に対する薪や水を供給させるために過ぎなかった。その後米国をはじめ諸外国と通商条約を結ぶことになったが、どの国も日本が重要な貿易国となるとは少しも期待していなかった。

その後日本は予想以上の発展を見せて、貿易量も増えたが外国の日本に対する低い評価はあまり変化しなかった。維新前後の時期やその後の改革政策において、外国人が一定の助力をしたのは事実であるが、それもあくまでも彼等の商売の妨害を除去することが第一の目的であった。その後の維新政府は全力を挙げて文明開化政策に取り組み、外国人にも助言を求めて、大胆にその政策を実行したので国中の文明開化は大いに進んだ。日本人自身の奮励努力もさることながら、外国人の助力が大きな役割を果したことは否定することが出来ない。しかしながら日本人は、この外国人の一見善意の助力には、ある隠された意図があったことに気がついていない。外国人の眼からすれば、日本のような小国がどれほど発展しようとも、その可能性は限られたもので、その貿易の利益も知れたものである。彼等が一貫して注目して真に望みを託しているのは、日本の隣国の大国支那である。支那が真に発達すればその貿易の利益は膨大なものになるであろう。しかしながら、支那は保守的な大国で容易に動こうとはしない。そこで、隣の小国日本が軽快で活発なのを利用して、その進歩を促して支那の近代化への刺激剤としようとしたのである。真の目的は支那の利源の開発にあり、日本の文明化への援助はその方便に過ぎなかった[1]。

しかしながら、このような外国の思惑にもかかわらず、日本は文明化の進路を前進して、社会の各方面において目覚ましい進歩を見せ、ますます発達する様子を示したので、外国の識者においてはそれに注目して警戒する意見さえも、明治二十年頃から現れるようになった[2]。そして、明治二十七年の日清戦争の勝利において、日本は世界にその世界的強国としての実力を発揮した。外国人もこれには驚いて、表面上には賛辞を呈しているが、その心の底には不安と反感の念が生じて来たことは無視することが出来ない。

このような否定的な感情は宗教と人種の相違から生まれるものである。西洋と東洋相対して最も注目すべき相違は宗教と人種の相違であり、特に西洋においてはこの偏見は深く根付いて、彼等の対外行動を強く規定している。明治三十年のトルコとギリシャの戦争において、勝利したトルコの方が一方的に不利な条件を課せられたのも、西欧列強のこの宗教人種に関する偏見が根本的な原因である。日本が世界の強国の列に入るに際しても、この偏見の感情は強く刺激されて、今後もますます増長するであろう。三国干渉もその事例の一つであり、将来もこのような事態が起きることが予想される。最近の米国における日本を標的とした関税引き上げやハワイ併合もその一端である。西欧文明の未開国への普及を義務と公言する西欧人の誠意は認めてよいが、宗教人種の別による偏見は彼等の痼疾（こしつ）というべきもので、その前には合理性も人情も色を失う。例えば、より従順勤勉で賃金も安い日本人よりもアイルランド人の方が移民として歓迎されるという、経済合理性を無視した行動にその偏見の強さが現れている。それ故に、日本人が外に進出するにはヨーロッパ人などよりも遙かに大きな困難に直面するであろう。今後日本の国力の発達するに伴い、外交上にも事業の上にも、日本の対外進出には様々な衝突や困難を予想しなければならない。日本は戦勝の虚栄に酔っている場合ではないとして、次のように結んでいる。

「戦勝の一事、國の地位を成したるに相違なけれども、其地位は取りも直さず危険の度を増したるものにして、若しも此儘、悟らざるに於ては、早晩世界大勢の逆流に衝突して非常の否運に陷ることある可し。近來の事態を見るに、危機次第に切迫して甚だ容易ならざるものあり。此際國論の方針を示して國民をして向ふ所を知らしむるは、識者經世家の責任なる可しとして我輩の切に希望する所なり。」

この緊張感にあふれた文章は、福沢のこの時期の根本的な国際観を示すものとして非常に重要である。それは世界における日本というものが如何に危うい地位にあるかという認識であった。日本が東洋の片隅の一小国である限りは、他の列強の真の関心は大国中国にあり、日本には好意的でさえあった。しかし、日本が世界の強国としての実力を示すと、彼等の不安と敵意を呼び覚ますことになった。世界の列強は全てが白人のキリスト教国であり、その根強い人種的偏見により、日本は単なる後発の新興国として既存の大国に対抗する困難だけでなく、人種的文化的偏見というハンディキャップを負わなければならないのである。これは、日本という国の近代における基本的条件であり宿命であった。福沢は以前からこのような認識を抱いていた。フランスと清国がベトナムをめぐって争った明治十七年後半には強い危機感を表明していた。しかし、その当時は危機は現実のものではなく可能性の段階であった[3]。しかし、十年後日本が日清戦争に勝利して世界の強国として登場した結果、福沢はまさに以前からの懸念が現実の段階に到達したことを認識せざるを得なかった。福沢にその事実を思い知らせたものこそ、彼がどの国よりも強い好意を抱き、移住や貿易の対象として大きな期待を掛けていた米国の行動であった。そのことは次のような文章に明白である。

「近頃米國にて日本品に限りて關税の率を高めんと試み、又日本人排斥の議を生じて、其氣焔ます〳〵盛なるが如き、殊に今回の布哇合併事件の如きは既に其端を現はしたるものにして、決して一時の現象とは見る可らず。」

日清戦争後の福沢の議論は、戦勝による国力の増大と国威の上昇を素直に喜び、その国力の発展に見合うだけの軍備の拡張や、それを支える増税について論じるなど、戦後の日本の進む方向を肯定的に見て、細部に批判を加えることがあっても、方向そのものを否定するものではなかった。しかし、米国のハワイ併合以降は事態が一変した。もはや以前のように日清戦争を全面的に肯定的に見ることはなくなった。大きな困難の始まりであるという否定的な側面が強調されるようになった。そして、戦後の日本の進路に関しても、このままでは危ないという否定的観点が強く現れることになる。

このような危機感を引き継いで、福沢は翌二十六日の「容易に用兵を談ず可らず」(F16p25) において、軍事力よりも外交の重要性を次のように論じている。「我國對外の前途を想像すれば甚だ容易ならず、其困難は今より大に覺悟す可き所のものとして、扨對外の實際に至りて世人動もすれば兵力の必要を説くもの多し、其説敢て無稽に非ず」として、外交の裏付けにも兵力は必要であるとその重要性も認めている。

けれども、戦争はあくまで万策つきた後の最後の手段であり、最悪の場合、戦争を覚悟しながらも最後まで外交の駆け引きを試みるべきであると主張している。兵力も外交もその最終的目的は平和である。兵力は数字通りの働きしか演じないが、外交は駆け引きの妙によって実力の倍以上の効能を収めることもある。深刻な軍備競争下の西洋の平和維持も外交の力によると述べる。直前の論説「對外前途の困難」で日本の孤立的状況への危機を表明したが、そのような孤立状態で容易に軍事力を行使することは滅亡を意味する。そのような孤立を出来るだけ回避するのが外交の技術であり、それ故に彼は外交の重要性を主張しているのである。そのためにも彼は外交当局の充実を求めている。第一流の人物を責任ある地位に就けるだけでは全く不十分であると、次のように主張している。

「主任の當局者に人を得ると共に、有爲の人材を網羅すること必要なれば、朝野を論ぜず人物を其部局に集めて活潑の働きを爲さしめざる可らず。之が爲めにも金を要するは勿論なりとして、我輩の更らに望む所は、人物を選んで之に任ずると同時に、大に金を與へて自由に使用せしむるの一事なり。即ち所謂機密費の如き、充分豊にして、當局者の働きを自由ならしむ可し。」

ここで福沢が論じている外交活動は、従来の外務省におけるような在外公館における外交官の形式的な職務などよりも、遙かに広範囲なものを意図していることは明白である。それは、むしろ対外情報活動とも言うべきものである。それは機密費を増大せよとの言葉にも明白である。それは、別に非合法な陰謀的な行動を意図するものではない。恐らく福沢の意識にあるのは、井上馨と伊藤が条約改正交渉を主導した時に展開したような、外国の要人やジャーナリストなどと積極的に接触し交際して、日本に対する好意的な世論を広めようとした活動を考えていたと思われる。(4)

この国際世論に対する働きかけという点で、伊藤と井上馨は大きな成果を上げていた。英国の指導的新聞の『タイムズ』に、極めて親日的なパーマーとブリンクリーを通信員として確保していた。この二人は私生活の上でも伊藤や井上馨と親しい関係にあり、人格識見とも優れた人間で、その文章は現代においても少しも色あせてはいない。(5)日本に好意的な彼等の日本通信は、『タイムズ』の論調にも影響を与え、結果として英国世論全体にも親日的な空気を広めていた。そして、日本政府は英国政界にも働きかけ、国会議員のリードや香港総督のヘネシーなどという有力者を日本に招き歓待することによって、日本の味方となってくれる友人として獲得していた。(6)そのような努力は、伊藤内閣の条約改正を屈辱的とする反対運動の高揚と井上馨の失脚と共に放棄されただけでなく、否定されることになった。後の第二部で見るように、条約改正反対運動の主役となった陸羯南などの対外硬派は、伊藤などの外人と親しく交際し海外の好意を獲得しようとする姿勢を、「外人の手を握り同胞に足を加ふ」(7)などと攻撃していた。伊藤と井上馨が主導した欧化政策と条約改正が国辱的と否定された結果、この二人の外交姿勢も全面的に否定された。ブリンクリーの私的な政府顧問としての役割も、伊藤・陸奥の後の世代に引き継がれることはなかった。

日本に関する正確な情報を西欧世界に知らせて、日本に対する理解と好意を深めるのに、日本人自身の能力と努力には限界がある。日本に理解と同情を有して西欧世界への紹介役を務めてくれる、有力で信頼できる外国の友人を獲得することは、日本が国際社会で生きるための必須の条件であるという、(8)伊藤や井上馨にあった外交的センスは日本人から失われてしまった。日本人と外国人の交際の場となった悪名高い鹿鳴館も、このような観点から見直す必要がある。(9)大正以降、日本にはブリンクリーのような影響力のある有力な友人はいなくなった。その結果として、日本に関する無知や悪意に基づく不利な報道が、虚報でさえも、外国の友人達による反論や弁護という歯止めが無くなって、国際社会において容易に広まる結果となり、日本の孤立をますます深めることになった。

福沢はこの論文の後半において、外交当局にいかに大金を与えようとも、ひとたび戦争が起こった場合の損害とは比べものにならないとして、外交による平和維持の役割の重要性を指摘している。戦争のもたらす直接間接の災禍は非常なものであり、たとえ賠償金を得ても償うことは出来ないと述べて、対外の避雷針ともいうべき外交に金を惜しむべきでないと主張して、次のように結んでいる。

「兵力は立國の爲めに固より缺く可らずと雖も、充分に其力を蓄へながら平時の對外には之を懐にして容易に云はず、外交手段を第一の必要として只管これに依頼し、萬々止むを得ざる最後の場合に至りて始めて用ふるものと覺悟す可きのみ。」

米国のハワイ併合の衝撃は、福沢に国際問題における外交の重要性を改めて認識させることになった。しかしながら、福沢にとって外交問題というものは、政治家や外交官に任せておけばいいというものではなかった。国民一人ひとりの対外態度も大きな役割を果たすものであった。六月二十九日の「國を開かば大に開く可し」(F16p28)では、対外関係において国民に次のような決意を求めている。その冒頭において福沢は次のように主張している。

「開國の一事は、日本國民が立國の第一要義と認めて百難を排して斷行し、今日まで眞正面に進みたる所にして、今後ますく進歩の一方ある可きのみ。其方向は甚だ明白にして何人も疑を容れざる所なりと雖も、既に國を開くと決したらば思ひ切て大に開く可し。今更ら未練の癡態は斷じて許さゞる所なり。抑も開國とは國を開て西洋の文明開化を入れ一切萬事を文化せしめて、以て新日本の新面目を成すの意味に外ならず。東西、國を殊にし又人種を殊にすれども、文明の主義に東西の別はある可らず。」

この福沢の単純素朴に見える主張に軽薄なものはない。二十五日の論説「對外前途の困難」で示された、日本はその発展を決して喜ばない人種と宗教を異にする西欧列強に囲まれて孤立している、という根本的事実認識から生じた危機感に発するものであることは明白であろう。西洋を手本とした文明開化は幕末以来福沢の一貫した持論ではあるが、この時期の文明化論には危機感に基づく強い切迫感がある。

これに続けて、治外法権などというものは文明の主義に反するものであったが、長年の苦心の結果最近の条約改正において、西欧人と日本人は法律的には平等になった。しかし、「彼我の人情風俗相懸隔して互に近づくに便ならざるときは、實際に對等の交際は望む可らず。疑ふ可らざる所にして、甚だ遺憾の次第にこそあれば、今後吾々日本人の大に勉む可き所のものは、雙方の人情風俗をして成る可く同様ならしむるの一事に在りと知る可し。」とあるように福沢は、日本は維新以来の開国の国是を徹底して、西洋の文明を取り入れて人情風俗まで西洋と同一になるように努めるべきと主張している。福沢が明治十七年に深刻な危機感に襲われた時の「外交論」（F9p192）や「開鎖論」（F9p489）と極めて近い主張であり、同様に西欧列強による排斥疎外に対する危機感によるものである。文明の教育を受けながら日本の伝統文化を衒う者などは、「許す可らざる郷愿の俗物にして、文明の賊と認むるも可なり。」とさえ断言して次のように述べている。

「日本人が西洋風を以て異様と認むる其反對に、世界多數の眼より見れば日本の習慣こそ却て異様ならざるを得ず。其異様はお互のことにして差支なきが如くなれども、如何せん、文明開化は世界の大勢にして、彼の露國の如き、所謂スラヴニックシヴヰリゼーションとて、自から固有の國風ありながら、此大勢に對しては全く顔色なく、今尚ほ歐洲文明の輸入に勉めつゝあるに非ずや。況んや日本の國力を以て世界多數の人情風俗に反對する異様の習慣を固守せんとす、到底力に及ばざることなり。既に國を開くと決したる以上は大に開て飽くまでも進む可し、若しも然らざるに於ては、假令ひ法律上に同等の權利を得たるも今の文明世界に對等の交際は先づ以て覺束なしと覺悟す可きのみ。」

福沢は早くから文明世界において異質な日本がその特異性に固執することは、排斥と孤立を自ら招くと警告していた[10]。その意味でも、万邦無比の国体などと称して国粋保存を主張して、西欧文明の導入に抵抗し外国人を排斥する対外硬の国体主義者は文明主義者福沢の相容れない敵であった。

米国のハワイ併合という衝撃によって大転換した福沢の姿勢を典型的に示しているのが、六月三十日の「戰勝の虚榮に誇る可らず」（F16p30）である。日清戦争に関する認識が一変したのである。彼は次のように論じている。

「日清戰爭の一事、我國の地位を成して、外國人の見る所にて世界の一國と認むるに至りしは事實に相違なけれども、之と同時に彼等の間に漸く不安の念を生じて漸く疾視の眼を我に注ぎ、從來は單に一個の貿易國として寧ろ後進の誘導に勉めたる其態度を一變し、反對に其膨脹發達を危虞して、動もすれば軍事上に商賣上に我進路を妨げんとするの徴候を呈したり。識者の確に認むる所にして、前途甚だ容易ならず。目下日本の地位は恰も世界疾視の中心に立て、一擧一動、苟もす可らず。大に警しめ大に勉めて日も亦給らざる大切の時節なるに、然るに國中の樣子を見れば、一般に戰勝の虚榮に酔ふて殆んど本心を忘却し、内に自から誇るのみならず、或は外に對しても威張らんとする其逆上の樣こそ可笑しけれ。戰勝は正に是れ我心配の種を増したるものと知らずや。」

福沢のこの批判は国民一般だけでなく以前の自分自身にも向けられていると見ていい。戦後の彼の論調にはやはり戦勝を誇りその余韻に浸った楽観的な調子があったからである。しかしそのような楽観は一掃され、戦争自体も以前の快挙という位置づけではなく、老朽の腐敗国を倒したに過ぎないと低く評価するに至った。

現在の政府の功績とされる徳川政府の打倒も、実は徳川幕府の内実も支那同様の腐敗の極みに達していて、倒れるべくして倒れたもので非常に容易な事業だったのであると指摘して、次のように述べている。

「左れば今日世間に喧しき戰勝とは、徳川将軍に大政を返上せしめて幕府を倒したる其功を誇るに異ならず。之を誇るは尙ほ恕す可しとするも、之に狂して善後策の施設を忘却するに至りては、我輩は寧ろ戰勝を後悔する者なり。維新後の施設は唯是れ國內の事に過ぎず、或は對外の關係とても甚だ緩慢にして條約改正など固有の利益を全うするに止まりしに、今後の對外は決して然らず。世界の列國は恰も日本の地位を疾視し、動もすれば其膨脹發達を妨げんとして、苟も觸る所、撞突の掛念あるのみならず、更らに一步を進むるときは或は四邊より壓迫せらるゝの場合なしとも云ふ可らず。事の緩急大小、從來と同日の談に非ずして、形勢切迫の眞面目を表すれば危機一髮の間に在りと云ふも不可なし。然るに世上無數の閑人は此形勢を知らず、尙ほ戰勝の虛榮に醉ふて得々たりと云ふ。癡人夢を說て人事を忘るゝものか、其狂愚唯驚く可きのみ。我輩とても戰爭の當時には自から狂せざりしに非ず、否な、他に率先して大に狂したれども、其狂したるは立國以來未曾有の外戰なる此一戰に負けては相濟まず、何としても勝たしめんとて大に狂したることなれども、戰爭の終りたる後に至りては曾て一言も自から誇りたることなきのみか、寧ろ心配の種を增したりとて大に今後の前途を患ふるものなり。」

この時期の福沢の危機感は、戦勝を「後悔する」という言葉さえ吐かせている。福沢は今なお戦勝の虚栄に酔う世間の人間を批判しているが、つい最近までは、福沢自身が戦勝に酔い楽観的な気分に浸っていたことは否定できない。福沢が日清戦争後の日本の将来に深刻な憂慮を表明するようになったのは、明治三十年六月の米国のハワイ併合の衝撃の結果であることは、この章で見てきたとおりである。

五、予言（明治三十年七月）

明治三十年六月の米国のハワイ併合は福沢に大きな衝撃を与えて、日清戦争の解釈さえも一変するほどの強い危機感をもたらして、それまでの彼の楽観的論調を大転換させたのは前章で見てきた。六月中には主に対外関係について論じていたが、七月になると福沢は目を国内に転じることになり、国内の問題に対する危機感の深化は彼に驚くべき予言をさせることになる。

七月になってから、福沢の厳しい現状認識は内政方面に向けられた。七月一日の「腹を切らざれば坊主と爲る可し」(F16p33) では、現在は政治家たちが一致協力すべき戦後の危険な国情なのに、相変わらず政争にふけり陰に回って政府攻撃をしているような政客に対する引退勧告である。元老が一致して国の大事に当たるべきというのは福沢の一貫した持論であるが、次の文章に見られるような切迫感は、米国のハワイ併合以前には見られなかったものである。「目下の國勢を如何と云ふに、戰爭中に比すれば更らに大切なるものあり。否な、冥目沈思、考ふれば考ふるほど更らに大切にして、更らに語勢を強むれば或は危機一髪と云ふも不可なき場合」であり、その原因は次のように対外問題である。

「目下の時節に際して眼中に見る所のものは唯對外の一事あるのみ。如何にして前途の困難を經過す可きや、如何にして他の反對に觸れずして國運の發達を全うす可きやとて、其善後策の爲めとあれば、殆んど一身の所在を忘れ、互に心を空ふして互に相容れ、議論の緩急を咎めず地位の相違を問はざるは勿論、幾個の腦髓を一に合して鞠躬盡瘁するも尙ほ不足を感ずるの時なる可し。」

二日の「老後の思出でに奮發す可し」(F16p35) では、今は国家危急の時期であるとして元老達に、様々な行きがかりを忘れて一致協力を希望している。その末尾にある次のような言葉も福沢をとらえたこの時期の危機感の強さを示すものである。「今や國家危急の大厄運に際す、協同一致、老後の思出でに大奮發して國家の爲めに盡さんこと偏に切望に堪へざる所なり。」

この時期の福沢の対外危機感は持論の軍備拡張論にも、微妙な陰影を与えることになった。三日の「軍備は無用を目的とす可し」(F16p37) においては、従来の軍備拡張論を放棄したわけではないが、以前のような軍備増強は国力の発展に必要であるというような積極的な主張は姿を消して、「吾々日本人は只世界の例に傚はんとするに過ぎず。軍備擴張は實際その軍備をして無用たらしむるの目的に外ならずと知る可きのみ。」などと無用の用を唱えるようになった。

このような福沢の対外危機感は、内政面における勢力の対抗関係に関しても新たな視点をもたらすことになった。福沢は維新以来文明開化政策を推進した明治新政府に対して、距離は置いたが決して敵対的ではなかった。特に明治十四年政変前夜においては、国会開設の決意を打ち明けた伊藤・大隈・井上馨の進歩派の三参議の依頼に応じて、政府系新聞の発行を決心するなど政府に協力する意志が十分にあった。それが福沢こそ反政府陰謀の首領である、という井上毅の中傷によって福沢は陥れられて、政府の仮想的な敵ともいうべき存在となってしまった。それでも、福沢は政府とは決定的な対立姿勢を取らずに官民調和を唱えて、藩閥政府を諸悪の根源として打倒を目指す野党勢力に同じることはなかった。このような福沢の中立的な姿勢は当時も今も非常に評判が悪い。政治を藩閥政府と民権派という善悪の単純な二元的対立ととらえて、政府に反対したから進歩派の善、民権派の味方をしなかったから反動派の悪という価値基準が根強く残っている。そのために官民調和論を主張した後期の福沢は評価が低く、藩閥政府反対を貫いたとされる陸羯南が高く評価されている。

　福沢の官民調和論は決して無原則な挙国一致論ではない。彼は原則上相容れない勢力に対しては徹底して否定的態度を貫いた。それが明治十四年政変で社会の表面に現れ、条約改正反対運動において主導的役割を果たすことで社会に確固たる地位を築いた対外硬勢力であった。対外硬運動が改進党勢力も巻き込んで社会を風靡するに及んで、それまで殆ど無視していたこれらの勢力に対して福沢は強い敵意を表明した。(1) これまで見てきた日清戦争後の彼の文章にも、その敵意が一貫して流れている。この勢力は団体としては熊本紫溟会に、個人としては陸羯南に代表され、いずれも井上毅の援助によって世に出たものである。福沢の対外危機感の高まりは、改めてこれらの勢力の危険性を認識させ、それに対する新たな対抗策を模索させた。

　七月九日の「西洋書生の共同力」(F16p42)において次のように論じている。日本の過去三十年の長足の進歩は世界にまれなものであったが、それはロシアのピョートル大帝のような一人の大豪傑の専制によるものではなく、輿論の勢力によってなされたところに大きな特長があった。しかし、その輿論とは国民全般の声ではなかった。その多数は愚民であり役に立たず、「漢學者國學者の流」れも改革の妨害に過ぎなかったと述べる。そのような中で「文明主義」に目覚めた少数の人間達を一般に西洋書生と称して彼らが自ら団結して、維新前後にその勢力が盛んになり守旧頑固論を圧倒して大改革を成し遂げたのである。変革の主役となった輿論とは西洋書生の意見であった。西洋書生の意見が世に行われ国を根底から変えて国会さえも開設したが、その国会が思いがけずも国民一般の愚論や頑固論のはけ口となってしまった。そのような「愚頑論」が国会に多数を占めて政府を苦しめている。「其勢力決して侮る」ことは出来ない。一方の政府は文明の主義を代表する西洋書生である、以前はその共同力によって大功をなしたが、最近は藩閥や情実などの内部対立により共同力が薄れて、国会の愚頑論のために苦しめられることが度々である。その上近来の対外の形勢は危機一髪と言ってもよいほどの容易ならぬ状況にある。藩閥と言い、元老と言うも、本来は維新以来の一団の西洋書生なのだから、その本来に立ち返り一致協力して、現在の内外の困難に当たるべきであると求めている。

福沢がここで述べている愚頑論とは、明治二十五年から二十六年にかけて条約励行論を掲げて国会の多数を占めて、伊藤博文の政府を追い詰めた対外硬運動を指していることは確実である。その当時福沢は対外硬運動を幕末における攘夷運動の再来とする愚頑論であると強く批判していた。そして十四年政変以来疎隔していた伊藤内閣支持の姿勢を明白にして、対外硬運動とは徹底的に対決せよと主張していた。対外硬派の攻勢により二度の議会解散に追い込まれた危機は、日清戦争によって解消された。福沢も戦勝を自分の主張していた文明主義の正しさを立証したものと安心していた。

しかし、米国のハワイ併合以来の「危機一髪の間」に在ると見る「對外の形勢」への彼の危機感は、改めてこれらの内部の反動的勢力の危険性を認識させることになった。日清戦争には対外硬派の攻勢が政府を戦争に追い込んだ一面があったからである。福沢は「文明主義」の側にある政府の元老が一致協力して、その勢力に対抗すべきことを説いている。この時以降の福沢は政治の基本的対立の構図を「文明主義」の勢力と、反動主義勢力の対立ととらえて、一貫して文明主義の立場を主張擁護していくことになった。福沢自身はその反動主義を儒教主義とか国学者流などと呼んでいたが、「国体主義」と規定するのが最もふさわしいと私には思われる。開明主義に反対するこれらの対外硬勢力の思想の根拠が、後の第二部で論じる陸羯南の言論に見るように、皇祖皇宗を究極の権威とする国体主義だからである。[2]

そのように福沢が一致を呼びかけ、西洋書生と呼ぶ元老達の中においても、福沢が真に開明政治家として評価して、その政治力に期待するのは伊藤博文であった。それ故に七月十一日の「速に伊藤を召還す可し」(F16p46) において、現在の日本は内外多難、親の大病にも比すべき危機であるのに、伊藤に漫然と外遊などを許すべきではない、速やかに呼び返して政客一致して国事に当たるべきと主張している。これ以降の政治論においても、伊藤に対する期待を表明して注文するものが非常に多い。

七月十八日の「西洋書生油斷す可らず」(F16p50) は、福沢の対外危機感が日本の文明の進歩状況に関する認識を、如何に暗い方向に変えたかを示している。日清戦争後の戦勝は日本の文明の進歩の賜であり、日本の前途は洋々であるというような戦後当初の楽観的な調子は姿を消してしまった。

ここでは次のように論じている。日本の維新以来の大幅な開明進歩は少数の西洋書生が、社会の多数派であった頑愚論を圧倒して達成した。もしこの西洋書生が存在しなければ、王政維新は真の反動革命となり、守旧政府が成立し攘夷を実行していたであろう。そのような頑愚論を抑えて困難な状況において非常の改革を断行して、国会を開き条約を改正し日清戦争に勝利したのは、文明進歩の賜であり西洋書生の力に他ならない。しかし世界の大勢から見るときは、これらの進歩も初歩のものに過ぎない。前途は遼遠で、しかも大きな困難が予想される。

一方国内を見れば、文明の主義を理解するものは少数に過ぎず、大多数の人民は依然として迷信を信じ、鎖国論さえ唱えかねないのが実情である。国会における愚論にもそれが現れている。もし日本の社会の進歩を実現し支えてきた少数の西洋書生の勇気がくじければ、多数の頑愚論が社会に跋扈して文明は退歩して独立も危うくなろうと予言している。

ここで、福沢が、鎖国論、愚論、頑愚論と呼んでいるのは、国体主義に基づく対外硬論のことを指している。福沢は対外硬論が社会の表面に現れたときから、一貫してそれを攘夷鎖国主義の頑愚論であると非難攻撃してきた[3]。国会を特に愚物の巣窟と見なすようになったのは、対外硬派が多数を占めるようになった時からである。

文明の主義を体現し進歩の主役となった西洋書生の対極の存在は、西欧化に反対し国体の尊厳と伝統の尊重を主張する国体主義者である。福沢は、国体を絶対化した教育勅語に結実した十四年政変後の反動教育こそ、対外硬運動発生の原因であると論じていた[4]。福沢は対外硬派と国体主義者を同一のものと見ていたが、熊本紫溟会や陸羯南の新聞『日本』に見るように、対外硬派は教育勅語の主義を掲げる勢力であった[5]。国体主義による対外硬論のような頑愚論が社会に跋扈すれば、日本の文明は退歩して独立も危ういという福沢の憂慮は昭和の日本で現実となった。満州事変以降、対外硬論が社会を風靡して国論となり、軍部などの対外硬派の社会支配と共に国体主義者も時流に乗り、天皇機関説などの文明思想を攻撃して逼塞させ、国体明徴論が社会を風靡した。皇祖皇宗の遺訓「八紘一宇」を国是とした対外硬の日本は、国際連盟を脱退して大陸への侵略を進め、英米などとの対立を深めて、ついには自滅的な対米戦争を開始した。満州事変はこれから三十数年ほどの後のことに過ぎない。

七月二十日の「形勢更らに急なり」(F16p53)において、福沢がこの時期に陥った対外危機感の内容が詳しく論じられている。その冒頭で次のように述べている。

「近來日本の地位が世界の人心に漸く不安の念を催ほさしめたるは疑もなき事實にして、着々思ひ當るものなきに非ず。今後對外の多事多難、自から想像するに足る可し。若しも我國にして依然從來のまゝに安んじ、永く東洋の極端に雌伏の覺悟ならんには、彼等の不安心も一時にして自から止むことならんなれども、今後の國勢を考ふれば、人口の繁殖と云ひ、商賣の發達と云ひ、次第に外に膨脹するは自然の數にして、其膨脹は國民生存の必要なるに、苟も外に出でんとすれば忽ち他の猜疑を招て、觸るゝ所、衝突を免かれずとありては、困難至極、容易ならざる次第にこそあれ。外に對して衝突の難儀を避けながら、實際に膨脹の實を全うせんとするの工風は如何にす可きや、大に考ふ可き所なり。」

日本の人口の増加や産業の発達に伴う国勢の発展による外への自然な進出そのものが、諸外国の猜疑を招いて衝突を引き起こすという、近代日本の置かれた根本的なジレンマの存在を福沢は指摘している。そして、西洋人の人種宗教の区別による偏見は痼疾とも言えるほど根深いもので、異人種異宗教のものには非道法外の行動に出ることがあると指摘している。日本人を軽視して子供扱いしていた時期には、表面化しなかったこの偏見が、日本の国勢の膨張とともに姿を現し日本人への猜疑心は増大するであろう、容易ならぬ事態であると彼は述べている。この難問に福沢の出した解答は、西洋諸国が形成する世界の大勢と共に進むべきであるというものであった。

「即ち其進退は立國の運命を決す可き分目としてますく進むの外なきのみ。我輩が大に國を開て政治法律學問教育は勿論、風俗習慣に至るまでも、成る可く世界の流行に近づかしむ可しとの事を述べたるは即ち此意味にして、今日に於て國家百年の大計は此外に手段ある可らず」

これは日本社会の全面的な西欧化論とも言うべき主張である。けれども彼はこれが直ちに実現されるとは思っていない。これは真実百年の計であり、幾多の歳月を要して、今直ちに決心して大いに努めても、我々の代にその結果を見ることが出来ず、第二代にも実現できるかどうか解らないと述べている。

このような百年の計を別にして、国外を見てみれば四方の形勢は急迫して、一時の猶予もないのが現状である。東洋計略を思案中の西欧列強の身になって、日本の勃興がどのように見えるかを考えようとしている。彼等にとって日本の勃興とは、鉄道の敷設を計画中にその路線上に思いがけない障害物を発見したのと同様であると福沢は言う。時の経過とともにその障害物が大きくなることは確実で、他の方向には進むべき路線がないという状況に彼等はあるのだと、彼は述べている。その言外に、彼等はいずれその障害の除去、即ち日本の排斥と圧迫を本気で考慮するのではないかという危機感を表している。そして、次のようにこの論説を結んでいる。

「目下の事態は實に危機一髪の急に迫りつゝある者と云ふ可し。左れば徐ろに永久の事を謀れば自から百年の長計なきに非ずと雖も、今は焦眉の急にして暫時も猶豫の暇なし。目下の思案は何は扨置き、長老の政客輩が眞實心の底より一致協同して此難局に當り、國論を一にして外に對するの外なきのみ。即ち時勢の緩急を考へて、大に忍ぶも又は大に伸ぶるも、内の一致こそ第一の必要にして、兄弟喧嘩の小爭を事とするの場合に非ず。國家の大事より見れば、政府の主力の如き、何人の手に歸するも問ふ所に非ず。只速に一致協同の實を成して國の根本を固うし、以て外に對せんこと、我輩の切望に堪へざる所なり。」

福沢は日本の自然な国力の伸張に伴う外への発展そのものが、西欧列強の利害と正面から衝突して、彼等の根強い人種的偏見を呼び覚まし日本を非常に困難な地位に陥れるという強い危機感を抱いたのである。この論説における社会の全面的西欧化の主張は、明治十七年のフランスのベトナム侵略に西欧による東洋への本格的侵略の開始を予想して非常な危機感に襲われたときの議論と酷似していることは注目すべきである(6)。彼が深刻な対外危機感に襲われたときには、外に身を固めて閉ざそうとするのではなく、より一層外部に日本を開こうとしたのである。この時期の福沢が抱いた外部への危機感の非常な高まりは、内部における危険な存在への認識へと導いた。

七月二十二日の「外患未だ去らず内憂來る」（F16p55）は、六月二十四日の論説「米布合併に付き日本の異議」で米国のハワイ併合に関する重大な衝撃に見舞われて、異常な危機感を表明したこの一カ月間の一連の文章を締めくくるものである。そして、対外状況に関する危機感の高まりが、彼の歴史に関する深い洞察を引き出して、驚くべき予言能力を発揮したものとして、彼の文章の中でも最も重要なものの一つであると私には思われる。そこで、ここで詳しく紹介して検討することにする。

この論説の冒頭において、直前の論説「形勢更らに急なり」の中でその可能性を示唆した、西欧列強による日本の排斥と圧迫という事態が実現すれば、いかなる事態に行き着くのかという想像図を次のように提出している。

「世界の形勢甚だ可ならずして、日本は東洋に孤立するのみか、次第に外より壓迫せられて一歩も外に出づるを得ず。外交は勿論、貿易殖民の事業も只退縮の一方にして、自から雄飛の心を抑へて國内に雌伏の止むを得ざる場合にも至らば、其有様は如何なる可きや。對外の困難と共に内の不平不愉快は非常のものにして、結局破裂の不幸を見ざるを得ず。滿腹の不平、内に鬱積して散ずるの道なく、ますます外より抑へらるゝのみなりと云ふ、遂に破裂の極端に至るは自然の勢なればなり。我輩の所見を以て假りに成行を想像すれば、其破裂の現象は種々なる中にも、最初は先づ開國論と攘夷論との衝突なる可し。今日の實際に、眞實文明の主義を解して心身共に其主義の實行に勉むるものは割合に多からず、只その智識と勇氣とを以て世間の衆愚論を壓倒して勢力を占めつゝあることなれども、其勢力は國勢進歩の勢に乘じて社會を擧て眞正面に進行の場合にこそ有力なれ、恰も四面を鎖されて一歩も外に出づるを得ず、外に出づれば觸るゝ所、衝突の危險を免かれずして、暫く雌伏を忍ばざる可らざる時節には、其所論自から壯快ならずして俗流の氣に投ぜず、勢力甚だ奮はざる其反對に、多數の衆愚論は固より無責任にして一時の快を貪るのみなれば、大局の大利害には頓着せず、慢に他を敵視して恰も攘夷論に等しき暴論を爲す其暴論は却て一般に歡迎せられて、或は開國論を目するに賣國論を以てして、内に亂暴を逞うする其有様は、恰も維新以前の騒動を再演するが如き奇變も圖る可らず。」

それでも維新当時には開国進歩という進路が開かれていて乱暴も収まった。四方より圧迫されて外への進出の道がないという状況になれば内部対立は一層激しくなるであろう。そのような中で「最も恐る可きは極端論」の発生である。論争が激しくなれば極端論に走るのが自然の傾向である。開国論は元来「文明書生」が唱えるもので、忍耐を旨とするもので、俗耳に入りやすいものではない。反対の「頑論」の方は勇ましく、暴力さえも用いるので、「少年血氣の末輩」の者は極端論を主張するに至るであろう。一方において一定の見識のない無主義の論客ほど頼りにならないものはない、彼等は容易に一方の極端から他の極端に移り社会内の対立を苛烈なものにして、「互に相殺すは無論、遂に内亂をも釀して容易ならぬ慘狀を呈するにも至ることならん。」と述べている。

昔の鎖国時代の日本であったならば、どのような内乱であっても、争いは国内にとどまり日本の存立には何の影響もなかった。しかし今の日本は国際関係の中にあり、内乱が外国の干渉を招いて、「古來一點無缺の金甌に疵を生じて、或は立國の基礎を空うするの大變も知る可らず。」という懸念を表明しつつ次のようにこの論説を結んでいる。

「近來四邊の形勢を見れば危機日に切迫の狀を呈して對外の前途甚だ容易ならず、いよ〳〵他の壓迫を受けて國勢進歩の道を塞がるゝこともあらんには、内の不平不愉快は堪ふ可らずして其破裂の機を早むるの成行なきを得ず。若しも然らば外患未だ去らざるに先づ内憂を催ほすものなり。其始末を如何す可きや。即ち今後の國情は單に對外の困難のみならず、同時に對内の困難を感ずるものと覺悟して、之に對するの方法を講ぜざる可らず。識者經世家が畢生の心力を盡して大に考ふ可き所のものなり。」

この論説は危機感にとぎすまされた、福沢の驚くべき歴史的洞察力の深さを示している。近代日本で他に、これに匹敵するような人物を私は知らない。ここで想像された閉塞状況は、昭和初期の日本の置かれた状況を見事に予言している。日本は西方の大陸にあっては中国の強烈な排日運動にさらされ、北方においては革命後に発展するソビエトロシアの脅威に直面し、東方の米国は排日移民法で日本人移民を排斥し、さらに日本の大陸進出にも干渉し、南方の植民地を有する西洋列強は経済ブロックを形成して日本製品は閉め出されつつあった。このような状況にあって、開国論である国際協調主義を売国論とする、攘夷論たる対外硬論と国体主義が勃興したのである。忍耐を説くしかない国際協調論は極めて不人気で、勇ましい議論をする対外硬論は暴力さえも用いる極端主義を発生させて、暗殺や内乱を引き起こして容易ならぬ惨状に陥ったのである。本来外圧に発するそのような状況が、日本をますます国際社会で孤立させて、結局日本は外戦という死中に活を求めて敗れて立国の基礎を空しくする結果となった。個々の具体的な細部でこそ事実に合わないところがあったが、外からの圧迫が内部の破裂を招き、内部の混乱状況が外戦を導いて、最終的には亡国状況に陥るという本筋においては、驚くほど正確に日本の未来を予言していた。

重要なことは、福沢のこの予言が漠然とした空想とか根拠のない直感などではなく、長年の日本の社会の観察と熟考の結果、ある現象の出現を予見するというような学問的な予言に類することである。福沢自身が「抑も我輩が是種の憂を懷きたるは敢て昨今に始まりたるに非ず。熟ら〱時勢の變遷を察して、他年一日、斯る成行を見るの時ある可しとて竊に頭を悩ましつゝ」あったと述べている。幕末の攘夷論の横行や日清戦争前の対外硬運動の高揚の経験が、明らかに彼の認識に影響している。予言の正確さは、福沢の日本の社会と世界の情勢に関する鋭い観察力と優れた学識と深い思索の結果である。

福沢は前記の論説における予言においては、海外への四方の進路を塞がれた日本における国内においてどのような危機的状況に陥るか具体的に描いて見せたが、それがどのように外部との衝突に至るかについては、漠然と「立国の基礎を空しくする事態」と述べるにとどまっていた。けれども、翌明治三十一年四月の論説において、これに関しても恐ろしいほどに正確な予言をしていたのである。彼が対外硬派こそが国内における危険の根源と見ていることは、前の論説からも明らかであった。対外硬派は明治三十一年になると、中国におけるロシアやドイツの進出の動きに対して無策であるとして、その年に成立した伊藤政府に対する攻勢を強めつつあった。

四月二十二日の「對外の硬軟」(F16p312)において、福沢は対外硬運動を次のように正面から批判している。外交というものは時に強硬あるいは柔軟と状況に応じた対応が必要であり、初めから一定の主義を求めるものは外交を知らないものである。そして、維新前の攘夷論は対外硬の典型的なもので、その非現実性を知りながら政略的に攘夷論を唱えた者もいるが、「大言壮語は俗耳に入り易きの常にして、一般の人心を狂せしめたるが爲めに」外交上に非常な困難を生じて、国には損害をもたらしただけであった、と論じている。このように対外硬論の問題は、その煽動的な議論が国内の世論を熱狂させて、理性的な議論を封じて現実的な外交を不可能にさせることにあった。これは幕末の攘夷論だけでなく、明治の条約改正反対運動や講和条約問題にも、さらには昭和の軍縮交渉問題や国際連盟脱退問題にも通じることであった。

翌々日の四月二十四日の「米西兩國の開戰」(F16p316)において福沢は、対外硬の気風が盛んな国がどのような運命をたどることになるかを、その頃米国との開戦に踏み切ったスペインを例に挙げて次のように論じている。

近年スペインは衰退が激しいのは明白で、一方米国はまさに隆盛一方の世界の強国である。それなのにスペインは誰の眼にも自滅的なことが明らかな米国との戦争に踏み出した。スペイン国民は昔時の国勢を夢想して自尊自大、「所謂對外硬の氣風、頗る盛なる國情」なので、今回の事件で激高して「精神一偏」で開戦を決定したのだろう。当局者や長老の中には、その不利を自覚して慎重論があっても、そのような意見を述べれば売国奴とされ一身も危うくなり、それどころか内乱になる恐れさえあるので勝算の無い戦いに踏み出したのだろうと推測している。

これがスペインの国内情勢の正しい観測であったかどうかは問題ではない。これが前々日に論じた対外硬論の危険性を具体的事例として示したものであることは明白である。そして、この論説は約半世紀後に同じく自滅的な米国との戦争に踏み出した、日本の国内事情を驚くほど正確に予言したものとなっているのである。

人口増加や産業の発達などによる日本の自然な外部への成長が、列強の警戒を招き日本は圧迫を受けて外部への進出の道を閉ざされて、国内の不平不満が高まり対立が激化して破裂を招き、対外硬の極端論が社会を支配して、日本は国力を客観的に理性的に比較計算することもなく、「精神一偏」で開戦を決定して米国との自滅的な戦争に乗り出す。以上のような日本の将来に関する福沢の予言は恐ろしいほどに正確であった。福沢がこのような予言を生み出すきっかけは米国のハワイ併合であり、四十数年後に日本が自滅的戦争を始めたのが、ハワイ真珠湾にある米国艦隊への奇襲であったことは運命的なものを感じさせる。

六、教育勅語への注目（明治三十年後半）

米国のハワイ併合によって大きな衝撃を受けた福沢は、世界における日本の置かれた地位に関して大きな強い危機感を抱き、そのような外患に対する危惧が国内における危険性に改めて目を向けさせることになったことは前述した。そして、このような国内への危機感は、以前から不満を持っていた松方内閣に対する批判を強めることになった。

八月四日の「自から決せざれば自から倒る可し」（F16p66）や十一日の「政府の病症如何」（F16p72）では、松方内閣をいつ倒れてもおかしくない病人にたとえていた。そして、十三日の「政府の破壊も止む可らず」（F16p74）において、現政府の創立以来殆ど一年になるのに、一事の見るべきものもなく、その無為無能はこの重要な時節に耐え難い、として退陣を要求するに至った。その底にあるのは「今や國家の事、急にして」という危機感であった。

このような危機において福沢が頼るのは伊藤であった。八月十四日の「伊藤板垣を入閣せしむ可し」（F16p76）において、昨年の大隈と松方を入閣させようとした工作が、行き違いで予想外の松方内閣の成立になったと紹介して、当初から「出來損ひの政府」で出来損ないの政治しかできなかったのは当然と断言している。平時ならば見逃しても良いが、「抑も明治二十何年戰後の日本は國勢全く一變して、事態の容易ならざるは三十年來未だ曾て見ざる所なり。殊に外交の局面は非常に重くして危機一髪とも云ふ可き場合」であればこそ、適任の人物が必要で、そのためにも伊藤の入閣が必要と主張している。このような福沢による酷評に対して、対外硬派の陸羯南は、松方内閣の一年間の業績を「記臆せらるべきものあり」と持ち上げていた[1]。

八月十七日の「伊藤の歸朝」（F16p79）では外遊中の伊藤の帰国に関して、「抑も目下外交の事態は我輩の毎度述べたる如く危機一髪とも形容す可き有様にして、苟も國家を思ふものゝ傍觀す可き場合に非ず」という事情によるものであろうと推測している。そして、「伊藤の一身に就ては優柔不斷、大事に當る可き人物に非ず、或は圓轉滑脱、事を終始するの熱心に乏しなど、自から種々の批評なきに非ざれども、孰れも他の缺點のみを見たる觀察にして適評に非ず。我輩の所見を以てすれば彼が誠意誠心、國家の爲めに身を惜まざるの精神家たるは、平生の經歴に徴して疑はざる所なれば、今回の歸朝は全く國家を思ふの一點より決したるものと認めざるを得ず。」と予定外の帰国を弁護している。この時期、福沢が伊藤を論じるときに擁護口調になるのは、陸羯南などの対外硬派が伊藤の人間性や政策を執拗に攻撃していたからである[2]。

八月二十一日の「外交の危機」（F16p81）において、この時期の福沢の日本の現状を形容するのに多用している「危機一髪」の内容を具体的に説明している。その前半において、日本が日清戦争に勝利したことは世界外交の檜舞台に立ったことを意味するとして、次のように述べている。

「其一擧一動、他の注目を免かれざるのみか、或は日本の兵鋒甚だ鋭利にして、世界の大國と認められたる支那帝國を一撃の下に打倒し、其領土を割譲せしめたる表面の事實に驚き、日本は他國侵略の野心を懐く者なり、其人民の移住、商賣の擴張も、畢竟野心を實にするの方便なる可しなど、漫に想像して疑心暗鬼を生じ大に恐怖するものあれば、或は東洋に手足を伸ばさんとして多年の計畫着々歩を進めて進行の途中、日本が恰も遽に膨脹の實を呈して前途に横るを發見し、遽に計畫の齟齬に驚きながら、乃公の事を妨る小癪の邪魔物、事の序に直に一蹴して踏み過ぎんか、否な、急いて仕損ずるの危險を冒さんより、徐々に事を謀り機會の熟するを待て一時に全力を擧げ、根柢より其邪魔物を一掃し去らんかとて、今正に魂膽最中のものもある可し。孰れを顧みるも我に可なるものなく、四邊の形勢甚だ容易ならずして、我輩が毎度云々する危機一髪の場合とは即ち此事なり。」

福沢がここで日本に関する疑心暗鬼の恐怖として紹介している心理状態は、日露戦争後に米国で発生した日本脅威論を正確に予言するものである。[3] 福沢の日本の前途に関する憂慮は、強国としての地位を確立した日露戦争後にこそ、よりよく当てはまるかも知れない。

このような切迫した危機感を持つ故に、福沢は対外硬派に担がれた松方を批判し、外に開かれた視野を持つ伊藤に期待するのである。九月十一日の「伊藤の入閣を望む」(F16p100)では、題名そのままに伊藤の入閣を求め、総理大臣になることを希望している。伊藤に入閣の意志がなければ政界を引退せよとまで迫っている。福沢の危機感が増進するとともに、伊藤への信頼と期待が強まっている。

福沢は九月になると議論の対象を政治から社会に移して、今回の危機で表明された日本社会の徹底的な西欧化を進めるための具体的な方法についても発言を始めた。

九月八日の「内地雜居の覺悟」(F16p95)において、条約改正による内地雑居実現の時が近づいたが、開国によって西欧文明を導入して政治法律学問の上では一応の目的を達したが、雑居が実現すれば風俗習慣の上でも西欧化が進むであろうが、それは文明進歩の世界の大勢に沿うことであると肯定的に予想している。さらには同じ社会に住むようになれば、外国人との婚姻も増えるであろう、愛国心に害があるなどという説があるが根拠はない、自由に実行すべきであると述べている。宗教に関しても、日本人がキリスト教に入信することもあれば外国人が仏門に入ることもあるかも知れない、今のようなキリスト教への制限を排して全く自由にすべきであると論じている。さらに、雑居は許しても不動産の所有は断じて禁止すべきであるという主張に関して、彼が幕末の遣欧使節の一員として渡欧した時の、日本の使節がした鎖国精神丸出しの外国人土地所有禁止の法律に関する質問が、ヨーロッパ人にとって理解不能であった経験談を紹介して次のように結んでいる。

「今の不動産所有を云々するものは恰も當年の使節と知識の度を同うするものと云ふ可し。今日の日本人にして尚ほ斯る説を爲すものありとは我輩の寧ろ竊に恥づる所なり。」

この論説は持論の徹底的な開国論であるが、雑婚の奨励やキリスト教への制限の廃止の主張に、この時期の彼の危機感が反映されている。単なる西欧かぶれではなく、人種宗教の偏見が根強い西欧主導の国際社会において、出来るだけ日本の異質性を薄めようという必死の意図が感じられる。彼が幕末の幕臣並みの主張と形容した外国人の不動産所有禁止条項こそ、井上毅が一貫して執着して陸羯南などの対外硬派が強く要求したものであった。福沢の対外硬論は鎖国攘夷主義であるという主張は根拠のないものではない。

この時期における福沢の危機感は、彼の教育の本拠地である慶應義塾についても大きな変化をもたらそうとしていた。九月二十一日に『時事新報』に掲載された「明治三十年九月十八日慶應義塾演説館にて學事改革の旨を本塾の學生に告ぐ」(F16p105)は、単なる慶應義塾内部における一つの出来事にとどまらず、この時期の福沢の危機感と強い関連を持つものである。

福沢は演説の前半で塾の制度を大学を頂点にしたものに改変する計画を発表して、学問の進歩に伴うものであるとその必要性を説いている。次いで教育内容の改革について、今後慶應義塾における教育を英語ですべて行うことを表明して、その理由を次のような言葉で始めている。「俗言以て此事情を評すれば、日本文日本語の文明教育は身にならぬと云ふも可なり。」。それに続けて、英語が主流である世界の舞台において、日本人がその中に交じって活躍するには英語英文が不可欠であるとして、初歩段階から最高段階に至るまで、英語による教育で一貫する意図を表明している。

福沢の真の意図は、演説で示唆されている商売に有利である、というような功利的なものと取るべきではない。この時期における福沢の危機感が示す、西欧主流の世界の中で異質な日本が疎外と孤立、さらには亡国の危機を免れるために必須と考えた日本社会の西欧化を徹底させる一環である。それはこれに続けて、過去に日本はひたすら漢学を学んで支那文化に同化した、現在日本と欧米の距離は当時の日本と支那よりも遙かに近い、ひたすら英語英文を学んで学問とは英学のことを意味するほどに英米文明に同化すべきであると主張していることからも明らかである。これは単なる語学教育論などより底の深い、日本社会全体の徹底的西欧化を目指す社会改革論の一種である。

この演説は将来の計画を論じたものであるから正確な比較は出来ないが、過去一、二年の慶應義塾について論じた演説とはトーンが全く異なっている。以前の演説[4]では、日本の文明進歩に関して慶應義塾が果たした大きな役割を回顧して、将来を期待するといった自画自賛で自己満足の要素が大きかった。一方、この演説では従来の教育では「文明教育は身にならぬ」と否定的観点が示されて、明治初期の英語による教育から日本語による教育という一般的な潮流とは逆転するよう改革案が提示されている。全体的な調子は改革による明るい未来を展望するという楽天的なものでなく、成功が約束されているわけではない大胆な革新事業に乗り出す決意を示す緊張感のある沈んだ調子である。米国のハワイ併合の衝撃による福沢の変化を示すものである。

九月二十二日の「宗教論に付外國人の誤解」（F16p113）では、福沢の宗教論を一種の宗教無用論であるとする外国人の意見に対して、自分は社会の安寧の為に宗教の必要を認めているると反論して次のように述べている。

「殊に文明開國の一段に至り、國を開かば飽くまでも開く可しとは我輩の宿論にして、學問教育は申す迄もなく風俗習慣衣食住の點までも一切萬事、西洋文明の流に化せしめて、東西の同化を欲するものにこそあれば、況して宗教の如き、毫も之を嫌はざるのみか、寧ろ經世の必要と認めて之を歡迎し、多々ます〳〵其教を弘布せしめて、幾千萬無宗の男女を感化せしむる其中には、文明大勢の趣く所に従ひ、遂に混然同化の時ある可きを信じて大に望を屬するものなり。」

日本社会の西洋文明への同化のためにはキリスト教の布教を歓迎する議論である。明治十七年の清仏戦争における前回の危機に対する「宗教も亦西洋風に従はざるを得ず」（F9p529）と殆ど同一の主張であることが注目される。条約改正による内地開放を前にした同じ時期に、後に見るように陸羯南がキリスト教の国家公認に反対の意見を表明するなど、警戒心を強めていたのと対照的な態度であった。

この時期の福沢の徹底的西欧化論に対しては、当然反対も予想される。十月五日の「開國同化は日本の國體に差支なし」（F16p127）は、そのような反対論を意識したものである。その中で、自分は持論として、国を開くからには徹底的に開くべきであり、すなわち学問、教育、政治、法律は言うまでもなく、人情、風俗、衣食住の末に至るまでも一切万事、事情の許す限り世界の大勢に従い、それに同化すべきであると主張している。けれども、次のように反対する者がある。

「或は其趣旨を解すること能はざるか、又は之を解するも尚ほ心に安んぜざる所のものあるか、往々説を爲して、若しも人情風俗までも世界に同化して彼我の區別を存せざるに至るときは、全く日本の眞を沒するものにして、實際に國を失ふに外ならず、昨今流行の語にて云へば恰も米布の合併談に等しく、名は兩國合併と稱するも其實は米國に併せらるゝことにして、布哇の主權は全く斷絶せざるを得ず、一切萬事、世界に同化して國の主權を失ふ、左りとては我國體を如何せんなど唱ふるものなきに非ず。」

　福沢が題名に滅多に使わない国体などという文字を使ったことに示されるように、福沢の西欧化論の反対の極にあるのが国体主義者であった。欧化主義に反対する陸羯南の「殆ど全国民を挙げて泰西に帰化せんとし、日本と名づくる此島地は漸く将に輿地図の上にただ空名を懸くるのみならんとす。[5]」という言葉は典型的である。福沢は国体を「卽ち立國の大主義にして、世界の表面に國を分つて獨立の主權を全うするの意味」と解釈して、国体主義者と共通の議論の場を作り正反対の立場の彼等を説得しようとしている。

　たとえ日本が社会の全面を西欧風にして外見は純然たる西洋国になっても、それには「幾十百年の歳月を要する」だろうと福沢は認めているが、国土と日本人が健在であれば独立は揺るがない。それは過去の日本が隣国の支那から文字をはじめ思想学問から社会風俗に至るまで全面的に導入して完全に支那文化に同化しても、主権独立を立派に維持したのと同様であると主張して次のように述べている。

「抑も我輩が我國をして世界に同化せしむるの必要を説くは、實際に國家永遠の損益上、深く信ずる所のものあるが爲にして、決して眼前の利害談に非ず。今、日本は獨り自から自國の舊慣を守りて飽くまでも同化を欲せずと覺悟せんか、自から獨立するまでのことにして差支なきが如くなれども、同化を欲せずと云ふ其裡には自から疎外の意味を存して、既に同化を欲せずとあれば勢、他を疎外するに至らざるを得ず。此方にて疎外すれば先方にても疎外するは自然の成行にして、相互に疎外する其結果を如何と云ふに、世界の眼より見るときは日本は眞實の一小國のみ。其一小國に疎外せられたりとて、世界の國人は自から親しむ可き友國に乏しからずして、別に痛痒を感ずることなかる可し。甚だ平氣なる其反對に、若しも日本が他に疎外せられて世界の外に孤立するときは、政治上に軍事上に又商賣上に其損害は非常のものにして、事宜に由りては或は立國の根本を危うするの結果も計る可らず。容易ならざる次第にして、今日の世界に疎外孤立は寧ろ立國の大主義を誤るものと云ふ可きのみ。」

　そして最後に、文化的同化が国体に影響ないことは外国の例でも明らかで、まして愛国心の強い日本人が同化で独立心を失うことを心配するのは日本人を軽蔑することだと主張している。福沢の国内問題の憂慮の根本には、対外硬論者が奉じる国体主義の存在があった。

福沢はこの論説では国体を独立の主権を全うすることという意味で論じているが、国体主義者の国体観念がそのような価値中立的なものでないことはよく知っていたであろう。それは水戸学に由来し、皇祖皇宗の子孫たる万世一系の天皇を絶対的君主として戴くことが日本の国体であり、国の肇に皇祖皇宗の下した遺訓を守り国体を永遠に保持することこそ日本が世界に卓越する所以であると説くもので、教育勅語はその教義の典型である。

幕末の攘夷論の根拠となったように、国体主義は日本と世界を隔絶し対立したものととらえ、外国というものは日本に害を為す危険なもので、遠ざけるべきという認識が根底にある。[6] 福沢の言葉で言えば「他を疎外する」意味がある。万邦に卓越する国体という観念から、国体主義者は実質上外国を対等のものと認めず、外国との友好とか協調などという観念を信じない。そのようなことを主張するものは非国民とか売国奴と呼ばれる。国体主義者が常に対外硬派で、国内的には開明派で国際協調論の伊藤や井上馨を目の敵にする所以である。福沢にとっての国体主義の真の危険性は、常に少数派にとどまった対外硬派というより、教育勅語によって日本の教育の根本主義とされている点にあった。

米国のハワイ併合以来深刻な危機感に陥って、日本社会の徹底的な西欧化や、政治面における伊藤が主導する元老一致の内閣の成立などの様々な対策を提案していた福沢は、それらの危機の根本に、対外硬論の基礎となる国体主義があると見た。そして、国体主義を説く教育勅語が全国の学校において、絶対的真理として強制され続けている限り、危険の種は再生産し続ける。福沢は本格的に教育勅語の問題に取り組むことになった。

十月二十三日の「教育流毒の結果を如何す可きや」(F16 p139) では前半において、明治初年から十数年間日本は社会各方面の改革を大胆に進めて文明進歩の道を一直線に進み、進歩に不平なものも社会の大勢に逆らえず社会の片隅に逼塞していたと形容している。ところが、明治十四、五年の頃に政府は政変のために従来の方針を一転した。それは教育主義の変化として現れて、儒学者を学校に招くなどの反動的な教育を開始して、文明進歩の主義を排斥するに至ったとして、次のように述べる。

「右の如き次第にして政府は全力を奮て教育の復古を謀りたるが故に、其效自から空しからず、世間には水戸流の學問を講ずるものあれば、闇齋派の古學を修むるものあり。一時殆んど跡を収めたる漢學者國學者の流が再び頭を擡げて大に得意を催ほした」

このような教育方面における反動派の台頭の叙述は決して誇張ではない。教育現場から福沢の著書を一掃したのに対し、宮中保守派で国体主義者の元田永孚の教育への発言力が上昇した。元田は、明治十五年には教育勅語の前身とも言うべき『幼学綱要』を編纂して、宮内省より全国の学校へ頒布した。熊本紫溟会の学校である済々黌は、以前に福沢が慶應義塾に切望して得られなかった国家の資金援助を、井上毅の助力により得ることができた。紫溟会関係者の古荘嘉門[7]や井上毅の義弟である木下広次が、公立教育機関の頂点にある第一高等中学校の校長[8]になった。その他にも、熊本出身の国学者の池辺義象や、有名な水戸学の学者の栗田寛など、井上毅と親交のある保守的な学者が、第一高等学校や帝国大学などの最高学府の教授となり優遇された。一方、十四年政変後は慶應義塾出身者は排斥され、政変以前に教職に就いていた者も冷遇された。

福沢は次のように続ける。教育の反動化の結果は、未だ定見のあるはずのない少年の多くが政府の教育方針や復古的な師範学校の校風に影響されて、生徒の半数は古流主義になったと見て差し支えなく、その半数の生徒が小学校の教師となれば、その信じるところを児童に教育するであろう。それ故、「當年の流毒今尚ほ止まざるものと云ふ可し。」ということになる。

福沢は政変後における反動教育をしばしば「毒」と形容している。この毒は遅効性ですぐには効力を現さないが、教育というものは必ず結果に現れるというのが持論であった。彼は五年前の対外硬運動の高揚期にも、その十年前の教育反動の結果だと論じていた[9]。そしてその毒は現在も師範学校の教育などで生き延び続けて、その教育を受けた者達が壮年期を迎える今まさに症状として現れ、社会の全面に毒を流そうとしていると指摘している。そして、対症療法で直接抑えようとするのは逆効果であるとして、時間をかけて長期的に間接に症状を緩和する必要があると述べている。

翌十月二十四日の「古毒治療の手段如何」(F16p141)においては、前の論説を受けて反動教育是正の方法について論じている。その冒頭で反動教育の毒を受けた人間の狂態に関して次のように論じている。

「狂犬の害を防ぐには之を撲殺して其毒を絶つか、又は犬の口に轡を箝めて人に噬付くこと能はざらしむるの外なけれども、人の撲殺は固より行ふ可らず。左りとて其口に轡するも餘り直接の手段にして甚だ妙ならず。」

人を狂犬にたとえ、その害を防ぐ手段として撲殺という言葉さえ使っている。この過激な表現には、容易にテロや暗殺に走る反動教育の産物の国体主義者達への福沢の嫌悪の強さが表れている。これらの人間に議論して説得しようとしても逆効果であろうと、次のように述べている。
「彼の古學者流の主義は到底文明進歩と兩立せざるものにして、孰れの點より見るも社會の妨害物たる事實は明白なれども、其口に唱ふる所は忠孝仁義と云ひ忠君愛國と云ひ、如何にも尤も至極の説にして、眞正面に其不心得を警しむること甚だ難し。若しも眞正面に云々するときは徒に彼等を激せしめて、忠孝仁義忠君愛國果して不心得とあれば、不忠不孝破倫賣國の擧動を以て國民の心得と爲さゞる可らずとの意味なるかなど、直に極端より極端に解するの外なきのみ。」

直接の批判が困難なのは彼らが極端主義者だからという理由だけではない。その忠孝や忠君という価値観が教育勅語に基づいているからである。到底文明進歩と両立しない古学者流の忠君愛国主義、即ち国体主義の根源は教育勅語である。すなわち絶対的な道徳としてタブーとなっている教育勅語こそが真の敵なのである。それ故に「若しも眞正面に云々するときは徒に彼等を激せしめ」ることは確実なので、彼は間接的な攻撃の必要を説くしかなかった。

福沢の結論は、反動教育で極端の忠君愛国主義となったものを直接に批判することは逆効果なので、間接手段で緩和するように導くべきと述べている。さらに、古主義の毒は長年にわたって培養してきたので根深く社会に浸透して、これを取り除くことは容易でなく急に正面から取りかかれば逆効果なので、長期戦を覚悟してしかも少しも怠らずに努めるべきと主張している。

古毒の害に対する診断が明確なのに対して、その対策が回りくどく慎重な言い回しになるのは、すでに絶対的なタブーとなっている教育勅語が対象だからである。それでも、文明進歩を立国根本の主義と認めたら、大体の方針を定めて去就を明確にせよと主張している。それは教育勅語の修正ないしは廃止の提案である。最後に、教育の主義は西洋流か日本流の二者択一であるとして、断然西洋流にして他を排斥すべきであると主張し、その立場を明確にしている。従来までの単なる反動教育批判にとどまらない、文明主義対国体主義という論点を明確にしての、教育勅語を標的とする、彼の死に至るまでの奮闘はこの時点から始まった。

十月二十七日の「文明先輩の功勞忘る可らず」(F16p143)においては、十四年政変後における政府の教育主義の一変を次のような強い言葉で批判している。
「彼の明治十四年の頃、一時の政變の爲めに俄に氣を轉じて教育の方針を一變し、古流の漢學國學を再興せしめて以て文明開化の進路を遮らんと勉めたるが如き、政治上の便宜の爲めとは云ひながら、畢竟學問教育等の要素をも政府の力にて勝手に左右し得べしと心得たる平生の愚鈍より發したる者にして、其心事の淺墓なる、只憫笑す可きのみ。」

この教育の結果、社会に瀰漫した古学の害毒に最も苦しめられているのは政府の当局者である。自業自得といいながら今では後悔していることは確かであるので、その悔悟を実行に移すべきであると次のように述べている。

「今の當局輩にして眞實年來の非を悟り、立國の根本は文明開化にして、其要素は大にして且つ多く、政治の如き、單に其一部分たるの實を解して、大に國家に盡さんとするの考へならんには、全力を奮て直接間接に文明主義を奬勵扶植するは勿論、又前人先輩が此主義の爲めに心身を勞したる其功勞を社會に發揚して、世人をして永く記憶せしむるが如き、人心の緩和誘導に最も有效の手段なる可しとして我輩の敢て注意する所なり。」

前の論説で古毒の治療方法として、間接手段で緩和するように導くべきと主張していた。早速この論説では、政府に文明主義を奨励して、文明主義の先達の功労を称揚すべきと、具体的な緩和策を提案しているのである。政変後の教育の反動化によって文明主義が否定されて、教育勅語の国体主義が復活したのである。福沢の全力を奮って文明主義を奨励せよという要求は、文明主義とは対極の関係にある教育勅語の国体主義を否定せよということである。彼は従来の反動教育批判から一歩進めて、是正のための具体的な政策を求めるようになっている。

政府に求めるだけではなく福沢自身も、その方向に沿った行動をはじめていた。『福翁自伝』は、ほぼこの時期から作成が開始された。この自伝には単なる回顧ではない、文明主義の奨励という教育的意図がある。それに続く最後の著作の『女大学評論・新女大学』にも、文明流奨励の為の古流思想の排斥の意図が明白であり、間接的な古毒治療のための長期的な行動の一環であり、それは最晩年の「修身要領」普及運動まで続くものであった。この最晩年の著作に関しては後に詳しく論じることにする。

この後十一月には、ドイツによる膠州湾の占領という東アジア情勢に新たな緊急事態が生じて、福沢の関心もしばらくは対外方面に向けられることになった。また内政面でも、松方内閣が末期症状を呈したこともあって、国体主義に対する問題の議論が翌年まで一時棚上げにされることになった。

七、文筆家としての最晩年（明治三十一年）

明治三十一年九月に彼は脳卒中で倒れて、回復後も自分自身で筆を執ることはなくなった。それ故に、この年は彼の文筆家としての最晩年と言える。一月一日の「明治三十一年」（F16p197）という論説は、昨年の出来事を経済面では非常な不景気、政治においては政府が混乱を極めたと回顧して、正月元旦のものというのに祝賀の気分が感じられない暗い沈んだ調子の文章である。前年正月二日の論説「新年の心算」における、日清戦争の勝利によって日本の前途は洋々であるというような手放しの将来への楽観の調子と全く対照的である。

一月十三日の「新内閣の組織」(F16p211) では、彼があれほど望んでいた伊藤が首班となった新内閣について論じているが、少しも明るい調子ではない。超然内閣という形をとったことに大きな失望を示して、今では政党が関与しない政府では何事も実現しないとして、いずれ何らかの形で政党と連携することに期待を表明している。

前年末のドイツの膠州湾占領以来、福沢の関心は再び対外問題に向かった。一月には一連の論説で従来からの持論である海軍増強論とそのための清酒の増税について論じている。しかし、その主旨に変わりはないものの全体のトーンはかなり変化して、以前の楽観的な調子は姿を消した。ドイツによる中国本土の占領とそれに続くロシアの旅順租借という非常事態を受けて、ドイツ、ロシア、及び三国干渉に参加したフランスを仮想敵と想定して、この三国の東洋艦隊を合わせたものに匹敵できる程度の海軍が必要であると論じて、より具体性を増して緊急性の強いものとなっている。さらに注目すべきは、「海軍擴張止む可らず」(F16p242) では、もし三国と日本が衝突して日本が運良く勝利して東洋に覇を唱えたとしても、その時は強大な英国が仮想敵として現れる可能性を指摘していることである。前途が多難であることを予期しての軍拡論である。福沢の対外認識は米国のハワイ併合以前の希望的予想の甘さが消え、リアリズムに徹した厳しさが現れている。

そのような厳しいリアリズムは国内問題にも向けられることになった。彼は二月の末に「日本の農業」(F16p248) 以下の一連の文章で日本の産業の前途について考察している。そこにおいて、日本の着実な人口増加には国内の農業を如何に改良し開拓を進めても米の生産が追いつかなくなる事情を詳しく紹介、さらに米だけではなく衣食住の必要品も国内の生産だけでは需要を満たせなくなるという現実を指摘して、立国の大方針を次のようにすべきと述べている。

「断じて農業立國の舊思想を一新し、極端を云へば衣食住一切の必要品は都て外國より輸入するものとまで覺悟して、國民の全力を商工業の一方に注ぎ、専ら製造貿易を以て國を立つるの決心こそ肝要なれ。凡そ今の世界に國の富強進歩を謀らんとするに、千思萬考、如何に工風を講ずるも、商工立國の外に道なきは我輩の敢て断言して疑はざる所なり。」(F16p257)

以前には人口増加の解決策として、また国力発展の手段として大いに奨励していた海外移住も、その可能性は限られたものに過ぎないと殆ど期待していない。これは米国のハワイ併合が福沢に与えた衝撃の結果である。この主張は福沢が考え抜いた末の立国策であった。また今次大戦後の日本が選んだ道でもあった。貿易立国とは平和を基礎とするものである。農業を重視すれば土地を欲して、他国の領土を獲得しようとする。日本の軍部や右翼には農本主義の傾向が根強く存在していた。福沢はそれと正反対の立国の方針を提案した。

二月二十五日の「大院君薨ず」(F16p259)は、数日前死去した朝鮮の王父大院君の波瀾万丈の生涯を紹介した略伝のように見えるが、その真の意図は恐らく次の文章にある。

「近年來世界大勢の運動、甚だ迅速にして、文明外交の急なる此場合に、(朝鮮の儒教主義は)自から國を護らんとするに當りては寸毫の利益を見ず。利益を見ざるは尚ほ可なれども、其儒教國民が平生より忠孝信義を云々しながら、實際の擧動は果して如何。君を賣るの忠臣あり、親を苦しむるの孝子あり、眼前に人を欺き人を陷れて尚ほ口に信義を唱ふ。畢竟儒教の流毒、人心を腐敗せしめたるものにして、斯る國民の運命は自から明白ならざるを得ず。況んや今の世界の大勢に處しては儒教主義の到底國を保つに足らざるを知る可し。」(( )は引用者補足)

十四年政変以降の反動教育に対して福沢はよく「儒教主義」という言葉を使って批判していた。これは朝鮮を論じると見せての日本の教育主義批判と理解するべきである。

福沢は三月になると、前年十月以来中断していた教育の問題に改めて注意を向けた。三月十一日の「内地雑居掛念に堪へず」(F16p268)において、福沢は近づいた内地雑居について次のように論じている。内地雑居の用意は法律にとどまらず、相互の交際方法にも注意して相親しむ気持ちが必要である。雑居になれば外国人が自由に日本の内地に入り込み、商売をするだけでなく住み着くものも出てきて、相互の交際が密接になり雑婚も行われ、混血児も生まれて、商売交際から風俗に至るまで互いに近づいて、ついに一致することにもなるであろうとして、「否な、進んで其一致を謀るこそ目下の必要なれ」と断言している。ここに、この時期の福沢の対外危機感から生まれた日本社会の徹底的西欧化の主張が表れている。けれども次のような日本の現状に憂慮を表明している。

「今尚ほ排外の思想を脱せざるものあるこそ氣の毒なれ。現に國中の諸學校の中には、校長教師の輩にして生徒に對する公然の演説に、外國人を指して毛唐、赤髯など唱ふるものありと云ふ。宛然たる開國以前攘夷論者の口吻にして、今の社會に斯る言を口にして自から怪しまずとは驚入たる次第なり。(中略)學校の校長教師と云へば相違もなき社會上流の紳士にして、然かも其紳士が公然の席に斯る言語を發したりとあれば、取りも直さず世間に對して罵詈讒謗を逞うしたるものなり。解す可らざる次第なり。我輩は單に校長教師其人を咎めんとするものに非ざれども、其地位に在る輩にして自から謹しむを知らざるを見れば、世間流行の氣風も自から推測するに難からず。」

　毛唐や赤髭などという呼称は外国人を獣扱いして、同等の人間と見ないもので幕末攘夷時代の名残である。問題はその震源地が校長教師などの教育の現場にあったことである。排外の気風は、教育によって再生産し続けられることになる。校長や教師が教育を受ける師範学校こそは教育勅語を旗印とする国体主義教育の本拠であった(1)。

　翌三月十二日の論説「排外思想の系統」(F16p270)の冒頭で、福沢は日本における排外思想の由来を次のように論じている。

「我國の排外思想は儒教主義の教育より來りしものにして、其系統甚だ明白なり。森有禮氏の不幸と云ひ、大隈氏の遭難と云ひ、又彼の大津事件と云ひ、文明の體面に汚點を遺し、外に對して國光を損じたるの出來事は、孰れも排外の思想より發したるものに外ならず。古主義の流毒容易ならざるを見る可し。然るに世間の實際に其思想は未だ全く跡を収めざるのみか、學校の校長教師輩の中にも外國人を指して毛唐、赤髯など唱へて、恰も其思想を鼓吹するものさへある斯る最中に、國内を開放して外人の雜居を許す可しと云ふ。内外人相接して果して無事安全を保證し得るや否や。我輩の掛念に堪へざる所なり。」

　後に福沢自身が認めることだが、彼が批判する「儒教主義」教育とは、実質は教育勅語に基づく国体主義教育を指していることに注意する必要がある。この文章に続けて排外思想の起源は維新前の攘夷主義であると述べていることにもそれは明白である。幕末の攘夷主義は水戸学に基づくもので、水戸学由来の国体主義こそが教育勅語の根本思想である。

　福沢はこれに続けて、幕末開国当時に攘夷主義者達が暗殺やテロによる野蛮粗暴の行動によって、如何に国光を損ない、国家に損害をもたらしたかを紹介している。このように攘夷論に乗じて政府を倒した新政府であったが、政権の座につくや開国進歩の主義に一変して、廃藩置県などの文明開化の政策を大胆に実行しはじめた。保守派もその勢いに圧倒されて社会の片隅に閉塞していたと述べる。

「卽ち英斷政略の效能にして、爾來十餘年、文明駸々、只進歩を見るのみなりしに、然るに明治十四、五年の頃に至り、端なく古流復活の風を生じて、政府に於ては前の英斷に引換へ、全力を奮て古風を奬勵したる中にも、殊に教育上に儒教主義の注入を勉めて、漸く跡を收めんとせし排外心を呼起したる一事こそ、慥に禍の根源なれ。教育の效能は恐ろしきものにして、其結果は必ず現はれざるを得ず。夫より五、六年の後に至り、果して結果を見たる其事實は、卽ち前に記したる森、大隈の災難と云ひ、露國皇太子の變事と云ひ、系統を尋ぬれば孰れも排外の思想より出でたるものにして、其原因甚だ明白なりと云ふ可し。」

福沢は以前から繰り返し繰り返し、十四年政変後の教育の儒教主義による反動化こそが、排外の気風の原因であり、それに伴う様々な害悪を生み出したと主張している。先に述べたように、儒教主義は国体主義と読み替えるべきである。万国に秀でた国体などという観念の注入が、自国への盲目的心酔と外国に対する謂われなき蔑視を育てるのである。国体などという観念は儒教そのものに存在せず、水戸学に由来する。政変後に教育反動化を主導して井上毅と共に教育勅語の起草者となった元田永孚は、純粋な儒学者でなく水戸学に傾倒していた(2)。

三月十三日の「排外思想と儒敎主義」(F16p273)では排外主義の害毒を次のように指摘する。

「人間社會に恐る可きの災害少なからず。地震、洪水、饑饉の如きは災の大なるものにして、非常の慘狀を呈するの常なれども、若しも排外熱の流行に比較するときは、其流毒尙ほ小なりと云はざるを得ず。天變地異の災は一見甚だしきが如しと雖も、被害の區域自から限りありて、又自から回復に容易なれども、排外熱の禍に至りては國の安危に關する大事を惹起すの掛念なきに非ざればなり。」

昭和になって満州事変以降に、対外硬の排外熱が全国的に流行した結果が、外には国際連盟を脱退し日本を世界に孤立させ、大陸に侵略を進めて英米との自滅的な戦争に入り、内には先人の努力の成果である維新以来の立憲政治を終わらせた。最終的には、対外硬派が口癖とする「国を焦土にしても」という言葉が実現した。地震などの天地異変による局地的災害とは比較にならない、深刻で甚大な人命財産への被害を全国に広げ、全的滅亡をもたらした。「排外熱の禍」に対する福沢の洞察の深さは比類の無いものであった。

福沢はこれに続けて、排外思想の流行は明治十四、五年頃の政府の儒教主義教育が原因であると持論を主張して、日本人は長年儒教主義に教育されて、その価値観は心中に深く根を張っており、維新当初は文明開化の大勢に圧倒されて一時的に眠っていたが、政府の方針一変により焼け木杭に火がつくように蘇生して燃え広がってしまったと述べる。そして、教育は酒を飲ませるようなものだが、その酔いは酒のようにすぐには現れない代わりに、いつまでも醒めず狂態を呈するようになる。排外の気風は教育反動で儒教主義が復活して、五～七年後に現れて今もその酔態の最中である。教育の効果は確実で恐るべきであり、排外気風の危険を思って「悚然たらざるを得ず」と危機感を表明して結んでいる。昭和における排外気風の高揚も、半世紀にわたる国体主義教育の効果である。

三月十五日にも「儒教主義の害は其腐敗に在り」(F16p276)では、儒教は他の主要な宗教などと同様にその教えの内容には非難すべき点がないが、その性質が腐敗しやすく、今は腐敗の極に達しているから排斥するのだと述べている。しかし、あまり儒教そのものへの攻撃に力を入れると、日本の反動教育批判としては効果が薄くなる。たとえ忠孝という儒教由来の価値を絶対視しても、日本の反動的教育の根本は教育勅語の国体主義である。古流教育と一般化して攻撃するならともかく、あまり儒教に焦点を当てすぎれば、かえって問題の核心からそれてしまう。福沢もこのことに気がついたらしく攻撃の方向を変える。

翌十六日の「儒教復活の責は今の當局者に在り」(F16p278)において、福沢は改めて教育の反動化を実行した政治家の責任を追及している。冒頭で維新以来興った日本の文明開化における最大の功労者は政治家であると認めているが、その彼等が明治十四、五年頃に態度を一変して古流主義の奨励と文明進歩の抑圧に勉めたことは理解できないと述べて、国会開設の請願などを求めた民権論を唱える少年達の過激な言動に驚いたのかもしれないと、彼等の当時の心中を次のように想像している。

「民權國會などの議論を催ほしたるは、畢竟西洋の説に心酔し、政府に反抗して政體を覆さんとするに外ならず、容易ならざる次第なれば、是非とも其氣風を鎮壓せざる可らざる其鎮壓の手段は、矢張り古流の主義に立返り、忠孝仁義、以て卑屈柔順、唯命是從ふの風を養ふこそ肝腎なれとて、深き思案もなく卽案卽決、直に手を下したることならん。當時政府が古主義の回復に熱心なりしは隱れもなき事實にして、其熱心果して空しからず、忽ち古主義復活の功を奏したり。」

愚かな政治家が一時の危機感に駆られて目先の政治的便宜のために、教育の反動化に走ったというのが、福沢の政変以後の一貫した観測であった。政変後に政府の主導権を握り、この時も政府の首班であった伊藤と井上馨に対して、福沢はその責任を問い、誤りの修正を求め続けた。

「或は當局者の如き、今日に至りては其効能の案外なるに驚きながら、教育復古の説は他の方面より出でたるものにして吾々の知る所に非ず、吾々不肖と雖も亦自から文明政治の精神を解せざるに非ず、民間の物議を鎮壓せんが爲めに教育を利用するが如き、敢て爲さゞる所なり云々とて、自から責を免れんとするの口氣もあるよしなれども、今更ら斯る辯解は許す可らず。」

この弁解は、この二人に何らかの形で福沢が詰問した結果の回答と思われる。これは必ずしも責任逃れの言葉ではない。これらの政治家の幕僚として、むしろ彼等を動かしていた井上毅が反動化の真の主役であった。十四年政変で政府転覆陰謀の主謀者と中傷讒言して福沢を陥れ、福沢の思想に反することを目的とする「人心教導意見」によって、教育の反動化を主導したのは井上毅であった[3]。その際に井上毅は、主に保守派の山県に依頼して、宮中の元田永孚と協力した。福沢にはその事実は見えなかったが、教育の反動化によって人心を誘導して、排外の気風を育てたという道筋はよく見えていた。それ故に、伊藤らにその方向を逆転させることを次のように求めたのである。

「而して其當局者は卽ち今の當局者にして、自から內地雜居の事を處理するの地位に在りと云ふ。ます〳〵責任の輕からざるを見る可し。目下の政局は議會の操縱、政黨の提携など眼前の始末も自から少なからずと雖も、一般の人心を誘導し排外の氣風を矯正して內外衝突の掛念を豫防するの一事に比すれば、一方は單に政府の利害に關する些細事なるに反し、一方は實に國家の安危に係る重大事件にして、大小輕重、同日の談に非ず。左れば眼前の小政略の如き、得失共に深く意に介するに足らずとして、之を他の少年輩に一任し、當局者たるものは更らに自から大に任じて、國家の爲めに永久の大困難を解除するの覺悟なきを得ざる可し。然かも我輩は其人の在朝在野、地位の變化如何に拘はらず、當年の當局者たりし一身の責任として飽くまでも此事を責めんと欲するものなり。」

三月十七日の「我輩は寧ろ古主義の主張者なり」(F16p281)において、改めて反動の教育主義を批判している。福沢は前々日の「儒教主義の害は其腐敗に在り」における儒教主義攻撃が的を外していたことを認識していた。そこでこの論説では、自分が今までに批判してきた「儒教主義」とは、儒教だけではなく神仏を含む古主義一般を指しているのだと次のように述べている。

「彼の明治十四、五年の頃、政府が大に古主義の敎風を奬勵したる時に當り、世間にては之を儒敎主義復活と唱へて、其古主義を稱するに儒敎主義の名を以てし、爾來一般に慣用して自から一種の字義を成したるが故に、我輩も便利の爲めに其字を用ひたるまでのことなれば、儒敎主義とは單に周公孔子の敎のみに非ず、其中には自から神佛の二敎をも含むものとして解す可きなり。」

仏教を加えているのは批判が露骨になりすぎる為で、実は儒教の価値と神道の教義の合成物である国体主義を対象にしていることを示唆している。そして古主義の毒を腐敗した毒油にたとえて、近代文明の社会に古主義の道徳を用いるのは、近代文明の精巧な鋼鉄の器械の潤滑油として毒油を注いで運転するようなもので、「運轉の圓滑を得ざるのみか、時としては破裂して全體を壞るの危險なきを得ず。」として、「危險至極、我輩の掛念に堪へざる所なり。」と述べている。

事実、昭和になって国体明徴運動の高まりにより、「国体の本義」に基づき国体主義が社会を支配した時に、近代文明の精巧な器械である立憲制度や近代的軍隊制度が本来の機能を失い、国全体を破壊してしまったのではなかったのか。福沢の懸念は決して根拠のないものではなかった。古主義の道徳、国体主義を説くものとは教育勅語に他ならない。教育勅語が絶対的な道徳として学校を通して社会に強制され続ける限り、福沢の憂慮は解消されない。福沢は最晩年には「修身要領」普及運動という形でそれへの対抗を試みることになる。

三月二十二日の「支那人親しむ可し」（F16p284）は福沢の中国論の転換点を示すものとして重要な論説である。幕末以来の福沢の中国論とは、儒教主義に惑溺した保守的で停滞的な大国として、日本の文明開化を説くための悪しき見本としての役割を担わされた抽象的な存在に過ぎなかった。福沢が中国や中国人の真相について、真剣な関心を示したことはなかった。それ故に、その中国論は無責任な放言の形を取ることが多かった。

しかし、この論説では明らかな変化を見せて、次のように論じている。三国干渉により土地を取り戻して欧州列強に感謝していた支那も、それらの列強が本性を現して過大な要求をしてきた今は、むしろ日本に好意的になってきたという報道があると伝えた。そして、日本が支那に求めるのは土地でなく商売であり、最近支那人が日本への猜疑を弱め友好的になったのは好機会である、ますます友好関係を深めるように努めるべきであるとし、次のように続けている。勝負は時の運であり、勝っても誇るべきでないし、負けても軽蔑すべきではないと述べて、戦勝に驕って中国人を軽侮するような日本の社会風潮を戒めている。そして、中国の動きが緩慢に見えるのは大国のためであり、因循姑息などと侮るべきではないと主張しているのは、今までの福沢にはない思いやりのある言葉で、この後の福沢の中国論には、以前に見られなかった同情と好意が感じられる。

四月十四日の「空論の時に非ず」（F16p299）では、支那の各地を占領した欧州の各国が文明の政治を施して人民の生命の安全と財産を保護すれば人民を帰服させることは容易であると述べた。そして支那人は兵士の素質があるので西洋人将校の下で強い軍隊を作ると予測して、結果として欧州の強国を隣国の支那に移したことになると警告している。福沢は大多数の日本人と異なり支那人を蔑視せず、西欧の文明的政治を移植すれば欧州並みの強国となることを疑っていない。

日清戦争で中国人蔑視が蔓延した日本社会において、この点を強調することを福沢は必要と考えたのであろう。翌十五日の「支那兵大に用ふ可し」（F16p301）においても、この問題を再び取り上げて、支那人は体力的にも精神的にも優れた兵士としての素質に富んでいる、今の支那兵の臆病と見える挙動は将校に人を得ないためであると、具体的な例を挙げて論じている。近代日本の宿痾（しゅくあ）であった浅薄な中国人蔑視から自由なだけではなく、従来の福沢の議論にも見られなかった主張である。

　このような従来とは全く異なる中国人論は、何か具体的な経験の結果としか思えない。翌十六日の「支那人失望す可らず」（F16p303）という論説はそのことを示唆している。そこで福沢は、支那の現状を見れば日々に外国の侵略を受けてその領土を削られて、支那人の身となれば前途は絶望的に見えるかも知れないが、決して失望すべきでないと勧告すると述べて、次のように続けている。日本の現在も幕末以来の数々の困難と危機をかろうじて切り抜けた結果に過ぎない。支那の現状を見れば絶望的に見えるが、支那は朝鮮などと異なり大国であり経済的実力もあるので挽回は十分可能である。欧州諸国が占領したのは沿岸の一部に過ぎず、全国の分割占領などはとても不可能である。支那人が奮発して国力を養えば独立の維持も、失地の回復も十分に望みがあると論じている。そして、支那も日本の明治維新のような改革を行えば現在の日本のような地位になれると述べて、「我輩は日本人として殊に同情に堪へず。其時機の一日も速ならんことを希望するものなり。」と激励している。明らかに、福沢は、独立の維持と領土の回復を願う中国人の近代的ナショナリズムに理解と同情を示している。

　従来と異なっているのは評価だけではない、中国に対する態度が一変しているのである。以前の突き放したような冷淡さは姿を消して、親身に相手の身になって同情しているような様子が窺われるのである。題名そのものに示されるように、この文章には眼前の中国人に語りかけているような調子がある。想像すれば、日清戦争後に急増した中国人留学生が福沢を訪ねて自国の窮状を訴え相談して、元来同情心の強い福沢もその憂国の情に打たれて、その回答としての文章ではないかと思われる。文明主義の開かれたナショナリストとして福沢は、中国人留学生に代表されるような中国のナショナリズムの芽生えに同情して共感することが出来た。一方、対外硬のアジア主義者達は、そのような中国人のナショナリズムに盲目であった。その典型は明治の対外硬運動の指導者で、東亜同文会の創立者、近衛篤麿の息子でその後継者の文麿であった。後の第三部で見るように、近衛文麿は中国人のナショナリズムを認識することが出来なかった。近衛と親密な右翼の首領の頭山満が孫文と親交があったとしても、それはナショナリズムの理解とは異質の庇護者意識にすぎなかった。文明主義の福沢のナショナリズムは開かれた普遍的なものであるから、日本に遅れてナショナリズムに目覚めた中国を理解できて同情もする。一方、国体論に基づくアジア主義者のナショナリズムは閉ざされた特殊なもので、東洋の盟主という他国への蔑視が根底にあり、中国や他のアジア諸国のナショナリズムを認識できない。

このように相手の身になって考える、即ち客観的思考を出来るか否かが、文明主義者と国体主義者とを分ける決定的な相違である。中国人の身になれば世界の情勢はどのように見えるか、西欧人の眼には日本はどのように映るのかを、福沢は考えることができる。そこから、福沢の時代への鋭い洞察と未来への正確な予見が生まれる。一方、国体主義とは、まさにそのような日本自身をも客観視するような普遍的思考方法を、特異な国体を理由にして否定する思想であった。後に見るように、陸羯南は自他に関して、日本を「義侠」国と呼び[4]、「朝鮮は実に女子なり小人なり[5]」と決めつけるような、主観的で類型的な観察しかできない。それ故に、国際問題に関する状況判断を常に誤った。それでも、対外硬派による日本中心の一方的な視点から生まれる黒白を明白にする明快な主張は、俗耳に入りやすいという大きな利点があった。対外硬派の議論は常に世論を制した。

四月二十六日に掲載された「交詢社大會席上に於ける演説」(F16p319) は、福沢が創立した社交クラブの交詢社における恒例の演説の最後となったものである。晩年になっても少しも衰えなかった彼の精神的な若さを示すものとして紹介されることが多いので、ここではその要点のみに触れることにする。この中で彼はこう述べる。文明が進歩するほど事が多くなり綿密になるが、間違いも多くなる。人間の知恵というものは文明進歩とともに進歩することはなく今も昔も変わりない。それ故に交詢社のように相互に交流して知恵を交換する必要がある。そして、交際を多くして議論を多くして、決して権威の一声に黙って平伏するような真似をしないで、さらに交際を綿密にして議論を喧しくして、日本世界をわいわいと騒いで煽動して進歩させることを、自分は死ぬまで続けるつもりであると結んでいる。『学問のすゝめ』以来の持論である「多事論争の勧め」である。教育勅語が広めた権威への黙従黙信を強制する社会風土と正反対の社会の実現を、彼は交詢社における遺言のように後進に託している。

五月から六月にかけて福沢は、伊藤博文による政党結成構想を強く支持して、それに声援を送り続けた。特に、政党結成のための伊藤の爵位辞退の動きを受けた六月二十七日の「伊藤總理の辭表」(F16p415) において、『時事新報』は一貫して爵位無用論を主張していたものの実現を期待していなかったが、今回の伊藤がした爵位辞退の決意は予想外の決断で、政治家としての見識を示すものであると絶賛して、次のように大きな期待を表明している。

伊藤は「國中稀れに見る所の政治家にして、政治上の伎倆を云へば多年間政府の局に當りて自から內外の事情に通じ、或は失敗もし成功もしたる其間に、あらゆる政界の辛酸苦樂を嘗め盡して今日に至りしことなれば、事の經驗熟練の點に於ては容易に匹敵するものを見ず。殊に日本の憲法制定に參して最も力ある一事は內外人の共に認むる所にして、其功勞は永久歴史上に滅す可らず。實際には恰も立憲政治の發頭人とも見る可き其本人の伊藤氏が、今や自から政黨內閣の端を開き、自から自由の身と爲りて政界に運動を試み、飽くまでも立憲政治の爲めに一身を捧ぐるとあれば、是れぞ始めあり終りあり、政治家の本色を全うするものと云ふ可し。」

同時代の政治家において、福沢がこれほどの高い評価と信頼を表明して、強い期待を寄せ続けた政治家は他に存在しない。十四年政変で共に被害者となり、交際もあり人脈的にもつながりがあった大隈でさえもとても及ばない。特に改進党が対外硬派と結んでからは明らかに不信感を抱いていた。それ故に明治三十一年の六月に自由党と改進党が合同して憲政党となり、大隈が首相となり政権の座についても福沢の文章から強い期待は感じられない。これに対して福沢は一応政党内閣であると歓迎しているが冷静で、伊藤の政党やその政権に寄せたような強い期待は感じられない。

それでも七月二十八日の「經世家の事を行ふ可し」(F16p436)では、大隈政府に対して一時の政略ではなく百年の計を考える経世家であることを求めて、次のような注文を出している。

「我輩の所見を以てすれば、國家の前途に就て最も心に關するもの一にして足らず。今の文明立國に當り天下の人心を如何に導く可きや、其人心を導くには教育宗教の方針を如何にす可きや、就中帝室を俗界の波瀾外に安置し奉り萬々歳の尊榮を保つの方法は如何、世界大勢の競爭に對して永く獨立の國光を維持するの工風は如何等、孰れも至重至大の問題にして、其目的を達するには社會人心の機微を察して直接間接に之を導き、幾十年を期して其效を收むるの覺悟なかる可らず。即ち經世家終身の事業にして、所謂政客輩には望む可らざる所のものなり。今の當局者にして果して此點に着目して國家の爲めに永久の長計を畫するの方針に出でんか、或は末派の中には其眞意を解する能はずして之を厭ふものもあらん、或は無智短見の輩は之を誤解して反對するものもあらん、要するに一時の人氣に投ぜずして自から失敗することもあらんなれども、社會の進歩は甚だ速なり、三、五年の中には時運再び回復して一般の歡迎を得るや疑ふ可らず。寧ろ政府の壽命を永うする所以の道なれ。」

「天下の人心」を導いて現在の排外の気風を造ったものは、井上毅の「人心教導意見」に基づく反動教育であり、それを固定化した教育勅語である。福沢はここで経世家の事業として、その流れを逆転させることを求めている。それは当然反動教育の基礎の教育勅語の再検討が含まれる。その表現が回りくどいのは、そのタブーへの挑戦を求めているからである。福沢は「文明立國」に反するものとして、この官僚政府の置き土産たる教育勅語の再検討を、最初の政党内閣に婉曲に求めているのである。

九月二十日の「貴族院議員の本分」(F16p475)は、貴族院を批判して政党政治を擁護するもので、福沢の本領を発揮した論説である。貴族院が政党内閣への反感から、予算問題で衆院に反対する動向に関して次のように批判した。

「抑も貴衆兩院その權能は同等一樣と申しながら、金の一段に至れば實際衆院の知る所にして、貴院は寧ろ門外漢の地位に立つものと云はざるを得ず。其次第を語らんに、貴院議員の中には殖産增富の事に全く無關係のみか、實際は他の勞力の餘澤に依て豐に生活するもの多し。(中略)左れば殖産社會より見て雙露盤一片、以て損得を勘定すれば、大名華族は無論、公卿華族も新華族も平等一樣、何百名の人々は實際に一錢の錢をも生ずるの力なく、全く他の勞力に依賴し、粒々民の辛苦に衣食する一種の厄介者にして、寧ろ殖産の事を妨げつゝありと云ふも可なり。喩へば彼の蟲害の如き、收穫を害すること一方ならずして農民の大に怖るゝ所なれども、實際に蟲害は必ずしも年々歳々の害に非ざる其上に、自から撲滅の工風あるに反し、華族と名くる厄介者に至りては、何百年來今日に至るまで曾て自から手足を勞したることなく、專ら他の勞力の結果に食むのみなりと云ふ。左れば彼等が果して殖産界の蟲にして其毒害を放つ可し。蟲害に比して更らに甚だしきものと云ふのみの者ならんには、速に之を撲滅して差支なき筈なれども、社會の事は複雜限りなく、一見害物の如くにして、實際には自から利用の道あるもの少なからず。(中略)左ればば今の華族たるものは大に自から戒しめ、苟めにも貴院議員の權能など云々して、其身柄に緣もなき國家歳計等の事に喙を容るゝを避け、以て自家の本分を全うすることを勉むべし。社會の同情を得て其地位も自から堅固なるを得べし。我輩の敢て望む所なれども、法外の野心自から禁ずる能はず、世間竝に金錢上の問題などまでも論ずるの決心ならんには、先づ自家の財產を國家に還付し、人民同樣、裸體の身に爲りて大に論ず可し。」

経済的観点に立って、華族を害虫以下とまでも形容した貴族院批判は見たことがない。注目すべきは、まるで初期の『学問のすゝめ』時代を思わせるような、歯切れの良い文章の若々しい調子である。独立自尊を重んじ特権を嫌う福沢が持つ自由主義者の本質は晩年まで少しも変わることはなかった。

九月二十二日の「支那の改革に就て」(F16p478)は、二十六日に倒れて以後は自ら筆を執ることが無くなった福沢が最後に執筆した論説の一つとして、そしてその頃になって大きな変化を見せてきた彼の中国論の最後を飾り、それを総括するものとして重要な文章である。

冒頭で、最近の支那が日本に対して極めて好意的になってきたことを紹介している。日清戦争後は、西洋文明輸入の必要を認め日本の例に倣おうとして、日本に対して兄弟の交わりを求めているようで、驚くべき変化であるとして次のように述べている。

「抑も日支兩國は古來同文の國と稱し、日本の文字は支那の傳來にして、國の大小を問へば固より比較の限りに非ず。又人口は其十分の一に過ぎず。然かのみならず宗教道德學より百般の工藝技術に至るまでも、其本を尋ぬれば孰れも支那より輸入したるものにして、支那は正しく日本の師國と認めざるを得ず。支那人が我に對して倨傲なりとは、日本人の從來一般に唱へたる所なれど、右の關係を見るときは其倨傲も決して無理ならず。若しも彼我地を易へたらんには日本人とても必ず他に對して倨傲なりしことならん。」

そして、最近の支那はあたかも旧師がかつての弟子に教えを乞うているような変化であるとして、次のように述べている。

「日本の進歩著しと云ふと雖も、開國以來僅々四十年の事にして、支那に比すれば單に一歩を先んじて西洋文明の主義を取りたるが爲めに、兎に角に世界の一國として認められたるに過ぎず。又彼の戰爭とても支那人の備なきに乘じたればこそ斯くの如き大捷を博したるのみ。此方より見るときは恰も怪俄の功名と云ふも可なり。外國人等の喋々稱讃こそ實は恥入る次第にして敢て誇るに足らず。只その結果が偶然にも支那人を警醒して斯る大決心を爲さしめたるは望外の僥倖にこそあれば、彼等が眞實、心の底より我に親しみ、來て益を乞はんとするに當りては、飽くまでも舊來の關係を忘れずして、舊師國、舊恩人を以て之を遇し、あらん限りの力を盡して彼の求むる所に應じ、其足らざる所を助けて、幾千年來の師恩に酬い、今後互に文明の事を共にして眞實兄弟國たることを期す可きのみ。他の弱味に付込み之を輕蔑するが如き、日本人の斷じて爲す可らざる所のものなり」

幕末以来、論じ続けてきた中国論の最後において、福沢は中国を旧師国として遇して兄弟国として親しむべきであると論じている。他の弱みにつけ込み軽蔑するようなまねをすべきでないと主張している。その後の日本と中国の関係は、まさにこの福沢の遺言とも言うべき忠告の正反対の道をたどることになった。

彼の文筆家生活の最晩年とも言うべき明治三十一年において、福沢は前年の十月以来の、教育勅語に基づく国体主義の反動教育に対する攻撃を、「儒教主義」批判という形で継続していた。福沢が期待をかけていた開明派の伊藤博文の政府が成立したので、明治十四年政変当時の政府当局者である伊藤には責任があると、反動教育の是正を強く要求していた。そして、民党の合併により成立した日本最初の政党内閣に対しても、経世家のことを行うべきだとして、反動の気風を逆転し、結果として教育勅語の見直しにつながるよう、婉曲に求めていた。この時期に注目すべきは、彼の中国への態度が大転換を見せたことである。以前の冷淡さから非常に友好的なものに変化した。これは別に福沢の変心ではない。中国が中華主義の自尊自大の態度を捨てて日本に学び「文明の事を共に」する意欲を見せるようになったのが原因である。一方国体主義教育とは、まさにその自尊自大の精神を日本人に植え付けるものである。この福沢の文筆家としての最晩年の時期における、反動教育への批判と、対中国姿勢の変化は、偏狭な国体主義に反対する文明主義という同一の基礎から生じたものである。

八、最晩年の著作と教育勅語

明治三十年の六月に起きた米国のハワイ併合に大きな衝撃を受けて、日本の将来に対して深刻な危機感を抱くようになった福沢は、中でも明治十四年政変以後の反動教育に、日本の将来における危険の根源を見るようになった。同年十月二十三、二十四日の論説、「教育流毒の結果を如何す可きや」と「古毒治療の手段如何」において、福沢は明治十四年政変後の反動教育の効果を「毒」と呼び、政府がその文明に反する古主義の教育を是正することを強く求めている。しかし、その毒は長年にわたって培養してきたので、これを取り除くことは容易でなく、急に正面から取りかかるのは逆効果なので、間接的な手段で長期的に取り組むことを提案している。

十月二十七日の「文明先輩の功労忘る可らず」では、前の論説を受けて、政府に文明主義を奨励して、文明主義の先達の功労を称揚すべきであると、具体的な古毒の緩和策を提案している。福沢が本格的に『福翁自伝』の作成に着手したのは、まさにこの時期であった。福沢は反動教育による毒の消去を、政府だけに任せておくつもりはなかった。自分自身が間接的な手段で、長期的に取り組む重大な決心をしたと思われる。これ以降の福沢の言論活動は、『福翁自伝』とそれに続く最後の著作となった『女大学評論』、さらにはこの時期以降の『時事新報』紙上の論説、そして大病以後の「修身要領」普及運動などは、そのような観点から見る必要がある。

文明主義を奨励するために文明主義の先達の功労を称揚する対象として、福沢諭吉以上にふさわしい人間はいない。福沢は明治初期の文明開化の代名詞的存在である。福沢は反動教育の結果による国体主義の害毒を消去するために、文明主義を奨励するという明確な意図を持って、自己自身を対象とした伝記、すなわち自伝の作成に乗り出したのである。以前からの周囲の求めや、自身にも自己の生涯を回顧する文を作る意志があったとしても、この時期の福沢の前記の一連の論説と自伝の本格的着手の一致が偶然とは考えられない。

この自伝が一定の意図を持っていたとしても、それは内容が歪曲されていることを意味しない。多少の思い違いを除いて、この自伝の内容が極めて正確であることには定評がある。福沢自身の少年期から壮年期までの生涯を忠実にたどることが、そのまま日本の文明主義の発展の跡を追体験する結果となるのである。多くの人が注目する、明治十四年政変以降の時期に関する異常なまでの記述の少なさは、不遇の時代故に触れるのを避けたという感情の問題ではなかった。文明主義が否定されて後退したこの時代は、文明主義の奨励というこの自伝の目的と一致しないという原理的な理由があった。

自伝の冒頭における「門閥制度は親の敵でござる」という激語にもかかわらず、実はこの自伝においては、門閥制度が支配した徳川時代の社会は、それほどの敵意を持って描かれていない。この自伝で最も生気あふれる記述がなされた緒方塾での生活も、三度の海外旅行も、徳川時代の出来事であった。福沢は、明治政府が廃藩置県で門閥制度を廃止したのを見て、初めて新政府の開明性を信用して、民間で啓蒙活動を開始したのであるが、この自伝執筆の時代には門閥制度は過去のものとなっていた。

この自伝において主役となっているのは、もちろん福沢諭吉と文明主義である。福沢の教育の進展と、蘭学と海外旅行を通じての西欧の文明への目覚めが印象的に描かれている。一方、隠れた敵役となって悪い印象を残すのは攘夷論である。幼くして父を亡くした貧しい少年時代から、機会を得ての大坂の緒方塾における猛勉強、江戸に上ってからの英学への方向転換から、再度の海外旅行と幕府への登用と、上昇一方であった福沢の生涯に暗い影が落ちるようになるのは、この自伝の半ば近くの攘夷論と題された章の時期からである。攘夷論が前進すると、文明主義は後退する関係にある。

この頃から攘夷論が全盛になり、井伊直弼のような政治家だけでなく、福沢のような洋学者たちも攘夷主義の暗殺者の標的になるようになった。絶えず命の心配をしなければならないような生活が楽しいものではあり得ない。福沢は、暗殺の心配をする生活が文久二（一八六二）年頃から十年間は続いたと述べて、その間「屈託」して過ごしたと形容している。福沢個人にとっても、攘夷論は生命そのものを脅かす本源的敵であった。

さらに幕府の外交部門にあって、重要外交文書の翻訳に当たっていた福沢は、幕末の外交の危機を第一線で目撃することになった。英国やフランスなどの力づくで強引な外交姿勢にも問題はあったが、根本的な原因は攘夷主義者による暗殺などの無法な行動にあった。結果として条約のさらなる譲歩を迫られ日本の国威国益を損ない、巨額の賠償金で重大な経済的損害をもたらした攘夷論は、公的人間としての福沢にとっても相容れない敵であった。福沢が度重なる政府の求めや、友人達や恩人である緒方洪庵の未亡人の勧めをも断って、明治新政府に仕官しなかった根本的理由は、絶対に攘夷論者の仲間入りは出来ないということであった。

しかし維新政府は政権を握ると、福沢の予想を裏切って果断な開明進取の政策に転じた。福沢も民間にあってその政策を支援するように、『学問のすゝめ』などの啓蒙的著作を発表し広く世に受け入れられることになった。しかしながら自伝においては、この著作活動に関する言及は、彼自身が全集の緒言に回したと述べているようにほとんどない。この自伝における明治期の記述は、エピソードの集成にとどまっていて、前半におけるような圧倒的な面白さはない。松崎欣一氏が指摘しているように、晩年の福沢には自分の啓蒙的著書が広く読まれた割には、自分の文明の理想が実現しなかったという失望感が存在した[1]。そのような感情が、明治期に関するやや精彩を欠く叙述に影響しているのかも知れない。

この『福翁自伝』は、前に述べたように国体主義の毒を消去するという目的を持って書かれた文章である。老練な文筆家である福沢が、簡単にその意図を見抜かれるような真似をするはずがない。読者は福沢の波瀾万丈の生涯を生気あふれる文章で楽しむうちに、明るく開かれた日本の文明開化の初心とも言うべきものを追体験することになる。そして初心忘るべからずという気になるのではないだろうか。太古の皇祖皇宗の遺訓を絶対視する教育勅語は、「旧来ノ陋習ヲ破リ天地ノ公道ニ基ク」とした文明開化を象徴する五箇条の御誓文と正反対の関係にあるものであった[2]。それ故に、福沢はこの自伝に、読者に明治維新の文明開化の初心を思い起こして自由な精神を取り戻してもらい、教育勅語の偏狭な思想が社会を支配することを防ごうという希望を託したのである。

この『福翁自伝』における最も有名なエピソードにも、教育勅語への対抗の意図が秘められている。極めて痛快で面白い逸話に溢れた自伝において、多くの人が最も印象的なものとして挙げているのが、福沢が神様の御札を踏んだり、村人が祭っている祠のご神体の石を投げ捨てた話である。福沢が神様のお札を踏みつけたのは、神様に直接の原因はない。彼が殿様の名前の書かれた紙片を土足で踏みつけたことを、兄に強く叱責されたことが原因であった。何も殿様の頭を踏んだわけでもないものをと不満に思った福沢が、殿様より偉い神様のお札を踏みつけてみたが、案の定何も起こらなかった。そこで、そのような偶像破壊の衝動に促されて、村人達が大事に祭っている祠のご神体を試してみると、単なる石ころにすぎなかった。そこで彼はそれを投げ捨ててしまった。

この事件の根本の原因は、神様ではなくて主君の名前が書かれた紙片であった。しかし、そのままでは寓意の意図が露骨になるので、福沢は神様を持ち出して主君への忠義から宗教的信心へ故意に論点をずらしたと思われる。この自伝の書かれるわずか七年ほど前には、第一高等中学校で、教師の内村鑑三が君主の名前の書かれた紙片、宸署のある教育勅語に最敬礼をしなかったために、ある特定の政治的勢力から集中的に攻撃され社会的に葬られた。すなわち内村鑑三不敬事件である。教育勅語そのものより、それを物神化した仰々しい儀式や、この事件の影響が教育勅語をタブーとしたのであった。

自伝を作成することによって間接的な「古毒」治療に乗り出した福沢は、自分の青年期を回顧することによって国体主義と対極にある文明主義を顕彰していた。そして、それと同時に自分の少年時代の逸話にかこつけて、新たなタブーを課せられている少年達に、タブーに畏れ入ることなく、自分がしたように、古い権威や因習を疑い、それを試し、投げ捨てる事を呼びかけていると思えるのである。自伝におけるこの逸話の不思議な魅力は、福沢がこの文章に込めた秘密のメッセージの強さによるものではないのか。

『福翁自伝』の末尾における、「自分の既往を顧みれば遺憾なきのみか愉快な事ばかり」という彼の言葉は、文明主義の先達を称揚するという一定の意図による、彼の生涯の明るい部分のみを強調した言葉である。この自伝には、自己満足に浸る人間の弛緩した精神は窺われない。福沢はこの自伝作成の時期には、強い危機感を抱いていたのである。その危機感が、この自伝作成の大きな動機となり、福沢はこの自伝に一定の意図を込めて、強い思いを託していた。そのような思いの深さが、この自伝の読む人の心を鼓舞するような魅力の原因となっているのである。

福沢の最後の著作である『女大学評論』は、福沢が生涯に数多く書いた男女同権を説いた文章との関連で論じられることが多い。しかしこの評論は他のものとは少し性質を異にしている。『女大学』という一つの書物が、徹底的に批判の対象とされているのである。そこには男尊女卑の思想的根拠の批判という形を借りて、より大きいものに対する理論的攻撃が意図されていた。自伝に続く著作である『女大学評論』執筆に関しても福沢は、自伝同様に教育勅語への対抗の目的を持っていた。

前著『福翁自伝』で、文明主義者を称揚することによって間接的に国体主義を攻撃した福沢は、今回は教育勅語同様に儒教主義の道徳を唱える『女大学』を代理の標的として、教育勅語に対する少し的をずらした、より直接的な攻撃を行っていると思われる。『女大学評論』における『女大学』批判の文言を少し修正すれば、それは容易に教育勅語批判に転じるのである。これは、もちろん福沢が意図的にしたものであろう。

この評論は『女大学』の原文の一節を引用して、それぞれに対して福沢が批判のコメントを加えてゆくという形で叙述されている。初めの部分では福沢の批判もその時代遅れの思想をたしなめるというもので、それほど痛烈なものではない。それでも、男子の不徳にはほとんど言及することなく、女子のみに不徳を責めて求めることが大きいことを、「男尊女卑の癖」で「所謂儒教主義の偏頗論」であると指摘している。この日本社会における男尊女卑という男女間の権利の偏重こそが、この評論における批判の内容の中心となるものである。そしてその批判は、官尊民卑などの他の権利偏重に対しても容易に適用できる。

次に福沢は、子なきは去るべし云々と婦人の離縁の理由を述べた「七去」を取り上げて、各箇条を徹底的に批判しているが、その最後に次のように述べている。

「種々の文句はあれども、詰る處婦人の權力を取縮めて運動を不自由にし、男子をして随意に妻を去るの餘地を得せしめたるものと云ふの外なし。然るに女大學は古來女子社會の寶書と崇められ、一般の教育に用ひて女子を警しむるのみならず、女子が此教に従て萎縮すればするほど男子の爲めに便利なるゆゑ、男子の方が却て女大學の趣意を唱へて以て自身の我儘を恣にせんとするもの多し。」

この文章は、婦人を子弟に、男子を長上の者へ置き換えて、次のような教育勅語批判となる。

「種々の文句はあれども、詰る處子弟の權力を取縮めて運動を不自由にし、長上の者をして随意に權力を揮う（妻を去る）の餘地を得せしめたるものと云ふの外なし。然るに教育勅語は古來教育（女子社會）の寶書と崇められ、一般の教育に用ひて子弟を警しむるのみならず、子弟が此教に従て萎縮すればするほど長上の者の爲めに便利なるゆゑ、長上の者の方が却て教育勅語の趣意を唱へて以て自身の我儘を恣にせんとするもの多し。」

この長上の者を官吏と、子弟を人民と読み替えることも出来る。教育勅語というものは、若者が長上を敬わず不遜であるという地方官の不満と要求から生まれたのである。[3]

さらには女は夫を主人として仕えてその言葉に従うべきで、夫が感情的になっても無理なことを命じても、逆らってはいけないという『女大学』の教訓を取り上げて強く反発し、妻は夫の家来ではない、無法のことを命じられても是非を問わずに従えというのは、妻ではなく奴隷のことであると反論している。これも人民と国の関係に適用できる。

それに続いて女性の嫉妬をたしなめて、男性が不品行でも感情的になってはいけないし、決して争って男性に逆らうべきではないという教訓には次のように述べる。結婚の契約を破る夫の不品行を妻が責めるのは、嫉妬ではなく当然の権利の擁護であり、そのために争うことこそ婦人の本分であると主張して、「女大學記者は是等の正論を目して嫉妬と云ふか。我輩は之を婦人の正當防禦と認め、其氣力の慥かならんことを勸告する者なり。」と論じているのは、まるで福沢が『女大学』の作者に直接議論を吹きかけているようにさえ見える。

『女大学』の作者は誰であれ、明治維新前の徳川封建時代の人間であることは確実である。それなのに福沢は、まるで目の前の人間に対するように、結婚の契約や婦人の権利などという『女大学』の作者が知ることの出来ない観念を理由に批判を加えている。福沢ほどの人間がそのような非難には無理があることを知らないはずがない。このことが、この文章が『女大学』批判の形を借りた、日本の社会に権利の偏重を強制しようとする同時代の者への攻撃であることの証拠である。それは、忠孝などという長上への服従奉仕のみを道徳として強調し、それへの無言の最敬礼という形で盲従を強いる教育勅語以外にあり得ない。

福沢は『女大学』の女性に対する服従一遍の教えを次のように批判している。

「其偏頗不公平唯驚くに堪へたり。畢竟記者は婚姻契約の重きを知らず、随て婦人の權利を知らず、恰も之を男子手中の物として、要は唯服從の一事なるが故に、其服從の極、男子の婬亂獣行をも輕々に看過せしめんとして、苟も婦人の權利を主張せんとするものあれば、忽ち嫉妬の二字を持出して之を威嚇し之を制止せんとす。」

女子に対する男子への服従一遍を教訓とする『女大学』に対する批判は、人民に対して異論や権利の主張の余地を残さない長上の権威への服従一遍の教えである教育勅語批判に通じる。この文章は次のように読み替えられる。

「其偏頗不公平唯驚くに堪へたり。畢竟記者は社会契約の重きを知らず、随て人民の權利を知らず、恰も之を政府手中の物として、要は唯服從の一事なるが故に、其服從の極、政府の専制暴政をも輕々に看過せしめんとして、苟も人民の權利を主張せんとするものあれば、忽ち不敬の二字を持出して之を威嚇し之を制止せんとす。」

福沢はそれに続けて、世間の男尊女卑の久しい習慣に圧制されて、萎縮して第二の性となってしまった屈従の境遇を脱して、当然の権利を自覚することを女性に勧告している。この勧告は当然、長年の官尊民卑の習慣により政府に屈従する人民に対する権利の自覚への呼びかけに通じる。教育勅語こそは天皇自身が下した絶対の道徳として強制され、人民を萎縮させて当然の権利を忘れさせるものであった。

それに続く部分では、女性の言葉遣いや日常の生活態度や行動などに対する『女大学』の教訓に、それぞれに批判を加えて反論しているが、それほど感情的なものではない。時には同意を表明しているところさえある。福沢の怒りが再び大きく盛り上がるのは、末尾近くの、女性の本来的劣等性を説く部分であった。彼を特に怒らせたのは、『女大学』が陰陽論をその女性劣等論の根拠としていることであった。陰陽論は西洋の自然科学に対する、根拠のない東洋の迷信の象徴として福沢が以前から敵視していたものだった。そのような女性劣等論に対して次のように激しく非難している。

「古の法に女子を産めば三日床の下に臥さしむと云へり。是れも男は天に比へ女は地に象る云々と。是れ亦前節同様の空論にして取るに足らず。何が故に男は天の如く高くして女は地の如く低きや。男女、性を異にするも其間に高低尊卑の差なし。若し其差別ありとならば事實を擧げて證明せざる可らず。其事實をも云はずして古の法に云々を以て立論の根據とす、無稽に非ずして何ぞや。古法古言を盲信して萬世不易の天道と認め、却て造化の原則を知らず時勢の變遷を知らざるは、古學者流の通弊にこそあれ。人智の進歩は盲信を許さゞるなり。」

この福沢の怒りの大きさは本物であるが、批判の対象は意図的にずらされている。『女大学』の作者は儒教や陰陽論が真理と信じられていた封建時代の人間である。その人間に、事実を土台とする近代的学問の方法に従っていないと非難するのは的外れである。

福沢の怒りの真の対象は、古来の法や古来の言葉を盲信して万世不易の天道と信じて、皇祖皇宗の遺訓などという全く事実の裏付けのない神話伝説に基づく教育勅語を、「古今に通して謬らず中外に施して悖」らない絶対的真理であると称して、天皇の名によって文明進歩の時代に全国民に「盲信」を強制しようとしている元田永孚のような「古學者流」の存在である。教育勅語はほとんど井上毅一人の手によるものであるが、その根本にある国体主義思想の真の信者は元田であった[4]。井上毅の思想に国体主義の要素はあまり見られない。彼は官僚支配の絶対制確立のイデオロギーの具として使ったにすぎない。宮中にあって十四年政変後に教育の反動化を主導したのも元田である。

結論部において福沢は、二百年前の封建時代に成立した『女大学』の内容は、今日の目から見てこそ奇怪であるが、その時代にあっては適合したものであることを認めている。福沢が強く反発したのは、「人智の進歩」や「時勢の変遷」という時代の相違を無視して、過去の圧政無知の時代の価値観を現代に強制しようとすることであった。この当時において、過去の価値観を社会に強制しようとしていたものは、『女大学』ではなく、忠孝などという封建道徳を至上価値とする教育勅語であることは明白であった。

大病に倒れた翌年の四月二十四日の論説「女大學の流毒」(F16p507) において、福沢は『女大学』は文明に反する儒教の毒を世間に流しつつあると論じて、「およそ此種類の著書は政府が全てその発行を禁止すべきである」と主張している。発病以前の『女大学評論』と同様の熱意で『女大学』を攻撃している。「今日の男女輩には其書を見ざるものさへなきに非ずや。今更ら之を云々するの必要はなかる可し」と言う人もあるだろうと、彼自身がその攻撃が異様に見えることを自覚していた。ここで注目すべきは表題の「流毒」という語である。明治三十年十月の論説、「教育流毒の結果を如何す可きや」以下の論文で、反動教育の具体的是正策を政府に求め、福沢自身が行動に乗り出したことを前に述べた。反動教育の根源となって現実に儒教主義の「毒」を流し続けているものは教育勅語である。『女大学評論』とは、『女大学』に名を借りた教育勅語攻撃の書である。

『女大学評論』完成の直後明治三十一年九月に福沢は脳卒中に倒れて、以後二度と筆を執ることが出来なくなった。けれども病後においても、先に見たように福沢の精神に断絶はなく、教育勅語に対する戦いを続けていた。それは最終的に「修身要領」普及運動という形をとった。

「修身要領」は、福沢が死去の前年に、彼の信頼する弟子達によって作成された全二十九条からなる、新しい時代の道徳を表明した文書であった。その完成直後から、殆ど慶應義塾を挙げての普及運動が開始されて、福沢の死後もかなり長い間にわたって続けられた。けれども、福沢自身の筆によるものではないので、福沢研究において従来あまり重視されずに、晩年の一エピソードとしてしかとらえられていなかった。「修身要領」の内容も常識的な徳目を網羅したようなもので、福沢独自の鋭さや深さはあまり感じられない。

しかし、この要領の真の目的が新たな道徳の確立ではなく、教育勅語への対抗にあったという側面に目を向けると、この要領にかけた福沢の真意が見えてくる。教育勅語は明治天皇自身の文章であるという井上毅が作り上げた虚構により、発布当初からそれに関する議論や批判はタブーとなっていた。福沢も教育勅語そのものに対して一言も発しなかった。もちろん福沢の教育勅語への反感は明らかで、それに基づく教育を「古毒」とか「儒教主義の毒」という言葉で批判していた。しかしその批判の具体的な内容は明確でなかった。しかし私は最近になって、福沢が教育勅語の道徳を徹底的に批判している文章が存在することに気がついた。それは「福翁百餘話」の第八話から第十一話に至る四編（F6p404–411）である。この文章も自伝直前の最晩年のものである。

この四編は、百餘話の他の話が「福翁百話」と共通するやや軽い内容であるのに対して、かなり異質である。明らかに教育勅語を対象として、道徳そのものを理論的に論じていて、内容も深く、そしてより緊張感の高い文章である。私はこれほど透徹した教育勅語批判は見たことがない。ここで各話について簡単に見ていくことにする。

第八話の「智徳の獨立」において次のように論じている。他人から教えられ、または他人を気にするのではなく、独立自尊した人間の自分自身の本心から出る行動こそ真の道徳である。仁義忠孝の徳目を守るのは禽獣ならぬ人間として当然であり、それらの徳義を特に尊重するのは、その人間の品位がさほど高くないことを示す。人間の生活の側面は、千差万別無限の広さがあり、仁義忠孝だけで覆い尽くされるものではない。禽獣から遠い人間の独立自尊の本心こそ百行の源泉であり、自発の徳行の基である。世の徳教家なるものが、「父子君臣夫婦長幼」などの身分ごとに徳行を提示のは、「徳教の切売」と同じで、人倫の根本にある人間の精神に目を注ぐものを学者とすれば、外面的な局部に注目する職工のすることである。

以上のような意見が、教育勅語の道徳批判であることに疑問の余地はない。教育勅語こそ仁義忠孝の徳目を、日本人の守るべき至上道徳として全国民に課したのである。皇祖皇宗が樹立した道徳を明治天皇が日本国民に授けるという、上からそして外から強制されるもので自発性は皆無である。その内容は「父母ニ孝ニ兄弟ニ友ニ夫婦相和シ」と、まさに「徳教の切売」そのものである。福沢は教育勅語の道徳は低級なものであると主張している。

第九話の「獨立の忠」においては教育勅語の中心的徳目の忠義に関して、自動と他動の相違について次のように論じている。命令によるものでもなく恩を受けたわけでもない、独立の本心で自ら発した自動の忠義心は、治にも乱にも身を誤ることは少ない。一方、その忠義が上からの教育や命令の結果という他動のものであるときは、忠義一遍で自主独立の判断がなく他の言に従うのみで、時に大いに方針を誤ることがあるであろうと予言している。この予言は昭和になって実現した。軍人勅諭などで徹底的に忠義のみを叩き込まれた昭和の軍人は、二・二六事件の青年将校がその典型であるが、忠君愛国の狭い徳目以外には盲目で、国家の法律も、軍の規律も、天皇の意志をも無視して、北一輝のような極端主義者の言に動かされ、独善的に行動して究極的には日本を滅亡に導くことになった。

第十話の「獨立の孝」においては教育勅語において忠と並ぶ至上徳目とされる孝については、次のように述べる。所謂徳教において孝行を一種特別の美徳として賞賛するのは思想が浅い。孝行は美事ではあるが、人間に当然備わっている高尚な本心の発露の一つにすぎない。言わば人体の耳目のようなものである。見聞きが出来るからその人が健康とは限らないように、本源である独立の本心が衰弱すれば、それが発する仁義忠孝などの徳目も危うくなる。他律的で形式的な孝行が発達しているのは支那朝鮮で、孝に関する様々な外面的な儀式が規定されている。しかしそのような儀式の整備と反比例するように孝行の内容が薄くなっている。孝は驚くに足らない人間の至情であり、その至情の発する源にある人間の精神こそ重要である。

以上のような忠孝という徳目に対する議論が、その冒頭で特に「我カ臣民克ク忠ニ克ク孝ニ」と述べて、忠孝を絶対視する教育勅語の内容に対する批判だけでなく、勅語奉読における最敬礼というような外面的な儀式によって、他律的な道徳を強制しようとする教育勅語体制そのものへの根源的な批判であることは明白である。

第十一話の「立国」においては、「忠君愛国」について論じている。公平客観的な観点から見れば、各国が国を立て小利を争い互いに傷つけ殺し合うのは、万物の霊である人間にふさわしくない禽獣の振る舞いである。それを忠君愛国などと誇ることは笑うべき愚行にすぎない。しかし、現代は病人の世界であり、人類の生存は競争にあるので、病人の世界における方便として忠君愛国を用いるのもやむを得ない。しかし、心の片隅に人間の思想の霊妙深遠なことを忘れるべきではない。

福沢はこのように述べて、忠君愛国を否定はしないが、それを絶対化しないで、万物の霊たる人間の本分という視点から、相対化することを忘れるなと勧告している。しかし、教育勅語による偏狭な国体主義教育というものは、特殊的な国体や臣民の義務のみを強調することによって、まさにそのような普遍的な人間性という観念を忘れさせることであった。それゆえに、日本の近代において、忠君愛国というものは、どのような不正で残酷な行動も正当化する、誰も反対することが出来ない大義名分になってしまった。[5]

「修身要領」の内容は、以上のような福沢の教育勅語批判を前提として、初めてその真意を理解できる。全体を通しての思想的根拠となっている独立自尊という観念は、道徳とは他から教えられ強いられるものではなく、「自尊自重獨立して人間の本分を盡すの一點」にあるという言葉と、切り売りされる徳目ではなく「獨立自尊の本心」こそは百行の源泉であるという、この勅語批判から導き出されたものであることに疑問の余地はない。

次にその内容を簡単に見ていくことにする。その前文における、「古来道徳の教一にして足らずと雖も、徳教は人文の進歩と共に変化するの約束」という言葉は、教育勅語の主張する古今と内外を通じての絶対普遍性を否定する意図を秘めている。福沢自身が「凡そ日本国に生々する臣民は男女老少を問わず、万世一系の帝室を奉戴して」云々の尊皇の言葉をその前文の冒頭に加えたのは、この要領の教育勅語否定の意図を自覚しているからこそ、不敬という予想される非難に備えたものであり、この部分は全体から浮いている。

次のような第一条こそが、この要領全体の中心的な思想を提示して眼目とも言うべきものである。教育勅語の中心的な観念を否定して、この要領が教育勅語に対抗するものであることを示している。

「人は人たるの品位を進め智徳を研きますますその光輝を発揚するを以て本分と爲さざる可らず。吾が党の男女は独立自尊の主義を以て修身処世の要領と爲し、之を服膺して人の本分を全うす可きものなり。」

教育勅語が主張する、「遠」い国の「肇（はじめ）」に「皇祖皇宗」が立てた「深厚」なる「徳」でなく、人が人たるの品位を進め智徳を研く自発的な行動が道徳の本源なのである。「皇祖皇宗の遺訓」ではなく、独立自尊の主義こそ「服膺」すべき主義なのである。人には本来「人たるの品位」、すなわち普遍的な個人の尊厳があり、「臣民」である前に「男女」である。このように自律的な道徳に従うべきことを主張して、上から下される教育勅語の他律的な道徳を正面から全面的に否定している。

以下の第二条から二十一条までにおいては、社会生活における実践的徳目とも言うべきものを列挙している。列挙された徳目は全て独立自尊の主義から派生するもので、福沢の批判する対象ごとの「徳教の切売」ではない。二十二条から二十五条の政治を扱った部分では、国民の国への義務は政府が国民を保護する代償であり、国政参与は義務を果たした国民の権利であると、国家と国民の相互的で同等の関係を示し、国民が戦うべきなのは国の独立自尊を守るためで、「天壌無窮ノ皇運ヲ扶翼」するためではない。

二十六条では、地球上の各国は宗教言語習俗は異なっても同等の人類であるから差別すべきでないとして、「独り自ら尊大にして他国人を蔑視するは独立自尊の旨に反する」と主張している。普遍的個人を本位とする独立自尊の道徳は、国家という人為的な単位による人間の差別を認めない。日本も世界各国と同等の国家であることを自覚すべきことを求めて、日本の特殊的事情を「国体の精華」などと自画自賛する教育勅語の国体主義への反論となっている。

以下二十七条では社会の文明福利の増進の義務、二十八条では教育で独立自尊の道を教えるべきと説いて、最終の二十九条で、「吾が党の男女は自らこの要領を服膺するのみならず、広く之を社会一般に及ぼし、天下萬衆と共に合い率いて最大幸福の域に進むを期するものなり。」と結んでいる。この一節も明らかに教育勅語の末尾の「朕爾臣民ト倶ニ拳拳服膺シテ咸其徳ヲ一ニセンコトヲ庶幾フ」に対応している。この「修身要領」というものは、内容的にも形式的にも想像以上に、教育勅語に対抗する意図を秘めていたことが分かる。

昭和十年代になり、教育勅語に基づく国体主義思想が社会を支配した結果、議会をはじめとする近代的諸制度が無力化してしまった。その時代の最も鋭い観察者であった清沢洌が、日本の教育に原因があり、近代的諸制度に必要な知識精神を教育してこなかったと批判したが[6]、この「修身要領」こそ、まさにそのようなエトスを育てる内容であった。

「福翁百餘話」の教育勅語を批判する四編と、この「修身要領」の内容の密接な関係を考えるときに、福沢は単なる名目上の監修者的存在ではなく、従来考えられていた以上に、この要領の作成に密接に関係していたのではないかと思われる。作成への関与の程度がどうあれ、福沢はこの要領の普及運動に並々ならぬ意欲を注いだ。ほとんど慶應義塾の全教員を動員して、各地方に講演者として派遣して普及を計った。その経費は福沢自身が負担していた。そこには、晩年における道楽などと片付けられない、真剣で必死なものが感じられる。それ故に、この運動は福沢が死去した後も、十年以上は続いた。そのような福沢の熱意の根本にあるのは、「修身要領」の新道徳を普及するというよりは、教育勅語の毒は除去しなければならないという執念ともいうべき強い意志である。『福翁自伝』から『女大学評論』と最晩年の作品の底に流れていた教育勅語への対抗の意図は、著作が不可能になった大病後の「修身要領」にも強く示されていた。

明治三十一年の九月二十六日に福沢は大患に倒れた。一時は再起不能と思われていたが、奇跡的な回復を見せて、翌年二月からは自ら口述し石河幹明に筆記させた論説を『時事新報』に発表することさえ出来るようになった。しかし、彼が再び自ら筆を執ることはなくなった。それでも、私は病後の文章も福沢のものと認める。その文章に、大病の影響による大きな思想的な変化や知的能力の大幅な低下は認められない。福沢は、発病以前に主張していたことを病後も主張して、心配していたことを同様に憂慮している。前にも紹介したように、四月二十四日の「女大學の流毒」では、発作直前まで執筆していた『女大学評論』と変わらない熱意を持って『女大学』を攻撃している。彼の批判精神に少しの衰えも見られない。

明治三十三年の五月に福沢はその業績により恩賜の資金を下されることになった。五月十六日の「今回の恩賜に付き福澤先生の所感」（F16p600）という口述筆記において感想を述べている。その中で今回の恩賞が天下の人心に影響を及ぼし、社会文明の進歩に好結果が生じることを次のように期待している。

「吾々が従來多年一日の如く主張し來りたる主義意見も、竊に世間の様子を窺へば前途望洋の嘆も少なからざりしに、今後は聖恩の餘澤として天下の人心も自から向ふ所を知り、随て吾々の說も案外に世間の同意を得るに至らんか。」

福沢は自分の文明の主張が社会に受け入れられなかったことを自覚していた。

この恩賜が福沢を大胆にした。五月二十二日の「修身道徳の主義」（F16p607）は、今までにない正面からの文部省の修身道徳教育に対する批判である。

「政府が修身道徳の主義を一定し、教育の力を以て天下の人心を左右せんとするは到底能はざる所にして、古來これを試みて成功したる者なきは無論、其結果は社會に害毒を流したるに過ぎず。事實の最も明白なる者なり。」

これは表向きは、文部省の修身教科書編纂への批判であるが、実質は教育勅語批判であることは明白で、次のように結んでいる。

「日本國の教育が尚ほ此邊の程度に在るを思へば、我輩は國の文明の爲めに轉た悲しまざるを得ざるなり。」

この年の十月に、伊藤は立憲政友会を組織して自ら党首となり内閣を組織した。伊藤は二年前には、伊藤が政党を組織して議会に多数を占めて政権を執ることを熱望していた。その当時の期待が実現したことになる。福沢は新内閣に対する注文を表明した十一月十六日の論説「文明の政と教育の振作」（F16p644）において、内閣の最も力を入れるべき重大任務は、教育の主義を改めて社会の気風を一変することであると主張している。そして、十四年政変後の反動教育が、いかに社会の大きな害毒を残したかについて詳しく論じている。最後に次のように述べて、その決心を求めている。

「何は兎もあれ十數年前失策の結果、恰も今日の實際に現はれて排外思想の流行を致し、外交上の障礙少なからざるは勿論、國家文明の進歩を澁滯せしむるの弊害を釀したるは眼前の事實にして、苟も經世の志あるものならんには決して之を默々に付するを得ず。當局者にして果して茲に見る所あり、從來の主義を一變して教育を振作し其弊害を矯正するの決心ならんか、我輩の大に賛成する所にして、之が爲めには敢て一臂の勞を辭せざる可し。爾來伊藤は再三總理の地位に立ちたれども、今や次第に老境に瀕して政治上の生活は最早や長きを期す可らず。今回の當局は或は最後の舞臺なるやも知る可らざれば、老後の思出に大に奮發して教育主義の刷新を斷じ、社會の根柢より排外の氣風を一掃して年來の責任を果し、以て國家に對するの義務を全うするの覺悟なかる可けんや。我輩の切望に堪へずして一言敢て勸告する所以なり。」

翌年の二月に長逝した福沢には、この論説以降には本格的に政治を論じたものはない。これは十四年政変以来複雑な愛憎関係で結ばれた伊藤への、福沢の政治的遺言といえるものである。その中で彼が求めたのは、教育勅語による教育主義を一変して排外の気風を一掃することであった。

もし当局者にその決心があるならば自分も「一臂の勞を辭せざる可し」とさえ福沢は述べている。脳溢血により一時は言葉さえも不自由になり、殆どあらゆる公的な活動から身を引いていた当時の言葉であることに留意すべきである。この問題にかけた福沢の執念の強さを物語るものである。実は福沢はこの問題で、政府の施策を待たずに自分自身で行動を起こしていた。それは前にも触れた「修身要領」普及運動である。

「修身要領」の内容については既に前に論じたが、それが成立するまでの通説は次のようなものである。福沢は明治三十二年末に門下の長老である小幡篤次郎以下三、四名のものと会して、国民に対して新しい時代に処する国民道徳のあり方を示したいとの意向を示して、その編纂に着手させた。「獨立自尊」の標語を中心に、福沢の平素の言行を箇条書きにして、翌年の二月に完成したのが「修身要領」である。

完成したこの文書を慶應義塾内で発表しただけでなく、都下の新聞雑誌にも配布したので様々な批評が掲載された。福沢はこれだけで満足せずに、慶應義塾の教職員を全国に繰り出して各地に講演会を開いて、この趣旨の普及に努めさせた。

私はこの「修身要領」普及運動こそ福沢諭吉の晩年を象徴するものであると考える。この「修身要領」には、教育勅語に対抗して、その旧式で偏狭な道徳が日本の社会を支配することを阻止するという、福沢の強い意志が秘められていたことは前にも述べたとおりである。「修身要領」に対して、最も強硬に反対したのが帝国大学教授の井上哲次郎であったことは偶然ではない。半官製の注釈書『教育勅語衍義』の著者であった井上は、恐らく「修身要領」の隠された意図を察知したのであろう。その批判の根本的理由は、教育勅語に反しているというものであった。[7]

「修身要領」普及運動は、殆ど慶應義塾を挙げての運動であった。これにはもちろん創立者たる福沢の強い意志が働いている。福沢がある思想や運動のために、このように慶應義塾を総動員したことはなかった。この運動にかけた福沢の尋常ならざる決意は、彼が慶應義塾を廃して、その金を「修身要領」普及運動に当てるという意向さえ持っていたという事実に示されている[8]。

普及運動は福沢亡き後も十数年間は続けられたが、やがて行われなくなってしまった。真の指導者の福沢が亡くなってしまったことが最大の原因であろう。本来が無謀の試みとも言えるような運動であった。明治天皇の権威を基に国家権力を背景にして、何千という公立学校において、最高の道徳として宗教的な儀式を伴って強制されている教育勅語の悪影響を、一人の思想家と一学校の力によって少しでも緩和しようとするものであった。福沢は『福翁自伝』において教育勅語の国体主義と正反対の文明思想を賞揚し、『女大学批判』ではその儒教的価値観を攻撃して教育勅語を間接的に批判し、大病後の「修身要領」普及運動においては、不変の道徳を説く教育勅語の権威そのものへの対抗を意図した。この最晩年における国体主義に対する死に至るまでの全力を挙げての抵抗は、福沢の文明主義者としての本質を示すものである。

終わりに

明治二十八年の日清戦争の勝利は、福沢にとって宿願が達成した思想家としての終着点などではなかった。福沢は晩年において大きな変身を遂げて、単なる文明開化の啓蒙思想家から、国の運命を驚くべき正確さで予言した国家的賢人とも言うべき存在となった。彼が戦勝に大喜びして手放しの楽観的な議論を展開していた期間は、二年間ほどしか続かなかった。明治三十年六月の米国によるハワイ併合は福沢に重大な衝撃を与えて、日本の現状や未来に関する従来の楽観的な調子が一挙に暗転した。福沢は日本の将来に関して深刻な憂慮を抱くようになった。この時期から福沢の真の晩年が始まった。

米国のハワイ併合による対外危機感の深まりは、日本の将来に関して福沢に驚くべき予言をさせることになった。日本の自然な国力の成長による国外への発展は、人種的にも文化的にも異質な日本への西欧列強の警戒と敵意をかき立て、日本は四方への発展の道を塞がれる。そのため国内においては不平不満の空気が強まり、国内の対立が深まり内乱的状態を生み出し、極端主義者が勝利し暴発して、排外的な対外硬の空気が社会を支配するようになる。その結果国内の文明的発展は後退して、国外においては自滅的な戦争を始めかねない。これは昭和における日本の歩みをほぼ正確に予見するものであった。

この時期以降の福沢の言論は、彼が予見したこの運命を如何にして避けるべきかという問題に集中した。当初は元老政治家などの団結を訴え、国内の西欧化の強化を主張していたが、最終的に教育の問題に行き着いた。普遍性のない独善的な国体を神聖化して、教育の絶対的な思想的基礎とされている教育勅語こそが、排外的な対外硬の気風の源泉であった。福沢の最晩年の言論活動は、その時期の代表的な著作の『福翁自伝』に代表されるように教育勅語への抵抗に当てられた。彼の大病後の最晩年に始められた、明らかに教育勅語への対抗を意図していた、慶應義塾を挙げての「修身要領」普及運動が、彼の死後までも続けられたことは、福沢の晩年の活動を象徴するものである。

私は、この福沢の晩年の言論活動こそが、福沢を日本の近代において類のない存在としたと考えている。文明開化の啓蒙思想家としては、福沢は第一人者ではあったが、他にも中村敬宇のような影響力のある文明論者も存在した。けれども、晩年の福沢の言論には、全く比類を絶するものがある。しかし、あまりにも時代に先んじていると、同時代の人間からは理解されないという悲劇がある。福沢の晩年の予言や言論は、昭和の亡国を経験して初めて、その真意が理解できるようなものであった。福沢の亡国を避けるための勧告は、戦後の日本の繁栄の処方箋ともなった。

福沢が晩年に最も先鋭に対立した言論人は、対外硬の思想家の陸羯南であった。陸の対外硬論は国体主義に基づくものである。次の第二部では、福沢が何故に対外硬論に危機感を抱き、どのような形で国体主義と対決していたのかを知るために、同時代の陸の言論を見ていくことにする。

第二部　陸羯南と国体主義

はじめに

　陸羯南は一八五七（安政四）年に青森県に生まれた。好敵手であり後に対外硬派の同志となった徳富蘇峰より五歳年上に過ぎない。幕末維新の混乱期を反映するような雑多な教育を受けたが、学校騒動により原敬などと共に明治十二年に退学した司法省法学校が最終学歴となった。様々な職歴を経て、明治十六年に太政官の御用掛となり、文書局に勤めたが、明治二十一年に依願退職して、小村寿太郎や高橋健三などの援助を得て、新聞『東京電報』を創刊した。しかし、翌年廃刊し、そして同年、新聞『日本』を創刊して、主筆兼社長となった。

　陸が名をあげたのは、大隈外相による条約改正に対する攻撃で、条約改正を挫折させて対外硬運動の指導的存在となったからである。明治二十六年には第二次伊藤内閣の条約改正交渉を、条約励行論を掲げて攻撃して、条約改正反対は改進党勢力も巻き込んだ国民的な運動となり、伊藤内閣を二度の議会解散に追い込んだ。この時期が陸羯南の全盛期と言えるであろう。日清戦争後も、対露強硬論の国民同盟に参加して、近衛篤麿を指導者として担いで資金援助も得て、『日本』を舞台に対外硬運動に従事していたが、彼の健康が衰えて社の経営も悪化し、明治三十九年に新聞『日本』を売却譲渡して、翌年死去した。

　陸羯南はその新聞を手放さなければならなかった事情が示すように、生存中から影響力を失いつつあった。その没後には、彼自身の著書も、彼に関する書籍も殆ど刊行されなかったことが示すように、大正時代から昭和の初期にかけては、彼は殆ど忘れられた思想家であった。戦後になって、明治の健康なナショナリストとして再発見されて、全集も刊行され、研究も盛んになった。私はそのような評価には大きな疑問を持っている。陸羯南の思想こそ、昭和の独善的なナショナリズムの原型であると私には思える。

　陸羯南の思想を考える上で最も注目すべきは、井上毅との密接な関係である。この二人は陸の在官時代から親密な関係にあり、井上毅は重要な文章の翻訳を陸に依頼するなど、彼を信頼して重用していた。陸の井上毅への強い敬意はその文章にも明白である。序論で紹介した木野氏の議論にあるように、この二人の主張の類似性を考えると、陸の新聞界への転身には、井上毅が大きな役割を果たしていたのではないかと推測させられる。陸羯南は何よりも対外硬の思想家であったが、それは井上毅の影響を色濃く受けたものであった。この書が対象とする明治二十八年から三十二年にかけては特に顕著である。第二部では、陸羯南と国体主義、井上毅との関係が示す問題について検討する。

一、「国際論」と「皇道之敵」

私は第一部において、福沢が晩年の文章では一貫して陸羯南に反感を抱き、その主張する対外硬論に対しては強い危機感を抱いていたと論じてきた。両者の対照を示すために、この第二部では福沢の晩年である明治二十八年から死去に至る時期までの、陸羯南の新聞『日本』紙上の文章を紹介する。同じ時代に同じ空気の中で同じ事件に遭遇した二人が、どのように反応したかを比較する事は、両者の対比をより明確にするからである。

しかし、その前に明治二十六年四月に発表された陸羯南の「国際論」（K1p145）と、その続編と言える二十八年一月の「皇道之敵」（K5p4）を見ていくことが必要である。陸の本質は対外硬の思想家である。彼は条約励行論によって対外硬運動を主導して、伊藤内閣を追い詰めて二度の解散を余儀なくさせ、最終的には日清戦争にまで追い込んだのである。[1] その対外硬運動の基本となったのが、この「国際論」であると、陸自身が認めている。[2] そして、この後に見ていくように、その後の彼の議論の主要な骨組みを形成しているのである。それだけでなく、「皇道之敵」と共に対外硬論とそれを支える国体主義の密接な関係についても大きな示唆を与えてくれる。最初に「国際論」の内容を簡単に要約して紹介する。

「国際論」は、四月三日から二十二日まで新聞『日本』に掲載された、かなり長文の論説である。その序論において、国と国との交際を論ずるものであると前置きして、「狼呑」と「蚕食」という二つの言葉に代表される国際競争こそが、国際関係の現実であると主張する。「狼呑」とは一国が力によって他国を占領併合することをいい、「蚕食」とは間接的な方法によって他国を内部から侵食して結果的に属国とすることをいう。

次に本論に移って、狼呑と蚕食について、心理的競争、財理的競争、生理的競争の三要素に分類して、西欧の学者ノヴィコフの論文を引用したり、実際の例を数多く挙げて詳しく論じて、一見学問的な論文の形式をとっている。その底に一貫して流れているのは、西欧に対する病的と言えるほどの不信と警戒感である。繰り返し繰り返し提示される狼呑や蚕食の事例から得られる結論は、西欧勢力が無害で好意的に見える場合でさえも、また西欧自身にその意志がないとしても、彼等の強力さ故に非西欧世界に対する政策は狼呑と蚕食に帰結せざるを得ないというものである。

西欧の強さとは、単なる軍事力や経済力の強大さにあるのではないとするのは、この著者の独創である。それはその国の精神的組織の強力さに依るのである。精神的組織の強さに差がある二つの国が接して相互に交渉すれば、必ず強者による狼呑と蚕食を招くと主張する。著者は世界の国を三等に分類して、最上の国を精神的組織を有するナシィヨン（nation）とし、最低の国は属国であるトリビュ（tribut）で、その間にあるのが、国家の外観のみを有するエター（etat）であるとする。西欧はもちろんナシィヨンであるが、日本はエターであるとする。なぜならば、精神的組織がなく狼呑や蚕食に無頓着であるからと述べる。

狼呑と蚕食に関して、それぞれ心理的、財理的、生理的の三種に分けて具体例を挙げて論じているが、著者が現在の日本で最も警戒すべきと考えているのは心理的蚕食である。この心理的な蚕食が導入口となって、日本人の精神を西欧に武装解除して、他の二種の蚕食も進み、結局は日本を属国に化する狼呑に帰結するからである。日本の現在の状況は、政府を始め、上は政治家・知識人から下は紳商・庶民に至るまで西欧文明に心酔して、それに倣おうとしている。自分達が西欧の下風に立つとは少しも思わずに、むしろ十九世紀の潮流の先端に立っていると自負している。それこそが心理的蚕食を受けた人間の特色であり、百年後に亡国の惨状に遭わなければ目が覚めないだろうと述べている。

そのような心理的な蚕食を防ぐのが、国民の精神的組織を整理して伸張する教育の役割であると主張する。それなのに教育に責任のある政府は、国語の研究も、国史の編纂も、国文の研究も放棄していると批判している。その精神的組織の基礎となるものが「国命」と著者が呼ぶもので、人の天命に当たり、国の盛衰は国民が「国命」を理解するかどうかにかかっているとする。その国命とは皇祖（皇室の祖先）が国の肇（はじ）めに下した「六合を兼ね八紘を掩う（全世界と天下を占領する）」という遠猷（えんゆう）（先々までのはかりごと）であると著者は主張して、日本の風を世界に広げ天皇の道を世界に伸ばすことであると説明している。近代西欧文明の導入を亡国の元と批判する著者の最終的な反対の根拠は、日本古代の神話的皇祖皇宗の命令であった。

次に著者は、国際法に関しても、独立の一項をもうけて次のように論じている。国際法の存在が、国際競争の苛烈さをある程度減少させたことは事実であるが、本来国際法とはキリスト教の白人国の間に成立したもので、適用範囲もその国々に限られる。非西欧世界においては彼等の都合のよい時は利用されるが、不利な場合は無視される。それらの国々は世界においては、日本の封建時代の武士が切り捨て御免の特権を利用したように、この国際法を利用している。日本に残された道は、切り捨て御免に甘んじるか、欧州に帰化してその特権にあずかるか、日本が革命で武士の特権をなくしたように、国際革命を主唱して欧州家法を真の公法にするかの三つである。日本がとるべき道は欧州の特権を破る革命にある。現在の主流の思考である欧州に帰化する道は、祖宗の遠猷である「六合を兼ね八紘を掩う」という国命に反すると主張している。

そして次に、「国際例」という一項目を設けている。それは現在の国際慣行に当たるものである。国際法が欧州諸国間で成立したものに過ぎず、欧州以外の国がそれを金科玉条と考えるのは愚の極みであり、国際例も同様であると主張する。日本の政治家などが、それを万国の通義と考えて、それに従うことを十九世紀の趨勢で文明の風潮と考えて、それに対する異論を攘夷論などと呼ぶことを批判している。そして、西欧に国際例があれば、東洋にも国際例があるとして、西洋の観点からすれば居留地裁判は屈辱であるが、東洋では野蛮人を処遇する方便であったと述べている。

最後に結論と題する章において、次のように主張している。欧米人が条約改正を望まないのは、彼等の眼からすれば日本国内の幾分かは狼呑されて大半は蚕食されているからで、条約改正などしなくても内地の権利も自然に獲得できると思っているからである。対等条約などは日本がキリスト教国にならぬ限りは平和の手段では不可能である。日本は条約改正のために外人の要求に応じて法律を改正し社会の改革を進めた。そのような狼呑蚕食を甘んじても、外人は日本がキリスト教強国となるまで満足しないであろう。「外人の手を握り同胞に足を加ふる者」(K1p151)が政権にある限り、「六合を兼ね八紘を掩う」という国命は実現せず、対等条約が実現したと思う時は国命が絶える時である、と断言している。

この「国際論」が条約改正に反対し伊藤内閣を攻撃した対外硬運動の思想的根拠となったことは、「国際法」、「国際例」、結論の最終三章に明白である。この時期に、開明的な伊藤の内閣が成立して外相陸奥の下で、本格的に条約改正交渉に乗り出そうとしていた。その改正が国際法に則り、国際慣例に従い、ほぼ対等な条約になる事は予想されていた。しかし、「国際論」においては、そのような改正条約に対して、西洋本位の国際法を尊重することは愚の骨頂で、内地開放などの西洋の国際例は日本に適用すべきでないと述べて、開明派政府による対等条約とは「国命」の絶える時であるとさえ主張しているのである。

この文章は国際関係を論じると見せて、国内の開明派を攻撃するのが真の目的である。この論文において記述の大半を占めている古今東西における狼呑や蚕食の事例の紹介において、必ずと言っていいほどに言及されるのが、伊藤が主導した日本の文明開化政策と、井上馨と大隈による条約改正交渉であった。西欧文明の価値を認めて、西欧の文化と価値観を大幅に受け入れて、西欧の諸制度や習慣を導入しようとしたこと、そして、西欧諸国との協調関係を重視して、平和な交渉によって条約を改正しようとした彼等の行為そのものが、まさに西欧の心理的な蚕食を受けている証拠で、西欧による日本の狼呑を招くにいたるものであると主張している。

この文章の根本は西欧化否定論であり、維新以来の文明開化政策への弾劾である。明治維新以来、西欧を手本とした文明開化政策とそれを主導した政治家達を徹底的に否定する、一種の反動革命宣言である。福沢が条約励行論を幕末の攘夷運動の再来と見たことも、[3] 伊藤内閣が対外硬運動に対抗するために、維新以来の「開国進取」の国是を持ち出したことも、決して見当違いではなかった。

後になって、日清戦争に勝利し、条約改正が実現しても、陸羯南による伊藤博文や陸奥や西園寺などへの攻撃が止む事がなかったのは、彼等が藩閥政治家であるからではない。伊藤等が日本の西欧化を目指す開明派の政治家だからである。開明色の薄い山県や松方の政権に対しては、陸は批判はするがそこに敵意は感じられない。そしてその西欧化への反対の最終的根拠となるものが、陸が「国命」であると主張する、皇祖による「六合を兼ね八紘を掩う」という遠猷であった。皇祖皇宗という神話的権威が、西欧化否定のための最終の権威として持ち出されている。それは教育勅語にも共通する構造である。

以上のような「国際論」では、伊藤のような開明派という内部の敵への攻撃が主目的であり、具体的対外政策については殆ど論じていなかった。ところが、日清戦争の大勢が決した明治二十八年一月一日に、新聞『日本』に掲載された「皇道之敵」という論説こそ、日本の国際舞台への本格的登場という新たな事態に対応して、対外政策を論じた「国際論」の続編と見るべきもので、「国際論」と合わせて、対外硬の根本思想を表しているものである。

ここでその内容を簡単に紹介する。文体に関しては、学問的論文の形式をとった「国際論」とは全く異なる。古語を多用した異様に堅苦しい儀式張った文章で、現代文にその形式を移すことは不可能である。その雰囲気を紹介するために、その最初の数行を原文のまま引用する。

四海を兼ね六合を掩ふの宏謨遠猷は、皇祖皇宗が国家肇基の始めに於て後世子孫の天皇に宣らせ賜へるの大御旨たるは、炳焉として日星の雲霄に麗るが如し。是を以て斯の宏謨遠猷を大成し賜ふは、列聖天皇が皇祖皇宗に対する天職の最大義務たる、亦た疑を容れじ。

神官が伝える神勅のような文章で、説得するのではなく無条件で受け入れられることを意図している。内容を簡単に要約すれば次のようなものになる。

皇室の御先祖である皇祖皇宗が建国に際して下した「四海を兼ね六合を掩ふ」、即ち四方の海と天地四方を覆えという命令こそが、歴代天皇とその臣民が守るべき義務であり、それこそが皇道である。しかしこれは、他国による狼呑蚕食と形容される侵略と混同されるべきではない。なぜなら皇祖皇宗の御命令は世界の人類を仁愛義侠なる皇道に浴させるためのもので、私利私欲のためではないからである。弱小な朝鮮を救うのは、皇道による義侠の行動である。頑迷無知な清国がそれを理解せずに妨害するのを膺懲するのは、天皇の天職で国民の義務である。皇道の世界的普及を妨げるものは皇祖皇宗の大趣旨を妨害するもので、清国に限らずいかなる国でも日本刀で血祭りにあげるように膺懲すべきである。

これが「国際論」において「国命」とされた、皇祖による「六合を兼ね八紘を掩う」という遠猷を、具体的に展開したものであることは明白であろう。狼呑と蚕食という「国際論」において中心概念となった言葉が使用されていることでも、その連続性は明白である。西欧による対外進出は狼呑蚕食であるが、日本によるものは世界の人類を皇道に浴させる義侠の行動である。それは、皇祖皇宗の命に従うことで天皇の天職であり国民の義務である。そのような皇道の普及を妨げるものは、何者であれ情け容赦なく膺懲（ようちょう）すべきであると主張している。この「六合を兼ね八紘を掩う」という言葉は、後に通用した「八紘一宇」と同じ意味であり、昭和の戦争は「国際論」や「皇道之敵」の主張の実現であった。昭和の戦争において、支配的な軍人や政治家、言論界の首領であった徳富蘇峰などが、このような主張を展開していたことは後に見るとおりである。

福沢が、日清戦争の勝利に関して「漠然たる無形の大言を放て自から快を取る者」[4]と批判して、日清戦争の日本の目的は「義侠に非ず自利の爲めなり」と反論したのは、この文章が主な対象であったと私は考えている。そして福沢が後に対外硬思想について、「政治の爲めとあれば人を殺し身を殺すの殺伐を演じて自から怪し」むことのない「一種殺伐の思想」[5]と呼んだように、この「皇道之敵」は殺気に満ちている。対外硬思想は、内部にテロリズムの要素を色濃く含んでいる。幕末の攘夷運動が多くの暗殺事件を引き起こしたように、その後身たる昭和の国体主義の興隆は多くの暗殺事件を生じさせた。「国体破壊ノ元凶」を惨殺した二・二六事件の蹶起趣意書[6]と「皇道之敵」は、殺意に満ちた殺伐たる内容において共通している。後に見るように、陸羯南は決して暗殺を否定も罪悪視もしていない。

「国際論」において、伊藤などの開明派の定義として「外人の手を握り同胞に足を加ふる者」という言葉が印象的に使われており、その後数年間は、陸羯南は伊藤などの開明派攻撃の武器として常用するようになった。この俗耳に入りやすいキャッチフレーズほど、対外硬の攘夷的本質を示しているものはない。簡単に言えば、「外人と親しむことは日本人を裏切ることだ」という意味で、裏返して言えば日本人と親しむには外人を疎外すべきという主張である。福沢が警告していたように、他を疎外するものは自らも疎外される。[7] 対外硬の精神が社会に浸透するとともに、日本は外国の友人を失い世界に孤立していった。[8] 陸は、明治三十二年から、常用していたこの言葉を使わなくなった。[9] それとともに伊藤に対する攻撃一辺倒の態度にも明らかな変化が見られるようになった。彼は「国際論」の根本思想から明確に離れていった。換言すれば、その時期までは「国際論」の主義に基づいた議論を展開していた。

次に明治二十八年以降の彼の文章を、具体的に見ていくことにする。福沢と対立する対外硬派としての側面に焦点を当てるので、他の点で価値のある文章があっても触れないことがある。

二、福沢晩年期における陸羯南

㈠　明治二十八年

明治二十八年の冒頭の一月一日に掲載されたのが前述の「皇道之敵」であった。そして、二月十一日の「二千五百五十五年の紀元節」(K5p29)では次のように述べている。

「今上陛下の英烈におはします、皇祖の神武に肖させ玉ふものあり。今回征清の壮図をば夙に宮城に定め玉ひたるは、恰も皇祖の洪謨を高千穂宮に発し玉ひしが如く、其一たび大纛を進めて以て大駕を貯め玉へる所は、皇祖と同じく安芸に在り。足れ実に神異霊奇と称するに余りあり。而して皇師の嚮ふ所戦ひて勝たざるなく、攻めて取らざる無く、清国罪尤を悔み、列国威烈を仰ぐ、亦又皇祖の聖挙に異なるあらず。」

日清戦争を国際法に基づく近代的戦争としてではなく、古代神話の光において見ているところは、「皇道之敵」と同一である。清国は対等な戦争当事者ではなく膺懲すべき罪人である。これは皇祖と天皇を神格化する典型的な国体主義の文章である。日清戦争において神武天皇に言及している文章を、私は陸羯南以外に見たことがない。しかし、後の第四部『暗黒日記』と国体主義」で見るように、昭和の戦争では普通になった。

陸羯南が他の国体主義者と異なるのは、彼が外国語にも通じていて海外の新聞雑誌にも広く目を通し、その内容を『日本』紙上で紹介していたことである。二月十四日、十五日にはフランスの雑誌『コレスポンダン』の、日本の異常な愛国心を取り上げて、それが反外国人的な傾向があることを警戒する文章を「帝国現今の地位」(K5p30)で紹介して、次のように述べている。「此の評言は実に正鵠に中れり。特に最近五六年来は全く此の傾向を現せり。是れ此の傾向や即ち今回の戦争を惹起せる所以にして且つ戦争に大名誉を博せる所以なりといふべし。」。明治二十年の条約改正反対運動に始まる対外硬運動が排外的性質を持つこと、それこそが日清戦争を引き起こして勝利をもたらすことが出来た原因であると、自身が対外硬運動の指導者であった陸羯南が誇らしげに認めている。

同月十八日の「降艦及降虜の処分」(K5p34)においては、日清戦争の教訓として西欧の物質文明への軽蔑を示し、忠君愛国の気性がなければ優秀な武器も無力であると述べている。

「西洋人の所謂る十九世紀の文明なるものは是れ直に物質上の進歩のみ。物質上の進歩にしてもし殆ど人の気性に価値なからしめ得べしとせば金力は直に万事を支配せん。即ち忠君愛国の気性なきも金力もて軍器軍術を買い得なば戦ひて勝たざる無く攻めて取らざる無げん。而して支那軍の我れに敗を取る所以は解すべからざるなり。清国は我れに比すれば国固より大なり、金力亦た我れに数倍す。故に彼れの欧洲より買入れたる軍器は我よりも新精にして且つ数多なるのみならず、欧洲の軍人をさへ買込みて其の軍議に与らしむ。」

戦勝を日本が西欧文明を学んだ結果と評価して、日本の武器の優秀さこそが清国に勝利した原因であるとしている福沢[1]とは、正反対の教訓を得ている。このように物質上の進歩を除いた西欧文明を軽蔑しているのだから、その文明の産物である国際法も尊重することなく、捕虜の処遇などで国際法に盲従すれば日本は支那と同じ地位に陥ると主張している。この捕虜の待遇における国際法軽視の主張は、後に見るように昭和に実現した。これは、国際社会のルールを遵守して、日本を西欧文明の一員として認められようと努力していた、当時の日本政府や福沢などの主流の立場とは正反対である。文明の戦いとしての日清戦争において、日本が如何に国際法を厳密に遵守していたか、それが昭和の戦争と著しい対照をなしていたことを、松本健一氏は『白旗伝説』(講談社学術文庫)に詳しく述べられている。

二月二十七日の「物質的標準の誤」(K5p43)においても、改めて軍艦兵器において清国が遙かに優れていたのに日本に敗れたのは、数字のみを標準とする思考の誤りを証明したと次のように述べている。

「即ち陸海軍の戎器は共に我れより優等なりし。唯物的人種の眼より見ば如何にして日本が勝利を占めしやを解するに苦しむものあるべし。『数字』のみを標準とする批評家は今や当さに恐慌の中に在るべき筈なり。彼等は物質上何を取りて以て日清両国勝敗の原因と為さんとするか。数字論者は此に至て窮するものあらん。（中略）之を要するに、今回の戦争は物質的勢力の意外に薄弱なるを示したるものなり。」

同時期の福沢が一月二十四日掲載の慶應義塾における演説において、戦争における最も重要な要素とした、「一事一物」もその「範圍外に逸する」を許さないと形容した「數理」的思考を完全否定している。[2] 後に見るように、昭和の首相東条や言論界の首領の徳富蘇峰は、この陸羯南と全く同じ思考方法により、米国の物質的有利を軽視した。

そのように日本の物質的有利性を否定して陸が主張するのは、日本の道義的優越性であった。同月二十八日の「清国に諭すの議」（K5p44）においては次のように述べて、日本は「王者の真道」を顕すものであり、清国は日本に諭されるべき愚で姦なるものとされる。

「（日本）帝国の国是は洵に愚を恤みて姦を戒め以て王者の真道を顕揚するに在り。西洋人の意を迎へて東洋人を窘め、文明国の命を聴きて野蛮国を征す、斯の如きは帝国の嘗て思ひも寄らざる所のものなりとす。」

三月一日の「満州軍の不仁」（K5p46）においても、十七世紀の清朝の前身の満州軍が明朝を攻めた際の残酷な処置と、日清戦争における日本軍の寛大な処置を比較して、「日本軍の仁は春風の如し」などと、比較にならぬものを引き合いに出して自画自賛している。福沢が「戰勝後の日本人」において、「一時の戰勝に精神を奪はれ、自尊自大、支那人の暗愚」を学ぶものと形容した[3]のはこのような文章を指しているのであろう。

同月十日の「支那歴代の国是」（K5p50）においても清国の敗因を論じて、「彼れ君臣上下常に唯だ利害休戚を目前に見、而して義理の為め或は国を焦土とするをも顧みず」という念を有していなかった為であるとする。言い換えれば、日本の勝因は日本人が義理のためには利害を度外視する盲目的決意があったからということになる。「焦土」とは幕末以来、対外硬派の愛用する言葉で、福沢は「彼を知ること肝要なり」[4]という客観的情勢を知る必要を説く論文で、「國を擧げて焦土と爲すとは、自から敵す可らざるを知り、必死を期するものにして、所謂やぶれかぶれの決心のみ。」と批判していた。客観的情勢や利害を考慮せずに戦争に飛び込んだ昭和の日本で、焦土は現実となった。[5] この立場の対極にあるのが「義侠に非ず自利の爲めなり」と主張していた福沢で、次の言葉は陸がそれを自覚していたことを示す。この引用における「拝金宗」とは、保守派にとっての福沢の代名詞であった。

「若し能く利に趨るものを知と言はゞ、所謂る唯利論なるものは文明の結果にして、拝金宗は改善の宗教といふべし。拝金宗を以て国を建つる者は唯だ時勢を見て而して義理を見ず。義理を見ずして時勢を見る者は弱邦に驕りて強国を畏る」

三月二十四日に講和条約交渉のために来日していた清国の全権代表の李鴻章が日本人小山によって狙撃され負傷するという一大不祥事が発生した。和平のための使節を襲撃するという、日本に全面的に非のある事件であった。福沢はその犯人を「不倶戴天の國賊[6]」とまで呼んで強く非難した。そして後に、このようなテロ発生の根本の原因は対外硬の思想にあると、次のように述べている。

「革命以來、政府の大臣を暗殺し、又その事を企てゝ成らざりしもの〻如き、數ふるに遑あらず。單に内國人のみならず、外國人に對しても等しく兇暴を逞ふしたるは毎度の事にして、先年露國皇太子に危害を加へたる如き、又本年彼の李鴻章を銃傷せしめたる如き、著るしき事例として見る可し[7]」

一方、対外硬運動の指導者の陸羯南は、二十七日の「凶変に対する責任」（K5p68）において、狂人や暴漢というものはいつの世にも絶えないものであると述べて、犯人を責めることなく、この事件を未然に防ぐことが出来なかった政府の責任であると主張している。さらに後になると、むしろ被害者の方を非難するような言論さえ展開しているのである。

三十一日の「清国君臣の亡状」（K5p69）においては、開戦以来清国が日本人に加えた数々の残虐行為を列挙して、清国に日本を批判する資格はないと日本側の非を覆うような主張を展開しているのである。そして、「更に華夷の別を解せよ」という副題を付したこの文章において、戦中における清国の様々な野蛮行為とは対照的な日本軍の振る舞いを指摘して、「嗚呼華夷文野の差は天下の広き人類の衆き独り支那人のみ之を弁ぜじ。」とし行いの正しい日本こそが中華であり、蛮行の清国こそ夷狄であるという華夷思想を展開して、次のように述べて、事件を殆ど正当化しようとしている。

「清国は十悪百邪千曲万非を犯し我れは則ち十百千万の仁を敵人に施し十百千万の功を人道に立てたるに於てをや。不幸にして今回馬関の変に遭ふ、是れ唯だ十百千万行の一失のみ。夫の支那が十百千万行皆な過失罪悪たるに比すれば殆ど言ふに足らず。」

四月一日の「嗚呼休戦の恩」（K5p70）になると、政府に責任のない暴漢の所行にもかかわらず休戦を許した日本の温情に、むしろ李鴻章や清国は日本に感謝すべきであると述べている。さらに、同日の「徳をもって怨に報ゆ」

(K5p71) になると、戦争中の清国の日本人への残虐行為をとらえて、清国の官民を「獣」と呼び、講和を望む権利のない極悪国であるが、「我れは仁義の道を履みて敢て此の極悪国の乞降使を受く。是れ殆ど獣に対するに人の道を以てする者」であると自賛している。後の日露戦争や第一次大戦では、日本が敵を獣呼ばわりすることは殆ど無かったが、後の第四部『暗黒日記』と国体主義」で見るように、国体主義思想が支配的になった大東亜戦争では普通になった。

李鴻章狙撃事件は日清戦争に付随する一エピソードでしかない。しかし、この小事件に関する陸羯南の言論にこそ、対外硬論者としての本質が示されている。この事件に対する最初の反応においても、このような明白な暗殺未遂のテロにもかかわらず、陸の反応は奇妙に穏やかであり、日本全体が感じた衝撃とは遠い。さらには、犯人を殆ど非難することなく、むしろ政府の治安上の責任を追及している。その上、被害者側の清国の方を非難さえしている。陸はテロを狂人暴漢はいつの世にもいると一般化しているが、日本における重大な暗殺事件において、福沢の指摘したように、犠牲者は常に開明派の政治家や外国人であり、犯人は殆どが国体主義の対外硬派の人間である。陸は明確なテロ正当化こそしなかったが、この事件や後の閔妃暗殺事件でも犯人を非難することはなく、むしろ擁護した。その犯人の中には三浦梧楼や国友重章のような陸の友人さえ存在した。

この事件は清国に非はなく、日本に全面的に責任のある事件であった。しかし、むしろ、そのような不利な状況において、あらゆる口実を設けても日本の非を認めようとしない独善性が対外硬主義の顕著な特徴であり、後の閔妃暗殺事件においても示されることになる。国際問題では、日本の正当性のみを言い募ることが、対外硬派にとっては正義なのである。その根底には、外国とは日本に害意を持つ存在であり、少しでも弱みを見せれば全面的に乗じられるという根深い不信感があった。戦争中の清国の残虐事件を持ち出して、日本を非難する資格はないと居直っている。それにとどまらずに、そのような清国の残酷さに対して、負傷中の李鴻章に示した厚遇に日本の仁義を称揚して、日本こそが真の中華の国であると自称しているのである。このような独善的な態度の根底には、身内の罪は暴くべきでないという儒教道徳が存在した。

国際法に対する軽蔑に示されるような西洋文明に対する陸の反感は、東洋的な儒教的価値観に基づくものであった。日清戦争において日本軍が清国軍に比べて残虐行為が少なかった理由は国際法の遵守の結果ではなく、日本の儒教的徳義である仁の現れであると陸は主張している。日清戦争を、西洋文明を採用した日本の勝利と位置づけた福沢と対照的に、陸は東洋的価値観を維持した日本の勝利と見ている。儒教的価値観に基づく独善的で主観的な陸の対外硬主義の特徴が、講和条件を論じた四月六日の「寛猛相済の道」（K5p76）における、「今回の休戦は唯だ李氏の遭難を憫み為に我れの仁義を尽したるのみ」であり、諸外国も「我れの過寛過仁に驚きたらん」というような言葉によく表れている。

そのような独善性は西欧列強に対しても表明される。同月九日の「英露同盟の難」（K5p79）では列強との関係に関して、「今日に於て豫め合縦連衡の策を講ずるは無用の徒労なり。日本は世界の義侠者として弱を扶け強を挫くの覚悟なかるべからず。兼併政略を挾んで太平洋の風波を揺がすものは悉く未来の国敵なりと覚悟せざるべからず」と主張している。客観的に計算可能な利害と異なり、義侠なという主観的な価値は、国際社会で理解されることも受け入れられることもない。福沢が警告していたように、いたずらに日本に対する不信と警戒を募らせるだけである。自国を義侠国などと揚言する自尊自大の精神が、思い通りにならない国を膺懲するなどという思い上がった言葉を生む。

四月の末になると日清戦争勝利による日本人の思い上がりに水をかけるような大事件が発生した。ロシア、ドイツ、フランスの三国の干渉により、日本は講和条約で獲得した遼東半島の返還を余儀なくされた。政府がこの事件に関する厳重な報道統制をしいたので、どの新聞も自由に論じることが出来なかったが、陸羯南は五月二十七日の「遼東半島返還の時局に対する私議」（K5p97）において、「半島壌地の還附を避くべからざらしめ国威を終局に損じたるものは、責任果して誰れの頭上に落るか。」とか、「百戦百勝して而して国家反て外侮を招きたりとせば、其の責果して何の処にか帰する。」と述べて、「国威を損じ外侮を招くの事は当局者と雖ども掩ふべきの辞なけん。」と伊藤首相と陸奥外相の責任を追及している。長々と弁じているが、結局は国威を損じ、外侮を招いたというのが、伊藤批判の根本である。これ以降、陸羯南は数年にわたって、この問題で伊藤を執拗に非難し続けることになる。

国威を損じ外から侮られたというのは、主観的な感情論であり、決して客観的な国際関係における利害問題を理性的に論じた議論ではない。三国干渉問題に関する福沢の論説が理性的な言論の代表的なものである。しかし、日本においては井上馨の条約改正反対運動以来、対外問題で世論を動かしたものは主観的な感情論であった。[8] 対外硬運動はそのような感情を煽り立て、理性的議論の通らない興奮状態を作り出すことが主要な手段であった。[9] 自国を世界の義侠国などと自惚れる対外硬論の主観的空威張りの裏面には、自国が軽んじられ侮られるのではないかと恐れる被害妄想的劣等感が存在した。義侠などという理念を否定し利害を重んじる福沢の対外論には、体面を気にし軽侮を恐れる傾向は殆ど無い。

六月十日の「復たも教育の改革」（K5p113）において、教育勅語を起草した「国家主義」の井上毅の後任の文部大臣になった西園寺公望とその政策を、他の対外硬派の新聞雑誌と共に「世界主義[10]」と攻撃している。世界主義採用の根本理由は、ある閣員の次のような言葉[11]に示される内閣の政策によるものであると陸は推定している。「大和魂といふものには殺気を含み、排外臭味を含みて青年を誤り、往々にして小山津田などいふ凶徒を出し、為に外交上に容易ならぬ大害を及ぼすが故に、国家教育などいひて妄りに国の古文字を読ましむる事は今日の開国進取に害ありて益なきが如し」。これは明らかに西園寺の言葉で、井上毅がその影響下にある言論機関に漏洩して、攻撃を煽ったと思われる。

これに対して陸は、小山の李鴻章狙撃に見られるような国家主義教育の事実に現れた弊害に対して、世界主義教育による外国人への軍事機密の漏洩などという架空の危険性や、国家主義教育の効能であるとする戦場の極端例を持ち出して反論している。福沢や西園寺のように日本人の自然な愛国心を信用できずに、極端な国粋主義教育が必要と考え、外国人とつきあう日本人は一種の間諜であるとする対外硬論者の本音がよく表れている。昭和になると、その態度は社会に浸透し、後に扱う『暗黒日記』には、外国人と交際があっただけでスパイ扱いされた事例が数多く紹介されている。そして最後に、教育を司るものはそれにふさわしい人間が必要であると述べて、西園寺にはその資格がないと示唆している。陸はこれ以降も西園寺に対して強い反感を示して攻撃していく。福沢の一貫した強固な西園寺支持と対照的であった。

同月二十一日の「日本降伏」（K5p116）という論説では、フランスの新聞が日本がフランス・ドイツ・ロシアの三国の忠告に従って遼東半島を返還した事実を、日本降伏という大文字を使った表題で報道したことについて、フランス語のキャプションをそのまま使用して、「吾人をして我帝国をして斯ばかりの深辱を被らしむるもの果して是れ何にか由るや。」と大々的に煽動的に紹介している。日本の屈辱を強調して、伊藤政府と外国への敵意を煽り、大衆の感情に訴えようとする対外硬運動の典型的方法である。三国干渉に関して、国民の激した感情を理性に訴え抑制しようとした福沢の文章の対極にあるものである。

七月十三日の「対韓政策の強弱」（K5p138）においては、「女子と小人とは養ひ難しと言へり。朝鮮は実に女子なり小人なり。寛以て之を遇すれば、則ち恩に狎れて而して却て我を侮るに至らん」と述べて、「今の弱勢に処するに恵を以てするは是れ適々彼れの侮を助長するなり。今日の事は唯だ威を用ひて強硬を行ふのみ」と論じていた。明らかに朝鮮人に対する蔑視があり、後の三浦公使が率いる日本人による閔妃の暗殺は、まさに威を用いた強硬策の極端例であった。同じ日付の福沢の「在韓日本人の取締を厳にす可し」[12]において、在韓日本人の横暴な行動を憂慮していたのと正反対の方向を指していた。

同月二十六日の「責任問題の分析」(K5p152)において、遼東半島を返還した伊藤政府を執拗に攻撃する陸羯南が、その具体的な責任問題を九箇条に分けて論じている。その第一条は「国民の元気を沮す」で、軍隊が心血を注いで獲得した土地をたちまち返還するのは国民の元気を阻喪させると論じている。第二条は「隣国の軽侮を来す」であり、他国の容喙により条約で獲得した土地を返却するのは、清韓の軽侮を招きその政策にも影響を及ぼすとする。第三条は「国家の恥辱を招く」とし、たとえ遼東半島に経済的価値はなくても、他に脅かされて返還するのは国の恥辱であり、利害の問題ではないと主張している。以下、「対清の要害を失う」で初めて実害が取り上げられ、次に「不当の脅迫を受く」、「詔勅の尊厳を汚す」、「外交の慎重を欠く」、「反復の奏請を為す」、「国業の進歩を挫く」と続いている。感情や体面といった主観的な理由が殆どである。しかし、日本の精神風土においては主観的かつ感情的な主張こそが世論を支配するのである。昭和において、日露戦争で流された「二十万の英霊」の血という主観的感情的な言葉が、満州に関する理性的な議論を圧倒して沈黙させたのである。この点においても、陸羯南は昭和日本の対外硬論の源流であった。

七月三十一日から八月八日にかけて「非責任論の申分」(K5p159)で、陸は政府の御用新聞と目されていた『東京日日新聞』と遼東返還に関する責任について長々と論戦を交わした。その末尾において、「責任論の精神は多言の説明を須ひず、外交措置の失当に因りて戦後の国誉を傷したる其の責任を問はざるべからずと、斯の如きのみ。」と、このように、遼東半島返還の責任論の核心は、国の名誉を傷つけたという一事であると断言している。利害よりも国威や体面に異常に重きを置くのが対外硬派の特徴である。国際社会において、日清戦争の勝利は日本の評判を高めたが、その後の三国干渉への譲歩によって日本の名声に傷がついたという客観的事実はない。弱小国が強大な国の威嚇に譲歩するのは当然で、屈辱ではない。それでも陸は、日本に恥辱を与えたという主観的議論によって、伊藤を執拗に攻撃し続けた。この時期に、福沢が何度も伊藤を擁護しなければならなかったという事実は、そのような攻撃の有効性を示している。

そのような主観的な態度は外国に対しても向けられてい

た。日本においては伝統的に北方の脅威であるロシアに対する警戒感が強かったが、陸は「北守南進」を主張して、ロシアに対して奇妙なほどに好意的で、その反対に英国には強い反感を抱いていた。それは三国干渉においても変わることはなく、九月二十一日から二十八日掲載の「今後の対外方針」（K5p205）においても、日本が恐れるべきは英国であると主張して、ロシアに対抗するための日英同盟論を批判して、日本は遼東半島返還でロシアの要求を受け入れたのであるから、ロシアも日本に「十二分の同情を以て」報いるであろうと述べて、ロシアとの友好関係の必要を説いていた。

そのようなロシアに対する陸の軽信性を批判する『東京日日新聞』に対して、二十八日に自信たっぷりにロシアが遼東半島を占領することはないと次のように述べている。

「吾輩は他を信ずるにあらず、寧ろ他を律するなり。彼れ既に忠告として我れに申込む。我れ之を容れたるは好意なり。此の好意に対しては彼亦た遼東を占領する能はじと吾輩は信ずるの当然を見る。是れ何の軽易かある。」

英国に関してもロシアに関しても、陸の議論は客観的な国際情勢や力関係に関する理性的な観察と分析というよりは、主観的な心象によって決定されていた。日本がロシアに好意的な行動をしたから、ロシアも好意で報いてくれるはずというような、自己の主観的希望を他国の行動に投影していた。後に見るように、そのような態度は昭和において一般化した。松岡洋右のドイツへの盲信性などはその典型的なものである。ロシアは当然ながら、そのような陸の思惑とは無関係に自己の利害に従って、後に旅順港を獲得した。陸にはこのような見込み違いが多いが、それはその主観的思考方法がもたらす当然の結果である。それでも陸は反省することもなく、相変わらず他を批判し続けていた。後にロシア軍が満州に居座ってその侵略的野心が明白になると、陸は東大の七博士などと共にロシアへの強硬論を主張して、ロシアを信じて好意的であった以前の自分の議論を忘れたように、ロシアとの対立に慎重な政治家を攻撃していた。このような軽信性と自己の言動への無責任な態度は、客観的思考よりも主観を優先させる国体主義に基づく対外硬論の結果で、蘇峰などの対外硬派が持つ共通の特徴である。

十月の八日に日本公使の三浦梧楼が主導して朝鮮王妃を暗殺するという、前代未聞の不祥事である閔妃暗殺事件が起きた。陸は十三日の「東洋平和と閔妃」（K5p223）においてこの事件を取り上げているが、事件の詳細が未だ不明のこの段階で、「閔妃は韓人に憎まれて非命の死を遂げられたり」と韓国人の犯行と断言しているのは、福沢が第一報において、日本人の仕業であると殆ど確信しているのと対照的である。そして、福沢が「事の眞相を明にす可し」[13]

と主張していたのに対して、陸は一貫して事件の本質を曖昧にして、主犯の三浦公使の無罪を主張し、その責任を免れさせることに全力を尽くした。注目すべきは三浦は早くから陸の後援者であり、条約改正反対運動の同志であり、対外問題においては伊藤などの反対陣営にあったことである。陸の三浦擁護は党派的で私的な動機によるものが大きい。

福沢などが早くから日本人の関与を確信していたのは、外国人などによる客観的目撃証言が存在したからである。これに対して陸は二十日の「内閣と在外公使」(K5p227)において、「内閣たる者が其の派遣し置ける公使の報告を信ぜずして反て諸外国人の報告を信じ以て政策を決するあらば、是れ直ちに外交上の自殺に近からずや。」と述べている。自国の体面を維持するためには、客観的証言などは無視すべきということになる。同日の「在外文武官の非違」(K5p228)においては、たとえ外国人の証言するように、三浦などの文武官の事件関与が事実としても、その時は、そのような官吏を選任し派遣した政府に監督する責任があるから、責任をとり退くべきは伊藤内閣であると主張している。

翌二十一日の「政変と殺戮事件」(K5p228)においても、「日本人が今回の事変に干与せりとの跡あるを伝へ聞くのみ、而して深く其の事情をも究めず、唯だ速に諸外国の物議を鎮めんとのみ努め、其の極遂に我が在外文武官をも殺戮事件の連累と為さんと擬するは、寧ろ世界の有識者を驚かすに至るべし。」として、在外文武官の関与が実証されていないのに、国際世論を気にして罪人扱いすることは不正だと主張している。外国の物議を恐れる政府を批判しながら、世界の有識者の評判などを気にすることは矛盾である。とにかくあらゆる理屈をつけても、三浦を擁護しようとする意図は明白である。

二十二日の「痛恨痛惜の事」(K5p230)は事件の本質を殊更に曖昧にする文章である。「故閔氏にして其の智能を善事に用ひしめば、天晴れ東洋の女丈夫として各国人に敬愛せらるべかりしものを。今まや妃位を奪はれて嬪位に列せられ、剰さへ難に遭ひて横死を遂ぐ。因果応報の致す所といふと雖ども、亦た東洋の一悲惨事として史上に貽るべし」として、閔妃の死を悼むようでありながら、因果応報などという言葉を用いて、まるで閔妃自身に責任があったかのような言葉である。さらに末尾において、「三浦公使の召還、在留諸人士の退韓、京城なる新政府の危殆、皆な此の一悲惨事より生ず。吾輩は唯だ此の一悲惨事に付て遺憾を表するは、独り故閔嬪を惜むのみにあらずして東洋大経論の挫折を惜むなり」と述べて、計画的な暗殺事件を「一非惨事」とまるで犯人の存在しない事故か自然災害のように形容している。

翌日の「事件経過の大要」(K5p230) においても、『東京日日新聞』が報道した事件の概要を紹介しながら、状況証拠からも三浦の関与が濃厚であるにもかかわらずに、あくまでも三浦は大院君の命に応じて事件に巻き込まれた善意の第三者であったと強引な推理を展開して、事件の重大さに衝撃を受けた国内の三浦以下の責任を追及する動きを、自国を卑しめる事だと次のように述べて牽制している。

「但だ一二の残虐者共の内に混入しあればとて、未だ充分の審問をも行はざるに関係者一切を謀殺犯人の如く言ひ做すは、自ら好みて帝国を刺客窟と為すものなり」

二十四日の「帝国対韓の位地」(K5p232) でも、閔妃殺害は一部の取り巻きの仕業であり三浦に責任があるとしても不注意の罪であり、閔妃の死は偶発事件で三浦自身も悲しんでいるだろうなどと勝手で主観的な推測を並べ立てて三浦を擁護しようとしている。この時期の陸羯南の議論は、一国の王妃を日本の公使が先頭に立って暗殺したという事件の重大さや、そのような邪悪な犯行に日本政府が関与したという疑惑が日本にかけられている事実や、政府は何をおいてもそのような汚名を晴らす必要があるという、日本の置かれた厳しい客観的国際的状況などには少しも考慮を払うことなく、ひたすら三浦という仲間を救うという内向きの主観的関心に集中している。[14] これこそ「外国人の感情を恐れるな」という陸が常に主張していることの実践であった。その結果は朝鮮人の感情を深く傷つけ、諸外国に日本に対する不信と警戒の念を根付かせた。

十一月二十六日の「外人を信じて内民を疑ふは非なり」という副題のある論説「国民一致の根抵」(K5p254) という三浦擁護論は、陸羯南と対外硬主義の本質を示すものであるので、詳しく紹介する。その中で「外人に比較して内人を多く信用する」ことこそ「国民一致の根本」であると断言して、法律において内国人には外国人よりも多くの権利と利益を認めるように、徳義上においても外国人よりも内国人を信じるべきと主張してその根拠を次のように述べている。

「夫れ仁は近きより遠きに及ぼすものなり。一身よりして親戚に及ぼし、朋友に及ぼし、猶ほ進みで郷人に及ぼし、引きて国人に及ぼすは是れ人情の常にして又た人倫の常なり」

これは普遍的な倫理などではなく、典型的な儒教の差別愛の教義である。どれほどフランス語に熟達し、西欧の事情や思想に通じていても、陸羯南の思想の根本が儒教的価値観である事をよく示している。一方普遍的な人間の価値を重んじる福沢は、「修身要領」で国籍による差別を否定していた。[15] 井上毅をはじめ対外硬主義者の根本に儒教主義がある。[16] この文に続けて陸は、対外硬思想が起こったのは、上流社会に多かった、日本人を信愛せず外人を畏敬するような陋風に対する反発であると述べる。そして、外人の言葉が国民の言葉よりも政府に重みを持っている実例として、対外硬派の条約励行運動に対抗して政府が行った二度の国会解散を挙げて、「此の事実や、国民一致の根抵を闕ける明証にして時の政府なるものは如何に国民と離れ、而して外人と合ひしやを示せり。称して排外思想といふものは実に国民相信の思想なりしに、一部の人士は今に至りて解する無し。」としている。

伊藤政府による二度の解散に関する陸のこの説明は虚偽である。外国人が政府に解散を命じたり示唆した事実など無い。それでも、陸のこの議論は、対外硬主義というものの理想が、外国人に対する警戒と不信によって団結した挙国一致の体制である事を示している。なぜなら、「外国人が時に日本人を誹ることは尋常のみ。外国人が時に日本人を誣ふることも亦た甚だ怪むに足らざるなり。外国人が時に日本人を疑ふことは、最も尋常一様の事にして怪むべからず。何となれば外国人は日本国民の部類にあらず、従て相信ぜざればなり」であり、それゆえに、日本人でありながら、外人に同調して日本人を疑うような人間は、「国民一致の根抵を壊るものとして排斥せん」と断言している。

日本人ならば、外国人による日本公使への嫌疑は、事実如何にかかわらず否定すべきという主張である。外国人とは日本に害意を持つ存在であり、内外人が物事を客観的に議論して決定できる公平な場などないし、外国人との友情などあり得ないという、対外硬派の本音が表れている。陸のよく使う言葉を借用すれば、「同胞の手を握るためには外人に足を加える」のが当然ということになる。そのような国民一致の状態は、満州事変後の日本で実現した。事変の発端に関東軍の関与を疑った人間が政府内にも存在したにもかかわらず、日本人なら日本軍の味方をすべきと国内世論は一致して軍部を強く支持した。その後の日本への批判的な国際世論に対する憤慨で団結した挙国一致状態の日本では、国際連盟を脱退して国際的に孤立し、国内では反英運動などの外国人排斥運動が広まり、ブリンクリーの息子など古くからの日本の友人が日本から追い出された。

陸羯南の閔妃暗殺事件における三浦を庇おうとする熱意は、遼東半島返還における伊藤の責任を追及しようとする執念と好一対であった。この年の最後の論説となった十二月二十八日の「今日の開院式」(K5p278)においても、議会内では遼東問題で伊藤の責任を不問にする自由党が低調なのに対して、追及する責任派は「意気頗る壮」であると賞賛して、伊藤の責任問題は「是非曲直の問題」、すなわち道徳的原則の問題であるから勝敗を考えるべきではないと煽っている。陸にとっては、一国を代表する公使が任国の王妃暗殺に関与したことではなく、伊藤が三国干渉に屈したことの方が追及すべき道徳問題なのである。

この明治二十八年は日清戦争が終結して、その余波とも言える、李鴻章狙撃事件、三国干渉、閔妃暗殺事件など対外的に重大な問題が次々と発生した多難な年であった。それら全ての問題に関して、伊藤政府を攻撃し続ける対外硬である陸羯南の主張は、福沢の言論とは全く対極にある相対立するものであった。さらに注目すべき事は、ここで陸羯南が主張していた事の多くが、満州事変以降の昭和の日本において一般化したことである。

(二) 明治二十九年

明治二十九年になると日清戦争後の戦後処理も一定の安定を見せて、対外的な大事件もなく、全体に内向きになり、福沢と陸羯南が鋭く対立するような局面も少なくなった。しかし、この年の初めに昨年以来の大問題に決着がついた。閔妃暗殺事件に関与した疑いで拘留され裁判にかけられていた、三浦公使以下の日本人が全員証拠不十分として無罪放免が決定したのである。

一月二十一日の「広島疑獄の落着」(K5p296) において、陸は事件の概要を次のように説明している。三浦公使は大院君の招きに応じその求めに従っただけであり、閔妃殺害は一部日本人が加わった朝鮮人の訓練隊の仕業であり、日本人が関与していたので外国公使達は三浦を主謀者と見て日本政府に抗議したために、政府が三浦を罷免して帰国させ逮捕監禁した。そして次のように述べる。

「獄起りてより三閲月、公使に連りて縛に就く者前後四十余人、皆な鉄窓の下に呻吟す。世上有心の人私かに其の冤を哀む者あり。果せる哉、昨廿日に至りて公使以下尽く放免せられて獄を出づ。蓋し、昭代の政は不辜を罰せず、清時の法は必ず有道を庇す。吾輩は独り三浦公使等の為に慶するのみならず、実に国家の為に之を賀するなり。是より先き、変報の始めて達するや、我国朝野共に相ひ率ひて三浦公使等を咎め、或は罵りて人道に反すと為し、或は促して刑法に処せよと言ひ、甚しきは、戦後国家の体面を汚がす者は三浦公使等の所為なりと唱道する者さへあり。当時三浦公使等、既に輿論の宣告に因りて大逆無道の罪と決せられたり。其の獄に投ぜられたるは毫も怪むに足らず。」

そのような輿論の中でも陸は当初から三浦の無実を信じ、本国を代表する者が殺人の罪を犯して国の体面を汚すはずがないと条理において確信していたとして、当時の朝野が動揺したのは外国の感情を恐れたからであると主張している。

この裁判は陸羯南の言論の全面的な勝利であった。事件の重大さに衝撃を受け、その国際的な反響を憂慮して、日本自身の名誉のためにも事件の徹底的な究明と犯人達の厳罰を要求した福沢をはじめとする主流の世論の要求は全く実現しなかった。恐らく政府は、事件の真相究明が国内政治に及ぼす影響の大きさを考慮したのであろう。裁判の結果は、徹底的に三浦を擁護した陸の主張の正しさを裏付ける形になった。そのために、陸のこの論説には勝ち誇ったような調子が強い。

敗れたのは福沢だけではない。伊藤を頭とする日本政府も国家としての日本も敗北した。国内の安寧を優先して、真相を世界に明らかにし犯人を罰することなく、事件を曖昧に決着させた結果、福沢が警告していたように日本全体が無法国家として汚名を着ることになった。陸の言葉を借りれば日本は「刺客窟」と見なされるようになった。現代の韓国においても日本政府が事件に無関係であったと信じる者はいない。伊藤を暗殺した犯人がその第一の理由として挙げたのが、閔妃の暗殺であった。彼は事件に対する追及不足を自分の命で償うことになった。

この対外硬派の勝利は、歴史的により重大な影響を及ぼした。大陸の出先の機関が独断で重大な不法行為を働いても、厳しく罰せられる事はないという前例を作った。張作霖を爆殺した犯人達は明白に閔妃暗殺事件を意識していた。事件に対する中野正剛による追及の動きを止めさせるために、民政党の有力者となっていた安達謙蔵を訪問した北一輝は、安達は閔妃殺害の元凶ではないかと指摘して、そのような安達だからこそ、国会における質問を止めさせるべきと要求し、安達もそれを受け入れ中野に質問を止めさせた[1]。続く満州事変など、国内政府の意思を無視しての侵略行為を行った主謀者達は全く罰せられる事はなく、軍部は天皇の意志さえ無視して侵略を続け究極的に日本を亡国に導いた。明治とは違い、国内世論も外国の感情など殆ど恐れることなく、そのような軍部の行動に拍手喝采していた。昭和の社会風潮の主流となったものは、国際世論を恐れた福沢の文明主義ではなく、日本人なら日本人の味方をすべきだと徹底的に三浦を擁護した陸の対外硬論である。

同月二十三日の「殖民鉄道と自由党」(K5p297)は、陸が今後論じるようになる国家社会主義について、次のように述べている。

「個人的自由の主義よりすれば、営利業を国有にすることは、個人の能力の発達を妨ぐるといふの点に於て、甚だ不可なるを見る。然れども、国家的社会主義より見れば、公益に関する業を個人の私有に任ずることは、享益の不平均を醸すものと為す。鉄道の如き事業に関して官設及民設の利害曲直を争ふは、政理論より言へば、是れ即ち個人自由主義と国家社会主義との論争なりと云はざるべからず。」

陸は必ずしも教条主義的な鉄道国有論者ではないが、原理的に国有を是としていた。その思想的根拠となるのが国家社会主義であり、その対極にあるのが個人的自由主義である事を認識していた。個人的自由主義の代表的思想家が福沢であり、彼は晩年に鉄道国有論について、「我輩は徹頭徹尾官有論に反對して飽くまでも之を排斥し其論據を粉砕せざれば敢て已まざるものなり。」と強く批判していた。[2]外交や政治面だけでなく、社会制度の面においても陸と福沢は対極の地位に立っていた。

二月一日の「国立の恤救制度」（K5p309）においては、英国流の自由主義がもたらすものは、富者が富み栄え貧者が捨てられる弱肉強食の社会であると批判して、国家は富者から取り貧者に与えて、「冥々の間に有余者をして仁を行はしめ、不足者をして慈を感ぜしむ。是れ国家が社会に対する至高の職務の一なりとす。」という国家の理想像を提示している。陸の国家的社会主義の根本には、東洋的な仁政的恩恵国家像が存在した。

朝鮮ではこの二月に国王が王宮を出てロシア公使館に入るという事件が発生した。日本にとっては外交的失点であり、陸は二十二日の「対韓政策の大失敗」（K5p313）で、「今の内閣に対外の方針なく、毎に名を文明平和の空言に托して、以て一時を弥縫するは、独り対韓策のみにあらざるなり」と再び伊藤への攻撃を開始した。外人の意見に気を使うことが対外硬派にとって伊藤の最大の罪なのである。二十六日の「政府の対外的信用」（K5p315）においても、明治二十六年の末の国会解散は「外人の物議」を避けるために威力をもって「異論を抑圧」して、「人民に信用なきも聊か外国に信用あらんことを願へるもの」だと批判している。一方日清戦争の開戦は「人民の輿論に従はん」としたもので、「外国に信を失ふも人民に信を得んことを望めるが如し」と肯定されている。対外政策を決定する上で、日本の国民感情を第一に考えるべきで、客観的国際情勢や国際世論などを考慮する必要はないという典型的な対外硬の主張である。満州事変に始まる昭和の日本は、まさに陸の主張したようなやり方で対外政策を決定していた。

前の論説で遼東還付や朝鮮政策で国際信用を失った伊藤内閣は退陣すべきと主張していたが、それでも伊藤が外国において最も信用のある日本の政治家である事は陸も否定できない。それでも二十九日の続編（K5p316）において、伊藤が外国に信用があるとすれば、現政府が欧米に忠順であることを認めているからで属国への信用にすぎず、決して威厳のある対外信用ではないと主張している。この文章は欧米諸国と協調的で信用がある政治家こそ、欧米の心理的な蚕食を受けている証拠であるという反西欧の対外硬の立場をよく示している。後に紹介する、昭和の代表的対外硬主義者松岡洋右の、国際協調主義の外交官に対する「あまりに西洋人に気兼ねとお世辞をしたものだから西洋人が日本人を馬鹿にし切っている」[3]という言葉の意味するものも同一である。

三月六日の「所謂る政商の勢力」（K5p321）は、伊藤政府に食い込んで富貴を計る政商について論じている。「国家体面の汚辱を憂へ、社会人心の萎靡を憂へて意見を立つる」自分のような政論家と対照させて、政商を次のように描写している。

「唯だ所謂る実業社会の利害を第一に置き、此の利害を標準として一切の諸問題を決し、甚しきは和戦の大事をも外交方針の変更をも同一の標準もて決せんとす。其の所謂る実業社会とは、必ずしも多数人民の謂にあらずして、唯だ投機売買を事業とし、又は配当利益を目的とする社会を指すのみ。」

陸にとって実業家とは投機的で利益の前には国の栄辱も顧みない軽蔑すべき存在であった。実業家こそ国家繁栄の根本と考えていた福沢とは対照的な認識であった。この三日前に福沢は「對朝鮮の目的」[4]において、「我輩は商賣貿易上に永遠の利益を目的」として対朝鮮政策を立てるべきとして、持論の「義俠に非ず自利の爲めなり」に沿った対朝鮮政策を論じていた。陸のこの論説は外交の方針も利害を標準とする福沢への、政商にこと寄せての攻撃とも考えられる。先の引用の文章に続けて、政商は権門の隷属であり、財産家と権勢家の密着を「官民の調和」と言い做しているという言葉がある。官民調和は当時から福沢の主張の代名詞であるし、福沢は伊藤政府を強く支持していた。いずれにせよ、陸の実業家というものに対する軽蔑と嫌悪が示されている。

翌七日から七回にわたって「露西亜との隣好」(K5p323)という長文の論説が掲載された。ロシアとの友好関係の必要を説くものであるが、例によって自己の希望的観測を相手に投影しているような主観的な要素が強いものである。その中で注目すべき事は、対外方針の決定において、弱者と結託する事を無益と思い、強者と対抗するのは損と考えるような、客観的利害関係から定める事を「醜」であり、国民としての「我」なきものと否定して、「祖宗伝来の此の国は如何なる本領を有して立つか」という観点から考えるべきと主張していることである。客観的国際情勢への考慮を否定して、祖宗以来の日本の本領、すなわち国体に基づいて対外方針を決定すべきと論じている。福沢の「自利」に基づく対外政策に反発し、「義俠」を主張する陸羯南の思想の最終的根拠は国体である事をよく示している。

昭和になると陸羯南のこのような思考方法が主流となった。満州事変以降に台頭した国体主義の波に乗った、外務省革新派の議論はこの陸の主張と殆ど同一である[5]。そして日米開戦前夜の時期に、この陸羯南の主張が実現することになる。近衛文麿と松岡洋右という二人の対外硬主義者を中心とする第二次近衛内閣が、昭和十五年八月に発表した「基本国策要綱」は「八紘ヲ一宇トスル肇国ノ大精神」を「皇国ノ国是」として、祖宗以来の日本の本領に基づいて対外方針を決定し、「自我功利の思想を排し」と述べて客観的利害関係の考慮を否定する。この内閣はその国策に沿って、弱者のドイツ・イタリアと結託して三国同盟を結び、米英という強者と対抗する姿勢を明確にすることになる。

四月二十八日の「対韓措置の近情」(K5p349) において、伊藤内閣の外交方針の未確定こそ失敗の原因であると、閔妃暗殺も朝鮮皇帝のロシア公使館移住も、全て伊藤に責任ありとして非難追及している。この時期の陸の伊藤への敵意は単なる政策面にとどまらずに、人格面にまで及んでいた。五月二十九日の「政府の太平無事」(K5p358) においては、「夫の戦後経営の名を籍りて莫大の歳出を増さしめ、以て軍人及商人の満足を買ひ、竊かに其舌を吐きて笑ふ者」と狡猾卑小な人物として描き出している。このように伊藤やそれを助ける自由党に対しては強い敵意を表明しながら、それに対抗する大隈や進歩党には不自然なほどに好意的に扱っているのがこの時期の陸の文章の特徴である。

七月六日の「進歩党に告ぐ」(K5p372) においても、遼東返還こそ現在の濁世の源であると主張して、陸と同様に伊藤博文の責任を追及し続ける進歩党を煽り立てるように応援している。一方、正式に与党として伊藤内閣に参加した自由党に対しては七日の「個人的自由の堕落」(K5p374) において、個人主義と自由主義の理想を裏切ったと批判して、「藩閥の爪牙」とか「権門勢家の牛馬走」になったと罵倒している。陸自身は国家社会主義を信奉しており、個人主義とか自由主義とかいう主張は、あくまでも敵の武器を使って敵を討つための手段にすぎない。一方、真の個人主義者で自由主義者である福沢は「板垣伯の入閣に就て」[6] などにおいて、自由党の政権参加を歓迎していた。

九日から十七日まで掲載された「我が立憲政記略」(K5p375) という、日本の立憲制の歩みを回顧した長文の論説においても、一貫して大隈がきわめて好意的に描かれている。この二カ月後に伊藤による大隈や松方も含めた元老一致の内閣の企ては失敗して、松方と大隈を中心とした内閣が成立した。その内閣には高橋健三のような、陸の対外硬運動の盟友も中枢に参画していた。この時期の陸の党派的で一方的な論調は、大隈・松方連携に向けての言論工作ではなかったのかと疑われる。既に対外硬運動の同志となっていた蘇峰による次のような言葉はそのことを示している。「羯南は善い意味で、はかりごとを好んだなかなかの策士であった。彼は政界の裏面になかなかよく動いた。[7]」

この論説は陸の立憲制への理想を表明している点で注目すべきである。彼によると、明治二十七年の第七議会は、「莫大なる軍費の協賛に一人の反対者なく」、翌年の第八議会も「官民の衝突なきのみならず、貴衆両院間の一致、民党諸派と自由党との折合、皆以て民間人士の公徳を証するに足る」、「憲政史上恐らくは空前絶後の美観」であった。議会において異なった立場から活発な議論が交わされる事ではなく、対外危機への国内における対立も議論もない挙国一致の体制こそが、彼にとって理想なのである。(8) そのような挙国一致体制は昭和の新体制運動で実現した。「多事論争」の社会を是とする福沢と対照的である。そして、政府が遼東返還という大失敗を犯す前の日本は、「殆ど理想的帝国」になろうとしていたと主張するが、その理想とは「祖宗の洪謨」を実現する事であった。それゆえに、政府がそのような大失敗の責任をとらない事が、立憲史上の「一大汚点」とされるのである。

陸にとって、憲法に特別な価値を与えるのは皇祖皇宗の存在であった。陸も伊藤の主張するように「国家を維持せん為には憲法必ずしも遵奉せざる場合」がある事を認めるが、憲法は「皇祖皇宗の霊に誓ひて至尊の親ら発布せられし所」(K5p387)であるから、伊藤のような「外人を憚りて同胞を虐する」愛国忠君の心が疑われる政治家がその精神を無視する事は許されないと主張している。憲法の権威付けとして皇祖皇宗などという神格的存在を持ち出せば、実質上改正の不可能な不磨の大典になるのは必然であろう。(9)

そのように皇祖皇宗を重んじる陸が、最も強い敵意を向けるのが、伊藤のような文明主義者であった。八月二日の「政界の言行相違」(K5p394)において、政界での言行相違は珍しくないが、最も苦々しいのが「世界主義又は文明主義」者であり、彼等は「藩閥権門の走狗と為り、陰険涜汚なる野蛮の遺風を呼吸」していると述べて、「藩閥の圏中に利禄を貪り大過失ありて自ら恥るを知らず、剰さへ多数の同胞を目するに野蛮を以てするが如き」は文明主義でもなく世界主義でもなく、「外人と手を握り同胞に足を加ふる」売国奴であると非難して、「今の世界主義者は皆な同胞に足を加ふる者」だと主張している。

前にも紹介したように、世界主義とは、陸羯南のような国体主義者により、特に開明派の西園寺公望に対して向けられた非難の言葉であり、国体に反する非国民というような含みがある。(10) 西園寺は文部大臣として教育勅語の見直しを検討していた。国体主義者はその敵を見誤っていなかった。昭和になっても西園寺が同じ言葉で攻撃されていたことは、後の第三部に見るとおりである。(11) そのように攻撃されている西園寺を強く支持していたのが福沢であった。西園寺が福沢の『西洋事情』に触発されて西欧行きを志したように、この二人の間には親近感があり、西園寺の秘書役となって仕えた竹越与三郎は福沢の弟子であった。(12) 国際的視野を持ち外人と交際し、西園寺のような人間を、陸は売国奴とを指摘する福沢や西園寺のような人間を、陸は売国奴と罵っている。独善的な国体主義者という陸羯南の本質と、文明主義対国体主義という根本的対立点が示された文章である。西園寺の方においても、井上毅の文章への反感と軽蔑を記し[13]、平沼騏一郎を一貫して忌避し、近衛の提案した国体主義の歴史学者平泉澄の宮中導入を峻拒したように、国体主義勢力に対しては強い嫌悪感をもっていた。

伊藤に対する陸の攻撃はますます激しさを増し、八月二十四日の「拒限的専業の政府」(K5p404)では、政府内の大隈入閣拒否の動きを非難して、是非の決断が出来ない伊藤を首相の資格がないと責めている。そしてそのような攻撃もあって遂に伊藤が辞職すると、三十日の「首相の婦人的辞職」(K5p405)において、早くから伊藤の辞職を求めながら、その辞職が現実に実現すると、その辞職の仕方が婦人的であるとか児戯であるとか口を極めて罵倒している。

その辞職によっても伊藤に対する敵意は少しも衰えることはなかった。九月十三日の「元勲諸老の品位」(K5p412)においては、伊藤を代表とする元勲というものは、私利私欲のために国に害をもたらす存在にすぎないと述べて、伊藤に見られるように彼等は恥を知らずに良心が麻痺していて、その影響は四千万国民にも及び国家を腐敗させていると攻撃している。例によって遼東返還を最大の恥辱として、それでも辞職しなかったことが良心痲痺の何よりの証拠だと論じている。伊藤に少しの功績も認めず諸悪の根源と主張している。

このような伊藤に対する一方的な敵意は、松方新内閣に対する偏った好意として現れている。二十四日の「松隈内閣の前途」(K5p418)において、新内閣は根拠の弱い内閣だからこそ、文明政治を行うだろうと主観的願望を託して、強い期待と支持を表明している。与党となった進歩党に対しても、十月十二日の「施政方針と諸党派」(K5p428)において、主義の相違にも目を閉じて今の政府を支持すべきと主張している。伊藤政府の時には激しく批判していた政党による藩閥政府の支持を、今度は進歩党に呼びかけている。

その後も陸は松方内閣の些細な業績を取り上げて褒め上げているが、十七日の「民を信じる政府」(K5p431)では大臣の護衛廃止の決定を大いに賞賛している。そこで注目すべきは、日本の立憲制の思想的基礎として、「祖宗ノ遺業ヲ永久ニ鞏固」ならしめることを命じた、憲法発布の井上毅起草の詔勅を引用していることである。この憲法が西欧の近代文明思想に基づくものではなく、古代の神話的皇祖皇宗の権威に由来することへの確信を表明している。明治には少数派であったこの立場が、天皇機関説の排斥と『国体の本義』に見るように、昭和になっては絶対的地位を確立することになる。

新内閣への希望を表明した十月末から十一月中旬にかけ

ての長文の論説「如何にして冀望を実にせん歟」(K5p433)において、松方内閣では前内閣の高級官僚であったものを一斉に更迭して、新内閣の主義と同じものを登用せよと主張し、中でも、前内閣の「自屈なる外交政策を助け、国権と国利を度外視せし外交官数輩を此際一掃す可き」と強調しているのは、「前内閣が外政を荒廃したるは、最も新内閣の非とせし所」だからである。[14]松方内閣というものが伊藤の協調的外交政策を否定する対外硬内閣であったことを示している。このようにいわば自己の主義に立つ内閣が成立したのであるから、この時期の陸の論説には高揚した調子のものが多い。同時期の福沢の文章に不機嫌な調子が現れるのと対照的である。

十二月七日の「新条約実施に関する各種の疑問」(K5p470)では、条約改正による新条約に関して詳しく論じている。その主旨は新条約においては出来る限り外国人の権利を制限すべきであるというもので、条約文の細部にまで立ち入り注文を付けている。その根底にあるのは、外国人とは隙を見せれば、それにつけいり日本に害をなす存在であるという対外硬の攘夷精神である。まるで外国人を疫病のように見て、防疫制度に穴がないかどうかを検討しているような文章である。条約改正による内外人の間の障壁の消滅を歓迎して、日本人との間の融和的関係の促進のためにも、外国人に対しても余計な障害をもうけずに日本人同様に扱うべきという福沢の主張とは対極にある。

陸羯南にとっては明治二十九年という年は、一月の閔妃暗殺に関する三浦の無罪放免に始まり、九月には徹底的に敵対していた伊藤内閣が崩壊し、対外硬派が支持する松方内閣が成立するなど、全体として得意の一年であった。一方福沢にとって、強く支持していた開明的な伊藤内閣から松方内閣への交代は明らかに不満であり、日清戦争終了以来、一貫して楽観的であった福沢の論調に今までにない暗い影が差し始めた。

(三) 明治三十年

明治三十年になっても、陸羯南の論説には松方内閣を支持して、それに反対する自由党や伊藤の勢力を批判するような文章が多い。二月十一日の紀元節は、同時に新聞『日本』の創刊八年目の記念日でもあった。同日の「記念日の所感」(K5p502)において陸は、軽佻者流が主張する「十九世紀の大勢及原則」に対抗して、「皇祖即位」以来二千数百年の「一系不易の皇統」を護持する事こそが、『日本』創刊の理由であったと述べている。福沢に代表される十九世紀の大勢、即ち西欧の文明主義に敵対する国体主義こそ、陸羯南と『日本』のよって立つ根拠である事を明白にしている。彼はそのことをより簡潔に、「外人と手を握りて内民に足を加ふる者は吾輩の政敵なり」と宣言している。この「外人と手云々」の表現は、陸自身が対外硬の思想的基礎と認める「国際論」に初めて現れ、以後対外硬の敵の開明派の形容として彼が常用する言葉である。対外硬の主張が国体擁護と開明派排斥の意図に出ていることを示すものである。対外硬論とは国体主義の表現形態であった。

三月七日の「財政及立法の一弊」(K5p513)においても、「外人の権利に関しては文明を言ひながら、国民の自由に関して不文明を行ふ。簡言すれば、外人と手を握らんが為めに内民の面を踏む、是れ伊藤内閣の特色の一なり」と主張している。このような言葉の根底には、外人と日本人の利害は相反するゼロサム関係であり、一方の利益を増進することは、必ず他方の利益を害することであるという、対外硬派特有の前提がある。逆に言えば、日本人を優遇する為には、外人を迫害する排外主義が当然となる。

同月二十一日の「新聞停止権の撤廃」(K5p517)においては、松方内閣が行った政府による新聞発行停止の撤廃を、立憲以来の最盛事と言いはやし、言論自由が最終的に実現されたと主張している。これを陸の自由主義の表れと評価すべきであろうか。私には彼が近代的な意味の自由の本質が分からなかった証拠であると思われる。彼は以前に「自由政体とは其の文字こそ新奇なれ、言はゞ昔しに於ける寛大の政なり。今少し分かり易く言へば何人も分かる所謂る仁政なり。」[1]と述べていた。松方内閣によって日本は言論の自由が栄える国になったのか。自由は政府の上からの恩恵によって与えられるものではない。内村鑑三不敬事件に見られるように、教育勅語による国体主義のタブーが言論思想を萎縮させている国は自由な社会ではない。陸は自由束縛の根本である国体主義を信奉しながら、『日本』の発行停止処分の多さ[2]を理由に自由の旗手を自認している。真の自由主義者である福沢は松方内閣のこの施策を殆ど評価しなかった。

陸の自由への態度は、翌二十二日から二十九日まで掲載された長文の論説「国家的社会主義」(K5p520)によく示されている。この文章は、陸の政治体制に対する理想を示す重要なものである。そこで彼は、富豪貴族に有利で貧弱者に不利な自由放任体制による不公平な弱肉強食の弊害を、国家の干渉によって救済する国家的社会主義こそが、最高の制度であると主張している。

そして、「国家の本分は唯だ中外の治安を保つに在るのみ、社会経済は宜しく之を個人に放任すべしといふ者是れ所謂る自由論派なり。国家的社会主義は正しく之と相反す。」と明確に自由主義を否定している。また、国家的社会主義には、社会の進歩において個人に任すべきではない事柄で国家が果たすべき役割があるという不易の真理があると主張する。しかし現在の議会と政府の関係においては、国家的社会主義の理想は実現できないと述べて、「社会の整理者は意識あり、統一あり、勢威ある公平のもの」を要するとして、国家社会主義の実現には一種の独裁権力が必要であることを認めている。

国家の干渉を非とする自由主義にも「一片の真理」があるが、優勝劣敗の自然の状態を是認するもので、弱肉強食の弊害は国家の干渉無しには防止できない段階まで進んだと主張して、当時話題になっていた足尾鉱毒事件を例としてあげて、自由放任主義は社会の劣等者の滅亡を期する非人情な「福沢主義[3]」であるとしている。藩閥による富貴者優遇と貧者への放任政策に反対する国家的社会主義は、「仁者の熱脳より湧き出でたる主義」であるとして、陸の国家社会主義がその自由への信念と同様に、儒教的仁政主義に基づくものであることを示している。

この論説は陸が国家主義者であり、社会主義者でもあるが、決して自由主義者ではないことを明白に示している。この文章を収めた『陸羯南全集　第五巻』で三回しか言及しなかった福沢の名前を、社会の徳義的秩序を破壊したと主張する自由主義の別名として特記しているのは、陸羯南が福沢こそが自分が敵対する自由主義者の代表であると認識していることを示すものである。同じ時期の三月二十八日に福沢が「農商務省の大改革[4]」という、政府の保護主義的経済干渉政策を批判する非常に感情的な文章を書いているのは、陸のこの論説への反発も含まれているのかも知れない。

私企業や実業家に対する反感も、陸の国家社会主義の根底にあった。六月十四日の「実業社会と公益」(K5p548)においては、営利を目的とする私企業は必ず暴利をむさぼり社会に大きな害を与え、鉄道や航海の公益事業においてそれが特に著しいと述べて、「実業営利を看板として公益を蹂躙する者の暴横」は「政府官吏の横暴」より甚だしいと主張している。このように、権力を握り警察軍隊の暴力装置を背後に持つ政府官吏よりも、民間の私企業の実業家の方が社会に大きな害をもたらすと考えているからこそ、政府官僚が社会を全面的に統制して支配する国家社会主義が陸の理想の体制になるのである。実業家を信頼して望みを託し、政府官僚に強い不信感を抱いていた福沢の対極にある。対外硬派における陸の後継者とも言える徳富蘇峰も、後に見るように陸と同じく福沢に敵意を持ち、実業家には不信と反感を抱いていた。

この年の六月における米国のハワイ併合は、前に紹介したように福沢に大きな衝撃を与えたが、陸には殆ど影響を与えなかった。この問題に関連して陸は、二十日に日本人移民について「所謂る移民事業」(K5p581)で論じている。そこでは、日本の移民政策を奴隷売買と評して、明治の一大汚点とさえ述べて非難している。移民政策を推進したのは、井上馨や陸奥などの開明政治家で、民間にあっては福沢も強く奨励していた。これら開かれた世界観を持つ人間にとっては、日本に外国人を受け入れることにも、日本人が外国に進出することにも賛成するのは当然であった。一方、外国人への内地開放に反対する陸は、日本人の外国への移住にも否定的であった。このように外人を入れることにも日本人が出ることにも反対することに、対外硬派の攘夷鎖国主義的本質がよく現れている。

松方内閣成立から一年を迎えた八月には、二十二日からの「内閣興廃の所由」(K5p597)で、その回顧を試みている。内政面では、政府の新聞発行停止権の廃止を、憲法発布以来政府の立憲的精神を発揮した一大美事であると最大限に持ち上げている。評価の総括として、大有為の内閣ではないが劣等の内閣ではないと高く評価している。福沢の「出來損ひ」[5]という酷評とは対照的である。

福沢は米国のハワイ併合に大きな衝撃を受けて、世界における日本の将来に重大な危機感を抱くようになった。そのような外患を前にして、従来からの持論である元老の一致や官民調和の主張に切迫性が増した。一方、進歩党の動向のような眼前の問題にしか関心のない陸にとって、そのような福沢の言論は理解不能で、下心のある主張にしか見えなかった。十一月一日の「苟合と腐敗」(K5p624)における、次のような言葉は明らかに福沢を指している。

「国家無事の際に当り、故らに東洋の危機又は外患の切迫を言ひ触らし、陳腐なる官民和協、上下一致を主張するは、是れ殆ど日本人の性格をワザと誤解する者、其の裏面には必ず大に疾しき所あるの証たり。」

明治三十年においては、対外問題よりも国内政治体制において、陸と福沢の対比が明確になった。陸は国家社会主義の立場を明確にしたが、それは福沢の個人的自由主義とは対極にあるものであった。内政面においても、松方内閣への二人の態度は明確に対立するものであった。陸は内閣を評価して擁護したが、福沢は強く批判的になった。米国のハワイ併合に衝撃を受けた福沢は、日本の将来を憂慮して、教育勅語のような社会の核心にある問題に関心を沈潜させてゆき、政権交代や大陸における列強の動向などの表層の問題に熱中している陸羯南の関心の方向とは大きくずれていった。両者の議論が交差することは殆ど無くなった。それゆえに、明治三十一年以降は、陸の言論に関して、福沢との関連が生じる場合のみを簡単に取り上げてゆくことにする。

(四) 明治三十一年以降

この年は前年の末のドイツによる山東半島の占領に始まり、ロシアによる旅順大連の占領など中国に対する列強の侵略が進んでいた。このような情勢に関して、この年の初めに松方内閣に替わって成立した伊藤内閣に対して陸羯南は批判を強めていった。

四月六日の「進退の決」（K6p54）において、西欧列強の東洋進出の動向に、伊藤政府が無策であると批判し、支那政府に抗議して独露英の侵略的行為を否認すべきと主張し、その結果「何れの国かと衝突するに至るべきは、固より覚悟」すべきと、戦争さえも示唆している。このように戦争を軽く考えて口にすることも対外硬派の特徴である。同じ時期に福沢が、軍事力は万策尽きた後の最終手段であり、「容易に用兵を談ず可らず[1]」と論じていたのと対照的である。陸は政府の戦後経営における軍備拡張を無謀と強く批判していながら、対外政策においては一貫して対外硬の立場を貫いた。自己の力を顧みない対外硬論は、良くても主観的な自己満足の虚勢に終わり、悪くすれば自滅に至る。福沢は一連の諸論説で、この点を痛烈に批判していた[2]。

同月二十四日の「真正の文明国」（K6p61）においては、東洋に野蛮的行動をほしいままにする欧州列国は真の文明国でなく、「実力足らずと雖ども、不義に向ひて反抗する」日本こそ、「真正の文明国」であると主張して、主観的正義観こそが対外硬論の根拠であることを示している。そのような道義外交論と並ぶ陸の対外論の柱が東亜の盟主意識であった。

五月八日の「対外思想の革新」（K6p70）において、「東亜の時局は日本実に之が主人たるべきもの」であり、独露の行為を黙認するのは主人たる権利を自ら放棄するものだと述べて、「外交の基礎は国力に在りとの粗末なる思想」は革新して、「正義自由均等平和博愛を旗幟」とすべきだと主張していた。対外硬論というものが、国力や国際情勢のような客観的現実に目を閉ざして、正義のような主観的な観念に基づいていることをよく示している。陸の対外思想革新の主張は昭和になって実現した。東亜における盟主意識を示して、「国際正義」の確立を主唱する、昭和十三年の近衛内閣による「東亜新秩序声明」である。これについては後の第三部で詳しく見ていくことにする。

そのような「敵を知り己を知る」という根本的リアリズムを否定して、自己満足的な正義感を振り回す対外硬論の危険性を誰よりも知り、誰よりも強く批判していたのが福沢であった。陸羯南もその事実を認識していた。翌九日の「藩閥権門と欧州列強」（K6p71）における、「廿七八年の戦争は、朝鮮の独立を扶植するに出づ。即ち邦人の称して義戦とする所なり。当時一部の西洋通等は、乃ち之を嘲りて曰く、国際の事は唯だ利害あるのみ。義侠の為に戦争すといふは愚論なり」という言葉が、福沢とその論説「義侠に非ず自利の爲めなり」を指している事は明白である。陸は福沢のその論文が自分への批判であることを自覚していた。

福沢は嘲ったのではない、自己の正義に酔う対外硬論のリアリティーを見失う自己欺瞞への反発と危機感の表明であった。この論説においても陸は、日清戦争は日本人の「世界の公道を維持し真正の文明を立」てる正気が発揚し、朝鮮の独立を扶植した義戦であったなどと主張している。まさに福沢が批判した自尊自大の精神を示している。このような対外硬主義の独善性は、対象が清国や朝鮮であれば危険も小さいが、米国のような強大国の場合には致命的になり得る。福沢はその危険性を予見していた。[3]前記の近衛内閣の「東亜新秩序声明」も、主なる対象の中国人からは相手にされず、米英の日本への警戒心を強め、自己満足による国際孤立を深めただけのものであった。

利害というものは普遍的なもので、ある程度客観的に計算できる故に、譲歩も取引も可能である。福沢が「自利の爲めなり」と主張したのはそのためである。一方、正義や義侠などという主観的感情は妥協の余地が無く、全てか無かの極端論に陥りやすい。この陸の論説の末尾の文章はそのことを示している。そこで陸は客観的情勢分析を打算と否定して、「国亡び民滅する」とも、世界の公道という正義のために国民的正気を発揚すべきと主張している。この論説で陸が求めているのは独露に対する抗議にすぎなかった。しかし、昭和になると政治家や軍人達は、米国との圧倒的国力の差と日本の必敗を予測する調査研究が存在したにもかかわらず、[4]そのような思考方法を功利主義と無視して自己の正義を貫き、陸の公言通りに国を亡ぼし民を滅す結果をもたらした。近衛内閣が「国際正義」の実現を外交政策の柱にしたことは、次の第三部「近衛文麿と国体主義」で見る通りである。

この年にロシア皇帝は世界平和のために軍備を制限する国際会議を提唱した。陸はこの問題に関して、早くから高い関心を示し一貫して強い支持を表明していた。九月七日の「露帝と平和」(K6p119)において、ロシア皇帝による呼びかけを、世界平和は善事であり、ロシア皇帝の提唱故にその裏面を疑うようなことをせずに、文明国はこぞって賛成すべきであると主張している。対外硬運動の指導者と平和問題の取り合わせは少し奇妙に思えるが、その主観的側面を考えると不思議ではない。陸は国際問題において、義侠とか正義などという抽象的な理念が現実政治で実現可能と本気で信じていた。その方向を変えて、世界平和という高尚な抽象的題目の可能性を信じるのも容易であったであろう。

リアリズムの立場から言えば、平和の構築というのは唱えるべき御題目ではなく、できるだけ味方を多くして敵を作らないようにする地味で骨の折れる事業である。日本の政治家で、そのことに最も努力し成果を挙げていたのが伊藤博文であった。外国に多くの友人を作り外国世論に働きかけて、日本への理解と好意を広めようとしていた。対外政策に関しても、対外軟とか恐露病と呼ばれたように、常に慎重な穏健派であった。そのような伊藤を、「外人の手を握り同胞に足を加ふる」不倶戴天の敵として攻撃していたのが陸のような対外硬派であった。伊藤を強く支持している福沢は、このような平和という理念を論じる国際会議などには殆ど興味を示さなかった。世界平和を高唱するものが、必ずしも平和の実現に寄与するわけではない。

陸の世界平和の賞揚は対外強硬策の提唱を妨げるものではなかった。十月二十三日の「対清政策の要旨」（K6p145）では、以前に朝鮮にしたように支那政府にも改革を勧告して、もしそれを妨げるものがあれば日本が進んでこれを排除すべきであると、東亜の盟主として支那への干渉の必要を説いている。この干渉は明らかに武力の行使を意味する。

そのような強硬政策の基礎となるべきは軍事力であるはずだが、陸は十二月十一日の軍備拡大を批判する「規定歳出は神聖乎」（K6p172）において、伊藤が三国干渉の恥辱をごまかすために戦後経営などという政策を持ち出した結果、東洋に軍事拡張競争を招き入れ、軍事費に手を触れることがタブーとなり、日本は軍人支配の社会となり、自由主義も進歩主義も圧殺されたという持論を展開している。このように軍拡を痛烈に批判しながら、二十三日の「軍備拡張と外政」（K6p182）では、大陸における日本の無為政策を非難して、列強と同等の権利を清国に獲得すべきであると主張している。陸の軍拡反対と矛盾する積極的大陸政策の主唱も、客観的力関係を無視して正義を主張する対外硬の主観性の現れである。

明治三十一年には、前年の末以来の列強の大陸進出が進み、年初には伊藤内閣が成立したこともあって、陸の対外硬の側面が表面に出た年であった。福沢はそのような対外硬論を痛烈に批判して、その最終的結末が自滅的戦争に終わることを警告していた。しかし、この年の九月には福沢が倒れたこともあって、両者の接点はますます少なくなった。

明治三十二年になると、陸羯南の文章に大きな変化が見られるようになる。全体として党派性が少なくなり、より公平で穏健になったような印象が強い。伊藤博文に対する態度に関しても、以前のような攻撃一辺倒ではなくなった。二月二十八日の「政界の倒観」（K6p223）という、外政を悲観するものは軍備を増大し内政を疎かにすると論じた論文において、明治前半の伊藤を指導者とする政府が、外政を楽観して内政の充実に努めたという事実を功績として認めている。以前のような藩閥の政策は全て自己の利権を守るための術策であるといったような一方的批判ではない。しかし、三月十八日の「新条約実施の時」(K6p235)においては、条約改正による内地開放を前にして、少しでも隙を見せれば日本人は奴隷の状態に陥るという、内地雑居反対運動以来変わらぬ外国人警戒論を主張している。このように対外硬の立場は維持していたが、以前のような攻撃性は減退した。

同月二十八日の「開彊進略の国是(?)」(K6p242)において、明治二十年代には開国進取を国是とした伊藤が主導する政府が、内政の充実を優先して軍備を後回しにしていたのが、日清戦争後は軍事優先の国是となったと批判的に指摘している。けれども、伊藤への悪意は殆ど感じられない。対外硬運動に対抗する政府の旗印となった「開国進取の国是」にも、以前に陸は「とか」や「など」という接尾辞を付けて軽蔑的に言及していたのが、そのようなこともなくなった。明治三十二年に入っての陸の変化を示すものである。

四月十日の「外交官と権勢家」(K6p253)では、外交機関の改善のために、全権公使には伊藤や井上馨のような元老を用いよと主張している。もちろん、冗談半分の提案であるが、以前におけるような、この二人に対する敵意は感じられない。明治三十二年と三十三年の文章を収めた『陸羯南全集　第六巻』には、伊藤攻撃の決まり文句である「外人の手を握り同胞に足」云々の言葉がないのは象徴的である。

明治三十二年になって、その理由は不明だが、伊藤に対する殆ど敵意が感じられない態度が示すように、陸は著しく穏健化した。それでもその教育勅語に対する高い評価に示されるように、国体の問題に関しては、福沢とは対極の地位にあった。それに関しては、次の章で詳しく見ていくことにする。

明治三十三年になっても、前年以来の陸羯南の穏健化が進み、従来の「国際論」の立場からは、殆ど変質と形容できるほどであった。三月六日の「国是談」(K6p447)において次のように論じている。「国は絶対的に存すべき無きが如く、国是も亦た絶対的に定むべき無し。世人は往々にして絶対に国是を認むるが如きありと雖ども、夫は国是にあらずして、恐らくは国の目的ならん。斯民をして其の慶福を享けしめ其の智徳を開かしめ、尚ほ世界人類の進歩に貢献せしめんといふが如きは、是れ即ち国の目的たるべく、文明諸国の理想は皆な然らざる莫し。」

国体に基づき国是を一定せよと言うのが陸や対外硬派の一貫した要求であった。また日本の国の目的も「世界人類の進歩」で文明諸国の理想と同一であるという言葉も、「国際論」や「皇道之敵」における皇祖皇宗による「国命」とは遠く、まるで福沢の主張のようである。二十日の「局面展開に付て」(K6p452)では、停滞した政局の打開のために、元老を主導者として各政党が合同すべき事を提唱しているが、これも以前の福沢の持論と近いものがある。

五月二十日の「個人的元気の喪亡」(K6p483)では、「国家の名に於てせば、如何なる負担をも甘んじ、又た如何なる牽制をも甘んずることは、忠順なる日本民族の特性といふべきも、所謂る忠順の結果や、個人の不発達と為り、従って国の発達を遅緩ならしむるに至りては、是れ決して今日の世に慶すべきの事に非ず」と述べている。国体主義の根本的徳目の忠順を、否定はしないまでも疑問を表明している。

義和団事件に関する六月二十五日の「文明国の責任」(K6p508)というこの論説においても、陸は支那の弱みと混乱につけ込むことなく、その革新を助けることこそ文明国の責任であると述べて、以前の西欧文明への批判的態度は影を潜め、まるで文明主義者のような主張を展開している。八月九日の「伊李二老の動静」(K6p538)においては、義和団事件の平和解決のために、日清の代表的な政治家である李鴻章と伊藤博文が会談することを提案している。伊藤を国際舞台にふさわしい政治家であることを認めて、以前の全面否定とは異なる評価を示している。

ただし穏健化したとしても以前の一方的極端論との比較においてであり、陸羯南の対外硬の本質は変わっていない。九月二十八日の「軍国主義結果」(K6p565)においては、大軍備の備えがあるにもかかわらず、伊藤が列国の鼻息を窺いロシアにさえも媚びを売り、憂国志士の集まりである、近衛篤麿や頭山満そして陸自身も参加している国民同盟会に反対していると批判している。外国の鼻息を窺うというのは、対外硬主義者特有の開明派政治家攻撃の典型的な表現である。

このように批判はしても、伊藤への以前のような強い敵意は感じられない。十月二十二日の「新内閣の特色」(K6p588)では、伊藤の政友会内閣が従来と異なり首相一人が主導権と責任を握る真の責任内閣であると、強く賞賛してその発足に祝意を呈している。

条約励行論による対外硬運動以来、伊藤に対する存在そのものを否定するような強い批判で一貫してきた陸羯南による、伊藤に対するこのような無条件の好意的な評言は殆ど前例がない。陸の変化の大きさを示すものである。陸の容赦のない伊藤への攻撃に、妥協する事のない正義の主張を見てきた『日本』の愛読者にとっては、このような変化はもの足りなく感じられ、部数の減少をもたらしたのかも知れない。公平で穏健化した陸羯南の文章は、以前の党派的で一方的な言論よりも明らかに迫力が薄れた。

明治三十四年になると、義和団事件後も満州に居座るロシアに対する強硬論を主張して、政府の無策を批判するような文章が多くなった。そのような形で対外硬主義は持続していたが、伊藤の取り扱いに見られるように、以前の攻撃性は姿を消した。

二月九日の「偉人の後」（K7p46）では、前日に死去した福沢を論じている。「世に珍しき偉人」であったとは述べているが、「議論に欠点多かりしもの、行為亦た欠点を免れず」として、その議論も行動も評価していなかった事を示している。それでも「独立自尊を求めて独立自尊を得たる所」をかろうじて認めているだけである。その後継者達については、「多く欠点を受け継ぎて、而して人格を受け継がず、拝金なる処益々拝金、俗習なる処益々俗習、小成に満足し以て独立なりとし、小成を誇矜し以て自尊なりとし」、「一種厭ふべきの風」があると嫌悪感を表明している。

このような福沢や西園寺公望に象徴される新知識の開化派への反感を、陸は同月十二日の「浅薄なる新智識」（K7p49）において改めて表明している。新知識をもって自ら誇るものの大多数は「浅薄の徒」にすぎず、「殆んど無識の輩と択ぶ」ところがない。一方、「頑冥不霊を以て目せらるゝ者、事理を解するに遅鈍なるも、一たび解して断乎として動かざる、少くも見識に於て彼の紙の如き軽薄者流に優る所」があると高く評価して親近感を示している。

対外硬運動の主力と成った頑迷な右翼勢力に強い嫌悪感を示し[5]、「西洋書生」と呼ぶ政府における開化派への強い信頼と期待を表明していた福沢とはまさに正反対であった。対外硬運動において、佐々友房や頭山満のような右翼の国粋主義者を信頼して、彼等と一貫して行動を共にした陸羯南は、思想だけでなく交友関係においても、福沢とは全く相容れない対極的な関係にあった。

(五) 二人の対照的な様相

これまで見てきたように、明治二十八年から福沢の死去に至るまでの陸羯南の言論は、正反対と言っていいほどに、ことごとく福沢と対立するものであった。日清戦争の意義は、福沢にとっては文明の勝利であったが、陸にとっては義侠の戦いであった。勝利の原因は、福沢は西洋文明採用による武器の有利さに帰したが、陸は日本の忠君愛国の精神などの道義的優位性によるとした。李鴻章狙撃事件に対する反応も正反対で、福沢は犯人とそれを生んだ反外国人の気風を非難したが、陸は政府の治安対策に責任ありとして、後には戦時中の清国の残虐行為を取り上げて、むしろ被害者の側の清国の方を非難している。

最も明白な対照を見せたのは、三国干渉に対する態度であった。福沢は国際政治の過酷な現実を理性的に論じて、譲歩した伊藤政府を擁護して民衆の感情的反発を抑制しようと努めていた。一方陸は、国家の体面を傷つけ外国の侮りを招いたと煽動的に論じて、徹底的に伊藤政府を攻撃した。この後三年間ほどは、伊藤を論じる際には必ずといって良いほどに、「遼東返還」の屈辱に言及して執拗にその責任を追及し続けた。この時期の伊藤を論じる福沢の文章に、弁護するような調子が強いのはそのためである。

公使三浦梧楼が主導して朝鮮王妃閔妃を暗殺した事件も、日清戦争に劣らず後世に重大な影響を及ぼした事件であったが、この問題についても福沢と陸の対応は全く対照的であった。福沢は早くから日本人の犯行を疑い、世界の日本に対する疑惑を一掃するためにも、事件を明白にして犯人を厳罰に処すべきだと主張していた。このような意見は当時の一般的な世論でもあった。一方陸は、条約改正反対の対外硬運動の同志でもあった三浦を徹底的に擁護した。暗殺という事件の本質を曖昧にすることに努め、外国人の証言を信じて日本人である三浦の無実の申し立てを信じないとして、日本の政府や一般世論を非難していた。証拠不十分による三浦等日本人全員の釈放という裁判の結果を、陸は自分の主張の正しさを証明したものと勝ち誇っている。暗殺犯の無罪放免を歓迎しているのだから、結果的に暗殺を正当化したのと同じである。

このように伊藤と三浦に対する対照的な姿勢が示すように、陸と福沢の政治家に対する態度も正反対であった。福沢は伊藤を首相とする政府を強く支持していたが、中でも開明派である陸奥宗光と西園寺公望に対する信頼は特別に強いものがあった。まさにその裏返しで、陸の伊藤内閣に対する強い反感の中でも、首相の伊藤の他に、特に陸奥と西園寺に対しては敵意を表明していた。明治二十六年に大隈を党首とする改進党が対外硬派に加入して以来、福沢の彼等に対する態度は目に見えて冷たくなった。「対外硬伯」などという評判をとるようになった大隈に対して、福沢が期待や好意を示すことは殆ど無くなった。この時期の彼による伊藤に対する一貫した強い信頼と期待の表明とは対照的であった。一方、この時期の陸の文章には、政治家大隈に好意を示し賞賛する記事が多くなった。それゆえに、明治二十九年八月に成立した松方と大隈を首班とする新内閣に対する両者の反応も対照的であった。陸が強い歓迎と期待を表明したのに対して、福沢は当初から冷淡で時間の経過とともに批判の調子が強くなった。

明治三十年六月の米国によるハワイ併合は重大な衝撃を福沢に与えて、日本の将来に対する強い憂慮を抱くようになり、日本の存亡という根本の問題に関心を集中するようになり、教育勅語に危機の根源を見いだして、『福翁自伝』などの最晩年の傑作を生み出していく。当面の時局の問題にしか関心のない陸との接点は殆ど無くなり、そのような福沢が陸には理解不能なものとなっていった。

陸羯南は明治三十二年以降、対外硬主義に変わりがないが、伊藤に対する態度の変化に示されるように著しく穏健化した。より具体的にいえば、それまで議論の基本となっていた「国際論」の思想から明らかに離れていった。開明派の伊藤攻撃の「外人の手を握り同胞に足を加ふ」という決まり文句が、陸の文章から消えたのが象徴的である。

今まで見てきたとおり、福沢の晩年に当たる明治二十八年から三十四年にいたる時期において、陸羯南の主張は福沢の思想とことごとく相反し対立するものであった。対立点は多岐にわたるが、その中でも中心的なものは、文明主義と国体主義の対立に還元できると思われる。表面的に二人の対立点が最も明白になったのが、この時期の大部分において首相であった伊藤博文に対する態度の相違であった。福沢は一貫して伊藤を強く支持したが、陸は明治三十二年までは強い敵意を以て批判し続けた。福沢は伊藤の文明思想の故に支持し、陸はそれ故に攻撃した。陸の伊藤への敵意の根本には、「国際論」にあるように、西欧の心理的蚕食を受けた開明政治家が、日本の社会の西欧化を進めて、皇祖皇宗の遺訓である「国命」を危うくすると信じる国体主義にあった。次の章では、その陸羯南の対外硬論の基礎となった国体主義について見ていくことにする。

三、陸羯南における国体主義

陸羯南は現代においては、健康なナショナリストとして論じられることが多い。時には自由主義者と分類されることさえもある。しかし、対外硬運動の思想的な指導者であり、その運動に結集した右翼の人間達を信頼できる同志として考えていた陸羯南は、何よりも対外硬の思想家である。そして、彼の対外硬思想は、後に詳しく紹介する『日本』創刊八周年の論説「記念日の所感」が示すように、国体主義に基づくものであった。私は本章で、今対象としている時期における、今まであまり注目されることの無かった、陸の国体主義者としての側面を示す文章を見ていくことにする。

日清戦争を義侠の戦いとした、明治二十八年一月一日の「皇道之敵」(K5p4) において、皇祖皇宗が建国に際して下した「四海を兼ね六合を掩ふ」、即ち四方の海と天地四方を覆えという命令こそが、歴代天皇とその臣民が守るべき義務であり、それこそが皇道であると主張していた。このように皇祖皇宗という神話的存在を、国民のみならず天皇さえも尊崇服従すべき最高の権威と認めることこそ、国体主義の第一の要素である。後に見るように、これは陸羯南が与えた定義であり、本質をついたものである。皇祖皇宗の遺訓を天皇をはじめ臣民が拳々服膺すべきとする教育勅語が、まさにそのような教義の根本であることに注目すべきである。

二月十一日の「二千五百五十五年の紀元節」（K5p29）では、次のように述べている。「今上陛下の英烈におはします、皇祖の神武に肖させ玉ふものあり。（中略）大駕を貯め玉へる所は、皇祖と同じく安芸に在り。（中略）皇師の嚮ふ所戦ひて勝たざるなく、攻めて取らざる無く、清国罪尤を悔み、列国威烈を仰ぐ、亦又皇祖の聖挙に異なるあらず。」。このように、天皇を皇祖と同一視して神格化している。天皇はそれ自身だけではなく皇祖皇宗との連続性において神聖なのである。当時の一般の新聞においては、皇紀などを使う記事は殆ど見たことがない、その意味においても陸の国体主義の立場は明白であった。

十一月一日掲載の「平定後の台湾」（K5p241）における冒頭での次のような文章は、国体主義の宗教的側面を示している。「祖宗在天の霊威と天皇陛下の英烈と征粛軍諸将士の偉功とに因りて、台湾の賊徒も亦た殆ど戦はずして潰え、是に於て新領地全く平定に帰せり。吾輩は国家の為に祝せん。」。台湾平定の第一の要素は祖宗の神霊、次が天皇で、実際に働いた軍人は最後に言及するのみである。これは殆ど、神の加護を信じる宗教に類するものである。先の大戦の宣戦の詔書においては、「皇祖皇宗ノ神霊上ニ在リ」と謳われて一種の宗教戦争の体を示した。

明治二十九年の七月三日の「警護の大不用意」（K5p371）という論説は、陸羯南の右翼国体主義者としての一面を示すものである。六月二十九日に天皇の行幸の馬車の一行が、渋谷の鉄道踏切において数分間停止を余儀なくされた。警察と鉄道会社の連絡不足によるこの過失を、「大不敬」などと述べて当局の不注意を激しく非難している。天皇に関わる些細な事故や、皇室記事における誤植などに対する、このような右翼の攻撃が政府当局や新聞社などを異常に神経質にして、国体タブーを強化して日本を非常に不自由な社会にした[1]。

同月に連載された「我が立憲政記略」（K5p375）という長文の論説において、伊藤博文が「国家は憲法の上に位す」と述べたことをとらえて、陸も国家を維持するためには憲法を遵奉できない場合があることを認めながらも、憲法は「皇祖皇宗の霊に誓ひて至尊の親ら発布せられし所」であるから、伊藤のような「外人を憚りて同胞を虐する」愛国忠君の心が疑われる政治家がその精神を無視する事は許されないと主張している。伊藤のような憲法起草の中心となった第一級の政治家さえも憲法に触ることが許されないとしたら、それ以下の凡百の政治家が改正するなど思いもよらないことになる。その不可侵性を支えるのが皇祖皇宗の神霊であった。何よりも、国体主義タブーが明治憲法を不磨の大典としたのである。

同年の十一月三日の「天長節」(K5p444)という文章において、陸は国が繁栄し国民が幸福なのは、「皇祖」が「聖徳」を建てたおかげであるとか、今上陛下が国威を「八紘」の外に揚げたとか、臣民を思う「大御心」や、「皇祖皇宗在天の神霊」、「皇祖皇宗の遺訓を明徴」にするなどと国体主義者に特有で、昭和の戦前期に乱用された紋切り型の言葉を連発して天皇を賛美している。言葉はその人間の精神と思想をよく表している。福沢はこのような言葉を決して使うことはなかった。

前記のような文章を記念日における儀礼的な言葉として決して軽視すべきではない。同月二十二日における「臣道を明らかにし宮内大臣の失職を弁ず」(K5p450)等の一連の土方久元宮内大臣を攻撃する文章は陸の国体主義者としての本質を示している。そこで陸は、皇室の尊厳無比は「万世一系にして天壌無窮」にあるから、宮内大臣が歴代天皇の墓所の手入れを怠っているのは不敬であると攻撃し、さらには四カ月も前の天皇の行幸途中に踏切で一時停止を余儀なくされた事件を取り上げて、今思っても動悸を覚えるとして、これも宮内大臣の職務怠慢による不敬であると非難している。天皇や皇室に関わる些細なミスや、自分の気に入らない人間の言行を取り上げて、不敬として騒ぎ立て、政敵などを攻撃するのは国体主義者の常套手段で、昭和には猖獗(しょうけつ)を極めた。蓑田胸喜などが代表的な存在である。

明治三十年二月十一日の紀元節は、憲法発布記念日であると同時に、新聞『日本』の創刊八年目の記念日でもあった。それ故に陸羯南は同日の論説「記念日の所感」(K5p502)において、新聞『日本』のよって立つ根拠について改めて論じている。日々の事件に追われる新聞においては、このように自己の信念を本格的に表明するという文章は貴重なので、ここで少し詳しく見ていくことにする。冒頭において、この日のごとに建国のことを思い憲法を思い「日本」を思わないことはないと感慨を示して、次のように述べている。

「皇祖即位の日より今日に至るまで、方さに二千五百五十有七年。所謂る一系不易の皇統は既往二十六世紀を経て依然たりとせば、将来幾十世紀を経るとも猶ほ依然として今日の如くならんことを祈る、是れ四千万人に共通せる冀望なり。此の冀望や帝国憲法の第一条と為りて現はれ、昭乎として日星の如し。去れど世の軽佻者流の所謂る『十九世紀の大勢及原則』に観るときは、徒らに憲法条規の存在をのみ恃むべからざるの感なきにあらず。吾が『日本』の興れるや、洵に此の隠憂を抱きて興れるなり。」

十九世紀の原則を主張する軽佻者とは、伊藤や福沢のような文明主義者を指していることは明白である。そのような西欧の近代文明を奉じる開明主義者に対抗して、皇祖以来万世一系の国体を守ることこそが『日本』創刊の本来の理由であった。陸羯南の根本思想は国体主義であり、その相容れない敵は十九世紀の原則、即ち自由平等などの言葉に象徴される西欧近代文明の思想を信奉する日本人であった。伊藤や福沢に対する彼の反感は根本的な主義思想の対立によるものであった。

そして過去八年間の言論活動を回顧して「凡そ国権を欠損する者を排し、皇威を玩弄する者を斥くるに於ては、未だ曽て多く人に譲らず」と述べている。そして、条約改正の実現が近づき、内外人の交際により人の思想も変化するだろうと観測している。そして、十九世紀の風潮というものは、欧州大陸を風靡して多くの国の歴史を失わせて、識者の奮闘によってかろうじて廃頽を防いだが、建国の基礎も法律の精神も外部の影響によって変えられてしまったと慨嘆する。近年の日本人も、特に政府関係者は、「十九世紀の大勢及原則」を口実として、内外平等主義を実現しようとして、外人の権利を制限しようとするものを攘夷論と排斥していると述べる。けれども、内外人の平等主義は、内国人の平等主義を導き、最終的には民主主義をも呼び出しかねないと警告している。

陸にとって守るべき最も貴重なものは、皇祖即位の建国以来二千年間維持してきた万世一系の国体であり、排除すべき最も危険な脅威とは、そのような国体を危うくする「十九世紀の大勢及原則」、即ち近代西欧文明の影響であった。それ故にそのような影響を体現する開明派の政治家や思想家こそが最大の敵なのである。この論説においても、「外人と手を握りて内民に足を加ふる者は吾輩の政敵なり」と宣言している。この言葉が明治二十六年の「国際論」に初めて現れたように、この論説はその内容と共通するところが多い。陸の思想がその論文以来一貫していることが分かる。

明治三十一年十月十八日の「昨今の宗教問題」(K6p144)において、新条約実施を前にしてのキリスト教の国家による公認の問題を取り上げて、教育勅語や宮廷儀式国家の典礼にも関係するから、軽々に公認すべきではないと陸は主張している。教育勅語が、単なる教育上の箴言[2]や、「君主の社会上の著作[3]」などではなくて、国民に信仰と服従を要求する、キリスト教とも競合する一種の国教であることを、勅語の起草者である井上毅と親密であった陸羯南が熟知していたことを示す文章である。

教育勅語発布の翌年に、井上毅の義弟の木下広次[4]が校長をしていた第一高等中学校で、キリスト教徒の内村鑑三不敬事件が起きたのは決して偶然ではなかった。木下は後に文部大臣となった井上毅の下で、文部省専門学務局長に就任して、直属の部下として井上毅の文部行政を支えた。イデオロギー教育に関しても、第一高等中学校の校長として、現場から井上毅を支援したと考えるのが自然である。この二人の関係を示す資料は、殆ど残ってはいないが、親密で信頼する関係にあったと思われる。教育勅語発布直後の明治二十三年十一月三日に木下は、第一高等中学校の演説で翌年の内村事件を予期しているかのように、次のように教師や生徒を煽動していた。「抑も此勅語は我国教育の基礎学制の大本にして決して学理学説と同一視すべきものにあらず若し之に違ふものはこれを我国民といふべからず万一本校職員或は生徒にして之に違へる行為あるときは校長素より寸毫も之を仮借せざるべし又校長自らに於ても之に違ひ若しくは之に違へる行為ある人を仮借する等の事あれば職員並びに生徒は充分これを責むべし[5]」。事件後の教師や生徒による内村への激しい個人攻撃は、この校長の呼びかけに従ったものである。木下は教育勅語にたがう者は非国民であると主張している。教育勅語と共に非国民摘発の動きが始まった。

明治三十二年五月二十三日の「華族勲冑の風紀」(K6p281)において、異例なことに教育勅語の全文を引用して、この勅語こそが皇室が衆善の基であることを示し、社会の道徳の手本であると、この勅語を皇室の存在理由とまでに最大限に重視していることを示している。教育勅語に、本来の目的の教育の参考になる箴言集などではなく、殆ど天皇と一体化した威厳を持たせている。それに対する不敬は直ちに天皇皇室に対する不敬を意味するまでの重みを、発布直後から持たせられていた。内村鑑三不敬事件はその象徴である。それは全く起草者井上毅一人の作為によるものである[6]。井上毅に親炙(しんしゃ)していた陸羯南が、その重みを知り、それを尊重すべきと考えていることを示す文章である。

六月十一日の「教育拡張の噂」(K6p291)においても、教育勅語を奏請した山県は教育を重んじることを知る政治家であると高く評価している。教育勅語が教育にとってこの上なき価値あるものと信じていることは明白である。何よりも有害と見て、晩年のこの時期をその害の排除のために全精力を当てていた福沢とは正反対である。

同年七月九日以降連載の「昨今の宗教問題」(K6p307)では、教育家が内地雑居によるキリスト教に関して、外人経営の学校に教育勅語の主旨をどのように存立させるかを思い巡らし、国学者は国体上よりどのようにして外交の破壊を防ぐか憂えていると述べている。教育関係者や国体主義者が、キリスト教は国体の絶対的尊崇を説く教育勅語に害を為すと考えていたことを示している[7]。彼等にとって教育勅語はキリスト教と競合する一種の国教であった。陸自身は、教育勅語の徳育の趣旨に対して宗教が衝突する理由はないと、一応教育勅語の宗教性を否定しているが、キリスト教の国家による公認へ反対するなどの強い警戒感は、明らかに国体へ有害と認識していたことを示す。

その国体とは何かという事について、陸は十五日の同論説第四編（K6p312）において注目すべき説明を提示している。彼は次のように論じている。「国体とは、建国以来連綿不易の皇室を万世に奉戴して其の尊厳を中外に保つ、といふの事体を指すもの」であり、その国体を維持するために最も適切な制度とは、「皇祖皇宗の神霊に対する敬礼をば、日本臣民の公徳上共通の義務とする制度」であると述べている。そして、神道による「国体」の「宗教臭味」を否定しようとしながらも、同時に「国体の神聖を保つ」とか、日本人の仏教徒もキリスト教徒も「皇祖皇宗の神霊に対する敬礼」を保つことを期待すると述べて、皇祖皇宗の神霊を御神体とする国体崇拝が、日本では仏教やキリスト教の上に立つ、実質上の国教となるべきと論じている。

近代日本の国体論に関して、ここに示されたような本質をついた明確な定義を私は見たことがない。恐らくその設計者の井上毅から何らかの教示を受けていたのだろう。単に歴史的に存続してきた現実の皇室を尊崇維持するだけでは十分ではないのである。建国以来連綿不易という限定詞がついているように、皇祖皇宗による建国の起源の神聖化と、そこからの不変の連続性が重要なのである。それ故に「神道は祭天の古俗」として皇祖皇宗の神格化を否定するような久米邦武による科学的な古代研究は、教育勅語発布の後は徹底的に排斥されなければならないのである。久米への攻撃は退役軍人を含んだ特定勢力の組織的動員によるものであり、昭和の美濃部の天皇機関説排撃運動と共通性がある。そして国体維持のためには、国民全体の皇祖皇宗への敬礼を常習化する制度が必要になるのである。それこそまさに、教育勅語とその崇拝の儀式が果たした役割であった。[8]

その短い文章の冒頭と末尾において皇祖皇宗の尊厳を強調する教育勅語に対して、最敬礼を強制するといった全国の学校における宗教的で厳粛な儀式は、日本人に「皇祖皇宗」という言葉に対する条件反射的な敬礼の習慣を養成し、その精神に「皇祖皇宗の神霊」へのタブーの念を植え付けて、国体崇拝の思想を維持するための最大の制度であった。教育勅語こそ国体主義の基礎であり、その奉戴の儀式はそれを支える柱であった。教育勅語に基づく教育が続く限り、国体タブーは日本人の精神を呪縛し続ける。この関係を理解した日本人は、福沢以外に殆どいない。国体タブーの中心は一般に信じられているような天皇ではなく、皇祖皇宗の神霊にあったことを認識することが重要である。[9]

さらに国体主義にとって、皇室を国内に守るだけでは十分ではない。その「尊厳を中外に保つ」として、皇道を海外にも広めて発揚することが重要なのである。それ故に国体主義者が、対外政策においては必ず海外進出を主張する対外硬派となるのである。教育勅語と同様に皇祖皇宗という言葉を何度も強調する「皇道之敵」が、「四海を兼ね六合を掩ふ」とする皇祖皇宗の遺訓を歴代天皇と臣民が守るべき義務であると主張したように、対外硬論の思想的基礎となるのが皇祖皇宗を神格化する国体主義なのである。

対外硬運動と国体主義は共に支え合い発展する相乗効果の関係にあった。対外硬運動の高まりが、国体主義を活性化させ、国体主義の高揚が対外硬運動を加速化する。井上馨の条約改正への反対運動は陸のような国体主義者を社会の表面に押し出し、大隈条約改正への反対運動は政府内の元田永孚や井上毅の地位を押し上げ、この両人が起草した国体主義の聖典である教育勅語を生み出した。昭和になってもロンドン軍縮条約反対運動や満州事変による国民の対外硬精神の高まりは、軍部や右翼の地位と勢力を上昇させて、国体主義を活性化して天皇機関説排斥運動や国体明徴運動を生み出した。そして、近衛文麿や松岡洋右のような対外硬の政治家の人気を上昇させ政権の座につかせた。民間では、明治以来の対外硬主義者の徳富蘇峰の権威を高め言論界の大御所とした。

以上に見てきたように、対外硬の思想家として知られる陸羯南の本質は国体主義者である。明治三十年の『日本』創刊八周年を記念する論説「記念日の所感」（K5p502）で示されているように、国体への危機感こそが開明派の政治家を攻撃する対外硬の言論を生み出している。国体主義こそが本質で、対外硬はその表現であった。この国体主義と対外硬の関係については、同論説が明治二十六年の「国際論」の主旨を受けているように、「国際論」において本格的に論じられているので、次にこの論文を対外硬運動との関係において、少し詳しく見ていくことにする。

四、「国際論」と対外硬運動

これまで見てきたように、明治二十八年から三十四年までの陸羯南の言論は、対極と言っていいほどに福沢と全く相対立するものであった。二十八年元旦の陸の日清戦争を義侠の戦いと主張する「皇道之敵」（K5p4）が、福沢の「義侠に非ず自利の爲めなり」という反発を呼び起こしたのは象徴的である。この「義」と「利」の対立に、福沢と陸の対立の根本が示されているように思われる。それは啓発された利己心による自由競争を社会進歩の原動力と肯定する西欧文明主義と、そのような競争を伝統的社会の徳義を破壊するものと否定する儒教道徳を維持する国体主義の立場の対立である。陸と福沢の全ての対立は、この根本的主義の相違から発するものである。

そのような陸の対外硬論と国体主義の関係が最も本格的に論じられているのが「国際論」である。陸のこの時期の議論が同論文に基づいていることは既に見てきたとおりである。この「国際論」は国と国との関係を論じる学術論文であるとの建前をとりながら、実は政治的意図を含む政略的な文書である。狼呑や蚕食の手段で他国を侵略占領する西欧列強の実情を詳しく紹介して、日本がそのような欧米の文明を盲目的に採用することは、心理的な蚕食を受けるもので結局は狼呑という亡国に至ると警告して、西欧文明採用に積極的な伊藤に代表される開明派政治家を攻撃している。そして、そのような脅威に対抗するものとして、心理的な蚕食を受け付けないために国の精神的組織を強固にすることを主張している。

この「国際論」は、明治二十六年以降の条約励行論の思想的根拠となったという事実を超えて、明治二十年の井上馨による改正交渉に対する反対運動に始まる、条約改正反対運動全般と対外硬運動の本質を示してくれる注目すべき重要な文書である。日本にとって完全な対等の条約改正とは、日本が国際法などの西欧文明のルールが支配する、西欧諸国から成る国際社会の正式な一員になることを意味した。当然ながら加入には、それに必要な資格が要求される。人道的で文明的な司法制度の整備などの社会の西欧化は必須の条件である。伊藤や井上馨や福沢など、西欧文明を評価し国際社会への仲間入りを当然と考えていた開明派が、国内における文明開化運動の原動力と成ったのは当然である。また不平等条約の改正実現という目的が、国内を西欧化するための何よりの正当な理由と成った。

一方対国体主義者にとっては、そのような西欧文明が支配する国際社会への全面的参入、即ち日本の社会の西欧化そのものに反対なのである。それは西欧の心理的蚕食を受けて、日本が歴史的な国体を喪失して亡国に導くことを意味した。条約改正反対運動はその反対のための格好の手段であった。外国人判事任用などのその時々の反対運動における争点となった議論は、真の問題でなく、ナショナリズムをかき立てる口実にすぎなかった。実は日本の西欧化を必要とする条約改正そのものに反対なのである。外国人判事が問題外となった、大隈条約改正交渉失敗の後の段階においても、対外硬派は内地雑居反対を主張して、以前と変わらぬ熱意で改正反対運動を続けていた[1]。

外国人判事任用問題で、井上馨と大隈の条約改正を屈辱的と攻撃して挫折させ、陸奥の対等な条約改正にも強硬に反対した対外硬派による条約励行論とは、現行条約を固定化する要求であった。江戸時代にオランダ人を出島に閉じ込めたように、外人を居留地に閉じ込めようとする主張で、福沢が攘夷鎖国論の再現と呼んだ理由である。その不便さを外国人に悟らせて、彼等から改正を求めるようにするという口実はあったが、外国側が不便を忍べば不平等条約は永続する。条約改正に強硬に反対する居留地の大半の外国人は、日本の発展の可能性を低く評価していたので、内地開放など少しも欲しないで、居留地内での植民地におけるような特権を守るために現行条約の維持を強く望んでいた。

たとえ条約励行論が目的通りの効果を発揮して、条約改正が実現したとしても、そのような強制的方法による条約改正の結果もたらされた日本の国際社会への加入は、話し合いによる友好的なものでなく、力による割り込みという形になり、西欧社会に日本への冷たい不信感を生じさせたであろう。そして、日本の異質性を際立たせ、国際社会において孤立性を強めることになったであろう。昭和になって攘夷鎖国精神が根本にある対外硬論が日本の国論となった時に、国際連盟を脱退したのは必然の流れであった。

「国際論」においては、次のような主張がなされた。国際法は白人のキリスト教徒に適用されるものにすぎず、日本人が尊重するのは「迂の極み」であるし、国際的慣例も西洋諸国同士で意義のあるもので、日本人が倣う必要はない。また、居留地の存在は西欧的観点のみから屈辱であるにすぎないなどという議論[2]は、条約励行論の根拠となった主張であり、対外硬派の攘夷的で反西欧文明の本質をよく示している。そして、開明派政府による対等条約の実現とは、「国命」の絶える時であると断言して、条約改正そのものへの反対の本音を表している。

条約改正反対運動の原動力となったものは、日本に不当な条約を押しつけてくると見なされた西欧諸国と、そのような屈辱を受け入れたと見た卑屈な政治家達に対する国民の感情的な反発である。それは反外国運動と反政府運動の形をとった。攻撃の標的と成った外国人の側は対外硬運動の排外的性質をよく認識していた。[3]その排外運動の内政的側面が、欧化政策とそれを実行する開明派の政治家に対する攻撃であった。明治二十年の条約改正反対運動で、条約改正が失敗しただけでなく、欧化主義としての各種の社会改良運動が挫折して、代表的な開明派政治家の井上馨が失脚したのは、その反外国人運動であると同時に反西欧化運動であるという対外硬運動の本質を最も典型的に示すものである。

以上のような歴代の条約改正反対運動の流れが、「国際論」の主張と一致することは明白である。条約改正反対運動は、日本を蚕食・狼呑しようとする西欧諸国と、その蚕食を受け入れる日本の政治家と彼等が主導する欧化主義への攻撃であった。この運動によって、日本人の外国への態度が一変して、以前のような無条件な好意と信頼は見られなくなった。開明派政治家としての井上馨の政治生命も絶たれた。これ以降の彼は、伊藤の親友の藩閥政治家としてのみ存在した。欧化主義に基づく女性の地位の向上などの、各種の社会改良運動も鹿鳴館の汚名と共に葬り去られた[4]。

そのような開明主義の敗北の後に社会に勃興してきたのが、陸羯南などの国体主義を奉じる対外硬派であった。明治二十年の条約改正反対運動は、大同団結運動に集中した民権派が運動の主力であったが、明治二十二年の大隈の条約改正への反対運動では、陸の『日本』などの国粋主義派が運動を主導した。政府内では井上毅や元田永孚などが暗躍して[5]、最終的には右翼の爆弾テロが改正阻止の止めを刺した。注目すべきは、この反対運動では、二年前には殆ど無かった暴力が使用されるようになったことである。居留地の外人にも暴行を受け負傷した者がいた。大隈外務大臣の与党として条約改正推進派であった当時の改進党系新聞を見ると、反対派の壮士によって襲撃され負傷した同党関係者の記事が頻出する。対外硬運動には暴力やテロが内蔵されている。この条約改正反対運動は、暴力の勝利でもあった。敗北したのは、責任者の大隈だけでなく、元来彼を外相として入閣させた伊藤を含む開明進歩派であった。その結果、保守的な山県内閣が成立し、井上毅と元田が起草した教育勅語が発布されたのである。

「国際論」においては、西欧の心理的な蚕食を防ぐのは、国民の精神的組織を整理して伸張する教育の役割であると主張されていた。その精神的組織の基礎となるものが、人の天命に当たる「国命」であり、国の盛衰は国民が「国命」を理解するかどうかにかかっているとする。その国命とは皇祖が肇国に下した遠猷であった。対外関係を論じた「国際論」の場合は「六合を兼ね八紘を掩ふ」という内容であったが、大隈条約改正反対運動の結果生まれた教育勅語こそ、同じく肇国に皇祖が下した遠猷である国内向けの「国命」であることは明白である。井上毅起草の教育勅語には、皇祖皇宗の権威により西欧の心理的蚕食を防ぐ、即ち排外主義と国内の開明主義の排斥という目的が内蔵されている。

この「国際論」を根拠として、条約励行を旗印とした明治二十六年以降の対外硬運動は、あるいは明治史上最大の反政府運動であったと言えるかも知れない。運動の主力は内地雑居反対の対外硬勢力であったが、本来穏健進歩派であるが反伊藤である改進党や、改進党系であった大部分の新聞も巻き込み、議会では過半数を獲得して伊藤内閣を追い込み、政府に二度もの解散を余儀なくさせた。維新以来一貫して政府と距離を置いていた福沢が、明治十四年政変で自分を裏切った伊藤内閣支持を明白にしたのも、反動勢力が開明政府を打倒し維新以来の文明化を逆転しかねないという時勢に対する危機感の故である。最終的には政府は、日清戦争という外戦に逃げ込み、内戦状態を回避した。

伊藤は自己の積極的主導権で戦争を始めたのではない、

いわば窮余の一策であった。対外硬派が戦後に、自分達こそが政府を戦争に追い込んだのだと誇らしげに主張しているのは、決して理由のないことではない[6]。対外硬運動は対外軟の伊藤内閣に、本意でない究極の対外硬の戦争を実行させたのである。「国際論」における反西欧思想に基づく攘夷論に等しい条約励行論が大衆を動員する全国的な国民的運動となり、議会において過半数を占めて開明的な政府を追い詰めて、戦争を起こさせて勝利の栄光と実益を獲得したのである。対外硬運動の勝利であり、伊藤や福沢などの開明派の勝利ではなかった。こうして対外問題において は、客観的国際情勢などに顧慮することなく、主観的な強硬論を主張し弱腰の政府を攻撃することが、常に大衆を動員できて世論で勝利を収めるという前例が日本の政治風土に定着した。

このような傾向は明治二十六年の対外硬運動が最初でなく、前に述べたように明治二十年の井上馨の条約改正への反対運動に始まっていた。当時の日本には刑法以外の成文法もなく、司法制度が未整備状態であることは日本人にも明白で、客観的に考えれば外国人判事の一時的任用などの何らかの譲歩が不可欠であった。しかし、外国人判事は半植民地エジプト並みの屈辱という主観的で感情的な主張が、客観的で理性的な議論を押し流して[7]、世論を反対一色にした。大隈条約への反対運動も同様の繰り返しであった。後の日露戦争後のポーツマス講和条約への反対運動も、当時の日本の国力では限界であるなどという理性的議論は無視され、賠償金が得られなかったという感情的反発から、戒厳令が敷かれるほどの、政府に抗議する民衆の騒動を引き起こした。昭和に入ってのロンドン軍縮条約反対運動や、満州事変における世論の熱狂的支持などの底流にも、日本に害を為すと信じる外国への敵意と、それに屈従すると見た政府への反感という、対外硬の精神が一貫して流れていた。

このように「国際論」という文章は、単に明治二十六年以降の対外硬運動の基本という枠組みを超えて、それ以前の井上馨の条約改正への反対運動から、昭和の対外硬運動に至るまでの思想的土台を明らかにするという、非常に射程の長い文章である。近代日本の対外硬思想の流れを理解する上で、非常に重大な価値を持つ論文であると私には思われる。そして、そのことがその著者に関して一つの疑問を生じさせることになる。陸羯南は、確かに大隈条約改正反対運動以来、明治二十年代の対外硬運動の指導的な人物であった。しかしながら、あくまでも現場の一指揮官で在野の言論人にすぎなかった。そのような陸羯南が、この「国際論」のような国家の根幹の問題に関わり、重大な潜在的影響力のあった文章の著者であったのだろうか。この「国際論」に関する陸羯南の説明にも少し奇妙なところがある。そして何よりも、陸自身が明治三十二年以降は「国際論」の立場からは離れたのである。次にこの問題を検討してみることにする。

五、「国際論」の著者

(一)「国際論」と陸羯南

陸羯南が「国際論」という文章に重大な意義を認めていたことは、明治二十九年三月に品川弥二郎に宛てた「原政及国際論」を同封した次のような書簡[1]にも明白である。

> 過刻ハ長座、乍毎度無礼の言、御寛恕ニ預り感銘此事ニ御座候。御病中御徒然の折、別封拙著御一読被下度、右ハ去廿六年鎌倉ニ養生中、拙生多年抱懐せる内外政理の大要、実ニ孔子が春秋を作りし位の精神ニテ起草仕候。盲千人の世の中、誰も此精神ヲ見テ呉レル人無之、唯身後百年の知己を待候のみ。中に原政と題スルモノハ巻末ニ附録致候。是ハ国際論の序文とも又内政意見とも愚考致候もの、今の立憲政体ハ不幸ニモ着々愚意の通に相成り、遺憾ニ御座候。国際論ハ廿七年の条約励行論の根本ニ御座候。是亦御一読被下候ハゞ、松陰先生の外交論と差程違ひは無之存候。乍末協会の御処分は此際篤と御再考被遊度、此段重テ願上候。草々

孔子が『春秋』を作った精神で起草したとか、今は理解されることを期待せずに百年後に知己を待つと述べて、この論文に対する並々ならぬ心構えと自負の程を示している。「原政」を巻末の付録と述べているので、この書が明治二十六年の初版本に、「国際論続編」と「国際論補遺」を加えた増補再訂版であることが分かる。

けれどもその内容について論じているのは、今の立憲制が自分の考えていたとおりになったと、「原政」についてのみである。「国際論」については、条約励行論の根本となったとか、吉田松陰の外交論ともさほどの相違はないといった言葉も、自分のものでなく外部からこの文章を論じている印象が強い。さらに自分が主導した条約励行論についても、自分の思想信念に従って行動したと言わずに、まるで外部の指針のように、この文章が根元となったと言うのは少し奇妙である。また、自己の信念については強い自負をもっていたが、学識の点に関しては謙虚であった陸が、「国際論」は松蔭の論ともあまり差がないと自慢しているようなのも違和感がある。

「国際論」にはその原型となるような文章があった[2]。それは明治二十五年八月に発表された「対外策階梯」(K3p588)という論説である。その分量は「国際論」の十分の一ほど

であるが、「国際競争」の大要を論じるとするもので、競争は排斥方法と併呑方法という二つに分類されると述べる。併呑方法というのは国家の意志を持って軍事力などによって他国にその勢力を加えるもので、対象となったものにも容易に知覚できるものである。一方排斥方法とは、国の意志ではなく各個人の間に偶然に行われるもので、しかもそれを行う個人には害意がない場合が多いのでその被害者となるものにも自覚されないことが多い。そしてその競争の方法は、肉体的な「生理的」方法と、経済的な「財理的」方法、精神的な「心理的」方法という三つの分野によって行われる。

そして、このような国際的競争の原理を究めることもせずに、内地雑居反対派を目して攘夷論と非難するような人間を「短識軽言の徒」と批判している。そして非内地雑居論は対外策における知見の進歩として歓迎すべきだと述べている。しかし、国際競争の実情を究めて内政上の適当の処置を施さなければ、内地雑居を拒否しても排斥的競争に勝つことは困難であるとして、「国際競争の実状及精理は吾輩他日に於て漸次に其の要領を述ぶることあらん。」と述べている。そして、その後半では、既に日本が外国との排斥的競争に負けている例として、鉄道や官庁における外国人の優遇を挙げて、外国の言語や例習に服従するものは、心理的な排斥的競争に敗北するものであり、財理的なそして生理的な敗北の亡国にもつながりかねないと警告している。

この論説では排斥と併呑と表現されていたものが、「国際論」においては蚕食と狼呑というよりわかりやすい言葉に置き換えられている他は、全体としての要旨も殆ど同一であり、この論文で予告されていた「国際競争の実状及精理」を詳述したものが「国際論」と考えることもできる。しかし、このような表面的な類似にもかかわらず、私は「国際論」とその続編たる「皇道之敵」は、この論説とは別人の筆によるものと考えている。

「国際論」と「対外策階梯」は、日本の西欧化に強く反対して、日本固有の性格を維持することを主張することにおいては同じだが、その根本となる理由付けは全く異なっている。「対外策階梯」においては、複雑は進歩の要素である、各国が同一の性格では進歩は望めないとして、自国固有の性格を発達することこそ世界全体の進歩に貢献すると述べて、国際的で進歩的な理由を提供している[3]。一方、「国際論」においては、西欧化を否定するために全く対照的な議論を展開している。心理的な蚕食を防ぐために国民の精神的組織を整理して伸張する教育の役割を強調して、皇祖が下した国の天命に当たる「国命」を理解する必要を主張している。それは徹底的に自国中心主義の建国神話に基づく反動的な理由であった。このように使われた用語や論理の立て方は似ているが、根拠となる立場においては全く異なるものであった。

また「対外策階梯」において批判の的の敵となっているものは、非内地雑居論者を目して外人を猜疑するのは攘夷論で外人を恐怖するのは卑屈論、と決めつけるような「短識軽言の徒」にすぎなかった。一方、「国際論」においては敵とされるのは、心理的な蚕食を受けているとの自覚もなく西欧文明に心酔して十九世紀の潮流の先端に立っていると自惚れている開明派の政治家や知識人であり、特に時の伊藤政府が標的とされていた。

「対外策階梯」で陸は、自分は外人を猜疑するものでも恐怖するものでもないと述べているように、この文章には外国や外人に対する悪意は感じられない。しかし、「国際論」が紹介する西欧諸国による他国への蚕食や狼呑の生々しい実例の数々は、西欧諸国に対する強い不信と警戒心をかき立てずにはおかない。それは国際法への反感に見られるように、著者自身の西欧への根強い敵意の反映である。

また、国の将来に対する危機感においても大きな相違がある。この論説においても、陸は、本邦固有の特性を脱して外邦に帰化することは国の破滅であると述べているが、それは理論的な可能性の問題にすぎない。「国際論」においては、著者は心理的蚕食を受けたものが政権にある限りは、亡国は必然という現実的な問題と見ている。

このような危機感の差異が、その敵に対する感情の大きな相違となっている。「対外策階梯」における仮想敵である非内地雑居論を攘夷論と決めつけるような軽薄な進歩派に対する陸の感情は、軽蔑の混じった嫌悪であるが憎しみとは言えない。一方「国際論」における、亡国に導くことも知らずに西欧文明に盲従する心理的に蚕食された開明派の人間に対する著者の感情は、「外人の手を握り同胞に足を加ふる者」という言葉が示すように激しい憎悪である。

何よりも、その文章にみなぎる憎悪の感情こそ、私が「国際論」は陸羯南の著作ではないと判断する理由である。陸羯南の文章は「まるで学者が講義の壇上に臨むように、一言一句きわめてしかつめらしく真面目であった」[4]という評価のあるように、理詰めであり読者の理性に訴えるものであった。例えば、国家社会主義の立場に立って自由主義を批判する場合も、自由主義の主張にも「一片の真理」があると理解を示して議論を進めている[5]。反対の立場に対する一方的な非難攻撃ではない。「対外策階梯」もそのような陸の典型的な文章であったと言える。

一方「国際論」は、理性よりは読者の感情に訴える文章である。西欧列強による蚕食狼呑の危険性を強調し、それに盲従する日本の政治家に対する敵意を煽るような、独断的な主張に満ちた煽動的な文章であり、陸羯南の他の文章にはない狂信者特有の迫力がある。陸自身も通常の自分のものと異なる、その文章の異質さを自覚していた。その自序において、「この『原政及国際論』は言誠に激なり、その音調を乱りその容度を失うは感憤してしかして作りたる証なり」と、読者に予めことわっている[6]。

それでは「国際論」は陸の常にない憤慨の結果として、彼の通常の文章とは異なるものとなったとして説明がつくのであろうか。私にはそうは思えない。この二つの文章に現れる著者の人間性が全く異なるものである。「国際論」が示すその著者の性格は、hater（憎悪する人）であり、hate monger（敵対感情を煽る煽動屋）である。hater とは単に憎む人をいうのではない。人には誰でも憎しみがある。憎悪がその人格の主要な部分となり、その思想と行動の主要な動機となっているような人物を指すのである。陸の人間性にはそのような要素はあまり見られない。しかし、彼のごく身近には、この要素を典型的に示しており、そのような文章を作り続けてきた人物がいる。それは陸の庇護者であり指導者でもあった井上毅である。私は井上毅こそ「国際論」の著者であると信じている。

井上毅の国体主義思想の根底には、西欧文明を憎み、外国を憎み、文明主義の思想家や政治家への憎しみがある。その行動においては、憎むべき対象を中傷讒言や煽動などの陰険な方法や、極端な場合は暴力によって除去しようとする。彼が主導した対外硬運動においては、テロが目的達成の重要な手段となっていた。それは昭和になっても同様であった。

井上毅は伊藤内閣の閣僚であるという立場上、「国際論」のような文章をその本名では公刊できない。そこで陸羯南が強く信頼し尊敬する井上毅の文章を、自分の名前で公表するということは十分あり得ることである。さらに、井上毅は自分の本音を吐露した文章を他人の名をかたって発表することの常習者であった。「ボアソナードの意見書」は、その典型である[7]。それによって、陸が自分の文章を賞揚しているような品川宛書簡の奇妙さもはじめて理解できる。次にこの問題を検討する。

(二)「国際論」と井上毅

私が初めて「国際論」を読んだときに、これは井上毅の文章であると直感した。長年井上毅の文章を読み続けてきた私にとって、そこで主張されている思想と、表現されている感情は、全くなじみのものであったからである。そして、その文章から発する強い個性は疑いようもなく井上毅その人のものであった。陸羯南が井上毅と親密で彼を尊敬していて、その影響を受けて似たような意見を述べることがあったとしても、「文は人なり」という言葉が示すような人間性までも似せることは出来ない。私は「国際論」と、その続編たる「皇道之敵」の二論文の真の著者は、井上毅であると確信している。

「国際論」には次のような要素が強烈に表されている。西欧諸国に対する根深い不信と警戒。内地開放を伴う条約改正に対する強い反対。日本の良き伝統を破壊する社会の西欧化への憎悪と危機感。そして、そのような西欧化を主導する政治家や思想家に対する強い敵意。このような思想と感情は、井上毅の文章と行動に一貫して示されている。

私は条約改正問題を研究していた十数年前に、井上毅という人物の異常性を発見した。外交問題に全く無関係の部署にいた一官僚の井上毅が、政治家に働きかけ、機密を民間に漏洩し、世論を煽動することによって、明治二十年の井上馨による条約改正交渉を挫折させたのである。改正反対の世論を高揚する上で決定的な役割を果たしたのが、フランス人法律顧問ボアソナードの意見書であった。それ故に、現代でもボアソナードが条約改正反対運動の主役と見なされている。しかし、真の主役は狂言回し役の井上毅であった。[1]何よりも世論を激高させた「外人判事は半植民地エジプト並みの屈辱」という主張は、井上毅のものでボアソナードのものではない。ボアソナード自身は外人判事に肯定的だった明確な証拠がある。[2]このような歪曲により、より穏健であったと思われるボアソナードの本来の意見に手を加えて、井上毅は、井上馨が主導する条約改正を国辱的と攻撃し、欧化政策を亡国的と非難する熱烈な弾劾文書に変身させた。

この意見書は、日本に不当な条約を強制する外国への日本人の反感を煽り、そのような売国的条約改正を実現しようとした井上馨などの政治家への世論の憤慨を強めた。その効果は絶大であり、政治家を動かしただけでなく、民間にも広く流布して改正反対の世論を盛り上げた。本来井上馨の文明開化政策を支持していた福沢さえも、条約改正反対に転向させたほどであった。[3]井上馨は失脚して、鹿鳴館に象徴される彼が主導した欧化政策も殆ど消滅した。全国的に外国への敵対的感情が高揚したこの反対運動の後には、外国人に対する日本人の意識は一変して、かつての好意的信頼感は姿を消した。そして開明派政治家として井上馨は再起不能の打撃を受けた。それらの結果をもたらしたのは、ボアソナード意見書がまき起こした憎悪の波である。

ボアソナードの意見書には、「国際論」の主要な要素が殆どそのまま含まれている。外国側は日本に不当な条約を押しつけ日本をエジプト並みの地位に陥れようとしている、とする外国への強い不信、新しい条約は現行条約より劣ると主張する条約改正への強硬な反対、外国代表の無法な要求に屈する日本の政治家への強烈な反感などである。名目上フランス人の意見書であるから、社会の西欧化への直接的な反対は見られない。しかし、同時期の、井上毅の意見書である「経済論[4]」などにおいては、青年期の日本が爛熟期の西欧をまねるのは亡国に導くと、当時の欧化主義への強い反対を表明している。

井上毅が条約改正に対する意見を表明したのは、ボアソナードの意見書がはじめではない。井上馨が外務卿に就任した明治十二年当時から、開明的な井上馨を警戒して保守的な条約改正意見を提出し続けていた[5]。特徴的なことは、当初から、日本は不平等条約を強いられているが、外国人も貿易を居留地に限られ内地への移動の自由を制限されているから「互角」であるとして、条約改正には強く反対するが、現行条約の居留地の存続に肯定的であったことである[6]。その立場は、居留地は東洋では野蛮人を遇する方便であると肯定する「国際論」まで維持されている。

井上毅の条約改正に関する意見提出が特に活発になったのは、明治十五年四月の条約改正予備会議において、井上馨が外国人が日本の司法制度に従うことを条件に内地開放を提案したときであった。この時に井上毅は「憂慮狂う如し[7]」と異常な危機感をみなぎらせて、在欧中の伊藤博文を含めた有力政治家に、活発な言論工作を行って井上馨提案を挫折させた。外国人判事の任用は半植民地のエジプト並みの屈辱であるという主張は、この時に井上毅によって表明されたものである[8]。

さらに注目すべきは、この明治十五年の反対運動において、井上毅は宮中保守派の元田永孚と密接に協力していることである。両者の間に交わされた書簡[9]には、二人の間には開明派井上馨に対する不信で結ばれた強い信頼の同志意識を見ることが出来る。この二人は、明治二十二年の大隈条約改正反対運動においても、親しく連絡協力して活動して改正阻止に貢献していた[10]。その協力関係は、条約改正失敗による黒田内閣退陣後の保守的な山県内閣で、二人の理想を実現した教育勅語の作成として結実した。開明派政治家が進める条約改正に対する反対運動が、国体主義に基づく皇祖皇宗の遺訓であるとする教育勅語の成立につながったのである。「国際論」における、条約改正を進める開明派政治家への反対が、皇祖皇宗の遺訓である「国命」尊重の主張に通じているのとパラレルの関係にある。対外硬運動の高揚が、国体主義の確立を推進しているというメカニズムが存在した。

ボアソナードの意見書が火を付けた条約改正反対運動は、激しい国内対立を引き起こして、最終的には運動関係者の首都からの追放を命じた保安条例に帰結した。同様に「国際論」を根本とした条約励行を掲げた対外硬運動も、二度の議会解散を余儀なくさせるような深刻な国内対立を生じさせて、最終的には、その内戦を願う心を日清戦争という対外戦争によって解消できた。

このように井上毅によって引き起こされた事件は、激しい敵対感情をかき立てて、国内の二極対立を激化させて、[11]双方の陣営に強い憎悪を残すのが特徴である。それは、張本人の井上毅の心に強い憎悪があり、その憎悪が運動を推進する原動力となり、疫病のように周囲に伝染するからである。ボアソナードの意見書の核心には、国辱的条約を強いられ、不況の中にありながら、鹿鳴館などで贅沢に耽る政治家達への憎悪がある。「国際論」においても、西欧の心理的蚕食を受け亡国の道を歩みながら、文明的と自惚れる「外人の手を握り同胞に足を加ふる」政治家への憎しみが核となっている。

井上毅のこのような hate monger としての活動は、条約改正問題に限られたものでなく、国内問題においても発揮されていた。一官僚にすぎなかった井上毅が政治舞台の中心に現れて、後の条約改正反対運動で示されたような特質を示したのは、明治十四年政変が最初であった。ボアソナードの反対意見の存在を井上毅が伊藤に報告したのが、明治二十年の条約改正反対運動の発端であったように、大隈の憲法意見の秘密上奏に関して、福沢の関与を示唆する密告を伊藤にしたのが、十四年政変の始まりとなった。[12]伊藤は福沢に対して強い憤慨と敵意を示し、当時盛り上がった開拓官有物払い下げ反対運動を福沢が操る政府転覆計画と信じた政府は、最終的には大隈の配下にあった福沢の門下生達を政府から一掃した。福沢は政府の思想面における仮想敵のような存在になった。

政変後の政府の方向を示した「人心教導意見」で、井上毅が福沢思想の排斥を説いたように、政府の開明派政治家の伊藤・井上馨と民間の文明思想家福沢の決定的決裂が政変の重要な帰結であった。政変後に政府は、福沢の文明思想と相反する反動的な教育政策を推進し、慶應義塾と福沢自身に対しても有形無形の圧迫を加えるようになった。伊藤の側でも福沢の側でも、共に裏切られたと感じていたので、双方に相手に対する憎悪が残り、[13]それが消えるのに十年以上の歳月と対外硬運動の高揚が必要であった。福沢は官民調和を唱えて政府との直接的な対立は避けたが、開明政策で一致していた井上馨の条約改正に対する福沢の反対が示すように、伊藤と井上馨に対する人間的不信が強く残った。政府はその開明政策に対する民間の有力な同盟者を失った。

「国際論」に基づく対外硬運動は、誰が真の敵で誰が真の友であったのか、明治十四年政変が何を実現したのかを明らかにした。条約励行という不平等条約を固定化するような反動的な主張を掲げ、陸奥宗光や西園寺に代表される開明的な伊藤政府を攻撃する勢力の中心は、井上毅の恩顧を受けた陸羯南や明治十四年政変で井上毅に引き立てられた熊本紫溟会の佐々友房などであった。政府は「開国進取」

の国是を掲げて、その反政府運動に対抗したが、二度の議会解散を余儀なくされるなど劣勢であった。そのような状況に危機感を抱き、対外硬運動に強く反発し政府を熱心に支援したのは、政変で伊藤らに裏切られ捨てられた福沢であった[14]。しかし政府主導の反動的風潮により、福沢の文明思想は時代遅れと見られるようになり[15]、その影響力は全盛期の「十分の一[16]」ほどしか無く、福沢の強い支持も大勢を挽回することが出来なかった。十四年政変は反動勢力を社会の主流に押し上げ、文明開化の思想家福沢を凋落させた。これこそ、井上毅が当初から意図したものであった。

私が何よりも「国際論」を井上毅の文章と信じるのは、ここに井上毅が福沢に抱いていたであろう憎しみの真の原因が示されていると思うからである。井上毅の福沢への敵意は本書の冒頭に紹介した「人心教導意見」にも明白である。その理由は、福沢が過激思想の元凶であり政府の危険な敵というものであるが、それは政府首脳の福沢への敵意を煽るための中傷にすぎず、真の意図は不明であった。徳富蘇峰が親密な井上毅自身から聞いた十四年政変を起こした理由、「福沢の政治主義は日本の政治に良くない、何とかして福沢の政治思想をたたき直さなければいけない[17]」という言葉は、井上毅の真意を示すものだが、福沢の政治思想が良くないと考える理由は示されていない。しかし、この「国際論」においては、はじめて納得がいく説明がなされている。

福沢が幕末以来啓蒙思想家として、日本の文明開化のために行った活動そのもの、西欧文明を紹介して、西欧の文化と価値観を大幅に受け入れて、西欧の諸制度や習慣を導入して、日本の西欧化を進めようとしたこと自体が、井上毅にとっては西欧による日本の心理的な蚕食を進めて狼呑に導き、亡国にいたる危険の根源であった。「国際論」においては、そのような心理的な蚕食を防ぐのが、国民の精神的組織を整理して伸張する教育の役割であると主張している。そして、その精神的組織の基礎となるものが「国命」であり、その国命とは、皇祖が国の肇めに下した遠猷であると主張している。

井上毅が十四年政変で福沢を陥れた後に、「人心教導意見」による教育の反動化を主導したことは、前にも紹介した。それには福沢が主導する西欧化による心理的蚕食を防護するために、国の精神的組織を整理拡張するという明確な目的があった。その教育の反動化を固定化したのが、国の肇めに皇祖が下した道徳的「国命」として、明治天皇自身の言葉として公布された教育勅語であった。井上毅の起草によるこの勅語は、明治天皇と皇祖皇宗の二重の権威によって、議論も批判も出来ないタブーと成った。福沢的開明思想の排除という井上毅の意図を秘めたこの文章が、国家の公教育の絶対的基礎となった。

日本の西欧化を進める文明開化の思想家や政治家を、西欧の心理的蚕食を進める者として敵意を燃やす井上毅は、条約改正反対などの対外硬運動によってその上層の開明派勢力を攻撃するだけでなく、学校教育の現場の下から国体主義で日本人を教化しようとしていた。明治二十六年の三月に文部大臣に就任した井上毅は、五月五日の文部省令で、学校における教育勅語への敬礼の日を新年、紀元節及び天長節の三祝日に限り、祝日の儀式を荘重なものにした。この三大節儀式の制はその後長く行われ暗々の中に国民の脳裡に皇祖皇宗と天皇への尊崇の念を培い、教育勅語のいう忠良の臣民を育成する上にはかり知れない効果を発揮した[18]。

福沢が述べていたように、教育というものは、必ず結果に現れる。教育勅語教育の成果は、皇祖皇宗と国体というもののタブー化が、国民の精神に定着したことであろう。そのような古代的精神は西欧の近代文明思想とは相容れない。井上毅の言葉によれば、西欧の心理的蚕食を受け付けない国の精神的組織が整理されたことになる。視点を変えれば、日本の西欧化は、その根本の文明精神を受け入れない、表面的なものにとどまることになる。その結果は、大正デモクラシー時代の後を受けた昭和の前期に明らかになった。大正期の政党政治や自由教育運動などの文明化の成果は、国体明徴運動の大波によって、根を張ることのない造花のように一掃されてしまった[19]。

このように「国際論」というものは、明治十年代に始まる井上毅による条約改正に関する多数の意見書、十四年政変における福沢排斥工作、政変後の「人心教導意見」、二十年の井上馨の条約改正に反対する「ボアソナードの意見書」、大隈の条約改正に対する反対運動、そして二十二年の教育勅語に帰結する井上毅の政治工作の思想的基礎を完全に説明するものなのである。その著者は井上毅その人以外にはあり得ない。

しかし、「国際論」は、陸羯南の名前によって発表されたものであり、前に紹介した品川宛の書簡においても陸は自著として紹介している。何よりも、その後数年間の陸の言論活動は、明らかに「国際論」の主張と同一であり、陸がこの文章の筆者であったことは疑問の余地がないように見える。確かにこの時期の陸の言論には、井上毅が乗り移ったような感じがある。陸は決してhaterではなかったのに、この時期の伊藤博文に対する執拗な攻撃は強い憎悪を感じさせる。恐らく、陸には井上毅の遺志を継ぐという意識があったのではないのか[20]。

けれども本来の性格にない、そのような意志的努力は永続しない。前に見たように、明治三十二年を境にして、陸は明らかに「国際論」の思想から離れていった。伊藤に対する存在そのものを否定するような攻撃が無くなり、批判はあるがその業績も公平に評価するようになった。伊藤批判の枕詞のようになっていた、「国際論」初出の「外人の手を握り同胞に足を加ふ」という決まり文句が消えたのは象徴的である。品川宛書簡で百年後の知己を待つと公言した「国際論」の主張を、十年もしないで放棄したのは、自己本来の意見ではなかったからであろう。陸羯南は決して容易に持論を翻すような軽薄な人間ではない。

さらに、「国際論」において西欧の心理的蚕食を防ぐ最終的な根拠となる「国命」に、絶対的権威を与える「皇祖皇宗」の取り扱いに関しても、陸羯南と井上毅には大きな相違がある。陸も日本人は皇祖皇宗には敬意を払うべきとの立場であったが、皇祖皇宗という神話的存在を持ち出して、自分の主張を正当化したり権威づけようとする要素はなかった。「皇祖皇宗」という言葉自体が、陸羯南の文章において明治二十六年以降の数年間に集中的に現れて、そのほかの時期には殆ど使われることさえなかった。その使用された場合においてさえ、私が井上毅の文と考える「国際論」と「皇道之敵」が大半を占める。一方、井上毅の場合には、教育勅語に典型的に示されるように、自己の意見の権威づけに皇祖皇宗を持ち出すのが常套手段であった[21]。「国際論」もその例であるし、「皇道之敵」に至っては、その短い文章中に十回近くも使用して、その主張を権威づけようとしている。このようなその文章の核心となる価値に関する相違は、この二つの論文の著者が陸と異なることを示すものである。

政治家に仕える官僚の井上毅は、自由にその意見を表明できなかった。匿名の仮面をかぶった時こそ、自由にその思想や感情を表明しているように思われる。ボアソナードの意見書や、フランス人の著作を翻訳するという形をとって、実質は井上馨主導の欧化政策に反対する自己の意見を表明した『奢是吾敵論』などがその見本であると私は思う[22]。後の第六部で紹介する、教育勅語発布直後に新聞雑誌に発表された一連の文章もその例である。陸羯南の著作として発表された、この「国際論」と「皇道之敵」においても同様である。

井上毅は議論において、反対の立場に対して、少しの正しさも認めることなく徹底的に否定する。そして、自己の立場の正しさのみを強力に主張する。そこから自己の正義を確信している狂信者特有の独断的な迫力と敵に対する強い憎悪が生まれる。「国際論」においてもそのような特徴がよく表れている。一方、陸羯南は議論において、前に紹介した自由主義批判のように、反対側の立場もある程度認めて議論を進めるので、その言論は理性的で感情的ではない。その議論は理詰めであるが極端論者の独断的迫力はない。そのような相違は、前に紹介した「国際論」の原型となった陸の「対外策階梯」と、井上毅の「国際論」との対照によっても明らかである。

一方、井上毅が共に匿名で発表して、それ故に本音を現しているボアソナードの意見書や『奢是吾敵論』などを読めば、日本の西欧化に対する強い危機感、それを推し進める政治家などに対する強い敵意など、「国際論」と共通する主張と、一貫して流れる強い感情を容易に認識できる。この「国際論」の真の作者は井上毅である。この論文に強く影響された明治二十八年から三十二年までの陸羯南の文章も、井上毅の代理とも言えるものである。この時期の福沢と陸羯南の対立も、実は近代日本を規定した福沢の文明主義と井上毅の国体主義の思想的対立の現れであった。

終わりに

ここまでに見てきた、明治二十八年から数年間の陸羯南の対外硬論の主要な要素は、次のようなものである。国の対外方針を皇祖皇宗の肇国における遺訓を基礎とすべきであるという要求。そして国際関係の方針決定においては、客観的力関係や利害に基づいて決めることを醜い功利主義と否定した上での、義侠などという大義によることの主張。実際の戦争においては、武器の重要性や数理的思考を否定する、忠君愛国などという精神の重大視。そして国際法を西欧の外国支配の手段と軽蔑し、日本人がそれを遵守することを批判しての、国際法に基づく捕虜の待遇への反対。さらに日本の対外政策に関しても、外国人の感情や世論を考慮することを非難して、日本人の世論のみに従うべきと論じていた。その結果として、日本の対外行動を、たとえ日本に非があるものでも徹底的に正当化する態度が生じる。これらの全てが、満州事変以降の日本の対外政策において実現したように見える。

これは陸羯南の思想が昭和の日本に影響したということではない。陸羯南の言論人としての全盛期は、対外硬運動の指導者として活躍した明治二十年代であった。明治三十年代になると、陸羯南も新聞『日本』も徐々に影響力を失い、彼は明治三十九年に『日本』を譲渡して、翌年に死去した。それに続く、大正デモクラシーの時代から昭和の初期にかけては、彼は殆ど忘れられた思想家であった。陸羯南の戦後における再評価の道を開いた丸山真男は、「(昭和初期には)一般には羯南は忘れられていたということなのです。(中略)つまり、昭和初期にいわゆるインテリになった人たちのあいだでも、特殊の人を除いてはほとんど忘れられていたという感じなのです。」(『丸山眞男座談七』〈岩波書店〉)と述べている。それ故に彼の主張が後年に影響を及ぼしたということはない。

先に紹介したような陸羯南の対外硬論の根拠となったものは、彼自身が認めていたように「国際論」であった。それは、狼呑と蚕食をこととする西欧への強い警戒を説き、西欧文明に倣う政治家や思想家を売国奴と否定して、皇道を世界に普及することこそ、皇祖皇宗の遺訓である「国命」であるとしていた。「国際論」の最終的な根拠は、皇祖皇宗の遺訓であった。教育勅語教育により、皇祖皇宗の神聖化が社会に定着した昭和になって、皇祖皇宗の国際関係に関する遺訓である「国際論」の主張が、「八紘一宇」という標語で主流の議論となったのである。教育勅語の実質的作者は井上毅であり、「国際論」の著者も井上毅であると私は確信している。明治の対外硬論も、昭和の対外硬論も起源は一つであった。それゆえに、陸羯南の主張が、昭和に実現したように見えるのである。実質は、井上毅の思想の実現であった。

　同時代の思想家や言論人に殆ど関心を示さない福沢が、強い警戒と敵意を示したほどに、陸羯南は対外硬運動の指導者として一時期は有力であった。それには政府中枢にいる井上毅の情報の提供と助力や、対外硬運動で共闘した改進党勢力の寄与も大きいと私は考えている。それらが共に失われた明治三十年代には、陸羯南の言論と影響力は力を失っていった。明治末年の彼の死去後には殆ど忘れられたように、明治大正期には、国体主義者は未だ少数派であり、彼の対外硬の主張も実現されることはなかった。しかし、国体主義の源泉である教育勅語教育は着実に実施されていた。昭和の対外危機の深化と共に、その教育の効果が社会に現れて、陸羯南の主張が実現されるようになった。その主役となったのは近衛文麿であった。井上毅の死後に陸羯南は文麿の父篤麿を対外硬運動の政治指導者として仰ぎ、金銭的援助も受けて、その訪欧にも同行したように、信頼の厚い側近として常に行動を共にしていた。陸は父の篤麿同様に文麿の少年期に死んだので直接の影響を与えることはなかった。それでも、晩年の陸羯南と対外硬運動で共闘していた頭山満と文麿の親密な信頼関係が後々まで続いたように、篤麿の周辺にあった人々の思想的影響を受けていたことは文麿自身も認めている。近衛文麿は人脈の上でも血統的にも陸羯南の後を継ぐのにふさわしい人物であった。次にこの問題を見ていくことにする。

第三部　近衛文麿と国体主義

はじめに

教育によってあるドグマが社会に浸透して支配的になるには、ある程度の時間が必要である。明治大正までは、まだ維新以来の文明主義が主流であった。この時期の指導層には、元老西園寺公望に代表されるような、文明開化の影響を受けた勢力が支配的であった。それ故に大正デモクラシーという時代が実現したのであった[1]。西園寺と同じく伊藤博文の文明主義を受け継いだ政友会の指導者原敬の政治力により、政党政治が定着するように見えて、疑いもなく政党が政治活動の主役であった。田中義一や宇垣一成のように政治的資質と野心のある軍人は、政党に順応する動きを見せていた。学問思想においても、民本主義の吉野作造や天皇機関説の美濃部達吉が主役であり、言論界においても平和主義とデモクラシーの風潮が主流であり、軍人は肩身の狭い思いをしていた。明治の対外硬運動における陸羯南の同志で、その後継者とも言える徳富蘇峰は大正時代は不遇であった。

しかし、大正も末の十三年の米国における、排日移民法の成立が大きな時代の転換点となった。日本人の米国への進出の機会は閉ざされ、露骨な日本人への蔑視と差別は日本人のプライドを傷つけ、米国への反感を生じさせた。昭和になると、中国大陸における排日運動も本格的になり、満州の既得権益も脅かされて、日本は四方への発展の道を閉ざされた。社会の閉塞感が深まり不平不満が内攻して国内対立が強まると、福沢が「外患未だ去らず内憂來る[2]」で予言していた、極端論が社会を風靡するという事態が現実化することになった。対外危機感の深刻化とともに、俗耳に入りやすい対外硬論が文明主義に基づく国際協調論を圧倒するようになった。対外硬運動の勃興は、その思想的根拠である国体主義の復興をもたらした。そのような対外硬派による社会支配に関しては、その担い手の軍部や右翼の暴力だけではなく、満州事変への全面支持や、国際連盟脱退の主役である松岡洋右の国民的人気が示すように、新聞の世論に代表される対外硬論への大衆の圧倒的な支持が大きな役割を果たした。そのような大衆世論を生み出したのが教育であった。

そのような大衆の圧倒的人気を背景に、昭和十年代に三度も内閣を組織した近衛文麿は、その時代を象徴する人間である。西園寺が昭和における文明主義の代表とすれば、近衛は国体主義の社会支配を体現する人間であった。この二人の人間の昭和における運命の明暗は、二つの主義の対立と交代を象徴するものであった。

近衛文麿が首相として、日支事変を拡大し三国同盟を締結して、日本を亡国に導く決定的な役割を果たした人物であることはよく知られている。しかし、彼の国体主義については、論じられることは殆どない。彼が政権に就いた昭和十二年に、国家公認の正統教義文書として『国体の本義』が公刊されたのは偶然ではない。彼は国体主義思想の波に乗り政治の頂点に立ち、国体主義の言葉を語り、国体主義の人物と親しみ彼等を登用して、国体主義に基づく内外の政策を実現したのである。そのことは、彼の政治的庇護者であった、明治以来の文明主義者である西園寺公望の思想や政策や人脈と対比すれば明白である。

この第三部においては、近衛の代表的伝記である矢部貞治『近衛文麿　上下』（弘文堂）に全面的に依拠して、この問題を検討する。著者の矢部は、新体制運動の近衛のブレインであったが側近ではなく、この伝記も客観性を保った優れたものである。中でも、近衛が日米開戦前夜に対外硬派から離脱した後年になっての弁解ではない[3]、同時代の近衛の未刊行の手記や彼の言動を詳しく、彼に不利なものでも忠実に紹介している点に比類のない価値がある。近衛は実行に生命をかける政治家というよりは、言論を重んじるインテリ[4]であり、その言葉や書くものにこそ、その本質が現れている。ここでは、この伝記の記述に従って、国体主義という視点から、文明主義の西園寺や昭和天皇との対比において、近衛という人物が果たした役割を見ていくことにする。また同時代において、最も鋭く近衛の本質を見抜いていたと思われ、その痛烈な批判者であった外交官の重光葵の文章[5]も適宜参照する。

一、西園寺の庇護の下に

㈠　文明の旗手

近衛文麿が政治家として大成するには、重臣西園寺公望の手厚い庇護があったことはよく知られている。しかし、血統的に言えば明治の対外硬運動の指導者近衛篤麿の息子である文麿は、伊藤博文の文明主義を引き継ぐ西園寺とは敵対陣営に属していた。その事実は文麿自身がよく認識していた。文麿は、篤麿が日清戦争後の三国干渉事件で対外硬派に担がれ、日露戦争前においても、伊藤の日露同盟論に反対して対露強硬論を説き、国民同盟会に拠って七博士などと協力して活動していたことを紹介して、次のように述べている。

「こんな關係から私の父のところには、支那關係者の出入が多く、私の幼少の頃は、すくなからずこれらの影響を受けたものである。従つて父が早世されなかつたならば、私は父の思想、立場等から見て、今日の如く西園寺公の御懇親を願い、その指導感化に浴するの機會がなかつたのではないかと思つている。しかし早く父を失つた私は、父の先輩であり國家の元動である公から、親しく御教示を願うことができて、思想的にも得るところ頗る大なるを思つて、衷心から感謝している次第である。」（上p21）

　このように近衛は自分を西園寺と同様の文明主義者と自認して、周囲からもそのように見られていた。それでも、後々まで持続した頭山満や陸羯南の同僚である五百木良三などの右翼との親密な関係が示すように、その思想の核心には父親譲りの対外硬主義が強固に残っていた。それは彼の処女作でその代表的論文である大正七年の「英米本位の平和主義を排す」（『日本及日本人』）に明瞭である。その中で彼は、英米の主張する平和主義とは、自己の既得権益を拡大維持するための偽装にすぎず、成長のために現状の打破を必要とする日本人がその美辞麗句に眩惑されて同調するのは「卑屈千万」で「蛇蝎視」すべきものなりと主張している。西欧文明の価値観の普遍性を否定して、それに同化する日本人への強い反感を表明している。西欧文明に同化する人間を、精神的に蚕食されたものと非難する井上毅の「国際論」と殆ど同一の対外硬の主張である。この欧米への敵意と日本の現状打破の必要性という主張は、後年になって再び表面に現れることになる。

　それでも近衛は、第一次大戦後のデモクラシーの風潮に乗って、それ以降は平和主義的な主張を展開していた。大正九年の著書『戦後欧米見聞録』においては、米国の排日問題に関して、その原因は日本を軍国主義とする中国のプロパガンダに大きな原因があるが、「元々火の無き所には煙の昴る道理なし。此點に就きても我國民は一歩退きて深く自ら戒むる所なかる可らずと信ず」と述べて、日本の行動にも誤解を生む点があり反省の必要があるとして、「今日の世の中に於て戰國策其儘を實行せむとするが如き軍閥一味の人々に對しては余は疾呼して其不謹愼を鳴らさゞるを得ず」と軍部を批判している。

　ワシントン会議に関する大正十年八月の談話においては、次のように述べて、国民性における「桃太郎主義」の是正や、「軍人政治」の改革の必要を説いていた。西園寺と全く変わらない文明主義の主張である。

「そこで我政府に希望するのだが、この機會に日本の公明な立場を宣明して貰いたい。シベリア出兵とか、山東省に於ける軍事的施設とか、幾分なりとも列國から疑いの目で見られている障礙があるなら、會議に先だつて之を除いて貰いたい。列國の我を中傷する原因あらば、之を悉く除いて會議に臨んで貰いたい。かくて我が自由と公正とを列國に明瞭にせねばならぬ。このほかこの機を利用して、對內的にも國民の國際關係に對する進歩せる自覺を起させることが肝要である。桃太郎主義に就ても、他國を侵略し自分獨りお山の大將になるというような國民性が我にありはしないか、若しありとせばかかる國民性では、今後の國際政局に立つて行く事が出來ぬという教訓を與える絶好の機會である。又屢〻聞く軍人政治とか、軍閥政治とかの批評に對しても、深く自ら反省する要がありはしまいか。若しかかる疑いの目を以て見らるる制度ありとせば、速に改革すべきである。」（上p102）

教育問題においても、近衛の文明主義は明白で力強いものであった。大正十年七月に『国民新聞』に掲載された「教育の改善」（上p109）において、近衛は、「抑〻教育の目的は、生徒をして現實の社會に於て價値ある生活をなし得るようにする事」であるとの功利主義的観点から、日本の教育の現状が実際的でないことを強く批判している。そして、学校現場において平常の道徳を閑却して、非常の場合の道徳のみを高調し、「非常の場合に於ける忠君愛國を教うるに熱心であるけれども、今日の時代に於て何をすれば忠君愛國になるかという事を、適切に教えて居らない」というように、悉くそうである。その結果、「一旦緩急あらば命を鴻毛よりも輕んずるという考えは、國民一般に相當に行渡つている様であるが、立憲治下にある國民として、又市民として、日常の務めを果すという段になると」、頗る遺憾な点が多いと結論している。明らかに文明主義の立場からの国体主義教育の批判であり、西園寺が近衛を自分の後継者として望みを託したのも無理はない。

大正十年十月十一日に、近衛は国際連盟協会の理事として、松山で「國際連盟の精神について」（上p111）という講演をした。彼は連盟を擁護して、「この連盟の生れた精神は、國際關係を律するに『暴力を以てせずして正義を以てせんとする』ことで、これは永久にわれらが深く了得すべきことだと論じている。」この国際主義から、近衛は日本の軍国主義を次のように非難している。「日本人は十九世紀から二十世紀にかけて、列國のアジアにおける帝國主義侵略主義を經驗して、『人を見れば泥棒と思え』という警戒心を植えつけられたが、日露戰爭に勝つてからは、『今度は人が泥棒をしたのだから、己も泥棒をして宜い』という方針になつたとし、そのため『日本の軍國主義、侵略主義は、日露戰爭後二十年間極東の舞臺を事實上支配して、その結果は今日の如き八方塞がり、世界的孤立の狀態を誘致するに至つた』というのである。」（上p111）この侵略主義批判の国際協調主義も、西園寺の立場と全く一致する。

近衛はそのような国際協調主義から、それに対する大きな障害となるのが参謀本部の存在であると次のように批判していた。

「我が參謀本部は、國防及用兵の事を掌り、其の職能は軍令事項の範圍に限られて居るべき筈であるにも拘らず、參謀總長は往々軍政事項にも干渉する。そこで參謀總長と陸軍大臣とが衝突するという様な例も、最近に起つたのでありますが、參謀本部は更に外交上にも干渉して、外務省と衝突する。所謂軍人外交、軍國主義の批難は、主として參謀本部が外務省に掣肘を加える處から生ずるのでありまず。陸軍大臣の方は、一方に於て帷幄上奏という如き甚だ非立憲的な行動を許されて居るけれども、他面に於ては閣議によつて拘束せられるし、又議會からも糾彈せられるのであります。然るに參謀總長に至つては、議會に對しても閣議に對しても何等責任を負う所がなく、又之を負わせる道が絶對にないのであります。

そこで日本の立憲制度は、責任内閣以外に別個の政府があつて、所謂二重政府を形作るという變態を呈している。これでは到底議會政治、責任内閣の發達を遂げる事は出來ぬのであります。故に我國が之を内にしては軍事と外交との統一を圖り、之を外にしては軍人外交、軍國主義の批難を免れる爲には、是非とも此の參謀本部の制度を改正して、之を責任政治の組織系統内に引入れる事が、何よりの急務であると信ずるのであります」(上p112–113)

近衛は、昭和になって日本を亡ぼした軍部支配の根本原因の統帥権の独立の問題を正しく認識し、參謀本部廃止論を強く主張していた。彼の反軍国主義で立憲主義の立場は明白である。

近衛はこの講演の結論として、根本問題は、日本国民全体が国際関係に対し、もっと進歩的な自覚を持つことだとし、日本の教育が一旦緩急の場合、一身を国に捧げるというようなことを重んじて、「平和的なインターナショナル・シティズン」の養成を忘れていると非難している。また、支那や加州での排日を憤る前に、まず自ら深く反省する必要があるとし、「私は國民の國際關係に對する思想が今日の如き狀態であるに乘じ、狂熱的な偏狹なる所謂愛國者、憂國家が、之を煽動する様な場合を想像して見ますと、誠に慄然たらざるを得ぬ」といい、それだから国際連盟の精神を、広く一般人に理解体得せしめることが、極めて大切なのだと説いているのである。(上p113)

近衛は日本の偏狭な教育を批判して、国民に世界市民としての自覚を要求している。まさに「世界の日本」という認識の必要を説いて、陸羯南などの対外硬派から世界主義と非難[1]された西園寺と同意見である。このような国民の国際関係に対する思想状態では、熱狂的な愛国者が国民を煽動する事態を想像すると戦慄を覚える、昭和になっての簑田胸喜を思い起こさせるような、驚く程に正確な予言をしていた。近衛のこの講演は、聴衆に多大の感銘を与えた。

「同地の新聞が皆感激の調子で報じているが、一新聞(海南新聞）は、『眞率にして僞らず、直言して諱まず……公が軍閥の弊を抉剔し、軍政の陋習を指摘すること峻烈にして、毫も假借する所なかりしは近來の快事』と評している。」（上p113）

この様な進歩的な意見や社会的活動によって、中央の言論界においても、近衛は「華胄界の新人」とか、「新人公爵」とか、「華胄界の新思想家」などともてはやされ、一躍時代の寵児となった感があった。大正十一年一月七日の『東京毎夕新聞』では、「大正十一年新舞台に立つべき人々」の一人として、「貴院の若武者プリンス近衛」などと書き立てられている。同年一月号の『日本及日本人』では、「現代人物一百人」の中の一人として、詳しく紹介し、また二月十八日の『都新聞』では、「未來の大臣たるべき人」として、「彼の目は海外に注ぎ、彼の耳は國民の聲を聞く。彼の口はかくて民衆と共にする政治を説く。彼は夙に社會問題、勞働問題に興味を有し、相當の蘊蓄がある。透徹した観察は上院稀見の處だ。彼の人格は圓滿に盡きる。されど思う事を行う勇氣はある。處決に敏なる果斷にも富んでいる。」（上p116–117）などと極めて好意的にその人物像を描いている。

近衛は当時のデモクラシーの風潮の平和主義、国際主義、立憲主義の旗手として時代の寵児となったのである。近衛は大正十一年にイタリアを支配したファシズムに対しても、大正十二年一月『東京毎夕新聞』で次のように反対している。ファシズムは代議制に反対する反動主義の表現であり、国内にもこれに通じる思想があるが、これらは「眼前に展開する代議制度の弊害のみを知つて、専制政治官僚政治の如何に恐るべき制度であつたかを忘却」した誤れる考えだと述べている。近時代議制に対する不信が増大した原因はいろいろあって、一は政治の職務が拡大するのに議会の働きがこれに伴わぬことであり、二は国民の文化的向上に比し議員の品位が下落したことであり、三は政党政治の弊害が意外に甚大なことであるが、しかし結局他のいかなる制度もそれ以上の弊害があり、政党政治の弊が喧(やかま)しく言われるのも、弊害の分量が多いというよりただより多く世間に暴露されるからで、「隱微の間に流弊その極に達した官僚政治に比べれば」、決して憂うるほどのことはないと主張している（上p123）。まことに立派な議会制度擁護論である。しかし、彼がその主張を維持することはなかった。時代が昭和に変わり、大正デモクラシーの風潮が廃れるとともに、近衛の文明主義の要素は急速に確実に薄れていった。この二十年後に、新体制運動で議会を無力化して、大政翼賛会という官僚政治を実現したのは、近衛その人であった。後に西園寺が述べたように[2]、「近衛には相当な識見があると自分は思つてをつたが、何にも自分自身に考」がなく、時代の流行思想に流されるだけの人間であった。

(二) 近衛の変質

昭和三年六月の張作霖爆殺事件は大正から昭和への変化を象徴する事件であった。軍の出先の一部が政府はもちろん、軍部中央の意向さえ無視して、重大な事件を引き起こして、政府はその事件を明白にして犯人を厳格に処罰することさえも出来なかった(1)。それは、後の満州事変や日支事変を引き起こす誘因となって、出先の軍部の暴走に中央政府も引きずられて日本を亡ぼす結果となった。もちろん一部軍人の過激化に責任があるが、その根底にある風潮の重大な変化に大きな原因がある。デモクラシー時代で、平和主義と国際協調が主流の民意であった大正であれば、如何に独善的な軍人でも、この様な冒険的な事件は企てなかったであろう。政府も議会も断固とした対応を示したであろう。予算を認めなければ軍事行動の続行は不可能になる。

しかし、米国から日本移民を閉め出す大正十三年の排日移民法の成立が転換点となり、欧米への信頼を基礎とする幣原外交に象徴される国際協調主義の人気は低下して、国際軍縮条約を欧米の日本への圧迫と見るような、外国への不信と敵意を基礎とする対外硬派の立場を強めた。そして、米国への発展の機会を奪われた国内では、「満州は日本の生命線」などという主張が勢力を増しつつあった。

大正の末から昭和の初期にかけて近衛は、貴族院の有力者として議会内での活動が主であった。その間に研究会を脱会して、火曜会を結成するなどの動きがあった。近衛はその間一貫して、加藤高明とその後継者の若槻礼次郎の、進歩的な憲政会・民政党内閣に好意的で、内政外交共に反動的な田中義一政友会内閣には批判的であった。

昭和五年のロンドン海軍軍縮条約に対する反対運動が、国内のファシズムの風潮を活性化することになった。浜口民政党内閣が軍令部や枢密院の反対を押し切って調印したことが、この条約に対する猛烈な反対運動を引き起こした。軍部の一部や野党の政友会が「統帥権干犯」という理由で政府を攻撃した。右翼運動も活発になり、浜口首相の暗殺未遂事件を引き起こして、血盟団などによる後に続く暗殺の時代が始まった。軍部の政治化も加速されて、「三月事件」などの陸軍軍人によるクーデター計画などが企てられるようになった。

昭和六年二月三日のロンドン条約をめぐる国会の審議における騒動は時代の変化を象徴するものであった。病中の浜口の代わりに幣原喜重郎外相が臨時首相として答弁に立っていた。ロンドン海軍条約は国防を危うくするものではないかという質問に対して、幣原が「現にこの條約は御批准になつております。御批准になつているということを以て、このロンドン條約が國防を危くするものでないということは明らかであります」と答弁したことを捕らえて、野党の政友会が森恪の指揮の下に大臣の輔弼責任を回避し、責任を天皇に帰する許すべからざる不敬であると騒ぎ出して、議場は大混乱と乱闘に陥ったのである。伝記では、「ロンドン條約を契機として急調子で擡頭しつつあつたファッショ的風潮が、この答辯によつて一層拍車せられ、幣原は以後敗戰に至るまで、社會の表面に出られなくなつた」と述べている（上p185–186）。幣原の政治の表舞台からの退場と森恪の登場は、主役の交代であった。

田中内閣にあってその強硬外交政策の主役であった森恪は、昭和六年二、三月頃から急激に独裁的傾向を帯びて来た。満州問題を早急に解決するため、外交方針を百八十度転換しなければならぬとの底意からであった。この年の三月事件、満州事変、十月錦旗事件などの中心にも森恪がいたとされている（上p191）。この森と近衛は急接近することになる。森に関して、近衛は後年次のように回顧している。

「森君は時代に先行する人であつた。そして感化力の旺盛な政治家であつた。久しぶりでゴルフ場で會うと、彼はこう言つた、

『世の中は大變なことになりつつある。時代の底流は非常に強い。政黨だの貴族院だのと小さいことを考えている時ではない。お互に時代と共に進まなければ、とんだことになる。』

それまでの森君は、思想上はともかくとして、ありようは政黨主義を基準とする政治家であつたので、所謂ファッショ的傾向への急轉回に驚いた位である。」（上p191–192）

近衛は森のファッショ的傾向に反感を持つこともなく、感化されることになる。彼は次のように続ける。

「（当時自分は時勢にのんきであった）しかし森君からヒントを得て以來、時代の潮流に深い關心を持ち出した。一時は貴族院對政友會の問題などで往來が途切れ勝ちになつていたが、それ以來又屢〻會うようになつた。森君に軍人では誰がいいかと訊くと、小畑君がいいというので小畑敏四郎君を紹介してくれたし、それから鈴木貞一、白鳥敏夫君らも連れて來てくれた。その當時から私は、軍部の人々とも會うようになつた。

そうこうしていると、滿洲問題の切迫、軍部勢力の擡頭、社會不安等、成程世の中の潮流が甚だ急であることが判つて來た。」（上p192）（（ ）は引用者補足）

近衛は森の紹介で、後々まで同志となる皇道派の陸軍軍人の小畑や革新派の外交官白鳥と交際を持つようになった。後に彼が側近として重用することになる風見章も森を通して知ったのである。近衛は森の感化で、従来の西園寺流の議会主義と平和主義から対極の対外硬の革新派に転向したのである。そして、その根本的原因となっているのが

満州問題の切迫という対外危機感であった。これは、森恪や近衛という個人に止まらずに、新聞を含む日本人全体に言えることであった。昭和五年のロンドン軍縮条約に関する統帥権独立問題で、『朝日』・『東京日日』の二大新聞は憲政擁護・軍部批判で一致していた。しかし、同じ時期の満州における権益擁護に関しては、そろって軍部の側に立ち政府の弱腰を批判していた。そして、翌年の満州事変勃発後には軍部と一体化して事変を全面的に支持するに至った。満州事変に対する全国民的な支持の準備はすでに出来ていた。[2] 八月の満州問題に関する軍人、外交官、言論人の会合で、『毎日新聞』の高石真五郎は軍人顔負けの強硬論を主張して近衛を驚かせた（上p193）。その風潮に抗した幣原に代表される国際協調派は、後退と沈黙を余儀なくされるようになった。

九月十八日に起こった満州事変において、石原莞爾を主謀者とする関東軍は、本国政府や天皇の警告さえも無視して軍事行動を起こしたのである。一種の反乱[3]とも言うべき事件であった。事件の主謀者の軍人達は酒を飲めば必ず、「この計画は前からちやんと企てであつたので、既に七月二十五日には奉天に砲列を布いておいた。我我はこの計画に成功したのだから、次には内地に帰つたらクーデターをやつて、政党政治をぶつ毀して、天皇を中心とする所謂国家社会主義の国を建て、資本家三井、三菱の如きをぶつ倒して、富の平等の分配を行はう。[4]」と言っていた。森恪なども既にこの頃から、非常に大きなクーデターが起こることを予言していた（上p199）。この外地における反乱の成功は、これ以降内地における様々なクーデター計画を誘発して、最終的には政党政治を終わらせ、統制経済の国家社会主義を実現した。近衛の新体制は満州事変が引き起こした革命運動の完成であった。

政府は不拡大方針を堅持していたが、事件はどんどん拡大していき、十月五日には関東軍司令官の名で、張学良を排斥し、「満蒙在住三千万民衆のため、共存共榮の樂土を速かに実現せんことは、衷心熱望する所にして、道義の上より見るときは、速かにこれが統一を促進するは、蓋し我皇国の善隣の好誼を発すべき緊急の救済策なりと信ず」という声明が発せられた。「自利」ではなく「義侠」を建前とする典型的な対外硬の精神を表し、日本を皇国と呼ぶなど国体主義に基づく文章である。石原など事変を起こした主謀者の思想的根拠を示すものである。本来ならば反逆行為として厳しく罰せられるべき関東軍の軍人達は、罪を問われるどころか救国の英雄として賞賛された。陰謀が成功を生み、結果が手段を正当化した満州事変が手本となり、日本の国内外で同様の事件が繰り返されることになる。一種の革命事件としての満州事変の画期的な意義は、どれほど強調してもしすぎることはない。

満州事変は国民の意識革命としても重要である。新聞に代表される大衆世論は、大正時代以来の平和主義や反軍部の姿勢から一転して、熱烈な事変と軍部の支持で一致したことは、前に述べた通りである。若槻首相の政府が不拡大の方針を維持できなかったのも、この大衆世論に逆らえなかったからであると思われる。昭和六年十二月に若槻の後を受けて首相に就任した犬養毅は、この様な傾向にブレーキをかけようとしていた。国際連盟は昭和七年一月にリットンを団長とする調査委員会を設置した。犬養は極力調査団と協力し妥協する意図があったが、軍部や新聞は全く敵対的であった。[5] そのような犬養に対する不満は、軍部内だけでなく政府内の森恪などにも高まっていた。既に森恪の感化を受けていた近衛も、そのような風潮に捕らえられて、露骨に右傾化していった。

三月二十一日に近衛と会った西園寺は、二十六日に原田に「近衛の話の中に、陛下が非常にリベラルな考をもつてをられることが、主として陸軍と衝突する原因になつてゐはせんか、と言つて、リベラルな考をもつてをられることを、悪く言つてゐるやうにも聞えたが、どうだらう。[6]」と言った。原田は取りなすような言葉を述べたが、西園寺の直感の方が正しかった。この頃国際連盟脱退を主張するような森恪や白鳥と親交を深めていった近衛は、西園寺やその影響を受けている昭和天皇のリベラリズムから反対の立場になっていた。ただし、近衛は唯一の元老である西園寺との衝突を避けて文明主義者を装い、革新主義的な主張をする際にも、軍部や右翼の先手を打つためなどと言い訳をしていた。近衛の「先手主義」とは、既に右翼となった近衛の西園寺向けの偽装に過ぎない。

同日に近衛は西園寺に対して「膏薬貼りではいかん、新しく政局を担当する者はどこまでも根本的に改めて行かなければいかん、などと言つて、やれ先手を打つて平沼を出すとか、荒木を出す」とか、「白鳥はすつかり森になりきつてしまつてゐる」などと話していた。[7] 三月二十八日に森恪が西園寺に会うと「例の膏薬貼りの話をした」ので、近衛は森に担がれてああ言ったのではないかと西園寺は原田に述べた。[8] この時期には近衛は、白鳥と同様に森恪になりきって立派な革新主義者であった。

五・一五事件で暗殺された犬養の後継首相の条件として、昭和天皇は西園寺に次のような条件を示した。[9]

一、人格の立派なるもの。
二、現在の政治の弊を改善し、陸海軍の軍規を振粛するは、首相の人格如何に依る。
三、協力内閣、単独内閣は敢へて問うところにあらず。
四、ファッショに近き者は絶対に不可なり。

五、憲法は擁護せざるべからず。然らざれば明治天皇に相濟まず。
六、外交は国際平和を基礎とし、国際関係の円滑に努むること。

明確にファシズムに反対するリベラリズムと平和主義の立場である。それ故に西園寺も「いづれも御尤もな思召」と述べたのである。この条件は後述するように、以後新首相が推挙されるごとに、天皇が与えた、憲法尊重、国際協調、経済界重視という三条件の原型であった。それ以降の新首相は本音はどうあれ、建前ではその実行を約束した。陸軍出身の林銑十郎と阿部信行も、外務大臣として穏健派の佐藤尚武や野村吉三郎を起用した。対外硬の東条さえも、対米協調派の東郷茂徳を外相に選んだ。その条件を実質的にも建前の上でも無視したのが近衛であった。外地に在り日本の方向を憂慮していた重光は「近衛の出る度に軌道を逸する日本」と形容していた(続手記p31)。

五・一五事件後の首相の選定で近衛と西園寺の政治的対立は明確になった。西園寺は犬養の後継に中間内閣として海軍出身の穏健派の斉藤を選んだが、近衛は反対であった。「彼は政治を行う者は責任をとることが必要だと考え、時代の誤謬は、軍部がその善悪は別とし事實上政治の推進力であるのに、責任を負わない所にあると信じた。從つて軍部に組閣させて責任をとらせるか、そうでないならあくまで政黨内閣を貫くべきで、どつち付かずの中間内閣は不可だと考えていたのである。」(上p218)。近衛は実際はこの時期に政党に非常に否定的になっていた。彼の本音は軍部内閣の実現にあった。

近衛は手記の中で次のように述べている。

「軍部が政治的發言權を、非合法的であると否とを問わず獲得しようとする狀況下にあつて、公〔西園寺〕の主義はあくまで政黨內閣の成立を希望していたが、一方當時の政黨は軍の連中の憤激を買い、又國民の信頼も薄らいでおり、もし國民に信頼のない政黨にやらせたならば、軍との摩擦はますます激成されるであろう。他面もし軍に責任を採らせるとすれば、これ亦如何なる過激な方面に走らぬとも限らず、結局中間的な內閣が最も妥當であるとのことになつた。

この中間的な內閣は一體何をやるかということになると、結局軍に引張られるが、他面軍に對し極力ブレーキを掛け、ブレーキを掛けてもなお四圍の情勢から已むを得ない場合に讓歩する。讓歩してもその結果が實際に現われることを、できるだけ先に延ばす様にする。更に讓歩することによつて生ずべき種々の危險も亦、最小限度に止めるというのである。〔公は〕このことが中間內閣最大の使命であると余に語つた」(上p219)

近衛は斉藤の後任である岡田内閣にも強く反発したように（上p273）、中間内閣には絶対反対であった。即ち、軍に対してブレーキをかけることに反対であった。後に彼が首相に就任して行ったことは、軍の行動へのブレーキを解除して、西園寺が目指していた議会政治への復帰の可能性をなくしたことであった。重光はそのような近衛内閣を「軍部協力内閣」（動乱上p118）と呼んだ。近衛は師事していた西園寺とは、明確に反対の陣営に移った。というよりは、むしろ彼の政治的出発点たる大正七年の「英米本位の平和主義を排す」の対外硬主義に回帰したと言うべきかもしれない。

満州問題に関しては、斉藤新首相も犬養と同じようにリットン調査団に協力し妥協する態度であり、満州国の承認にも消極的であった。それに対して、関東軍は溥儀を使い新政権を作り、満州国の独立運動を進めた。衆議院は関東軍を後押しするように、六月十五日に満州国承認の決議案を可決した。この様な衆議院の好戦的態度も、結局は選挙民たる国民の意向に左右されたものであり、満州事変を熱狂的に支持した国民は対外硬の気風に風靡されていた。この対外硬の気風が後には、近衛や松岡洋右を政治の頂点に押し上げることになる。

この時期に行われた近衛と中国国民党の有力者である蒋作賓との会談は、予言的であると同時に近衛の対外硬という本質を象徴する。昭和七年頃に鎌倉に滞在していた蒋作賓との会話を、近衛は手記で次のように紹介している。

蒋は「このままで行けば日支の衝突は世界戰爭にまで發展する可能性があると、私に警告した。彼は何よりも先ず蒋介石の實力を説いた。蒋介石は支那の中心人物であり、而も今日では殆ど全支那を把握している形であるから、支那を考えるには蒋の勢力を第一に考えなければならない。蒋を中心勢力と認めさえすれば、日本にとつて今くらい對支外交のやりよい時機はないというのである。（中略）從來日本の軍部は、國民黨を叩こう叩こうとばかりしている。この政策くらい間違つているものはない。こういうやり方を續けていると、支那の隱忍にも程度がある。やがては我慢ができなくなり、遂には捨てばちになつて反抗するようになる。一體武力で支那を征服しようなどということは、全く支那を知らない者の考えであつて、いくら支那が衰えているからとて、そんなことで直ぐ倒れるものではない。戰が長びけばそのうちには英米が蒋に味方をするということが起り、日支間のもつれは必ずや世界戰爭に發展する可能性がある。もし世界戰爭にでもなれば結果は英米を利し、日本も支那も共倒れになつてしまう。」（上p233–234）

と論じて、蒋介石と日本が提携する必要を説いた。

「こういう蒋作賓の説に對して、私は心から同感の意を表した。」と近衛は手記で述べている。しかし、この五年後に政権に就いた近衛はこの忠告と全く正反対に、盧溝橋事件に始まる軍事衝突において、「国民党政府を相手とせず」と声明して蒋介石を認めずに、武力で支那を屈服させようとした。そしてその結果は、まさにこの蒋作賓の予言通りとなった。近衛が健忘症であったというよりは、客観的国際情勢に盲目にして、優れた忠告に対しても耳をかさない近衛の主観的な対外硬主義の結果である。近衛が後の手記で、蒋作賓との会話を紹介しているのは、蒋作賓の意見に同調したかのように装って、対外硬派として戦争を拡大した自己の行動を隠蔽する目的であるとしか思えない。

昭和八年は国際的にも、国内的にも小康状態であった（上p237）。ドイツではヒトラーが、アメリカではルーズベルトが政権に就いたが、各国とも世界恐慌の後始末に忙しく、極東の問題に介入する余裕はなかった。国内的には、荒木陸相の退陣など革新派の勢力も後退して、斉藤首相の現状維持的な政策が西園寺の期待していたようなブレーキ効果を発揮していた。高橋是清蔵相の巧みな財政政策で不況から立ち直り経済も発展していた。西園寺も満足したと見え、原田日記（『西園寺公と政局』）には、八月十七日に西園寺は、「やはり齋藤総理は一頭地を抜いて」いると賞揚したことが述べてある。[10] しかし、この斉藤内閣の小康状態の下でも、ファシズムの底流は止むことがなかった。昭和八年の五月には右翼による「京大事件」があり、七月には簑田胸喜の告発によるクーデタ計画の神兵隊事件などがあった。斉藤内閣は、その流れを止めることはできずに引きずられた。

そのような現状維持的政策に反対する、近衛の革新派としての立場を表明したのが昭和八年二月に発表した「世界の現状を改造せよ」という論文であった。ここで伝記の記述と要約に従って紹介する（上p239）。国際連盟の審判を前にして、満州問題に対する近衛の思想を表明したものである。彼は日本は今満州問題で、世界平和の名で裁かれる被告の立場に置かれているが、単に満州での行動が日本の国家生存上必要であった理由を説明するだけではなく、世界平和への途につき我々の信念を表明すべきであると主張する。

彼は次のように論じる。「歴史を播いて、世界各國の領土の消長と民族興亡の跡を見れば、今日の地球上に於ける國家民族の分布状態というものは、決して合理的のものでもなければ確定的なものでもない」。このような状態は永久不変で、各国はこの現状の上に固定されねばならないというのが「所謂平和主義」の立場である。それは現状に満足な国には好都合だが、不満な国には耐えられない。「先進國は今日までに随分悪辣な手段を用いて、理不盡に天然富源の豊饒なる土地を、或は割取し或は併合し來つたのである。」そして自分等が版図を確保した後に、「此狀況を維持する爲に平和主義を唱え、此狀況を打破せんとするものに對しては、人道主義の敵であるとして壓迫を加えるものである」。世の中にこれくらい勝手な話はない。こんな平和主義が続いたら、後進国は、正義人道の美名の下に、未来永劫先進国の後塵を拝して行かねばならぬと近衛は述べて、次のように続ける。

今欧米の世論は世界平和の名の下に日本の滿蒙における行動を審判しようとしている。日本は平和人道の敵であるという声が高い。「然れども眞の世界平和の實現を最も妨げつゝあるものは日本に非ずして寧ろ彼等である。彼等は我々を審判する資格はない」。日本は真の世界平和を希望するが、経済交通の自由と移民の自由の二大原則が、到底近い将来に実現され得ないので、「止むを得ず今日を生きんがための唯一の途として、滿蒙への進展を選んだのである。歐米の識者は宜しく反省一番して、日本が生きんがために選んだこの行動を、徒らに非難攻撃するを止め、彼等自身こそ正義人道の立場に立歸つて、眞の世界平和を實現すべき方策を、速かに講ずべきである」と論じている。[11]（上p240）

近衛は大正七年「英米本位の平和主義を排す」における、対外硬の思想に完全に復帰した。これは伝記が言うような西園寺との「思想的間隙」（上p241）などというものではない。英米協調主義の西園寺と反対の立場に立ったのである。先進国の過去の不正による領土配分の不公平を説いて、その平和主義の偽善を指弾して、現状打破の正当性を訴えている。これはかつて近衛自身が批判した「人が泥棒をしたのだから、己も泥棒をして宜い」（上p111）という主張である。この独善的な対外硬の主張は、前年末の松岡の国際連盟における演説のように、少しも世界を説得できずに日本への反感を増し孤立を深めるだけであった。近衛の視界からは、世界における日本という客観的視点は消滅した。対外硬という主義の本質は単なる対外強硬論ではない。客観的情勢認識を拒否し、自国の主観的世界に固執する思想である。独善的な八紘一宇などという国体主義に基づくもので、国際情勢や国際世論に無神経で、経験に学ぶこともなく、他者の優れた忠告も受け付けない閉ざされた精神である。

近衛の国際的現状打破の姿勢は、国内における現状打破勢力への同情に通じていた。昭和八年十月十二日に近衛は荒木陸相から、近来不穏の空気を一掃して全国民が一丸となれるよう、右傾左傾の犯罪人に恩赦か大赦をやったらどうか、という相談を持ちかけられた。近衛は考えて見ようと答えたのだが、陸相の態度は非常に強く、通らねば辞めると言わんばかりであったと原田に伝えた（上p244）。原田が西園寺にそれを話すと、西園寺は非常に心配して「まるでそれでは革命ぢやあないか。なぜその時に、あつさり『それはとても駄目だらう』と言つてくれなかつたか。[12]」と言った。実は近衛は荒木と同意見であったことは、第一次近衛内閣成立後の近衛の大赦への熱心な運動にも明らかである。既に近衛は国体主義の陸軍皇道派の首領の荒木と立場が一致していた。この時期の近衛は右翼や軍人と接触したりして、その右傾を周囲の人に心配させていたことは、その手記（「元老重臣と余」）において、「元老重臣諸公が不快の念を以て見たであろうことは、想像に餘りある。」（上p222）と近衛自身も認めている。

(三) 近衛の米国旅行

「昭和九年は、前年の『安定』のあとを承けて、少くとも表面は一層安定的な雰圍氣であつた。（中略）國際關係も滿洲の事態が危機を脱して安定し、景氣の回復は確定的となり、失業は減じ、農村にも好況が訪れ、貿易の躍進に對しては諸外國の方から協定を求めるに至つた」（上p246）と、伝記では述べている。ファッショ勢力も一時的に後退していた。ブレーキ政策による現状回帰を狙う西園寺の思惑は実現しているように見えた。そのような状況において近衛は、米国に留学している長男文隆のハイスクールの卒業式に出席するという理由で昭和九年五月に渡米した。これには西園寺も大賛成であった。恐らく近衛の右傾が心配されるような中、実際に外国を見ることで彼の国際的認識が深まることを期待したのであろう。近衛の渡米は建前は私的旅行であったが、半公式的性質を持つことは、内外共に認められて、近衛は多くの新聞のインタビューを受け、大統領をはじめとする米国の多くの有力者と会見することになった。両国の間の理解を深めて、関係改善の大きな機会となるはずであったが、そのような事態にはならなかった。

その典型的な例が、親日的な米国財界の大立者のモルガン商会のトーマス・ラモントとの会見であった。その席でラモントは絶対極秘ということで、日本の満州での既成事実は認めるが、やり方をもっとうまくやれということを言ったのだが、帰国後の近衛は記者会見でその内容を話してしまい、それが新聞に出てラモントの不興を買い駐米斉藤大使が陳謝釈明するというエピソードがあった（上p258）。

これは単なる近衛の口の軽さを示すだけの逸話ではない。対外硬派特有の外国事情や国際世論への無関心が、外国人の友人の価値を認識できずに、無思慮な行動で彼らの地位を危うくしてしまい、結果として日本の友人をなくしてしまうのである。文明主義の明治時代には、『ロンドン・タイムズ』に日本通信を掲載していたブリンクリー[1]をはじめ、各界に日本を擁護して代弁してくれる有力な外国人の友人を、伊藤博文などの政府首脳自らが獲得して大事にしていた。近代化が進んだはずの昭和の日本には、そのような友人は皆無となった。そして、それが憂うべき状況であるという認識さえもなくなった。欧米人だけでなく中国の友人もなくなった。万国に卓越する国体などと主張する偏狭な国体主義教育が、インターナショナル・シティズンとしての意識[2]を日本人から消し去った。最低限の国際的な価値観や認識を共有しないと、松岡洋右のように英語が自由に話せても、外国との相互理解や友好関係は進まない。明治の伊藤博文や福沢は、文明という価値を欧米人と共有していた。外国人にも国体主義を振り回す松岡は、米国大使グルーに嫌悪されたが、伊藤や福沢に接した欧米人の多くは敬意と親愛感を抱いた。総じて近衛の米国事情の観察は表面的で深い洞察がない。自己の主観に基づいてアメリカを見ているだけである。国際的認識を深めるという西園寺の期待は裏切られた。

多くの親日派や知日派だった米国人と会った近衛は、日本の大陸における軍部主導の侵略的政策が彼等の多くを反日的にしたことを知ったが、彼は深く考えることも反省することもなく、彼等の認識不足のせいにしている。明治の伊藤や福沢などの文明派は、日本に関する国際世論の動向に非常に敏感であり、たとえ誤解が原因でも日本に不利な世論が生じることの無いように気を配り、外国の認識不足などと切り捨てることはなかった。そのような態度を陸羯南などは、外国の鼻息を窺う卑屈さと批判していた。この様な外国世論の軽視においても、近衛は明治の対外硬派の後継者であると言える。対外硬派は、外国人を親日派と反日に単純に二分して、日本を批判するような人間を反日派と決めつけ、その言葉を虚心に聞くこともない。そして、日本には関心の薄い圧倒的多数の世論の動向を知り、支持を得るための努力や活動を全く無視していた。

日米協会の公的な国際会議においても、近衛のそのような外国世論への鈍感さが現れていた。積極的に発言した近衛は「始終會談をリード」（上p266）したそうだが、おそらく聴衆の共感や支持を得ることは出来なかったであろう。己の立場を主張するだけでなく、「彼を知る」という他者に開かれた姿勢がなければ、相手を説得することは出来ない。松岡が国際連盟で日本正当化の雄弁を揮っても、日本を支持する国が一国もなかったのと同様である。日本の政策決定における軍部の役割に関して質問された近衛は、軍部が日本の政策を左右すると考えるのは誤りだとして、「日本の陸軍は、主として中産階級以下の子弟、殊に農民によつて構成されているので、五・一五事件も、軍部と農民とが財閥に對して持つた反感を、考慮せずしては理解できぬ。そういう意味で、國民の不滿が軍部と共通點を持つことは極めて有り得る」（上p267）と答えた。国外で侵略を進め、国内では選挙で選ばれた政治家を武力で脅しクーデターを試みるような軍部を、国民の意思を代表していると擁護するような言葉を述べている。[3] 日米親善に役立つどころか、軍国主義を嫌う民主主義者である一般の米国人に、日本に対する不信と反感を抱かせただけであろう。

近衛が滞米中の日本では斉藤首相が七月三日に退陣して、後継は元老が中心になって相談した結果、海軍出身の穏健派の岡田啓介に決まった。昭和天皇も後に「岡田ならば、自分も最も安心する。[4]」と言った。斉藤首相の後継を決める元老会議における次のような逸話を伝記が紹介している。

「この會議中に、一木、清浦、若槻らが、世間では齋藤内閣は何もしなかつたと言うが、實際は仲々仕事をしたと言つて、齋藤をねぎらつたら、西園寺は笑いながら

『齋藤さんを、この人でなければと見込んで奏請したのは、實は齋藤さんが何もしないという所にあつたのだ』と冗談めかして言つた。」（上p272）

表面から見れば、斉藤内閣においては、国際連盟を脱退し、国内ではテロ事件が頻発するなどファッショの傾向が強まり、無為無能の内閣に見える。しかし、そう見えるのは強い逆風に抗していたからである。斉藤はファシズムへの動向にブレーキをかけ、政治と経済に一定の安定をもたらした。その消極的抵抗の故に革新派の青年将校の反感を買い、二・二六事件では惨殺されたのである。

そのような反感を近衛も共有していた。元来斉藤内閣にも反対であった近衛は、同質の岡田内閣にも強く反発した。伝記によると、米国でこのニュースに接した近衛は、

「かなり興奮の色を見せ、（同行していた）蠟山らに對し、こんな時期に又こんな内閣を作るのには反對だということを、珍らしく多辯に語つたということで、原田なんかがきつと岡田を出すのに大いに動いたのだろうとも言つた」（上p273）（（　）は引用者補足）。彼の立場は殆ど軍部革新派と同一で、西園寺と正反対になっていた。また「岡田なら安心」と言った昭和天皇の意志にも反していた。原田への悪口は、西園寺に対する反感の代理的はけ口である。

斉藤内閣総辞職の当時、近衛は日本の新聞特派員に対して後継内閣について次のように述べている。

「政黨政治を復活すべきや否やという點は、『否』としか答えられない。某事件には政黨にも一半の責任があるようだし、政黨自身もいま組閣の自信はあるまい。政黨も含めて各方面の人材内閣がよかろう。宇垣、清浦、平沼などが考えられるが、これらの人で果して各方面の支持を受けた擧國内閣ができるかどうか。自分としては陸相には荒木、林兩大將、海相には末次大將などはまり役だと思う。廣田氏の外相も結構だ。

渡米以來大統領はじめ多くの有力者に會つた感想は、日

米關係は無條件の樂觀を許さぬということだ。軍縮といい東洋問題といい、これから解決すべき重大問題が山の如く控えている。故に自分はあえていう、強力な擧國一致内閣を作れと。これが自分が故國の朝野にうつたえる報告であり希望である」（上p271）

政党内閣の否定、荒木や末次のような典型的な対外硬派の軍人を重要閣僚に据えた挙国一致内閣、それが近衛の理想であり、自己の内閣の時に実現した。

七月九日に近衛は、有名な評論家のウォルター・リップマンを午餐に招き、同行した側近の牛場友彦を交えて三人で会談した。「近衛はこの時日、米、支の三國關係について、今まで誰にも言つたことのないほど突込んだ意見を述べ、最良の方法は、日米兩政府が直接交渉して、中國及び極東全般の問題を解決することだと述べたが、リップマンは、米國政府は瞬時も中國を無視することを好まぬから、それは困難だと強調し、中國の發言を妨げることは米國の感情に反するし、又フェア・プレーの感覺にも合わぬと述べた。リップマンも中國が固有の意味で『國家』と言えないことは認めたが、『中國國民』は存在すると言うのであつた。」（上p275）と伝記は伝えている。

この著名な言論人との対話において、近衛のような対外硬派の中国観が典型的に現れている。近衛は軍閥に分かれ統一政権としての体をなしていない中国を軽視して、日本と米国の間で中国問題を解決しようと提案したのだが、リップマンは中国自身の発言権を尊重するとして明確に否定した。そして、国家（State）としてはいかに弱体な中国でも、nationとしての「中国国民」は存在すると断言したのである。これは近衛のみならず、日本人にとっても盲点であった。日清戦争以来の中国蔑視に慣れた日本人には、ネーションとしての中国人という観点は稀薄であった。それ故に、そのナショナリズム（nationalism）を認識できずに[5]、日本と米国のような強力な国家が取り決める秩序を容易に強制できると考えたのである。そして日中戦争が起きれば、どれほど軍事的勝利を重ねても中国が屈服しないのは、背後に英米の支援があるからだと敵意を募らせるようになる[6]。

リップマンの他に特に会見したのは、松岡洋右の勧めによるウィルソン大統領の外交顧問であったハウスであった。彼は、親日家と聞いていたのに、「日本攻撃を始め、歐洲戰爭の勃發した四年も前にカイゼルに警告した話をし、今の日本はまるで『第二のドイツ』だという口吻であつた。」さらに彼は極東における日本の動向や日本政府の声明に自分は納得できないと述べて、近衛が様々に弁解したが聞かなかった。そして帰り際に「自分は決して支那にひいきするのではない。全く公平に考えている心算だ。最後のお別れに言うが、どうか日本は愼重にやつてくれ。これが餞別の言葉だ」(上p280)と言った。リップマンとは異なり日本にある程度の関心と愛情を持っているハウスだからこそ、日本のためを思っての親身で率直な忠告であったが、対外硬特有の閉ざされた主観主義の近衛には、何の感興も呼ばずに、首相になってからの彼の政策に活かされることはなかった。蒋作賓の正しい警告を無視したのと同じであった。

八月一日に米国から帰国した近衛は、各方面に米国事情を報告した。その内容は満州事変以降の日本の侵略的行動が、多くの親日的な米国人でさえも反日に回したように、米国の対日観を決定的に悪化させた深刻な事実を直視することなく、むしろ日本の実情に関する米国の認識不足に原因を求めて、日本自身の政策や行動を深く反省することもなかった。日本が自己の立場を正確に理解させることに努めて、米国が日本の事情をよく理解するようになれば状況の改善は可能だと提言するような、全体的に安易で浅薄な観察に過ぎなかった。

この様な近衛の主観的で表面的な米国帰朝報告は一般に大好評であった。伝記では次のように述べている。「近衛の帰朝報告はあちこちで話題になり、九月號の評論雑誌から引張り凧であつた。以上の報告にはいろいろ批評もあつたが、しかしこれほど眞摯に、多くの人との公議公論を通じて、大體において正鵠を得た重要報告をもたらし、外交政策のため示唆を與えたということは、他の政治家に見られないこととして、多くの新聞が賞讃を惜しまなかつた。」(上p291)。逆に言えば、近衛の報告とは、日米関係に大きな暗雲が立ちこめている段階で、この時期に独善的な行動で日本を動かして、日米関係悪化の根本原因となっていた軍部を批判するような本質的なことは何も言わずに、俗耳には入りやすいような安易な言葉のみであった。大々的に報道された近衛の訪米と報告は、日米関係の改善には何の役にも立たなかった。また後に近衛が首相になってからの外交政策にも、少しも寄与するところがなかった。閉ざされた主観主義の対外硬論者は、経験や他者の意見から学ぶことが出来ない。

(四) 西園寺との離反(「国家主義の再現」)

米国から帰った近衛は、国際的になるどころか決定的に右傾した。昭和九年九月初めに、原田に対して、近衛は宮中に対する世論の非難を気にして「宮中に少し右傾と見られているような人物を一人配したらどうか。いわゆる欧化主義の者ばかりで固めると、右翼一派の者に変な感じを与えないか[1]」と言った。このことを九月二十二日原田が西園寺に言ったら、西園寺は「右傾の者は大体ファナティックだ。そういう者を宮中に入れることは絶対にいかぬ。物の判る者に右傾の気に入る様なことをしろというのは非常に無理だ。自分は先が短いが、近衛や木戸や貴君などは、ファナティックな空気を宮中に絶対に入れないようにして貫いたい[2]」と言った。近衛の右傾の者を宮中に入れるべきとの提言は、右翼の非難などが原因ではない。既に「筋金入りの右翼[3]」であった近衛自身の意志である。この「右傾の者」とは自分のことを指すと後に紹介する平泉澄は考えていたが、西園寺はファナティックと断固拒否した。

昭和九年の三カ月間の米国旅行から帰国後の十二月に発表された論文「国家主義の再現[4]」は、近衛の右傾化と国体主義の本質が示された重要な文章である。その論文の第一節の「欧米の認識不足」では、日本と欧米が「その根本において、即ち本質的に相違している」ゆえに、欧米列国の日本への認識不足が生じると述べている。そして第二節の「我が国論の不統一」では、日本の国論の不統一と、国策として一貫した対外方針がないことも、その認識不足を助長していると主張して、外務省の国際協調主義を「信念のない円満主義・事なかれ主義」と批判している。そして、米国において、日本に関して、今の軍部による支配は一時的な変態で、やがては自由主義・民主主義に復帰するという観測が為されていることを紹介して、それを「誤まれる軍部観」と呼んで、その訂正の必要を痛感したと述べている。「我が国にあっては軍部は国民より成り、国民の生活に対して最も関心を有つのは軍部であることを極力説明」し効果を上げたと説明している。このように彼は軍部に強い共感と好意を示し、満州事変以来の行動を全面的に肯定して支持し、米国民に対してもそれを擁護している。軍部が近衛に期待するのは当然であった。

そして次節の「未完成国と飽和国」において、欧米諸国と日本が原則の問題で根本的に相容れないのは、彼等が「飽和国」であって現状維持が有利なのに対して、日本が成長が必要な「未完成国」だからであるという、「英米本位の平和主義を排す」以来の持論を展開して、特に東洋における日本とアメリカの立場は全然相反していると述べている。米国は利害の打算で動くイギリスと異なり建国の理想を政策の基礎としている。日本にも建国の理想があり、その点で両国は似ている。米国が自己の考え方に固執し、東洋における日本の独自の立場を無視して、日本に「不遜な干渉」を加え「不当な侮辱」を与えるならば、「日米の衝突は、必然的に免れがたい」と断言している。彼は日米戦争の可能性だけでなく、その蓋然性を肯定している。

そして、最後にこの論文全体の題名ともなった「国家主義の再現」という節において、次のように述べている。日本は「パリ会議以来極端な国際協調主義に堕して来た」が、明治維新を断行した国家主義は西洋文明の輸入と同時に影を潜め、個人主義・自由主義思想が日本を支配しはじめた。途中の日清・日露戦争における諸外国の圧迫に対しては、国家主義で対峙したが、戦後の安定とともに外来思想に復帰した。明治時代の国民思想は個人主義・自由主義に終始した。そのために大正時代には容易にデモクラシーに感染し、「世界主義」に結びつく素地を培われ、国際主義に追随した結果が、不戦条約の締結において、日本は既得権益を全て放棄するという「不面目極まる失態を演じて史上に汚点を残した」と批判している。結論として、個人主義、自由主義、デモクラシー等の思想の流れをくむ「世界主義」は日本国民の本来の要求とは相容れないとし、それ故に最近の国際関係の緊張によって国際的重圧が加わると、国民の一部は夢から覚めて、明治維新を断行した精神に、「我国本然の国家主義に復ることを提唱し出したのである」と論じている。

近衛のこの論文が彼の「本志」[5]を吐露したものであることは疑問の余地がない。日本と欧米諸国は本質的に異なるという西欧文明の普遍性を拒否する信念を表明し、幣原外交のような国際協調主義への嫌悪と反感を示して、この当時、外地で侵略を進め国内でクーデターを画策するような軍部への共感と支持を表明している。そして、米国に対しても、立場が相反することを認めて、その衝突は免れがたいとさえ述べて、国力に大差がある米国との戦争の可能性を否定していない。客観的な戦力分析を軽視し、主観的大義を重視して容易に戦争を口にする、典型的な対外硬の主張である。

さらに、維新以来の近代史を、個人主義・自由主義に代表される文明主義と、近衛が「我国本然の国家主義」と呼ぶ国体主義の二元論的観点から回顧して、大正時代に花開いた文明主義を強く非難して、最近の国際危機によって復活した国体明徴論に通じる国体主義の風潮を当然のことと肯定している。近衛が描写した、この近代における思想の二潮流の流れは、福沢の観察・予言と一致している。ただし、福沢が恐れていた対外危機による文明主義の衰退という事態を近衛は歓迎している。そして、自由主義・個人主義のようなデモクラシーに通じる「世界主義」を日本に相容れないと述べて、思想家としては福沢に、政治家としては西園寺公望に代表される文明主義思想を全面的に否定している。

「我国本然の国家主義」と呼んで「国体主義」という言葉こそ使っていないが、昭和十二年の「国体の本義」で示された西欧文明思想否定と殆ど同一の主張である。この「国家主義の再現」論文の近衛理解における重要性を指摘しているのが、近衛の重要な文書や声明を起草するなど、近衛と親密でブレイン的存在であった国体主義で歴史学者の平泉澄である。近衛は彼を自宅に招いて、家族に日本思想に関する講義を依頼する程に平泉に傾倒していた。戦後になっても崇拝と言えるほどに近衛を高く評価していた平泉が、この論文は西園寺の歩んできた「路線に対する鋭き批判」であり、西園寺の抱いている「指導精神に対する痛烈なる攻撃」[6]であったと述べているのは、近衛自身からその意図を聞いていたのではないかと思われる。この時期に近衛は、周囲が驚くような西園寺への敵意を表明している。[7]この論文で使われた「世界主義」という言葉は、第二部で見たように、明治の対外硬派の陸羯南などによる西園寺攻撃の決まり文句であった。近衛文麿こそ、西園寺公望を絶対的な敵とした明治の対外硬の国体主義者陸羯南の思想的後継者であった。

平泉澄は、国体主義に関するリトマス試験紙的な存在である。同主義の者は彼に強い敬意を抱くが、文明主義の人間は強く反発する。「明治の精神に矛盾し背反する教育をうけた覚えがない」[8]と言っていた平泉は、国体主義教育に純粋培養された人間である。早くは中学時代に自由主義的教師の追放運動を行い、東京帝大では大正デモクラシーに反発して、簑田胸喜等と共に興国同志会を結成して、無政府主義を紹介した森戸助教授の排斥運動を起こした。まさに内村鑑三不敬事件の非国民摘発の伝統を引き継ぐものであった。平泉の言う「明治の精神」とは、福沢流の開かれた文明精神ではなく、教育勅語がもたらした偏狭な国体主義であった。彼は福沢思想の排斥を目指した井上毅の思想的学問的後継者であった。[9]後に紹介するように、平泉は文明主義の宮中からは排斥されたが、軍人、官僚、右翼の間に強い支持者があり、政治家の近衛、思想家の徳富蘇峰、大川周明、軍人の東条、真崎などと親密であった。

陸軍は昭和九年の十月に、「戦いは創造の父、文化の母」という有名な文句で始まる『国防の本義とその強化の提唱』というパンフレットを頒布した。要は、国防の名の下に軍部による政治社会全体の支配を目指す姿勢を明確にしたものであった。近衛の右傾はこのような時代の潮流に乗ったものであった。この時期の新聞雑誌は新年の始めに近衛の論説を掲げることが「殆んど恒例」（上p293）になっていたという程の言論界の寵児となっていた。その様子を伝記では次のように紹介している。

「昭和十年の年頭にも近衛はいろいろと論説を發表した。その一つでは彼は海軍條約の廢棄を取上げ、滿洲事變から國際連盟脱退となり更に海軍條約廢棄に至つた趨向は、明治以來の歐米追隨外交から自主的外交に轉じたことを示すものとし、今や國論を統一し、國家各般の機能を綜合統一して、國策の遂行に當るべきだと論じているし、他の一文では日本がいま前古未曾有の大轉換期に直面していることを說き、海軍會議も豫備交渉の經緯から見て成功は至難と見、危機は決して一九三五・六年に限るものでなく、もつと根深いものであることを述べ、然るに陸軍は陸軍、海軍は海軍でそれぞれ別の假想敵國を考え、他方で外務省は外

務省でいわゆる協和外交を唱え、少しも國策が確立せず、中國に對してすら國策の一致がないことを嘆じている。」(上p293)

満州事変以来の海軍軍縮条約の廃棄に至る流れを欧米追随から自主外交への転向と歓迎する典型的対外硬の主張で、陸軍パンフレットと同様に、国論と国家体制を統一して国策遂行すべきと、全体主義的体制の確立を主張している。それは後に、近衛内閣の下で実現することになった。

この様に軍部と殆ど同一の立場に立った近衛は、リベラルの西園寺とは対極の姿勢を明確にしていた。昭和十年一月の新聞記者に対する談話でも、「今となつてはリベラリズムでは萬事行かなくなつた。各國ともブロックを作つているから、日本もブロックを作つて對抗せざるを得ない。それには背後に武力を持たねばならぬ。幣原さんの様に貿易一方で行く方法は今では駄目だ。ファッショのような極端はいけないが、しかし今までの様なリベラリズムの時代も、日本には戻つて來ないであろう」(上p294)と語っている。自分が政権に就いた時に近衛は、東亜新秩序というブロック作りを主張し、西園寺が望んだリベラリズムへの復帰不可能な新体制を作り上げた。近衛内閣の内外の革新政策は、決して軍部に引きずられたものではなく、近衛自身の持論の実現であった。

十年二月二十八日近衛は興津に赴き、原田と一緒に食事をした上で、二時間ばかり西園寺に会った。西園寺に会ってから原田に「今日は思ひきつて自分の考ばかり一人でしやべつて来た[10]」と言い、老公の機嫌を害したかも知れぬと語った。また、七月二十九日に西園寺が原田に「この間近衛が来ていろいろ話をきいたが、近衛は現在の内閣を早く辞めさせたいといふやうな気持があるんぢやないかと思はれたけれども、その辺はどうだらうか[11]」と言った。原田はそんなことはないと思うと答えたが、近衛が岡田内閣成立時から強い反感を持っていたことは、前に紹介したように事実であった。そのような反感は、軍部や二・二六事件を起こした青年将校達にも共有されていた。それは正しく必然でもある革新への道[12]を、議会制度や国際協調などの旧体制に執着して妨害しているものに対する苛立ちであった。この時期に近衛が表明していた西園寺への反感はそれを示している[13]。

昭和九年から十年にかけて、軍部は「一九三五・六年の危機」ということを宣伝していたが、「世界の關心は獨伊のファシズムに向けられ、日本に對する關心は薄らいでいた。日本の農村恐慌も十年頃から漸く安定して、『危機』感はむしろ緩和されていたのである。」(上p296)と伝記では形容している。これは、西園寺が軍部の進む方向にブレーキをかける役割を期待して選んだ斉藤・岡田内閣の功績であった。西園寺はこの様な政策を持続して、やがては政党政治と国際協調外交の旧時に復帰することを期待していた。[14] それは同時に、今の日本は軍部の圧制下に置かれているが「やがては華府會議の如き民主々義的空氣の復活を見る可し」（上p289）と信じていた親日的な米国人の期待とも一致するものであった。

そのような政治経済上の一応の安定にもかかわらず、革新思想は益々普及して「自由主義や民主主義の思想は迫害された」（上p296）と伝記は述べる。「神がかり變質狂の簑田胸喜なる人物」は、そのような風潮を象徴するような人間であった。彼は多くの自由主義的な学者達を攻撃していたが、その矛先を憲法の自由主義的解釈の代表者である美濃部達吉に向けて、天皇機関説は国体に反すると非難した。政友会の代議士達が政府攻撃の具として衆議院で取り上げて、軍部もそれを応援して陸軍の真崎甚三郎教育総監が、機関説は国体に違反する旨の訓令を全軍に発して、全国的な問題となった。結局美濃部は全ての公職を退き、問題となった著書も絶版にされた。国体主義の自由主義に対する全面的な勝利であった。

昭和天皇は立憲主義の美濃部に同情的で、国体論を振りかざす右翼や軍部に批判的であった。[15] 昭和天皇の真崎に対する一貫した強い反感には、陸軍で天皇機関説排撃を主導した真崎の国体主義が大きな原因となっている。その真崎は近衛が最も親しくし信頼する軍人であった。岡田首相はこの様な思想運動には一貫して反対であったが、右翼勢力や軍部の圧力に押されて、二度にわたり国体明徴声明を出すことを余儀なくされた。「このようにして自由主義思想は弾圧されてゆき、神がかりの思想が暴力を背景に横行し、理性や知性は後退していった」と伝記は述べている（上p299）。簑田の勝利と美濃部の敗北はその象徴であった。特記すべきは、近衛は簑田と同一の陣営にあったことである。近衛はこの時期、美濃部に対して簑田同様の敵意を抱いていた平泉をブレインとしていた。そして、後に近衛は新体制運動声明の草案を簑田に見せている（下p144）。

その神がかりの思想こそ、国体主義である。一種の知的ゴロツキにすぎない簑田を、首相も当代一流の学者も正面から否定できなかったのは、その掲げる思想が、全国の学校で国民が拳々服膺すべき最高の理想として教えられている教育勅語に基づいているからである。理性ある多くの人が感じていた「皇祖皇宗」や「肇国の理想」などへの疑問を、誰も公言できなかった。この皇祖皇宗を神格化する古代の思想が、近代の文明思想に代わって日本を支配するようになった。福沢が予言したように、近代の精密機械とも言うべき議会制度や軍隊の運転に、古代の毒油が注がれて破壊されることになった。この勢力の矛先は宮中にさえ向けられた。国体明徴を呼号しながら天皇の意志さえも無視して、天皇の信任のある重臣を攻撃した。「君側の奸」として攻撃された文明主義の一木枢密院議長や牧野内相は、結局は退場を余儀なくされた。

そのような攻撃の行き着く先が、二・二六事件であった。天皇が親任した大臣達と信頼の厚い重臣達が、「君側の奸」として国体主義の青年将校達によって惨殺されたのである。その主謀者達にとって尊いのは天皇の意志や天皇でさえもなく、その蹶起趣意書[16]にあるように、自分達だけがその真意を知っている皇祖皇宗の神霊であった[17]。この事件は西園寺の意図した、軍部の暴走に出来るだけブレーキをかけ、やがては旧態に復帰するという政策に対する正面からの攻撃でもあった。その政策の主役の斉藤と岡田が暗殺の標的にされたように、その政策の続行は不可能になった。後継の広田内閣が、主要な政策や閣僚の人選にまで陸軍の干渉を受けたように、軍にブレーキをかけるものは殆どいなくなった。

この西園寺のブレーキ政策に反対し、斉藤・岡田内閣に反感を抱いていたという点において、近衛は青年将校達と共通していた。それゆえに、近衛はこの事件を、時勢に反する西園寺のブレーキ政策の当然の結果であると事件を殆ど是認している[18]。近衛には、事件の犠牲者となった斉藤や高橋是清に対して天皇や西園寺が示した哀惜や同情の気持ちを殆ど感じられない。むしろ、第一次近衛内閣成立直後に、この事件の犯人達の大赦を強く主張したように、反乱者への同情が示されている。そして、陸軍内部の国体主義推進の主役で、二・二六事件の陰の黒幕と見られた真崎甚三郎や、荒木貞夫などのような皇道派の軍人に終戦時期に至るまで強い好意と信頼を抱いていた。それは近衛が、「国家主義の再現」論文が示すように国体主義思想において彼等に共鳴していたからである[19]。それ故に、第一次近衛内閣に文相として登用された荒木は「皇道教育」を推進して、教育の軍国化を進めたが、当然首相近衛の理解と支持があったからである。

実は西園寺のブレーキ政策には国民の支持があった。昭和十一年二月の総選挙は、この波乱の四年間の民意を占う重要な選挙であった。軍部革新派が在郷軍人会を通じて、国防強化に透徹した人物を選出し、反軍的策謀を絶滅せよと呼びかけたにもかかわらず、選挙結果は、国体明徴運動などで軍に迎合した政友会や、親軍派の国民同盟（統制経済や満州事変の正当化を主張し、中野正剛、風見等の後の近衛側近が属していた）が大敗して、必ずしも軍に同じなかった民政党が大勝して第一党となった。「これは國民の革新派に對する消極的抗議と見るべきで、これを見て革新派は不滿と焦燥を感じた」（上p316）と伝記は述べている。二・二六事件もその表れと見ることが出来る。天皇の意志さえも無視する国体主義者が民意などを尊重するはずもなかった。彼等は断乎たる攻撃に出た。

第一師団の青年将校が部隊を率いて、岡田首相を始め重臣元老を襲った二・二六事件はあまりにも有名な事件なので、ここでは詳しく触れない。その犯人達はその趣意書において、「内外の重大危局の際、元老、重臣、財閥、軍閥、官僚、政党等の国体破壊の元兇を芟除し、以て大義を正し、国体を擁護開顕せんとするにあり」と主張していた。主謀者が権力奪取を目指す通常の軍事反乱とは異なるこの事件の異常さは、犯人達の国体主義イデオロギーの結果である。この反乱の主役の青年将校達は、統制派の首領永田鉄山を斬殺した相沢と同じで、国体さえ開顕すれば理想社会が実現し、国体護持のためにはどんな残虐行為も正当化されると信じる国体主義の狂信者であった。空疎な美辞を掲げつつも、彼等が実際に行ったことは、国家に対して大きな貢献をなした国家の柱石とも呼ぶべき老人達を軍隊の武力を使い惨殺したことであった。やがて、この理性を欠いた盲目的狂信性は日本全体に及ぶことになる。青年将校は刑死しても、彼等を動かした国体主義は生き残り、社会に一層浸透したからである。当初陸軍の反応は反乱軍を「決起部隊」などと呼ぶなど曖昧であった。軍首脳も国体主義を掲げる青年将校を直ちに否定できなかったのである。けれども文明主義の天皇が最初から断乎たる態度で臨んだので、反乱は数日で鎮圧された。

二、近衛の自立（第一次近衛内閣）

㈠　大命拒否

二・二六事件後の三月三日に木戸に伝えられた陸軍の意向は、政策については、「一、肇国の大理想の実現、綜合国力の充実発展。一、国体明徴の趣旨を政治、経済、教育其他の方面に於て実現を期すること。一、国民生活の安定を図ること。一、国防の充実強化。一、財政政策の確立。一、外交、東洋平和、国際正義の発揚、皇道を世界に光被する。日支満の提携を計り赤化防止。一、社会制度の刷新。」を考え、陸軍の意中の首相候補は「近衛公、平沼男、山本英輔大将等」であった(1)。肇国理想の実現を国力充実よりも前に掲げて、国体明徴とか、「皇道を世界に光被」などと、当時の陸軍の思想(2)は全く国体主義の対外硬であったことを示す。青年将校達の軍事蜂起という手段は否定したが、当初はその動機を認めていた陸軍首脳は、国体主義という点では反乱軍と同一であった。それ故に、陸軍は以後は合法的手段で国体明徴の目的を追求していくことになる。二・二六事件とは、西園寺のブレーキ政策への攻撃であると共に、国体主義という誇大妄想的信仰に対する、理性というブレーキの破壊でもあった。主犯達は処刑されたが、二・二六事件は国体主義革命としてはその目的を果たしたと言えるかも知れない(3)。

そのような陸軍が新首相の第一候補として挙げたのが近衛であった。陸軍は近衛の国体主義の本質を敏感に嗅ぎつけていた。狂信者は決して味方と敵を見誤ることはない。近衛こそ、「国体明徴の趣旨を政治、経済、教育其他」において実現出来る政治家の筆頭と見られていた。以後陸軍が一貫して近衛の首相就任を希望し続けた理由であり、近衛もその期待を裏切ることはなかった。第二次近衛内閣の基本国策要綱では肇国の理想である八紘一宇を国是として掲げ、新体制運動で西欧的な立憲制度を終わらせて国体明徴を実現し[4]、外交面においては東亜新秩序声明で国際正義の確立を主張した。二・二六事件の帰結が近衛政権であった。近衛の新体制運動の結果、青年将校達が国体破壊の元凶と名指しした、「元老、重臣、財閥、軍閥、官僚、政党」の既成勢力は軍閥と官僚を除き、その権威も権力も失墜した。第一次内閣成立早々に近衛が二・二六事件関係者の大赦を強く主張したのは、その手段には同意できなくても、その目的に共感していたからである。

西園寺は岡田の後継として近衛を推挙したが、大命が下っても近衛は健康を理由に頑なに拝辞した。近衛自身が次のように述べるように、西園寺の革新政策へのブレーキ政策に対する反対が真の理由であった。「元老重臣と自分と考えが違う。元老の希望に従えば革新派と合わず、革新派の言うことを聞けば、元老の期待する政治はできない。断わるよりほかはない」（上p323）。その近衛が一年後に政権に就いたのは、西園寺の影響力が弱まり、軍部の発言力が増大して、革新政策を妨害なく実行できる自信がついたからであろう。

三月四日に天皇は、次の内閣は憲法を尊重すること、外相と蔵相には軍部に引きずられないしっかりした人物を配することが必要という思し召しを、元老に伝えたが[5]、事件後に広田に大命降下する際にも、次の三箇条を政治の根本方針とすることを命じられた。

第一、憲法の條章によって政治をすること
第二、国際親善を基調として外交に無理をしないこと
第三、財政及び内政について急激な変化はよろしくない

この天皇の命令とは、政治においては立憲制度の尊重、外交においては親英米的な平和主義、経済面においては資本主義的な秩序の維持という、西園寺のブレーキ政策を具体的に述べたものであった。以後もこの三条件は、新首相が決まるごとに天皇が必ず命じられる恒例となった。老齢化して気力も影響力も衰えた西園寺に代わって、昭和天皇が自由主義的な現状維持政策を守る最後の砦となってしまった。

この三条件が陸軍の意向と正反対であることは、広田内閣の新陸相に内定していた寺内寿一の次のような談話に明白である。「此の未曾有の時局打開の重責に任ずべき新内閣は、内外に亘り眞に時弊の根本的刷新、國防充實、積極的強力國策を遂行せんとする氣魄と、その實行力とを有することが絶對必要であつて、依然として自由主義的色彩を帶び、現状維持又は消極政策により、妥協退嬰を事とする如きものであつてはならない。積極政策により國政を刷新することは、全軍一致の要望であつて、妥協退嬰は時局を收拾する所以に非ずして、却つて事態を紛糾せしむるのみならず、将來大なる禍根を貽するものと言うべきである。右の趣旨に合致しない内閣が、果して此の内外に亘る非常時を克服し得るであろうか」（上p333）

広田内閣は天皇の意向に沿うよりも、結局はこの陸軍の強硬姿勢に引きずられた。この内閣で特筆すべきことは、大正以来排除していた軍部大臣現役武官制が復活して、以後政府の進退を左右する軍部の大きな武器となった。さらに、政界や外務省の首脳は対英接近を希望し西園寺はドイツとの提携に反対していたが、軍部革新派の主導により昭和十一年十一月二十五日ベルリンで日独防共協定が成立した。「これによつて日本は、ファッシズム國家群に參加したとの印象を各國に與え、國内ではナチス模倣の風潮を生み、民主主義國家群と全體主義國家群との對立を説いて、ナチス獨裁を讃美する者を生ぜしめた。英米は日本に警戒の眼を向け、ソ連は公然と日本を敵視するに至つた。そして中國には、中共の望む抗日統一戰線を結成せしめ、次いで來つた支那事變に重大な効果を發揮せしめることになつたのである。」（上p342）と伝記では述べている。

内外の現状維持勢力への反感を陸軍と共有していた近衛は防共協定にも賛成であり[6]、この時期に西園寺への悪口を第三者に言明して周囲を驚かせていた[7]。その内容は年寄りの時代遅れで進歩の邪魔というものであり、革新派としての旗幟を鮮明にするものであった。西園寺も近衛のそのような態度を心配していた。原田に対して、近衛が寺内と同一の主張を唱えたり、「真崎、荒木を弁護してみたり、まあいろいろ言つた話を観察してみると、自分の本来の考であるのか言はせられてをるのか、或は恐怖心からさういふ風に言つてをるのか、さういふ風に言つた方がこの時勢には自分の立場がいいと思つて言つてをるのか、判らない。あゝいふ人物であゝいふ家柄に生れて実に惜しいことだと思ふ。なんとか近衛をもう少し地道に導く方法はないだらうか[8]」と述べていた。

湯浅内相も原田に次のように言った。「実は自分も近衛公爵については一方ならぬ心配をしてゐる。この前近衛公爵にお目にかゝつた時、自分に『平泉文学博士をもう少し宮中に近づけて、陛下あたりがいろいろ話をおきゝになつたらどうか』と言つてをられた。実は平泉澄といふのは自分も知つてをるけれども、まあ非常に極端な右の方で、この前も陛下に建武の中興について御進講をしたが、後醍醐天皇を非常に礼讃して、いかにも現在の陛下に当てつけるやうな風な話し方であつた。（中略）陛下も実はつまらないことを話したもんだとお思ひになつたやうで、後醍醐天皇の聡明はよく判つてをるが、やはりいろいろ事の手違ひの出来たのは、恩賞に不公平があり、またおとりになつた処置にも手落があつた、それをただ建武の中興を絶対的に礼讃したといふことについて、陛下はあんまり面白く思つておいでにならなかつたらしい。近衛公がその平泉を一番宮中に近づけたらどうかといふことは、そんなやうなわけでをかしな話だと自分は思つてをつた[9]」。西園寺と同様に文明主義の湯浅は、平泉の話に反発した。昭和天皇も同様であった[10]。近衛が一貫して湯浅を嫌ったのは主義の対立によるものである。

(二) 近衛内閣誕生

昭和十年頃から、近衛を中心とする新党構想が政党人や軍人などによってさかんに論じられ、計画されるようになった。その理由は、自由主義的な議会制度や国際協調的な外交政策という現状維持路線を打破して、全体主義的な対外硬の革新政策を実現するのに格好の人物であるという評価であった[1]。この時期に近衛は、政界だけでなく言論界においても人気者になっていた。伝記では「この頃毎年年頭に新聞雑誌が近衛の論文を争って掲載することも、慣例のようになっていた」（上p355）と報じている。昭和十二年の新年にもいろいろ近衛の文章が出ている。

「内外時局を論ず」（上p355）という長文の論文では、日独防共協定に言及して、これは「我國がファッシズムを容認した意味は絶對にないし、又あるべからざること」だとし、英米における一大勢力の結成という見方を否定している。対中問題に関しては、中国がソ連に依存して「抗日、排日、打倒日本、ボイコットに狂奔」していることを指摘し、これでは「結局日支戰爭に行かねばならない状勢を示している」と言い[2]、これに対して日本の国論統一の必要を力説している。この論文は、この時期の近衛の対外問題に関する見解と「信念」を示して、この年に成立する近衛内閣の政策に重要な意味を持つ文章で、対外硬特有の独善的な主観主義が鮮明である[3]。中国人のナショナリズムを理解できない近衛は、中国における抗日運動が止まない限り日中戦争は不可避と述べ、国論統一の必要を主張している。彼が日支事変勃発当時に、和平実現ではなく国論統一に力を尽くした所以である。近衛は、さらに日独防共協定を擁護しているが、日本にファシズム容認の意図がなくても、客観的にはその一員と見られることが決定的に重要なのである。防共協定により、英米は日本警戒を深め、ソ連は敵対的となり、中国では国共合作が成立するなどの重大な結果を生じた。近衛は後に三国同盟でもこの主観性を示して、同盟には英米を敵に回す意図は無いなどと主張していたが、国際的に通用せず禁輸措置などの猛烈な反発を受けることになった。

国内問題に関する近衛の論文も、対外論同様に事実の裏付けのない美辞麗句に過ぎなかった。「我が政治外交の指標」（上p356）という一文では、政治運用の要諦が政治の明朗性を保持することにあることを説き、非常時だからといって断じて憲法の埒外に出ることは許されないとし、非常時だから国民生活を忍従させてよいなどという謬論（びゅうろん）を排撃し、国民生活の尊重こそ政治の大本だと力論している。この文章を西園寺が「よく出来てゐた[4]」と誉めた。しかし、実際に近衛が政権を得た時に彼がしたことは、日支事変という非常時を理由に、憲法の埒外にある大政翼賛会を生み出し、国家総動員法以下の統制経済で国民を忍従させたことである。また「非常時突破の要鍵」（上p356）という一文では、日本に「和」が欠けていることを慨嘆し、聖徳太子の十七条憲法を引いて、「朝野一致の和の完成こそ實に非常時突破の要鍵である」と論じている。挙国一致体制でどんな難問も解決できるという思想は、後の大赦問題にも通じる井上毅・陸羯南[5]以来の対外硬派に特有な主観主義の主張である。客観的な対外的状況を考慮することなく、主観的な国内の一致のみを重視するのである。真珠湾攻撃当時の日本は、思いがけぬ戦勝に沸き立ち殆ど完全な挙国一致が実現したが、それは亡国への入り口であった。

昭和十二年の一月に広田内閣は総辞職した。強硬な政策を要求する陸軍の圧力に抗しかねた結果であった。後継の首相として元陸相の宇垣に大命が下ったが、陸軍は「軍の總意」と称して新聞などを通じて宇垣内閣に反対し、「强力な革新政治の斷行は、既成勢力との因縁ある人物では不可能である。然るに宇垣大將は既成の政治上層部、既成政黨、財閥、その他凡ゆる既成勢力と絶對不可離の關係にある……」（上p361）という声明を発し、陸相を出さなかったので、宇垣は組閣断念を余儀なくされた。これに対し近衛は寺内陸相に、次のような平泉澄起草の書簡を送り批判した。その内容は「國體の上より重きはなし、もし今ここに僅かの汚點を印する時は、將來或は上下顚倒、秩序紊亂の勢を馴致せんこと深憂に堪えず……」（上p361）というもので、立憲主義ではなく国体主義に基づく批判であり[6]、決して本質的なものでも危険なものでもない。それ故に陸軍の近衛待望論は衰えなかった。

よく言われているような軍縮の実行者としてではなく、この国体主義イデオロギーの問題こそが、陸軍の宇垣に対する反感の根本にあると思われる。宇垣の日記などの文章を見て感じることは、同時代の軍人として例外的に国体主義の要素が稀薄で、世界の中の日本という客観的視点があり、[7]立憲制度に理解がある文明主義者であったことである。宇垣首相では、陸軍の望む「肇国の大理想の実現」は望めなかった。そのことを敏感に察知した軍部は、「既成勢力との因縁のある」と形容したのである。確かに宇垣には野心や権力欲はあるが、近衛を見れば分かるように、それは政治家としての欠点ではない。それ故に西園寺は軍人の中では宇垣の力量を評価して期待をかけていた。[8]一方、近衛の宇垣への態度は、真崎や荒木に対するものと比較すれば、一貫して冷淡であった。その根本には、この国体主義の有無があった。それ故に、近衛は半年後には宇垣を拒否した陸軍に担がれて政権の座に就くことになったのである。

広田の後を継いだ林銑十郎内閣が殆どなす所もなく五月に辞職した後に、結局は近衛が後継首相として決定した。陸軍の後宮軍務局長が木戸の所に来て、「どうしてもこの次は近衛公爵でなくちやあ困る」と話したように、[9]陸軍の意向が決定的な役割を果たした。近衛が前回は固辞した首相就任を今回は受けたのは、宇垣問題において示されたように、西園寺と軍部の力関係が圧倒的に軍の有利に傾いた結果である。もはや、軍と近衛が望む革新政策にブレーキをかける人物はいない。それを近衛は手記「元老重臣と余」で次のように述べている。

「その時の余の心境は、日本國民の辿るべき運命の道を根本に於て認識しつゝも、出來るだけ此の道を徐々に堅實に進みたい。その爲には動ともすると性急に猪突したがる軍部一派を出來るだけ抑えると共に、彼等の要求の中合理的なるものは、これを取上げて行くというにあつた」（上p379）

近衛が考える日本国民が辿るべき運命の道とは、米英と国内の現状維持勢力を打破する革新の道であり、その意味では軍部と一致している。それゆえに、軍部の暴走を抑えることを課題とせずに、その一部の行き過ぎは抑えるが、その要求の合理的なものは受け入れる用意があったことを述べている。その合理的とは、国体主義の対外硬の立場によるもので、天皇や西園寺の考える平和重視の現状維持的なものではない。組閣に当たり杉山陸相は、「陸軍の要望として、㈠國體明徵、㈡國防の充實、㈢政治の刷新、㈣國民生活の安定の四項目を提示し、近衛も同意した」（上p381）という様に近衛は軍部に対しては迎合的であった。一方、民政党と政友会から一人ずつ入閣はさせたが、政党に対しては冷淡であった。常に近衛に好意的であった評論家の馬場恒吾も、「齋藤、岡田、廣田の場合と異り近衛は正式に政黨總裁を訪問せず、政黨出身の閣僚も政黨代表という意味ではなかつたので、これは近衛の政黨否認思想の現われだ」（下p384）と述べている。これは昭和九年の論文「国家主義の再現」における、軍部擁護と政党否定の主張から当然の結果である。

書記官長に風見章を任命したことは、ある意味では近衛内閣の革新性を象徴するものである。「この意想外の人選は、政界や新聞界を驚かしたが、風見は『野人翰長』の名を以て喝采を博し、近衛の組閣における一つのヒットとされた。」（上p386）と伝記は言う。新聞記者出身の国会議員であった風見は、同じ『朝日新聞』出身の共産主義者尾崎秀実や、ヒトラー心酔の右翼の中野正剛[10]と親密であった。この二人の左右の極端論者は、立憲制度や資本主義経済という現状維持的体制に対する強い反感と破壊的意志を抱いていたことで共通している。後に新体制運動の中心となった風見自身もそのような思想を共有していた。昭和七年に民政党議員であった風見は、明治以来の対外硬運動の中心の熊本紫溟会出身で、閔妃暗殺に参加した安達謙蔵が結成した国民同盟に、中野と共に参加している。国民同盟は「軍部と協力して統制経済と満州事変における日本の国際正義の擁護」を目的として掲げていた。これは、近衛の思想とも、近衛内閣の政策とも一致するものであった。近衛は風見とは交際こそなかったが、森恪[11]などを通じて風見の思想をよく知っていて、自己の思想と一致する人物を内閣の要に選んだのである。決して新しもの好きの奇抜な人事などではなかった。それ故に、その後も新体制運動などで風見をブレインとして重用したのである。

六月四日の初閣議冒頭の挨拶で近衛は次のように述べた。「『各方面の相剋摩擦の緩和に重點を置き、眞に擧國一致の協力』を要すること、對內關係としてはあくまで國際正義に則り、對內關係としては社會正義に卽して、國家の發展、國民の幸福を圖る』ことを念願する」（上p387）。さらに、記者会見で施政方針に関する初声明を行った。そこでも「對立相剋を續けて行くと國外で侮りを受ける。できるだけ利害、情實、黨派、因緣による相剋摩擦を緩和して行きたい」として、「具體的政綱政策はいずれ閣議で協議するが、自分の氣持としては、國際正義に基く眞の平和と、社會正義に基く施策の實施に努めたい。一つの內閣で何から何まで片付けることは難しいが、全力を擧げ微力を盡し、內閣が一體同心となり、小異を捨てて大同につく氣持でやろうということを、今日の閣議でも話した。擧國一致國民全體が手を握つて、革新というか國家の進運のため、進んで行きたいという氣持である」（上p387）と述べた。近衛は明確に挙国一致で革新政策を進める意図を表明している。

近衛は政権発足に当たって繰り返し挙国一致の必要を説いた。議会制度の国にとっては、挙国一致体制とは戦時などの緊急時の一時の変態に過ぎない。多様な意見があることを前提として政党に分かれて、主張を議会で戦わせるのが常態である。当時の日本は戦時であったわけではないのに、近衛にあっては挙国一致自体が目的となっている。挙国一致が常態であるのは独裁専制の国家である。複数の政党の存在は挙国一致の障害である。結局近衛は、新体制運動として独裁体制を指向することになった。当時の日本のように、軍部がその武力を背景に圧倒的に大きな発言力を有している状況での挙国一致とは、結局は軍部の方針に追随することを意味する。さらには、社会にかろうじて残っていた少数の異論や反対意見を一掃することになる。それは、後に述べる国家総動員法で実現した。

一貫して国際正義を強調する近衛の根本思想を示す、この時期の近衛の覚書（上p388）が残っている。走り書きのメモのようなものであるが、かえってその思想の核心を示している。


「現內閣は各方面に於ける相剋對立を緩和するを使命とす。」

「是等對立の內最も深刻なるものは、『持てるもの』と『持たざるもの』との對立なり。」

「國際間にありては、所謂『持てる國』と『持たざる國』との對立あり。今日の世界不安は之に本ずく。國內にありては、『持てる者』と『持たざる者』との對立あり。社會不安多く之に因す。」

「是等の對立を緩和するには、國際間にありては國際正義、國內にありては社會正義を、指導精神とすべし。」

「國際正義が實現せざれば、眞の平和なし。現狀維持を基礎とする平和は永續性なし。國際正義は世界領土の公平なる分配まで行かざれば徹底せず。」

「我國は今後も常に、國際正義の實現に向つて努力すべきなり。」

「然れども國際正義の實現するまでの間、所謂『持たざる國』の部類に屬する我國は、我民族自體の生存權を確保し置かざる可らず。我國の大陸政策は、此の生存權確保の必要に本ずく。」

「現代に於て國際正義の行われざることは、即ち我が大陸政策を正當化する根據となる」


これは国際間の紛争と社会の不和の根本原因を「持てるもの」と「持たざるもの」との対立に還元する、貧富の差を諸悪の根源とする反自由主義の社会主義思想である。それ故に近衛の政策は国際的には英米の現状維持勢力を打破する東亜新秩序設立を意図する国際革命を、国内的には議会を無力化して資本主義経済を否定する国家社会主義体制の実現を目指した。近衛は一種の社会主義革命家であった。それ故に右翼・軍部だけでなく、社会大衆党などの左翼勢力も強く支持したのであった。近衛の我民族の「生存権」という言葉は、ヒトラーの生存圏（レーベンスラウム）の主張に通じ、この二人は国家社会主義という点でも親和性がある。首相就任直前の昭和十二年四月の仮装パーティーで、近衛がヒトラーに扮したのは象徴的である。この時期には日本でも、ヒトラーが突撃隊という暴力団を使い権力を握り、ユダヤ人を迫害し、反対者や自由な思想を無慈悲に弾圧する独裁者であることは知られていた。尾崎行雄などの自由主義者はヒトラーにもナチスドイツにも嫌悪を表明していたが、近衛はヒトラーの人物や体制に反感を表明したことはない。ナチスを礼賛する中野正剛や末次信正との近い関係から、むしろ賞賛の気持ちがあったと思われる。それ故に彼は後に、天皇や西園寺などから強い反対のあった三国同盟を安易に締結した。

後の近衛の新体制運動は、その参加者がどのように弁解しようとも、ナチスを手本としたことは明白である。英国にあって欧州情勢に通じていた重光葵は大政翼賛会を「ナチ制度の日本訳」と呼んだ（動乱下p15）。日本の大陸侵攻政策を日本の「生存権確保に必要」なものと考えていた近衛政権下で、日支事変が勃発して拡大したのは必然であった。国際正義が行われないことを日本の大陸侵略の理由とすることは、貧富の格差があるからとテロを正当化するのと同じ革命の論理である。近衛の「国際正義」とは、自国の領土を侵略され奪われる中国人の正義は視野に入らない、対外硬派特有の普遍性のない独善的主張に過ぎない。

七月二十三日に特別会議が招集され、近衛首相は二十七日に施政方針演説を行った。そこで「百般の政策を國體の精髄に歸一せしめることが基本精神で、それが外にしては國際正義に基く眞の平和政策となり、内にしては社會正義に卽して、國民をして各〻その處を得しめる施策となる」（上p408）と述べていることは注目される。彼は、外交内政の政治の根本を国体主義に置くことを宣言している。民をして「各〻その處を得しめる」という言葉は、国体主義者が高遠な理想と考える決まり文句で、平泉もその著書で強調している。この施政演説は、国体主義内閣であるという近衛政権の本質を示すものである。従来の内閣でも国体の尊重を主張していたが、二次にわたり国体明徴宣言をした岡田内閣のように、議会や軍部勢力などの他から強制された結果であったのに対して、近衛内閣には自主的に国体主義を基本とすると宣言した革命的な新しさがある。

そのような近衛の国体主義者としての本質を示すのが、組閣当初から熱意と執念をもって取り組んだ大赦問題であった。特に念頭にあったのは二・二六事件の犯人達であった。本来皇道派に好意的であった近衛は、「二・二六事件に對する處罰が、それ以前の諸事件に對する處置と比し、著しく不公平で苛酷であることを內心憤り、眞崎大將に同情していた」（上p412）と伝記では言う。既に組閣本部で近衛は、軍部の政治容喙を防ぐためには、內閣の方で従來の政治貧困を克服し政治を革新することが必要であると決意を表明し、「その第一着手として、政治の貧困から引起された國內の相剋摩擦の所產たる種々の事件の受刑者に、大赦を施すべきだという意向を漏らした。」（上p412）近衛の同情共感は、反乱を起こした軍人達にあり、政治の貧困をもたらしたとする殺された政治家達にないことは明白である。

「本來大赦は內閣の仕事ではなく宮中の仕事であつたが、近衛が湯淺內府に話すと、內閣の責任でやれというので、近衛は、天皇の側近に君德を明らかにするの人なしと慨嘆していた。湯淺は法律論一本槍であつた。近衛が湯淺を嫌うようになつたのは、このことからであつた。」（上p416）と伝記では述べている。湯浅が反対したのは法律論ではなく、二・二六事件というテロとその犯人達へ反感を抱く、昭和天皇や西園寺と共通する文明主義者であったからである。湯浅と近衛の相互的反感は、国体主義と文明主義の対立の結果であった。

閣内においても大赦に対しては、陸相と海相は明確に反対であり、賛成は殆どなく近衛は四面楚歌の状態にあった。そこで近衛は八月二十六日に西園寺に面会して訴えることにした。前日の二十五日、原田がこの問題を出すと、西園寺は「筋の立たないことをやるくらゐなら、辞めたらいゝぢやないか。別に総理大臣が近衛でなければならんということでもない[12]」と言った。近衛に常に好意的な西園寺さえも、大赦に執着するなら総理を辞めるべきと強い言葉で否定した。近衛が面会しても西園寺は全く受け付けなかった。木戸が近衛に同意したという情報を得た原田が九月二日に木戸に質すと、自分は強く反対したが、「近衛は就任以来一日も忘れることができず、これができなければ辞めるとまで言うので、自分も条件付で賛成したのだ。[13]」と答えた。大赦問題は、近衛にとっては首相の職をかけてもという重大な問題であった。それ故に、その後もこの問題を執拗に追求し続けた。国体主義を掲げて立ち上がった軍人達に同情する、近衛の国体主義イデオロギーを示すものである。

十月になっても近衛はこの問題に熱心に取り組んでいた。この頃、近衛と湯浅内府とが、大赦のことで一時間半ばかり議論した。その時近衛は「哲学的に見て社会悪といふものが世の中には存在する。たとへば資本家としての弊害とか、或は権力者の弊害とかいふやうなものが存在する。結局二・二六とか、五・一五とかいつたやうなことの起るのも、犯人はとにかくどこまでも国家のために、或は社会のためにかうしたいと思ふ純な考でやるので、所謂社会悪を除かうといふのがその動機なんだ。だから陛下として大局から御覧になつてやはりその動機を酌んでやるだけのお心持がなければ、公平が保たれない」[14]というような議論をした。これは、社会の腐敗を憎み不正を正すとして、テロを敢行した青年将校達と殆ど一体化した議論であった。社会悪の是正のためには暴力も正当化されるとする、一種の革命家的心情である。それ故に近衛は身辺に、共産主義者の尾崎秀実や、ヒトラー心酔の中野正剛、風見章などの人物を引きつけたのである。後に、暗殺者の井上日召も近衛の家に同居した。

西園寺も十月十一日に原田に「どうかしてこの（大赦の）詔勅だけは喰止めてもらひたいもんだ。近衛の前途がこれによつて非常に小さくなり、また右傾等の傀儡に終つてしまふやうなことは、事情から考へてすこぶる惜しいことだ。やつぱり近衛はもつとのびて、いはゆる文明政治の旗ふりでなければならない」（（）は引用者補足）、そして「これを公けに考へても、総理として国家に対する責任からいへば甚だけしからんことであつて、まことに憲法もなければ、何にもない、無茶苦茶にしてしまふやうなことぢやあ困る。[15]」と述べた。西園寺は近衛のこの問題への姿勢が、文明の政治に反し憲法を無にする、一種の革命の方向であることを察知していた。それは後に新体制運動として実現した。

風見章によると、「近衞は西園の反對に拘らず、少しも悄氣もせず、業も煑さず、强情なしつこさと粘り强さで、八方苦心しながらあくまで實現に努力した。しかし大赦は結局一件も許されず、近衞に一片の内報も豫告もなしに、二・二六事件の刑が執行された。それを風見から聞いたとき近衞は、深刻な悲痛と失望に顔を歪め、深い溜息を洩らしたきり、暫し物も言わなかつた」（上p421）そうである。二・二六事件の犯人達の処刑に対する近衛の強い衝撃は、これらのテロリストに対する近衛の同情の深さを示す。一方、右翼や暴力を嫌った文明主義者の昭和天皇や西園寺の同情は、彼等に殺された高橋是清などにあった。結局、近衛は西園寺の望んだような文明政治の旗振りとなるどころか、青年将校達の遺志を継いだように、軍部右翼の傀儡となり西欧文明主義に基づく議会制度や資本主義経済の旧体制を覆して、国体主義に基づく憲法も何もない「無茶苦茶」の新体制[16]を作り上げることになった。近衛が昭和天皇や西園寺と社会的地位において如何に近くても、当時の近衛の心情や思想は青年将校にはるかに近かったことは特記すべきことである。

(三) 日支事変

近衛内閣発足一カ月後の、昭和十二年七月七日に起こった盧溝橋事件こそが、「近衛內閣匆々の一大難關というのみならず、日本を滅亡に導いた一大禍根となつた。」（上p396）と伝記でも述べている。結局この事変への対応が、近衛政権のみならず日本の運命も決定した。「當時かかる事件が勃発することは、政府の人は勿論一向に知らず、陸軍の本省も知らず、專ら出先の策謀によつたものである」（上p396）という近衛の言葉は、歴史の歪曲と陸軍への責任転嫁である。前林内閣の佐藤尚武外相は日中両国の関係悪化から何時大戦争に通じる衝突が起きても不思議でないと、引き継ぎ時に後任の広田に強く警告していた(1)。そして、この事件は陸軍の謀略ではなかった。現地の偶発的な軍事衝突を首相官邸が主導して政府が拡大したのである。

外務省東亜局長として戦闘の拡大阻止に全力を挙げていた石射猪太郎等が強く反対したにもかかわらず、近衛の政府は閣議では三師団の動員案を決定して、内閣は「重大な決意」の声明を発表した。さらに、政界、言論界、実業界の多数有力者を首相官邸に集め、首相自ら政府の決意に対して、了解と支援を求めた。「政府自ら気勢をあげて、事件拡大の方向」に滑り出したと石射は表現している(2)。軍部に引きずられたのではなく、近衛と風見の主導による行動であった。事変拡大で風見章が重要な役割を果したことは、近衛の外交政策に強く批判的であった重光葵が証言している（手記p658）。「事件があるごとに、政府はいつも後手にまわり、軍部に引き摺られるのが今までの例だ。いっそ政府自身先手に出る方が、かえって軍をたじろがせ、事件解決上効果的だという首相側近の考えから、まず大風呂敷を広げて気勢を示したのだ」という説明だった。政府首脳自身が軍部を引きずったことを認めている。石射は事変拡大の最大の責任者として近衛を一生許さなかった(3)。

注目すべきは、日支事変の拡大は「我國の大陸政策は、此の生存權確保の必要に本ずく」（上p389）と、大陸への進出を正当化していた近衛の信念と一致していることである。さらに、この年の年頭に発表された「內外時局を論ず」（上p355）という論文において、近衛は中国における抗日運動が止まない限り日中戦争は不可避と述べ、国論統一の必要を主張していたように、盧溝橋事件は近衛にとってはある程度予想された事態であり、その後の彼の行動は、その持論に従うものであった。近衛にとって、日中戦争の根本原因は中国側の不当な抗日運動であり、それ故に一貫して中国に「反省」を求め続けることになる。そして、最終的には反省を示さない「国民政府を相手とせず」ということになった。国内的にも、戦争という非常事態の発生は近衛の理想の「挙国一致」を容易にして、議会による強い反発が予想された統制経済を進める国家総動員法の成立などの、革新政策の遂行にも有利であった。後になっての戦争拡大防止に全力を尽くしたなどという弁解とは逆に、近衛の首相在任時の言葉も行動も戦争拡大の方向にのみ動いた。和平への試みなどは、宮崎龍介の使節としての派遣を陸軍の妨害で直ぐあきらめたように、同時期の大赦問題に見せた熱意と執念は全く感じられない。

七月二十三日に招集された特別議会においても、事変に関する多くの質問がなされて、それに対して近衛は、侵略の意図なく平和を求めるだけと空疎な美辞麗句を連ねた答弁をしていた。二十八日の本議会においては積極論に対して次のように述べている。

「私は支那民族が一日も早く反省して、東洋民族の本然の姿に還つて、同じ東洋民族である所の日本と提携して、東洋の文化、東洋の復興のために力を盡すという自覺に、速かに到達せんことを切に希望しているのであります。蔣介石を初め國民政府には、日本を理解する者が少くないと私は思つて居る。今日直ちに國民政府の打倒というようなことを申すことは、まだ早計であると思う。私は支那民族をして、支那の政府をして、東洋人たる本然の姿に還すということが、對支政策の根本基調であると考えております」（上p409）

事変において反省すべきなのは、中国領土内に満州国を作り華北にも分離工作を進めている日本ではなく、抗日政策を続ける中国民族であり、何が東洋人の本然の姿であるかを知っているのは、中国人ではなく日本人なのである。近衛は、東洋民族の提携の美名の下に、中国が日本の考える東洋の秩序に順応することのみを求めている。これが国体主義者が理想とする「民をして各々その処を得しめる」ということであった。中国人のナショナリズムも主体性も認めない、国体主義者特有の徹底的に独善的な態度である。それ故に、日本のこの「善意」に対しても、中国が反省せずに抵抗を続ければ、「膺懲」するという観念が生じる。

八月には上海でも衝突が起きて戦火は中支にまで及ぶことになった。この情勢に政府は閣議を開き十四日に「上海の日支衝突に對し、不擴大方針を一擲して斷乎膺懲の決意をしたこと、且つ第三國の介入はこれを斥けるという重大聲明を發した。」（上p424）。不拡大方針の建前は、開戦後一カ月で抛棄され、断固膺懲という政策が決定されたのである。これを決めたのは内閣であり軍部ではない。統帥に引きずられたなどという言い逃れは通用しない。風見章は「これはあくまで不擴大方針を堅持するという前提で、一個の示威的ゼスチュア」（上p424）としての声明であったと説明をしている。盧溝橋事件当時に「大風呂敷を広げて気勢を示した」のと同じで、事変の拡大を進めただけであった。強く出れば相手は折れると考え、国内の好戦的世論にしか眼が向かない対外硬特有の攘夷的姿勢である。翌十五日には、南京、南昌に対し海軍の空爆が開始されたのである。日本は本格的戦争に踏み切った。

九月になると戦火は益々拡大して、九月三日には再び臨時議会を招集しなければならなくなり、開会の前日閣議で、「北支事変」を「支那事変」と改称することが決定されて、戦争を中国全土に拡大する意志が表明された。近衛首相は九月五日の施政演説で、「今まで不擴大と局地解決のため努力したが、中南支にまで局面が擴大された今は、消極的且局地的にこれを収拾すること不可能なるを認め、斷乎として積極的且全面的に中國軍に對し一大打撃を加へるの已なきに至つた」（上p426）として、中国がその誤った排外政策を反省せず抵抗を続けるならば長期戦も覚悟しなければならぬと局地戦から全面的長期戦への転換の意図を表明した。さらに長期戦を行うための国内体制の整備の必要を訴えて、統制経済実現の意欲を示している。この様に、国内の対立相剋を抑え、理想の挙国一致体制と国家社会主義を実現するために、近衛にとって長期戦は必ずしも忌避すべきものではなかった。それは、革新政策実現のために戦争拡大を歓迎する革新派に共通するものであった。

議会における議論で、そのことは明白になっている。九月五日の衆議院本会議で、革新派の政治家として人気の高い中野正剛が、南京政府撃滅論を力説して、「長期戰恐るゝに足らず」（上p426）と論じたのに対して、近衛は「帝國と致しましては、長期になろうと、又短期であろうと、徹底的に支那の政府並びに軍隊に對して、大打撃を與えるという覺悟に變りはない」（上p427）と積極的に応じている。また国内の政治体制に関しては、社会大衆党の片山哲が、「國民の協力と總意を集中した擧國的外交機關の設置」を主張したのに対し、近衛は「獨り外交のみならず、經濟、財政、產業の各方面に亘りまして、あらゆる能力、知識を集中致しまして、時局に對處して行きたいと存じているのでありますす。その實現の方法につきましては、目下考慮致していゝるのであります」と答えて、「非常時」を理由として挙国一致の全体主義的体制実現の意図を表明した。

経済問題に関しては、翌六日の予算委員会で、近衛は戦時下の国民生活に関する質問に対して「この非常時に際しまして、私は國民としてはその日常の生活に於て、相當の犧牲を甘んじて受けなければならぬと思うのであります。卽ち國民は所謂忍苦の生活に堪えなければならぬ、堅忍不抜の精神を以てこの時局に當らなければならぬと考えるのであります」（上p427）と答えている。戦時下の非常時を理由に国民に相当の犠牲を覚悟すべきと述べて、近衛が本格的な長期戦を意図していたことを示した。斉藤・岡田内閣の高橋財政で好転していた経済は、近衛が主導した統制経済により戦争の拡大とともに急速に悪化して、国民は終戦まで窮乏生活を余儀なくされた。「日本人の日常生活は、ほとんど原始的状態」に立ち返ったと、重光は証言している（動乱下p251）。

内閣の補強を意図して、十月には内閣参議というものがもうけられた。それは「支那事變に關する重要國務につき、内閣の籌畫に參ぜしめるため、國務大臣の禮遇をする」（上p433）というもので、人選は近衛が主に行い、松岡洋右や末次信正や荒木貞夫などの国体主義で対外硬派の人物が主流であった。近衛は自分の思想に近い人間を周囲において、彼等の助力を当てにして、自己の政策の実行を意図したのである。[4] 近衛特有の他力本願である。近衛は当初から右翼の巨頭である頭山満を入れようとしたが内相の湯浅に拒否された。[5] これらの人間は、後に近衛内閣に入閣して対外硬の革新政策を推進していくことになる。昭和十五年に、革新政策に反対する文明主義の現状維持的な米内内閣が成立した時に、松岡や末次などが辞職したのは、この参議という制度と近衛の対外硬という本質を示すものである。

支那事変の拡大が革新政策を後押ししたことを、伝記は次のように記している。事変当初は「現状の變革を好まぬ空氣が一般に濃厚であつたのは自然であつたが、しかしその後不擴大方針が裏切られ、戰火が擴大し、事變の重大性と長期性が自覺されるに從つて、順次に準戰時體制への方向が強化され、革新の色彩が加わるに至らざるを得なくなつた。これは先に見たように、十二年九月の臨時議會頃から、漸次に顯著となつたのである。この議會で、資金調整法、船舶管理法、輸出入品臨時措置法の三非常時立法がなされた」。（上p439）

九月十一日には、国民精神総動員運動が発足し、国民精神総動員中央連盟も、十月十二日に結成された。十月一日には企画院の設置が決まった。これは、国家統制の中心的機関で国家総動員体制の中枢となる役所であった。この様に開戦後四カ月間に、手際よくバタバタと精神的、物質的な戦時における国家総動員体制の基本ができあがった。これは陸軍が望んでいた高度国防国家体制の実現への第一歩であり、真に戦争の不拡大を望む人間のすることではない。近衛の日支事変を長期的な全面戦争として、それを理由に革新政策を遂行して、全体主義的国家を形成する意図は明白であった。

それ以降も近衛内閣において、矢継ぎ早に行政府の権限を拡大するような政策が決定されていった。十一月には国家総動員法が閣議決定され、十二月には電力国家管理法の議会提出が閣議決定された。戦争という非常時を利用して、議会や民間に強い反対のある国家権限拡大の政策が実行されていった。その結果を伝記では次のように形容している。「これら一連の施策が、事變の擴大長期化に促されて、經濟その他の國民生活に對する國家統制を强化し、軍需産業の動員を促進し、軍部官僚の統制權を强化する意味を持つたことは、言うまでもない。」（上p441）。これらの政策を実現したのは、軍部ではないし、軍部の強制によるものでもなく、近衛を首相とする政府である。戦争の拡大は近衛の目指す革新政策にとって好都合であった。

この様に事変が益々拡大し、それに伴う国内の戦時体制の強化を着々と実現しつつあった十一月十五日に、近衛は杉山陸相との行き違いが原因で木戸に強い辞職の意を表明した。驚いた木戸が次のように反対したのは当然である。「近衛がいまこんなことを考えるのは怪しからん。それでは野垂死になる。國民は近衛を買い被つて期待もし安心もしているのだから、そんなことになれば財界に恐慌が來るかも知れぬし、國際的には爲替が下落するなどということにもなる。出先も張り切つているとき中央がそんなことでは、中國も侮るし列國にも威信を失う。これは絶對にいけない。元老に取次ぐことはできない」（上p446）。凡そ一国の首相として考えられない無責任さであった。この様な人間を三度も首相の座に就けた日本が亡びるのは当然であった。この話を聞いた西園寺は、「問題にならんぢやないか。とにかく困つたもんだ。一体近衛には相当な識見があると自分は思つてをつたが、何にも自分自身に考がないやうな風に見える。」[6]と述べた。この言葉は近衛という人物の正体を見抜いている。

近衛は後の覚書（上p447）で辞意は戦争拡大を進める軍部の反省を促すためと説明している。しかし、周囲の説得で辞意を撤回した後の十一月二十六日の談話で近衛は、「中國政府が政策を轉換し、反省の實を示し、和平交渉を開くなら、日本もそれに應ずる用意があるが、あくまで長期抗戰をやるなら、こちらも敢て辭しない」と言い、「北支その他の地方政權が、眞に有効に日本との國交調整に役立つなら、それを強化して協力することも考えられる」と述べた（上p448）。中国が反省をせずに抗戦するならば長期戦を辞さないと強硬で、北支の傀儡政権を強化して利用する意図を表明している。中国が路線転換し反省を示すこと、即ち全面屈服を要求している。この談話の示すものは、戦争続行の強い意気込みであり、実際の彼の政策もそれを裏付けている。

近衛の対外硬の姿勢は内政においても示された。十二月になると近衛は原田に秘密にして、ロンドン海軍軍縮条約反対で暗躍し、重光が「反英米」の「ナチの謳歌者」と呼んだ（動乱上p234）対外硬の海軍大将の末次を内務相に起用した。近衛が自由主義者の原田に秘密にしたのは、自分が反対の革新主義であることを意識しているからであろう。「革新主義者だということであつたので、末次の内相は各方面から不安と關心を以て迎えられた。しかし就任直後の人事から始まつて、概ね非常識な處置が多く、末次の内相は結局失敗であつた。」（上p451）と、近衛を擁護するこの伝記においても結論している。しかし、その末次を近衛は最後まで弁護して庇った（上p513）。後に、同じく周囲の反対を押し切って外相に起用した松岡洋右も典型的な対外硬論者であった。近衛の奇抜な人事とされるものは、彼を文明主義者と見る誤解によるものである。国体主義の対外硬論者である近衛の同主義者の登用という当然の人事である。末次は内務大臣として失政が多かっただけでなく、トラウトマンの仲介による日中交渉に関しても、対外硬の本領を発揮して強硬論を主張して、交渉の挫折に大きな役割を果たした[7]。

日支事変の拡大とともに、米英をはじめとする国際社会における日本への態度は急激に悪化して、既に経済制裁が議題に上っていた。日本は目前の中国との戦争に気をとられて、奇妙な程にこれらの国際世論の動向に鈍感であった。現実に制裁措置がとられれば、予想外のこととして驚き、ABCD包囲網などと反発した。この国際的情勢や国際世論に対する無神経な対外盲とも言うべき態度は、時代の気風である対外硬の現れである。世界の中の日本という視点がなく、対中戦争が米英との衝突に導くという展望もなく、第三国の干渉を排するなどと主張して末次内務大臣が後押しして国内の反英運動を煽り、いたずらに日本を孤立化させた結果、世界から敵意の的にされた。英国公使であった重光は、末次内相下の反英運動が如何に英国人の対日感情を悪化させたのかを証言している。中国が一貫して、日本を孤立させ対米英戦に巻き込もうと工作していたのと対照的である。日本と中国の外交上の戦争は、戦後に蘇峰が評したように「座頭の日本と眼明きの支那の戦い[8]」であった。

その日中戦争を日本にとって真に致命傷としたものこそ、近衛による「国民政府を対手とせず」声明であった。十二月七日にはドイツの中国大使トラウトマンを仲介とする日中交渉の申し出が日本になされていたが、南京陥落が目前に迫っていたので政府はそれまで待機することを決定した。十三日には南京が陥落した。十二月二十二日に講和の基礎条件として日本が中国に示した四条件とは、中国が日本に屈服してほぼ日本の言いなりになることや賠償を求めるもので、この条件を決める会議に参列した東亜局長であった石射猪太郎が、説明員としての立場を逸脱して、この様な条件では決して中国は同意しないと抗議したものであった[9]。しかし、末次内務相や杉山陸相が強硬意見で、さらに条件を加重した。この会議中に終始無言であったという近衛には、この機会に是非とも和平を結ぶ意志などなかった[10]。前日の二十一日の閣議では、南京陥落後の既成事実を追認して実質的に国民政府を相手にせずに、北支に傀儡政権を樹立して実質的に中国を分割占領するような「事変対処要項」を決定していた。

昭和十三年一月十一日の御前会議に決定された「支那事変処理根本方針」において、既に国民政府が反省しなければ相手としないと述べ、その代わりの傀儡政権成立の意図を明確にしている。[11] 後の「相手とせず」宣言はこの根本方針に従った予定の行動であり、この様な方針を定めた近衛内閣の対外硬の本質の表れであり、決して当時の風潮に乗った言葉の弾みや、一時の判断の誤りでははない。近衛内閣の対中関係の声明や文章では、繰り返し中国の反省の必要が述べられる。中国は対等の戦争当事者というよりは、反省や恭順の意志を示さない反逆者か属国のように扱われている。日清戦争に関する陸羯南の文章が示すように、対外硬論者に対等の他者は存在しない。近衛は事変を東洋の「内乱」（下p161）と呼んでいた。

十四日に閣議が開催され、広田外相は、和平交渉の経過を詳細に報告して、ドイツ大使と会見した結果から判断しても、中国側に誠意を認めるべきものがないとの結論に達した旨を述べた。そして事態がこの様ならやむを得ぬということで、運命的な「国民政府を対手とせず」の首相声明が発せられたのである。玄洋社出身で右翼の首領である頭山満を師と仰いでいた広田は、この当時は全く対外硬派に回帰しており強硬姿勢を貫いたため、外務省内で事変拡大阻止に奮闘していた石射は彼に強く批判的であった。近衛と広田という対外硬論者に指導された日本政府が、十一日の御前会議の方針から考えても、この様な声明を出すのは自然であり、戦勝に高揚した日本国民の好戦的な気風[12]とも全く一致するものであった。

近衛がこの声明に強い決意と確信を持っていたことは、伝記の伝える次のような事実からも明白である。一月十五日の連絡会議において、「閑院參謀總長が『若し相手とせずと聲明した後に、蔣介石が和平をやると言つたら、どうするか』と言われた。一同は勿論廣田外相から答辯するものと思つたら、廣田はもじもじしていて何も言わないので、近衛が『絶對に相手に致しません』と言つたのだという」（上p468）。この時に参謀本部は蒋介石との交渉を望み「非常に弱腰」であったが、近衛はそれを押し切ったのである。「統帥に引きずられた」などという、近衛やその周囲の人間がした後の言い訳は全くの虚偽である。

このような経過の後、一月十六日に次のような「爾後國民政府を対手とせず」という声明が発せられた。

「帝國政府は、南京攻略後なお支那國民政府の反省に最後の機會を與えるため、今日に及べり。然るに國民政府は帝國の眞意を解せず、漫りに抗戰を策し、内民人塗炭の苦しみを察せず、外東亞全局の和平を顧みるところなし。よつて帝國政府は、爾後國民政府を相手とせず、帝國と眞に提携するに足る新興支那政權の成立發展を期待し、これと兩國國交を調整して、更生新支那の建設に協力せんとす。元より帝國が支那の領土及び主權並びに在支列國の權益を尊重するの方針には、毫もかわるところなし。今や東亞和平に對する帝國の責任いよいよ重し、政府は、國民がこの重大なる任務遂行のため、一層の發奮を冀望して止まず」（上p469）

空疎な美辞に満ちた、主観的で独善的な対外硬精神にあふれた文章である。利害関係を理性的に論じるという要素もなく、相手の立場に立って説得するという姿勢も皆無である[13]。蒋介石の抗日態度を一層硬化するという考慮もなく、全く国内の感情にのみ訴える声明である。対外問題においても、ひたすら国民の感情に従えという、明治の対外硬運動の指導者陸羯南の主張に一致する。この当時社会に横溢していた好戦的な国民感情に完全に迎合するものであった。近衛も当時、「相手とせず」というのは、国民政府の「否認」よりも強い意味を持つ、断乎たる決意の表明だと説明した。それは国民政府の潰滅を意図すると解釈する以外ない。

「相手とせず」声明で日中の国交は断絶し和平交渉は不可能になった。そして、日中戦争の長期化が確実になったが、それは近衛が予期していたことでもあった。それは南京陥落直後の総理声明の「眞の持久戰はこれから始まる」（上p460）という言葉からも明白であった。戦争の長期化の見通しが総動員体制の整備を促進した。昭和十三年一月二十二日からの第七十三議会の施政方針演説で近衛は、事変の新段階とこれに対する政府の覚悟を説き、現代の我々がそのための犠牲を忍ぶことは、「吾々が後代同胞に對する崇高なる義務」（上p471）であるとし、そのため物心両面に亘る国家総動員体制の必要を説いた。各政党も事変という戦時体制を前に、政府に同調的であった。

この議会での最大の法案は国家総動員法であった。それは広汎な統制を勅令によって実施するというものであったから、運用の方法によっては憲法と議会の停止を意味するものであった。それ故に西園寺は、「この法案は結局憲法無視の法案だから、まあ、あれは通過しない方がいいな[14]」と言った。政党側の反対もかなり強硬であり、「本事變に適用しないものなら提案の必要がないとか、委任命令の多いのは憲法に抵觸するとか、本案の提出阻止を圖るべきだとかの議論もあり、殊に集會の禁止、新聞の發行停止に關する條項に反對が最も強く、又本法の發動と適用を官僚に任せるのは危險千萬だという非難が旺んで、このまま強行すると大波瀾を巻き起す情勢だ」と伝えられた（上p474）。さすがに、政党はこの法律の危険性に盲目ではなかった。議会で質問に立った反軍演説で有名な斉藤隆夫は、「憲法の大精神に違反する」（上p475）と論難した。

三月二日の委員会において近衛は、この法律はファッショ・イデオロギーの風潮に乗ったものではない、戦争にのみ適用されるのだから、ナチス・ドイツの授権法とは異なる、一朝有事の際には、緊急勅令などで総動員を行うよりも、法律として制定していた方が良い、わが国の政治の運用は、何処までも憲法の条規に従って議会を尊重して、憲法の範囲内で行っていく（上p478）と、表面上は反対をすることが難しいような、言葉巧みな答弁をした。

この近衛の明快な答弁と真摯な態度が反対の空気を大いに緩和して、審議も軌道に乗った（上p478）、と伝記では述べている。果たしてこれは真摯な態度なのであろうか。軍部が望んでいたが、そのむき出しの武力では出来なかったことを、近衛はその巧みな弁舌で実現させたのである。「巧言令色」という言葉を思い出させる。近衛は既に議会政治否定の革新思想[15]を抱きながら、憲法と議会をあくまで尊重すると平気で嘘をついている。近衛のこの答弁が心にもない嘘であったことは、新体制運動などにおける、その後の彼の行動が証明している。議会での近衛の言論は、結果を得るための方便に過ぎなかった。平気で虚偽を述べる人間に議論で勝つことは難しい。ある意味で言論に命をかけた生粋の議会人の斉藤は、このことを察知したのであろう。その後の彼の一貫した近衛批判の底には、単なる戦争責任追及以上の近衛の人間性そのものへの反感がある。

三月十六日には、あれほど反対した政党も二つの付帯決議をつけて賛成して、国家総動員法は衆議院を通過した。この法律によって、憲法は無視されて国民の自由が圧殺される道が開かれた。この法律は経済統制の手段で、如何なる思想弾圧法よりも効率的に、反政府の雑誌や出版物を廃止し、自由な言論を黙らせることが出来た。この法案への賛成演説で、一貫して無条件に賛成であった社会大衆党の西尾末広が、近衛に対して「ヒットラーの如く、或はスターリンの如く」大胆に進むべきだと述べて議員を除名されたが[16]、自由な言論や議会に煩わされることなく、挙国一致で国家社会主義による全体主義体制を目指そうとした近衛の本音を代弁している。

伝記ではその成立過程を次のように述べている。この法案は十七日に貴族院に上程され十九日から委員会で審議され、近衛は提案理由の説明から委員会の答弁に至るまで自ら当り、結局二十四日に無事原案可決となり、近衛の連日の奮闘によって重大法案も確定したのである。この法律は四月一日公布、その施行令も五月三日公布され、五月五日から内地のみならず朝鮮、台湾、樺太、南洋群島にも施行された。本法は支那事変には適用せぬということであったが、事態の切迫に伴い、結局次々に発動されるに至ったのである。（上p480）

以上のように、怠け者の近衛が先頭に立って奮闘して国家総動員法を成立させた。自己の信念に基づく最も重要な法案だからである。支那事変に適用せずという約束は軽々と破られた。憲法軽視ではないという根本的虚偽に基づく法律で、近衛はヒトラーのように、甘言で国民と議会を騙して、明治以来築き上げられた日本の立憲政治体制を合法的に形骸化する道を開いた。日本を亡国に導いた支那事変と共に、近衛内閣の日本の政治体制に与えた影響は決定的であった。伝記では近衛内閣で成立した、殆どが戦時体制に応じる統制関係の法律の多さをあげて「未曾有の好成績」（上p483）などと形容している。視点を変えれば、それまでの内閣が抵抗してきた軍部の望む革新政策へのブレーキを外した内閣であることを意味する。それは逆風に抗するブレーキ政策が困難であるのと正反対に、順風に帆を上げるような時流に乗る安易な行動に過ぎなかった。

議会における議論では、対支政策や「国民政府を対手とせず」声明に関して取り上げられた。一月二十二日衆議院本会議において、将来第三国が仲介に入った場合は、蒋政権と交渉する様なことはないかという質問に、近衛は蒋政権と国交調整についての交渉は一切やらないと強調し、「将来は如何なることがありましても、蒋介石政府を相手とすることはない」と言明した。さらに、国民政府が現在の武力を持ったままで、新政権に合流した場合はどうかとの質問には、「兩政權が對等の立場で合流した場合」は、これを認めるわけにいかず、「蒋介石政權が無力となつて新政權の傘下に吸收せられた場合」なら、これを認めると言っている。（上p484）

「相手とせず」声明をだめ押しするような、蒋介石の存在そのものを否定するような公の場における侮辱に対して、蒋介石が徹底抗戦の決意を固めるのは当然である。しかし、近衛への高い人気が示すように、当時の対外硬の世論には歓迎されたであろう。この非妥協的で強硬な言葉は、近衛の対外硬の本質から生じるもので、軍に引きずられたり、弾みで余計なことを言ったというものではない。日中間の対立を決定的に悪化させた主犯は近衛である。後になって近衛がどんなに融和的態度を示そうとも、西園寺が述べたように、今度は蒋介石が相手にしなかった。(17)

一月二十七日の衆議院予算委員会で、一月十六日の「相手とせず」声明は一体どんな必要と効果があるのかという根本的質問が出された。これに対し近衛は「先日の聲明を發するまでは、彼の反省に最後の機會を與えるべく、最後の手段を盡したのであります。その手段が結局望みがないということで、遂に重大なる決意を致しまして、かの聲明となつた次第であります。この聲明は、今御心配の様にそう内外に對して惡影響はなかつた。むしろ帝國の重大なる決意を内外に闡明した利益があつたと思う」（上p484）と答えた。当時から、議会内だけでなく、軍部にさえも声明に対する心配があったのに、近衛はそれらを無視して、メリットがあったと自慢さえしている。強硬な決意を内外に示したことを利益とする、強く出れば相手は折れてくるであろうと考える典型的な対外硬の立場である。国内の好戦的な雰囲気とその反応しか眼中にない外に閉ざされた鎖国主義的な態度で、現実に敵対している蒋介石や中国がどう考えるか、蒋介石に同情し好意的な国際世論がどう見るか、などということは考慮の外にある。

伝記では「何と言つても本議會での近衛の答辯は、國家總動員法についてのそれが、最も精彩を放つた。」(上p486) と述べている。この議会では、国家総動員体制がその後実際に陥ったような危険性について、議員によって真剣に論議されていることが印象的である。憲法や議会を否認するものではないか。ナチスのイデオロギーに影響されたものではないのか。四方八方を敵に回すことを前提としているのではないか、等々。これに対する近衛による口先だけのきれい事の答弁は、後に虚偽であることが明らかになった誠意のないものであった。言論の府である議会の実質的な形骸化は、近衛により開始されていたことを示すものである。

(四) 内閣改造

議会閉会を前にした三月末になって近衛は、またもや辞意を表明したが、西園寺をはじめ周囲の反対により辞意を翻した。そして、四月二十一日に記者団と会見して時局担当の決意を表明した。その中で、「蒋政權の潰滅、對英政策、對支中央機關、北支新政權の承認と指導、内閣改造と專任厚相、新黨、議會制度改革などの諸問題」(上p499–500) に触れた。このように、第一に蒋介石政権潰滅の意図を表明した。国民政府への強硬姿勢は不変である。後に近衛が弁明したように「相手とせず」声明を訂正する意図があったとしたら、この様な発言はしない。

近衛は、五月の大幅な内閣改造で宇垣を外相として入閣させた。西園寺はこの人事に反対であった。彼が宇垣を評価していなかったからではなく、とっておきの人物と考えていたからであった。彼は原田に次のように言った。「宇垣の外務大臣といふものは、これは非常に危険なものだと自分には思はれる。なんとなれば、もし万一内閣が辞めた時に、なんといつても相当に押しも利けば骨もあり、実力もあるといふ政治家としては、やはり宇垣が第一人者のやうに思はれる。その取つときの人物に疵をつけられるといふことも困るし、また外務大臣といふ地位は最も疵のつけられ易い職務である。[1]」。結局近衛は、対中関係改善に奮闘していた宇垣を助けることも庇うこともなく、見殺しにした。少なくとも、宇垣大臣の下で尽力していた石射はそう見ていた。

一方、内務大臣として評判の悪かった末次に関しては近衛は徹底的に庇った。内閣改造の際に昭和天皇が、「内務省はどうか、末次内務大臣についてはいろいろ評判があるが、どうか」と暗に更迭を促したのに対しても、近衛は、「一般には大して悪くはございません、悪く申せば内大臣ぐらいのものでございませう[2]」と答えたということを、湯浅内大臣が陛下から聞いて、苦笑しながら原田に伝えた。三十日に近衛も、この件にからんでであろう、原田に「どうも陛下は少し潔癖過ぎる。もう少し清濁併せ呑むやうなところがおありになつて欲しい。今の内大臣のやうに気宇の小さい者が附いてゐるからぢやあないか[3]」などと言った。対外硬の末次を強く擁護して、文明主義の湯浅を非難し天皇さえも批判している。近衛がどの陣営であるかは明白である。それ故に、この改造で国体主義の代表的軍人荒木貞夫を文相に起用したのである。荒木は教育の軍国主義化を強力に進めた。

昭和十三年五月の内閣改造を、伝記では「國民にも好評であつたし、新聞も口を揃えて歓迎した」（上p521）と形容し、近衛自身も満足の意を表明している。しかし、対外的には軍人出身者の大量入閣は対支強硬派の勝利で全体主義の強化と見られた。「五月二十七日のニュー・ヨーク・タイムズは、軍人大臣が多いことになつたとし、武官側が文官側に對しより強い勢力を持つことになつたとし、戰時中已むを得ぬことではあるが、『全體主義へ著しく轉向した』と言い、出先に對する統制を強化すると共に、國内情勢を戰争遂行に適當な様に誘導することを意味する」（上p522）と論じた。内閣改造は、さらに国際的に孤立を深め米英の警戒心を高めた。国内の事情にのみ目を向け、国際的反応は眼中にない近衛の対外硬特有の政治の結果である。伝記では「近衛の真意は殆んど理解されていない」と述べているが、外からの客観的視点の方が真相を捉えている。荒木の文相起用は日本軍国化の象徴である。

内閣改造で末次の留任や荒木の文相就任などで、近衛内閣の国体主義的色彩は強化された。それ故に、内閣改造によって「相手とせず」声明を取り消し、日支事変解決に全力を尽くそうとしたとする、近衛による後の弁解には疑問がある。「宇垣が入閣の際、うまく取消して貰いたいと述べた」（上p526）というが、一国の首相が「相手とせず」と明言したから、重大な意味を持ったのである。それを自分自身で公に取り消しもせずに、外相によろしく頼むという他力本願に真剣さは窺われない。

日支事変解決のために近衛に特に請われて外相に就任した宇垣は、英国との国交調整を通じて中国問題の解決の糸口を見いだそうとした。そこで、宇垣は英国大使のクレーギーとの会談を始めた。この様な宇垣の対英交渉に対して、陸軍や右翼による様々な反対運動が行われた。反対の声は外務省内部からも起こった。外務省革新派と呼ばれる八名の若手事務官が、七月三十日に大磯に宇垣外相を訪問して、クレーギーとの会談中止を強硬に要求した。彼らは「日本民族の使命に關する根本觀念並びに世界觀、時代に對する認識、彼等の抱懷する外交政策などを披瀝し、外交不振と外務省の萎靡沈滞を打開すべき人事の刷新を論じている」(上p530)。その会談の内容(上p531–532)は、宇垣の文明主義に基づく実利思考と、国体主義のイデオロギー思考の若手外交官の対照をよく示しているので、ここで詳しく紹介する。

事務官「今日漢口攻略を目前に控え、帝國外交も蔣政權潰滅、防共樞軸の强化、及び在支英佛ソの政治勢力の排除のため、斷然たる措置に出るべき秋と思う。然るに最近大臣の關係大使との交渉ぶりは最も心配に堪えぬ。皇道宣布のための皇道外交からすれば、この際アングロ・サクソンと、東亞で中途半端の妥協などする必要はないではないか」

宇垣「漢口政略に際し大外交を行わねばならぬことは同感だ。今日列國と交渉しているのもそのためだ」

事務官「……少くとも漢口攻略の終了後までは、クレーギー大使との面接を避けられるのがよい」

宇垣「自分も元來は、結局に於て英ソの勢力を東亞から排除し、又諸君の言う皇道を世界に宣布すべきものと考えているが、しかしこれには段階がある。先ず支那を片付け、次にソ連勢力を驅逐し、その後に英國の勢力を排除すべく、而もこれらは必ずしも戰爭による必要はない。今日支那と同時に英國を敵とすべきではない。支那を撃つために英の力を借りるとは言わぬが、少くとも英國をして蔣介石援助を中止せしめねばならぬ」

事務官「帝國は蔣介石及び國民黨政府との和平又は妥協は、絶對に許されぬ。然るにその蔣政權を援助することを公然と高言している英國政府の代表者と會談することは、それ自身甚しく日本の弱腰を世界に表明することだ。列國も日本は支那を持て餘して、蔣との和平を希望していると思うであろうし、新支那の臨時政府や維新政府及び朝野に與える惡影響は言うまでもなく、徒らに國民政府側の抗日意識に拍車し、佛ソをして日本を輕侮せしめるのみならず、獨伊などの友邦の疑惑をすら招くものと信ずる。

且又揚子江航行權その他英國の在支權益の問題は、漢口攻略後になれば、恐らく英國の方から泣きを入れて來るであろう日英國交調整の時の重要な切札で、輕々にそれの商議を開始すべきではない。要するに今日最も有効な外交施策は、獨伊との關係を強化し、徹底的な蔣及び國府排撃の態度を明白にし、英國をしてその在支權益擁護のため、日本と協同せざるを得ないよう仕向けるにある。今日百害あつて一利なき日英商議は、直ちに中止せらるべきものと思う」

この若手事務官達は「ファッショ派[4]」というよりも、国体主義の対外硬派と呼ぶのが最もふさわしい。その主張は主観的で独善的な典型的対外硬論である。弱腰を見せれば侮られる、譲歩をすればつけ入れられると主張し、敵の実力や国際状況を考慮することなく徹底的に強硬論を貫くべきと主張している。明治の対外硬論者の陸羯南と同一の議論である。その根本になっているのは皇道宣布などという国体主義であることも同一である。独伊との結託が英米を黙らせるという彼等の主張は、後の松岡洋右の外交政策そのものであり、強く出れば相手は譲るという考え方も松岡と同じである。松岡は時代を風靡していた対外硬の気風の象徴であったが、決して突飛な特異例ではなかった。近衛も根底においては、彼等と志を同じくする対外硬派であった。それ故に第二次近衛内閣では、松岡を外相に起用して三国同盟を締結した。宇垣外相の日中交渉が挫折して実を結ばなかった根本原因は、右翼や軍部による国内の強い反対だけでなく、首相の近衛が、対外硬派である板垣陸相や革新派外交官の一味であったことが大きい。

改造内閣発足当初から、板垣は「今次事変ハ事実上在支欧米勢力打倒ノ端緒ニシテ当面ノ事変処理上必要ナル場合何等第三国ノ鼻息ヲ顧慮スルノ要ナキ」と主張し、「強力明快ナル事変処理ノ断行ニ依リ我対支政策ヲ事実上了得セシメ彼等ノ既得権益ノ保持上自ラ我態度ヲ支持スルノ已ムヲ得サルニ至ラシム[5]」と論じていた。日本が事変に勝利すれば英米は日本の支持を余儀なくされるという、このような典型的な対外硬の板垣の主張に、宇垣は強く批判的であった。一方近衛は、「一面に於いては戦争の進展が英国人あたりの神経を刺激し、それにつれて彼等の心理も変わってくる。ちょっとした日本の勝敗だけでも彼等の態度が変わってくるのだ。従って日本の強硬な決意と戦況の進展が相俟って今後進めば自ずから第三国の考え方も違ってくるだろう[6]。」と、強く出れば相手は折れるという、板垣や革新派外交官と同一の見解を表明していた。

宇垣が近衛に見殺しにされたような形で辞任した外相の後任として、五相会議において板垣陸相が松岡を提案したが、近衛首相以下誰も何も言わないので、そのままでは松岡に決まることを恐れた蔵相の池田成彬が「五相會議などで國策を決める際、外務大臣の報告だけが判斷の基礎になる。ところが松岡の言うことは、どこまで眞實か判らない。そんな外務大臣では困る」（上p558）と断然反対の意見を表明したので、結局は後任は有田八郎に決まった[7]。池田は松岡を嘘つきだと公の場で主張したも同然である。その松岡を近衛は第二次内閣では外相にしたのである。第一次内閣以来の一貫した念願の実現であった。第二次近衛内閣における松岡外相の実現は、池田のような内閣の一致を乱す文明主義的な現状維持派を排除するという近衛の意志の表れでもある。

そのような近衛の右傾は又国民の世論の反映でもあった。昭和十三年の夏頃には反英運動などに代表される「狂氣じみた右翼の言動は目に餘るものがあつた」が、「一般に近衛内閣の右翼に對する處理の生溫いことは定評であつた」（上p564）と伝記でも述べている。取り締まるべき内務大臣の末次や首相の近衛自身が右翼の仲間だからである。この様な右翼跋扈の風潮に西園寺は、「右翼がどうのかうの言ふけれども、国民の知識が非常に低いし、国民が低調過ぎる。結局まだ洗練されてをらぬといふか、知識的の向上が足りないといふか、実に困つたもんだ。これまで一体何を教育してゐたか。これも明治以来の教育の方針が悪かったんだな[8]。」と、深く慨嘆していた。西園寺は結局は国民の程度の問題で、根本には明治以来の教育勅語に基づく教育があることを洞察していた。後の第六部で論じるが、右翼の社会的跋扈の起源は、明治の内村鑑三不敬事件や久米邦武事件に示されたように、教育勅語の発布にあった。

日中間の関係改善を使命と考えていた宇垣が辞職してからは、支那事変はますます悪化していた。昭和十三年の九月に、後に近衛が陸軍大臣に起用し首相としてその後継者となった、陸軍次官の東条英機が次のように論じていた。「支那事變の解決が遷延するのは、ソ連と英米が支那を支援するからである。從つて事變の根本的解決のためには、今より北方に對してはソ連、南方に對しては英米との戰爭を決意しなければならぬ」（上p574–575）。中国のナショナリズムが理解できずに、支那事変の長期化は米英ソが支那を支援するからだとして根本的解決に世界大戦さえも必要と主張する典型的な対外硬の主張である。

問題なのは、このような観点が東条個人に止まらず、軍部全体に共有されており、一般世論にも広がっていたことである。その状況を重光は次のように証言している。「支那問題を自力をもって解決する自信を失った軍部は、支那戦争がますます激化拡大せられて行くに従って、その原因を、主として英、米、仏の態度に求めるようになった。日支紛争の解決が困難なのは、全く英米の妨碍によるものであり、しかも、これらの諸国が蒋介石を援助し、対日戦争の継続を強要する結果である、日本の敵は支那に非ずして英米等であるとの宣伝が、次第に効果的となって、日本の世論はますます反英米に傾いて行った。そして、「日本の国運に最も危険なこの反英（米）の宣伝がかくも有効であったことは、理性的判断を超越したものであった。」（動乱上p209）。と述べているが、それは対外硬の気風が理性を圧倒している実情を示すものであった。

昭和十三年十月には、日本軍は支那の要所を殆ど占領したが、その国力は限界に近づいて、事変の終結の可能性は全く見えなかった。十一月三日に近衛首相は、いわゆる「東亜新秩序建設」声明を発した。その内容は、国体主義に基づく対外硬特有の独善的な文章に過ぎなかった。重光は「スローガン」（手記p135）と切り捨てている。冒頭で、今や日本は「陛下の御稜威に依り」支那の重要拠点を占領したとして、「国民政府は既に地方の一政権に過ぎず。然れども尚同政府にして抗日容共政策を固執する限り、これが潰滅を見るに至るまで帝国は断じて矛を収むることなし」と表明している。このような言葉を含むこの声明を、後に近衛が主張するように、「相手とせず」声明の訂正であると理解するものはいない。

続けて声明では、「帝国の冀求する所は、東亜永遠の安定を確保すべき新秩序の建設に在り、今次征戦究極の目的亦此に存す」と主張して、戦争目的が具体的な物理的利害になく、東亜新秩序という抽象的理想であると表明している。利害ではなく大義のためという対外硬特有の独善的主張である。この様な理念を掲げれば、実際的な妥協は非常に困難になるし、確実な戦争の終着点もなくなる。

その新秩序の内容とは、「日満支三国相携え」て、「東亜に於ける国際正義の確立、共同防共の達成、新文化の創造、経済統合の実現」を期して「世界の進運に寄興する」というものである。空疎な美辞に自ら酔っているような主観的な文章である。果たして、領土の大部分を日本に軍事占領された中国人が「国際正義の確立」などという言葉に感銘するのか、外国人が日本の中国占領が世界の進運に寄与すると思うのか、などと自省する客観性は皆無である。陸羯南などの対外硬派が日清戦争を、弱小の朝鮮を救うための義侠の戦いと自画自賛した独善性と同一である。

中国に対しては、「帝国が支那に望む所は、この東亜新秩序建設の任務を分担せんことにあり。帝国は支那国民が能く我が真意を理解し、以て帝国の協力に応えむことを期待す。因より国民政府と雖も、従来の指導政策を一擲し、その人的構成を改替して更生の実を挙げ、新秩序の建設に来り参するに於ては、敢えて之を拒否するものにあらず」と呼びかける。この一節が「相手とせず」声明の修正であると近衛は言う。国民党が指導者を替えて抗日政策を一変して、日本の指導に従えば新秩序建設にも参加させてやると恩着せがましく言う。誇り高い中国人がこの様な屈辱に甘んじると考えるのは、外国人の心理に盲目な対外硬そのものである。当然ながら国民党政府の反応は敵意に満ちたものであった。

そして声明の最後を次のように結んでいる。「帝国は、列国も亦帝国の意図を正確に認識し、東亜の新情勢に適応すべきを信じて疑わず。就中盟邦諸国従来の厚誼に対しては深く之を多とするものなり。惟うに東亜に於ける新秩序の建設は、我が肇国の精神に淵源し、これを完成するは現代日本国民に課せられたる光榮ある責務なり。帝国は必要なる国内諸般の改新を断行して、愈々国家総力の拡充を図り、万難を排して斯業の達成に邁進せざるべからず。」

諸外国も日本の意図を正確に認識すると信じるなどと述べているが、東亜新秩序を理解し共感する国など皆無であった[9]。第一に、この声明には世界に向けて日本の外交方針を発信し外国世論を説得しようなどという用意も意図も無かった。後に近衛自身がこの声明は「国民を鼓舞するための」国内向けであったことを認めている（下p42）。後年の大東亜宣言と同様の自己欺瞞の自己満足に過ぎなかった。この声明を日本の東洋支配の隠れ蓑と考えた米英は警戒心と敵意を強めただけであった。日本をこれほどの盲目的な対外硬に陥らせたものこそ、新秩序の建設は肇国の精神に淵源する日本国民に課せられた光栄なる責務などという国体主義であった。この声明が、明治の井上毅の「国際論」における「国命」を継承しているのは、驚く程である。明治以来の教育勅語教育が育んだ国体主義が、昭和の日本人を国際的に盲目の痴呆にした。

「国民政府を対手とせず」声明の修正とは、蒋介石を中国の正統な支配者として認めて、前言の過ちを認めて正式な交渉を申し込むことであるはずである。ところが近衛や伝記においては、東亜新秩序声明の主眼点は、先の「相手とせず」声明を修正する所にあったなどと述べている（上p576）。近衛が主観的にどれほど「相手とせず」声明が誤りと認めてその修正を図ったとしても、その真意が中国人に伝わらなければ何の意味もない。対外硬の近衛には、この種の主観的な独善性が顕著である。

この東亜新秩序声明がどれほどどきれい事を並べようとも、その誠意を疑わせるのは、この時期に日本軍により国民党の有力者である汪精衛の新政府樹立の工作が進められていたことである。この工作に深く関わった近衛の側近、松本重治は「これらのことは、日本の帝國主義的侵略を早く止めねばならぬという考えでやつたこと」（上p579）であると述べているが、戦争相手の国民政府内の重要人物を誘い出して傀儡政権を作るということは、典型的な帝国主義侵略の手段である。文明主義者の天皇は「謀略などというものは当てになるものぢやあない。大体できないのが原則で、できるのが不思議なくらゐだ[10]」と評価しなかった。

西園寺も「謀略は文明の政治外交には不適当なことである し、それではいかにも日本の外交といふものが低調だ。[11]」と慨嘆して、「軍部は、傀儡政権を作る常習犯だ。汪氏ほどの人を、そういう破目に陥れることにでもなつたら、まことに気の毒だ[12]」と言った。

「東亜新秩序宣言」は、国際社会の現行秩序に対する挑戦と取られて、日本を繞る国際情勢が厳しさを増し、日本の孤立が深まった。国際連盟は蒋介石政権支援の姿勢を明白にし、米国も従来の孤立主義政策から脱却して、ルーズベルト大統領による昭和十二年十月の「全体主義隔離演説」以来、独伊に敵対する姿勢を明白にし、アジアにおける日本に対してもより強い態度で臨むことになった。

東亜新秩序宣言で表明した、列国が「帝国の意図を正確に認識し、東亜の新情勢」に適応するといった期待とは全く正反対の結果を生じた。近衛の政府が如何に国際情勢に盲目で、独りよがりに陥っているかを示すものであった。一方、同じく世界の嫌われ者であったドイツは、リッベントロップの外相就任以来、著しく日本に好意的になった。満州国を承認し、在支軍事顧問団を引き揚げるなど、日本の意を迎える政策を採り、軍事同盟の締結を提案してきた。第一次近衛内閣が外交的に果たしたものは、日中戦争を長期化させて、日本の国際的孤立を深めて、ドイツとの距離を縮めただけであった。

この時期の状況を伝記は次のように述べる。「第一次近衛内閣は、多くの困難を抱きながら、昭和十三年の暮に追いつめられていた」(上p610)。支那事変は泥沼に入り込み解決の糸口は全く見えなかった。「國防費は嵩み、戰時統制は强化され、國民生活は益〻窮迫した。中國のボイコットと相俟つて、經濟は不況に陷り、失業は增大した」(上p610)。閣内においても池田・米内の保守派と、末次・板垣の革新派の対立も、三国同盟の問題とも結びついて深まった。陸軍は駐独大島大使の同盟論に呼応したが、海軍は反対であった。「財界の反對は殆んど絶對的であつた。彼等は、日本經濟が英米に依存している現在、英米との親善こそ重要なのであつて、英米を刺戟して經濟的壓迫を蒙ることは、致命的だと主張した。」(上p611–612)

昭和十四年一月四日に近衛内閣は総辞職した。その理由を重光は「思い通りにならぬ近衛公は、すでに政権に飽きた」(動乱上p225)と観察している。西園寺は首相としての近衛の業績を少しも評価せずに、「近衛が総理になつてから、何を政治してをつたんだか、自分にもちつとも判らない[13]」と言っていた。そして、「時勢だから已むを得ない。陛下に対してまことにお気の毒である。あれだけ陛下は判つた方であられるだけ、まことに御同情に堪へない[14]」と、その知性を高く評価していた天皇に強く同情していた。近衛の後任首相としては、近衛と親しい国体主義者の平沼に決まった。同四日、十時平沼が参内して大命を受け、事はここに確定した。平沼の奏請は、内大臣の責任で行われた。西園寺は右翼の平沼を一貫して嫌っていたが、その平沼内閣が出現したので、孫の西園寺公一が、「元老はもはや如何に憂うるとも、我が力の及ぶ所でないと諦めつゝあつた。」（上p628）と述べたように、第一次近衛内閣の政治は西園寺を失望させて、殆どあきらめの境地に陥れた。

三、新体制運動

㈠ 米内内閣への反感

近衛の後継平沼内閣は、早くも四月頃には人気を失いつつあった。「一つには平沼の官僚的性格にも因つたが、臺閣に立つてからの平沼は、殆んど見るべき經綸もなく、事毎に消極退嬰的で、かつては革新陣營のホープとされていただけに、革新陣營の期待を裏切つた感もあつた。『近衛再認識』などといわれたのも、そういう所から來ていた」（下p7）と伝記では述べている。即ち近衛の人気は主に革新陣営におけるもので、革新政策を実行することを期待されていたのである。第一次内閣における国家総動員法の成立などは、革新陣営から見れば大成果であった。

平沼内閣の一大難問となり究極的にその内閣を倒すことになったのは三国同盟問題であった。同盟の対象に英仏を含めるとする陸軍と、ソ連にのみ限定するという首相、外相、海相、蔵相が対立する五相会議は遂に結論に達することはなかった。西園寺も昭和天皇もドイツ・イタリアとの同盟には強く反対していた。軍事同盟の締結にあくまで執着する陸軍は、内閣の消極姿勢に対して板垣陸相の辞職さえも公然と論じるようになった。三国同盟に強く反対した海軍の米内海相と山本五十六次官は公然たる暗殺計画の標的になった。これほどまで国内を混乱させた三国同盟問題は、八月二十二日の独ソ不可侵協定の成立で呆気ない幕切れとなった。

平沼は辞職の意向を木戸に次のように伝えてきた。「本來この問題は、陛下がお進みにならぬのを無理に進めておいて、その上情勢の見透しを誤つたのだから、陸軍が責任をとるべきであるのに、彼等は毫も責任を解しない。彼等は陛下の思召に背いても國のためなら構わぬという考え方で、その適例は滿洲事變だなどと言つているが、日本の臣節はそれではならぬ。自分は身を以て臣節を正したい」（下p29）。平沼のこの陸軍批判は的を射たものである。何が国のためになるのかを判断するのは、天皇でも政府でもなく陸軍であり、そのためならどんな行動も許されると考える。その先例となったのは満州事変であった。天皇の権威さえも揺るがした満州事変の反逆的な性質を示す。近衛はファッショと警戒された平沼ほどにも陸軍に反抗することはなかった。

英国大使として本国の対外政策に警鐘を鳴らし続けていた重光葵は、欧州大戦の勃発と、独ソ不可侵条約の結果の平沼内閣の退陣こそ、それまでの軍部主導の攻撃的な政策を転換する殆ど唯一の機会であったと主張している（動乱上p268）。日本においても、湯浅内大臣を中心に親英米の現状維持派の財界人の池田成彬を次期首相として、政策の大転換を図る動きが模索されていた。この動きを阻止したのが近衛であった。

近衛は池田を出すことは国際的に百八十度の転回をすることで時期尚早であると述べて、「軍部が少ししまつたと思つている時、のしかかって親英派の巨頭を持つて來るのは考え物だ」（下p30）ともっともらしい理屈で反対した。軍部の失敗が誰の眼にも明白になっているこの時こそ、政策転換の機会であり、陸軍が自信を取り戻せば可能性は殆どない。近衛の真意は軍部主導政策の転換への反対であったとしか思えない。この近衛の反対が主な理由となって池田内閣は実現しなかった。このようにして「絶好の転換期」（動乱上p268）は失われた。

八月二十八日に平沼の後継首相は陸軍の阿部信行に決まった。大命降下の際、天皇は、憲法の条章を遵守すること、外交は英米と協調する方針をとること、財界に急激な衝撃を与えないこと、という恒例の三カ条のほかに、とくにこの時は、陸軍大臣には梅津か畑を選ぶべきで、それ以外はたとえ三長官の決定でも許す意思がないこと、外務、大蔵両大臣のみならず、治安の保持は最も重大だから、内務、司法の人選を慎重にすることという、異例の沙汰を下した。「非常に儼然たる御態度で、お叱りを受けた様な感じがしたと」（下p32）、阿部は言った。これは昭和天皇の陸軍への不満の大きさと、排英運動などで跋扈する右翼運動への反感の強さを示すものであった。

阿部内閣は凡庸弱体であり不人気で、発足早々から短命が予想された。陸軍さえも内閣を見放していた。昭和十五年の一月九日に、「武藤軍務局長が近衛を訪うた。武藤は、畑陸相とも相談の上で軍の意向を代表してということで、眞の擧國內閣のため近衛の出馬を要請した」（下p42）とあるように陸軍にとって陸軍大将の阿部よりも、近衛こそが陸軍の政策を実現する政治家と見られていたことを示す。これに対し近衛は、現今の根本問題は経済問題でありその点で自分は自信が無いと言い、そして「支那事變も初めは、東亞新秩序の建設などという理想論で、國民を鼓舞していても濟んだが、今ではもつと具體的のものを持たねばやれない。自分は最も不適任だと答えた。」（下p42）。この近衛の言葉には、驚くべきものがある。世界に向けて発せられた日本の新外交理念であるはずの「東亜新秩序声明」なるものが、実は国民を鼓舞するための国内向けの道具に過ぎなかったことを認めている。戦争相手の中国や世界の国際的な反響にも無関心で、国内世論にしか眼が向かない、近衛の対外硬という本質がよく現れている。汪精衛の新政府成立などの重大な結果を生んだ崇高な理想であるはずの言葉を、深く考えもせず真に実行する用意もなく、その場の方便として軽々しく弄ぶ近衛の人間性を示すものである。

阿部内閣の辞職が目前に迫った一月の中旬には、多くの人間が後継に近衛を推していた。十一日に原田と会った湯浅は、「どうも近衛公は到底出ない。逃げを張つてばかりをつて駄目だと思ふ。で、どうもいろいろ考へたが、結局どうしても米内大将を引張り出すよりしやうがあるまい[1]。」と話した。「『岡田秘話』によると、岡田は、米内なら三國同盟をやめさすことができると思つたし、西園寺の意向もあつたので、原田といろいろ畫策したと述べている。」（下p44）。湯浅、西園寺、原田という文明主義の現状維持派が、三国同盟を止めさせるという明確な目的を持って米内内閣実現を画策していた。

革新派の代表的政治家の近衛は当然不満で、「今日の時局を擔當するには、財政經濟問題に見識のある者が必要だと思うから、米内を推すわけには行かない。自分としてはあくまで池田を適任者として推すほかない。しかし第二候補としてなら米内に賛成しよう」（下p48）と消極的に支持を表明した。文明主義の昭和天皇は、個人的にも信任が厚い米内を強く支持していた。それ故に、米内に大命が降下した際には「特に畑陸相を召されて、米内に協力してやれとの御言葉を與えられた」（下p49）のであった。米内内閣は、二・二六事件以降続いた軍部に引きずられた革新派内閣に対する、天皇と文明主義の現状維持派による最後の抵抗と言えた[2]。

それ故に、米内内閣に対する近衛の本心は明確に敵対的であった。「近衛は米内内閣の組閣の黒幕は原田だと言つていたというし、又原田は米内の『いぬ』だとも言つていたとのことである」（下p49）。この言葉は意見を異にする旧友というよりは、相容れない敵に対するものである。これが文明主義の原田や西園寺に対する近衛の本音と思われる[3]。近衛は右翼関係の人間に対しては、この様な露骨な敵意を表明したことはない。「米内を後継に奏請したことには、陸軍や右翼は概ね不満で、重臣の陰謀だと憤慨していた」（下p49）と伝記はいうが、彼等と近衛の立場は一致していた。この様にして一月十六日に米内内閣が成立した。「これは近衛とは最も縁の薄い内閣であつた」（下p51）と伝記では述べているが、言い換えれば最も革新色が薄く、親英米、憲法尊重の政党重視、経済界への配慮という、天皇の三原則に最も忠実な西園寺のブレーキ政策を継承する内閣であった。

米内内閣成立時に参議を辞任した代表的な対外硬の松岡洋右は、その理由を次のように述べていた。「それは一つは、米内が政黨の代表を入閣させたことは、政黨を公然と是認して、近衛内閣以前に逆轉したもので、自分は政黨解消論者として賛成できないということで、二つは、八方美人的外交はあり得ず、米國の主張に屈して、支那事變以前に立還るのでない限り、日米の衝突は不可避で、その線に沿う外交でなければ駄目だと思うから、この内閣に賛成できないというのであつた」（下p51–52）。革新派政治家による現状維持派の米内内閣への敵意をよく表している。松岡と共に、末次も松井石根も参議に留任するのを拒絶した。近衛の米内内閣への反感を代弁するものであった。

二月二日の議会において、除名問題を引き起こした「反軍演説」として有名な斉藤隆夫による質問演説が行われた。その中で斉藤は、「一度戰爭が起れば、問題はもはや正邪曲直、是非善惡の争いではなく、徹頭徹尾力の争い、强弱の争い、優勝劣敗、强者の弱者に對する征服なのであつて、從つて『八紘一宇』だとか、『東洋永遠の平和』だとか、『聖戰』だとかいつて見ても、悉く空虚な僞善だと言い、その意味で近衛聲明や、『相手とせず』聲明や、汪政權や、國民精神總動員運動などを」激しく批判した。まさに「義俠に非ず自利の爲めなり」という、福沢の対外硬主義批判の実利的な文明主義を引き継ぐものである。そして、「未だに支那事變の目的すら判然せず、徒らに國民生活に犠牲を強いているとし、畢竟するに政府の首腦部に責任觀念が缺けている。身を以て國に盡す所の熱力が足らない。」（下p57）ときめつけたと伝記は報じている。

この演説の攻撃の真の対象が発足したばかりの米内内閣ではなく、その政権下で起こった支那事変を無制限に拡大して国民生活を圧迫し、しかもそれを空疎なスローガンで美化して、無責任に政権を放り出した近衛とその政策に対するものであることは明白であった。「立憲の大義を忘れ、國論の趨勢を無視し、國民的基礎を有せず、國政に對して何らの經驗もない、而もその器にあらざる者を拾い集めて、弱體內閣を組織するが、國民的支持を缺いているから、何事についても自己の所信を斷行する決心も勇氣もない、姑息偷安の一日を瀰縫する政治」（下p57–58）をしたと攻撃したのは、まさに近衛その人への非難である。

これは反軍演説というよりは、近衛内閣への弾劾演説であった。さらに根本的には、時代を支配している近衛と軍部に代表される革新主義への、文明主義者による根本的批判であった。それ故にあれほど強い反発を呼んだのである。斉藤除名の先頭に立ったのは軍部ではなく、革新主義の流れに迎合した政党員達であった。斉藤は時代の風潮に顧慮することなく、近衛という世の阿諛追従の的である王様は、実は裸だと真実を述べたのである。これこそ、強い信念から発する良心の声であり、近衛の時流に乗った口先だけの空疎な美辞の対極にある、時代を超越する真に勇気ある言論である。

陸軍がこの演説に硬化して、議院内部でも後に近衛を担ぎ出す議員が中心となって騒ぎ出して、結局は斉藤の議員除名にまで発展した。そして、これらの各派の議員によって「聖戦貫徹議員同盟」が結成された。これらが後に新体制運動の中心となっていく。斉藤を議会から除名して、再び近衛を首相とした日本は、良心と自由な言論を圧殺して亡国の道を進んだ。近衛と斉藤の関係は人格と思想における根源的対立であった。戦後になって斉藤が最も痛烈な近衛の戦争責任の追及者となったのは当然であった。彼は何が日本を亡ぼしたかを身を以て知っていた。

昭和十五年の六月一日に病気の湯浅に替わり、木戸が内大臣に就任した。元老の西園寺と密接に協力して宮中における文明主義の守護者として、右翼の侵入や革新主義政策への抵抗に奮闘してきた湯浅の辞職は、直ぐ後の西園寺の死と共に大きな意味を持った。[4] 木戸はこの頃には右傾して近衛の新党構想に深く関与するなど革新派の一味になっていた。木戸と親密であった重光も「軍閥の擡頭期に、西園寺老公の考え方を以て古きに過ぐと評し、国際情勢を無視し軍閥に追随したのは近衛、木戸公侯等のグループであった」と証言している（続手記p373）。宮中における文明主義は最後の砦を失い、昭和天皇一人が孤立することになった。近衛は革新政策の実現において、湯浅の時には決して期待できなかったような協力者を宮中に確保することになった。

時を同じくして、海外の新情勢も近衛の革新運動の追い風となった。ヒトラーのドイツ軍が破竹の勢いでヨーロッパを席巻し始めたのである。昭和十五年の四月に、ノルウェイとデンマークを、五月にはオランダ、ベルギー、ルクセンブルグを侵略し、さらにマジノ線を突破してフランス軍を圧倒していた。西園寺は「いかにヒットラーが偉くても、十五年続くかどうか問題だし、ナポレオン一世の場合を考へてもさうだ[5]」と言って、ヒトラーもナポレオン同様に結局は没落すると見ていた。

ドイツの軍事的優勢に眩惑されて、再び三国同盟論が台頭してきたが、米内内閣は、欧州戦争不介入と対米関係への考慮から消極的態度を堅持していた。そのために、米内内閣退陣を要求する声が高まってきた。そのような情勢に伴って新党運動が再び活発になった。昭和十五年の三月頃から、近衛は新党組織について政党関係者と頻繁に会合をもった。四月十一日には近衛邸の荻外荘で、木戸は近衛と新党問題で話し合い、木戸は十四日には革新派の華族有馬頼寧とこの問題で意見を交換した。ところが五月三日に原田がこの問題について近衛に質すと、近衛はその意志はないと答えたという。伝記では近衛は「新黨のことではいつも原田には、本心を言うのを避けていたように思える」（下p73）などと表現しているが、簡単に言えば、嘘を言って騙したのである。西園寺に忠実な文明主義で自由主義者の原田は、革新主義の近衛にとって「米内の『いぬ』」と罵ったように本音を隠すべき敵であった。

斉藤除名問題への対応に関する対立によって、各既成政党は分裂状態に陥った。社会大衆党が七月には解散してしまった。政友会も民政党も党内の内紛状態は深刻であった。この様な状態の中で、近衛の指示の下で風見が中心となって各派の政治家と会合して新党の基礎工作を行った（下p76）。近衛は総裁となり風見が幹事長になるという筋書きであった（下p78）。共産主義者の尾崎秀実や、ヒトラー心酔の中野正剛と親密で思想的にも近い風見は現状破壊の革新主義者であり、政党や議会に敵対的で全体主義を志向するのは当然であった。その風見による新党の綱領案（下p77）は次のようなものであった。

一　高度國防國家の建設
二　支那問題の解決――外交の刷新伸張
三　そのため新黨結成による國民政治力の結集

第一の高度国防国家の建設とは、軍部が昭和九年の陸軍パンフレット以来一貫して求めていたもので、国家統制による自由主義的な資本主義体制の否定を意味した。第二の外交の刷新とは、明らかに親英米の米内内閣の外交姿勢が対象であり、三国同盟を目指すものであった。第三の項目は、それらの革新政策を実行するための国民政治力の結集であり、現在の政党や議会を否定するものであった。この革新政策は、第二次近衛内閣で着実に実現された。この綱領案が、天皇が新首相に与える、親英米の平和主義、議会尊重の憲法遵守、経済界重視の三原則とは対極にあることは注目すべきである。まさに軍部主導の革新主義そのもので、近衛や風見が後になって主張したような軍部に対抗する意図など、言葉の上でも実行においても少しも見られない。

近衛が、「新黨では一般から、また例の政權亡者の離合集散かと思われるが、何かよい表現はあるまいか」というので、風見の案で「政治新體制の確立」と称することにした（下p78）。新体制運動とは近衛と風見の合作であった。五月二十六日に近衛は新党構想について有馬と木戸に相談し、二人とも積極的に支持して、既に政権奪取の意志を示している。その木戸が六月一日に内大臣となった。新体制運動は宮中に橋頭堡を確保したのである。この三人の申し合わせ（下p78）において、政権は総理大臣と軍部大臣主導の軍事政権であること、新党樹立の際は各政党に解党を要求するなどと記して、ナチスを手本とした一国一党の本音を現している。近衛らが一国一党の考えに反対していたとか、既成政党の解散を求めたことはないなどという近衛や周囲の証言は明白な虚偽である。[6] 風見は自分自身の、二大政党に内紛を起こさせ解散に追い込む「政党爆破工作」についても白を切り、政党が勝手に解散した（下p80）などと言っている。この様に平気で嘘をつくのは近衛と同じで、類は友を呼んだのである。

六月になると、新党運動は世間の注目を集め昭和天皇も関心を示した。「木戸日記によると、六月三日陛下は木戸に、新黨運動のことを細かに下問されているし、その後も陛下は、新黨の動きに深い御關心を示された」（下p82）。新首相には常に憲法の尊重を命じ、自分が信任する米内内閣の打倒運動である新体制運動への天皇の関心が、好意的なものではあり得ない。五日に米内が木戸に「新黨運動に行過ぎの感がある」（下p83）と不快感を示したのは当然であった。新体制運動に協力していた政治家の金光庸夫は、十日に武藤軍務局長に会った。「武藤は、新黨問題の發展狀況を訊き、新黨の結成と近衛の出馬には軍を擧げて贊成で、その實現に蔭乍ら援助したいと言つた。金光も新黨問題に極力努力中で、近衛の蹶起を期待して微力を盡しているると答えている」（下p85）。新体制運動の軍部との暗黙の協力関係は明白である。これが後に近衛とその周囲の人間が主張するような、軍部に対抗するための運動と言えるだろうか。

新体制の理念について記した近衛のメモが残されている（下p90）。その内容を要約すると、新体制運動とは挙国一致が目的であり手段となっている。明治以来築き上げた立憲政治を「伊藤、桂の行き方」（下p91）とは違ったものにすると明確に否定している。新体制運動とは議会に代表される旧体制を破壊する革新、すなわち革命運動であることを示している。その理由として、現体制では現在の支那事変と欧州大戦という危機に対応できないことを挙げている。戦争を処理するための挙国一致体制とは、国民の代表としての政党を否定して人民を国家が直接支配する、軍事主導の独裁的全体主義体制である。それは、まさに陸軍が求めていた高度国防国家である。そのような挙国体制を「國民各階各層を打つて一丸とし、脈々として血の通う様な組織を成就する」（下p91）などという、実体のない空疎な美辞で粉飾しているのが近衛流である。

六月二十四日の近衛の枢密院議長辞任によって、新体制運動は俄然活気づき、政党の解党運動は滔々たる勢いとなり、陸軍や右翼の倒閣運動も一層激しくなった。当時のヨーロッパでは、六月十四日にドイツ軍がパリに入城し、イギリスはダンケルクで敗色が濃厚で、ドイツの勝利が確実なものに見えた時期であった。そのような国際情勢の下では大多数の国民には現状維持派の米内内閣はいかにも無能で消極的なものに見えて国際協調的な政府に対し不満が高まった[7]。ドイツの勝利の驥尾(きび)に付して利権を獲得しようと、新聞を先頭とした「バスに乗り遅れるな」という焦燥感の高まりに陸軍や近衛も煽られたのである。しかし、天皇はあくまでも米内を支持して、六月三日に木戸内大臣に、「状況の変化あれば格別、然らずんば米内々閣をなるべく続けしむる方がよろしからん。[8]」との思し召しを伝えていた。

　運動の指導者である近衛は、七月になっても新党結成に曖昧な態度を示していた。「七月三日付の近衛宛手紙で中野正剛も、新體制より政變の方が早いらしいが、『斷乎急ぐべし』と言つている。中野はこの中で、舊黨の殘滓に災いされると、第三黨の出現する可能性があると言い、とにかく新黨結成には、『安達、末次、小生、橋本を招請せらるれば、その他は自ら疏通致すべく』などと書いている。」(下p99)。熊本紫溟会出身で生粋の対外硬の安達、ロンドン軍縮条約反対運動の黒幕でナチ謳歌の末次、十月事件の主謀者である陸軍の桜会の橋本、そしてヒトラー心酔の中野と、ここに挙げられているのは、典型的な対外硬派の人間違である。反議会の対外硬という新体制運動の本質を示すものである。

　新体制に合流する潮流にはいくつかの流れがあった。その一つが既成政党であり、以前から各政党内には近衛を総裁にして新党を結成しようという動きが存在した。近衛が新党を結成すれば大部分は解党して合流する形勢にあった。しかし、これらの政党員は時局便乗者に過ぎなかった。大政翼賛会が結成されれば議会局という周辺的存在に押し込められた。国民の代表である憲政の担い手としての自覚も責任感もなく、政党を自ら破壊して議会制度を亡ぼした愚かな行動による当然の報いであった。それでも、近衛に対する国民や新聞などの圧倒的人気という民意に逆らえなかったという点では同情の余地がある。西園寺が言うように、結局は国民の程度の問題であった。

　親軍的な右翼こそが新体制運動の主力であった。右翼には二派があり、一方は革新右翼と呼ばれた。この勢力は「陸軍の『統制派』に結ばれ、顯著に親獨主義で、三國同盟の熱心な主張者であり、國内ではナチス又はファッショ流の一國一黨を考えていた。當時の東亞建設連盟は、この革新右翼の中心であつて、會長に末次大将を戴き、中野正剛、橋本欣五郎、小山亮、白鳥敏夫などという人々と、その一派がそれに結合されていた。」(下p100)と伝記では説明している。近衛と個人的にも密接な関係にあるこれらの人間は、大政翼賛会でも主要なポストを占め、大東亜戦争中にも、後の第四部「『暗黒日記』と国体主義」で見るように、社会において支配的な地位と役割を占めていた。

これに対抗するもう一方の観念右翼を伝記では次のように述べる。「純正日本主義ということを唱え、國體明徴を重視し、特に共産主義を最も嫌つたが、しかし同時にナチスやファッショも國體と相容れないとするもので、著しく精神運動の性質を持ち、具體的な内外の政策は殆んど見るべきものなく、大衆の組織運動も重視しなかつた」。この勢力は「陸軍の『皇道派』に近く、平沼や頭山滿などと連携し、更にこれに井上日召や三上卓なども繋がつていた。この一派はテロによる威嚇を武器とし、近衛は、思想的にも皇道派に近かつた」（下p101）とされる。

しかし、この二派の相違や対立を過大に見るべきではない。観念右翼の蘇峰も三国同盟を強く主張し、中野正剛と親しかったように、この両者の共通性は大きい。共に、反自由主義で、反英米の対外硬であった。近衛はここでも、あやふやな二股で、両者に担がれていた。革新右翼が対外硬に、観念右翼は国体主義に、という重点の置き方の違いに過ぎない。対外硬も思想的な根拠は国体主義であったから、政策的には革新右翼が主導したが、イデオロギー的には観念右翼が主導権を握った。それ故に、新体制運動の一国一党の構想は、観念右翼の「幕府的存在」という攻撃に後退した。戦時中には徳富蘇峰や頭山満が日本の思想的指導者となっていたことは、後に見る清沢洌の『暗黒日記』に詳しい。

新体制運動には以上のような政党人や右翼とは別に、近衛周辺の知識人達による昭和研究会などのグループがあった。これらの勢力は、新体制運動を正当化する理論を提供しただけで、実際の新体制には殆ど影響を残すことなく、立憲制を無力化して、政府と軍が支配する挙国一致の独裁体制成立の促進に寄与しただけであった。

新体制運動の直接的な結果は、米内内閣の打倒と、軍部の意向に沿った近衛と松岡を首脳とする純然たる対外硬内閣の成立であった。そして、究極的には、形骸化していた議会制度を完全に無力化して、軍部と官僚と右翼による政治的社会的支配が決定的になった。戦時中の日記において、清沢洌は繰り返し、それにふさわしい知識と経験のある専門家や政治家達が黙らされて、無知な軍人と官僚と右翼が専制的に社会を支配する状況を批判している。哲学者の田中美知太郎はカキストクラシー（劣等者の支配）と呼んでいた[9]。新体制運動が彼等を支配者にのし上げたのである。新体制運動とは、明治維新以来、伊藤博文などの先人が築き上げた立憲政治などの、文明主義に基づく社会秩序を旧体制として破壊し、国体主義者たちが支配する体制を実現した革命運動であった。この革命は、身分的には天皇に最も近く、軍部の強い支持があり、国民に圧倒的な人気があり、知識人の受けもよいという、近衛という特異な人物の存在無しには不可能であった。

七月に入ると陸軍の倒閣運動は激しさを増した。七月八日に阿南惟幾陸軍次官が木戸を訪ね、「米内内閣の性格は独伊との話合ひを為すには極めて不便にして、兎もすれば手遅れとなる虞あり、比の重大時機に対処する為めには内閣の交迭も不得止との決意をなせる次第なり。而して陸軍は一致して近衛公の出馬を希望す。[10]」と申し入れた。米内内閣は三国同盟の障害となるから辞めさせ、その後継に近衛を推すという脅迫めいた主張であった。十六日に畑陸相が辞表を提出し、陸軍が後任を出さなかったので、最後まで天皇の信任の厚かった米内内閣は総辞職に追い込まれた。後任の近衛内閣は、陸軍の希望通りに速やかに三国同盟を実現した。近衛本人や、その側近がどう言い訳しようとも、陸軍と近衛の動きが連動していたのは明白である。

昭和天皇は米内内閣が半年で倒れたのを惜しみ、終戦後石渡宮内大臣に「あの時、もう少し米内内閣がつづいていたら、この戦争に突入しなくてもすんだかも知れないね」とくり返し語ったという。[11] 天皇は近衛内閣こそが戦争をもたらしたと認識していたことを示す。天皇の近衛への感情も想像するに難くない。「確固たる信念と勇気を欠いた近衛[12]」、という戦後の天皇の言葉にその本音が感じられる。近衛はこの様に天皇の信任の厚い内閣を倒しただけでなく、天皇の一貫した政治指針さえもねじ曲げようとしていた。近衛は新体制について相談していた、伝記の著者となる帝大教授の矢部貞治に次のようなことを言った。

「後繼の大命に際し、天皇は通常憲法の條章を守ること、財界に動搖を與えないこと、米英と協調すること、という三ヵ條の御注意を與えられる。自分がもし大命を受ければ、恐らく同じ御言葉があると思う。ところが陛下の憲法の條章と仰せられるのは、多くは西園寺、湯淺流の舊い自由主義的解釋であり、又財界の動搖を御軫念で、株の上下まで御心配になるし、對外的には深く親英米的な御感情がある。

ところがそれをそのまま遵奉するのでは、今日の日本の政治はとても行えない。西園寺公が立憲的な君主に仕立てるために、なるべく現實政治に御干與にならぬように御教育をし、政治學や史學よりも、生物學の研究をお奬めしたのは、大きな意味があつたが、率直にいうとそのために陛下は、複雜な政治問題と、とりわけ事態の動態的な發展につき、御理解が薄いように見受けられる。だから時勢の進展と關係なく、いつでも同じ様に右の三ヵ條を持ち出される。

そこで自分としては、又右の樣な御言葉があつたとき、そのままでは大命を拜受するわけに行かない。その場合には、憲法の解釋が時代とともに發展しなければならこと、經濟もこの準戰時においては、どうしても統制と計畫を缺くことはできず、一々株の動搖まで心配してはいられないこと、そして又現下の國際情勢では、英米の態度に鑑み、その英米との交渉をやるためにも、或程度獨伊との關係を强化する必要もあることにつき、率直に申上げて御許しを得たい。そういう趣旨のことを書いてくれないか」（下p107）

まるで自分が首相になる条件として、天皇に政治の指針について何を言うべきか指図（dictate）するような不敬である。そのような不敬の本質はその言葉遣いにも現れている。西園寺にあったような、天皇への敬愛の情[13]や、その意思を尊重しようとする忠誠心は微塵も感じられない。時代の先端を行く国家社会主義者として、天皇の旧式な自由主義への執着や経済の実体への関心を小馬鹿にしているような見下した調子がある。天皇が株の上下にも気を配るということは、市場の動きに注目して国民生活に直結する経済の実情に敏感であるということである。総動員体制下の官僚達が頭の中で考えただけの統制経済こそが、国民生活を非常な窮乏に追い込んだ。重光葵は、近衛内閣下で日本は「経済的に枯死」と形容した（動乱上p216）。近衛以外の政治家では、この様な非礼は考えられない。この天皇の自由主義に対する近衛の批判は、戦後における蘇峰の昭和天皇批判[14]とよく似ている。この二人が国体主義者として同一であったことを示す。天皇がこの近衛の条件をのんだのは、天皇の近衛への個人的好意と信頼の故であったが、その信頼を近衛は裏切った。現状維持派を憎む革新主義者として、近衛には革命家のような反逆的な一面が潜んでいた[15]。

この矢部に依頼した文書は八月二十七日、新体制声明の内奏の際に、改めて近衛から、陛下の内覧に供してもらいたいとして木戸に渡し、木戸は八月三十日に天皇に供した。天皇はこれにつき木戸に、「憲法の運用について、憲法の改正を必要とするのであるなれば、正規の手続きにより之を改正するに異存はないが、近衛が兎角議会を重ぜない様に思はれるが、我国の歴史を見るに、曾我（蘇我）、物部の対立抗争以来、源平其他常に二つの勢力が対立して居る、此対立を議会に於て為さしむるのは一つの行方で、我国では中々一つに統一と云ふことは困難の様に思はる[16]」と感想を述べた。天皇は近衛の議会軽視の精神を見抜き、挙国一致を強調する新体制運動に対して、議会内における対立のような多様な意見に基づく政策の決定こそ、日本の伝統に合致すると立憲制度を擁護する見解を表明していた。

西園寺は後継首相として近衛を通例のように奏請することを頑なに拒否していた。明らかに近衛の政治姿勢の否定であった。木戸はやむを得ず西園寺の奉答なしに、近衛をお召しいただきたいという旨を言上した。天皇は木戸に「此位のことは近衛に云っても宜からうか。つまり、内外時局重大の際故、外務・大蔵両大臣の人選には特に慎重にする様にと云ふことはどうだらう。[17]」と訊かれたので、木戸は「勿論結構」であると答えた。「大命の際陛下は、憲法を遵守せよということと、外務、大藏の人選に特に注意せよということを仰せられた」(下p115)。

天皇は近衛の意見を考慮して大命降下の際の恒例の三箇条を言わずに、第一の憲法の遵守のみを言ったのである。君主が臣下に遠慮している異例な事態であった。そのような天皇の特別の配慮さえも無視するように、近衛は特に慎重にせよと注意された外務大臣として、多くの人間に危険人物視されていた松岡を選んだのである。松岡は天皇の信任の厚い米内内閣成立に際して、反対のために内閣参議を辞職した人物である。その松岡の外相起用は、天皇に逆らう近衛の意志を示している。外相として松岡の行動が近衛の意に反する所があったとしても、その責任は全面的に任命した近衛にある。この様に天皇の意向に反したために生じた重大な結果に関して、近衛は後の手記においても、少しも反省せずに、責任も感じていない。

(二) 第二次近衛内閣成立

大命降下の際に近衛は木戸に「今度は内外とも重大な轉換期にあると思うから、組閣についても、ただ穩健とかいう様な月並の顔觸れでは行くまいと思う。」と型破りな人事を考えていることを伝えていた。松岡の起用は、天皇の慎重にという言葉に逆らう確信犯的行動であった。又これまでの内閣内の不一致に鑑みて、「内閣を作る前に、肚の合つた者で同志的な氣持で、最高方針を決めるのでなくてはいかぬ。それで先ず陸、海、外三相の候補と、肚を割つて話して見ようと考えた」(下p115)とも言った。「肚の合つた者」とは、東条英機と松岡洋右であった。近衛は彼等を同志と考えていた。対外硬という点で三人は一致していたのである。松岡も東条も大臣として、その対外硬主義を十分に発揮した。総理、外務、陸軍の主要三大臣を対外硬で固めた第二次近衛内閣は、純粋な対外硬内閣であり、第一次内閣における池田や米内のような異分子は含まれていない。

近衛は七月十九日に陸、海、外の大臣候補を私邸の荻外荘に招き、根本国策を話し合う「荻窪会談」を行った。その結果の申し合わせが文書(下p118)として残っている。その内容は、戦時経済体制と政府の統制の一層の強化、日独伊枢軸の強化、東南アジアを新秩序に組み入れるための積極的進出、米国の東亜新秩序への干渉に対する対決姿勢、支那事変の完遂などが、ここで決められた。近衛の言う支那事変の解決とは、東亜新秩序建設のために戦争を遂行して南京の傀儡政府を支援して重慶の蒋介石を屈服させることで、和平を求めることではなかった。第二次近衛内閣における、三国同盟、仏印進駐、対米戦準備などの対外政策は、ここで合意された政策の忠実な実行であった。

この会談では、国内体制に関しては冒頭で「㈠國體精神を遵奉し全國民を結合する様な、新政治組織の結成に邁進するとともに、當面の政治力強化のため、首相に直屬し政治の大方針を策定建議すべき機關を設置する。それは眞に有能な官民少數で組織する」（下p119）として、以下に五条にわたり具体的な方策を規定している。第一条の国体精神を遵奉し全国民を結合するという言葉は、新体制とは国体主義思想に基づく政府による全面的統制支配体制であることを示している。国体主義という反西欧文明思想を根本主義とする社会においては、立憲制や言論・思想の自由などという西欧由来の思想概念の存在する余地はない。徳富蘇峰や頭山満などの右翼を思想的指導者として仰ぐ、文武の官僚による有司専制体制であった。その社会の実情はどのようなものであったかを、後に紹介する清沢洌の『暗黒日記』が詳しく描写している。戦中のカキストクラシー（劣等者支配）の思想的根拠は国体主義であった。近衛は明治以来の文明主義の社会体制を転覆し、国体主義に基づく社会を成立させた革命家であった。それはアーリア民族優越神話に基づきワイマール共和国を破壊したヒトラーにも対比されるものである。

七月二十二日に第二次近衛内閣が成立した。原田日記によると、この日西園寺は「唐の太宗が、非常な立派な政治をやつて、世の中を良くしたところ、則天武后が出て、儒者を斬り乱暴なことをやつて、すつかりぶち毀してしまつた。まあ陸軍というものはちやうど則天武后の様なものだな」[1]と言っていた。明治維新以来、日本が文明主義により積み上げてきた立憲政治などの立派な成果を、近衛が国体主義に基づく反動革命によって「すっかり打ちこわしてしまう」ことを予言するような言葉であった。

そのような近衛の意図は二十三日に行われた、「大命を拝して」というラジオ放送に明確に現れている。その中で近衛は、世界情勢の急転に対し、国内体制の一新を図らねばならぬとし、政党政治と国体は相容れないと次のように否定した。「思うに從來政黨の弊害は二つある。その一つは立黨の趣旨において、自由主義をとり、民主主義をとり、或は社會主義をとつて、その根本の世界觀人生觀が、既に國體と相容れないものがあるという點であつて、これは今日急速に轉回し、拔本的に改正しなければならない所である。その二つは、黨派結成の主要なる目的を、政權の爭奪に置くことであつて、かくの如きは立法府における大政翼賛の道では斷じてないのである」（下p127）

そして、「億兆一心」にして「大政を翼賛」しなければならないと主張し、外交面では自らの力で「世界の新秩序」を作り上げる覚悟を示し、外国依存状態を脱するために満州・中国との提携と南洋への発展の必要を説いている。最後に教育に関しても「真に国体に徹し」国家をになうべき国民の養成の決意を表明している。このように、反自由主義、反欧米の国体主義に基づく対外硬の精神を明らかにしている。第二次近衛内閣の政策は、大政翼賛会による政党と議会政治の廃止、世界新秩序としての三国同盟、仏印進駐による南洋への発展など、この放送で近衛が表明した意見の着実な実現であった。近衛は誰に引きずられたのでもない。

この放送の原稿は、国体主義の歴史家平泉澄によるものであった。翌二十四日に西園寺は原田に「昨夜近衛の放送をきいたが、非常に良く、声はいいし、言うことは大体判るが、内容は実にパラドックスに充ちていたように思う。なんだか自分にはちつとも判らなかった。[2]」と言ったのは当然であった。文明主義者の西園寺にとって、近衛の国体主義思想は理解のできない異質なものであった。

伝記では、第二次近衛内閣では、「行き悩んでいた種々の重要問題が、組閣後二ヵ月位の間に、堰を切つた如く次々にその方向を決められて行つた」（下p128）と、まるで、前内閣の無為無策を正した優れた業績であるかのように表現している。しかし、それは、三国同盟のような米内内閣がダムのように食い止めていた日本を亡国に導く奔流を、堰を切って氾濫させたのに過ぎない。それは下り坂を転げ落ちるように時代の潮流に乗っただけの安易で危険な行動に過ぎなかった。西園寺流の現状維持のブレーキを外しただけでなく、革新政策を加速させるアクセルを踏んだのが第二次近衛内閣であった。

政府は連日閣議を開いて、早くも七月二十六日「基本国策要綱」を決し、翌二十七日には連絡会議で、米内内閣の末期から協議されていた大本営提案の、「世界情勢の推移に伴う時局処理要綱」が決まった。基本国策要綱は、近衛の「大命を拝して」の放送内容を政策綱領の形にしたようなものであった。その前文で、世界は今や歴史的一大転機にあり、日本は有史以来の大試練に直面しているとして、「この秋に當り、眞に肇國の大精神に基く皇國の國是を完遂せんとせば、右世界史的發展の必然的動向を把握して、庶政百般に亘り速かに根本的刷新を加え、萬難を排して國防國家體制の完成に邁進することを以て、刻下喫緊の要務とす」（下p129）と、肇国の理想を絶対視する国体主義に基づく国防国家建設の意図を表明している。

そして根本方針では「皇國の國是は、八紘を一宇とする肇國の大精神に基き、世界平和の確立を招來することを以て根本とし、先ず皇國を核心とし、日滿支の强固なる結合を根幹とする、大東亞の新秩序を建設するにあり。これがため皇國自ら速かに、新事態に卽應する不拔の國家態勢を確立し、國家の總力を擧げて右國是の具現に邁進す」（下

p129）として、国防国家体制の上に軍備を充実し、外交は大東亜の新秩序建設を根幹として、支那事変の完遂に重心をおくというのである。国体に基づき国是を一定せよというのが、明治時代以来、対外硬派が持つ政府への一貫した要求であったが、昭和になってそれが実現した。明治二十六年の井上毅の「国際論」における、皇祖皇宗による「六合を兼ね八紘を掩う」という遠猷こそ「国命」であるとしたものと内容は同一である。

この国防国家体制確立のための国内刷新の第一にあげられたのが教学の刷新であり、次に政治経済と続いていく。その教学においては、国体の本義に徹して自我功利の思想を排すと主張している。西欧文明思想を排し国体主義によるイデオロギー支配を明確にしている。新体制運動とは西欧文明主義に基づいた明治以来の社会制度を、国体主義イデオロギーによって転覆した思想政治革命でもあった。自由民権運動以来、政治の主役であった政党と議会は無力化し、軍部と官僚による専制的支配が確立した。思想的には、美濃部達吉のような文明主義の学者思想家は沈黙させられ、国体主義である歴史家の平泉澄のような人間が支配的になった。[3]「自我功利の思想」とは自由主義・個人主義の福沢の代名詞である、それが全面的に否定されて、井上毅の後継者とも言える徳富蘇峰が思想言論界の首領となった。

伝記においても、この国策要綱が「國防國家を謳い、今まで普通『帝國』と言ったのを『皇國』と言い、『八紘一宇』という語が現われ、今まで『東亞新秩序』といわれていたのが、『大東亞新秩序』となつた」（下p130）など、著しく思想性を帯びたと認めている。その思想とは国体主義思想である。この要綱は八月一日に首相談と共に発表されたが、同時に松岡外相から外交新方策を声明した。彼は次のように述べた。自分は皇国の使命は皇道を世界に宣布することであると主張してきたが、国際関係の上から皇道をみると、それは、各国民、各民族に各々その処を得しめることに他ならないと思う。[4]わが国現下の外交方針は、この皇道の大方針にもとづいてまず日満支を一環とする大東亜共栄圏の確立をはかることでならなければならない。このような松岡の、皇道を世界に広めることが日本の使命であるという主張は、明治二十八年の「皇道之敵」と全く同一である。井上毅が「国際論」で主張した「国命」が日本の外交政策となった。第二次近衛内閣とは純然たる国体主義内閣で、明治の井上毅の理想が実現した。

七月二十七日に決定の「世界情勢の推移に伴う時局処理要綱」では、「帝國は世界情勢の變局に對處し、内外の情勢を改善し、速かに支那事變の解決を促進すると共に、好機を捕捉し對南方問題を解決す」（下p130）と、南方への武力行使を伴う進出が決定された。ここで言う支那事変の解決とは、決して和平的ではなく「重慶政權の屈服」（下p130）である。第二次近衛政権確立早々に、大東亜戦争への方向は決定していたと思わざるを得ない。近衛が度々公言していた前政権時の誤りを償うための支那事変の解決とは、蒋介石政権を認めて和平交渉をすることでなく、あくまで屈服させることであった。

「當時のドイツの軍事的優勢を、買被つていた」と伝記でも認めている基本国策要綱の決定は、米国の素早く強力な反応を生んだ。「基本國策が採用された日に、屑鐵や石油の凡ての輸出を、許可制にする旨發表した。堀内大使を通じての日本の抗議も、受付けなかつた。」（下p133）。戦略物資を許可制にするということは実質的には禁輸である。大東亜新秩序などという英米敵視政策に対する当然の反応である。けれども、日本政府にとっては予想外であったと思われる。主観的で日本の国内にしか目が向かず、海外の客観的情勢や国際世論への、対外硬に特有な無関心の近衛政府は、これ以降も同じような無思慮な行動と米国の予想外の強硬な反応による関係悪化によって、戦争へのスパイラルを下っていった。

近衛の枢密院議長辞任以来、各政党は雪崩を打って解散して、無政党時代を生じさせた。六月十九日の中野正剛の東方会解散を皮切りに、七月には社会大衆党と政友会が、そして八月十四日には民政党も解散した。十月十二日の大政翼賛会発足の前には、諸政党は解党していた。伝記では勝手に解党したなどと述べているが、既成政党の破壊は近衛や風見の当初からの意図[5]であった。政党のない議会は無力で、政府に追従するだけの独裁国におけるようなラバースタンプ（盲判）議会になった。[6]明治以来の立憲制度の伝統はここで断絶した。新体制運動とは紛れもない革命であった。

そのような革命を可能にした条件に関する、風見の次のような言葉は、虚偽と言い訳が多く信頼できない彼の証言の中では、例外的に信用できる。「当時国民の間における近衛氏の人気は、すばらしいものがあった。既に時局の重圧に苦んでいた国民は、時局を収拾してくれるものと言えば、近衛氏のほかに人なしとして、同氏にだけ望みを繋いでいるという有様であった。実際その頃は、東西古今を通じて、近衛氏ほど人気を集めた者は見当るまいと思われる程の、物凄い人気であった[7]」。その異常な人気に関しては、石射猪太郎のような近衛に反感を持つ人間も同様な証言を残している。その人気の大波が近衛を政権に就かせ、各政党を解散に追い込んだ。国民は近衛について行けば救われると信じて、ハメルンの笛吹きに従った鼠の群れのように滅亡に導かれた。近衛の革命は一種の大衆革命でもあった。この点においても、近衛はヒトラーと似ている。

勿論近衛はヒトラーではない、その性格や素性は対極的でさえある。それでも、その果たした役割はかなり類似している。共に民衆の圧倒的な人気の波に乗り政権の頂点に立ち、民族神話に基づく政治により議会政治を廃して、神話を根拠に周囲に侵略を進めて、無謀な戦争を引き起こして惨めな亡国に導き、両国とも長く歴史に汚名を残すことになった。相違としては、ヒトラーは社会の最下層から頂点に上りつめ、近衛は頂点に生まれついた。ヒトラーはアーリア人優越神話を宣伝普及しなければならなかったが、近衛は教育勅語により社会に根づいた国体主義神話を利用すればよかった。

政党を自ら破壊した議会人が何を考えていたのかを示すものが、八月十七日に「新体制促進同志会」という活動派の議員達が発表した案(下p140)である。その冒頭で「新体制は、政治、経済、文化の各般に亘る旧来の個人主義的体制を完全に清算し、一切を挙げて天皇に帰一し奉る万民輔翼の国体観念を、基調とする体制たるべきこと」と述べて、以下においても個人主義、民主主義、自由主義という西欧文明の精神を完全に否定して、国体観念を基調とすべきことが強調されている。個人と自由を尊ぶ文明主義が議会制度の思想的基礎である。教育勅語教育による国体主義の毒が議会人の内面を侵して、シロアリに食い荒らされるように、議会を内部から形骸化していた。まさに福沢が警告していたように、近代の精密機械に古代の毒油を注いだ結果であった。議会制度の破壊は近衛だけの責任ではない。皇祖皇宗や肇国の思想を絶対視する教育勅語を、聖典のように盲目的に崇拝させた明治以来の教育に根本的原因がある。

八月二十七日に発表された新体制に関する声明において近衛は、東亜新秩序の建設という大事業にとって高度国防国家体制を整えるために新体制が必要であると主張して、軍事的な全体主義体制確立の目的を明確にしている。ナチス的制度を否定しても、憲法が定めた政治制度としての議会を無力化したからには、権力を持つ官僚と武力を持つ軍部の独裁制の確立に至るのは当然であった。まさに合法的な革命であった。それが議会をはじめとする広汎な世論の支持によって実現したところに異常さがある。大衆の人気があり、知識階級への受けもよく、身分的に天皇に最も近いという、近衛という特異な人物の存在なしでは、不可能であったであろう。ドイツの第三帝国がヒトラー抜きでは不可能であったのと同じである。それ故に陸軍は近衛の擁立に執着したのである(8)。

新体制運動の声明の中で近衛は、「國民組織の運動は、かかる自由主義を前提とする分立的政黨政治を、超克せんとする運動であつて、その本質はあくまで擧國的、全體的公的なるものである」(下p143)と、改めて自由主義と政党を否定した。政党を否定するということは、挙国的とか全国民的などと空疎な美辞を並べようとも、国民の代表に発言権を認めないことだから、支配権力を持つ軍部・官僚の専制独裁を意味する。この声明の草案を近衛が、美濃部達吉を攻撃失脚させた狂信的国体主義者の簑田胸喜に見せたという逸話（下p144）は、新体制運動とは、天皇機関説排撃以来の国体明徴運動の帰結で、西欧文明主義を否定する、国体主義革命であることを何よりも雄弁に示すものである。

㈢　三国同盟と新体制

近衛の国体主義に基づく内外の政策は外国においても大きな影響を及ぼすことになる。対外硬特有の客観的な外国の情勢や国際世論に無関心の近衛は、このような国際的反響に殆ど無頓着であった。既に悪化していた日米関係は、近衛の登場とその政策によってさらに深刻化した。米国は七月には、石油とくず鉄などの軍需品の輸出制限を強化し、九月に日本が仏印に進駐すると、くず鉄及び鉄鋼の輸出禁止措置をとった。日本が対米戦争の口実とした「経済封鎖」とか「ＡＢＣＤの包囲」とは、日本の侵略的政策に対する反応であり、英米の一方的な政策ではない。しかし、この様な関係悪化が、直ちに日米間の戦争に転化するわけではなかった。中国問題で米国が日本と戦争する可能性は低かった。しかし、日独伊三国同盟は直接に戦争に通じる決定的な政策であった。既に前年に欧州大戦が始まり英国はドイツと死闘を繰り広げていた。米国は英国を援けてナチスドイツを亡すという基本的政策を確立していた。そのような状況の中で、日本がドイツと同盟を結ぶということは、明確に米国の敵対陣営に立つことを意味した。

内政における新体制運動に匹敵する、外交面での第二次近衛内閣の最重要政策が三国同盟の締結であった。近衛が松岡洋右を外相に起用し、荻窪会談で「日独伊枢軸の強化」が合意されたことで、三国同盟は殆ど既定の路線であった。事態を憂慮していた西園寺は九月二日に、「今日の様なやり方では、陛下の御聰明を蔽ふやうに[1]」なると言って、近衛に注意してくれと原田に言った。そして「差し当つてはドイツが戦勝国となるやうに見えるかもしれないけれども、しかし結局はやはりイギリス側の勝利に帰すると自分は思ふ[2]」と述べていた。この様に、最晩年の西園寺が最も心を痛めていたのは三国同盟の問題であり、結局はこの問題に関する煩悶が彼の死を早めたように見える。

以下に交渉の経過を伝記の記述に従って紹介する。九月七日にリッベントロップ独外相の特命を受けたスターマー特使が来日して、直ちに松岡外相とだけ交渉を開始した。スターマーと松岡の会談は、九、十日に松岡の私邸で余人を交えずに極秘裏に行われた。会談は順調に進み、会談終了後四相会議で彼は経過を報告し、スターマーの提案をそのまま呑むべしとの意見を述べた。十四日の五相連絡会議の打ち合わせで、日米戦への用意はないと反対する海軍軍令部に対して、松岡は、ドイツの提案を蹴った場合にはドイツの占領地から閉め出されると脅し、米国に接近するためには支那事変では米国の言う通り処理し以後五十年は米国に頭が上がらなくなるなどと言い、それでは国民が承知せずに、十万の英霊にも満足できない（下p155）などと、自説の根拠に大衆感情や英霊をもちだす典型的な対外硬の論法で、同盟の必要を主張した。その強弁に海軍側も折れた。

　この様な情勢に憂慮を深めたのは、英米を軽んじドイツと同盟するような外交方針を「最もこれを排斥された」（動乱上p236）と重光葵が形容した昭和天皇であった。天皇は、三国同盟による対米関係の悪化を心配し、九月十五日木戸に、近衛は「あゝ掻き廻しておいて[3]」、「少し面倒になると又逃げだす様なことがあっては困るね、こうなったら近衛は真に私と苦楽を共にして呉れなくては困る[4]」と仰せられたので、木戸は、「今度近衛が参内した時に、陛下からぢかに近衛におつしやつて戴きたい[5]」と申し上げた。結局、この天皇の心配や先の西園寺の憂慮は現実のものとなってしまった。

　十六日に緊急閣議が開かれ、松岡が経過を報告し、「日米の國交はもはや禮讓や親善の希望だけでは駄目で、むしろ毅然たる態度で對抗することが却つて國交轉換の機會となるのだと説いた。（中略）松岡はこれを斷行すれば、舊ドイツ領の南洋諸島は、無償とまでは行かぬにしても日本に貰える。スターマーは、油もドイツの占領地域擴大によつて豊富になつているし、ソ連やルーマニアからも取れると言つているから、日本にも相當貰えるだろう。又ソ連と國交調整ができれば、北樺太の石油利權を貰う様に斡旋して貰う心算だ。場合によつては全部買物してもよい、などと駄法螺を吹いた」（下p156）と伝記は伝えている。この様な松岡の言葉に、反論するものはいなかった。松岡という人間は、ある目的を達成するためには、平気でその場限りの虚偽を言うことをためらわない異常性格者であった。それ故に、第一次近衛内閣時、蔵相であった池田成彬は、その外相起用提案に断固反対したのである（上p558）。

　三国同盟の締結に関して首相である近衛に最終的な責任があるが、第二次近衛内閣の外交の主役は松岡であった。その松岡外交の思想的基礎として、従来見逃されてきたのが国体主義の役割である。八月一日の外交新方策[6]が示しているように、松岡は皇道宣布を使命とする国体主義を外交政策の基礎とすると宣言していた。九月十九日の御前会議におけるドイツ大使との交渉の過程を説明する中で松岡は、「（支那事変は）我が建国以来伝統たる八紘一宇の大理想を実現せんとする決意の真剣なること、先ずこれを大東亜共栄圏内において試みんとするものなる旨を説き」[7]云々と言った。さらに二十六日の枢密院における諮詢においても、松岡は「わが外交の使命は皇道の宣布にあり。利害得失のみによって動くものではない」[8]と利害ではなく義侠を重んじる典型的な対外硬の主張をしている。松岡の外交政策は、客観的理性の目で見れば支離滅裂で誇大妄想的ではあるが、日本の無限の膨張を皇祖皇宗の遺訓として絶対化する国体主義の思想には忠実である。松岡という個人ではなく、国体主義という教義（doctrine）が誇大妄想的なのであった。それ故に、教育で国体主義に教化（indoctrinate）されていた一般民衆は、松岡を一貫して熱狂的に支持したのである。

この当時は、首相として近衛は明らかに松岡を支持し三国同盟を歓迎していた。二十七日の同盟調印の翌日に近衛は「重大時局に直面して」という放送を行った（下p161）。この中で彼は、「日支の紛争は、世界旧体制の重圧の下に起れる東亜の変態的内乱であつて、これが解決は世界旧秩序の根抵に横たわる矛盾に、一大斧鉞を加うることによつてのみ、達成せられる」と言い、「世界の諸民族が数個の共存共榮圏を形成すること」は、世界史の現段階における必然の勢いだとし、そのように旧秩序を打開して、新秩序建設のために共通の努力をしている日独伊三国が、互いに協力して軍事同盟を結ぶに至ることもこれまた必然だと述べ、国内の万民翼賛の挙国新体制の意義に論及し、「日本国家は非常時に際し、一人の暖衣飽食を許さず、又一人と雖も飢に悩む者あらしめず、億兆その志を一にし、その力を協せて、海外万里の波濤を開拓」せねばならぬと、奮起を促したのである。

近衛の現状打破の新体制運動は国際的にも適用されるものであった。彼は、日支事変を世界の旧体制に挑戦する内乱と規定して、根本的解決には世界の旧秩序に斧鉞を加える、すなわち武力の使用が必要と述べて、日本が新興勢力の独伊と結び、英米主導の旧体制を軍事力も使用して打破する意図を明確にしている。それ故に国民に非常時における覚悟を求め、「億兆その志を一にして」と教育勅語由来の言葉を使い、国民を海外への進出に煽動している。これは明らかに戦争への呼びかけであり、[9]この放送からは決して平和を求め戦争を避ける意志など見つけることは出来ない。近衛は戦争を求めて戦争を得たのである。[10]この放送から、後に近衛が弁明するような、三国同盟は日米戦争を避けるためという意図など少しも感じられない。

深い国際的知識のある人間は皆、三国同盟は日米戦争を招くと強く反対であった。米内も自分の内閣時における死を賭しての三国同盟反対が「無駄な努力」に終わったことを嘆いた（下p163）。木戸も同盟には反対であった。彼はこれは必ずや日米戦争の原因になるに違いないと心配し、近衛や松岡に警告したが、「驚くべきことに」彼等は、反対にこれは米国の参戦を防止するためだと言ったと述べ、しばしば日記で危惧の念を話している（下 p163）。

『木戸幸一日記』と供述書によると、天皇も三国同盟問題には深く憂慮して「此の同盟を締結すると云ふことは結局日米戦争を予想しなければならぬことになりはせぬかとの仰せあり、近衛首相、松岡外相にも御尋ねがあったが、両人共此の同盟は日米戦争を避くるが為めであって此の同盟を結ばざれば日米戦争の危険はより大なる旨を奏上して御裁断を願ったのであった。結果から見て陛下の御観察が正しかったのである[11]」と木戸は述べている。天皇の観察が正しかっただけではない。後に見るように対米戦を不可避と見ていた松岡は、日米戦を避けるためなどと天皇を騙して、日本にとって致命的な決断をさせたのである。西園寺が心配していたように「陛下の御聰明を蔽ふ」ことになった。後になって天皇の意見が正しかったことが明白になっても、近衛は少しも責任を感じることもなく、同盟締結の正しさを主張し続けた。

十一月四日に西園寺は、近衛の政治外交姿勢をいたく心配して、「一体政治の目標はどこに置いているのか、支那事変をどうこれを纏めて行くつもりなのか、なお日本外交はこのままでいいと思つているのか、という三点について近衛にきいてくれ[12]」と、心配そうに原田に言った。十一月六日に近衛に訊くと、近衛は「そいつは困つたな。なかなかちよつくらちよつと話せないし、やつぱり自分が行つて直接お話しよう。[13]」と言った。しかし西園寺は十一月十二日から発病し、遂にそれが最後になったのである（下 p165）。西園寺の日本の前途を憂慮した、その政治の根本姿勢に関する正面からの問いかけに、近衛はまともに答えることはなかった。三国同盟の衝撃が西園寺の死期を早めたことは明白である。西園寺の悶死[14]は、日本における文明主義の死を象徴するものであった。西園寺の国葬では近衛は葬儀委員長を務めたが、国体主義者の近衛が西園寺の文明主義を葬り去る象徴的な儀式となった。

非政治的ながらも、フランス文化に造詣の深い西園寺には例外的に好意を寄せていた作家の永井荷風が「怪しむべきは目下の軍人政府が老公の薨去を以て厄介払いとなさず、却て哀悼の意を表し国葬の大礼を行わむとす。人民を愚にすることも亦甚しというべし[15]」とその偽善性を鋭く批判していた。そして、西園寺もその標的とされていた二・二六事件の「叛乱罪にて投獄せられし兇徒は当月に至り一人も余さず皆放免せられたるにあらずや。二月および五月の叛乱は今日に至りて之を見れば叛乱にあらずして義戦なりしなり。彼等は兇徒にあらずして義士なりしなり。」と述べている。目下の「軍人政府」の傀儡たる近衛が、二・二六事件の犯人達の大赦に執念を示し、彼等の国体主義の遺志を継承するような政治を実行しているという本質を荷風は見抜いていた。

当時三国同盟に強く反対した人々の意見は、後で事実によって証明されたように客観的根拠に基づくものであった。山本五十六は原田に、三国同盟は言語同断だと憤慨し、米国と戦争するのは、殆ど全世界と戦うことだ、ソ連など当てにはならぬ、自分は最善を尽くして長門の艦上で討死するが、「その間に、東京あたりは三度ぐらゐまる焼けにされて、非常にみじめな目に会ふだらう。さうして、結果において近衛だのなんかが、気の毒だけれども、国民から八裂きにされるやうなことになりやあせんか。[16]」と言った。日本が世界を相手に戦争をして、東京が丸焼けになるという予言は的中した。山本はそのような結果をもたらした張本人は近衛であり、国民に八つ裂きにされて当然と考えていた。池田成彬も「近衛は、米國の參戰を抑える意圖だつたという。これは大變な間違いだつた。私は三國同盟をやれば、日米戰爭は必至となると考えていた。米國人から私に來た手紙などでもそう察せられた。それを近衛にも話したんだが」(下p166) と語った。

この様な同盟反対論への反論が、近衛がドイツ崩壊後に書いた「三國同盟について」(下p167) という手記である。言い訳と責任逃れに満ちた三国同盟に関するこの文章は、近衛という人間の本性を示すものである。彼は同盟の第一の目的は米国の参戦防止にあり、同盟締結後一年以上米国の参戦がなかったことは同盟の効果であったとその正当性を主張する (下p168)。米国が戦争準備を整え対日開戦の機会を窺っていたという状況が存在した場合にだけ通用する理屈であるが、そのような事実は無かった。三国同盟によって日本は、殆ど悪魔視されていた邪悪なドイツと同列になり、米国の明確な敵となった。米国における対日戦のハードルは一挙に低くなったのが事実である。

そして三国同盟締結の理由について近衛は、日支事変の結果、米国との関係が悪化して殆ど話し合いの余地がなくなったので、敵陣営の独伊と結び米国の反省を促そうとしたためだと述べている。典型的な対外硬の思考法である。敵である米国人の心理も知らず、こちらが強く出れば相手も折れてくるであろうという主観的で希望的な観測で政策を決定した。米国人が嫌悪するドイツと結べば日本もその仲間として敵意の的となる。正義感の強い米国人は、力を背景に脅迫されればより強く反発する。この様に米国の敵意を高めておいて、「最後の狙いは對米國交調整」(下p169) であったなどという主張は米国に通用しない。後に、近衛がルーズベルト大統領との直接交渉に戦争防止の望みをかけ、ルーズベルトも一時は乗り気になったが、ハルが近衛は日支事変と三国同盟の責任者であった事実を指摘して挫折させた。三国同盟こそが首脳会談の障害となったのである。
　そして最後に近衛は、次のように三国同盟を正当化する。三国同盟は妥当なものであった。親英米派の同盟反対論はドイツ敗退後の結果論で、科学的根拠に基づくものでなくて感情論に過ぎなかった。それ故に自分はそれに同意できなかったと主張している（下p171）。ドイツ敗退後どころか、同盟締結の前に唱えられた同盟反対派の主張は、全てその後の事実によって、その正しさが裏付けられている。三国同盟で、米国は日本を明確に敵と見定め、日本は世界を敵に回して戦い、東京は空襲で丸焼けになった。同盟反対論が客観的根拠に基づく科学的議論だった何よりの証拠である。松岡や近衛による、世界は数個のブロックに分割されるとの予想、同盟は米国との戦争を避けるためとの理由付け、ソ連も同盟に加入させるなどという主張こそが、ドイツの軍事的成功という表面的事象に目を眩まされた、無根拠の希望的感情論の妄想であることをそれから一年も経ずにして露呈したのである。
　それでも、近衛はあくまでも自分の非を認めずに、同盟反対論を感情論と言い募る。主観主義の対外硬論者は、客観的な事実によって体験から学ぶことが出来ずに、破滅するまで同じ事を繰り返す。弱腰では相手に嘗められる、強く出れば相手は折れてくると考えて、蒋介石を「相手とせず」と声明して、日中戦争を泥沼化し、日の出の勢いに見えたドイツと結んで米国を脅すつもりで、米国との自滅的戦争を不可避のものとした。それでも、近衛は、同盟反対論者の日米開戦の原因は三国同盟であるという主張は、「法理に反し又事實に反する。」（下p171）とさえ主張している。
　しかし「事実」は、「三國同盟に對する米英側の反撥は、極めて強いものであつた」（下p173）と伝記は次のように伝える。
「同盟成立するや否や、米國は、卽座に重要物資の禁輸強化を以て酬い、十月にはカナダは銅の、印度は屑鐵、屑銅の對日禁輸を行つた。（中略）十月八日には英國はビルマ・ルートの再開を通告し、チャーチル首相はその日、日本攻擊の演説を行つた。（中略）十二日ルーズヴェルト大統領は
　歐洲及びアジアに於ける獨裁國家が、如何に協力しても、米國が背水の陣を布いて抵抗し、自由なる國民のため米國が最後まで援助を與えることを阻止することはできない。米國は、西半球の海岸に侵略者が近ずくのを喰い止める國家に、あくまで援助を續ける。我々の方向は既に明白で、政策は既に決定されている。我々は妥協政策を排斥する。それは獨裁國家を援ける最大の武力だからだ
と叫んだ」（下p174）

この様に考えているルーズベルトが、たとえ昭和十六年に近衛との首脳会談が実現しても、妥協に転じる可能性はなかった。英米の首脳も国民も、三国同盟をもって日本が公然と敵のファシズム陣営に加わり、戦争は不可避となったと見ていた。三国同盟締結によって、日本は米国との衝突の道を下り始めた。

第二次近衛内閣の外交方面の主役は、三国同盟締結を主導した外相の松岡洋右であった。松岡は外相となって「現在の難局は舊式な宮廷外交で切抜けられるものでないという理由」（下p192）で、松岡旋風と呼ばれる出先外交官の大異動を実行した。古い経歴のある外交官を大量に更迭して、その後任に軍人などの素人を任命した。在外外交官は本国政府の目となり耳となる情報源としての重要な役割がある。重光葵は英国大使として、ドイツ軍の英国本土上陸は不可能で英国は不敗と、正確な欧州情報を本国に送り続けていた。経験も知識もある専門の外交官を辞めさせ、軍人などを任命した結果は、日本の国際情報収集能力に大きな損害を与えた。軍人出身のドイツの大島大使やソ連の建川大使は、独ソ戦争で一方的にドイツ有利の報告を本国に送り続け、日本の国際情勢の分析や判断を大きく狂わせることになった。この自ら目を潰すような松岡の人事は、対外盲である対外硬の本質を示すものである。この人事には近衛も賛成であり[17]、国民はそのような松岡の外交政策に喝采した[18]。国際連盟脱退の主役である松岡を英雄のように迎えた日本人は、三国同盟を熱狂的に支持した。松岡は当時の日本を風靡した対外硬の気風を象徴する存在であった。

この様に近衛内閣が三国同盟を締結し、国内では戦時体制の強化を進めている昭和十五年の末に、宮中における文明主義の支柱で国体主義の侵潤への防壁となっていた西園寺と湯浅が、十一月と十二月に相次いで死去した。この二人はともに松岡に強い警戒感を抱いていた[19]。日本における国体主義の全面勝利と文明主義の滅亡を象徴するような二人の死であった。西園寺が病気になってから、侍医の勝沼博士は、「自分は何十年か公爵に附いてゐるけれども、病気になられて、国事について自分にまでいろんなことを言はれたのは、今度が初めてだ。どうも内外の政情に対する心配が、非常に公爵の身体に利いてゐるやうだ。『どうも新体制とか言つて、国が二つ出来るやうなことぢやあ困る』とか、『外交もどうもこれぢやあ困る』とか、いろんなことを独りで言ってをられた[20]。」と言っていた。近衛の内外の革新政策に対する憂慮が西園寺を殺したと言っても過言ではない。

伝記では、新体制運動による国家統制の進展を次のように述べている。「第二次近衛内閣成立の直後から、政治體制も、經濟體制も、國民生活の統制も、一路戰時體制の強化への方向を辿つて行つた」（下p189）。三国同盟の締結と共に政治新体制の推進が近衛内閣の二本柱であった。それは「官界新體制、選擧制度改革問題、情報局の設置、經濟閣僚懇談會の新設、國務大臣官制の制定、政府統帥部連絡懇談會の新設、總力戰研究所の設置などとなつて現われ、經濟の面では、凡ゆる生活必需品の配給統制、家賃地代の統制、奢侈品の禁止、價格の公定から、貿易、海運、電力の統制、國民の徴用制、會社經理、資金運用などの統制に及び、國内はもとより日滿支の生産擴充及び國土計畫、科學技術の動員、そしていわゆる勤勞新體制から經濟新體制の樹立」（下p189–190）にまで及んだ。

政治に背を向けて地べたに近い所から世相を眺めていた文学者の永井荷風は、近衛内閣下で統制が強化された昭和十五年十月の社会の情景を、米内内閣時の半年前と比較して次のように描写している。「日本橋辺街頭の光景も今はひつそりとして何の活気もなく半年前の景気は夢の如くなり。六時前後群集の混乱は依然として変りなけれど、男女の服装地味と云うよりはぢぢむさくなりたり。女は化粧せず身じまいを怠り甚しく粗暴になりたり。空暗くなるも灯火少ければ街頭は暗淡として家路をいそぐ男女、また電車に乗らむとする群集の雑沓、何とはなく避難民の群を見るが如き思ひあらしむ。法令の嵐にもまれ靡く民草とはこれなるべし。」[21]。荷風は文学者特有の鋭さで、この五年後には、戦争の災禍に文字通り難民となってさまよう民衆の姿を予感している。

第二次近衛内閣が達成したのは、昭和九年に陸軍がパンフレットで主張した総力戦体制の完成であり、諸種の自由が抑圧され、全てが国家の統制支配下にあるという軍事体制による国家社会主義革命の実現であった。この様な体制こそが、明治の井上毅や陸羯南が理想としたものであった。井上毅の主著の『奢是吾敵論』という題名が、近衛の国民精神総動員運動では「贅沢（しゃし）は敵だ」というスローガンになり、新体制において奢侈品の禁止という形で国家の政策となった。近衛が後に、新体制運動は国体明徴運動であると述べた（下p199）のは、井上毅の理想の実現という新体制革命の本質を突いている。

伝記では新体制熱について次のように述べている。「昭和十五年夏から秋にかけて、『新體制』の語は全國を風靡した感があった。政治や經濟のみならず、一般人の日常生活や社會生活についても、市井人自ら『新體制』を言つた」（下p197）。このように新体制という空疎なスローガンと運動は日本中を風靡した。それとともに新体制の波に乗った右翼や軍人・官僚を社会の上層に押し上げ、旧体制に属する政財界人や学者思想家の地位は沈下して抑圧される結果となった。それら旧体制の破壊の元となり、その文明主義に代わって政治社会を支配した思想が国体主義であった。それ故に、後の第四部「『暗黒日記』と国体主義」

で見るように、徳富蘇峰や頭山満が国家の思想的な指導者となったのである。名称は新体制運動でも、その思想は古代の肇国を理想とする反動的な国体主義で、実体は明治の文明開化に対する反動革命であった。[22] 楠木正成や西郷隆盛が偶像視され、楠公権助論の福沢諭吉などは国賊として敵視されていた。[23]

大政翼賛会の主力であった、ナチスを手本とする末次信正や中野正剛などの革新右翼勢力の主張は、観念右翼や、官僚、財界人、既成政党員などから、「国体に反する」とか「アカ」などという攻撃を受けて後退していった。本来が頭山などの観念右翼に近い近衛もそれに引きずられることになった。十月四日の記者会見において新体制運動への共産主義の影響を否定して、「この運動は、根本は國體明徴運動だ。新體制は強く打てば強く響き、弱く打てば弱く響く大きな太鼓の様なもので、ある時はナチの音がするし、或時はマルクス主義の音がするかも知れない。しかしその本音は、日本の國體に根ざし、その行動は徹底した臣道觀から出たものでなければならぬ。」（下p199）と述べた。この新体制運動は国体に根ざした国体明徴運動であるという近衛の言葉は、批判への単なる弁解に止まらずに、この運動の本質を明らかにしている。西欧文明主義を根底から否定した運動が、ナチにも共産主義にもならずに、古代精神に基づく官僚の専制体制になるのは当然である。

十月十二日の大政翼賛会発足の前から近衛の熱意は冷めていた。近衛は新しい玩具のように翼賛会の「道具立て」[24] に熱中したが、反対や異論が多く思うようにならないので投げ出したのだ。この無責任さは彼の生涯に一貫したもので、[25] この様な政治家としては重大な欠陥人間を、何度も国家の頂点に担ぎ上げた周囲の人間にも大きな責任がある。新体制運動は何も価値あるものを作らなかったが、明治以来の立憲政治を壊すという破壊には大きな役割を果たした。近代的憲法で定めた議会政治とその精神を抛棄した結果が、大政翼賛会の発会式で近衛が述べた「本運動の綱領は大政翼賛、臣道実践というに盡きる。これ以外には綱領も宣言もない」という、福沢が古代の毒油と呼んだ古代思想の支配であった。

新体制における議会の様子を伝記では次のように報じている。昭和十六年早々の第七十六議会では、政府と軍部は開会前から、衆議院代表をはじめとする各界代表を招き、内外情勢を説明し、挙国一致の支援を求めた。議会は予想以上に政府に協力態度を示して、戦時体制強化決議を満場一致で可決し（一月二十二日）、衆議院は施政方針演説に対する質問を一切取りやめ、直ちに予算総会に入った（一月二十三日）。この様な政府と議会との協力態勢により、議事は大いに進捗し、二月二日には衆議院、二月十五日には貴族院が、早くも予算案を可決、百二十八億の予算と八十七件の政府提出法案を全部可決して、三月一日両院とも議事を終了し自然休会に入った（下p207）。挙国一致のスローガンによる無気力な議会による政府への協力は、言論と立法の府としての存在価値を失い、政府の提案を無条件で承認する単なる儀式と化してしまった。

それまでの国会が、国体明徴決議や、斉藤隆夫の除名などで、軍部に迎合して自ら滅亡する道を進んできたのは事実であるが、それでも国家総動員法に対する抵抗などで、軍事体制強化に対する一定のブレーキの役割を果たしてきた。近衛が新党構想を真剣に考え始めたのも、第一次内閣における国家総動員法への議会の反対に嫌気がさしたからであった[26]。新体制運動は、政府の政策に対する議会におけるそのような最低限のブレーキ機構をも、挙国一致の名目で完全に無力化した。政府の政策に対するチェック機能も、軍部の行動に対する最後の抵抗の砦たる予算議決権も無意味になった[27]。戦争の開始や進行にも、戦時中の首相の交代にも、終戦にも議会は何の役割も果たせなかった。実質的に憲法の定めた立憲政治の崩壊である。まるで自由民権運動以前の有司専制体制のように、政府の官僚や、軍人、天皇側近の重臣たちが、国民には見えない密室の中で協議して日本の運命を決定した。新体制運動というものの、文明開化に対する反動革命という本質を示すものである。これは「デモクラシー等の思想の流れをくむ『世界主義』は日本国民の本来の要求とは相容れない[28]」という、近衛の国体主義思想の当然の帰結である。明治立憲体制破壊の主役は新体制運動の指導者の近衛で、新体制を引き継いだ戦時の首相東条ではない。

(四) 対米戦争への道

国内体制を固めた近衛政府は南方への進出も開始した。十六年二月に「日本が佛印と泰との國境紛争の調停を行った際、一方では南方で指導的地位を確立し、物資獲得を容易ならしめようとし、他方南方から中國に壓力を加え、支那事變解決を促進しようとの目的で、」政府は『対仏印、泰施策要綱』を決定した（下p216）。欧州の戦乱に乗じて手薄になった東南アジアの資源を獲得しようとする、「バスに乗り遅れるな」という対外硬政策の一環であった。天皇は英米を刺激すると気が進まず（下p217）、二月二日木戸に「自分としては主義として相手方の弱りたるに乗じ要求を為すが如き所謂火事場泥棒式のことは好まないのであるが、今日の世界の大変局に対処する場合、所謂宋襄の仁を為すが如き結果となっても面白くないので、あの案は認めて置いたが、実行については慎重を期する必要があると思ふ[1]。」と言った。また要綱中の「指導的地位」という語を気にかけて、「指導的地位はこちらから押付けても出来るものではない、他の国々が日本を指導者と仰ぐ様になって始めて出来るのである」[2]と言われた。天皇の消極的な態度は、天皇が絶えず海外の情勢や日本の行動に対する国際的反応を気にかける、客観的視点を失わない、政府内においては例外的な文明主義者であったことを示す。

この昭和天皇の対極にあるのが外相の松岡洋右であった。昭和十六年の前半は松岡の一人舞台であった。伝記では次のように述べる。「二月三日の連絡會議で、松岡の提案で『對獨・伊・ソ交渉案要綱』というものを決め、二月八日持廻り閣議で承認した。それはソ連をして『リッペントロップ腹案』を受諾せしめ、英國打倒に協力せしめ、日ソ國交の調整を期するということで、ドイツの仲介で北樺太を賣却せしめるとか、若しソ連が不同意なら、その石油利權に關し協定を結ぶとか、日本はソ連の新疆外蒙における地位を諒承し、ソ連は日本の北支蒙疆における地位を諒承するとか、ソ連をして援蔣行爲を放棄せしめるとか、滿ソ外蒙間に國境劃定及び紛争處理委員會を設置するとか、漁業交渉を妥結させるとかいう様な條項を含み、又世界を大東亞圈、歐洲（アフリカを含む）圈、米洲圈、ソ連（印度、イランを含む）圈にするとか、その他獨伊との協力方針を種々に規定し、最後に松岡外相が渡歐の上、獨、伊、ソと交渉して、前記要領の貫徹に努力し、要すれば條約を結ぶというものであつた。」（下p219）

この要綱は対外硬としての松岡の主観的で独善的な特性をよく示している。客観的国際情勢に関する冷徹な分析と計算ではなく、重光が「フィクション」（続手記p31）と呼んだ妄想の上に組み立てられた壮大な構想である。この様な構想を現実のものとするために、松岡は三月十二日に訪欧の旅に発った。ヨーロッパの実情を見て、現実に目覚めるどころか、ヒトラーやスターリンなどの独裁者達と会見して同等に渡り合い、日ソ中立条約を結んだことで、松岡の妄想と虚栄心を増大させただけであった。近衛は若槻元首相に、「松岡が何のために渡歐するのか知らず、ソ連との中立條約のことも、相談を受けなかつた」（下p220）と語った。しかし、伝記においても「上奏裁可の要綱に規定されていることを、近衛が知らぬ筈もないし、後に見る様に松岡は、向うから屢々近衛に報告もよこしている」（下p220）と述べるように近衛の嘘を認めている。この様に松岡の外交政策に対する責任逃れのために、近衛は平気で嘘をついていた。松岡との相違と対立を強調するような、後日になっての近衛の言葉は全く信用できない。

三月二十六日に、松岡はモスクワを経てベルリンに到着した。二十七日にヒトラーと会談した松岡は、日本の政治についての長話でヒトラーを苛だたせた。それは「八紘一宇」に関してであった[3]。同席していたオットー大使は八紘一宇について、「日本流の家族や喜びや平和を人類にもたらし、国々が家族になるという考えだ。屋根を支える八本の柱といった意味で、その日本の考えを世界に広げようというものだ。日本と同じように天皇の指導のもとでの家族という考え」であると説明し、「とてもあいまいで、私たちはしっかりした政策だと思ったことは一度もないし、誰もそんなことは思っていなかった。[4]」と述べている。日本人以外には通用しないこの観念を、ヒトラーに対しても臆せずに並べ立てるところに、対外硬論者特有の意識に他者が存在しない松岡の主観主義の本質が現れている。自分が感心する話をすれば相手も感心すると思うのである。[5]そしてそのような独善性を支えている思想が国体主義であった。

松岡は日本に対する善意の警告ともいうべきチャーチルの書簡に対しても、この国体主義を振りかざしてはねつけている。四月十二日にモスクワで松岡に渡された書簡（下p231）において、チャーチルは次のような質問を出して松岡の反省を求めた。そこでは八箇条にわたって、日本がドイツと同盟することの不利をあげて再考を促している。ドイツが英国に対する制海権も制空権も得ることが出来ない今、英国を占領できると思うのか、もう少し事態を静観すべきではないのか。米英全工業が軍事化しつつある今、ドイツの海軍力は米国の援助を阻止できるのか。日本の三国同盟は米国参戦の可能性を増したのか、減じたのか。米国が英国の側に立って参戦し、日本が枢軸国に荷担した場合、日本の海軍力は英米の海軍力に対抗できるのか。イタリアは助けになる戦力か。英国の空軍は以後ドイツの空軍より一層優勢になるのではないか。ドイツに支配抑圧された諸国のドイツに対する好感は増すことがあるのか。このように問いを重ねて最後に、「一九四一年中における米國の鋼鐵生産高は七千五百萬トン、英國のそれは千二百五十萬トン、合計殆んど九千萬トンとなるべきことは眞實なりや。ドイツにして前回の如く敗北することある場合、日本における鋼鐵生産高七百萬トンは、單獨戰爭を行うに不充分ならずや」（下p232）と結んでいる。

客観的情勢に基づいて日本の利害に訴えて、日本の三国同盟へのコミットメントを考え直すように求める書簡であった。もちろんドイツとの戦争に苦戦している英国の利益のためのものではあるが、戦争の基礎である鉄鋼生産量比較に見るように、戦後になっても通用する日本の物理的に圧倒的な不利を説く情理を尽くした書簡であった。チャーチルは来日経験のある両親の関係もあって本来日本に好意を抱いていた。[6]これに対して松岡は「かさかさした返事」（下p232）で答えた。その中で松岡は、八紘一宇の状態を実現するという、民族的大目的と野心を常に堅持すると述べ、八紘一宇は、「いかなる民族の征服も、迫害も、搾取もない、世界平和の日本的概念」だから、安心してよろしいと言い、日本の政策は、あらゆる事実の偏らない検討と、当面する情勢の全要素の非常に慎重な考慮に基づいて、決定されると述べている。

チャーチルの客観的な日本の自利に訴えた再考の要求に対して、松岡は主観的な「八紘一宇」という大義を持ち出して相手の求めを拒否している。まさに「自利」ではなく「義侠」を重んじる対外硬の典型である。チャーチルは理性の言葉が通じない相手に気味悪く思ったであろう。松岡個人の異常性の問題ではない。近衛をはじめ、当時の圧倒的多数の日本人が、欧州から凱旋帰国した松岡を賞賛し支持した。(7) 松岡と近衛は日本人の象徴である。「八紘一宇」という言葉の魔力の源泉は、それが皇祖皇宗の言葉と信じられていたからである。皇祖皇宗への絶対的崇拝を日本人に強制した教育勅語に基づく国体主義教育により、日本人なら誰も反対できない最高の理想としてそれが通用していた。国体主義が日本人を国際情勢に関して盲目の痴呆にして、日本以外に通用しないこの観念を外国に対しても振り回すことになった。そして、日本人から世界の中の日本という観念を奪い、自国の行動による外国に与える影響に無頓着にし、外国人の悪意にも善意にも鈍感にさせた。(8)

しかし、この松岡が訪欧中に始まった日米交渉に近衛は大きな望みをかけるようになっていた。近衛が後に栄爵拝辞の上奏文の中で、「十六年春日米兩國間に開始せられたる國交調整商議は、實に臣が公的生活の一切を捧げ、千段の努力を傾注したる所なり」（下p233）と述べているように、昭和十六年四月から十月まで、近衛は日米交渉に精力を集中した。近衛はこの交渉の可能性を誇張して、平和実現のための自己の努力を過大に印象づけ、それを妨害した松岡や東条に開戦の責任を転嫁しようとしている。近衛の擁護という性質が強いこの伝記においても、欧州から帰国後の松岡の奇矯な言動を批判的に取り上げ、それが日米間の関係改善の最大の障害であったように描写している。そして、長々と不毛に終わった交渉の過程を詳細に紹介している。

しかし、この交渉には当初から成功の見込みは殆どなかった。重光は「我（日本）において枢軸政策を遂行しつつ、日米国交の調整を行うことは、不可能の事業」と評し、長年対立していた日米が妥協するには、「いずれか一方がその政策の基調を変更するか、または国際情勢に重大なる変化が起るか」の場合であると述べている（動乱下p75）。近衛は対支政策や南進政策に、何等変更を加えることもなく、独ソ戦の開始という国際情勢の変化を生かすこともなかった。一方、米国大統領のルーズベルトは独裁国とは決して妥協しないと言明（下p175）していたし、国務長官ハルの日本への不信感は根強く、日本の侵略の既成事実を認めないその原則的な立場は当初から一貫していた。(9) 松岡が疑ったように、交渉は米国の戦争準備が整うまでの時間稼ぎという側面が強かった。日本は三国同盟という形で明確に米国の敵となる道を選択していた。それは一回の首脳会談などでは取り戻せない、一国の運命を決する重大な決定であった。それ故に米内や山本五十六は命をかけて反対したのである。

世界の大立者のヒトラーやスターリンと会談して、「日本では最高の人氣スター」(下p260)として帰国した松岡は、すっかり得意で逆上せ上がっていた。五月八日に天皇に拝謁した松岡は、以前に三国同盟は米国との戦争を避けるためと説明していたのに、米国が参戦の場合はドイツ、イタリアとの信義を守るためシンガポールを攻撃すべき、即ち米国と戦うべきと論じるだけでなく、ソ連も攻撃すべきと天皇に上奏して、天皇を驚かせた(下p270)。

松岡は自分の不在中に進められた日米交渉にも大反対で、「陸海軍首脳部は、多少獨伊に不義理をしても、日米諒解を成立させようとしているらしいが、そんな弱腰でどうなるか」(下p275)と言い、米大統領の肚は参戦に決まっていると見て、「その場合は日米諒解も何もあつたものではないのだから、今の陸海軍の態度では國民が承知せず、焼打ちが始まるかも知れないとし、何れにしても日本は、英米か獨伊かハッキリした態度を闡明する必要に迫られるであろうが、その時はあくまで、獨伊との結合を主張する」と論じ立てた(下p276)。この松岡の「焼打ち」という言葉は、明らかにポーツマス条約反対の日比谷焼打ち事件を意味して、松岡が明治の対外硬運動の精神を引き継いでいることを示す。明治には文明主義の政府が客観的情勢を考えて、民衆の対外硬運動を抑えて講和条約を締結したが、今や対外硬の代表者が政府中枢で外交を司っていた。松岡のこの時期の傍若無人な異常な振る舞いも、大衆の支持は自分にあるという自信の結果であろう。

客観的情勢に盲目で主観に固執する対外硬論者として、近衛は程度の差はあっても松岡の同類であった。それ故に、反対の多かった松岡を評価して外相に選んだのである。後になっての近衛の手記もその特徴を明確に示している。「昭和十五年秋に於て妥當なりし政策も、十六年夏には危險なる政策となつたのである。何となれば獨ソ戰爭の勃發によりて、日獨ソ連携の望みは絶たれ、ソ連は否應なしに、英米の陣營に追込まれてしまつたからである。」(下p299)と、あくまでも三国同盟締結の正しさを主張している。そして「事ここに至れば、ドイツとの同盟に佝拘泥することは、我國にとりて危險なる政策である。既に危險と感じたる以上は、速かに方向轉換を圖らねばならぬ。ここに於て日米接近の必要が生じたのである」と述べている。

ここから出てくる当然の結論は三国同盟の廃棄であるはずである。まして今回の独り戦争は、平沼内閣当時の独ソ不可侵条約に続くドイツの不信行為の結果であるから、日本には「當然三國同盟の再検討をなすべき權利と正當性」(下p300) がある。ところが、近衛は、日米関係改善の最大の切り札となりえた三国同盟の廃棄の選択肢を、国内事情と「昨年締結したばかりの同盟を、今直ちに廃棄する如き」は「わが国の国際信義の問題」となるなどと国家的体面を理由に軽々しく否定している。国際関係における実利よりも国内の世論や体面を重んじる典型的な対外硬の主張である。近衛には同盟推進の主力であった陸軍と対決する勇気などなかった。

そのような内向きの主観的対外姿勢が、「帝国国策要綱」という致命的な政策を生んだ。この「対英米戦を辞せず」とした国策は戦争に直結する決定である。「日米交渉は是非成立せしめねばならぬ」(下p301) という近衛の決心とは絶対に両立しない。この御前会議の決定が、遂に日本の運命をも決定するようになったと評した重光葵は、日本の死活に関わるような重要な交渉を行いつつ、「かくの如き重大なる国策を平気で決定することは、ブラフでないならば気違い沙汰であって、右の手でやる仕事を左の手で壊すようなものであった。善意であるとしても、錯乱と矛盾とで満ちていた」(動乱下p94) と口を極めて非難している。

昭和十六年七月二日の御前会議で次のような「帝国国策要綱」が決定された。

第一　方針

一、帝国は世界情勢変転の如何に拘らず、大東亜共榮圏を建設し、以て世界平和の確立に寄興せんとする方針を堅持す

二、帝国は依然支那事変処理に邁進し、且つ自存自衛の基礎を確立するため、南方進出の歩を進め、又情勢の推移に応じ北方問題を解決す

三、帝国は右目的達成のため、如何なる障害をも之を排除す

第二　要領

一、蔣政権屈服促進のため、更に南方諸域よりの圧力を強化す

情勢の推移に應じ、適時重慶政権に対する交戦権を行使し、且つ支那に於ける敵性租界を接収す

二、帝国はその自存自衛上、南方要域に対する必要なる外交交渉を続行し、その他、各般の施策を促進す

これがため対英米戦準備を整え、先ず「対仏印泰施策要綱」及び「南方施策促進に関する件」に據り、仏印及び泰に対する諸方策を完遂し、以て南方進出の態勢を強化す

帝国は本号目的達成のため、そのためには如何なる障害も排し、対英米戦を辞せず南方進出を決定し、

対英米戦を辞せずとしたこの「帝国国策要綱」が、日本の対米戦争の方向を決定した。近衛擁護のこの伝記においては、この国策要綱の目的は「松岡の積極的な即時對ソ作戰論」(下p303)を退けるためであり、その代わりに代償的な意味で南方進出を強化するといったに過ぎず、「當時の中心問題は、對ソ態度の決定であつて、『對英米戰を辭せず』は、單なる御題目に過ぎず、誰もそれを本氣で考えたのではなかつた」(下p304)と驚く程に軽薄な説明をしている。御前会議で決定された国策がそんな軽いものではないことは明白である。後の対外政策もこの国策要綱に縛られたし、英米は日本の戦争準備の決定として重大な反応を示したのである。戦争や交渉では当方の主観よりも、相手側の認識が重要である。近衛の対外政策においては、「そんなつもりはなかった」という見込み違いの連続であった。対外硬特有の主観的独善性の結果である。

欧州から帰国後激しくなる一方の松岡の異常な言動に手を焼いた近衛は、昭和十六年七月十八日総辞職という形で松岡を辞めさせた。松岡は、七月二十二日木戸の私邸を訪問し、「近衛公とは、これで絶縁だ。自分は、近衛公を引張り出すのに一年かかつた。引張り出した以上は、公と生死を共にする覺悟でやつたのだが、自分の至誠が公に通じなかつたのは遺憾である。そういう人とは、これからは全く路傍の人だ」(下p318)と言った。これについて近衛は、「引張り出しに一年かかつたなどとは、一體何のことか。例によつて妄想を事實と思い込んでいるのか。トテツもない話である。」と言っていた。近衛は松岡を妄想を事実と思い込む人間と知っていて、外務大臣に起用したのである。

第三次近衛内閣成立以後、むしろ日米関係は悪化していった。米国が七月二日の御前会議で決定した日本の南部仏印進駐への準備の動きを察知して、日本への警戒と不信を強めた。松岡を更迭しても新内閣に対して好印象が生まれる雰囲気ではなかった。南部仏印進駐こそは、米国の日本への不信を決定的なものにして、石油禁輸などの強硬な反応を生み出して、海軍の危機感を強めて開戦論に傾かせるなど、開戦にいたるチェーンリアクションの引き金となったものである。伝記では「皆それほど重大な結果を豫想していなかつた」(下p326)などと述べているが、近衛自身が意見を聞いた、対外硬の気風に逼塞していた国際協調外交の幣原は明確に戦争になると断言していた[10]。近衛はこれに対して、「それはどうしてでしょうか。いろいろ軍部と意見を戦わし、漸く駐兵するというだけで戦争ではない。こちらから働きかけることはしないということで、しばらく軍部を納得せしめ、話を纏めることが出来たのです。それではいけませんか」と問いかけたが、幣原は「それは絶対にいけません」と明確に否定した。米国側の反応は、まさにこの幣原の予言したように絶対的なものであった。

国際協調主義の代表的存在である幣原との対話は、近衛の対外硬の特質をよく示すものである。近衛にとって外地への軍隊の派遣という重大な対外政策決定においても、重視すべきは軍部を納得させるという国内事情への配慮と、戦争をするつもりはないという主観的意図の問題で、外国でどのように受け止められるかなどということには殆ど考慮を払わない、対外盲とも言うべき閉ざされた鎖国的態度である。それ故に近衛の対外政策は、常に相手の出方を見誤った見込み違いの連続であった。近衛が登用した外相の松岡洋右も同様である。それに対して、幣原が米国の反応を正しく予想しえたのも、彼を知り己を知るという客観的な文明主義の結果であった[11]。

日米交渉においても、この近衛の対外硬特有の主観主義が発揮された。和平交渉においても戦争と同様に、敵を知り己を知る客観的な情勢分析は絶対に必要である。相手方の事情を観察して、どこで妥協が可能なのかを見極めて交渉に臨み、自国内においても、和平へ向けての環境を整備し、「南部仏印進駐」のような交渉の致命的妨げになるような動きを阻止することが不可欠であった。ところが、近衛はそのような努力を何もしなかった。英国から帰国して交渉を援助しようとしていた重光葵は、近衛の交渉への主観的善意を認めながらも、その無為無策に強く批判的であった。近衛は「世界平和の爲め」（続手記p83）という大義を掲げ、自己の和平への熱意を強調して米国との和解を求めた。それは戦争において、対外硬の軍人が、客観的情勢や敵の戦力や自軍の能力を厳密に計量分析して、慎重に作戦を準備することなく、主観的な必勝の信念を掲げて猪突猛進することに等しかった。

日本の南部仏印進駐に対して、七月二十六日米英は直ちに日本資産を凍結し、八月一日には、米国は棉と食糧を除いて、石油を含む一切の輸出を禁止した。石油がなければ軍艦は動かない。「八月一日石油の全面禁輸が發令されたので、今度は海軍が俄然硬化して來た。石油が『ジリ貧』の涸渇狀態に陥るを持つよりは、機先を制して開戰せよとの論が有力となつた。ここから遂に九月六日の（御前会議における開戦方針の）決定が導き出されることになる。（中略）近衛は今まで、對米關係で愼重且つ消極的な海軍を支柱として、陸軍の積極論を抑える方策を取つて來たのだが、今度はその海軍が積極化して來たので、近衛は異常な難關に直面することになつた」（下p333）（（ ）は引用者補足）と伝記は述べている。石油禁輸で海軍に主戦論が台頭した。海軍の愼重論に頼っていた近衛が窮状に陥ったのは自業自得と言う他ない。近衛は自らの意志と指導力で政治を主導することがなく、常に他力に頼って、それに乗っあった。

て物事を実現しようとしていた。対外硬の気風に乗って首相になった近衛が、その気風に逆らうことなど不可能で

当時の日本の状況は戦争熱に浮かされていた。伝記では次のような例を紹介している。早くから米国に渡って日米交渉に当たっていた陸軍の岩畔豪雄は、南部仏印進駐後の日米関係の悪化により、交渉の前途を憂えて、急遽帰国することにした。「岩畔らは歸國後各方面に米國の巨大な戰力を説き、極力戰爭回避を主張した。」しかし、「當時漲っていた精神主義的强硬論者の間には、大した關心を與えなかつたと、岩畔は述べている」(下p337)。岩畔は数字を示して米国と日本との国力の隔絶を指摘して説得したが、この客観的な数字に基づく科学的な議論も、国体主義による主観的な対外硬論の前には通用しなかった。戦争阻止の強い決意で帰国した重光も殆ど効果を挙げることが出来なかった。当時の日本の社会を風靡していた非理性的で感情的な対外硬の気風を示すものである。近衛はこの気風に乗り政権に就き、「基本国策要綱」で功利の思想を排すと理性的思考を否定して、八紘一宇の国体主義を煽っていた。日米交渉による妥協を不可能にした雰囲気を作ったのも近衛であり、その挫折も自業自得であった。

近衛が最後の望みをかけたルーズベルト大統領との首脳会談も、八月二十八日には会談に乗り気の色を見せた大統領も、一週間後には消極的な姿勢に転じた。国務長官のハルは明確に否定的であり、日本が日米交渉の当初にハルが持ち出した四原則に同意することが前提だと主張した。日米首脳会談による和平達成の可能性は殆どなかった。伝記でも米国側には、「近衛自身と日本軍部に對する拔くべからざる不信が、その根柢に存在していたことが判るのであつて、この様な不信の上で交渉が成功する餘地は、極めて小さかつたと言わざるを得ない。」(下p353)と述べている。日米交渉が成功しなかった根本原因は、松岡でも東条でもなく近衛自身にあった。

この様に見込みのない首脳会談に関する交渉が延々と進められている間に、東京では九月六日の御前会議で致命的となる重大決定が下された。八月の米国の対日石油全面輸出禁止を受けて、米英に対する最低限度の要求内容を定め、交渉期限を十月上旬に区切り、この時までに要求が受け入れられない場合、米英蘭に対する開戦方針が定められた。途中に白紙還元の御諚(ごじょう)などの紆余曲折はあったが、結局は日本はこの御前会議で決められた国策に従って、対米英戦争に突入することになる。

この会議の主役は首相の近衛であることは明白であるのに、この問題に関する近衛の手記(下p356)の記述には当事者意識というものが全く感じられず、まるで傍観者のように事情の説明に終始している。近衛には、自身の主導

により政治的決断をしてその責任を引き受けるという、政治家としての根本的資質が皆無であることを示す。

その御前会議の決定とは次のようなものであった。（下p358）

> 帝國は現下の急迫せる情勢、特に米、英、蘭等各國の執れる對日攻勢、ソ連の情勢、及び帝國國力の彈發性等に鑑み、「情勢の推移に伴う帝國國策要綱」中、南方に對する施策を左記に據り遂行す
>
> 一、帝國は、自存自衛を全うするため、對米（英、蘭）戰爭を辭せざる決意の下に、概ね十月下旬を目途とし、戰爭準備を完整す
>
> 二、帝國は右に並行して、米、英に對し外交の手段を盡して、帝國の要求貫徹に努む
> 對米（英）交渉に於て、帝國の達成すべき最小限度の要求事項、並びに之に關連し帝國の約諾し得る限度は別紙の如し
>
> 三、前號外交々渉に依り十月上旬頃に至るも、尚我が要求を貫徹し得る目途なき場合に於ては、直ちに對米（英蘭）開戰を決意す
>
> 對南方以外の施策は、既定國策に基き之を行い、特に米ソの對日連合戰線を結成せしめざるに勉む

第一条で戦争準備の完成、第三条で期限を切って開戦を決定している。第二条の交渉は最善を尽くしたという言い訳にしか見えない。明らかに戦争を決定した御前会議であり、政治の最高指導者である首相として近衛の責任は最も重大である。近衛の戦争を避ける決意が本気ならば、命を賭けても阻止すべき致命的な決定であった。後に蘇峰の言ったように[12]、対米戦争は、九分九厘まで近衛が準備したのである。

天皇は正しく事態を憂慮していた。近衛手記によると、御前会議の前日、近衛が参内して右の議題を内奏したところ、天皇は「これを見ると、一に戰爭準備を記し、二に外交交渉を掲げている。何だか戰爭が主で、外交が從であるかの如き感じを受ける。この點について明日の會議で、統帥部の兩總長に質問したいと思うが……」と聞いた。近衛は「一二の順序は、必ずしも輕重を示すものではございませぬ。政府としてはあくまで外交交渉を行い、どうしても纏まらぬ場合に、戰爭準備に取かかる趣旨であります」（下p360）などと、おざなりの言葉でごまかした。後に近衛自身が苦悩したように、この御前会議の決定が政府を縛って日米交渉を殆ど不可能にした。

当日の御前会議においては、天皇は明治天皇の御製である「よもの海みなはらからと思ふ世に、など波風のたちさわぐらむ」を読み上げた。戦争に通じるような決定への天

皇の反対であることは明白であった。天皇に度々謁見していた重光は、「この決定に対しては、痛々しいまでに御不満であった」と証言している（動乱下p115）。それでも、国務大臣と参謀総長らの輔弼によって国務を行う天皇にとっては、そのような間接的な意思表示が出来ることの限度であった。一方、近衛はこの天皇の意志を受けて、会議の決定を延期したり変更することは可能であったが、そのような試みを少しもしなかった。近衛はメモにおいて「この九月六日の決定は洵に重大なものではあつたが、陛下の御言葉によつて、文案の如何に拘らず飽くまで外交が主であり、萬已むを得ない場合に初めて戰うという諒解で、議決されたものであるから、日米交渉を續ける上からは、實に好都合になつた」（下p363）などと述べている。和戦を決定する御前会議の重さに関する自覚は感じられない。後になって、近衛は陸相の東条に必死に決定の見直しを懇願したが御前会議を理由に拒否された。軽率に挽回不能な決定をして、後になってジタバタするいつものパターンであった。

陸軍内の近衛ルーズヴェルト会談への反対論を鎮めるため、近衛から依頼された東久邇宮は、七日に東条陸相を呼び、会談の成功への協力を求めた。これに対して東条は米国への強い不信感を表明して、一度譲歩すればそれにつけ入れられて亡国に至るとする典型的な対外硬論で反対を表明した。そして会談への天皇の熱心な支持はよく知っているが、「日本の不利を忍んでも、國交調整をお考えになる場合には、自分としてそれが國家百年のため不利だと考えたら、どこまでもお諌めする。それでも尚陛下がお聴きにならないなら、自分は辭職するほかない。これが忠節を完うすることだと思う」（下p365）と述べた。

これは単なる東条個人の辞職ではなく、宇垣の大命降下の場合のように後継陸相を出さないという脅迫の意味を含む。国家百年の利害を知っているのは、政府でも天皇でもなく東条であり陸軍であるということになる。それ故に陸軍は、天皇の意志を平気で無視出来た。そのことを木戸は、「陸軍は、陸軍の意見を天皇が御採用になれば、統帥權の獨立だと考え、御採用にならないと、側近者が餘計なことを言つて統帥權を干犯したと言い、天皇が萬事陸軍の申出を丸呑みされることを、至當と考えている。天皇機關説を否定している陸軍が、それを實行している」（下p366）と憤慨した。天皇機関説を排撃した国体主義者は、天皇よりも皇祖皇宗の神霊を上に置き、その遺訓を実現すると僭称して平気で天皇の意向も無視した[13]。

日本側の焦りにもかかわらず、首脳会談は遅々として進まなかった。この段階では、米国には本気で首脳会談をする気も関係改善をする意図も無くなっていた。追い詰められた近衛はまたもや辞職を口にした。九月二十五日の大本営政府連絡会議で、統帥部は政府に対し、和戦の決定を十月十五日までになすよう、要望した。木戸によると九月二十六日、近衛が木戸を訪ねて「陸軍がどうしても十月十五日に戦争を始めるつもりなら、辞職するほかない」と、苦衷を訴えた。木戸は「九月六日の御前会議を決定したのは君ではないか、そんな無責任なことでは困る。そう云ふことなら一つあの御前会議の決定を変更することを提案して、それが容れられなかつた時決意するなら兎に角、此の儘辞めては陛下に対し申訳がない[14]」と非難したのは当然である。

御前会議による開戦を決する期限への接近と、日米交渉の不調により、軍部内で強硬論が高まり近衛内閣は苦境に陥った。九月下旬から十月上旬にかけて、近衛は軍部などの各方面との会談や会議におわれた。その中でも特に強硬なのは陸軍であった。そこで、近衛は十月十二日に荻外荘に、陸軍、海軍、外務の三大臣と企画院総裁を招いて、和戦に関する殆ど最後の会議を開いた。ここでも、東条は「日米交渉で駐兵問題は絶對に譲れない。米國に屈服する心算なら別である。そうでないなら交渉の見込みはない」(下p379)と一貫して強硬論を貫いた。近衛は交渉継続を主張したが、東条は「駐兵問題だけは、陸軍の生命であつて絶對に譲れない」と反論した。これに対して近衛は「この際は名を捨てて實を取り、形式は米國の言う様にして、實質において駐兵と同じ結果を得ればよいではないか。とにかく自分はあくまで外交交渉を擇ぶ。それにも拘らず戰爭をやるというなら、自分は責任を負えない」と述べたのに対して、東条は「九月六日の御前會議で、外交交渉に見込みがなければ、開戰を決意すると決定したではないか。この會議には總理も出席されたのだから、責任を取れぬということは理解できぬ」と応じたのは正論である。

近衛は大正初期の処女論文『英米本位の平和主義を排す』が示すように、対外硬運動の指導者、父篤麿の関係からも本来は対外硬派であった。大正時代にはデモクラシーの風潮に乗ったが、昭和の対外危機に対外硬派に回帰した。そして、満州事変以降の対外硬の気風に乗り政権に就き、対外硬の人物を登用して対外硬の政策を実行してきた。しかし、欧米への複数回の渡航の経験があり、高い知性と教養のある近衛は、松岡や東条のように対外硬の思想に徹底できなかった[15]。敗北が確実である強大な米国との戦争という深刻な事態の接近は、近衛を主観的な対外硬の立場から離れさせ、客観的な文明主義の立場に接近させた。この時期の近衛と東条の対話はそのことを示している。

近衛の手記によると、数次に亘る東条との会談の間に、東条が「人間たまには、清水の舞臺から目をつぶつて飛び降りることも必要だ」と言ったことがある。これに対し近衛は「個人としては、そういう場合も、一生に一度や二度はあるかも知れないが、二千六百年の國體と一億の國民のことを考えたら、責任の地位にあるものとして、そんなことは出來ることではない」と答えた。近衛は手記の中で、次のように述べる。「乾坤一擲とか、國運を賭してとか言う者があり、松岡外相も屢々口にしたが、自分はそれを聞くと何時も不愉快に感じた。乾坤一擲とか國運を賭してとかは、壮快は壮快ではあるが、前途の見透しのつかぬ戰争など始めることは、個人の場合と違い、苟も二千六百年無瑕の國體を思うならば、しかく輕々しくできることではない。たとえ因循と言われ、姑息と評されても、自分らにはそういうことはできぬ。いかに遠りであつても、安全第一で、百パーセント安全でなければ、戰争などは避けねばならぬと、固く信じている。」（下p385–386）

この東条に対する反論の言葉はそれ自体は正しいものだが、近衛は決してこの思想で一貫していたわけではない。前に紹介した昭和九年の論文「国家主義の再現」では、米国が東洋において不当な干渉をする場合は戦争は避けがたいと、この時期の東条に近い意見を表明していた。さらには安全第一の幣原による国際協調外交を「信念のない円満主義・事なかれ主義」として批判して、反感と軽蔑を明らかにしていた。それ故に因循姑息であると従来の外交政策を否定していた松岡を外相に起用して、伝統的外交官を一斉更迭し、ドイツの勝利に国運を賭して三国同盟を締結させるなど自由に腕を揮わせたのである。近衛の安全第一主義なるものは、ごく最近になっての転向の結果にすぎない。

この対米開戦目前という段階で、近衛は対外硬の陣営から反対の陣営に寝返ったのである。これ以降近衛は、終戦に至るまで自由主義、又は親英米主義者と呼ばれる文明派の人々と、東条内閣打倒や早期講和論などで行動を共にすることが多くなった。近衛の戦争に関する手記の多くは、この文明主義の立場から書かれていて、以前の自己の国体主義に基づく対外硬の立場を曖昧にし、かつ隠蔽している。日米交渉に関する松岡や東条との対立が強調され、第二次内閣発足当時は、この二人とは「肚の合った」同志であり、彼等と基本政策で合意していたことには触れることはなかった。三国同盟も南部仏印進駐もこの政策に基づくもので、松岡や軍部の暴走ではない。近衛は、対外硬から文明派へ再転向したのである。変わったのは近衛であり、東条と松岡ではない。この二人と親しい対外硬の代表的言論人である徳富蘇峰の、近衛への強い反感の原因はこの裏切りにあった。

近衛は陸軍の強硬な態度に辞意を固めて十月十六日に内閣は総辞職した。その際に辞職の理由を詳細に述べた異例の辞表（下p395）を提出している。その内容は、近衛が戦争を阻止するために日米交渉に最善を尽くしたが東条の反対により実現できなかったという、開戦を予期しての責任逃れの文章ともなっている。戦争は日米交渉の失敗が主要な原因で起きたのではない。近衛は日支事変で米国の敵意を高め三国同盟で決定的なものにした。国内では新体制運動で軍事主導体制を確立し、南部仏印進駐の実行や、期限を切っての開戦を決めた御前会議など、対米戦は近衛内閣の政策の積み重ねの結果である。そのように戦争を準備しながら、最終段階での日米交渉への努力によって、近衛を平和を求めた政治家とすることは出来ない。最後の引き金を引いたのは東条だが、その準備をしたのは近衛である。[16]急な方向転換が出来ない国家という巨大車両を米国との衝突コースへ加速させながら、最後に怖じ気づいて急ブレーキをかけようとして失敗して、運転席から逃げ出した近衛の責任が最も重い。

当時から近衛が何故東条陸相を辞めさせても、戦争回避に努力しなかったのかという批判が根強く存在していた。このような批判に対する近衛の意見を側近の富田が次のように伝えている。「天皇は戰爭に御反對であつたが、時には幾分かずつ開戰の方へ、近ずいておられると思えることもあつて、近衛の非戰論を、御批判になることもあつたとのことであつた。當時陸軍も海軍も、下の方は一緒になつて開戰論であつた。首相としては、統帥のことには發言できず、軍を抑える力はなかつた。假りに小畑や眞崎を陸相にしても、殺されればそれきりで、後は續かない。木戸は寺内、阿部に近く、東條に大變な打込み様で、小畑や眞崎を嫌い、近衛は彼等のことでは騙されているのだと言つて、最後まで反對であつた。陛下も皇道派を御信任にならなかつた。そういう次第で、木戸は頼りにならないし、陛下にもお頼りできないし、エンカレッジされるものは何もなかつた、とのことであつた」(下p410–411)

戦争回避に最後まで努力しなかったとの批判に対して、近衛は天皇が時に開戦論に傾いて自分の非戦論を十分にエンカレッジしなかったからだと、天皇に責任を転嫁している。近衛は、三国同盟に反対していた天皇の信任の厚い米内内閣を新体制運動で倒した。近衛は、大命降下の際に常に天皇が命じる英米との親善という条件を取り下げさせた。外相の選任は慎重にせよという天皇の言葉に逆らうように松岡を起用した。米国との戦争になるのでは、という三国同盟に対する天皇の憂慮を押し切り同盟を締結した。九月八日の御前会議における明治天皇の御製を引用した天皇の強い平和への希望を無視して、日米交渉に期限を切って対米英開戦を決定した。このように常に天皇の意に反して、戦争へつながる政策を決定してきた近衛が、自分の責任逃避の原因を天皇のせいにしているのである。

近衛は、日米交渉に関する手記(下p412–414)においても、自己の失敗を天皇のせいにする議論を展開していた。日本では統帥と国務が分離していて、政府の意向と関係なく軍が独自に行動するので、外交と軍事の関係がうまくいくはずがなかった。それを統一的に抑えうるのは天皇一人であるから、天皇が指導力を発揮すべきであったと主張して、西園寺の影響により英国流の立憲君主のように政治から超越していた天皇を批判している。これは、天皇に国務大臣の輔弼によって大権を行使するという憲法の規定を無視する、専制君主の役割を期待する天皇主権説の憲法解釈である。近衛が西欧的憲法解釈を否定する簑田胸喜などと同一の国体主義者であることを示す[17]。近衛は、天皇がその意志を政府に強制できなかった、言わば指導力を発揮しなかったことに乗じて、三国同盟のような天皇の意に反する政策を実行しながら、その結果として戦争が必至になると、その指導力の無さを批判している。天皇が「近衛は自分にだけ都合のよい事を言っているね[18]」と感想を述べたのは当然である。そのやましさからか、近衛は手記の最後に付け足しのように天皇の平和への一貫した熱意を証言している。

最後まで戦争回避に努力することなく内閣を投げ出すという近衛の無責任な行動は、国際的にも重大な結果を生じた。米国に日本は交渉を断念したという明確な信号を送ることになった。当時米国にいて交渉に当たっていた野村吉三郎は、後に次のように証言している。「近衛內閣が瓦解して東條內閣が出現したとき、米國側は、交涉成立の見込み全然なしと觀念したそうである。十一月初めル大統領は野村に、日本政府は愈々戰爭の覺悟をしたという確かな情報があると言い、野村が打消しても、大統領は受容れなかつたし、ハルも、來栖の來ることにも何ら期待を持ち得ないといつて、既に斷念していたらしかつた。」（下p417）。近衛の後継首相の東条が、天皇の意を受けてどれほど熱心に交渉妥結に努めたとしても、客観的に戦争に向かう事態を逆転するような余地はなかった。

十一月二十九日の重臣会議において開戦に反対の意見を述べた近衛は、十二月八日の開戦を苦々しい気持ちでむかえて、既に敗戦を予見していた。一方「國民は一般に、もう輝かしい勝利が約束されたかの如く醉つていたので、それが自ら、最後まで開戰に反對して內閣を退いた近衛に對し、開戰責任を忌避したという非難の聲になつた」（下p467）と伝記では述べている。開戦に反対した近衛に対しては非難の声さえ上がるようになった。対外硬という波に乗って前代未聞の人気者になった近衛は、その波に逆らうようになると人気も急降下した。その波に乗って対米開戦を実現した東条は、戦況が悪化して経済の窮状が深刻になるまでは、高い国民的人気を得ていたことは、東条に強く批判的な清沢洌も日記で証言している。国民はその程度にふさわしい支配者を得るのである。

東条首相時代の近衛は、敗戦主義者として東条から警戒されて監視されていた。近衛はそのような中で重臣達と連絡を取り合い、吉田茂などと協力しながら和平工作の中心的な人物となっていった。陸軍中将の酒井鎬次も、近衛と共に和平工作に動いた人物であった。昭和十七年八月に酒井が近衛に初めて会った時に「三國同盟を結んだ張本人は貴方だ。それが因をなして日米戰爭になつたのだから、一時も早く和平に持つて行く責任が貴方にある」と強調したら、近衛は悲痛な面持ちでまじめに弁解した。よほど近衛にこたえたと見え、近衛はこの問題を死ぬまで気にしていたという（下p475）。酒井の言葉は、戦争と和平に関する近衛の役割を短い言葉で表している。また近衛がどれほど三国同盟の正当性を強弁しようとも、内心ではその致命的失敗を認識していたことを示す。

戦時中は、近衛等と共に東条内閣打倒や和平運動などで緊密に連絡して、重臣として一体となって行動した若槻元首相も次のように述べて、近衛の責任を認めていた。「近衛は……この時局に對しては、大なる責任者の一人である。（中略）日本を今日に導いたのは、勿論軍人であつたことに間違はないが、しかしそれは東條一人でやり得ることではない。東條などは、軍務局長や次官などと大抵同じもので、彼一人の力は知れたものである。近衛の如きその高い家柄とか、その世間受けの人氣とか、色々の點が少なからず軍人に利用されたことは、見逃すことができない。利用された人は氣の毒であるが、利用された責任はあくまで負わなければならない。[19]」（下p484–485）

㈤　敗戦と死

昭和十九年の後半には戦局は急速に悪化して、日本の海軍は戦力として殆ど潰滅して、特攻隊の本格的使用が始まり、年末にはB29による日本本土の本格的空襲が始まった。そのように日本の敗色が濃厚になりつつある昭和二十年の二月十四日に、近衛は内閣総辞職以来ほぼ三年ぶりに天皇に拝謁した。この時に近衛が上奏した内容が有名な「近衛上奏文」であった。その冒頭は次のようなものである。

> 敗戦は遺憾ながら最早必至なりと存候。
> 以下此の前提の下に申述べ候。
> 敗戦は我国体の瑕瑾たるべきも、英米の輿論は今日までのところ、国体の変更とまでは進み居らず、（勿論一部には過激論あり、又将来いかに変化するやは測知し難し）随て敗戦だけならば国体上はさまで憂うる要なしと存候。国体護持の立前より最も憂うべきは、敗戦よりも、敗戦に伴うて起ることあるべき共産革命に候。

それに続く上奏文の本文において近衛は、戦時中の欧州における共産主義勢力の攻勢を予見して、日本国内においても、生活の窮乏や労働者の発言力の増大、英米への敵意の高揚と親ソ気分の増大など、共産主義革命の条件が整いつつあると警告している。中でも近衛が警戒感を示しているのが、軍部内の革新分子であった。軍人の多くは中流以下の家庭出身者で、軍隊教育で単純な国体観念のみをたたきこまれているので、極端論の共産主義に引きつけられやすいと言う。満州事変を引き起こし支那事変を拡大した中心的な軍人は国内革新を狙う共産主義の軍人であり、それを取り巻く右翼も国体の皮をつけた共産主義者であり、彼等に踊らされた単純な軍人が戦争を拡大したのだと主張している。そして一億玉砕を叫ぶ右翼の背後には共産分子があり、このままでは日一日と共産革命の条件が成長すると警告して、国体護持の立場から一日も早く戦争終結の方途を講ずるべきだと論じている。

近衛は満州事変には無関係であったが、満州事変を支持して事変を機にそれまでの西園寺流の国際協調主義を捨てて時流に乗って対外硬派に転向した。支那事変の拡大を運命づけたのは「国民政府を相手とせず」と声明した近衛自身である。事変を利用して国家総動員法などの革新政策を強行したのは近衛内閣である。近衛は挙国一致のために「革新論者の主張」を容れたなどと他人事のように述べているが、近衛自身が内外の現状維持勢力を敵視する革新主義の代表的な政治家であったという根本的事実に触れていない。「英米に全世界を握られては、たまりません」と、英米主導の国際秩序に反感を持ち、現状維持的な国内の「政治の貧困」打破に立ち上がり元老重臣を虐殺した青年将校に強い共感を抱いていたのは近衛であった。

さらに支那事変を大東亜戦争にまで拡大するのに決定的な役割を果たした三国同盟に、この上奏文は触れていない。同盟締結の主役である松岡をどのように譏（そし）ろうとも、彼を隠れ共産主義者と呼ぶことは出来ない。この上奏文の目的も、結局は自分の責任逃れである。満州事変を引き起こし、支那事変を拡大し、三国同盟から日米戦争にまで発展させた、近衛自身もその波に乗った国体主義による対外硬の気風のもたらした結果を、共産主義者の責任に転嫁しようとしている。一億玉砕を叫ぶ右翼は、頭山満の直系で共産主義者の影などない。共産主義者の尾崎秀実は近衛の側近としての立場を利用してスパイとして暗躍した[1]。軍部内にさえ共産主義者の存在など実証されたことはない。陸軍内の共産分子がいたとすれば近衛の責任も軽減される。近衛は共産主義者というスケープゴートを持ち出して、自己も含む国体主義者達の戦争責任を曖昧にしようとしている。戦時中も平泉や真崎と親交を保っていたように、近衛は決して完全な文明主義者となったわけではない。

サイパン陥落で退陣した東条の後を継いだ小磯首相は殆どなすところもなく、昭和二十年になっての空襲の本格化などの戦況の悪化とともに内閣は行き詰まった。木戸も小磯を見放して、陸軍に人がないなら鈴木でよいだろうと言った。四月三日高松宮も近衛の側近の細川護貞に、鈴木は御上の御信任も厚いし、思し召し通りに政治をするだろうし、意思も強固だとして、鈴木総理の構想を面白いと言った（下p538）。天皇の信任が厚く天皇に忠実で意志も強固という鈴木貫太郎の属性は、まさに近衛と正反対のものである。四月五日の重臣会議では、東条一人の反対を殆ど全員で押し切って、鈴木を首相に推薦して、大命が降下した。文明主義の岡田系統の鈴木は国体主義の近衛とは本来正反対である。鈴木も岡田も二・二六事件で反乱軍に殺されかけた。反乱軍人の恩赦に執念を見せたのが近衛であった。その鈴木が信任厚い天皇と密接に協力して終戦に導いた。清沢洌の言葉[2]のように、二・二六事件の軍人達が始めた戦争を、殺されかけた政治家達が終わらせたのである。

鈴木内閣成立後に戦況はさらに悪化の度を加えた。五月七日にドイツは無条件降伏した。米軍の空襲による被害の規模は拡大していった。木戸は六月八日に時局収拾案を起草した。この木戸の終戦の方策案[3]はまだ甘いものであったが、天皇の勇断による決定など実際の終戦の方法とその後の降伏条件に近いものであった。この時局収拾案に天皇をはじめ、鈴木や米内も同意して、本格的な終戦工作が動き始めた。天皇はかねてから戦局を憂慮しており、殊に空襲のたびごとに、中小の無防備都市まで次々に灰燼に帰し、無辜の国民大衆が衣食住を奪われて困窮している状況について最も心を悩ましていたので、木戸の進言に深く満足したように速かに着手するよう述べたと伝記は伝えている（下p549）。天皇を終戦に決意させた最も大きな要因が、空襲による国民の陥っている窮状であった。一方、最後まで徹底抗戦を主張した対外硬の東条や徳富蘇峰[4]には、これらの空襲に苦しむ国民の窮状が目に入らない。国体主義の大義の観念は同胞への自然な同情の念さえも失わせる。一方、清沢は終戦間際の日記の多くを、空襲の被害の悲惨さの記述に当てている。近衛の終戦論は、国体護持や共産主義革命の恐れが主な動機となっている。

八月六日の広島への原爆投下に続く九日のソ連参戦によって、事態は緊迫化した。政府は九日の午後から閣議を開いたが、ポツダム宣言の受諾には、皇室の確認、自主的撤兵、戦争責任者の自国においての処理、保障占領をしない、との四条件を主張する阿南陸相等と、天皇の地位確認以外の無条件の受諾を主張する東郷外相以下大部分の閣僚の意見が対立した。何時までやっても廟議が一致しないので、首相は最高戦争指導会議を御前に開いて、御聖断を仰ぐほかないと決意した。八月九日午後十一時五十分、御文庫附属室の地下の防空壕で、この御前会議が開かれた。(下p569)

この会議においても、阿南陸相と梅津美治郎参謀総長・豊田副武海軍軍令部総長と東郷外相・米内海相の対立は解消しなかった。そこで首相は「議を盡すこと既に數時間、なお議は決せず。しかも事態は遷延を許さない。かくなる上は甚だ畏多いことながら、これより私が御前に出て思召をお伺いし、聖慮を以てこの會議の決定としたい」(下p569)と聖断を求めることを述べた。それに対して天皇は「それでは自分が意見を言うが」として、わが国力の現状、列国の情勢など顧みる時は、これ以上戦争を継続することは、日本国を滅亡させるだけではなく、人類を一層不幸に陥れるものであるから、この際堪え難きを堪え、忍び難きを忍んで、戦争を終結させたいとの趣旨を言い、外相の原案に賛成だと述べた。終戦の聖断は、内閣も軍部も分裂して決定不可能で、社会にも厭戦意識が強まっていたから可能であった。[5]開戦時には政府も軍部もそして世論も開戦に一致していたので天皇が覆す余地はなかった。

日本のポツダム宣言受諾の通報に対する十三日の連合国の回答における、第一項の天皇は連合国軍最高司令官の「制限の下に置かるるものとする」と、第四項の日本政府の確定的形態は「国民の自由に表明する意志により」決定されるという言葉が、国体論者の問題になり、軍部が硬化した。平沼は木戸を訪ねて、これでは承認できないと言い、陸軍大臣も臨時閣議で反対を主張した。統帥部の長たる陸海の両総長も天皇に拝謁して、受諾反対を言上した。陸軍ではクーデター的空気が醸成されつつあった。そのような中で木戸は十四日に、この際政府閣僚と最高戦争指導会議の構成員と、連合の御前会議を召集願い、一気に終結を下命して頂くほかないと力説し、首相も同意したので、木戸は首相と共に拝謁してお願いした。その結果十一時頃から、先の御前会議が開かれた(下p574)。会議では陸海両総長と陸相が、先方の回答では国体護持が困難であるとして、むしろ戦争を継続して死中に活を求めるべきと力説した。

これに対して天皇は、「他に意見がないなら自分が言う、卿等はどうか自分の意見に賛成してほしい」として、「私の意見は、去る九日の會議で示した所と少しも變らない。わが問合せに對する先方の回答は、あれでよろしいと思う。天皇統治權に對し疑問があるように解する向きもあるが、私は外務大臣の見解通りに考えている。私の戰爭終結に對する決心は、世界の大勢とわが國力判斷によつている。私自らの熟慮檢討の結果であつて、他から知慧を付けられたものでない。皇室と國土と國民がある限り、將來の國家生成の根幹は充分であるが、彼我の戰力を考え合せるときは、この上望みのない戰爭を續けるのは、全部を失う惧れが多い。」（下p575）と述べた。

天皇は頭ごなしに命令するのではなく情理を尽くして説得しようとしている。天皇は連合国の回答に、国体主義者のように反感を持たなかった。その底には国民の自由な意志によっても、皇室は支持されるという国民の忠誠心への信頼感がある。天皇が自分の決心は自らの熟慮検討の結果であって他から知恵をつけられたものではないとわざわざ断ったのは、自分達の意に反する天皇の意向を君側の奸の入れ知恵として否定してきた、軍部など対外硬の右翼勢力に対する反論である。その決心の基礎が、世界の大勢と自国の国力判断の結果であると、敵を知り己を知るという客観的情勢認識であることを示している。そのような客観的情勢判断を功利主義的と否定して、主観的な大義や必勝の信念を強調するのが明治の陸羯南以来の国体主義者の特徴で、今は一億玉砕を叫んでいた。昭和天皇は降伏という究極の決断において、国体主義を否定する自己の文明主義の立場を明確にした。さらに、皇室と国土と国民がある限り日本復活の可能性はあると、全的滅亡が確実な自暴自棄の本土決戦論を否定した。天皇の予言通り、戦後の日本は明治時代にも優る繁栄と名声を獲得することになる。その基となったのが、天皇のこの勇気ある決断であった。

当時の国際世論は日本に対する敵意が高まり、天皇に対してもヒトラーと同様に見て憎悪が強く、天皇を戦争犯罪人として裁けという声が圧倒的であった。それでも、天皇は自分自身を犠牲にする覚悟で、国民の困難を救い、国家の未来を確保するために降伏を決断した。これが政治の最高指導者にふさわしい、勇気と責任感のある態度であった。それが決定的に欠如しているのが近衛であった。

終戦後に成立した東久邇宮内閣に近衛は副総理格で入閣した。同内閣に外相として入閣した重光には、近衛はあらゆる手段で「飽く迄内外よりする戦争責任の追及を避けんとしつつある様に」（続手記p314）見えた。「（近衛は）『マック』元帥の意向なりと称して又々内大臣府に入つて憲法改正の主動力となり、陛下の御退位のこと迄新聞紙上に論議する有様である。而已ならず、近公はマ元帥の慫慂に依つて政党首領として活動するの意を仄めかして、爵位勲章の返還奏上を内府に依頼したと発表した」（続手記p314）と重光はその言動に不快感を示している。

これらの行動に対して重光は、「近公は公卿の典型的な行き方をして居る。責任を転嫁して次ぎから次ぎへと勢力に便乗し、他の人を利用するのであつて、操守もなければ、人の迷惑も考えない。只膚障りの好き操縦者に過ぎない。此の性格及遣り方が遂には皇室に累を及〔ぼ〕すことなければ幸である。」（続手記p359）と述べている。東久邇宮内閣も十月五日に総辞職して、後任に幣原がついたが、主義思想も違い交流もなかったので近衛は下野した。

近衛が栄爵拝辞の意向を示したことは以前にもあったが、敗戦後には真剣に考えるようになった。そして昭和二十年十一月二十二日に、憲法改正案を奉答して、勅命に対する責任を果した日に、栄爵拝辞の正式な手続きをした。そしてそれに伴う上奏をなした。その上奏（下p598）において、内閣組閣当初に起こった支那事変の拡大防止に全力を尽くしたが、[6]「寸毫の効果なく」全土に拡大してしまったと述べる。近衛のしたことを客観的に見れば、大戦力の投入や「国民政府を対手とせず」と声明して戦争を長期化し、その後も「国民政府の潰滅」を一貫して主張するなど、すべて拡大の方向に働いた。案文におけるような「事志と違ふ」（下p598）などと言うことは出来ない。さらに、第二次近衛内閣に関しても、日米関係の改善のために交渉に全力を尽くしたと述べるが、そもそも日米関係を決定的に悪化させた、自分が締結した三国同盟には触れていない。このように栄爵拝辞という重要な文章においても、全てが受け身できれい事と言い訳だけで、近衛の責任感は感じられない。

十一月も末頃になると内外において、近衛に対する批判が強まってきた。近衛が戦犯指定を免れることは難しく見えてきた。この時期に近衛に会った枢密顧問官の伊澤多喜男が「死んではならぬ。裁判に出て天子をお庇いしなければならぬ」と言ったら、近衛は「絶對に大丈夫だ。お上の前に立ちはだかつてお護りする」（下p600）と答えたのは、例によって口先だけのきれい事に過ぎなかった。十二月六日には木戸等と共に近衛にも逮捕令が出た。近衛が巣鴨に出頭すべき日は、十二月十六日であった。当初は軽い刑を予期していたようだが、十二日には富田に「犯罪人としての出頭は、拒否するのが當然ではないか」と、強い語調で言った。

十五日に荻外荘を訪れた側近の後藤隆之助が、政治家として近衛は「法廷に立つて堂々と所信を披瀝し、陛下の盾となるのが、取るべき態度ではないか」と言ったのに対して、近衛は「自分が罪に問われている主たる理由は、日支事變にあると思うが、日支事變で責任の歸着點を追究して行けば、政治家としての近衛の責任は輕くなり、結局統帥權の問題になる。從つて窮極は陛下の責任ということになるので、自分は法廷に立つて所信を述べるわけには行かない」（下p604）と答えた。日支事変拡大の最大の責任は統帥部の反対も押し切って、トラウトマン交渉を打ち切って「国民政府を対手とせず」と声明した近衛にある。それを近衛は統帥権を持ち出して天皇に罪を着せて裁判に出ない口実としている。これが近衛の「お上の前に立ちはだかつてお護りする」ことであった。

近衛が自死の直前に次男通隆に渡した次のような文章（下p609）が遺文となった。

僕は支那事變以来、多くの政治上過誤を犯した。之に對し深く責任を感じて居るが、所謂戰爭犯罪人として、米國の法廷に於て裁判を受けることは、堪え難いことである。殊に僕は、支那事變に責任を感ずればこそ、この事變解決を最大の使命とした。そしてこの解決の唯一の途は、米國との諒解にありとの結論に達し、日米交渉に全力を盡したのである。その米國から今、犯罪人として指名を受けることは、誠に残念に思う。

しかし僕の志は知る人ぞ知る。僕は米國に於てさえ、そこに多少の知己が存することを確信する。戰爭に伴う昂奮と、激情と、勝てる者の行き過ぎた増長と、敗れた者の過度の卑屈と、故意の中傷と誤解に基ずく流言蜚語と、是等一切の輿論なるものも、いつかは冷靜を取り戻し、正常に復する時も來よう。

其時初めて、神の法廷に於て正義の判決が下されよう。

例によって、自分は最善を尽くしたのに米国も日本人も理解してくれないという被害者意識の強い主観主義で、自分の錯誤によって大災害を引き起こした結果の客観的な政治責任を引き受ける覚悟は皆無である。自己の主観的意図を正しいとする主張は、単なる評論家やインテリならともかく、その決断によって何百万という人命や国家の運命が決定される政治家の言い訳としては通用しない。重光はこの文章について、「一国を主宰する人」としては如何にも「世界情勢に暗」く「政治に深味も哲学もない」として、「日本の最高政治家の残した遺蹟としては恥辱である」と酷評し、「近衛公の如き意志弱く識見乏しき公卿才士〔子〕が政治家として珍重せられたのは、時代の反映とも見られる悲劇である。」と結論している（続手記p372）。

重光は自分の見た政治と近衛の関係を次のように述べている。「近衛公には一貫した政治哲学も、又之を実現する意思の力もなかつた。只翻々として事〔時〕流を追ひ、人から持てはやされる事を政治と考えて居た。識見に依つて終始すると云ふことは寸毫も見出されなかつた」（続手記p373）。そして、政治家近衛を次のように総括している。「恐らく近衛公と云ふ人は其の生ひ立ち及家柄から、何でも操縦し抱擁〔包容〕（?）して調子を把つて上べを膳〔繕〕つて行く事が政治の要諦であり、之れに成功することが政治家の任務であると考えて居る人の様である。国家の利益に向つて他を率ゐ、自己を犠牲にする精神はない様に見える。謂はば調子者である。従つて極端派、極端論が常に之れに乗ずる」「悪質の機会主義政治家」（手記p206）。この評価は徳富蘇峰による「悪質の機会主義政治家」という近衛評に通じるものがあり、その本質を言い当てている。

近衛は大正時代には、デモクラシーの風潮に乗り文明主義の進歩的な意見を各所に表明して、新進の有望な華族政治家としてもてはやされた。昭和になり対外危機の時代に入り、特に満州事変以降に、国体主義に基づく対外硬論が興隆し社会を支配するようになると、その波に乗った。政治的庇護者であった文明主義の西園寺から離れて、対外硬の原動力となった軍部に迎合し、平泉澄や松岡洋右などの極端主義者を身辺に引きつけた。昭和十年代には、革新主義勢力の旗頭として常に政治活動の中心にあった。しかしその役割は自己の主導によるものでなく、他者に担がれる傀儡的存在であった。その一貫した責任転嫁の傾向も、その受動的な役割の結果であろう。

彼は伝記の結論が述べているように、政治家として「時に會わ」なかった（下p638）のではない。彼はいかなる時においても、政治家の資格など無かった。そのような人間が、日本の最も重大な危急存亡の時に首相の座に就いたことが、日本と彼自身に大災厄をもたらした。

終わりに

近衛はその劇的な死によって、平和を志しながらも戦争に引き込まれた悲運の政治家として語られることが多い。しかし、それは「筋金入りの右翼」であり、一貫して軍部に担がれた傀儡であった近衛を、軍部に抵抗しようとした進歩主義者として描こうとする、近衛自身や、その側近が作り上げた虚像による解釈にすぎない。近衛は政治家としては無能であったが、言論人としては有能であり、大正期から多くの文章を書き、それは一流の新聞雑誌に掲載されることになった。大部分の近衛論は、巧みな自己弁護である彼の文章に引きずられている。それ故に、彼自身の思想と政策における矛盾や謎が論じられることが多い。しかし、彼が国体主義者であったという事実を知れば、矛盾も謎もない。政治家としての近衛の政策も人事も、国体主義に基づく対外硬という点で一貫している。

大正時代の近衛は、反動的な教育や国民の狭い愛国心を批判し、軍部の専横を非難して、国際連盟を擁護するなど、西園寺が己の後継者として期待をかけるのにふさわしい文明の旗手ぶりであった。しかし、昭和に入っての対外危機の深化が近衛を変えた。それに決定的な役割を果たしたのが、ファッショ的政治家の森恪であった。森の言葉に影響された近衛は、西園寺の影響から明確に離れた。近衛は森の紹介により、皇道派の軍人や、白鳥敏夫などの革新派の外交官などと親しくつきあうようになった。これらの人間は、後に近衛内閣における重要閣僚となり、大政翼賛会の主力となった。これらの人物は西園寺の思想や人脈とは決して相容れない。軍人としては海軍の末次や陸軍の真崎や荒木、外交官としては松岡や白鳥、学者としては平泉澄に代表される。西園寺系の、宇垣や米内、幣原や美濃部などとは対極的でさえある。

そしてこの二人の軍部に対する態度は決定的に異なっていた。西園寺が、外に侵略を進め内にテロやクーデターを企てるような軍部に対して、正面から反対は出来なくてもブレーキ政策によってその熱を冷まし、最終的には旧時の体制に復帰することを試みた。この消極的抵抗策に対して、近衛は強く反対であった。近衛は軍部の行動に行きすぎはあるが、その進路は正しく必然の道であると考えていたのである。それ故に、近衛はブレーキ政策に対する反動として起こった二・二六事件に同情的で、政権に就いた後には、軍部の望む革新政策を遂行すると共に、事件の犯人達の恩赦に執念を燃やした。その親軍的姿勢と一般的な人気の故に、陸軍は一貫して近衛の擁立を試み続けた。近衛は軍部に担がれたが、近衛にも積極的に担がれる意志があった。近衛は決して軍部に引きずられた一方的被害者ではなく、合意の上の共犯者である。

昭和の動乱期に常に外交の中枢にあり、政府の内情に通じていた重光は、同時期の歴代内閣の軍部に対する態度を若槻・幣原は反抗的、斉藤・岡田は傍観的で広田・林は無力と分類したが、それに続く第一次近衛内閣を「軍部協力内閣」（動乱上p118）と形容して、以前の内閣とは明確に区別される軍部への同調性を指摘している。

そのような近衛の周囲に集まり、近衛を推し立てた勢力の思想が国体主義であった。右翼や陸軍が国体明徴運動の推進勢力であったように、近衛に近い真崎や松岡、平泉などは国体主義の信者（true believer）であった。その平泉が、近衛の「本志」を述べた最も重要な文章であるとしたのが、昭和九年の「国家主義の再現」であった。その論文において近衛は、「個人主義、自由主義、デモクラシー等の思想の流れをくむ『世界主義』は日本国民の本来の要求とは相容れない」と主張して、最近の国際緊張によって台頭してきた「我国本然の国家主義に復る」主張、即ち国体主義思想の復興を全面的に肯定しているのである。この論文は、平泉の主張するように西園寺の思想や政策に対する「鋭き批判」で「痛烈な攻撃」であった。近衛は西園寺から離れただけでなく、敵対するに至ったのである。

政権を握った近衛の政治が、西園寺やその影響を強く受けた昭和天皇の、文明主義的な議会制政治の尊重や国際協調路線を正面から否定する、軍部の意向に沿う国体主義に基づく対外硬政策であったのは当然であった。第一次近衛内閣においては、日支事変が勃発し長期化して、その非常時を理由とした国家総動員法において、立憲政治を合法的に無力化する道を開いた。第二次内閣においては、新体制運動において議会政治を実質的に廃して、三国同盟で日米戦争を不可避のものとした。しかし、対米戦の危機が切迫するとともに、近衛は対外硬の路線から離脱した。松岡外相の実質的な罷免や、東条陸相との対立はそれを示す。

側近の富田が伝える近衛の次のような言葉は、そのような経験を経てのものである。言い訳だらけの手記にはない近衛の真摯な反省の念が感じられ、近衛の高い知性の存在を示し、期せずして西園寺と近衛、旧体制と新体制に関する簡潔で見事な対比論になっている。

「西園寺老公は強い人であつた。實に所信に忠實な人であつた。そして徹底した自由主義、議會主義であつた。自分は思想的に色々遍歴をした。社會主義にも、國粋主義にも、ファッショにも惹かれた。各種の思想、黨派の人々とも交友を持つた。しかし老公は徹底していた。終始一貫して自由主義、政黨主義であつた。自分はナチ化はあくまで防いだが、大政翼賛會という譯の判らないものまで作つてしまつた。が矢張り老公の政黨政治がよかつたのである。これ以外に良い政治方式はないかも知れない。識見といゝ勇氣といゝ矢張り老公は偉い人であつた。云々」(下p106)

強く一貫して自由主義者であった西園寺と対照的な、弱く思想的に遍歴を重ねた近衛、この言葉こそ近衛という人物とその生涯を総括するものである。しかし、彼は日本のインテリの典型でもあった。大正時代にはデモクラシーを謳歌した日本人も、ロシア革命の成功により社会主義の未来を信じ、日本を取り巻く国際情勢が悪化すると、日本古来の国体主義の思想に回帰して、ドイツの輝かしい成功に魅せられてファシズムを賛美するというのは、日本人の典型的な思想遍歴であった。そのような意味で、近衛は日本人の象徴であり、その圧倒的な人気の理由でもあった。

そのように風にそよぐ葦のように、時代の流行思想に靡(なび)く国民は決して立派なものとは言えない。西園寺はそのような国民の低調さを嘆いて、明治以来の教育が悪かったと述べた。そこで教えていることは、太古の皇祖皇宗を神格化する教育勅語を聖典として拝跪(はいき)を強制することで、そのような教育は権威に対する無条件な服従と大勢順応の心性を養う。時流に屹立(きつりつ)する独立自尊の精神は生まれない。外交面における「バスに乗り遅れるな」という浮き足だった風潮や、議会制度を亡ぼした新体制運動の軽薄な流行はそのような特性をよく表すものである。そして何よりも、近衛その人の圧倒的な人気が、この様な国民的特性の産物であった。この時期における、福沢の弟子の尾崎行雄による立憲政治と国際協調を説く文明主義の主張は、売国奴国賊の罵声にかき消された全く孤立した声に過ぎなかった。それは福沢の「修身要領」と教育勅語の関係を象徴するものである。

昭和六年の満州事変以来の日本の迷走は、まさに明治以来の教育の結果であり、その主役であった近衛という人物はその気風に踊らされたに過ぎず、ヒトラーのようにその時代を主導した独裁者などではなかった。それでも、ヒトラーの仮装をしたことがあり、三国同盟を結んだ近衛は、世界の眼に日本をナチスドイツと同列に陥れて、ヒトラーがドイツにもたらしたような破滅と汚辱を日本にもたらすことになった。徳富蘇峰は政治家近衛を次のように総括している。「一切当てにもならず、頼みにもならず、いわば極めて善良ならざる、悪質の機会的政治家であった。而して我が日本は、この男の為めに、遂に有耶無耶の裡に引摺られて、奈落の底に葬り去られた[1]」。近衛がもたらした新体制と大戦の実情がどのようなものであったのかを、次の部で清沢洌の日記から見ていくことにする。

第四部 『暗黒日記』と国体主義

はじめに

近衛文麿は第三次内閣で外相の松岡を切ってまでも、米国との交渉による妥協の可能性を求めた。そのような近衛に対して、陸相として閣内から強く反対したのは東条英機であった。その結果近衛が退陣して、東条が後継内閣の首相となり開戦を実現して、その後三年近く総理大臣として戦争を指導した。哲学者の田中美知太郎は、戦時中の東条に代表される軍閥政治を、「カキストクラシー（劣悪者の支配）のうってつけの見本[1]」と呼んでいたが、その劣等者支配の体制を作ったのは東条自身ではなかった。開戦わずか二月前に首相に就任した東条は、若槻の言葉にあるように「軍務局長や次官などと大抵同じ[2]」軍事官僚に過ぎなかった。蘇峰が述べていたように九分九厘まで戦争の準備をしたのは近衛であり、大戦期間中の法律などの戦時体制を作り上げたのも近衛であり、若槻も近衛が「大なる責任者」であることを認めていた。東条は、近衛が作り上げた体制によって、近衛が準備した戦争を戦ったのである。

東条首相下の戦時の日本の実状に関して、総合的に知ることができる資料は意外に少ない。個々の人間による特定の場における回想の類は多いが、その全体像を知るような記録は殆どない。自由主義者として当局から殆ど口を封じられたジャーナリストの清沢洌による、戦時中の記録『暗黒日記』は、その具体性と客観性において戦中の証言として類例のないほどに優れたものである。この日記において、戦争を主導した勢力がどのようなものであったのか、彼等の言動がどのようなものであったのか、また、民衆はどのように戦争に対応していたのかを、具体的事実として知ることが出来る。そして何よりも、この戦争を支えた思想である国体主義が、どのように社会に作用していたのかを、その反対の立場から批判的に眺められている。この日記によって、戦時日本のカキストクラシーの具体的実状を知ることが出来る。第四部では、その内容を時を追って詳しく見ていくことにする。

一、戦争の激化

(一) 大東亜戦争と『暗黒日記』

近衛の後を継いだ東条内閣により開始された「大東亜戦争」は、この前年の肇国の精神を基礎とする「基本国策要綱」遂行のためと位置づけられた。このように規定された戦争そのものが、鋼鉄の塊に人間の肉体を打ち付けるような特攻作戦に象徴されるように、近代文明に反するような形態をとったのも当然であった。そのような戦争方法は、戦争における武器の重要さを説き[1]、数理的思考の絶対性を主張した[2]福沢の文明主義による戦争観の対極にあるものである。この基本国策要綱においても、「国体の本義に透徹する教学の刷新と相俟ち自我功利の思想を排し」と述べて、改めて国体主義の立場と福沢流文明思想の否定を主張していた。

どんな言論よりも、そのむき出しの暴力によって、国体主義の社会支配に決定的な役割を果たしたのが、陸軍の青年将校が「国体破壊の元凶」と決めつけた重臣達を惨殺した二・二六事件であった。その蹶起趣意書の末尾が「皇祖皇宗ノ神霊[3]」への呼びかけに終わっているように、天皇の始祖と歴代の天皇である皇祖皇宗こそが国体主義の究極の価値であり、天皇ではない。それ故に反乱の主犯の一人である磯部浅一が昭和天皇自身が反乱鎮圧の主役であったことを知ったときに、天皇を呪詛して「皇祖皇宗におあやまりなされませ[4]」という言葉を残したのである。自分こそが皇祖皇宗に忠実であるので、天皇の意思を無視することも、その信頼する重臣を虐殺することも正当化されると信じていたのである。

皇祖皇宗崇拝こそ国体主義の核心である。肇国の理想や八紘一宇などという言葉が尊ばれるのも、皇祖皇宗の遺訓であり、その言葉であるとされたからである。皇祖皇宗などという言葉は、日本史全般においては、それほど一般的なものではない。それが、国民のみならず、天皇でさえも服従すべきというような、絶対的な権威として確立した原因は、教育勅語以外にあり得ない。国の肇に皇祖皇宗が立てた遺訓こそ、天皇をはじめ国民全体が拳々服膺すべき最高の道徳で、国民がそれに服従する事が日本が万国に卓越する国体の所以であるという教義が、全国津々浦々の学校で宗教的儀式により強制されていたのである。このような習慣で養われるのは、皇祖皇宗崇拝と権威への服従の心性である。

大東亜戦争の開戦の詔勅においても、「皇祖皇宗ノ神霊、上ニ在リ」と謳われて、戦時中においてはその意義が強調された。この戦争は国体主義の思想によって戦われた一種の宗教戦争の体を示した。戦争の目的は八紘一宇の皇道の宣布のためであり、日本が不利になってからの戦闘は、国土や国民の防衛というよりは国体の擁護のためと主張された。そのような戦争のあり方に対して、透徹した批判精神によって時代の記録を残していたのが、自由主義のジャーナリストである清沢洌であった。政府当局により時事的な論説を禁じられていた彼が、後世への教訓として、この愚劣な時代の歴史を書くことを意図して、その資料として残したのが『暗黒日記』であった。

この日記は昭和十七年十二月九日から始まっている。清沢は簡単に「近頃のことを書残したい気持から」(ANp27)と書いている。開戦後丸一年が経過して当初の日本の快進撃が止まり、本格的に米国が反撃するとの予想から、清沢が確信していたような日本の敗北を予期して、戦時中の日本が陥った「悲劇的愚昧の歴史を後世のために書き残しておく[5]」歴史資料として書き始めたと思われる。それ故にこの日記には、清沢の経験したことや意見だけではなく、当時の人を動かした思想や、世相を典型的に示すような新聞記事が豊富に含まれている。特に、この愚かな戦争を導いた人物の言動が、集中的に蒐集されている。

この日記の第一日目の記述も、「戦争を勃発させるに最も力のあった徳富猪一郎」(ANp27)と蘇峰(本名は徳富猪一郎)を名指ししている。蘇峰は戦前に徹底した強硬論で開戦を主張しただけでなく、戦争中においては批判の許されない言論界の絶対的指導者であった。これ以降も、この日記において、数多く蘇峰の言葉や文章が引用されて批判の対象となっている。

戦時中の日本を支配した者は首相の東条英機に象徴されるように軍部であったが、その軍部の力を笠に着た、官僚や右翼も日本の社会の支配的勢力であった。「右翼やゴロツキの世界だ。東京の都市は『赤尾敏』〔代議士〕という反共主義をかかげる無頼漢の演説のビラで一杯であり、新聞は国粋党主(ママ)〔国粋同盟総裁〕という笹川良一〔代議士〕という男の大阪東京間の往来までゴヂ活字でデカデカと書く。こうした人が時局を指導するのだ。」(ANp28)。そのような右翼の代表格が、近衛が深く信頼して内閣参議に登用しようとした頭山満で、その言葉は、まるで賢人の深い知恵を示す時代への論評のように、恭しく主要新聞に掲載されていた。

一方、この日記では「総て役人本位だ。役人のために政治が行われている。」(ANp27)と、官僚による日本の、政治、経済、言論に対する専制的支配に対する強い批判が大きな柱となっている。そのような官僚と時代を代表する人物が、蘇峰とも親密な代表的革新官僚の奥村喜和男であった。「大東亜戦争を通じて最も表象的な人間は奥村情報局次長である。予は奥村情報局次長の説を愛読す。かれの説が、現在のイデオロギーを代表するがゆえに。奥村の知識は日本国民を代表す。おそらくは世界には通用せず。」(ANp28)。そのイデオロギーとは、他の場所で、「座に文部省の『臣民の道』を書いたという男あり。八紘一宇の何のと低級なることおびただし。国民精神〔文化〕研究所の所員なり。斯る連中の天下なり[6]」(ANp37–38)、と述べているように、国体主義であった。近衛の新体制運動という革命が、これらの国体主義者達を支配者とした。清沢の日記は、この革命の結果を示す現場報告である。

そしてそのイデオロギーの担い手の一人である奥村の、「日本の対外宣伝は非常にうまくいっている」という言葉に対する、「この人々は対手の心理を知らず、自己満足がすなわち対手の満足だと考えている。彼等は永遠に覚るところはあるまい」(ANp44)という、支配勢力の主観的独善性への批判も、この日記における大きな部分を占めている。国体主義という唯我独尊の思想がもたらす必然の結果である。

戦時下のこの支配的思想は、明治大正の開明思想に対する反動であると、清沢は次のように述べる。「明治維新には、攘夷派が敗れて、開国派が勝った。今は反対だ。だから今は明治、大正に対する激しい反感が所在に見られる。」(ANp39)、あるいは「大東亜戦争は封建主義が、開化主義に対する勝利だ」(ANp50)と言う。清沢が今次大戦における、文明主義に対する反動的国体主義の勝利という事実を正確に認識していたことを示している。そして次のような実例を紹介している。「各方面で英、米を憎むことを教えている。秋田県横手町の婦人会は、チャーチルとローズヴェルトの人形を吊って、女子供が出てザクリザクリと突きさしていると今朝の毎日新聞報ず。世界新秩序も何もなく、ただ封建時代の敵討ち思想だ。そしてこれを指導するのが、そうした思想人だ。」(ANp51)

このような思想が実行に移されると重大な結果をもたらす。「昨年四月十八日の帝都空襲の米人を死刑に処したので米国が、日本を野獣のようにいっている旨今朝の新聞は報ず。そして抗議が来たそうである。米国その他の輿論がいかに悪化しているかは想像に足る。この前の第一大戦のドイツに対するように。この輿論が、結局戦争遂行にどんなに大切なものであるかは今の指導者には絶対に分らぬ。力主義のみだからである。」(ANp57–58)。このような対外硬に特有の、日本人の国際世論への鈍感と軽視は、世界における日本人への憎悪を強め、[7]後における日本の名声への大きな負債となった。国体主義が日本人を国際的に盲目にし、世界の憎まれ者にした。唯我独尊の独善的な教育の結果である。

そのような思想を代表する主唱者が蘇峰であった。清沢は次のように批判する。

「ラジオで徳富蘇峰の講演あり。ペルリが日本占領の意図あり、かれの像を建てた如きは、もっての外という。また日露戦争にルーズヴェルトが仲介したのを感謝する如きも馬鹿馬鹿しいことだという。米国は好戦国民である。仁義道徳のなき国だ。そうしたことがその講演の内容だ。

先頃、山本提督の死の時にも講演し、このところ、徳富時代である。この曲学阿世の徒！　この人が日本を謬っ

たこと最も大なり。」(ANp69)

この蘇峰への反感は清沢に限ったことではなかった。清沢は彼と親しい慶應義塾出身のジャーナリスト伊藤正徳との会話より次のように記す。

「伊藤正徳が、いつか不愉快なのは徳富蘇峰、武藤貞一、斎藤忠といった如き鼠輩が威張り廻していることだといった。

今朝の『読売』で武藤は会沢正志〈斎〉(水戸籍)を論じて徳川のキリスタン禁宗を讃美し、またキリスト教排撃をやっている。これは軍に対する便乗のためか、それともかれの本心か。兎に角、今度の戦争が、思想に出発し、思想を中心に動いて来たことは明らかだ。」(ANp78)(〈 〉は引用者補足)

会沢は攘夷論を説いた『新論』の著者の水戸学者であり、その水戸学を基礎にした教育勅語に基づく国体主義思想がこの戦争の原動力であることを、それと名指しはせずとも清沢は正しく認識している。

(二) 戦局転換(昭和十八年)

昭和十八年の五月にアッツ島が陥落した頃から、日本の当局者や新聞は敵は焦っていると報じるようになった。「日本人の打つ電報や新聞を見ると、米国でローゼヴェルトが戦争に不勢なので人気を落し、それを獲得するためにあせっているように書いている。米国心理を知らぬ証左」(ANp91)と清沢は書いている。そして「物を知らぬものが、物を知っている者を嘲笑、軽視するところに必ず誤算起る。大東亜戦争前に、その辺の専門家は相談されなかったのみではなく、一切口を閉じしめられた」(ANp92)と述べている。これには、米国の専門家であった清沢自身も含まれているであろう。この時期以降、戦局が不利になればなるほど、日本の当局や報道機関は敵が焦っているから、無理な攻撃をしていると主張するようになった。[1] これこそ、戦争に勝てなくなって焦りだした日本自身の心理を相手に投影する、対外硬主義者特有の主観主義の表れである。

ガダルカナル島に対する米軍の上陸で連合国の本格的反攻が開始されて、日本の不利が報道されるようになった。清沢はそれに憂慮を示して、「敵が多大の犠牲を厭わざるを報道する新聞は、かつて英米の個人主義、自由主義は堕落を極め、戦争などは思いもよらぬことを報じた新聞ならずや」(ANp93)と批判している。そのような対外情勢に無知蒙昧な者が戦前から一貫して日本を指導していた。「毎朝のラジオを聞いて常に思う。世界の大国において、斯くの如く貧弱にして無学なる指導者を有した国が類例ありや。国際政治の重要なる時代にあって国際政治を知らず。全く世界の情勢を知らざる者によって導かるる危険さ」（ANp107）と清沢は述べている。これがまさに国体主義者という劣等者の支配（カキストクラシー）する、日本の陥った状況であった。

そのような指導者の一人、言論界の首領である蘇峰は、八月二十九日付の『毎日新聞』夕刊で現人神天皇を指導者とする日本は世界で無敵と次のように論じていた。

「……世間では日本に指導者なしと云ふ。然り日本にはムツソリーニ氏もなくヒツトラー氏もない。又た今日信長も無ければ秀吉もない。西郷もなければ大久保もない。木戸もなければ岩倉もない。乃至は伊藤もなければ山県もない。が然も我等の仰ぐものは区々彼等ではない。我等は常に我が　大元帥陛下を現身神として仰ぎ奉つてゐる。我等一億臣民はただ　大元帥陛下の大命に奨順して一切を犠牲として勇往邁進せねばならぬ。我等の向ふべき道は既に昭和十六年十二月八日の宣戦の大詔に赫々として天日の如く明白である。苟くも之に奨順して勇往邁進する時には、世界何者か我に敵するものあらんや。況んや所謂る利己主義を以て骨髄となし、物慾を以て理想とするアングロ・サクソンの徒輩に於てをやだ……」（ANp126–127）

また、蘇峰と並ぶ右翼の巨頭である頭山満の神国日本には神通力があるなどという次のような言葉を、新聞は有り難そうに掲載していた。

「南鳥島に対する大本営の発表を聞き、わしは国民あげて〝天子さまの領土にこしやくにもアメリカ勢きたり、おのれ〟と敵愾心が油然と全国民の胸に起ると信じたが、この敵愾心こそはたゞ単に〝こんちくしやう〟と心で思ふだけのものではないのである。ひるがへつて思ふに大東亜戦争前まで日本は世界の大勢に順応することのみ考へてゐた、米英が支配するその世界に順応するといふのぢや、なんと馬鹿げたことであつたらうか、ところが米英はこの日の態度をみて、日本は神国どころか魂の抜けたものぢやと早呑みこみをした、そして無礼の限りをつくし、つひに日本人に対しねむりかけてゐたわれらの〝何くそ〟といふ敵愾心を起させたのぢや、その敵愾心の弾丸をまづ一番さきに米英にたゝきつけたのは皇軍ぢやつた、」（ANp131）[2]

各新聞に国民は精読すべきとの但し書き付きで次のような〇〇参謀の南方戦線に関する報告が掲載され、清沢は日記に引用している。

「一、『わが兵隊は誰もが必勝の信念に燃えて、戦争に絶対負けてゐないと自信してゐるのであつた、或る部隊の如き敵の火砲のため十分の九の損害を被りつゝも絶対に負けてゐないと思つてゐる。』

皇軍を支配する鋼鉄の如き闘魂をこれ以上に言ひ表すことは出来ない。個人も軍隊も精神的に負けた時にのみ負けるのである。十に九を失つてなほかつ意気軒昂たる軍隊が皇軍以外どこにあり得るか。この軍隊がある以上われ〳〵

は最後の勝利を握ることが出来るのである。然るに敵軍の素質は如何。

二、『第一線の兵隊の感想は米国兵は濠洲兵よりも下で、濠洲兵は支那兵に劣る。』

皇軍に刃向ふ敵は実にかくの如き醜草に過ぎないのだ。然るにも拘らず、皇軍の精鋭は戦闘に勝ちつゝも、これ等醜類の擁する鉄量と飛行機のために圧倒されてゐるのである。慨嘆に堪へないではないか。皇軍はこれまで幾度か勝機に見舞はれながら、この欠陥のために勝機を次ぎ〳〵に逸したのだといふ。国民はこの一大痛恨事を何とするか。」(ANp133)

この〇〇参謀はガダルカナルの陸上で作戦を指導した辻政信である可能性が大きい。必勝の信念の強調や戦争は負けたと思った方が負けであるという言葉などは、辻の著書などにも出てくる徹底的に主観主義的な典型的対外硬の主張である。このような姿勢は「敵を知り己を知る」客観的態度の対極にある。ノモンハン以来、彼の指導した戦闘の多くが惨敗に終わったのは偶然ではない。このような人間が敗北の責任をとることもなく、一貫して参謀本部の中枢にいて数多くの作戦に関与したのである。日本の滅亡は必然であった。敵を醜類ないし醜草と呼ぶが、そこにあるのは敵に対する軽蔑と憎悪のみである。辻の行く処々で民間人や捕虜の虐殺事件が起きた所以である。明治の乃木大将は無能で多くの兵士を死なせたかも知れないが、敵のステッセル将軍を思いやる武士の情があり、多くの部下を死なせたことの責任を生涯感じ続けた。辻と乃木は昭和と明治の軍人の相違を象徴している。その根本にあるのは味方を皇軍、敵を醜類などと呼ぶ国体主義である。

辻のような中堅軍人が、言論の表舞台でも主役となっていた。陸軍報道部長という谷萩那華雄大佐の講演を新聞が大々的に報じていたが、その内容は、「米国内の情勢は長期戦を許さぬ」云々というもので「外国に知れたら笑われるであろう」(ANp135)と清沢が評する体のものであった。その中でも注目すべきは次のような部分である。「米国当局は戦争の損害をひたかくしに秘してゐる、そしてアリユーシヤン戦面の傷病者をアラスカに南太平洋方面の傷病者を主としてニユージランドに収容してこれを国内の父母妻子の許へ帰さない、それは悲惨なる犠牲の実情が国内へ語られることを恐れるからである」(ANp136)と述べているが、これこそまさに日本がミッドウェイ海戦後にしたことである。これこそ、戦争に勝てなくなって焦りだした日本自身の心理を相手に投影する、対外硬主義者特有の客観的に他者を見ることが出来ない主観主義の表れである。

そのように主観主義で、客観的思考の出来ない対外硬論者が、言論界の表舞台を独占していた。『アメリカは日本と戦わず』という著作で日米戦争に反対した清沢の対極にあり、『米国恐るゝに足らず』（先進社、一九二九）などの著書で戦争を煽った池崎忠孝[3]のドイツ不敗論が『読売新聞』に掲載され、清沢は日記に紹介している。「今朝の『読売』に池崎忠孝の『ドイツは不敗なり』との長論文あり。㈠軍力、㈡軍需品生産力、㈢食糧自給力、㈣戦争の犠牲と恐怖にたえうる国民の精神力との四つに分け、何れもドイツの方が優れていると論断」（ANp138）。池崎のその著書と同様に、この論文も主観的な希望的観測の無価値な文章に過ぎなかったことは、ドイツの敗北という明白な事実が証明した。彼は、昭和十一年には衆議院に当選し、第一次近衛内閣では文部省参与官を務めた。そして、新体制運動においても顔を出している。この人間も対外硬の気風に乗って社会の上層に浮き上がった、近衛を取り巻く人脈の一人であった。

昭和十八年の九月に三国同盟の一角であるイタリアが降伏した。清沢は「バドリア（ママ）政権（イタリー）の降伏から、日本の新聞はイタリーへの悪口が、始まった。例によって例の如しだ」（ANp140）と述べて、理性的に状況や原因を冷静に考察することなく、以前の賞賛一辺倒から罵倒へと感情的に反応するだけの日本の新聞を批判している。そして次のように述べる。

「白鳥〔敏夫〕などが新聞で談話を発表している。シァーシァーとして『イタリアの任務終る』といったことを言う者もいわせるものも、健忘、驚く外なし。

こんな国と、然らば同盟条約を結んだのは何人か。またそれを喜んだのは何人か。」（ANp140–141）

白鳥こそイタリア大使として、三国同盟締結に大きな役割を果たした人間であり、この日記でも、蘇峰などと共に最も強い反感を以て語られる人間の一人である。白鳥は近衛と親しく、イタリア大使就任も近衛の進言によるものであった[4]。池崎や白鳥などが主役として活躍する戦時中の日本の社会を作ったのは、東条ではなく近衛である。

㈢ 首相東条の思考方法（昭和十八年後半）

政治の上層部とも親交のあった清沢は、次のような東条の姿を伝えている。

「先頃、重臣達（前、元首相）が東條首相を招待した。その時、岡田啓介が

戦争はどこもあまりパッとしていないようだが——

というと東條は昂憤して

『あなたは必勝の信念を持たないんですか』と、プッと立ったという。また若槻礼次郎が

『作柄がどうも心配だが』

というと東條は

『我等閣員は何にも食わなくても一死奉公やるつもりだ』

とこれまた昂憤したという。
議会でも、どこでも、昂憤ばかりする人であるようだ。イエス・マンだけを周囲に集めるのは、そうした性格だからだ。」（ANp160−161）
戦時の日本の指導者の首相東条こそが、主観的な対外硬主義の典型であった。清沢は東条内閣二周年の前日に、「この内閣に対する批判は、後の歴史家がなそう。しかし、これくらい知識と見識に欠けた内閣は世界において類例がなかろう」（ANp168）と述べている。
首相の東条に開戦の責任が最大であるのは当然であるが、清沢が他に責任があると考えているのは次のような人物であった。「『毎日新聞』に、徳富蘇峰と本多熊太郎〔元駐華、独大使〕の対談会載る。開戦の責任は何人よりもこの二人である。文筆界に徳富、外交界に本多、軍界に末次信正、政界に中野正剛[1]――これが四天王だ。徳富も本多も客観性皆無。（中略）徳富は東條を例によって大鼓持ち振りを発揮している。この連中が第一線に出るべきだ。」（ANp168）
清沢はある会合で、小田島董大佐（捕虜管理局課長）による「捕虜待遇について」という講演を聞いている。その中で大佐は「日露戦争においては、米英的とでもいうか、あまりに捕虜を優待した。今回の戦争においては従来の捕虜に関する規制は御破算して、『国際法に反せざる限り厳格に取締る事』にした。日本は捕虜に関する条約は、国体に合せざるものとして御批准を得なかった」（ANp162）と述べている。日本の国際的評価を高めた日露戦争当時の捕虜政策を「米英的」と批判して、捕虜に関する条約は国体に反すると言う。何よりも外国の日本への敵意を高めた捕虜虐待の根本的原因が、国体主義にあることを証明するものである[2]。この講演で小田島は、民間人の捕虜に対する乱暴の事例を挙げているが、捕虜を卑しむ感情が国体主義教育によって一般に定着したことを示している。この捕虜に理解のある将校さえも、外国人が捕虜であることを少しも恥としないことを理解できないのである。
講演の続きで小田島は「四、捕虜は全部必勝の信念を有している。イタリーの敗北はよほど前に予言していたものが多かった。ドイツは直き敗れるだろうといっている。始め日本では、彼等を教化する方針だったが、彼等が必勝の信念が確かなので教化は断念した。五、彼等は捕虜であることを少しも恥として居らない。彼等は実によく働く。朝から晩まで少しも休まない」（ANp162）などと述べた。
これに関して清沢は次のような感想を記している。「右の話しによって小田島大佐は、捕虜に、可なりな敬意を表しているようだ。しかし彼等の考え方は全然諒解し得ない。日本人が感奮する事――たとえばアッツ島の全滅というような高貴なことが、彼等に分らないことを、天下の不思議と考えている。他国人の感情、考え方に対し、一歩置いて客観的に見ることは到底不可能である。したがってこの人々には、客観的に物を見ることができない。話しを聞いてそんな感じを持った。」(ANp163)。外国人と接し陸軍の中では良心的と思われる捕虜担当の軍人さえも、外国人が日本人のようには考えないことを理解できない。他者の身になって考える客観的思考は不可能なのである。独善的国体主義教育の結果である。他国の人間にとっては、日本の国体など特別ではないと認めることが客観的思考の第一歩であるが、日本は教育勅語でそのような思考方法を「世界主義」として徹底的に抑圧した。その結果が典型的対外硬論者である東条首相の登場であった。

昭和十八年の十一月五、六日にアジア諸国の首脳を招いて大東亜会議が開催された。清沢はその会議で発表された大東亜宣言に関して、東条がラジオで行った演説を紹介している。「万邦との交誼を篤うし人種的差別を撤廃し、普く文化を交流し、進んで資源を開放し、以て世界の進運に貢献せんとする大東亜各国共同の崇高なる精神とは全く相容れざる米英本位の非望を端的に世界に声明したものである、かくの如き横暴非道なる指導者に翻弄せられ、戦争の苦悩日増しに加はる米英国民大衆が、戦争目的に疑念を抱くに至るべきは必定と信ぜらるゝ、」(ANp198)。自分が満足する美辞麗句を並べれば聞く方も感心すると思っている。第三者の身になって、日本の従来の行動に照らして説得性があるかなどと反省する客観性[3]は皆無である。

この会議にビルマの代表として参加したバー・モウは次のように述べている。「日本の軍国主義者たちについていえば、この人たちほど人種によって縛られ、またその考え方においてまったく一方的であり、またその故に結果として他国人を理解するとか、他国人に自分たちの考え方を理解させるとかいう能力をこれほど完全に欠如している人々はない[4]。」。この日本人固有の欠陥と見えるものは、まさに国体主義教育による結果である。明治の文明主義の伊藤博文や福沢は外国人の考え方を理解でき、外国人の友人を持ち、外国に日本の考え方を理解させることもできた。そのように外に開かれた人間を、「外人の手を握り同胞に足を加ふる者」と攻撃した対外硬運動や、日本をも客観的に見る普遍的な思考方法を「世界主義」と攻撃し、万国に卓越する国体などという教義で国民を教育した結果が、外国人にも呆れられ哀れまれるような偏狭で独善的な日本人を作り上げた。

清沢は十二月十六日に経済連盟で行われた東条の談話を、その考え方を示すものとして全文を紹介している(ANp206)。敵の内情について東条は「敵米英の内情を大観致するに元来敵米英においては戦争目的が明確でなく、また米英相互の間における利害も必ずしも一致してをらない所に既に悩みがある、諸情報を総合すると今日米国においては唯一の恃みとする物的戦力においても苦悩は漸く深刻となつて来た」と述べる。事実とかけ離れた、客観的裏付けのない全くの主観的で希望的な観測に過ぎない。識者や専門家を広く集めて、その意見を虚心に聞いて、可能な限り客観的に正確に敵情を知る努力が全くなされていない。これが東条の「敵を知る」ことであった。

一方日本の事情については次のように述べている。「これに対して帝国は明かなる戦争目的の下に戦略的必勝の態勢を已に確立して大東亜における豊富なる資源は日に増し戦力化せられつゝあり、大東亜諸国家諸民族はいよ〳〵提携を密にし、或は直接帝国と共に米英と戦ひ、或は戦争完遂に力強き協力を示して居るのである、彼我の対勢かくの如くなる以上敵米英としては今の内に日本を叩きつけない限り日本の戦力の恐るべき増強を阻止することが出来ず、遂に収拾すべからざる苦境に追ひ込めらるゝに至るべきは敵米英指導者の当然考へて居る所である、莫大なる損害をも顧みず遮二無二反攻する焦躁振りを示して居る所以は実にこゝに存するのである。」(ANp206)。これも全く根拠のない主観的願望にすぎない。これが彼の「己を知る」ことであった。彼が他人の意見を聞かず批判を嫌うのは、他者の客観的視点により自己の主観的世界を破られるからであろう。東条による「敵を知り己を知る」ということは、主観的な独善的世界に閉じこもることであった。この盲目から、どんなに戦況が不利になっても敗北を認めない、蘇峰が賞賛する強気一点張りの闘志が生じる。[5] 具体的には、兵器物量共に圧倒的に優勢な敵に向かって無謀な攻撃を命じるようなもので、その結果は前線の兵士や国民が血によって贖(あがな)うことになる。

東条の闘志の根拠となっているのが次のような精神主義であった。「由来戦争は無理を克服せんとする人と人、意志と意志との決闘である、決勝の原動力は何といつても敢闘精神であり、特に指導者の気魄である、この事たるや戦場に限らず国内経済活動の部面においても当然適用せられなければならない、一例を石炭にとつて見るならばもし出炭能率が思はしくない傾向ありとせば社長自らその炭坑に飛び込」(ANp206) めと言う。戦争を決定するのは敢闘精神と気迫であり、経済も同様だとする、精神一偏で何事も可能だとする、蘇峰と共通する対外硬特有の主観的な精神主義である。[6] それを支えるのが「アメリカには国の芯がない。それに比べれば、帝国には三千年に及ぶ国体がある」[7] という東条の国体への信仰であった。それ故に、戦前に政府内で行われていた、日本必敗の結果が出た、戦争に関する正確な物理的シミュレーションも簡単に無視し得たのである。社長が炭鉱に飛び込んでも、石炭は埋蔵量以上に増産できない。戦争においても、精神力では乗り越えられない絶対的な物理的な壁がある。[8]それを安易に精神力で補えると考える東条や蘇峰などの対外硬派が、日本を強大な米国との開戦に導き悲惨な亡国を招いた。

東条は戦争の現状については次のように述べる。「重ねて述べるが今や敵は焦つて来てをるのである、敵が焦るといふことは敵をしてさうさせる大きな理由があるからである、換言すれば彼等の前途には不安の暗雲が増して来たともいひ得るのである、」(ANp206)。米国の本格的反攻を敵の焦りの兆候であり、日本に有利と解釈する驚くほど愚劣な自己欺瞞である。これ以後の日本の当局や新聞は、敵の攻撃が増大すればするほど敵の焦りの現れであり、もう少し日本が持ちこたえれば敵は内部から崩壊するという主張によって、完全に絶望的になった戦争を持続させることになる。東条は戦争を始めただけでなく、不必要に長引かせたことに関しても責任がある。

(四) 国体主義の言論（昭和十九年前半）

敵の攻勢の強化を敵は焦っているととる発想の根拠となる思考が、米国は国民の人気をとる必要がある民主国家故に、多くの被害者を出す苛烈な戦争に長く耐えることが出来ないという議論で、蘇峰を始めとする対外硬の言論人が主張していたものであった。清沢は『読売新聞』に掲載された鹿子木員信による、そのような文章を引用して次のように述べる。「この人は言論報国会理事長で最も代表的な時代の寵児だ。」(ANp213)。このような人物が言論界を独占していた。清沢は昭和十九年の一月一日に『読売新聞』に掲載された、鹿子木による国体主義の言葉を連ねた、殆ど文意をとることさえ困難な、狂信的な文章を引用して次のように述べている。「右は、昭和十九年一月——戦争四ヶ年目に現れたる新聞調の代表的なものである。国際的には大東亜宣言、国内的には食糧問題の行詰り、武器の近代化の必要に面している時に、言論界は依然、神がかり的なものである。斯くて戦争に克ち得るか。」(ANp227)

言論人同様に言論機関も愚劣であった。昭和十九年の一月二十一日に議会が開会され、清沢は『読売新聞』が報じるその内容を紹介している。「世界中の注視を浴びた東條首相の施政演説が実に一時間に亘つて諄々必勝の信念と最後の頑張りを説けば、これに続く重光外相初の外交演説は米英多年の分割統治策の実態と悪辣極まる宣伝謀略の実相を衝いて剰すところなく、更に賀屋蔵相の財政演説も従来に比し一段と戦ふ色彩を濃化し、米英の戦後通貨案と我が大東亜金融圏の構想との本質的な相違を明かにした上、国民精神力振起の重要性を強調、その巧な演説振りも加はつて満場の異常な感動を呼んだ」(ANp235)。支配者に迎合する独裁国における新聞のような文章である。

主要閣僚の精神力を強調する演説の報道も次のような

ものである。「首相演説の重点は今後の勝敗の岐路が一にかゝつて一億国民が必勝の信念を堅持して最後の五分間を頑張り抜き得るやいなやにある所以を強調して議会を通じて国民を鼓舞激励した点にある、外相も外交演説中で必勝の信念を強調してをり、蔵相の演説の結論も物的戦力の根源が精神力にありとし今後の忍苦を要望した点等、三相の演説を通じて観取し得る政府の意図が今議会を通じて一億国民に最後の奮起と頑張りを要請せんとするにあり、その企図は十分成功して国民に現下の難局を乗切る鍵が結局国民自身の強靭な闘志に属する所以を諒得された。」(ANp235–236)。東条の主観的な対外硬の精神主義がこの内閣の指導原理であることを示す。『読売』の記事にも客観的批判精神は皆無である。

議員の質問における報道も同様である。「国務大臣の演説に対する前田、木暮両氏の代表質問も前者は正面から政府のいはんと欲していひ得ざる点まで補足して政府、議会の見事な一体振りを示し、後者は裏面から建設的に行政の隘路を指摘して特に国民のいはんと欲する要点を尽してをり、両々相俟つて遺憾なく戦ふ議会の真面目を発揮した。(中略)これ等の諸問題の答弁に登壇する各閣僚の論旨にジッと聴き入る東條首相の真剣な表情は戦ふ首相の強い責任感を端的に示してをり、頼母しい限りであつた」(ANp236)

清沢は、「かつて議会の事としいえば必らずけなしまくるのを比較すればそれが如何に極端な対照をなすかを知るのである」(ANp236)と評している。戦時中とはいえ、日本の国会議員は独裁国のような政府の代弁人ではなく憲法で身分が保障された国民の代表であり[1]、日本の新聞は国家の宣伝機関ではなく独立した言論機関である[2]。このような新聞の追従的報道の根本にあるのは、強者や時代風潮に迎合する日本人の独立自尊の精神の欠如で、これも権威への服従を強制した教育勅語教育の成果である。東条に阿諛した新聞は、戦後になれば占領軍の言論統制に盲従することになる。

愚劣な報道は『読売新聞』に限ったことではない。昭和十九年になるとますます戦況が悪化したが、それが現実に目を開かせることにはならずに、ますます国体主義にすがりつくことになった。清沢は次のように報じている。二月六日、「どの新聞もが『元寇の乱』以来の大問題として総蹶起を第一ページ以下に掲げている。頭山満を『朝日』はかつぎ、徳富蘇峰を『毎日』がかつぐ。」(ANp245)。その蘇峰の文章は次のようなものである。

「大なる勝利の前には犠牲を払ふことも、局地的波瀾のあることも余儀ない次第である
◇…私は今回の大東亜聖戦は神武天皇の御東征に比し考へねばならぬと思ふ、神武天皇の御東征で日本大八洲御統

裁の基を開かれ今度の大東亜聖戦ではわが皇道を世界に宣揚の端が開かれたのであつて即ち御東征の延長がこの聖戦である、（中略）わが大東亜戦争中の今後はさらに幾多の荊棘の道があらうことは当然であつて私共はその如何なることがあつてもびくともせず、いよ〳〵彼等を撃滅するために一層の勇猛心に蹶起しなければならない
（中略）何が何でも勝ち抜くといふ尽忠の大精神で戦ふ勇士の心を心とし飛行機でも艦でも断じて敵の生産量には負けぬといふ必勝精神で戦力増強になほ一層の奮発心で起ち上ることが今の御奉公のただ一つの途であり（以下略）」
(ANp246)

大東亜戦争の手本は神武天皇の東征であり、必勝の精神で飛行機を増産すべきと言う蘇峰の主張は十分に愚劣であるが、その低級な愚劣さにおいて『朝日新聞』が載せた頭山の次のような言葉は注目に値する。

「米英の狐狸どもをやッつけるのを商売のやうにしてきたわしぢや、大事な時に風邪などをひいてしまつたが、けだもの文明のやつばらがのめ〳〵やつて来よつたとなると、これだけはどうでもみなに伝へて欲しいものぢや、よいか、日本は神国ぢや、何千年、何万年前から神国としてちやんと備はつたものがあつたからどんな国泥棒の野望も潰されをつた、われ〳〵がかうして生きてゐるのもすべて大御親心によるものぢや、この国に生を享たけだけでも譬へやうもない有難いことぢや、わしらは霊妙尊大な日本人ぢや
物からいへば、日本は金でも機械でもアメリカには寄りつけぬかも知れん、しかし物は少くともその足らぬを補つて余りある力を日本は持つとる、魂の力ぢや、物よりも大事なのはこれぢや、むかふは有り余る機械力といふ奴で泥棒根性丸出しに刃向つて来る、飛行機も軍艦も沢山見よがしにやつて来たのぢやらうが、わしら日本人はこの機械力に人雷をもつてぶつかればよいのぢや
人雷のほかに神雷もある、かういふものはけだものどもの料見にもない、算盤にもない、日本だけにある尊いものぢや、これにもつてきて『忠に死し、孝に死するは、臣子の大慶なり』ぢや、のめ〳〵と出て来よつた、こゝでぢや、絞上げるのぢや。生殺しぢやいかん、人雷、神雷で微塵に引導を渡すのぢや、小気味よく大慈悲心の発動を見せるときぢや、かういふときに日本人は勇気百倍するのぢや、大自信をもつていよ〳〵勇気百倍するのが日本人ぢや、これだけでよい、もうあとのことはいはんでもよい、さうぢやらう」(ANp246)

このようなたわ言が日本の代表的新聞の紙面を飾ったのである。日本の知的堕落を雄弁に語る、カキストクラシー（劣等者支配）の象徴である。世界の主要国家で、この様な低級な言論が社会を支配したのは、日本を除けばナチス

ドイツだけであろう。国体主義者が支配する日本は、ナチスドイツ並みの民度になってしまった。米英を狐狸とか、けだもの文明のやつばらと呼び、敵を人間扱いせずに文明を敵とし、日本を神国とし忠孝の重視に頭山の国体主義の本質を表す。この頭山満を一貫して信頼し高く評価していたのが近衛文麿であった。文明主義者の内相湯浅は、頭山を内閣参議にするという近衛の提案を峻拒した。しかし、文明主義に基づく旧体制を否定する近衛主導の新体制運動による価値転倒によって、頭山は参議どころか、国民の思想的指導者に成り上がった。文明を敵視する主観的唯我独尊の思想は、近代の戦争では容赦なくその報いを受ける。圧倒的な機械力により、けだもののように屠殺(とさつ)されて微塵にされたのは精神力を頼みとする日本人であった。

日本では戦況の不利が決定的になって、新聞が鬼畜米英を叫び始めた。二月十二日の『読売新聞』では、「侮蔑には侮蔑を、憎悪には憎悪を。今や一億が〝羅刹〟となつて鬼畜米英を撃砕すべき秋だ」(ANp252)と書き、蘇峰が論文で次のように述べている。「我等は聖戦の聖戦たる所以を会得せねばならぬ。我等は決して石油の為めに戦ふではない。ゴムの為めに戦ふではない。鉄や錫の為めに戦ふではない。我等は世界に厳存し、世界の一大厄難である、世界の悪魔を退治する為めに戦ふものである。世界の悪魔とは云ふまでもなく米英アングロ・サクソンの徒である。彼等の為す所を仔細に観察すれば、如何なる悪魔でもこれ以上の悪魔は無い。彼等の国民の一人ミルトンが描きたる『失楽園』に於ける悪魔などは、今日のチャーチルやルーズヴェルトに比すれば、今ま少し堂々とし、今ま少し男らしく、流石に悪魔の大将らしきものがあるが、今日の悪魔国の大将等はとてもミルトンの大手筆に描く程の材料ではない。彼等は実に掏摸や辻強盗の巨魁といふより外に最上の讃辞を与ふることは出来ない。」(ANp251)

日本は物質上の利益のためではなく悪魔退治という大義のために戦っているという蘇峰の主張は、功利主義を否定する対外硬の本領である。チャーチルやルーズベルトを悪魔と呼ぶ。悪魔との戦いならば妥協や降伏の余地はなく死ぬまで戦い続けることになる。

そのような蘇峰を持ち上げる言論界に対して、清沢は次のように怒りを表明している。「近頃の新聞とラジオは、ますます精神的になっている。そして全然見透しを謬った連中が、処得顔にのさばっている。徳富、斎藤の如きが然りだ。」(ANp256)。斉藤忠も当時言論界にのさばっていた国体主義者の一人で、『読売新聞』において蘇峰の当時最新の著作である『必勝国民読本』を「徳富蘇峰先生の大東亜戦争における至大な内的寄与は、おそらくわれらの揣摩臆測を絶するものがあるのであらう」(ANp256)などとして推賞していた。

清沢が「戦争責任者の一つであるジンゴイスト・ペイパー」と呼ぶ『毎日新聞』が、対外硬の外交官である本多熊太郎の談話を掲載した。その中で本多は、

「必勝国民読本の中で徳富先生は
　この戦争は妥協などによつて処理するなどといふことは絶対不可能であると覚悟せねばならぬ。他に道はない。たゞ勝つて勝つて勝ち抜く外ない
と書いてゐる」（ANp260）

ことに賛意を表明して、「私はこの戦争が始まつた時、当然起るべきことが起つたと思つた、日米戦争はどうやつてみても免れないもので、しかもその危機が日一日と迫りつゝあるといふのが、十六年南京大使だつた時の私の職務上の行為を指導せる根本観念といふか、指導原理であつた、国民政府強化もその一つである。それで汪精衛氏にも戦争は必ず日本が勝つといふことをいつた。（中略）この戦略資源を押へこれを戦力化して行けば絶対必勝不敗である、これにはどうしても時間を要する。だからあそこを押へてしまへば長い程日本は一般国民が夢想だもせざりし一大強国になる、それからもう一つはこの戦争には講和といふことはありませんよ」（ANp261）と話したと述べている。

これに関して清沢は次のようにコメントしている。

「日米交渉当時、本多は南京から上京して、これが成立に反対した。すなわち国民政府の非承認に極力反対したのである。本多は鋭い観察者である。しかし一つの結論を有して、その角度から総べてを解釈する。

大東亜戦争勃発の責任者が少しも責任を感ぜずに『運命論』と『先見』を以て誇っているのが、この講演でも分るであろう。

予は将来、こうした無責任なる論者を指弾すべき責任を持つ。

世界において斯の如き幼稚愚昧な指導者が国家の重大時機に、国家を率いたることありや――僕は毎日、こうした嘆声を洩らすのを常とする。」（ANp261）

本多はこのように開戦に大きな責任があるだけでない。彼は戦時中のこの段階において、カイロ会談などにおける米英の日本の戦後処理策において、日本をその占領地から一掃して日本帝国を抹殺するという主張を、「要するに、敵は日本を打破つて、彼等の意志に屈従させる、日本のいはゆる屈服だけでは満足せず、アメリカ・インディアンを皆殺しにした如く、日本民族を二千万そこらまで凡ゆる手段で殺してしまふ、かういふ意図であることが判る」（ANp265）と、日本民族の抹殺論であるなどと新聞紙上で主張して、米英に対する敵意と恐怖を煽り続けていた。[3]このような主張は民間にも浸透して、日本の必然の降伏を遅

らせて、被害を拡大することに寄与したことは疑問の余地がない。

　清沢は「大東亜戦争の思想的背景が極端なる封建主義であることはいうまでもない」（ANp268）と言い、「戦争に対する態度も、日清戦争、日露戦争よりは一層反動的だ。その時には伊藤、山県、桂、いずれも国際情勢の動きは心得て、その基調は開明的であった。故に、大東亜戦争においては、俘虜取扱いに関しても、日露戦争を先例とせざる理由なのである。小田島俘虜監督官は日本クラブの講演会で、明白にそれを明言していた」（ANp268）と述べて、「極端な封建主義」が戦争を起こした思想であるとしているが、その意味は曖昧であり、むしろ国体主義と特定すべきである。[4] 国際情勢に通じて開明的であった明治の指導者の伊藤等と、国際情勢に盲目で反動的な近衛・東条のような昭和の指導者を区別するものは、国体主義の有無であり、封建主義ではない。そして、そのような相違を生じたものは、清沢が「この戦争において現れた最も大きな事実は、日本の教育の欠陥だ。信じ得ざるまでの観念主義、形式主義である」（ANp273）と評した教育である。明治の指導者達は、教育勅語を絶対的な真理として生徒に崇拝を強制する国体主義教育を受けてはいなかった。批判を許さぬ教育勅語の空疎な美辞を暗唱させ、それに最敬礼させるような教育が、観念主義と形式主義を生む。

　そのような唯我独尊の国体主義教育を受けて国際情勢に鈍感になった日本人は、必然的に対外硬であり、清沢がこの日記で繰り返し嘆くように一般国民は好戦的であった。戦況の悪化に伴う物不足と物価の騰貴に関して、「戦争というものが何を意味するかを納得することは将来の日本に大切である。日本人は戦争に信仰を有していた。日支事変以来、僕の周囲のインテリ層さえ、ことごとく戦争論者であった。小汀利得君も、太田永福君もそうであった。事実、これに心から反対したものは、石橋湛山、馬場恒吾両君ぐらいのものではなかったかと思う。そうした日本人に対しては何よりの実物教育であろう」（ANp289）と述べている。

　戦況の悪化は深刻になるのに、その戦争をもたらした蘇峰以下の言論人はその支配権を拡大していた。『中央公論』や『改造』という進歩的論調で知られた総合雑誌も、これらの一味に占領されることになった。清沢は言う。「『改造』を久し振りで読む。蘇峰の巻頭論文あり。時局を楽観も、悲観もせず、正観するという。それから日本の近状を『不親切』と『形式主義』とで攻撃している。この人の頭には二つの日本が画然と存在している。神国日本と、堕落日本とだ。そして日本が堕落したのは西洋個人主義の影響だと考えているのである。かれの望むが如く戦争に入って、日本主義が全盛になって、何故によくならないのか！」(ANp304)。そして次のように述べる。『改造』の顔触れは野村重信、斎藤忠といった言論報国会の連中だけになった。かれ等が、他を一切排斥するのに成功したのである。軍部の後援を得て。中学校の下級生のような議論が大手を振っている。『不敬罪』は我国に幾つもある。(一)皇室、(二)東條首相、(三)軍部、(四)徳富蘇峰——これ等については、一切批評は許されない。」(ANp304)

そして蘇峰に代表される思想を次のように述べている。「この時代の特徴は精神主義の魔力だ。米国の物質力について知らぬ者はなかった。しかしこの国は『自由主義』『個人主義』で直ちに内部から崩壊すべく、その反対に日本は日本精神があって、数字では現わし得ない奇跡をなし得ると考えた。それが戦争の大きな動機だ。」(ANp312)

このような昭和の硬直した精神主義を目の前にして、清沢が思うのは明治の思想の柔軟性であった。「明治の功臣達が何故に欧化したか。彼等は武士として攘夷主義者の先達ではなかったか。鹿鳴館事件の井上馨の如きは、最初はその最も然るものであった。明治の功臣は、大東亜戦争の指導者達と異って、考え方に屈伸性があったのだ。日本を偉大にするためには常に優れたるものに従ったのだ。」(ANp316)。明治の文明主義を代表する政治家の井上馨による条約改正を国辱と攻撃して挫折させて、社会に台頭したのが対外硬運動とその思想的根拠となる国体主義であった。

その指導者の一人が頭山満であった。条約改正反対運動において配下の玄洋社の来島恒喜による外務大臣大隈への爆弾テロが、代表的右翼としての名声を確立し頭山を政治の表舞台に浮上させた。この戦争中には、代表的新聞が競ってその言葉を求める国民的指導者となっていた。清沢は「新聞は相変らず『頭山満翁』談話だ」(ANp334)として、『読売新聞』に掲載された「相手は『けだもの』憎い敵め、自力で倒せ」という記事を紹介している。その内容は題名通りの愚劣極まるものである。清沢が昭和の愚劣さを考えた時に、その対照的存在として井上馨の名前を出したのは、明治の文明主義に対する昭和の国体主義の勝利という歴史の真髄に触れている。

言論界の首領である蘇峰も、その条約改正反対運動に参入して、それまで属していた文明派から対外硬派に転向していた。そして、今回の戦争中に頭山と並ぶ国民的指導者の地位を獲得した。思想的にも人脈的にも、明治の条約改正反対運動は昭和の大東亜戦争に直結している。昭和十九年の六月には九州に敵機が襲来して本土の本格的爆撃が開始された。これに関して『毎日新聞』に「野獣さながらの敵機」(ANp335)という蘇峰の談話が掲載され清沢は引用している。その中で蘇峰は米英人は「野蛮蒙昧の徒」でも行わないことをする、「猛獣毒蛇」に等しい敵であると主張し、戦局は一大回転をなしつつあり、「われらは前途の大いなる光明に首を長くし、その機来るを待つてゐるのである」と述べ、まるで本土空襲の開始が日本にとっての好機会であるかのように論じている。昭和十九年の半ばに戦争は遂に本土に上陸した。

二、敗戦の足音

(一) サイパン陥落と東条の退場

昭和十九年の六月は、九州への爆撃と共に戦略的重要地点のサイパンに敵が上陸して、蘇峰の予言したように戦局の転回点となったが、それは敗戦への第一歩であった。清沢は次のように記している。「マリアナ諸島のサイパン島に敵兵上陸した。我軍、対手に打撃を与えたが、『我が船舶、飛行機に相当の損害あり』と大本営より発表。『毎日』に、例によって蘇峰の文章あり、『朝日』にもその談話あり。」(ANp337)。戦況が悪化する程、蘇峰の空疎な精神論が蔓延るのである。『毎日新聞』掲載の「一億鉄石心を発揮せよ」(ANp337)という文章を清沢は引用している。蘇峰にとって敵のサイパン上陸は、「われ等が敵を撃滅するの好機は今日にあり」と日本にとっての好機なのである。そして、その先例として蘇峰が持ち出すのが次のように中世の元寇であった。「われ等はこの機会において、わが鎮西博多湾頭に押寄せ来れる古元十万の兵をみな殺しにしたる往時を回顧せざるを得ない。人ただ神風によつて彼等が覆滅したるを説くも、その実は神風吹かざる以前に、すでにわが護国の勇士は彼等をして気死せしめたのである。即ち精神的に彼等を撃滅せしめたる後、更に神により船諸共撃滅せられたのである。わが今日もまたその通りである。」(ANp338)。日本の敗勢が明白になるとともに、蘇峰などの言論人によって元寇が強調され、神風が期待されるようになる。機械化戦争の時代において、手本とされるのは神武天皇の東征や、中世の元寇であった。

清沢は日本の武器について次のような長谷川如是閑の話を紹介している。「この間も富沢清氏〔東大教授〕の話しを聞いたが、日本の飛行機の性能の劣悪さは問題にならぬ。大東亜戦争開始当時の日本の武器はまるで、なっていなかったそうだ。日本の武器が劣っているというようなことをいう学者はドシドシ追い出してしまった。そして役人のいう通りのことを口まねするものを重用するのである。それでは知識導入の方法があるわけはない。明治時代は当局者が、ワイワイ連中を押えた。今は反対だ。」(ANp351)。明治期に陸羯南の新聞『日本』に在籍して、対外硬運動の近くに居た長谷川のこの証言は価値がある。明治期には当局に抑えられていたワイワイ連中＝対外硬派が今や支配的地位にいて[1]、理性的議論を抑圧しているのである。

この時期に愚劣な議論を展開しているのは、蘇峰のような国体主義者に限らなかった。清沢は『読売報知』新聞に掲載された、医学博士で軍事保護院顧問の林春雄という帝大名誉教授の日本民族礼讃論を紹介している。その中で林は日本民族の肉体力は劣るが、日本人の知能力は優れた模倣性に示されるように、「外来のものをよく摂取しその長所を全幅的に発展伸張せしめ日本的に同化する特異な創造力をもつてゐる」として、「かくして自然科学、人文科学において先進とみらるべき各国の文化の粋を吸収し、日本的に同化し、それらが本元では堕落退亡しても日本において発達大成せしめやがて世界を日本的文化を以て一宇たらしむるものであらう」（ANp352）と主張する。

しかし、林が真に日本民族の優位性と考えるものは「民族の各構成員が同一目標に向つて協調一致邁進する民族精神」、即ち「皇室を上にいたゞき、義は君臣、情は父子の強固なる団結力と八紘一宇の聖業達成の大目標とが厳存して万邦無比である」国体にある。一方、「米英等の民族精神は享楽主義をもとゝした個人主義である」ので、産児制限などによる人口減少に悩んでいる。「かくの如く米英等は個人中心、利己主義であるから協調一致の精神において破綻を来し易い」（ANp353）と、米英の劣等性を指摘している。林によると、日本の米英に対する優位の根本的根拠は国体主義の個人主義に対する優位性にあった。この個人主義の弱点を信じて、蘇峰のような対外硬派は対米戦争を煽ったのである。戦争の結果は日本の一方的な敗北であった。国体主義が根拠のない慢心で日本人を盲目にして自滅させた。この林の文章は、教育勅語による教育によって、国体主義が一般民衆のみならず、国の第一級の科学者をも毒していたことを示すものである。

清沢も外国の長所に目を閉ざす自己欺瞞と自己陶酔が、戦争と滅亡を必然化したと考え、次のように言う。「外国から帰って来て、始終いわれたことは、日本が世界一だということだ。何か一寸いうと『外国かぶれ』と攻撃する。『今に御覧なさい、分るからといったことです』という。こうした感想は、誰もかれも持っているところである。日本人の自己陶酔が現在の事情を齎らしたものであって、矢張りこの段階を経るべき必然性にあった。」（ANp359）。そのような唯我独尊の独善性は必ずしも日本人本来のものではなく、万国無比の国体を説く教育勅語による教育が植え付けた後天的なものである。清沢が繰り返し、この日記でも述べているように、明治前期の日本人には外国の長所を認めそれに倣う柔軟性があった。

昭和十九年七月、絶対国防圏の中核とされたサイパン島の陥落は大きな転換点となった。政府盲従の翼賛会にも反政府の動きが生まれて、清沢は「戦争の結果、民心ようやく動揺す」（ANp361）と報じている。それでも、言論界を占領しているのは、国体主義の狂信者連中であった。清沢は、『毎日新聞』に白鳥敏夫の論文あり。例のユダヤ主義議論である。こうした精神病的人物が指導者なのだから、この戦争がうまくいくはずなし」（ANp363）として、その文章を紹介している。

白鳥はその冒頭で「戦争開始後三年を経た今日未だ米国の国内態勢は重大な破綻を来してゐない、戦争の犠牲は大きいに拘はらず国民一般の戦意はなかなか旺盛である。これはわれ〳〵が戦前に考へたところとは些か異なり、どちらかといふと意外な位である」などと自分の見込み違いを認めているが、それが真剣な反省にはつながらない。この段階に至っても「かれ等の戦意はこれを分析して見れば右の如く根拠のない吹けば飛ぶやうなものである、従つて戦場の情勢が一度逆転すれば忽ち幻滅の悲哀を感ずる底のものだ、私は米国民に如何なる苦難を忍んでも、如何なる長期戦になつても最後までやり抜くといふ熱意と決心があるとはどうしても考へられない」（ANp363）と米国は長期戦に耐えられないと相変わらず主張する。

そして米国の意外な戦意の強さを、次のように日本の国体の破壊を目指すユダヤの野望の大きさのせいにする。

「そして最終の段階においてはエホバの神を宇宙絶対の神に祭り上げて全人類にこれを拝ませ、ユダヤ王を地上に君臨せしめるにある、これはユダヤのシオン長老の永年の野望である、かく見て来るとユダヤの非望といふものが如何に日本の国体の本義、即ち八紘一宇の皇謨と相反するものであるかといふことが判る

（中略）

そも〳〵ユダヤと日本は対蹠的な国だ、彼等の目指すところは日本の国体の破壊である、ルーズヴェルトは『日本を地球から抹殺する』といふ言葉を使つてをる、これはシオンの言葉であつて、ユダヤの血を享けたものでなければ用ひない言葉だ、一国の大統領がかういふ言葉を用ひたところにユダヤ的指導者の日本に対する限りなき敵意といふものが看て取られる、かういふ指導者の下に永年指導されて来た米国民が今日のやうな熱烈な敵愾心と戦意をもつて日本へ臨んで来たのに不思議はない」（ANp364）

そして結論として、例によって敵は焦っている、戦局の終末は近いと次のように結論している。「今次大戦がいよ〳〵熾烈の度を加へるや、兵隊の生命は能ふ限り大切にするといふ当初の方針を一擲し、仮面をかなぐり捨てて兵士の生命を塵芥の如く取扱ひはじめた、太平洋然り、シェルブール然りである、しかして今後彼等が勝利を焦れば焦る程さういふ様相は益々著しくなつて来るものと思ふ。しかしこのことは同時に一般の米英国民に深刻極まる衝撃を与へることである。深刻な衝撃はやがて反戦気分の横溢と

なることは、元来国民自身としては何らの戦争目的を持たぬ英米国民にとつて必然である、そこまで来れば最早戦局は終末に近づいたと見てもよい」(ANp365)

戦局が激しくなるほど米英は焦り、兵士の生命を塵芥の如く扱いはじめたというのは、まさに日本の形容である。主観主義の対外硬派は自己の心理を相手に投影するだけで、敵の客観的認識には全く無能である。戦局が米英に有利になるほど米英の危機は強まり、日本の勝利が近づくとする信じられぬほど馬鹿げた主張である。国体主義とナチ譲りの反ユダヤ主義が結びついた白鳥の論文は、この日記に引用された文章の中で最も悪質且つ愚劣なものの一つである。清沢が「精神病的」と呼ぶ白鳥のような人物が社会で指導的地位を得たのも、昭和初期から親密であった近衛による新体制運動の結果であった。

戦局の悪化により白鳥のような国体主義の限界が明白になり、それと正反対の立場の意見も新聞に載るようになった。清沢は『毎日新聞』に掲載された東京工業大学学長八木秀次による「重大戦局に直面して」という次のような文章を紹介している。

「私がある所で官吏の頭の切替へが足りないことを話したら、『それは無理だ』とおつしゃる

だが私は必ずしも無理な話ではないと信じてゐる、例へばわが田に水を引くやうだが、今日は誰でも彼でも口を開けば『科学』とおつしやる、そればかりでなく戦況についてさへ科学者に責任があるといはれる方がある、これは科学に志す者としては誠に結構なことであると申したいが、このやうに何事にも科学が引合ひに出されるやうになつたのは一体いつごろからであらうか

一昨年の春、ある文士が『何の愚者か、科学の力を信ずる』と新聞、雑誌に書いて世間の喝采を博したものである、今年春頃になつてさへ科学は日本精神をけがすといふ論が行はれた、(中略)

それが今日では一にも科学、二にも科学である、戦況が面白くないと『科学の力が足りないから』だといふことさへ新聞、雑誌に出てくる始末である、」(ANp367–368)

科学を敵視した思想が西欧文明に反対する国体主義であることは疑問の余地がない。自然科学は客観性と普遍性が基本である。主観主義の特殊的な国体主義の栄えるところに、科学は発達しない。八木はこの日記でも好意を持って扱われている学者で、その引用されている文章も戦時下のものとしては例外的に優れたものである。

サイパン島が陥落したことに関して清沢は次のように報じる。「今朝の新聞は全面サイパンの記事だ。例によって『誓い』や『決意』を語るものは徳富蘇峰、斎藤瀏[2]、尾崎士郎といった連中である。」(ANp374)。清沢は「サイパンの全日本人が玉砕したのは、今後の問題を提供する。そ

うした死に方は犬死にならないのか。日本のためであるのか――無論、現在の軍指導の下にあって、それ以外の道に、出ずるのは困難だが、最後は死ぬために戦ったようなものだ」(ANp374–375)と述べている。

彼は前年のアッツ島に関してもその玉砕作戦に批判的で、新聞などが「鬼神をも哭かしむる」などと煽ることを自己満足以外に何の役にも立たないと批判的であった。根本にあるのは人命尊重の思想である。それ故に、日本軍の玉砕作戦や特攻戦法を批判したように、人命の破壊が主目的であるような米国の無差別爆撃に強く反発したのである。その対極にあるのが蘇峰などの国体主義者であり、彼等は玉砕を称賛して後には特攻作戦も栄光化して煽り立てた。一方空襲による被災者の悲惨な状況には少しも同情を見せずに、天罰であるなどと論じて清沢を怒らせた。これこそ、まさに人命を塵芥の如く扱う態度である。それ故に清沢は次のように批判する。「晩のラジオも徳富蘇峰だ。翌朝(二十日)の新聞――『毎日』にはこれが大書されている。この朝の『朝日』にも、夕〔ト〕ップ記事がかれのものだ。どうせ、軍報道部の指図だろうが、何という馬鹿馬鹿しいことだろう。この老人しか切り札がないのか。この恥知らずのお太鼓記者を」(ANp377)

敗色濃厚のこの段階になっても蘇峰は「まだ――始終いって来ていることを繰返している。即ち米国は直ぐ崩れるというのである」(ANp379)と清沢は述べて、そのラジオ放送の内容を紹介している。「(日本が)最後の勝利を博することは、断じて疑を容れないといふことを私は誓つて皆様の前に、こゝに断言するものであります」(( )は引用者補足)と蘇峰は言い、

「元来敵は一六勝負で出かけたものであります、国力を傾けて来たものでありまする、彼らは一気呵成に日本をやつつけようとしてゐるものであります、それは何故であるかといへば彼らにとつては長期戦は極めて不利益であります、何故に不利益であるかといふことを今こゝに詳しく申上げる時間はありませんが、要するに一は国内的の事情である

即ち長く戦ふ時におきましては彼らは国内からして土崩瓦解するの虞がありまする、内輪がまとまりがつきません」(ANp379)

と主張する。蘇峰は米国に対するこのような理解から開戦を主張し、戦況が不利になってからも徹底抗戦を主張し続けた。蘇峰の必勝の信念の根拠となる、敵は一六勝負に出たから長期戦には不利であるという観察は、対外硬特有の自己の考え[3]を相手に投影した主観的観測そのものである。

蘇峰はさらに次のように主張する。「それで私共はこの際何をなすべきかといへば短期戦をやめて長期戦に彼らを

引きずり込むことであります、彼らと申しまするが別して米国のことであります、それならいかにして引きずり込むかといへば、日本が参りさへしなければ即ちその結果は長期戦となるのであります、日本が一年これから参らなければ一年の長期戦となる、十年参らなければ十年の長期戦となる、百年参らなければ百年の長期戦となるのでありま す、それで私共はこれを機会として堅忍不抜、わが皇国の臣民即ち日本精神の本色を発揮し、いはゆる三千年来伝統の日本人固有の一大弾力を揮うて、一難生ずる毎に勇気を百倍し、いかなることを敵がもつて臨んでも、こちらはびくともせず、彼らに向つてあくまで戦ふといふ決心をもつて立向ふ時におきましては、彼らはもはや手の出しやうがなくなつてくるのであります」(ANp380)

蘇峰はサイパン陥落で敗戦が決定的になった時期に長期戦を主張する。日本が参りさえしなければ日本の敗北にならないと述べる、負けたと思った方が負けであると主張する辻政信と同一の対外硬特有の主観的な思考方法である。全土が焦土になり日本人の大多数が死滅しても日本が降伏しなければ負けたことにならないことになる。後に本土決戦を主張する根拠となる思想である。対外硬主義の帰結は、日本の全的滅亡である。

サイパンの陥落は東条にとって致命傷となった。「東條内閣、総辞職す。この日本を不幸に陥らせた責任内閣は、かくて内輪割れの結果崩壊す」(ANp377)と清沢は報じ、「ここに大東亜戦争は一転機を画す。七月二十日は記憶すべき日になろう」と言う。「これくらい乱暴、無知をしつくした内閣は日本にはなかった。結局は、かれを引き廻した勢力の責任だけれども。その勢力の上に乗って戦争をしていた間は、どんな無理でも通った」(ANp378)と述べる。清沢の仲間達は、「東條はやめただけでいいのか知ら。他人の子弟を沢山殺して、あれで責任が解除するのか知ら」(ANp381)と言っていたが、対外硬特有の主観主義者の東条は、旅順攻略で多数の死者を出した責任を戦中から死に至るまでも感じ続けた明治の乃木希典[4]と異なり、他人の子弟を沢山殺した責任など感じていなかった。自分は最善を尽くしたと、戦後の蘇峰と同様に少しも後悔しなかった。最終的には、このような人間を政治や言論の指導者として戴いた国民に責任があり、その結果を引き受けなければならない。

(二) 小磯新内閣(昭和十九年後半)

清沢は後継の小磯新内閣が終戦への第一歩となることを期待して、次のように述べている。「内閣の顔触れ判る。新味は、緒方君が国務大臣となり、情報局総裁を兼務したことだ。これは兎に角、一つの進歩である」(ANp382)、と親交のある『朝日新聞』の緒方竹虎の入閣を歓迎している。「表面から見れば、この内閣は従来の内閣の継続だが、この内閣ならば、『休戦』『講和』『時局拾収』といったことを、冷静に研究し得る顔触れである。また言論の自由についても、内閣のおよぶ限りにおいて伸長し得るのであり、それができなければ内閣の力のおよばないところに障害があると見ねばならぬ。サイパンが戦争の第一段階であり、それに応じて小磯内閣は政治的に戦争終末への第一歩である。」

去りゆく東条を誉めるものは追従になれた言論界でも殆どなかった。その例外が蘇峰であり、清沢は「この東條を讃めたのは、太鼓持ちの徳富蘇峰だけである。この戦争放火者はいう」(ANp384)として、次のような蘇峰の言葉を紹介している。

「最後に新内閣は挙げて強気一点張りで行かねばならない。勝敗は時の運だ。勝つても負けても強気所謂フォッシュ元帥が『わが左翼は敗れたり、わが右翼は敗滅せり、われらは突撃す』といつた通り何処までも突撃し勝ち抜かずんば已まざる大決心を、国民に示さねばならない。為政者が万が一にも弱気を示すが如きことあれば、それが如何なる影響を国家に来し、与国に来し、敵国に来すかは測り知るべからざるものがある。かるが故に我等はこの点に於て切に当局者が強気一点張りを以て、我国民に臨まんことを希望する。なほ一言すれば、二年九ヶ月の長きに亘り、東條首相その人がこの荒波を乗切つて来たことは、何人も認めねばならない。その功については世論区々たるものあるに相違ない。併しその労に至つては何人もこれを認めざるを得ない。我等は東條内閣といはず、寧ろ東條首相といふが、首相その人が最後まで闘志満々、是非とも勝ち抜くだけの気魂を持つてゐたといふことだけは、今発出せんとする小磯・米内内閣もこれを相続してしかるべきことを信ずるのである。」

言論界で唯一人東条を誉めた蘇峰の言葉は、単なる追従ではない。戦後の日記でも、国体主義者として東条の主観的で強気一点張りの対外硬の姿勢を高く評価していた。後継内閣にもそれを希望している。機械による近代戦の不利な戦況において、強気一点張りとは、絶望的な戦争を長引かせ被害を増大し人命を損なうだけであった。この時期に海軍航空隊が壊滅したことは海軍当局者自身が認めていた(ANp384)。この時期以降の日本の人的物質的被害は膨大なものである。その意味でも蘇峰は「戦争放火者」としてだけでなく、必要な消火を妨げたという点で、東条とともに膨大な日本人の人命財産を害したことに重大な責任がある。

このような立場の対極にあるのが清沢で、彼はサイパンの日本人に「全部の玉砕を強いないで、せめて普通人にそこに居残ることを命じたらどうだろう。そうすれば将来、そこの経済的基礎ができるのである。いまのように全滅では、米国側には、あつらえ向きである。何にも残らず、彼等の自由になるからだ。」（ANp388）と論じていた。これは大義よりも実利を重んじる福沢譲りの功利主義の主張である。対外硬論者が最も軽蔑した卑俗な功利主義とは、生命尊重の主張でもある。

小磯新内閣に対する清沢の期待は早くも裏切られた。特に首相に対する失望が大きく次のように言う。「伊勢詣りをした小磯首相が新聞記者に感想を語っている。先頃の就任当時の話しも愚劣だったが、今度のものも下士官的感想だ。これでは矢張り駄目だ。そこに行くと米内の方がしっかりしている。」（ANp389）。その小磯の談話の内容とは次のようなものである。

「神の実在を信念して国民諸君と共に人事可能の最善を尽し断じて大東亜戦の目的を完遂し以ていふが神の実在を信念したい、畏多いことだが昭和十六年十二月八日渙発せられた大詔の中に『皇祖皇宗ノ神霊上ニアリ』と御上は宣はせられてゐる、私は生を皇国に享けた、皇国日本は神国なりといつてゐる、さればこそ古来日本には天佑神助がある、（中略）斯の如き状況に差迫つてゐると云ふことは未だ国民全部が挙げて日本の本義に透徹しあらざる現状に対し神の試煉を受けつゝあるものと考へねばならぬ（以下略）」（ANp390）

大御心に副ひ奉らんことを期してゐる、（中略）私は改め

自分は皇祖皇宗の神霊の存在を信じると言い、日本は神国であるので天佑神助があるとして、日本の窮状は国体の本義に徹していないからだと主張する、理性の存在さえも疑われるような、典型的な国体主義の思想である。これが近代の総力戦を行っている一国の首相の言葉である。陸軍内に確固とした地盤がなく、周囲の気風に順応する必要があった小磯の言葉の方が、東条の場合よりも純粋に時代精神を反映している。

一方、清沢が誉めた海相米内の言葉とは次のようなものである。「元来軍人が政治向きのことに口を出すことは避けねばならぬと思ふ、政治家で軍人であり得たのは桂大将の頃までのことではないかと思つてゐる、それからの軍人は不具の教育を受けて来た、私はそれでよいと思つてゐる、不具のものが下手な政治向きのことに口を出してみたとしても、それは附焼刃で忽ち剝げる、しかも剝げてからは元へは戻らぬのだ、」（ANp389）。小磯の談話とは対照的に、現代にも通用する理性的な言葉で、国体主義の要素は皆無である。[2]

精神に国体主義の量が増大するほど理性は減少する。その代表的論者である蘇峰の言葉を清沢は、「徳富蘇峰は国民が、ひどい目に逢うのは天罰だといったことをいっている」として紹介している。蘇峰は「敵が物量で来るのに対

し、われも物量で対しようといふのは考へ物で、大変な間違ひだ、日本は緒戦になぜあの大勝を博したか、それは彼等は初めから物量を豊かに備へたために日本の物量は大したことはないから米英協力してやるぞといつた気構へを見せれば降伏するものと即断し、物量を精神で裏附けることをしなかつた、ところが日本は物を無視して起つたので真珠湾、マレー沖の大戦果を収めたのだ、勿論物を無視せよとはいはぬが物に頼るのは敵の策略に乗ることで一生戦に勝つことは出来ぬ」(ANp400)と言う。真珠湾やマレー沖で日本が勝利したのは、日本に多くの飛行機や航空母艦があったからとは考えずに、物を無視して精神で戦ったからだと主張する。敵の物量に対して精神力で戦えと言うことは、結局は敵の近代兵器に生身で当たれと言うことで、特攻作戦や竹槍訓練を生み出した精神主義である。

蘇峰はこの段階に至っても次のように徹底抗戦を主張する。「今日媾和などといふことを考へたら、国を売り国内総崩れとなる、われ〳〵は何処までも頑張り必勝の信念で彼等に対する時は全勝疑ひなしである(中略)われわれは持久戦になれば強味が出るし、彼等は寄せ木細工のやうなもので少し雨でも降ればすぐこはれてしまふ、そこで雨が降らぬうちと国力を傾けてやつてくるのはそこに理由がある、」(ANp401)。敵は内部が脆弱だから長期戦は出来ない、と戦前の開戦論の理由とした議論を敗色濃厚の今も続けている。国体主義は一種の信仰だから経験に学ぶということはない。事態が悪化すればするほど、その信仰にすがりつくのである。第五部結論で紹介する松岡洋右の言葉[3]はその典型である。

結論として蘇峰は次のように精神の重要性を強調している。

「勝敗は長期戦に決するか、短期戦に決するか、日本人の辛抱一つにかかつてゐる
何よりも物心一如、心と物の満腹を考へて進むことだ、今日恐るることは敵ぢやない、内である、精神ががらあきの時は詰め込んで充実させる、彼等が窺ふ隙のないやう溢れる位充実すれば大丈夫である、日本の一番の武器は飛行機よりも戦車よりも辛抱であり心の充実である、辛抱が出来れば敵が押し寄せても敵が一寸近づけば一寸近づくだけ日本の勝味が近くなるのだから、案ずることなく泰然自若として敵をたゝきのめすことだ。」(ANp401)

爆弾を落とされれば人間とともに精神も蒸発する。この空疎な主観的精神主義が無謀な戦争を起こさせ、実質的に敗戦が決まった後も無益で莫大な人的被害をもたらした。

日本人を殺したのは敵の砲弾や爆弾であったが、その爆撃や砲撃の前に無防備な日本人達を曝した政治や言論の指導者も、その大量殺人の間接的共犯者である。後に清沢は、空襲の被害の余りの大きさと日本の無力さに関

して、「日本は近代戦争などをしうる状態ではなかった。」(ANp661) と述べている。

(三) 玉砕と特攻

サイパンにおける民間人の大量自殺は米国にも衝撃を与えた。清沢は次のように述べている。

「『朝日新聞』にサイパン最後に関しタイムの記事が打電されて来ている。少年も死に、黒髪の婦人も死ぬ。『この自殺は何のためか、〝アメリカ人は野獣だ。誰もかれも殺戮する〟ということを信じたためであろうか』と反問している。

サイパンの十万に近い軍人と非戦闘〔員〕は、こうして死んでいったのである。それは封建的イデオロギーの犠牲である。軍人指導者に必（ママ）随する行為である。ああ。」(ANp412–413)

『朝日新聞』はこれに関して「壮絶・サイパン同胞の最期　岩上、大日章旗の前従容、婦女子も自決　世界驚かす愛国の精華」(ANp413) などと、民間人の無残な死を言葉を尽くして美化して、煽り立てるようにして報道していた。これに対して清沢は、「アッツと同じだ。こうした無意味な、醒（ママ）惨な最後をして、願わくは大東亜戦争を以て最後ならしめよ」(ANp416) と述べていた。サイパンの悲劇を煽り立てているのは『朝日新聞』だけではない。「各紙とも、女の自殺をとりあげ、『読売報知』は『日本婦人の誇りよ、昭和の大葉子』斎藤瀏、『百、千倍の勇気湧く、光芒燦たり、史上に絶無』平泉澄〔文博、東京帝大教授〕。朝日『偉大な民族の血潮、時到れば光発す、戦時彩る女性の殉死』高柳光寿〔史料編纂官、国学院大学教授〕、『かくてこそ強し、日本の真姿』岩田豊雄、というように、新聞の半分を割いている。封建主義――浪花節の影響――飛行機時代に、ハラキリの絶讃。」(ANp416)

これらの論者の多くが斉藤瀏や平泉のような札付きの国体主義者であることに示されているように、悲惨で無益なサイパンにおける軍人と民間人の自殺は、封建主義というよりは、英米を鬼畜視して死を美化する国体主義イデオロギーの結果である。国体主義が日本を支配している限り同様の悲劇は繰り返されることになる。[1]

清沢は「大宮島及テニヤン島の部隊は九月二十七日までに全員壮烈なる戦死を遂げたる旨、本日大本営より発表さる。小畑忠良中将も戦死。テニヤン在住の一万五千、大宮島五百の同胞も全部玉砕す」(ANp438) と記す。この事実を発表した情報局総裁の緒方竹虎自身は、「緒方君は個人としては、この玉砕主義に反対で、困ったことだと早稲田の教員連中を集めて話した由」(ANp439) と清沢は報じている。その玉砕を賛美して煽り立てる主役となったのは各新聞であった。「この悲劇に際し、各新聞、例により特輯す。『毎日新聞』は末次信正を出す。かれは戦争の転機近きにあるをいう。『読売』は鹿子木員信、匝瑳胤次（海軍少将）を出し、いずれも玉砕を讃美す。匝瑳少将は天正十一年賤ヶ岳合戦を引照して、現在が攻勢転移の戦機なりという。」（ANp439–440）。これらの対外硬論者こそが、無謀な戦争を引き起こして無惨な玉砕を生んだ責任者である。彼等の予言した戦争の転機など起こらずに、日本は亡国へ一直線であった。彼等は最初から最後まで無根拠の強硬論を主張して、人を殺し国を滅ぼした。

清沢は次のような『読売新聞』の「楠戦法七生魂」（ANp444）という記事を紹介している。「（ペリリュー島では）正攻法施設の強化はむろん進められると共にまた凡ゆる戦法が工夫された、水際に火の壁を張る戦法、人間魚雷、人間爆弾式戦法など楠戦法が次々と考案されその人柱たらんことをわれも〱と志願した。」（（）は引用者補足）。彼我の物量兵器の圧倒的な差によって対等な戦闘が不可能になり、「肉弾」という言葉が象徴するように生身の人間を兵器とする邪道な戦術が一般的になりつつあった。この絶望的な戦術が、国体主義者の偶像楠木正成[2]にちなんで楠戦法と呼ばれるのは、国体主義が原動力となったこの戦争を象徴するものである。

清沢は十月十七日の『中部日本新聞』の次のような記事を紹介している。「獣米抹殺の神機到来を思はせつつある秋、本社では海外同胞中央会と共同主催で『獣米抹殺大会』を十六日夕六時半から名古屋市公会堂で開催、定刻前から押し寄せた聴衆は入口階段に敷かれた憎悪の星条旗を各自踏みにじつて入場、海外同胞中央会理事長鈴木中将の挨拶、聖寿万歳ののちアメリカ国旗をひき破り講演に入り、元米国新世界朝日新聞主筆海老名一雄氏元米国南加大学教授中沢健氏は獣米の惨虐性に就て、元駐伊大使白鳥敏夫氏はユダヤ問題につき米の仮面をはぎ、これと共に獣米の正体を暴露した数十枚の幻燈写真を公開、場内を敵愾心の炎で包み『米鬼抹殺すべし』の誓ひも固く散会した。」（ANp454）

対外硬の白鳥が主賓になっているこの会合は、戦況が悪化するほどに日本人の民度が低下したことを示すような文章である。星条旗を踏みにじるような対外硬特有の児戯は、明治の福沢が批判していたように、相手の軽蔑を買うだけで自己満足以外に何の役にも立たない。清沢は次のように述懐する。「町に『殺せ、米鬼』という立看板がある。落下傘で下りたものを殺せというのだろう。日露戦争の頃の武士道はもうない。国民が、何等近代的な考え方も教わらず、旧い伝統も持っていないのを示すこと、近頃の街頭にしくものはない。」（ANp457）。明治初期の福沢に象徴される近代的文明精神を抑圧し、江戸時代まで受け継がれてきた真の伝統を、皇祖皇宗を崇拝する擬似宗教によってすり替えた国体主義教育の結果である。

敵の兵士の生命に対する蔑視は容易に自国の兵士の生命の軽視に転じる。当局や言論機関による特攻隊の美化や煽動に対して、清沢は強く批判的で次のように言う。

「神風特攻隊が、当局その他から大いに奨励されている。ガスリンを片方しか持って行かないのらしい。つまり、人生二十何年を『体当り』するために生きて来たわけだ。人命の粗末な使用振りも極まれり。しかも、こうして死んで行くのは立派な青年だけなのだ。」（ANp463）

このような人命の軽視は決して日本の本来の伝統ではない。確かに日本の歴史には自死を賛美する伝統はあるが、それは武士という特権階級に限られたもので、国民一般の生命を軽視するものではなかった。それは、自分自身が自死という最期を選んだ、旧時代の教育を受け、武士道の伝統を色濃く残していた乃木希典の場合に典型的である。彼は旅順要塞の攻略に当たって、数多くの部下の兵士を死なせてしまった。それでも、乃木には今次大戦の軍指導者における兵士の命を自由に処分できる資源と考えるような安易さは皆無である。彼は戦中も、戦後も死に至るまで、多くの兵士を死なせたことと、その家族に対する責任の重さを感じ続けた。

昭和における日本の人命の軽視は、国体主義思想支配の結果である。国体主義という擬似宗教においては、最も重要で神聖なものは国体であり、国民ではなく天皇でさえもない。それ故に国体主義者は、国体護持のため国民全体を犠牲にするような一億総特攻や総討ち死にを主張して、本土決戦を叫んだのであった。もし本土決戦が実行されていれば、沖縄の惨状を繰り返して国民にも連合軍にも莫大な犠牲を出していただろう。その結果、占領軍の政策においても、国民の感情からも、皇室の維持は困難になっていたであろう。どんなイデオロギーよりも、国体主義こそが皇室を存続の危機にさらした。国民の生命財産を重視するような思想は、卑俗な功利主義として国体主義者の軽蔑の的であった。このように他人の生命を「鴻毛よりも軽んずる」国体主義者も、自己の命に関しては功利主義者で[3]、敗戦で大義に殉じたものは殆どいなかった。特攻作戦を栄光化して若人を煽り立てた徳富蘇峰も平泉澄も長生きした。

三、空襲の本格化

(一) 東京空襲開始（昭和十九年末期）

昭和十九年十一月七日に清沢は、初めて東京上空にB29を目撃した。日米の機械力の差を理解している清沢さえも日本の飛行機の劣弱に驚き次のように述べる。「青空を飛行機一機、飛行雲を起しながら東南方に進む。小さな飛行機が、その後を追っているようだが、高度において距離において問題にあらず。僕は、それがどうしても敵機だとは思えなかった。この白昼、敵が帝都の上を堂々と通過するのである。それを我軍が、どうもすることができないのである。実は、そんなに我飛行機が劣弱なものであるとは思えなかった。『まさか、あんなのが敵機ではあるまい。僕は日本の防空陣を信用するから』と人に話した。皮肉では決してなかった。豈図らんや、それは、やはり敵機だったのだ。B29の四発機である。かれは帝都の模様を総べて、映写したであろう。国民は機械力が、どんなものであるかが、まだ分らないが、その内に分るであろう。」(ANp465–466)。これが、以降に本格化する東京空襲の序章であった。

　このように本格的空襲を目前にしても、次のように郊外都市の有力者達も一人をのぞいて日本の勝利を信じていた。「空襲警報下に講演。(中略)食事の時、青梅町の有力者列席。町長、医師、組合長、東京都訓練所長等である。その内の一人を除いて、『日本が絶対に勝つ』とて、少しも疑って居らぬようである。その論拠は、彼等の肉身(ママ)が一生懸命で働いているというにある。一人の若い人——四十四、五歳の人——は米国の工業力、戦争能力を理解し、日本がこれと対抗し得るかに疑問を有していた。」(ANp466)

　また、空襲に対する備えも次のような、自己満足の他には役に立たない防空訓練のみであった。「昨夜、十時過ぎに空襲訓練があった。起しに来たそうだが家ではとやも嫌だといって出でず、組長から叱られたそうだ。訓練というのはバケツを持って飛び歩くようなことで、疲労するだけだ。町には、どこにも道の脇に穴が掘ってある。そこに徒らに水がたまっている。それは待避壕なのだが、ただ爆風が避けられるだけのものだ。」(ANp476)

　敵の空襲に対する軍部の対抗策は、戦果の誇大宣伝ぐらいであった。清沢は言う、「陸軍の発表が出鱈目であることは左の数字でも分る。すなわち本土来襲のB29を百二十台撃墜破したというのである。家の瞭すらも『嘘ですね』といった。(中略)残骸が一つもないのはなぜであるか、これくらいのうのうと嘘をつく機関はない。命令をしつけているので、発表さえすれば、それで信用されると思っているらしい。」(ANp480)。これは宣伝やごまかしだけではない。客観的情勢を軽視して主観のみを重んじる対外硬主義の結果でもある。他を騙しているだけでなく自分も騙している。「必勝の信念」という言葉が示すように、そう思い込めばそのようになると信じる精神主義である。

　その攻撃的現れが特攻作戦である。自殺的攻撃という究極の闘志が、最大限の損害を与えると信じるのである。事実は、特攻機の多くが目標に到達する前に撃墜されていた。清沢は特攻隊の乱用に関して次のように批判する。

「精神主義高調の結果が、人命を以て物質の代理をするに至ったのである。しかも何人も注意するものもなく、民衆、気がつかず。」(ANp480)。蘇峰などが強調する精神主義が、究極的にはかけがえのない人間の命で、交換可能な物質の代用をする、人間の尊厳の冒涜であるという本質を突いている。

空襲が本格化するとともに、その被害の甚大さと政府の無策が明らかになった。清沢は言う、「今暁来の被害の多かったのに驚く。東洋経済の後方は火事で焼けた。日本橋の三越前方も然り。盲爆だ。この焼け出されたのに対し、政府は何事もできない。隣組で食料、衣服を取敢えず与え、後はいわゆる縁者疎開をさせるのだそうだ。隣組とても、しかし与えるべきものは、そんなにあるはずはない。そこで被害者は『身の不幸』として『お気の毒様』だけだ。」(ANp485–486)。空襲の脅威を正しく予見していた水野広徳[1]などの口を封じて、「米国の飛行機は、絶対に日本に打撃を与え得ない[2]」などと主張して自滅的な戦争に飛び込んだ、政府をはじめとする対外硬論者こそ、空襲による大被害の責任者である。

制空権を握った米軍にとって東京は安全な爆撃地帯であり、日本が出来るのは『読売新聞』の報じる次のようなことだけであった。「米機連日の来襲で、わが国民の米国に対する憤激がいやが上にも燃え立つている矢先き、横須賀翼壮では、憤激大会の最終日の来る十二月八日を期して、浦賀湾久里浜のペルリ上陸記念碑を撤去することを決定し、差し当りこの碑の前面に『天誅』と書いた大きな立札を立てることゝなつた◇その理由は嘉永六年六月五日の〝不逞漢〟ペルリ来到を以て米の対日侵略の〝第一鋒〟とし、彼の久里浜上陸こそは〝ユダヤ思想侵入の緒歩〟であり、〝今なお皇国民の一部に残存するところの米英ユダヤ思想〟を徹底的に駆逐根滅する〝禊はらひ〟としようといふのである」(ANp487)。日本人がどんなに憤激を表明しようと、ペリーを貶めようと、米軍の爆撃の阻止や被害の軽減に何の役にも立たない。精神主義で始めたこの戦争を象徴する逸話である。

空襲の激化とともに鬼畜米英の叫びが大きくなったが、清沢が失望したのは米国在住の経験のある日本人が本心ではないのにそれに唱和したことであった。清沢は言う、「日本人が良心的でないのは、どこに原因があるのだろうか。考えていることと、まるで反対のことをいうのである。丸山国雄君の『ペリー侵略史』もそうであり、伊藤道夫君の米人鬼畜呼わりもそうである。無論、また海老名一雄君がラジオや講演会で、米人惨虐説の宣伝もそうだ。僕の周囲で、これをやらないものはほとんどない。僕などが、沈黙を守っている唯一の存在だ。これは国家を最大絶対の存在と考え、その国策の線に沿うことが義務だという考え方、それとともにそうすることの方が利益だという利益主義からであろう。外国においては、そうした立場をとらない人々が少なくない。そのアチチュードを作ることが、今后の教育の任務だ。」(ANp488)。まさに権威や大勢に従うことのみを教え、独立自尊の精神を抑圧した教育勅語教育の結果である。

昭和十九年十二月の、自由主義者達による会合において清沢は、小泉信三が「全く右翼的になった」(ANp493)ことに驚き失望している。小泉は「戦争でどうなっても、米国の奴隷になるよりいい」と言い、清沢の「この戦争が今后二年も続いたらどうなるか」という問いには、「生活程度が低くなるだけで、戦争はやれる」と答えている。「小泉氏の如きは最も強靱なるリベラリストだ」と思っていた清沢は「僕は淋しくなった」と述べている。福沢を強く尊敬していた清沢は、その本拠地の慶應義塾の塾長で、福沢の後継者と目される小泉に自由主義者として期待と好意を寄せていただけに失望も大きかったのであろう。小泉の言葉は、反米的ではあるが国体主義の要素がないことは注目すべきである。

十二月十日には次のような記述がある、「今日、午后一時二十二分、国内をあげて、伊勢大神宮に必勝祈願をした。小磯首相の提唱で、かねてから、そういう演説をしていた。神風を吹かせるようにというのである。二十世紀中期の科学戦を指導する日本の首相は神風をまき起す祈願を真面目にやる人なのである。ラジオ、また新聞は、毎日、毎日、特別攻撃隊のことを書き、放送している。体当り精神と事実との表彰、鼓吹である。」(ANp496)。近代的な総力戦の最中に、日本が出来ることは伊勢神宮での必勝祈願と、特別攻撃隊の濫発だけであった。共に国体主義思想に基づくものである。

さらに空襲による被害の拡大とともに、「この人のお守りを持っていると悪の神の米国の爆弾は決して当らない。そこで海軍軍人などで、大金を投じて、そのお守りを貰う者が沢山あるとのことだ。そういう予言者みたいなことをいう者が沢山ある。ユダヤ禍主義者も、それ等の一人だ。大本教の予言が当ったとかで、信者がまた増えたそうだ」(ANp499)と、迷信がはびこるようになった。これも、天佑神助を信じる国体主義教育による客観的理性の抑圧の結果である。

典型的な対外硬の海軍軍人で、近衛と親しく引き立てられて、戦時中も要職にあった末次信正の死について、清沢は次のように記している。「末次信正海軍大将死すとの報あり。かれは日米戦争論者の巨頭である。かれは米国の飛行機は、絶対に日本に打撃を与え得ないといっていた。かつて、かれは、リンドバーグが北海道に落ちたのは、かくて北方をスパイせんとするのだともいった。徳富と末次だけに対しては、この戦争が、日本にどういう結果を齎らかすという事実を見せてやりたかった。国民の喝采裡に死なすのは、ある意味で惜しい。新聞を見て僕は『惜しい』と自語した。」（ANp505–506）。生きてその責任をとらせるために、その死を惜しむほどに、清沢は末次の戦争責任を重大と考えていた。

(二) 絶望的戦況（昭和二十年）

戦争の終結も予想される昭和二十年の初頭に、清沢は、「日本国民は、今、初めて『戦争』を経験している。戦争は文化の母[1]だとか、『百年戦争』だとかいって戦争を讃美してきたのは長いことだった。僕が迫害されたのは『反戦主義』だという理由からであった。戦争は、そんなに遊山に行くようなものなのか。それを今、彼等は味っているのだ。だが、それでも彼等が、ほんとに戦争に懲りるかどうかは疑問だ。結果はむしろ反対なのではないかと思う。彼等は第一、戦争は不可避なものだと考えている。第二に彼等は戦争の英雄的であることに酔う。第三に彼等に国際的知識がない。知識の欠乏は驚くべきものがある」（ANp509）と、悲観的であった。しかし、彼が挙げている理由は、日本国民本来のものというよりは、国体主義教育によって育まれたものであった。それ故に、教育が正反対の方向に変われば、戦争に対する態度も変化することになる。

どんなに空襲が激化しても、日本はまだ戦場での勝利で戦局を転換することに望みを託していた。『朝日新聞』の「比島戦局まさに危急」（ANp510）と題する次のような記事は典型的である。

「……最後に物量に依存する敵は惜しげもなく物量を犠牲にするが、限りある兵員の損害は常に最小限度に止めようとしてゐる、レイテ島には既に十数万、ミンドロに一個師さらにマックアーサーの手持兵力は二十五万とも称されてゐる、山下大将のいふ如く比島の戦場は広大であり、こゝに敵が大兵力を展開し来る時においてはわが精鋭が野戦において米陸上軍と本格的に遭遇する最初の機会であり、敵兵大量殺戮の絶好の戦機が到来する、米国民大衆から成る陸兵の大量喪失は国内の輿論に大なる反響を投じてその継戦意志の根抵に破局的脅威を与へることは必至である、」

これは対外硬特有の敵を軽視する主観的希望に過ぎず、機械力に優れた米軍に大量殺戮されたのは日本軍の精鋭であった。その主観的態度は空襲に関しても同じであった。『朝日新聞』の「B29の葬列」（ANp510）という記事では、「五百五十機を叩き潰す　搭乗員も四千以上は道連れ」とその戦果を誇大に報じて、「その上米国式戦争観念から国民の恐死、厭死が募り厭戦気分に浮足たつのを懸念してアーノルドをはじめルメー第二十爆撃隊ハンセル第二十一爆撃隊両司令官などのわが本土空襲の首魁どもは苦虫を噛みつぶしてB29の損害をひた匿しに秘してゐるのである」などと論じていた。対外硬論者は、戦争による大損害で米国に厭戦気分が起こり、そこから破綻するという考えで戦争を始めて、これほど戦況が悪化しても同じ希望にしがみつき、本土決戦論までも続くことになる。主観主義の彼等は、客観的経験に学ぶことは出来ずに、破滅するまで同じ主張を繰り返す。

そのような論者の代表が蘇峰であった。清沢は「一億英雄たれ」（ANp511）という『毎日新聞』掲載の彼の文章を紹介している。「……昭和十九年の晩春であつたと憶ゆ。最近死亡したる内閣顧問隈氏来りて、頻りに時事を語り、余に向つて前途の見透しを問うた。余曰く『これまで我等言論人も声を限りに叫び来つた。しかも微力にして寸効なし。この上は何れ遠からず帝都の真中に敵の爆弾が落下するであらうから、その時を待つのほかあるまい』と。彼も頗る悟るところあるが如く首肯した。かくて主客嗟歎して相別れた。しかるに今や半ヶ年余を距てゝそれが実現せられた。我等も亦皇民の一人である。敵の爆弾を歓迎すべき理由はない。しかし来るものは来た。これを好機とし、これを好潮合とし、これを一大転機として、我が一億皇民の心構へを一回転せずんば、将何れの時を期すべきぞ。」

これに関して清沢は次のように述べる。「その意は日本人が覚醒しないから、『帝都の真中に敵弾を落して覚醒せしめる外はない』といった意味と解せられる。斯くの如き無責任な言があろうか。徳富は戦争開始の責任者でありながら、その罪を国民にきせているのである。」（ANp512）。対米主戦論で東京空襲をもたらした蘇峰が、自覚なき国民に責任を転嫁している。徹底的に無責任なことも対外硬派の特徴である。[2]

杉山陸軍大臣の議会における報告でも、米国は大損害を受けているがそれを隠蔽しようとしているとして、「如何なる無理を冒しても比島決戦に勝利を占めんと焦つてをり」などと典型的な対外硬の思考を表明して、次のように述べる。「この秋に当り宿敵を撃滅しその戦意を破砕するの途は正に特攻隊の体当り精神なりと存ずる、即ち至誠一貫尽忠に徹し胸中一片の私心なく念頭一点の私慾なく偏へに醜の御楯となつて敵に体当りを決行するところ必ずや必勝の大道は拓かるべしと確信する、真に我が特攻隊の体当りこそは三千年の光輝あるわが国体の精神であり、一億憤激の凝結であり、皇軍にして初めてみられる世界における最強にして唯一のものであると存ずる、我が陸軍は上下鉄石団結の下海軍と渾然一体となり前線たると後方たるとを問はず全将兵悉く特攻隊または斬込挺進隊の精神を体現実行して誓つて宿敵を撃滅し宸襟を安んじ奉らんことを固く期してゐる」（ANp513）

敵を破るのには特攻精神のみである、特攻隊の体当たりこそは「国体の精神」であると述べて、人命を軽視する特攻作戦の根拠が国体主義にあることを明確にしている。特攻や斬込挺進隊などの自殺的戦法以外に、もはや日本には有効な武器も戦術もなくなったことを示すものである。『読売新聞』に掲載された、米軍の上陸を迎えたフィリピンの戦況がそれを物語っていた。「……敵上陸軍を邀へ撃つわが地上部隊は果敢なる肉薄攻撃を敢行して激闘を交へてをり航空部隊また特攻隊を始め全機特攻隊となつてリンガエン湾に群がる敵艦艇に凄絶なる体当りを行つてゐる、十二日サンフアビアン、リンガエン間の海岸に敵上陸用舟艇二十隻以上が擱坐炎上してゐるのが望見された、また献上陸軍はわが精鋭の夜間における果敢なる挺身斬込みを極度に恐れて多数の猟犬を伴つて来てゐる、更にレイテ、ミンドロの敵航空兵力は逐次増加しレイテ島には現在四百機内外、ミンドロ島のサンホセ飛行場には百機内外が進出してゐるものと思はれる」（ANp520）。これについて清沢は「敵は、我が切込み隊に対し猟犬を備えているそうだ。我が特攻挺身隊は、犬と戦うためなのだ！」と嘆いている。近代文明を敵視して、米英人を獣と呼ぶ国体主義者の頭山や蘇峰を思想的指導者として戴く日本は、結局は自国民が獣のように戦うことになった。

(三) 伊勢神宮空襲（昭和二十年一月）

昭和二十年一月十四日に、皇祖天照大神を祀る伊勢神宮の一部が米軍の空襲で損害を受けた。清沢は「今朝の新聞で、伊勢の大神宮の豊受大神宮が敵機のために被害を受けたということを知る。新聞はそれをデカデカに書いた。大本営発表も然り」（ANp521）と報じて、次のような『朝日新聞』の報道を紹介している。「米、鬼畜の本性現わす」「醜弾伊勢の神域を汚す」「この暴挙断じて許さじ」。それから名家の憤慨談を掲載。十六日の記述でも、「今朝の新聞は十四日の伊勢大神宮空襲の論説で一杯だ。論説、記事、批評等。無論、当局者の指導によることはいうまでもない」と述べる。各新聞の論説の標題は、「驕敵の暴虐蛮行遂に極る（『読売』）」、「敵の意図炳然（『毎日』）」、「神威の顕現（『朝日』）」などである。

清沢は、その代表的な次のような『読売』の論説を引用している。「昭和二十年一月十四日十九時二十分の大本営発表が、一億国民に与へた衝撃は、大東亜戦争勃発以来、最も深刻なるものであつた。否、三千年来、いづれの時代の国民も、かつて味はつたことがなく、且つ夢想したこともない大衝撃であつた。それは、極みなき恐懼であり、限りなき痛憤である。日本国民は、今さらの如く、敵米の鬼畜の如き本性に直面した。暴戻、蛮行、留るところを知らぬ不逞の戦意を正視した。米国の『常識』に対し、一縷の限界を抱いた者も、今こそ、米国とは何ぞやといふことに、疑ひを抱く者はなくなつたのだ。米人の『人道』的仮面に、多少の幻影を描いた者も、今こそ、米人とは何ものぞといふことを論断するに躊躇する者はなくなつたのだ。(中略)敵が、わが国体の尊厳と、国民の信仰とに加へんとする侮辱と暴戻とが、いかなるものであるかは、この蛮行によつて、明確に、端的に、摑みとることが出来るのである。」(ANp522)

清沢は次のように続けている。「右の論説に初まって新聞は『不倶戴天、暴敵を滅さん』『神域冒瀆に一億の怒り爆発』とか『畜生今に見ろ』とか、紙面の半分以上をこれに宛てている。この挙を戦意昂揚に使っていることは明らかだ。『読売』には伊勢大廟の前に民衆が土に平伏している写真をかかげている。『朝日』は黒ぬき文字で『米鬼鏖殺のみ』と、米人の野蛮振りを書き、また例によって徳富蘇峰を持ち出して談話をさせている。題して『人には人の道あり、敵は人にあらず』と。蘇峰は自分を責める代りに、当局者を責めているようだ。問題は当局が目がけるように国民が、心から奮激しているかどうかだ。そこいらの妻君や、普通人に聞く。『工場の方が大切ではありませんか』といったことを話している由。」(ANp523)

各新聞は、戦争勃発以後、三千年以来の大衝撃と述べて、米国が鬼畜の本性を現したと口を極めてののしっている。伊勢神宮の空襲で国体の尊厳に侮辱を加えたとする、国民宗教の中枢への攻撃として、米軍による民間人への無差別爆撃にも見られないような逆上ぶりを示している。コーランを冒涜されたイスラム教の狂信者のような反応は、日本が国体主義による一種の宗教国家となったことを示すものである。これは決して日本の本来の伝統ではない。教育勅語により皇祖皇宗を神格化して崇拝を強制する、国家権力によって作られた宗教に過ぎない。興奮しているのは政府当局と新聞や蘇峰のような宣伝機関のみである。一般人はむしろ平静で、工場の方が大切であると理性的な反応を示している。国体主義信仰の本質が、上から課せられた擬似宗教であることを示す。それ故に権力の強制がなくなった[1]戦後には、敗戦という重大な試練においても、長い歴史と伝統が培った国民の天皇への敬愛は持続したのに、明治期に捏造された皇祖皇宗を神体とする国体主義という宗教には無関心になった。戦後においては、皇祖皇宗などを振りかざして自己の主張を正当化しようとするような論法は後を絶った。それでも、絶対的権威を持ち出して論争相手を慴伏させようとするような態度は戦後にも長く残っている。

清沢は一月二十二日に『朝日新聞』に掲載された「国難へ天佑の御加護」(ANp525)という神宮皇學館大学教授の論文を紹介している。「而も我が国民は深く天佑を信じて来たのである。天佑とは国家非常時に於ける天照大御神の御護り助けに他ならない。元寇の国難に際して天佑の現はれた事は周知の通りであるが、神武天皇の御東征の砌にも、日本武尊の東西御平定の際にも、常に天佑が現はれた事を国典は明記してゐる。否、大東亜戦争に於ても、如何に度々天佑が報ぜられたことか。畏くも宣戦の大詔には、『天佑ヲ保有シ万世一系ノ皇祚ヲ践メル大日本帝国天皇』と仰せられてゐる。又『皇祖皇宗ノ神霊上ニ在リ』とも仰せられてゐる。畏くも皇祚の根源にましまし、天佑を降し給ふのが、天照大御神にましますのである。挙国至上の尊崇を内宮に捧げ……」。この天佑への信仰が国体主義宗教の根本である。

日本は天佑を信じ無謀な戦争に踏み切った。開戦前に海軍の統帥部の長として「開戦止む無し」と強硬論を主張していた永野修身は、ミッドウェイ敗戦後の昭和十七年十一月には戦争に悲観的な見解を示し、次のように開戦を悔やむ弱音を吐いている。「洵にえらいところへ這入ったものなり。空に天佑を頼むは宜しからず」[2]。戦前の彼の強気の言葉が、軍事専門家としての戦力の客観的な分析の結果ではなく、天佑頼みであったことを告白している。そして日本は、天佑を空頼みし続けて全面的亡国の縁まで行った。今次の戦争は国体主義によって戦われた一種の宗教戦争でもあった。日本の惨めな大敗北は天佑神助の無力を明白に示した。戦後に国体主義が力を失ったのは当然である[3]。

㈣ 国体主義への反感の芽生え

清沢は戦況悪化とともに進む政府の人命軽視に次のように怒りを表明している。「南方からガスリンが来ぬので、いわゆる挺身隊を出して、大して防護なしに送ってくるのだそうだ。十隻の内二隻でも三隻でも来れば儲けものとして、まるで人間を死地に投げ込むものだ。これはいかなる外国の国民も許され ぬ乱暴さだ。挺身隊の如きも外国なら決して許さぬが、日本（引用者註、外国か？）では、父兄がまず騒いでいる。大臣の演説も、新聞の論文も近頃は『決死的』という代りに『挺身隊魂』とか『挺身隊精神』といった文字で表現されている。」（ANp527–528）

挺身隊や特攻隊のような人命軽視に全ての国民が同意していたわけではない。清沢は次のような『読売新聞』の記事を紹介している。

「技術院総裁八木秀次博士、議会で答弁していった。『最近必死必中ということがいわれるけれども、必死でなくて必中であるという兵器を生み出すことが、われわれかねがねの念願なのであるが、これが充分に活躍する前に、戦局は必死必中のあの神風特攻隊の出動を待たねばならなくなったことは、技術当局として誠に慚愧にたえず、申し訳ないことと考えている』

この答弁は、非常な感激を議場で生んだ。泣いているものもあったという。」(ANp528)

国民の総てが国体主義者の蘇峰のように、特攻隊を栄光化して賛美していたわけではなかった。科学者の八木は特攻隊を出すような事態を明らかに屈辱と考えて、深い慚愧(ざんき)の念を表明している。国会議員の中にも八木の意見に同感し感激するものが少なくなかった。

清沢は次のようにコメントしている。「これは、封建的なる愛国観(死ぬことを高調する道徳)に対するインテリの反撥の発露だ。誰かがいってくれたらいいと考えていたところだ。それを八木博士がいったのだ。」(ANp528)。死ぬことを賛美する道徳は、清沢が言う封建的というよりも国体主義の道徳である。国体主義者が楠木正成や西郷隆盛を偶像視するのは、彼等が大義のために死んだからである。

この八木の演説と議会での反応は次のように清沢に希望を与えた。「日本人は、いって聞かせさえすれば分る国民ではないのだろうか。正しい方に自然につく素質を持っているのではなかろうか。正しい方に赴くことの恐さから、官僚は耳をふさぐことばかり考えているのではなかろうか。したがって言論自由が行われれば日本はよくなるのではないか。来るべき秩序においては、言論自由だけは確保しなくてはならぬ。」(ANp529)。国民が正しい方に行くことを恐れて、自由な言論を圧殺して、国民の目と耳を教育と権力で歪めさせた官僚の代表が井上毅である。彼の「人心教導意見」や教育勅語はまさにそのような役割を果たした[1]。

『読売新聞』に八木の演説に触発された「科学技術者を支持せよ」(ANp530)という次のような文章が掲載された。「特別攻撃隊の活躍は、固より吾が国独自の尽忠の精神の結晶であるが、それはまた他面日本の科学技術が戦力として最高度に発揮されてゐない事実を表現するものである。特別攻撃隊が相次いで出撃するところから、動もすれば、必死必中といふ悲壮極まりない言葉を気軽に口にする風潮さへ見られるのは誠に苦々しい現象である。八木技術院総裁は、政治家には期待出来ぬ率直な態度で決戦兵器出現の前に特別攻撃隊を生まざるを得なかつたことを詫びて国民に深い感銘を与へた。勿論吾が科学陣の立ち遅れは、ひとり科学者及び技術者のみの責任でなく、寧ろ長年に亘る科学軽視の支配的傾向、科学技術を以て日本の精神に反するかの如く取扱つて来た指導者達の態度こそ、この際大いに反省せらるべきものであらう。」。言論界を国体主義者が支配していたが、それに対する反発も広がっていた。

支配層に対する反発は一般にも広まっていった。清沢は次のように報じている。「普通人の中にも、軍人に対する反感がようやく出てきているとのことで、七十何歳の老婦人が『政治家が、何で軍人を押えないんでしょう』といっていた由。ある友人は、米国の雑誌を見て『早くチョコレートが食いたい、片がついたらいいね』と話したと。」（ANp531）。しかし、このような軍部や国体主義への反感は芽生えに止まり、戦争中には表面化する事はなかった。そして戦後になってそれが爆発的に現れることになった。それは占領軍による解放という形をとった。外国の占領軍という他者の力によって、軍隊そのものが解体されて、教育の現場から教育勅語をはじめとする国体主義思想が一掃された。

このように近代日本の病根の削除が、日本人自身ではなく占領軍という勝利者によって軍事力を背景に実現された事は、日本人の歴史認識に関して問題を残した。自力による病気の原因の解明と治療ではなく、他力による解放であったので、歴史の反省が日本の過去の一方的な断罪となった。日本人は近代の歴史を、戦争の勝者であった他者の目で見るようになり、明治時代には健全で賢明でもあった日本が、昭和になって、何故あのような愚劣な状態に陥ったのか、ということが正しく思い出せなくなった。(2)

四、本土決戦か終戦か

(一) 戦況のさらなる悪化と国体主義（一億総討ち死に）

昭和二十年二月になると、欧州では赤軍がベルリンに迫り、太平洋方面での米軍殲滅を豪語したフィリピンでは、日本軍は強力な兵器を持つ米軍に対抗できずに逃げ回っていた。清沢は言う。「米軍の使用する大砲はロケット砲も使用して居り、日本軍は手も足も出ない状態だそうだ。日本軍は、まだ主力戦に出て居らぬ。米国辺ではミステリアスだといっているそうだが、時期を狙っているのか、それとも武器の相違で、反撃すらもできない状態なのか。」（ANp536）。これが蘇峰が主張する精神力を以て物質力に対抗する戦争の実態であった。

一方国内では、以前から対外硬派が主張していたペリーの上陸記念碑の撤去と、「撤去跡には徳富蘇峰翁揮毫にかゝる護国精神振起の碑が建設される」（ANp537）のが決定された。文明主義をもたらした日本開国の意義を国体主義の攘夷派が否定した今回の戦争を象徴する出来事である。(1) この時期、蘇峰は皇道派の海軍大将山本英輔や反ユダヤ主義の四王天延孝などの札付きの国体主義者達と、十項目の緊急国策の断行を首相に陳情していた。一億総討ち死にの決意とか、根こそぎ動員、学校の停止などの精神主義的で実効性のない項目のみで、結局は日本の集団自殺の主張に帰結する。

昭和二十年の紀元節に各新聞に掲載された「神武東征を燈明台に　悠久不測の大義に生きよ」（ANp542）という蘇峰の談話はその思想を典型的に示すものである。

「茲に紀元二千六百五年の佳節を迎えるに際して我等は更めてわが一億同胞と共に一大決心をここに告白する

第一我等はわが大東亜聖戦の最後の勝利を確信するものである

第二は最後の勝利を獲得するの要はこの必勝の信念を堅持して敢てかはることなきにあり

第三は如何なる困難苦痛をもそのためには絶対的に辛抱するにある

第四急がず焦らず憂へず恐れず、徹底的に頑張り通すにある

第五悠久不滅なるわが皇国の歴史を尊奉してその指導に絶対的に服従するにあり」

自分は勝利を確信する、それを得るのは必勝の信念によるもので、そのためにはどんな困難も辛抱してがんばるべきという、徹底的に主観的な精神主義であり、その根拠となるのが最後の項目の国体への信仰である。

蘇峰は次のように続ける。

「わかり切つたことであるが必勝といふことは必勝の信念から出て来るものである、戦ひは最後に負けたと思つたものが必ず負けるもので必ず勝つことを確信するものが勝つものである、もとより必ず勝つと確信しても負けることもあり不利のこともある、しかしながら必ず勝つといふ信念を変へないものが必ず勝ち得るのである

所謂敗戦論者は兎角敵の強味をいふものである」

これは東条や辻政信とも同一の、典型的な対外硬の信念である。

必勝の信念こそが最終の勝利をもたらすと信じる、主観的な対外硬の精神が支配する組織や社会においては、武器の重要性や敵の戦力の客観的評価は軽視される。そして、敵を過小評価して、自軍の戦力を最大限に見積もる強気一点張りのノモンハンの辻政信や、インパール作戦の牟田口廉也のような人間が常に主導権を握ることになる。敵国の戦力や状況の困難さを考慮して慎重論を唱えたり、自国の力量を疑うような人間は、臆病者の敗北主義者として排斥される[2]。現実の戦場においては、敵の戦車軍団に銃剣突撃を命じるような戦闘形態をとることになる。当然導かれる敗北においても、原因は無謀な作戦ではなく、現場の指揮官や兵士達の戦意不足に帰せられる。

対外硬論者に徹底的に欠如しているのが、「敵を知り己を知る」という戦争における最も根本的な教訓であった。敵と己の長所と短所を出来るだけ客観的に正確に認識して、敵の長所を避け己の短所を庇うのが、洋の東西、古今

を問わない戦争の鉄則である。日本のみは、この戦争を律する普遍的な法則に縛られないと考えているかのように、日本軍は己の強みだけを頼り敵の弱点のみを見て、事実や経験に学ぶことなく、無謀な作戦を破滅するまで繰り返した。万国に卓越する日本などという主観的な国体主義が、根拠のない驕慢な精神を育み他国への蔑視を生み、盲目的対外硬主義を生んだ根本原因である。

蘇峰の次のような米国観はその典型である。「我等の見るところでは敵アメリカはすでに人的資源において底をついてゐる、彼等の兵站線路の延びれば延びるほど彼等の足腰は弱くなつて行く（中略）今日アメリカが眉毛に火がつく如く焦りに焦つて一気呵成に決戦を我等に挑み来つたのは彼等が自ら久しきを持することが出来ないことを暴露したる証拠であつて、苟くもわれ頑張りさへすれば彼等はやがては自ら潰崩して恰も北越地方の雪が陽春五月の頃に至れば解け去つて跡なきと同様であることは我等の断じて疑ひを容れざるところである」（ANp542）。以前に紹介した米国に関する東条の談話と同一の、客観的事実の裏付けのない、全くの主観的な希望的観測に過ぎない。蘇峰が戦後になっても強く東条を擁護したのは、対外硬主義者として完全に思想が一致していたからである。

紀元節の発言の最後に、蘇峰は皇国悠久の歴史の意義を強調し、この戦争の手本として神武天皇の東征を持ち出している。前記の愚劣な蘇峰の言葉の根拠となるものが、まさに国体主義の信仰であることを示すものである。国体主義が日本人から客観的視点を奪い、蘇峰を現実の見えない痴呆にした。明治の政治家・軍人や思想家は、日清日露の戦争において同時代の客観的現実に生きて、決して皇祖神武天皇などを持ち出すことはなかった。[3]「悠久の大義に生きる」という言葉は、特攻隊員を死地に赴かせるために乱用された。それらの言葉を愛用した蘇峰等の国体主義者達は殆ど全てが戦後に生き延びた。

国体主義が如何に日本人の精神を呪縛しているかは、清沢が批判的に紹介している、次のような明治の代表的軍人児玉源太郎の息子である、児玉秀雄新文相の呆れるほどに内容空疎な言葉に明白である。「学術文化の飛躍的発展を図り、国民精神を振作昂揚して国民道義を保持確立し国民生活の上に国体の本義を具顕し、前線銃後に身命を惜しまず皇運を扶翼し奉り、御稜威の下肇国の大精神を世界に光被して天業恢弘を翼賛し奉るべき国民の錬成は凡て文教の伸張適正に俟つものと信ずる、今や曠古の危局に当り一億国民身を挺し前線将兵の心を心として悠久なるわが国体を護持し、皇国三千年の歴史に培はれたる伝統の日本精神を振起してこれを日々居常に具顕し敵の物量を覆滅し敵の野望を破摧するまでは万事をあげて驕敵撃滅の一途に邁往すべき秋である、」（ANp544）

二月十九日に硫黄島に敵が上陸し事態はいよいよ切迫した。清沢は、「各紙は一斉に敵の対日処分案なるものを発表す。今までは全然伏せていた皇室の事――国体変革の企図が敵にあることをも書いている。これはかなり思い切った処置である。この反響は如何」(ANp552)と述べているが、『毎日新聞』の「敵の痴夢　日本処理案　暴戻・わが国体の破壊を意図　国民も徹底奴隷化」(ANp552)という記事は次のようなものである。ドイツに対する米英の過酷な条件を見る時に、彼等が野蛮視する日本に対してはそれ以上になることが予想されたとして、大体において戦後の占領政策で実現された戦後処分案を紹介して、「大体以上の如くであるが、これは明らかに武力によつてわが国から主権と独立を強引に剝奪しその上でいはゆる民主的再教育を押しつけてわが国民を精神的にも徹底的に奴隷化せんとするものである、しかも彼等はわれら日本国民として絶対に許せず我慢出来ない国体の尊厳についてもあらゆる冒瀆的言辞を弄するのみか三千年来不可侵の国体を敢て破壊蹂躙せんとする意図を露骨に表明してゐるのだ、即ち彼等はわれらの生命の根源に対してすら根本的な打撃を加へんとしてゐるのである、かくの如き不逞極まる野望を押しつけんとするこの戦争は絶対に和平なき戦ひたることを銘肝すべきである」(ANp553–554)。このように国体破壊の意図に対して最も強く反発して徹底抗戦を主張している。

『中部日本新聞』も同様で、「残虐無道　対日処分案　不逞、神州抹殺を標榜　日清役以前に戻し搾取」(ANp554)と、国体変革に強く反発している。政府当局や言論機関にとって、国民の生命財産や国家の独立よりも、国体が貴重なものとなっている。戦時中の日本は国体を神格化崇拝して、そのために全てを犠牲にする宗教国家となっている。これは日本本来の伝統などではない。教育勅語によって作られ権力によって強制された擬似宗教に過ぎない。それ故に戦後、教育勅語とその崇拝儀式がなくなれば、憑きものが落ちたようになった。自分でも何故あのような馬鹿なことをしたのか、原因が分からなくなった。日本を神州などと呼ぶこと自体が、独善的な国体主義に毒された国家観を示している。

戦況悪化で政府に十箇条の建白をした蘇峰が、今度は『毎日新聞』紙上で社会に訴えている文章を、清沢は紹介している。その内容は神武の東征と維新の大業の精神に帰り国家の命令権力を強めることを主張するもので、国体主義と独裁主義の混合である。その中で米英の対日処分案に関して、ドイツに対するものよりも過酷であり、「日本三千年来の国体を根底より破壊し、日本国をペルリ来航時代の日本国に復元せんとするものであつて、しかも精神的には日本精神を払拭し去り、全くアングロサクソンの物質的にも精神的にも奴隷化せしむることを企図したもの」

（ANp557）であると主張していることは注目に値する。三千年来の国体を破壊した結果が、三千年前の日本になるのではなく、ペリー来航以前の日本に戻るに過ぎないということは、国体主義なるものが、実は明治以降に「発明された宗教」に過ぎないことを自白するものである。

これに続けて蘇峰は、米英の対日条件が、ローマがカルタゴに強要したものよりも非道であると主張して、ルーズベルトやグルーは、日本国と日本人の抹殺を意図していると虚偽の主張で敵意を煽っている。さらに、敵の本土上陸が予想されるほどに戦況が悪化しているのに、国民と国指導層が危機に目覚めていないと述べて、青年達を社会各方面に活用せよと主張する。特攻隊は日本の名誉だけでなく世界に向けての誇りとなっていると、特攻作戦を賛美して青年達を死に向けて煽動している。

(二)　東京大空襲と本土決戦

空襲の激化とともに被害も拡大し、罹災者の悲惨も増大していったが、国家は空襲の防衛にも被害者の救援にも無力であった。清沢は次のように証言する。「東洋経済に赴くと、野沢君が入口に居って、『とても大変です。焼け跡から、焼け残った布団をとり出して居ったり、ふるえながら灰を眺めたりしているところを見ると、ほんとに悲惨です。戦争とはいうものの犠牲が大きすぎます』といった。誰に対していうともなく、かれは嘆ずるようにいうのである。（中略）神保町通りは焼けていず、買った本を受取った。折しもの雪で、都電が動かず、それが悲惨感を激化している。たまに荷物を積んで運んでいるものもあるが。今やその車すらもないのである。しかも国家はほとんど何等の救助を被害者に与えることができぬ。」（ANp560–561）

このような事態を招くのに最も責任のある軍人は、反省などせずに強硬論を説き続けた。清沢は「朝のラジオは相変らず軍人だ。今朝は中井良太郎という中将で、米国は鬼畜であるとて平和熱を極力攻撃して一億玉砕を高調」（ANp561）していると報じる。また石橋湛山の話として、仙台に新たに赴任した軍司令官は、「有力者を集めて演説をした。かれは敵が上陸してくれば自信がある。第一は敵の補給線が伸びている事。第二には、いよいよ陸軍の得意の作戦に出られる。比島や硫黄島などでは狭くて力が出ないが、内地では充分やれるといった由。皆なあきれた由だが、彼等は、ほんとに、焦土を考えているのである。」（ANp563）と記している。

その間にも、焦土はますますその範囲を広げていた。三月十一日に清沢は、東京大空襲の惨状を直接に目撃する。その被害の大きさは、それまでも空襲を経験していた彼にとっても衝撃的なものであった。「見るにたえないのは、老婦人や病人などが、他にささえられながら、どこかに行くものが多いことだ。燃え残った夜具を片手に持っている者、やけただれたバケツを提げる者。それが銀座通りをトボトボと歩いて行く。彼等の目はいずれも真赤になっている。煙と炎の故であろう。板橋君に逢うと石橋家が丸焼けになって、奥さんが『東洋経済』に行っているという。昨夜、石橋君は鎌倉に行き、奥さんと女中だけが罹災。全然何にも出さず。丸焼けだとのことだ。この戦争反対者は先には和彦君を失い、今は家を焼く。何たる犠牲。浅草、本所、深川はほとんど焼けてしまったそうだ。しかも烈風のため、ある者は水に入って溺死し、ある者は防空壕で煙にあおられて死に、死骸が道にゴロゴロしているとのこと。惨状まことに見るにたえぬものあり。」(ANp565–566)。爆撃の被災者はどんな自然災害によるものよりも悲惨な状況に捨て置かれた。排外主義の災いは、どんな自然の大災害よりも恐ろしいと述べた明治の福沢の予言を思い出させる[1]。

この大被害への政府の対応は次のようなものである。「国家は、これに対しほとんど何もできぬ。晩に衣食寝具を供出してくれと隣組からいってきた。それにしても、これが戦争か？　小磯首相は罹災者に対し『必勝の信念』を説いて、敵の盲爆を攻撃した。宮内省の主馬寮が焼けたことばかり恐縮している」(ANp566)、そして清沢は、「田舎では、まだバケツで防空練習をしている。そんなものでないことが、東京の実情を見れば直ぐ分らねばならぬはずだが、知識の伝播力は遅い。東京の焼跡を見れば、また敵は機械力によって爆撃していることが分る。従って、今までやっている燈火の極端な管制——たとえば煙草の火一つをも怒鳴りまわしている流儀が馬鹿々々しいことが分るはずだ」(ANp567)と批判する。首相は必勝の信念を説き、機械式の空襲にはバケツリレーで対応しようとする。これが蘇峰が主張する、精神力で物質力に対抗するということである。

陸軍記念日（日露戦争の奉天会戦勝利の日）における、杉山陸相の次のような言葉を清沢は紹介している。

「惟ふに戦局愈々重大にして早期終戦を焦慮する敵は愈々進攻の速度を急ぎ且つその手段を選ばざるを想はしむ、或は曩に神域を冒しまた宮城を瀆すの暴挙を敢てす、洵に恐懼憤激に堪へず、或は我国体の変革を夢みて帝国の根本的崩解を放言するが如きその不逞天人共に断じて許し難きところなり

最近の戦局推移を察するに敵が皇土侵冦を企図しあること火を睹るより明かなり軍は

大元帥陛下親率の下多年の伝統と精髄とを発揮して神州を護持し国体を擁護する秋正に到れりと謂ふべし、全陸軍将兵深く思ひを此に致し外地に在りと皇土に在りとを問はず随処に敵の野望を撃摧し以て天壌無窮の皇運を扶

翼し奉らざるべからず、凡そ戦勝獲得の根基は至誠純忠烈々たる闘魂と必勝の戦意とに存す、全陸軍将兵宜しく挙げて特攻精神の権化となり衆心一致愈々軍人精神を昂揚し精魂を尽して敵を徹底的に撃滅せんことを期すべし」（ANp566–567）

杉山の言葉は当時の陸軍の思考形態をよく示している。例によって戦局が不利になるほど、敵は焦慮していると主張し、その言語は天壌無窮の皇運などという教育勅語由来の国体主義の精神に満ちており、勝利の根本は必勝の戦意にあるとする主観的対外硬主義である。日本陸軍というものが国土と人民を守るよりも、神州護持などと国体を守ることを優先する一種の信仰集団になってしまったことを示している。陸軍記念日の基となった奉天の戦場に勝利した陸軍の司令官大山巌は、鹿鳴館の名花と謳われた妻捨松を支えた文明主義の「西洋書生」であった。その指揮下の軍隊も皇道宣布や国体護持のために戦ったのではない。明治の日本は自国を神州と言わず、自軍を皇軍、敵を醜虜などと呼ぶことはなかった。国体主義の毒が国と軍を堕落させ、蒙昧状態に陥れた。

清沢は、「科学の力、合理的心構えが必要なことを、空襲が教えるにかかわらず、新聞やラジオは、依然として観念的日本主義者の御説教に満ちる。この国民は、ついに救済する道なきか」（ANp572）と、日本人が空襲の教訓を少しも学び得ないことを嘆いている。そのような観念的日本主義者の代表、前年死去した頭山満の片腕と言われた葛生能久らが、「大東亜戦必勝の具体策につき請願の手続き」（ANp572）を執り、その骨子は「一億総討死の決意」（ANp573）を徹底させることを説くものである。それに対して、清沢は、「一億総討死をしたら、その後の国家はどうなるのか。しかしそれが今のところ軍人、右翼のイデオロギーである」（ANp573）とコメントしている。

軍人や右翼だけでなく、新聞も本土決戦を呼号していた。清沢は、「本土決戦なるものが真剣に考えられている。すでに松村報道部長もそれをいい、仙台の司令官もそういい、更に左の如く新聞もそれを宣伝している」（ANp574）として、『中部日本新聞』の「本土決戦に備ふ　全国民へ動員令　女性も起つて敵を殺せ」（ANp574）という記事を引用している。

その中で、帝国在郷軍人会会長井上幾太郎大将と大日本婦人会理事長川西實三[2]の言葉を紹介している。井上は、「わが国には神武御東征の時から軍と国民の区別はない、皇統連綿ここに二千六百有余年、国礎固くして千古に動かないのも忠君愛国の念国民に盛んにして且つ尚武の気象に富み、克く鴻業を輔翼して君民一体祖業を恢弘紹述した結果に外ならない、今こそ軍と国民の区別なく国民の誰もが軍人であるといふ兵制の本義に徹して貰ひたい」

(ANp575)と述べて、国体主義の立場から国民皆兵の名の下に老幼男女を問わず動員する意図を示している。

川西も「醜敵もし本土を侵すことあれば日婦会員は率先軍の兵站補給、看護進んで弾薬運搬、また情報蒐集等に挺身、場合によつては敢然武器をとり憎むべき米奴の生命を申し受くるであらう」(ANp576)などと、女性を戦場に投入する意図を表明している。清沢は、「戦争を職業とするものが、人間の生命をどんなに軽く取扱うかを、国民一般に知らせることは、結局日本のためになるかも知れぬ。あゝ」(ANp576)と慨嘆している。本土決戦が実現すれば、この川西の言葉は実行されて、沖縄のひめゆり部隊のような悲惨な事件が全国で繰り返されたであろう。当時日本を支配した国体主義という思想の、狂気と有害性を示すものである。

東京大空襲では清沢の身内も被災者となり、国の無策を身近に目撃した。「甥の笠原貞夫は出征して居り、その妻が三人の子供をかかえて焼け出されたのは、さきに書いたが、修司が区役所に行くと、『縁故疎開の外はどうにもならぬ』と、一向受けつけない。貰ったのが五日分の食料切符と汽車無賃乗車券のみである。仕方がないから丸ビルの地下室に連れてきて、信州に送るという。布団二枚を自転車につんで連れてきた。国家の罹災者救助というのは五日分の米と醤油だけだ」(ANp583)。

大空襲をうけての議会における小磯首相の演説を清沢は紹介している。首相は冒頭で、「曩には敵機伊勢の神域を汚し、今回宮城の一角を冒すの不逞を敢てせる等、敵は神人共に許さざるの行為を重ねて居るのであつて、真に痛憤措く能はざると共に、洵に恐懼に堪へざる次第である」と述べて、民間の大被害よりも伊勢神宮や皇居への空襲への憤慨を表明し、次に太平洋方面の敵の大攻勢に対して皇軍将兵が善戦していることを称えて、「前線将兵が斯くも見事に国体護持の精神気魄に徹して居ることに対し唯々頭を垂れ心からなる感謝の誠を捧げる」と続けて、この後にようやく大空襲に触れて、「殊に暴虐飽くなき敵は屢々無辜の同胞を殺傷し民家、学校、病院等を破壊したが私は敵の此暴挙に対し憤激の念を禁じ得ざると共に罹災者に対しては深甚なる同情を表する、政府は罹災者の保護救済に関し、是迄とても能ふ限りの努力を傾けて居るのが、更に一層之が迅速的確を期してゐる」(ANp584)と述べているが、実態は清沢の証言しているようなものであった。

さらに小磯は本土決戦の準備は完璧で、敵が上陸すれば殲滅すると次のように言う。「老となく幼となく一億は悉く兵農一本の国是に生き、真に国の総力を挙げ圧倒的優勢を以て戦争に従事し得るの利益を存分に発揮し得べきのみならず、皇軍伝統の統帥の妙用と我将兵の皇国護持の闘魂とに顧みれば私は来るべき本土周辺の作戦為相を按じ断じて醜虜をして足を神州に止めしめず、必ず之を殲滅し得ることを確信して疑はぬ、」（ANp585）。そして最後に、「此の秋に当り一億同胞亦愈々覚悟を新にし必勝の信念を固くし今後如何なる困難に遭遇するとも敢然之に堪へ奮然として奮起し、職場に防衛に輸送に国民悉く戦列に就き、断じて我が国体と我が国土とを護り抜かんことを要望する」と述べて国民に協力を求めている。敵を醜虜と呼び日本を神州と呼ぶなど全体的に国体主義の要素にあふれている。護り抜かんとして第一に挙げるのは、国土よりも先に国体である。

杉山陸相の議会における発言（ANp586）も同様で、一方的敗戦のフィリピンにおける戦闘を日本に有利と虚偽を言い、本土決戦では必勝の信念で「醜敵」を葬り去ると述べる。客観的考察は皆無で、主観的で古代的な感情論のみの典型的な対外硬の主張である。

米内海相の次のような言葉は対照的である。「B29の頻繁なる来襲と相俟ち二月中旬以降三回に亘り敵機動部隊はわが本土に攻撃を加へ来り、わが方はその都度敵航空機に対し相当の損害を与へたがその艦艇に対しては大なる損害を与へることが出来なかつたことはまことに残念の極みである、当時わが方は諸般の情勢を判断し実に忍び難きを忍び、堪へ難きに堪へて遂に隠忍致したのである、しかしながら帝国海軍は只今陸軍大臣の強調せられた如く帝国陸軍と渾然一体の実を発揮し、機到らば必ずや之の驕慢にして恨み重なる敵来寇部隊を洋上に捕捉殲滅するの確信に燃え、全軍の士気は正に壮烈である……」（ANp587）

来たるべき敵との戦闘への戦意を表明して、表面的には陸相の発言と似るが、実質全く異なる。明確に戦況の不利を認めているし、士気の高さを述べるが、必勝の信念により醜敵を葬り去るなどという対外硬の虚勢はない。敵を知り己を知るという客観的態度が感じられる、自軍を帝国海軍と呼び皇軍とは言わないなど、国体主義の要素は皆無である。

陸軍軍人は昭和十九年八月の段階でも米国の東京空襲の可能性を信じていなかった。清沢は次のような知人の話を紹介している。「昨年八月、陸軍の少佐以上の軍人に米国の事情を話して、必ず東京を空襲し、ために東京は焼野原になるといったところが、会後、酒を呑んだ時、『そんなことはあり得ないから、あんな話しをして貰っては困る』と注意されたとのことである。軍人の認識はその程度であった。」（ANp591）。認識の問題というよりも、自分の希望することを信じ、望ましくないことは考えない、主観的対外硬主義の結果である。東京にさえも本格的対空防御設備がなかったのも当然である。

大空襲の被害者の恨みは、次のように敵米軍よりも政府に向かった。「七尾氏（実業家、富士アイス重役）の話し――被難者は、敵、米国を憎む気にならず、むしろ、こういう悲惨な状態になっても、蒲団一つ提供してくれない国内政治を呪うような気分になっているとのことだ。この話しに焼け出された池田君（富士アイス重役）も同意を示していた。同氏はやはり着のみ着のままで逃げた一人だ。」（ANp592）

しかし、大空襲への清沢の怒りは米国に向けられた。「深川、本所の惨状は、聞けば聞くほど言語に絶するものあり。陛下昨日罹災地を御巡幸遊ばさる。[3] 日本は何故にこの惨状――婦女子、子供を爆撃せる事実を米国に訴えざるか。かれ等は焼いた後を機銃掃射をやったとのことである。もっとも、日本も重慶、南京その他をやり、マニラについても讃められぬが、米国のやり方は非道許すべからず」（ANp597）と強く批判している。後にはその残虐性を米国世論に訴えることを考えていた。しかし、この清沢の主張は、最も親しかった石橋にも通じない[4]ほどに、日本人に在っては例外的なものであった。

米国の社会をよく知り、人間の尊厳の普遍性と近代文明を信じる清沢だからこそその意見である。文明社会では戦争においても守るべき基準がある。戦争法規をはじめとする国際法があり、さらにその根本として人間として許されない行為がある。国体主義によりそのような規範意識が薄い日本では、戦争なら何でも許されると考えて民間人の虐殺や捕虜虐待などが頻発した。そのような行為を野蛮として強い嫌悪を示した米国であるからこそ、民間人の大量殺戮が主目的の非人道的な無差別爆撃への非難は、世論に対して有効性があり、後のベトナム戦争で北爆反対運動が起きたように、その行動への一定の抑止効果を持ち得たと思われる。国際法を軽視して国際世論を無視する独善的国体主義の故に、日本人には敵の非人道性を国際社会に訴えるという発想さえなかった。「彼を知り己を知る」ことのない対外硬の昭和の日本には、有効な国際宣伝や国際世論工作は皆無であった。明治時代における伊藤博文などの優れた手腕を考えると、[5] これは決して国民的欠陥ではなく、日本人を対外盲にした教育勅語による国体主義教育の結果である。

三月十七日に硫黄島が陥落していよいよ戦況が悪化して、本土決戦の可能性も増大した。これに関して小磯首相は二十一日に「国難打開の途」（ANp600）という題で国民に向けて放送で訴えた。その内容は、「吾人必勝の信念には微塵も動揺を来さない」という空疎な強がりと、国体主義的な精神の、紋切り型で少しも人の心を打つことのないものであった。議会においては次のようなやりとりがあった。「宮崎一氏が本土決戦につき軍の必勝の信念を質したに対し柴山陸軍次官は左の如く敵撃滅の固い確信と完璧の準備を有することを言明した」（ANp603）。完璧の準備など揚言しながら、兵士にさえも小銃が不足して、結局のところ必勝の信念以外に頼るものは存在しなかった。実際の戦場においては、竹槍で敵の機械力に立ち向かうことであった。

三月二十八日には敵の沖縄上陸戦が始まり、戦況の深刻化に伴い各地に義勇隊が出来て、竹槍訓練などを行っていた。清沢はそれに関する『朝日新聞』の「街に村に義勇隊」（ANp608）という記事を紹介している。そこでは「驕敵は遂に南西諸島に来寇した、本土への侵襲いよいよ急となつた、祖先から受け継ぐ神州護持の信念は一億の脈うつ純血のなかに沸り、われらは有機的一大戦力を構成してこれを邀へ撃たんのみ」として、千葉県の「職場の竹槍薙刀隊」とか、伊豆の「突撃隊」、三多摩の「多摩神武隊」などの各地の義勇隊が、老若男女を問わずに組織して竹槍訓練などに励んでいることを頼もしそうに報じている。清沢は「どこでも竹槍で訓練している。B29を見ても、まだ竹槍と柔道でやれると思うところが、日本精神であろうか」（ANp609）とコメントしている。

この義勇隊結成の動機となっているのは国土防衛というよりは、「神州護持」などという国体主義のイデオロギーである。B29に竹槍で対抗するという思想は、近代戦のものでなく古代崇拝の国体主義から生じる。国民や国土を防衛するための近代戦ならば、あまりの国民の被害の大きさに戦争をやめるという選択があるが、国体主義という大義のためならば国民全体を犠牲にすることさえ厭わない。一部で使われた一億総特攻や一億玉砕という言葉がそれを示している。[6]

清沢は「ヒステリー的に喚くのが新聞の常だが、それが近頃は増してきた」として、「南西諸島決の好機　驕敵たゞ討つのみ」（ANp610）という『毎日新聞』の記事を紹介している。南西諸島の激戦で、「わが海の精鋭はまたも崇高な体当り猛攻を敢行して赫々たる大戦果をあげた」が敵の物量の前に敗れて戦局を一転することは出来なかった。そして「然し南西諸島こそは大東亜戦争の成否に直結し、真に皇国存亡の岐路を決する生死の一戦である、今こそ一億国民の闘魂を凝集してこゝに敵撃滅の不壊の防壁を築き来寇の敵大軍を一挙に殲滅し尽さねばならぬ、道義に反する敵の戦争目的は結局するところ戦争投資に外ならぬ」と主張して、「悠久二千六百年の神州を護持するは現代に生を享くるわれら一億の歴史的使命であり、その重責を果すはけふこの秋を措いてはない、群がり寄する驕敵を一気に鏖殺すべき神機は今である、前線将兵はこの敵の大軍に抗し凄烈なる全員特攻をもつて重責に任じてゐる、本土決戦場に在るわれら一億もまた敵米に対し全員体当りの精神をもつて戦力増強の一途に挺身すべきである」（ANp611）と結んでいる。

『毎日新聞』は沖縄戦の開始に感情的に戦意の昂揚を訴えている。敵は金儲けで道義に反する許されない敵であるとの、功利を敵視し道義を謳う典型的な国体主義の主張である。そして二千六百年の神州を護持するのが日本人の使命であり、そのために前線将兵の全員特攻を称賛するだけでなく、全国民に「われら一億もまた敵米に対し全員体当りの精神」を持てと叫んでいる。特攻作戦を正当化しそれを光栄化する根本にあるのが国体主義であることを示すものである。清沢が「東京の大新聞の首脳部記者の頭脳はだいたいこの程度である。教育の問題だ」(ANp612)と述べているのは、教育勅語による国体主義の存在を言い当てて急所を突いている。

教育の問題は、新聞記者だけでなく一般国民にも深刻な影響を及ぼす。らっきょうを食べれば弾に当たらぬなどという迷信を警告する新聞の投書を引用して、清沢は次のように言う。「国民の無知は想像以上である。浅草観音は大震災にも焼けなかったし、効験あらたかだから、今度も焼けまいと考えて、観音に駆けつけたものが多かった。それがその辺で死んだものが多かった一原因だったという。経済クラブにいる一婦人は、上野付近にいたが、その近くに、何とか神社がある。他に勧められても、この神社の傍だから大丈夫と考えて、荷物すらも送らなかった。それで全焼したそうだ。この投書欄にある如き迷信は、しばしば聞くところだ。国民層の常識はこの程度である。」(ANp614)。国民の多くが迷信を信じているのは、国民教育の根本に国の肇に皇祖が至上の道徳を確立したなどという教育勅語という迷信を置いて盲信を強制したために、批判的理性や科学的精神の発達が阻害された結果である。

この段階になっても、本土決戦では勝利するなどと公言するような軍人の独善的な思考を示す実例を挙げて、清沢は次のように述べる。「軍人の考え方は、相対的、機動的でないから、綜合的に物を推論することができぬ。日本本土では対手をやっつけることができると、まだ彼等は信じているのだが、その時に日本の飛行機も、軍艦もなく、また敵の武器が一段の工夫を、こらして、絶対的に優勢だという事実を知らぬのである。日本人全体の頭が一体にそうであって、それを直すのには教育の一変以外にはない。」(ANp621)。清沢がこの日記で一貫して批判してきた、戦争中に示された軍人に代表される日本人の思考の硬直性も、結局は教育の問題に帰結する。柔軟な可塑性に富む児童の精神を、教育勅語の単純で偏狭な教訓の鋳型(7)に押し込み、自由な発達を萎縮させた結果である。

(三) 終わりの始まり、鈴木新内閣

四月五日に小磯内閣が総辞職して、鈴木貫太郎に大命が下った。清沢は「太田君は鈴木は一億玉砕組の旗頭らなり

という。僕が、かねて聞いているところではそうではなく、且つ、重臣の空気からいって、今頃、そうした人を出す筈なしと考えられる。鈴木文史朗がかつて鈴木に会見し、非常に感服していたのを覚えている。かれはガツガツの右翼派に非ず、リベラルな誠忠の士だといわれていた。ただ、果して総理大臣として、然るかどうかは、事実によってみるの外なし。『大将』といった看板が、人物を仮装せしめるものだからだ」（ANp621–622）と述べて、鈴木に関してリベラルと好意的な意見を聞いているが、首相としての評価に関しては慎重である。海軍出身の平和主義者で清沢の友人の水野広徳は、鈴木登場に終戦を予言していた。

『朝日新聞』の「戦時の政変」（ANp629）という社説は、鈴木という人物像とも一致し、和平の実現という隠された目標を持つ新内閣を応援する内容になっている。「戦時宰相に望むところは、まさに危機感の痛烈なること、それに基きなさんと欲する明瞭な一目標をもつこと、しかして果し終はれば淡々として挂冠するだけの無慾さをもつこと、世評や傍の進言で無用の業に手を出さぬことなどである。忠節とは実行にあり、かつ実効にある。政綱政策を羅列することにはない。観念と饒舌を振りまくことにもない。かうした国民の佯らざる声が、いまや都会に農村に充満してゐる。こんどこそ、真にまことあり実践力ある後継首相がほしいのだ。かくのごとく有りの儘で真率な国民無告の声をば、この戦時下政変なればこそ、朝野に愬へたいのである。しかして、さらに断々乎として、重臣各位の総蹶起と不退転の決意を、こゝに強調して置く。」（ANp630）。この文章に勝利という言葉も国体主義の要素も皆無なことに注目すべきである。

これと対照的なのが『読売新聞』の新首相へ要望する社説であり、そこでは「新内閣の組閣方針に対しては吾等はそれがあくまで決戦内閣であり、強力内閣であることを切望したい。強力であるためには、今日においては、真に命を捨てゝ国に殉じ、国体護持に砕身する士を閣僚とせねばならぬ」（ANp631）と主張し、一億総突撃すれば必ず敵を撃退できるとする典型的な対外硬の議論を展開し、主観的で国体護持のような国体主義の用語や観念に満ちている。『毎日新聞』の社説にも、神州や皇国などという国体主義の言葉を用いるところに、撃攘という対外硬の主張が根本にある。客観的情勢に対する理性的分析はなく、主観的な感情論のみである。清沢は、『読売』と『毎日』の社説は愚劣だ。ただいずれも政治と統帥の緊密化を説くのは同じ」（ANp635）と評している。清沢が愚劣と否定する文章は、小磯の演説におけるように国体主義の空疎な紋切り型の言葉に満ちたものである。

清沢の鈴木新内閣の評価は、東郷茂徳外相を除いて次のように高くない。「内閣の顔触れが昨夜決定、発表された。要するに『義理』を各方面に果したという格好だ。組閣の知恵袋は岡田啓介大将で、その関係から、その婿の迫水久常（44）（大蔵省銀行保険局長）を参謀とし、結局書記官長にした。平沼の義理を立ててその乾分の太田耕造を文相に持って来た。大日本政治会（唯一の政治団体）から岡田と桜井をとった。後は迫水の友人や、自身の海軍関係の後輩だ。外相の東郷茂徳は軽井沢に居って間にあわなかったので一緒に発表されなかった。この人選は悪くない。誰か鹿児島人は若い時には平凡だが、老人になってよくなる人があるといった。東郷はその一人である。」（ANp639）

鈴木貫太郎首相の第一声は次のようなものであった。

「戦局危急を極むるの秋に当り揣らずも内閣組織の大命を拝しまして誠に恐懼に耐へませぬ、幸にして閣僚の銓衡を終り、唯今親任式を挙行せられました

帝国の自存のためにする今次の戦争は今や如何なる楽観も許さぬ重大なる情勢に立至りました、殊に相次ぐ崇高なる前線の犠牲、果敢なる銃後の努力にも拘らず遂に敵の反攻をして直接本土の一端を占拠せしむるが如き事態と相成りましたことは臣子として誠に慚愧に耐へぬ次第であります、万一、形勢此の如くに推移せんか帝国存立の基礎危しと云はなければなりませぬ、而もこれが匡救の重責は一億の同胞赤子を措いて他にこれを求むる事は出来ませぬ

驕敵を撃攘し、祖国を守護すべき抗戦力も亦国民の上御一人に対し奉る至誠の他に存すべき筈はありませぬ

今は国民一億の総てが既往の拘泥を一掃して尽く光栄ある国体防衛の御盾たるべき時であります、私は固より老軀を国民諸君の最前列に埋める覚悟で国政の処理に当ります、諸君も亦私の屍を踏越えて起つの勇猛心を以て新たなる戦力を発揚し、倶に宸襟を安んじ奉られむことを希求して止みませぬ」（ANp639）

これを紹介した清沢は、「鈴木大将の誠実は疑えず。ただ誠実尽忠だけでは政治は行えぬ。大河が落下せんとして、まだ渦を巻いているといった形ちだ。この内閣では何もできぬ。時勢に押されて、適当の時期まで待つだけだ」（ANp640）とあまり評価していない。しかし、この一見型どおりの鈴木首相の言葉には注目すべき特徴がある。客観的情勢を正しく認めて日本が非常に不利なことを述べて、必ず敵を撃滅するというような空威張りはない。必勝の信念を求めずに国民に奮闘協力を求めている。「光栄ある国体」という言葉以外には、日本を神州ではなく帝国・祖国と呼び、敵を醜敵と邪悪視したり日本に天佑神助があるなどという、善悪二元論的国体主義の思想や言葉はない。そのような要素に満ちていた、前任者の小磯の演説とは全く対照的である。

鈴木新首相の記者会見における言葉にも注目すべきもの

がある。現在の危機に関する覚悟と抱負を問われた答えの中で、「(前略) しかし自分一個の見地からすれば今日我国の直面せる事態は非常に心配ではあるが、しかしかうなることは開戦の時既に約束されたことであり、少しも驚くに当らない、海軍でいへば元々米英との比率は五、五、三である、米英を対手にする限りは実際に於て十対三である、これが戦争をするとは余程の決心がなければならぬ、大小といへば対手が大、日本が小である、これは日露戦争当時も同様であつたと思ふ、当時の山本海相はいきり立つた国民を何とか柔らげようとして却つて平和論者といはれ、暗殺までされようとしたと聞いている」(ANp641) と言う。鈴木は、「戦うのみ」などと勇ましいことを言いながら、日露戦争当時の山本海相が対外硬の世論に抗して平和論者として暗殺されかけたことを出し、和平へのヒントを示している。本土決戦一億玉砕を意図しているならこのようなことに言及しない。この会見記事には国体主義の要素は皆無であるし、対外硬論の空疎な大言壮語もない。

さらに会見において国土防衛と兵器の増産に関して問われて、「これも一個の見解だが、直接本土を守るに竹槍で戦ふ等といふことは最後のことだと思ふ、手榴弾でも竹槍には遙かに勝るのである、この際出来るだけ新鋭な武器を国民に与へる必要があると思ふ」(ANp642) と述べて、明らかに竹槍に否定的で新鋭武器の必要を説いている。必勝の信念が勝利をもたらすと信じる主観主義的な対外硬主義者にとっては、竹槍は有力で象徴的な武器である。

そして会見の最後に率直な戦局の見通しを問われて、「私は本心から『遂には勝つもの』と思つている、世間では必勝々々といつてゐるが、之は形式上の合言葉で戦果が挙がらなければ勝つたとはいへぬといふやうにとられ易い、戦には負けて勝つ手もあるのである

一例を挙げれば徳川家康に明かに三方ヶ原で武田信玄に負けて勝つてゐる、家康はこの戦で負けて浜松城に籠城したが、徳川軍の戦の仕振り、家康の戦闘精神、兵の士気は少しも衰へず遂に信玄はこの一城で愚図々々してゐると天下を失ふとみて引挙げた、引挙げて信玄は四ヶ月目に死んだが、家康はこの戦闘精神を晩年まで持通し、結局三方ヶ原の敗戦は徳川興隆の基因となつた」(ANp642)

と答えている。戦争は勝つと信じると言いながら、家康を例に出して「負けて勝つ手」もあるなどと言って、既に敗戦を考えていることを思わせる。日本は軍事国家としては負けたが、戦後には経済国家として興隆した。ある意味で鈴木の予言は的中した。

清沢は『読売新聞』に載った東郷外相の談話を引用している。「戦時外交の輿望を担うて立てる東郷新外相は去る七日烈々たる新構想を胸に抱いて軽井沢の山荘を下つてよ

り三日間、鈴木新総理との完全なる意見の一致をみたので、十日午後二時より外務省記者団と共同会見をなし戦時外交は軍事と表裏して豪胆且つ細心に運用せられねばならぬと前提し帝国の戦争目的は互恵平等の基礎に立つ万邦親和の実現にある、この念願達成のためには一億〝百錬の鉄〟となつて必勝を期すべきであると大要左の如き力強い所信を披瀝した」（ANp645）

その所信の内容は、今までの日本の外交的立場を紋切り型の言葉を使って繰り返しているが、国体主義の用語と観念は皆無であることに注目すべきである。自国を皇国とか神州とかと呼ばずに単なる帝国と呼んでいる。それならば他の帝国と同一の地平に立つ。日本の戦いは祖国防衛戦争であり、その目的は互恵平等の万国親和とか国際正義という普遍的なものであり、日本にしか通用しない皇道の普及ではない。清沢はこの談話を「極めて形式的である」と片付けているが、内容を詳しく検討すれば談話の最後の部分で「破壊を去つて建設に就くのはこれ帝国の念願である」という言葉があるように、明らかに和平を意図している。これが鈴木と「完全なる意見の一致」をみたという部分と思われる。新内閣は既に対外硬派からは、イタリアを降伏に導いたイタリア首相にちなんで、「バドリオ内閣[1]」ではないかとの疑惑が持たれていた。それ故に鈴木も東郷も、本音を隠して「戦うのみ」などという勇ましい形式論を繰り返す必要があった。

言論界における鈴木内閣への反応は好意的であった。『中部日本新聞』には評論家の木村毅による次のような鈴木貫太郎論が掲載された。

「（前略）山本元帥が、鈴木大将に対する敬慕は並々ならぬ深さで、その陣中日記にもしば〳〵大将に思を寄せては高風がたゝへてある、又山本元帥は、郷党子弟のために編纂せられた『長岡読本』に寄せた一文の中に、鈴木大将のことをかう書いてゐる。

『鈴木大将は温厚慈愛の人格者なるも、その胸中烈々たる忠誠の赤心と、剛勇不撓の胆力とを有せらるゝ予の最も尊敬する先輩なり、見よ、二・二六事件兇徒の襲撃に会ふやかねて用意の名刀をさぐつて得ず、遁走のそしりを得んは武士の恥辱なりとて、徒手、兇徒の面前に立ち、彼等が〝問答無用〟と叫ぶや〝然らば打て〟と、堂々屹立して、その数弾に倒れられたる態度の如何に悲壮にして見事なりしかを、而も皇天この至誠剛勇の忠臣を捨てず、兇弾或は頭を射、肺を貫きつゝも起死回生、再び君側常侍の重職に奉仕せらるるを見るに至れり』

あの山本元帥から、かくまでの敬慕を受けてゐる人といふだけで、吾々は、新首相に十分の信頼がもてるではないか。」（ANp647）

『朝日新聞』にも「武人宰相鈴木貫太郎大将」（ANp648）

という、鈴木を最高の戦争指導者と呼び期待を表明する記事が掲載された。彼等が鈴木に期待していることは、本土決戦を指揮することではなく、明らかに戦争を終わらせることである。清沢は「二・二六事件をやった人によって起された大東亜戦争を、この人々によって狙われた人たちが収拾しようとしているのである」(ANp650) とコメントしている。清沢のこの言葉は表面的事実以上に深い思想的意味を持ち、戦争の本質を照射している。二・二六事件の主謀者を動かした国体主義が戦争を起こし日本を亡国の淵に追い込み、彼等に命を狙われかろうじて命拾いをした天皇の信任厚い文明主義者が戦争を終わらせ日本を全的滅亡から救った。

けれども、これらの期待は一部の秘められた声に過ぎず、最後の最後まで陸軍に代表される対外硬の空気が社会を支配していた。鈴木の政府もソ連参戦と原爆投下という致命傷を受けるまでは、終戦の意志を明白に出来なかった。その間も、空襲の激化と、沖縄戦という悲惨な戦闘は続いていた。四月十五日は清沢の家も空襲を受けて、身体に焼夷弾を受けた。清沢は「痛憤」して「怒り心頭に発」した。それで米国を呪うような言葉を盛んに口にしたが、それは「親米的」と周囲から見られていることへの懸念からで、清沢の怒りの真の対象は、「こんな戦争をやるのは誰だ」と、「この愚劣な政治と指導者に痛憤していた」のであった (ANp653)。

空襲の激化とともに社会の不安心理も高まり、民間には事実無根のデマが横行していた。清沢は言う。「これは恐慌時代、不秩序時代の一歩手前だ。元来が、批判なしに信ずる習癖をつけてこられた日本人だ。これが悪質のデマと化すると、どんな事でも仕出かす可能性がある。大地震の際の朝鮮人に関するデマが、そうであった。今回も、そうした事変の起る可能性は非常にある。」(ANp658)。日本人に批判なしに信ずる習癖をつけるのに、教育勅語に無条件に最敬礼を強制するような教育が大きな役割を果したのは疑問の余地がない。

日本の空襲の被害の大きさに、清沢は、「日本は近代戦争などをしうる状態ではなかった。軍人は最後まで、『東京へは絶対に敵機を入れない』とか『麴町区には飛行機を入れない』といっていた。いま彼等は何という？　しかし国民の軍人に対する反感は、嘘のように少ないと思う。軍部に関する批判は一切させないからである。そしていわれなければ気がつかないほど低劣だからだ。しかし永遠に気がつかないだろうか？」(ANp661) と述べている。敗戦後に抑えられていた軍部への反感は爆発した。それは蘇峰が認めるように占領軍の指導のみによるものではなかった。[2]そのような軍隊や戦争への感情的反感は、その後も日本社会に長く残っている。

この時期には「沖縄における敵兵が無条件降伏した」（ANp662）というデマが流れるほど、沖縄における大戦果が新聞で喧伝されていた。『毎日新聞』の四月十九日付「敵の〝局地優勢〟覆る」（ANp664）という記事では、沖縄方面の戦闘で敵の航空兵力は日本軍の痛撃により、「最低線を遙かに割る大消耗」を蒙ったと見られると述べて、「今こそ勝機を把握すべき絶好の神機である、しかしながら赫々たる大戦果はすべて皇国護持の第一線に挺身するわが骨肉の殉国と特攻兵器の夥しい消耗によるのである（中略）決戦は長期に亘り一段と苛烈化することを覚悟せねばならぬが、その成否が実にわれ等一億の双肩にある厳粛な事実を肝に銘じ国民生活の一切を投じて航空機を中心とする決勝戦力増強の一点に結集し、神州護持への限りなき重責完遂を期すべきである」と主張している。

皇国とか神州などという国体主義要素に満ちた文章である。この大戦果なるものは、民間で横行しているデマにも等しい、事実無根なものであった。特攻作戦が大戦果をもたらしたと主張している。国体主義者の主観的な精神にとっては、特攻のような必勝の信念そのもののような戦術は、それに見合うだけの戦果を上げるはずであるという思い込みに過ぎない。現実は最新機械兵器により、多くの特攻機は目標に近づくことも出来ずに打ち落とされ、いたずらに多数の人命を犠牲にしただけであった。国体主義というものが、日本人を現実に盲目にし、人命を浪費させた事を実証するような文章である。

『朝日』以下の各新聞も大きな紙面を当てて沖縄戦の大戦果をかき立て、今こそ反攻の好機と主張していた。軍部の指導によるものであろう。大勝利の報道が敗北の現実を少しも変えるわけではないが、勝ったと思ったものが勝利者であるという主観主義の対外硬論にあっては、勝った勝ったと騒ぐことは、自分を騙し一時的に勝利の代用品になる。悪名高い、大本営による誇大な戦果の宣伝も、この対外硬の心理の産物である。清沢は次のように伝えている。

「沖縄戦が景気がいいというので各方面で楽観説続出。株もグッと高い。沖縄の敵が無条件降伏したという説を僕も聞き、瞭も聞いてきた。中には米国が講和を申込んだというものがある。民衆がいかに無知であるかが分る。新聞を鵜呑みにしている証拠だ。それは東京のみではなく地方でもそうらしい。」（ANp667–668）

阿南陸軍大臣が四月二十一日に発表した決戦訓を清沢は紹介している。

「一、皇軍将兵は神勅を奉戴し、愈々聖諭の遵守に邁進すべし。

二、皇軍将兵は皇土を死守すべし。
皇土は　天皇在しまし、神霊鎮まり給ふの地なり。

三、皇軍将兵は待つ有るを恃むべし。

　備有る者は必ず勝つ。
四、皇軍将兵は体当り精神に徹すべし。
　悠久の大義に生くるは皇国武人の伝統なり。
五、皇軍将兵は一億戦友の先駆たるべし。」（ANp669）

神州だの皇国などという国体主義の概念と言葉で、体当たりの特攻精神を主張している。本土決戦と一億玉砕を準備する指令である。これは近代戦の精神ではなく、古代の戦争のものである。国体主義などという古代を神聖化する思想で戦争を始めた日本人の精神は、古代時代に退化した。阿南陸相は平泉澄を尊敬しその影響を強く受けていた。

「常識的、自由主義的、非小児病的」として鈴木内閣へ期待していた清沢を失望させたのは、文部大臣の太田であった。「文相太田耕造（平沼の乾分）の談話を見ると、何をいっているのか分らないこと依然たりだ。これではろくな結果は見られない。もっともこれを逆用すればだが。鈴木にそんなことができるとは信ぜられない。やはり彼は一片の武弁である。」（ANp671）

　新聞に掲載された太田の談話とは次のようなものである。国民の道義こそが国家の秩序を維持し進展の根幹をなすと述べて、道義の真の意義とは、「それは国体護持であり、これ以外にはない、いかなる苛烈な事態に直面しようとも、この核心が確把されてゐる限り皇国は悠久に不滅である」と主張する。そして国体教育とは何かと問われて、「国体教育とは天壌無窮の皇運を扶翼し奉り、身命を賭して国体を悠久に護持すべき皇国民を錬成することである」（ANp672）と、教育勅語の一節を引用して答える。国体主義の根本にあるのが教育勅語である事を示すものである。

　この太田の長々とした会見記事においては、教育問題について国体主義の言葉や観念を延々と連ねるのみで、実のあることは何も言っていない。その結論部は次のようなものである。「皇国精神諸学の根本的要件は従来精神科学に見られてゐるやうな抽象普遍主義のみを事とする弊を矯めると共に、無窮に生々発展する皇国文化の本義に鑑みて精神諸学の内容をさらに充実せしむべき組織を確立する点にあると思ふ、（中略）要するに国家の伝統的教育は、先人の道破された如く、国体の本義を昭かし、名分を正すことを以て自から任ずる者を仕上げることが第一義であつた、特に日本の教育は気質の変化、皇国民としての気質の錬鍛即ち弱いものでも強くたゝき直し人の気風を一変せしめるといふことに重点を置き、これを強調されてゐることに思ひを致して、戦時下文教の背負ふべき使命のいかに重大なるかを深く考ふべきであらうと思ふ」（ANp673）

　太田は学問において抽象的普遍主義即ち科学的思考を否定して、皇国文化を基礎にするなどと述べる。国体主義が反科学的な一種の信仰で、太田自身も日本人も独善的に痴呆化することを象徴するような発言である。清沢は「この愚劣な神がかり思想を見よ」と吐き捨てるようにコメントしている。この日記に引用されている閣僚の発言の中でも最も愚劣な言葉であるが、これが教育と学問を主管する文部大臣のものである。しかし井上毅以来の教育勅語教育の本拠地の長官としてはむしろふさわしいと言える。

昭和二十年の五月になると戦局の悪化は決定的となり、清沢は日記において初めて終戦に関して正面から論じている。戦時中に親しくなった、共に自由主義で和平主義者の元満鉄役員で坂本龍馬の又甥である坂本直道と鳩山一郎との会談において、終戦の方法について率直に語り合った。坂本と鳩山は戦後における「赤」の進出を強く警戒していた。

「僕は兎に角、戦争を終末せしめる必要がある。それがためには

(一) 無条件降伏
(二) ソ連を仲介に立てるか
(三) 将介石を立てるか
(四) 米国あたりにいい出すか (これはソ連の例にみて駄目だが)

だが、いずれの道でも、目的を達すれば、それをとるべきだといった。」(ANp682)

この席で清沢は持論である米国の無差別爆撃への抗議を提案した。「僕は、また米国の無差別爆撃に対し、日本のキリスト教徒が連合して、世界の輿論に訴うべしと述べた。第三国の人をして調査発表せしめるのもいいではないかといった。坂本君はそんなことは軍部が反対だろうといった。談話は極めて愉快だった。イグノランスがいかに罪悪であるかが、三人の一致した意見である。国民を賢明にする必要がある。それには、まず言論自由を許すのが先決問題だ。」(ANp682)。この思想の近い親しい人間の間でも、清沢の無差別爆撃の非人間性を国際世論に訴えるという持論の同意は得られなかった。

無差別爆撃に対する清沢と対照的な立場が、次のような『読売新聞』の記事であった。「こゝに敵の鬼畜にも優る暴虐性をまざ〳〵とみせつけられたばかりでなくかつて大東亜諸地域において前例のない夜間大規模空襲を加へた事実と市街地とくに住宅地域を目標にして家屋の焼棄および非戦闘員の殺傷を図りさらに時限爆弾を投下して殺傷力の増大を狙ふなど如何に敵が短期決戦を焦るのあまりに選んだ手段だとはいへその目的がわが国民の戦意喪失を狙つたものとしてもその心底はあくまで日本抹殺日本民族抹殺にあることを銘記すべきで天人倶に赦さゞるこの暴虐に対してわれらは断乎新たなそして無限の敵愾心と復讐心とに奮ひたゝざるを得ない」(ANp684)

無差別爆撃の残虐性を強調して日本人に敵愾心を燃やす

ことを求めている。敵を鬼畜とののしっても相手は痛痒を感じず、その行動を抑止する事は出来ない。対外硬特有の閉ざされた主観的態度である。福沢が明治時代の対外硬派の反外国人運動を批判したように、外人を毛唐などと呼びどんなに主観的敵意を表明しても相手には通じない。清沢の主張するように、普遍的な価値観である人道主義の立場に立って、その残酷さを非難することにより世論を動かして相手の行動に影響を与えることができるのである。キリスト教徒という普遍的で国家から独立した団体を使用するという清沢の提案も、抗議の信頼性を増し、米国社会において高い道徳的権威を持つキリスト教のモラルに訴える効果的な方法であった。これこそ、「彼を知る」という事であった。しかしこの点で、清沢は日本では孤立していた。国体主義教育は、自由主義者においてさえも、そのような国際的な発信の能力を圧殺した。

五、『暗黒日記』と国体主義

昭和二十年五月には、清沢は近づく終戦の足音を確実に聞くようになったが、この月の二十一日に、元来頑丈であった彼だが、肺炎のために急逝した。そのために、この「戦争日記」[1]も未完に終わった。本来の意図であったと思われる、この日記を資料として戦争に関する歴史書を著す事業も未着手に終わってしまった。彼が「一片の武弁」と軽視していた鈴木首相が、意外な政治家としての手腕を発揮して、本土決戦論でいきり立っていた陸軍をはじめとする対外硬派を出し抜いて、[2]聖断というきわどい手段で終戦に持ち込む事が出来た。サイパンや沖縄の前例を見て、日本を支配していた陸軍などの国体主義者が、国民皆兵や一億玉砕を主張していたことを考える時に、鈴木が悲惨な本土決戦を防いで、どれほど多くの生命と財産を救ったかは計り知れない。

一億総特攻などという言葉は、日本を神州と呼び敵を鬼畜視する国体主義から生じたものである。それだけではない、日米戦争そのものが、皇祖皇宗を神格化してその天佑神助を信じる国体主義思想によって始められ、戦われたことは、この日記において清沢が詳細に記録しているとおりである。当然ながら社会の表面に立って戦争を指導した人物も、蘇峰に代表される国体主義者達であった。その戦争が敗色濃厚な段階において、二・二六事件の主謀者達によって「国体破壊の元凶」として殺されかけた鈴木が首相となったのである。鈴木は表面的には「戦うのみ」などと勇ましい言葉を発していたが、その発言の内容には国体主義の要素が皆無な事は、前任者の小磯とは著しい対照をなしていた。清沢自身は鈴木をあまり評価しなかったが、後世の目で清沢の日記を精読すれば、鈴木の登場の意味は明白である。日本の政府は、無謀な戦争を始めて絶望的な戦闘を続けさせていた国体主義から離れたのである。清沢自身は終戦を見ることは出来なかったが、彼の記していた日記は明確に終戦の予兆を告げている。

この『暗黒日記』の意義もここにある。戦時下の日本における個々の人物の言行や、事件の現場の証言という次元を超えて、それらを根本から動かしていた国体主義という思想を、その正反対の立場から克明にとらえ記録されていることに大きな特徴がある。戦前戦中には、国民全体が国家的擬似宗教である皇祖皇宗の神霊を崇拝する国体の信者であることが強制されていたので、一つの思想として国体主義という言葉は使われなかった。それで、清沢は「封建主義」という言葉を使い、蘇峰は「皇室中心主義」などと呼んでいた。日本に「暗黒」をもたらしたものは、戦争につきものの悲惨さだけではない。この暗愚な国体主義の支配が日本人の明を覆い、知性も良心も麻痺させた結果であった。橋川文三がつけた『暗黒日記』という題名は、この日記の本質を見事に表現している。

昭和十八年六月に作家の永井荷風は日記に次のように記している。「近年軍人政府の為す所を見るに事の大小に関せず愚劣野卑にして国家的品位を保つもの殆ど無し。歴史ありて以来時として種々野蛮なる国家の存在せしことありしかど、現代日本の如き低劣滑稽なる政治の行われしこと未曾て一たびもなかりしなり、此くの如き国家と政府の行末はいかになるべきにや[3]」。この荷風の言葉を引用しているギリシャ哲学研究者の田中美知太郎は「東条内閣を尖端とする積年の軍閥政治は、カキストクラシー（劣悪者の支配）のうってつけの見本」と述べている[4]。

以上のような二人の感想は、日記において度々表明されていた清沢の意見と同一である。しかし文学者荷風は、その愚劣さの内容を具体的に描写することなく、哲学者の田中も、その劣悪者の支配の原因を究明することはなかった。これに対し清沢は、後の世の教訓にするという使命感を以て、その時代を支配した人間達の思想と言動を詳しく書き残しているのである。そこに、この日記の比類の無い価値がある。戦時中に日本が陥った愚劣さとは、単なる理性の欠乏した痴呆状態ではない。国体主義というイデオロギーの支配が生み出したものであった。国体主義という劣悪な思想の支配がカキストクラシーを生んだのである。清沢は国体主義という言葉こそ使わなかったが、その実態を正しく認識していた。そして、その根本的な原因が教育にあるという事実も、冥々の裡に把握していた。

先の大戦で日本が犯した数々の愚行も、この国体主義が生んだ独善的な主観主義の結果であった。第一に、国力に圧倒的な差がある米国に戦争を挑んだこと自体が、最大の愚行であった。戦争直後に菊池寛は端的に「最大の敗因は戦争をしたことだ」[5]と述べていた。唯我独尊の主観的国体主義が、「敵を知り己を知る」という客観的理性を圧殺した結果であった。「必勝の信念」などという主観的精神のみが重んじられた。その後の補給や武器を軽視した無謀な作戦や、戦況が不利になってからの人命軽視の玉砕や特攻作戦の濫発なども、敵を醜虜と呼び自国を神州などと呼ぶ国体主義に基づくものであった。清沢も日記で述べているように、明治の日清・日露戦争にも、大正の第一次大戦にも、このような愚劣さは存在しなかった。明治の政治家である伊藤博文や山県などの軍人の指導層は、教育勅語に基づく教育を受けなかったため、国体主義者ではなかった。一方、昭和の近衛や東条以下の軍人が国体主義者であったことは第三部で見てきた通りである。

昭和の大戦における日本の支配者は、東条英機首相に代表される軍人、特に佐官級の中堅軍人が、軍事問題だけでなく言論界など社会全般においても、専制的勢力を振るったことが日記において詳しく記されている[6]。さらに天皇の権威を笠に着る官僚も、経済問題や社会分野において専制的権力を振るい、「承詔必謹」と国民に政府への盲従を強制していた。この日記には、経済合理性を無視した経済統制や、人民の事情や財産権を無視した官僚の高圧的支配への批判に満ちている。さらには、頭山満に代表される右翼勢力も戦時中の社会で我が物顔で権威と勢力を振るっていた。これら権力を振るった勢力の思想的基礎は国体主義である。古代の皇祖皇宗と天皇が絶対化されれば、西欧の文明主義に由来する権利や自由などという概念や、それに基づく議会政治などに存在の余地はない。ここに、近代の精密機械に古代の毒油を注ぐという福沢の警告が実現した。

東条などの軍人が武力により権力を握ったわけではない。これらの勢力を社会の上層に押し上げたものこそ、近衛が主導した新体制運動という革命であった。この運動は、議会制度や資本主義的制度を旧体制として攻撃して、その担い手の政治家や各界の指導的人間達の権威と権力を失墜させた。それに代わり社会の支配者となったのが、軍人や官僚や右翼などの、大政翼賛会の主力となった勢力であった。この革命のイデオロギーが国体主義で、近衛自身が、新体制運動は国体明徴運動であると明言していたことは、第三部で見た通りである。『暗黒日記』は、その反動革命の結果の社会状況に関する貴重な証言である。

注目すべきことは、日本人がこれらの国体主義勢力の支配に従順に従っていたことである。国民の大多数は政府の政策に殆ど抵抗することはなかった。決して、特高警察や憲兵の強制だけではなかった。新聞に代表される日本の世論も、それを反映して政府支持一辺倒であった。戦況の不利と食糧不足が誰の眼にも明らかになった戦争末期になって、初めて政府に批判的な意見が表面に現れるようになったが、それもあくまでも例外的なものに止まった。

戦争中に行われた様々な愚行に関して、国民は決して被害者だけでなく、その暗黙の共犯者でもあった。しかし、そのような愚劣さは、昭和になって現れたもので、明治期には見られなかったものである。日露戦争において、与謝野晶子は「君死にたまふことなかれ」と、愛国心より弟を思う人間的感情を優先する意見を表明できたが、昭和においては不可能になった。米国人捕虜を「おかわいそうに」と言った婦人が非国民と指弾されたように、政府の弾圧の前に世論に袋叩きになっていたであろう。国体主義イデオロギーの社会支配によるもので、究極的には教育勅語に基づく教育の結果である。そのことを暗々裏に理解していた清沢は、教育を根本的に変える必要があると主張し続けたのである。

特定の教育を受けた制度内部の人間は、その環境を自明のものと考えて、その異常さや欠陥を自覚するのは困難である。清沢は正式の教育は小学校だけで、その後は私塾や米国で非正規的な教育を受けた外部の人間である。同じくミッションスクールなどの官立学校の外で教育を受け、文部省の政策に翻弄された作家の佐々木邦は、戦争責任に関して次のように考えていた。「所謂大東亜戦争も東亜共栄圏も軍ばかりの責任ではないと考へる。すでに五十年前に〔敗戦時から〕、日本の政府は最高教育から基督教の分子を徹底的に排除しようと試みたのである。八紘一宇の妄想はその頃から萌してゐたのである。以来官僚の教育はその鼓吹を主眼とした。軍人は思想家でない。文部省が長年かゝつて思想の体系を完成したのだ。これは戦犯に挙げられた前文部大臣がすぐ自殺したのでも分る。[7]」

戦争は軍人が主役であるから、先の大戦において軍人の愚行が最も顕著であるのは当然であるが、軍人がその国体主義思想を作り出したのではない。この佐々木の指摘には鋭いものがある。教育勅語の起草者である井上毅が、キリスト教に代表される西欧文明思想の排除を意図していたことは、「国際論」や内村鑑三不敬事件に明白である。また「国際論」や「皇道之敵」において、皇道を世界に広めることが「国命」であると、実質的な八紘一宇の主張を展開していた。文部省という一つの官僚組織ではなく、教育勅語によって文教政策の方向を定めた井上毅という個人を考えたとき、この佐々木の主張は驚くほど真相をとらえている。清沢がこの日記において、その言動を最も強く批判している閣僚が、首相を除けば文部大臣であったのは偶然ではない[8]。

清沢は日記で、「『不敬罪』は我国に幾つもある。(一)皇室、(二)東條首相、(三)軍部、(四)徳富蘇峰——これ等については、一切批評は許されない。」(ANp304)と述べているのは誇張ではない[9]。蘇峰を除けば、他は国家権力によって庇護されている存在である。一民間人に過ぎない蘇峰のその戦時中における威信の高さを示すものである。戦後になって蘇峰は完全に影響力を失ったので、その重要性を過小評価されている。戦後における蘇峰の印象は、明治初期における平民主義者としての活躍と、日清戦争後の変節のみが強調されて、その後の言論活動は殆ど無視されてきた。特に、戦前戦中における蘇峰の存在の大きさが見逃されてきた。清沢が日記で蘇峰を「戦争放火者」と呼ぶほどに、戦前においてその主戦論は開戦に大きな役割を果たした。戦中においても、言論界における絶対的な首領[10]として君臨していたことは『暗黒日記』に詳しい。それらの蘇峰の言動を単なる国家権力や軍部への迎合と軽視すべきではない。蘇峰は自負していたように[11]、政府と独立に自己の思想を貫いた。戦争に敗れて、政府の権威が失墜し軍隊が消滅した戦後になっても、蘇峰は国体主義思想を堅持していた。

そのように蘇峰を戦中において圧倒的な言論界の頂点に押し上げたのは、何よりもその国全体を巻き込んだ国体主義の潮流であった。戦時中の蘇峰の影響力を軽視することは、日本を動かした思想としての国体主義の役割を軽く見ることである。この『暗黒日記』において清沢は、当時日本を支配していた政治家や軍人や官僚の言葉や、そして新聞や放送の内容が国体主義思想に基づいたものであることを詳しく記録している。清沢が構想していたこの戦争に関する歴史において、これが核心的な問題と考えていたからである。この点が戦後において実際に書かれた歴史の中で、見逃されてきたことであると私は思う。

戦後に書かれた歴史においては、個々の国体のタブーが社会を呪縛していたことは記録されてはいるが、そのイデオロギーが全体として日本の政治、社会をどのように支配していたのかということは語られることは少ない。戦前の体制は天皇制やファシズムなどの概念によって解釈されている。しかし天皇制だけでは明治大正との相違を、ファシズムでは独伊との明確な差異は説明できない。天皇制ファシズムと言葉を重ねても同じである。私は『暗黒日記』によって、初めて国体主義による社会支配の実態を具体的に知ることが出来たように思う。昭和の戦争において日本人は、明治大正期と同じ国民とは思えないような愚劣さを示した。しかし、その主観的で独善的な愚劣さとは、単なる知的能力の低下ではなく、国体主義という擬似宗教に狂った結果であった。このイデオロギーの実態を詳細に描写して、その根本には教育の問題があるという洞察において、清沢のこの日記は、戦時中の記録として比類のない価値を持っている。

終わりに

清沢洌は終戦を見ることなく、昭和二十年五月に死去した。それゆえに、その『暗黒日記』における日本批判は、戦後の価値観に基づく後知恵による一方的な歴史の裁断ではない。それでも、その内容は現代にも、国際的にも通用するものである。それでも、清沢の拠って立つ文明主義の普遍性を示すものであった。それは、清沢の対極にある国体主義というものは、その聖典たる教育勅語の「之を古今に通して謬らず之を中外に施して悖らず」などという言葉と正反対に、明治中期から終戦までの一時期に、国家権力によって社会に強制された普遍性皆無の特殊なイデオロギーに過ぎない。

清沢のこの日記は、戦後に何度も形を変えて出版されてきた。それでも、戦時中に日本を支配し日本人の精神と行動を強く規定した国体イデオロギーの実態を、批判的精神を持って記録したという『暗黒日記』の真価が、十分に理解されたとは私は思っていない。戦時中に明らかにされた、日本人一般の欠点や弱点の糾弾という側面のみが強調されている。明治大正期には表面化せずに、前大戦中に現れたこの時代特有の愚劣さの内容を解明して、その根本原因を究明することこそが、歴史的に意義がある。

そのような愚劣さの源泉こそが、この時代を支配した軍人や官僚の思想的基礎となった国体主義であった。その国体主義の言論界の首領が、ある意味では『暗黒日記』の主役とも言える徳富蘇峰であった。戦後になると、国体主義と共に蘇峰の思想家生命も完全に絶たれてしまった。それでも、蘇峰は少しも悔悟することなく、その思想を堅持していた。次に、転向することのなかった国体主義者である蘇峰から見た、戦争に関する意見を見ていくことにする。

第五部　蘇峰の『終戦後日記』

はじめに

徳富蘇峰が日本の降伏に大きな衝撃を受けて、敗戦直後から約二年間にわたって公刊を予定することなく綴られた日記は、明治中期から日本の代表的言論人として第一線で活躍し続けた蘇峰が、誰に憚ることもなく彼の本音を吐露したものとして貴重なものである。戦前戦中に言論界の第一人者として主戦論を主導してきた蘇峰は、この日記において日本の降伏を強く非難して、その責任者と見るものを攻撃している。上は天皇・政治家・軍人から下は国民に至るまでの、己以外の全てが批判の的であった。その中でも、昭和天皇も含めた文明主義の親西欧派と考える人間に対する敵意は強烈であり、それと対照的に松岡洋右のような対外硬の国体主義者への好意は顕著であった。このように、蘇峰の思想は敗戦によっても全く変わらなかった。敗戦と米国の占領政策によって、多くの国体主義者が転向し、思想を変えなかった少数の人間も沈黙を余儀なくされた。そのような状況において、国体主義者がこの戦争と敗戦をどのように考えていたのかを示すものとして、この日記は大きな価値がある。

この日記は、清沢の『暗黒日記』ときわめて類似した性質がある。清沢は親英米の自由主義者として、蘇峰は戦犯として、共に権力によって発言の場を奪われて、直接の公刊を目的とせずに、それ故に世間や評判に顧慮することのない痛烈な本音を日記に表明しているのである。その内容は二人の思想を反映して、陰画と陽画のような正反対の関係にある。清沢は文明主義者として戦争の愚劣さを批判し、蘇峰は国体主義者として戦後の世相を呪詛している。事件と人物に関する評価が正反対なのは当然であった。

しかしながら、時間の経過とともに興味深い事が起こった。敗戦後一年以上が経過して、当初の敗北の衝撃が薄れ、蘇峰は理性を取り戻しつつあった。彼の国体主義者としての面が後退して、歴史家としての一面が現れるようになった。国体主義の主観主義を離れて、歴史家の客観的視点から蘇峰が見た戦争の原因は、明治における福沢の予言を裏付けるものであった。さらにその敗北の原因追及においては、清沢の意見との接近が見られるようになった。歴史家としての蘇峰による戦争に関する意見が、清沢と一致するようにさえもなったのである。このような蘇峰による、日本の戦争理由や敗北原因の考察は、国体主義イデオロギーを離れた優れたもので、現在においても読み直す価値がある。

さらに、この日記において蘇峰は、公刊された文章では明かされることのなかった、福沢に対する強い反感を示して、福沢の影響力を駆除することが一生の課題であったとさえ述べている。福沢諭吉の文明主義と国体主義の対立関係を論じるこの書において、井上毅の昭和における後継者とも言える国体主義者の蘇峰のこの日記は、その意味でも大きな価値がある。第五部で、その内容を見ていくことにする。

一、終戦直後（昭和二十年後半）

㈠ 昭和天皇批判

日本の敗戦降伏に大きな衝撃を受けた徳富蘇峰は、終戦三日後の八月十八日から、公刊することを予定せずに「百年の後」（SN1p416）に知己を求めて、日記を書き始めた。蘇峰がかくも驚き、かつ怒ったのは、日本が「勝つべき戦争」（SN1p165）に敗れたからであった。その方法を蘇峰自身が知っていた。それは、「至尊が神武天皇や明治天皇の御懿範に御則り遊ばされて、恐れながら御躬ら大元帥の実を表現遊ばされ、万機親裁の実を表現遊ばさるる外はない」（SN1p23）ということであったが、当局はその言を受け入れることはなかった。それ故に今回の敗戦は、「敗戦論者共の陰謀によって仕組まれたる狂言」（SN1p31）にすぎなくて、東条内閣の没落も平和運動者の「毒手」（SN1p31）にかかったもので、鈴木内閣は内閣自身が和平目的のもので、原子爆弾とか、ソ連の参戦などが真実の原因ではなく、「動機は正さしく英米追随である。」（SN1p31）と主張している。

そのように日本の降伏に激怒する蘇峰は、全てを失う前に降伏することの分別を説く意見を「我等の平生排斥する功利論」（SN1p39）であると否定して、原子爆弾によっても日本国民を殺し尽くすことは出来ない、「日本国民が仮りにその半数である四千万となっても」（SN1p39）戦うべきことを主張している。このような非人間的な人命の軽視も国体主義者に特有で、戦時中の言論からこの日記まで一貫している。

日本の降伏に憤慨する蘇峰の反感の隠された真の標的は、降伏の最終的決定者である昭和天皇であった。この日記においては、昭和天皇への不満や反感が隠された一貫したモチーフとなっている。それ故に、当時多くの人が平和の到来を実感したと感激した、昭和天皇による灯火管制全廃の御沙汰に対しても、必要なものは臥薪嘗胆の御沙汰であり、「国民の期待とは、全く相反している。この調子では、我が皇国も、やがては戦争以前のフィリッピン同様」

(SN1p42) になると批判している。それでも、蘇峰は多くの場合は、昭和天皇自身への批判を避けて、「相成べくは皇室を、戦争の外に超然として、立たせ給うように、取計うていた」(SN1p43)、木戸幸一に代表される天皇を取り巻く「上層の人々」(SN1p43) への批判という形をとっていた。

日本が戦争に勝利する方法を知っていた蘇峰は、日本よりも連合国の方が戦争の終結を焦っていたことも知っていて、「戦争を片付けんと焦り出した事[1]は、日本よりも敵側が甚だしかったが、その敵側の弱点を知るや知らずや、それに頓着なく、お先真っ暗に降伏を取り急ぎたるは、如何にも笑止千万の事であった。」(SN1p45) と述べている。それ故に、終戦に持ち込んだ首相の鈴木貫太郎に対する反感は大きく、強硬発言で自分を欺いた鈴木を、「陰謀団の仲間」(SN1p49) とか「古狸」(SN1p50) と罵倒している。

八月中には、日本の降伏をひたすら憤慨し、その責任者を糾弾していた蘇峰は、終戦後半月経った九月になると、ある程度の冷静さを取り戻して戦争そのものを客観的に考察し始めて、「敗戦の原因」(SN1p61) について論じ始めた。敗戦の第一の原因は連合国のルーズベルト、チャーチル、スターリンや蒋介石のような、絶対的な中央指揮権力の不在であったとして、日清・日露戦争においては明治天皇が戦争を親裁したと主張している。即ち、敗戦の第一原因は、ルーズベルトのように、また明治天皇のように戦争を指揮できなかった昭和天皇にあるということになる。

蘇峰は今回の戦争は、満州事変にまで遡らなければならないとしている。そして、満州事変が中央の政府でも、軍当局でもなく、陸軍の現地将校が引き起こしたものであったことを認める。「首相も何事たるや知らず。陸軍大臣、参謀総長も、半分位は知っていても、他の半分は知らず。現地の主将も、三分の二は知っていても、他の一は知らず。つまり事件が人を支配して、人は唯だ事件の跡を追っかけて行く」(SN1p68) ことになった。

それでも蘇峰は独断専行で事件を起こした軍人を批判すること無く、「大正から昭和の初期に至る迄の日本の政治が、余りにも乱脈であった為めである。乱脈ばかりでなく、同時に余りにも無能であった為めである」(SN1p69) と、そのような軍人の行動を生み出した政治に原因があるとしている。大正から昭和の初期は、まさに大正デモクラシーの時代であり、政党政治が安定的に機能していた時代であった。蘇峰は、後の二・二六事件などのテロや暗殺に関しても、犯人をそこに至らしめた政治家が悪い、と犯人達を擁護していた。昭和初期の政治で、彼は常に軍人や官僚の味方であった。

「軍が政治を引摺り、また軍のある部分の人達が、軍を引摺り、政権は在る可き所に在らずして、在る可からざる所に在った」（SN1p69）として、その勢いがついには戦争にまで至ったことを蘇峰は認めながら、「この戦争は日本が始めたのでなく、全く米英、殊にその七、八分迄は米国が主力となって、日本に喧嘩を仕掛けて来たのである」（SN1p69）と、戦争を仕掛けたのは米英であり、日本は売られた喧嘩を買ったに過ぎないと、この日記で一貫して主張している。

蘇峰は次のように軍部内の下克上が大東亜戦争まで発展したことを認識していた。「満洲事変以来、概ね仕事は出先きの者共が勝手に行い、中央では受け身となって、後とからそれを承認し、自分達の無為無能無力を飾る為めに、それをそのまま承認していたのである。中央政府がその通りであれば、恐れながら主上に於かせられても、またその中央政府の承認したる所を、承認する外はなかったのである。いわば満洲事変から大東亜戦争まで、下剋上で持ち切ったのである。」（SN1p70）

それでも責められるべきは軍部ではなく、中央政府や昭和天皇であった。中でも、昭和天皇に関しては、「仮りに明治天皇の御代であったとしたならば」（SN1p70）、満州事変は起こらなかったであろうと述べて、昭和天皇に明治天皇のような指導力がなかったことを次のように批判している。「今上陛下は、戦争の上に超然として在ました事が、明治天皇の御実践遊ばされた御先例と、異なりたる道を、御執り遊ばされたる事が、この戦争の中心点を欠いた主なる原因であったと拝察する」（SN1p73）

そして、昭和天皇は個人としては類い希な立派な紳士であるが、明治天皇のような「皇徳」（SN1p74）に欠けているとして、明治天皇における元田永孚のような優れた教育係が存在しなかったことを根本の原因として挙げている。元田は井上毅と共に教育勅語を起草した国体主義の宮中顧問官であり、天皇の権威を笠に着て宮中から教育問題に干渉して、明治初期の教育の反動化にも大きな役割を果たした[2]。この日記において、蘇峰が最も敬意を以て言及している人間の一人である。蘇峰は、昭和天皇の生物学研究を、天皇の学問としてふさわしいものでないと批判している。即ち、昭和天皇における国体主義の欠如が蘇峰の天皇への不満の根幹にある。

その観点から「我等は主上が、天皇学について、御修養の出来なかった事を、決して天皇に対し奉りて、彼是れ申上ぐる訳ではない。唯だこれが延いて敗戦の一大原因となり、遂に今日の不幸を見るに至りたる事実だけを、有りのまま」（SN1p89）に述べるとして、その責任を「天皇の輔導者であった、若くは輔弼の臣僚」（SN1p89）に帰している。そして戦中の天皇に関しても、「御自身を戦争の外に超然として、戦争そのものは、その当局者に御一任遊ばされることが、立憲君主の本務であると、思し召されたのであろう。しかしこれが全く敗北を招く一大原因となった」(SN1p91)と主張している。これに関しても、「主上を御導き申上げた人々」(SN1p92)を非難しているが、天皇自身への不満は明白である。

蘇峰の天皇への不満は、戦争に単に超然としていただけでなく、宣戦の詔書に見える「豈朕が志ならんや」の語句のような平和主義的傾向を持していたことにあった。さらに蘇峰は、天皇の消極的な態度の故に、ドイツとの同盟締結が遅れたことや、蘇峰の友人で革新官僚である『尊皇攘夷の血戦』[4]の著者の奥村喜和男が、天皇の意向で退職させられたことなどを天皇の平和主義の表れとして紹介している。そして、戦争にあっても天皇のこのような穏和な言動を戦意を欠くと強く批判して、「大号令を発し」て鼓舞激励し陣頭指揮に当たるのが必勝の道であったと主張している。(SN1p93)

開戦以来の詔勅に見える消極性によって、「要するに戦争そのものが、至尊の好ませ給うところでなく、何れにしても、戦争を速かに切り上げる事のみに、軫念あらせ給うたること」(SN1p93–94)は容易に蘇峰にも推察できた。それ故に「敵国は至尊の平和主義に付け込み、至尊と直取引を開始したものとより外には、拝察せらるる」(SN1p94)と述べている。蘇峰はこの段階では天皇自身への批判を避けて、「君側の姦」に責を負わせている。それでも、「敗戦の原因」について考察を始めた蘇峰は、昭和天皇の「平和主義」という一つの結論に達した。

㈡　軍部の責任

名目上の最高指揮官の天皇の次に、蘇峰が敗戦の責任者として目を向けたのは実質的支配者であった軍部であった。蘇峰はこの日記で自分の生涯を回想して、繰り返し繰り返し自分は裏切られたと嘆いている。最初に民権運動に、次に政党に裏切られ、官僚にも裏切られた蘇峰が最後に望みを託したのは軍であった。蘇峰は国民と共に、「昭和六年満洲事変を切っ掛けに、専ら軍に最後の望みを繋ぎ、爾来殆ど全力を挙げて、軍を支持し来った。その結果が即ち現在の大東亜戦争である。若しここ迄日本を引っ張って来た事が、善い事とすれば、功は軍に在り、悪い事とすれば罪は軍に在る。」(SN1p109)と述べて、満州事変以後敗戦に至るまで、実質上日本を支配したのは軍部であったことを認めている。そして、今回の戦争における陸海軍の行動は、「総体的にこれをいえば、何れも物にはなっていなかった。無責任で、不統一で、投げ遣りで、不能率で、同時に不熱心で、不誠意で、凡そ有らゆる『不』の字を付け加えても、尚お足らぬ程である。」(SN1p109)と批判している。

「昭和六年から昭和二十年迄、軍が殆ど日本の、指導権ばかりでなく、支配権を握っていた。国民は皆な軍に追随して来た。」(SN1p109)と、軍への国民の支持を形容して、彼等は政党や官僚に任せていれば、「国運は日々に蹙まり、国勢は日々に衰微し、国民生活さえも脅威せらるるに至る恐れがあった。[1]」(SN1p109–110)と信じたからである、と蘇峰は言う。当時は、日露戦争で獲得したものも奪い返されようとし、満州でも、支那でも、太平洋の向こう岸はもとより、朝鮮さえも、しばしば問題を起こしていた。このような場合に頼りとなるのは、軍ばかりであった。それで国民は軍に縋り、軍を信じ、国家の運命を担うものは軍であると、軍を見込んで、自ら軍を支持するばかりでなく、何事も軍のいうままに一任した。「世界ではこれを軍閥が日本を誤まったと称するも、それは間違った観察である。誤まったのではない。日本を救済したのである。少くとも日本国民はかく信じたのである」(SN1p110)と蘇峰は述べる。

　国民の軍への信頼は白紙一任とも言うべきもので、「軍がかかる内閣が必要であるといえば、国民はそれを容認した。軍がかかる予算が必要であるといえば、国民はまた一銭一厘も削減せずして、それを承諾した。軍の為す所は、時として目に余る事があっても、見ぬ振りをして看過した。これは軍を怖れている為めではない。軍によって日本の国運を進展せんとした為めである」(SN1p110)と蘇峰は主張する。それほどの国民の全面的信頼を裏切りながら、軍は少しも反省することはないと、次のように批判する。「彼等の望む所欲する所は、政府に於ても民間に於ても、何一つこれを、その意のままに通さない物はなかった。しかるに彼等は未だ嘗て自己反省をしたことがなく、一切の責任を国民に帰していた」(SN1p111)。求めるものを全て与えられながら、「自分の事は棚に上げて、一切これを国民の不熱心、不能率、不協力、不愛国に帰している。一事が万事、皆なその通りである。」(SN1p111)と。

　蘇峰は次のように鋭く軍部を批判する。「勝つ時には、調子に乗って、陸海軍に分捕功名の競争をなし、負けた時には、その責任を、陸軍は海軍になすりつけ、海軍は陸軍になすりつけ、それでも足らずに、総ての事を国民になすりつけるという事は、実に厚顔無恥の極といわねばならぬ」(SN1p111–112)。しかし、この批判は次のように蘇峰自身に適用できる。「戦争を始める時には、調子に乗って強硬な主戦論を吐き続け、その結果の戦争に負けた時には、その責任を、天皇になすりつけ、軍部官僚になすりつけ、それでも足らずに、国民になすりつけるという事は、実に厚顔無恥の極といわねばならぬ[2]」

　戦争責任に関して、蘇峰は戦争に関する言動に少しのやましいところも、後悔することもないと主張して、「我等は国家の元首である天皇陛下の詔勅を奉じて、最善の努力を為した」（SN1p113）にすぎないと、凡百の政治家官僚と同様に天皇の命令に従っただけと述べる。それならば当然天皇こそが敗戦の最高の責任者となる。戦前から軍部に迎合して主戦論で世論を煽動して、開戦に至らしめた自己の責任感は皆無である。

開戦に関しても、次のように責任は米国にありとしている。「我等は、日本国民の殆ど総てが、決して好んで米国と戦争をするものではない、ただ米国が大を恃み、強を恃み、あらゆる物資万能の力を以て、両米大陸に『モンロー主義』を布くのみならず、東亜までもそれを布かんとする態度を遺憾とし、最初は加州に於ける日本人差別問題より始まり[3]、あらゆる迫害と侮辱を加え、延てはA・B・C・D包囲攻撃を以て、日本を缶詰にせんとする政策を執り、最早や退っ引きならぬ所まで、追い詰められて、万已むを得ず、ここに到ったものと信じている」（SN1p115）。この日記では一貫してこれを主張している。

蘇峰は「戦争犯罪とか、戦争責任とかいう言葉」が通用していること自体に疑問を表明している。捕虜虐待とか原子爆弾の投下などは戦争犯罪と言ってもよいが、勝利者が敗者に向かって一方的に犯罪者として決めつけることはおかしいと異論を呈している。そして、大東亜戦争に関しても、軍閥などの作為によるものではなく、窮屈な現状を打破して外に伸びようとする国民的運動であり国民的本能の現れであったと主張している。満州事変に対する、国民の圧倒的支持を考えれば、一理ある議論ではあるが、国内の法律も国際法も蹂躙して、「平地に波瀾」（SN1p134）を起こして戦争を主導した陸軍と、それに密着して強硬な開戦論で国民を煽った自己の責任を国民に転嫁する役割を果たしている。

それまで、戦争や軍部、天皇などの外部の問題を論じてきた蘇峰は、自己自身に目を向けて「自嘲」（SN1p147）と題して、自分は常に裏切られてきたと主張している。悪いのは常に、米国や天皇や軍人などの他者で、自分は彼等に裏切られて幻滅したと自己憐憫に耽ることも、この日記の叙述の大きな部分を占めている。政党や官僚に失望した蘇峰は、軍人こそは「清廉潔白で、身を以て君国に殉する以外に、他念のあるべき筈はなし」（SN1p150）と考えていたが、「彼等は、悉くとはいわぬが、殆ど見掛け倒しで、自分の期待を裏切り、「その結果が即ちこの大東亜戦争である」と述べている。彼等は「実に無責任であり、不熱心であり、不忠実」（SN1p150–151）であった。さらには、自分の絶対的な理想であった「皇室中心主義さえ」も、「今や雲の上からさえも、民主主義などという事を宣伝せらるるに至った今日に於て」は、「殆どその光を失うに至った」（SN1p152）と嘆いている。

戦後日本の変化に関して蘇峰は、「何が驚ろいたかといえば、よくもかく手早く看板が塗替られたかと、驚くばかりである。」と述べて、新聞とラジオの論調に象徴される、軍国主義から民主主義への日本の社会の変化の急激さを慨嘆している。そして、極端から極端に移る日本人に、「中庸」ということが理解できないのではないかと述べて、「日本人自ら日本人たる事を忘れ、日本人自ら日本国を見失なったような状態である」（SN1p158）と形容している。この新聞とラジオという言論機関における急激で正反対の方向への主張の転換に対する批判も、この日記で繰り返されるメインテーマの一つである。このように、終戦後約一カ月の間において、この日記における主要主題は全て出そろっており、この後は少しずつ変化を付けた繰り返しに過ぎないとも言える。

前に軍人の戦争責任を論じたが、官僚の責任に関しても、「およそ日本の官界というものは、仕事の出来ないように仕組んである」（SN1p180）と具体例を挙げて強く批判している。そして「武官は、官僚が剣を吊しているというだけの事である」（SN1p181）と述べて、官僚批判の中には軍人も含まれていることを示している。「その上に腰を据えたる大学出の所謂る英才共が、出世立身一点張りで据わっているから、仕事が手につく筈はない。」（SN1p183）として、非能率の役所に、出世主義の官僚がいたから日本が混乱し敗北したのは当然と主張している。

その官僚批判を次のように要約している。

「自分は戦争の巧まく行かなかった事については、統制経済の失敗と、食糧政策の貧弱であったという事を、ここに特筆して置くが、その原因は、皆な日本の官僚に、禍せられた事といわねばならぬと信ずる。実に日本国を誤まって、今日に至らしめたものは、総ての責任悉く官僚に在りとはいわぬが、しかも官僚は、その責任の主なる部分に、相当するものと、いわざるを得ない。」（SN1p190）

この日記の冒頭では敗戦の責任者として天皇を取り上げて、次には軍人、そして最後に敗戦の主要な責任は官僚にありと蘇峰は主張している。しかし、東条のような軍人首相や、奥村喜和男のような革新官僚と親しく、彼等を代弁して言論界の首領として強硬論で勝ち目のない戦争を煽った自己の責任については全く無自覚である。そのような自己の責任への盲目性は次の軍人批判にも現れている。「陸軍海軍の元老ともいうべき人々、またその中堅ともいうべき人々は、如何なる心底を以て、今日の状態を見ているか。彼等は最も年齢の若き者、最も位地の低き者を、十二分に、若くは十五分に煽り立て、死地に就かしめた者である。しかるに彼等自身には、戦争が済んだからとて、平気でいるは、如何なる意見であるか」（SN1p191）。同じ非難が、戦争末期に特攻作戦を称賛し煽動した蘇峰自身にも完全に当てはまることには無自覚である。

㈢ 軍人批判

責任問題に続いて、「日本の敗因」について論じている。ドイツの敗因は独裁制という体制にあるという意見に対して、「独裁とか自由とかという問題ではない。ただ当局者が、己れを空しくして、他の意見を聴き容れると否とに在るといわねばならぬ。」（SN1p212）と主張している。戦争の勝敗の原因を当事者の主観の心構えに還元している。それ故に如何に軍事力や物量など客観的戦力で劣るとも、国民の戦意が旺盛で一致協力出来れば勝利が可能であるという、蘇峰の一貫した対外硬特有の主観主義による主張である。そのため、日本の敗因の例として、「陸海将官の瀆職、下級軍人の貪欲」（SN1p216）が国民を離反させたとして例を挙げているが、心構えの問題に過ぎず、戦争の本質に触れていない、主観的態度の表面的批判に止まっている。

日本の敗北の第一の原因とみられていた軍閥に関して蘇峰は、「軍閥も、兎も角も善しにせよ、悪しにせよ、昭和六年満洲事変以来、昭和二十年八月十五日に至る迄、彼是十四、五年の間、日本に於ける全勢力を揮うた」（SN1p293）と述べて、蘇峰も満州事変以来終戦まで、軍閥が日本の実質上の支配者であったことを認めている。それでも「我等は世間が思う程、軍閥を悪しきものとは、思うていない。また悪しき事があっても、善い事があった」（SN1p295）と主張して、戦後の日本社会における軍閥への反感一辺倒の空気へ反対を表明している。そして、軍閥の行動には議会にも責任があるとして、莫大な軍事費を無条件に承認したことを、「議会が自らその権能を抛棄したる所以にして、国財を浪費したる者は、軍閥であるが、軍閥をして浪費せしめたる者は、帝国議会である」（SN1p296）と非難している。議会と政府のチェックアンドバランスの西欧式立憲制による憲法解釈を、国体に反すると攻撃して無力化した天皇機関説排撃運動のお先棒を担いだのは蘇峰である。[1] 天皇の権威を笠に着て武力の威嚇で臨む政府や軍部を、翼賛議会が抑制できたと考えるのは愚劣である。[2] ここでも己の責任に無自覚で、他者の責任を追及するのに忙しい蘇峰の特色が現れている。

蘇峰の軍閥に対する弁護は、軍部の社会への支配権の確立と並行して、その時代の波に乗り言論界の頂点に上り詰めた彼としては当然の行為である。それでも、満州事変以降に軍部の行動を圧倒的に支持しながら、戦後になってそれに関して口を噤んで、軍閥非難一辺倒になった新聞よりは正直な態度である。その新聞社内部における戦争責任の追及の動きに対して、蘇峰は戦争の責任は軍人と政治家にあり、自らの信念を表明した言論人に一切責任がないと主張している。これは自己の責任免除の弁解にもなっている。蘇峰の意見では、言論人は客観的情勢とその結果に関係なく、自己の主観を表白し社会を動かせばよいことになる。その機能は単なる宣伝と煽動になり、真実を追究し社会を啓発する責任を自ら放棄するものである。言論人としての責任を重く考えた福沢の文章は今も生きているが、大量に生産された蘇峰の時事的言論は、その場限りの使い捨てで殆ど生命力を失っている。

軍閥を擁護する蘇峰も個々の軍人の行動は批判せざるを得ない。「軍人精神の堕落」(SN1p308) という文で、フィリピンにおける残虐行為を取り上げて、有名な米国人ジャーナリストのジョージ・ケナンが賞賛した日露戦争時と対照的な日本軍の堕落を強く批判している。山下奉文大将を「彼を知り己れを知るは、百戦殆うからず」(SN1p315) の認識が欠けていたと非難するが、蘇峰が振りかざした皇室中心(国体)主義こそがまさに、そのような自他を客観視する思考を抑圧して独善的な主観的観念を鼓吹するものであった。日露戦争当時の主要な軍人と政治家は、捕虜の待遇[3]における国際法遵守の態度に見えるように、西欧の文明と規範を受け入れてそれに倣う「西洋書生[4]」で、国体主義の要素は皆無であった。

万国に卓越する国体などと「自ら陶酔して、必要なき優越感」(SN1p314) を持ち、「平生は大言壮語」して、「いざとなれば周章狼狽、罪を(中略)国民に被せて、自分一人が良い子」(SN1p314) になるとは、蘇峰の軍人に対する批判であるが、その言葉がそのまま蘇峰自身に当てはまることを彼は自覚していない。日本の軍人が「軍人精神を滅却し、怠慢、放恣、横暴、油断、徒らに眼前の増上慢に駆られて」(SN1p315) いたと、蘇峰が批判する堕落は、既に戦前の国外での独断的武力行使や国内でのクーデター計画やテロ行為において姿を現していた。戦前に軍人の友となり軍部を持ち上げながら戦後に非難するのは、蘇峰が自己の盲目と、彼が批判して止まない戦後豹変した新聞と同様の機会主義を自白するに過ぎない。

蘇峰の軍人批判は軍部全体にまで及ぶ。自分は「我が皇軍を買被っていた」(SN1p320) と述べる。彼等が軍職を商売として一身の功名富貴のみを考えていた事は米国の軍人と同じだが、「問題は、何れが職業に熱心にして、能率をよく挙ぐるかという事である」(SN1p320) が、彼等はその職業に「不熱心にして、不勉強にして、規律もなく、節制もなく、ただ上に諛らい、下に傲り、その軍職を武器として、自己の私利私欲を、随所に恣にするに過ぎなかった」(SN1p320–321) として、「少なくとも、敵国の将校は、職業的熱心と、職業的責任感はあったが、日本の軍人は、その熱心と責任感さえも、殆ど失墜し去った」(SN1p321) ので、とても勝負にならなかった。「彼等は立体的に、上に諛らい、下に傲るばかりでなく、水平的に、軍人以外の者に対して、頗る増上慢の態度を示し、国民をして、その疾苦に泣かしめた。彼等の一個一個は、悉く皆な国民に対する、一個の暴君的存在であった」(SN1p321)として、今日の国民が持つ軍閥への反感は、多年の鬱屈した憤慨の爆発で、占領軍への迎合だけではないと述べている。

以上のような蘇峰による日本軍の批判は痛烈であり、真相を捉えている。歴史家の蘇峰には、物事を客観的に見る目がなかったわけではなかった。しかしながら、この日記における多くの優れた観察の場合と同様に、後から来た「下司の智恵」(SN3p241)にすぎない。戦前から心ある人間は軍部の横暴と堕落を憂い批判していた。軍人が職業的意識と責任感を失い「暴君」のような存在になったのは、蘇峰が喧伝する独善的な国体主義教育の結果である。古代の皇祖皇宗を絶対視する主観的国体主義の注入が、軍人から近代的組織に必要なエトスと職業的責任感を奪い、自分達だけが天皇直属の忠臣で国体の擁護者であるなどと、維新の志士を気取った思い上がりを生んだ。まさに福沢の警告していたように[5]、近代の精密機械に古代の毒油を注いだ結果となった。そのような軍部の「増上慢」にも、「日本の正気は、既に政治家を去って、軍部に移った。軍部には、共に国事を談ずる同志がある」(SN1p321)と考えていた蘇峰による、政党政治攻撃と軍部への迎合が大きな役割を果たしていた。本質的に見える蘇峰の軍部批判も、根本的原因にまで思慮が及ばずに、軍人の堕落の原因を主観的な心がけの問題に還元するなど表面批判に終わり、自己の責任に盲目なのもいつもと同じである。

(四) 近衛批判

蘇峰の批判は政治家にも向けられる。中でも近衛文麿に関するものは、力のこもった充実した人物論となっている。この近衛論が、同じ国体主義の歴史家でも、蘇峰を平泉澄から明確に分けるものとなっている。戦後になっても近衛を崇拝と言える程に高く評価していた平泉の近衛に関する文章には、客観性も普遍性もない。近衛を「大勇大剛」[1]の人と讃える平泉の近衛論は、国体主義イデオロギーによる紋切り型の聖人伝に過ぎない。平泉の人物論は、人間を忠臣と逆賊に類型化する前時代のものである。彼は一人の人間を客観的に評価して描写することも出来ない。一方、国体主義者ではあるが、それを超える広い視野を失うことのなかった蘇峰による批評は、多くの近衛文麿論の中でも最も優れたものの一つである。徳富蘇峰は歴史家として今でも生きているが、平泉の歴史は生命力を失っている。

蘇峰は次のように論じる。最近、近衛に関する世論がやかましくなってきたとして、「それは近衛公が、戦争責任者であるべきは当然であるのに、兎角公は、自らその責任の解除を努め、その責任を他に向って、嫁せしめつつある傾向があるという事だ。自分は深く近衛公を識る者ではない。しかし一通りは知っている。自分はむしろ近衛公の同情者であり、且つ出来得べくんば、近衛公をして、その門地相当の義務を、国家に向って果さしめんことを努めた。しかし正直のところ、自分は近衛公に向っては、全く失望した」（SN1p325–326）と述べる。

蘇峰は、近衛の思想と行動に影響を与えた存在として、実父の篤麿と、早死にした篤麿に代わり政治的な養父となった西園寺公望を挙げて、篤麿が対外硬派の日本主義者であったのに対して、西園寺は西欧譲りの自由主義者であり、政治的に正反対の立場にあったことを指摘する。主に西園寺の政治的な庇護下にあった文麿が成長した時には、「ある時には篤麿公の政治的相続者であるが如く、ある時には西園寺公の政治的養子であるが如く、つまり実父と養父との間を、常に往来しているような傾向であり、その為めに近衛公の政治的生涯は、何れとも判断し難く、自由主義者から見れば、自由主義である如く、国権主義者から見れば、国権主義である如く、東亜的政治家であるかと思えば、世界主義者の如く、また世界主義者であるかと思えば、東亜主義者の如く、今日に至る迄、何人も近衛公の政治的戸籍を、確定し得る者はあるまい」（SN1p329）と述べる。[2]

それでも蘇峰は、大政翼賛会運動を進め三国同盟を実現した文麿が、自由主義の西園寺よりは父篤麿の対外硬の政治主義に近いことを認める。しかし、最後の決定的場面で逡巡することを近衛の最大の欠点とする。蘇峰は既に日支事変の段階から近衛に不満を持っていたらしい。この事変の最中に近衛から重大な用件を委嘱されたが、蘇峰は考慮の上辞退して、代わりに近衛を平家の公達にたとえる漢詩を送っている（SN1p331）。

しかし、近衛に対して蘇峰が反感を持つ最大の原因は、次のような彼の反東条運動にあった。[3]「近衛公は、東條内閣の存立以来、隠然一敵国となって、東條内閣の倒閣の、陰謀といわざるまでも、計画に参画し、若くは自ら参画者となった事もあったと察せらるる。近衛公の宮中に於ける信用と勢力と、また民間に於ける信用と勢力とは一度び動けば、天下を動かすに足るものがあった。愈々東條内閣が、国家の為めに、不利であったとすれば、自ら立って、東條に辞職を勧告するなり、至尊に上奏するなり、禍の救うべからざるに至らざるに先立て、これを救うが当然である。しかるにここにも近衛公は遅疑逡巡、所謂る逆艪で、前に漕いだり、後ろに漕いだり、遂に今日の状態を招来した」（SN1p334）

近衛文麿は、この日記において最も強い敵意を持って批判されている人間の一人である。注目すべきは、日支事変の拡大や三国同盟の締結のような、日本を破滅に導いた政策故に批判しているのでは決してない。そのような対外硬政策を徹底できなかったことが、蘇峰の反感の元なのである。蘇峰は近衛を次のように非難する。「(戦争を起こしたのは米英で近衛に責任はないが）若し近衛に咎むべき点があったとしたなら、彼は戦争遂行の献立を為しつつ、何故に自らその責に当ることを逃げたか。更に一歩を進めていえば、彼は何故に戦争中、戦争反対者側の、隠れたる首領となり、その遂行の勢力を分散せしめ、摩擦せしめ、消磨せしめ、一口にいえば、その遂行の妨害を、徹頭徹尾なしつつあったかという事である」(SN1p347)（（ ）は引用者補足）として、戦争中の陰謀工作の中心に常に近衛がいたとして、「日本の戦闘的活動を阻害したる個人を求むれば、人臣としては、近衛以上の者を見出すことは出来ない」(SN1p347) とさえ述べて、近衛には日本の敗戦に大きな責任があると主張している。

この長文の近衛論を蘇峰は次のように結んでいる。「近衛は、所謂る空中の旗で、風向き次第であった。あらゆる人の意見を聴いて、あらゆる意見に動かされ、昨日の近衛を、今日の近衛が取消し、今日の近衛を、また明日の近衛が、取消すという如き、一切当てにもならず、頼みにもならず、いわば極めて善良ならざる、悪質の機会的政治家であった。而して我が日本は、この男の為めに、遂に有耶無耶の裡に引摺られて、奈落の底に葬り去られた。」(SN1p348)

一人の政治家に対するこれほど強い非難は、この日記でも例がない。近衛の自死に際しても、少しも容赦することなく、その生涯を無責任と厳しく総括している。近衛を、「戦争の原因を作ったる巨魁であり、同時にまた彼が敗戦の動機を作りたる巨魁である」(SN1p395) と批判する。

蘇峰は、近衛のムッソリーニやヒトラーに倣った大政翼賛会には反対したが、三国同盟には賛成したと述べる。それでも途中で投げ出して、「外相松岡を逐い出し、やがてはまた盛んに色眼を英米に遣かうようになった」(SN1p396) と述べる。このことが蘇峰の近衛への反感の根本にあると思われる。「新しもの好き」で同時に「飽き性」であり、「計画家」であり「不実行者」で、「難局に遭えば、いつも逃げ出す無責任者」(SN1p397) という人物評は正確で鋭い。そのような空疎な人物をもてはやし、何度も政治の頂点まで持ち上げて、「近衛時代[4]」を作り出した、当時の新聞などの言論界や蘇峰も含めた知識人[5]、国民に最終的な責任がある。

先の文章にもあるように、ある時期までは近衛は蘇峰の対外硬派の同志であった。近衛は蘇峰の最も信頼する政治家の松岡を外相に登用し、大陸に兵を進め、天皇の反対を押し切り蘇峰が提唱する三国同盟を締結した。それが、開戦間際になって対米交渉を進めるために松岡を切り、戦争に突入してからは自由主義者達と共に早期講和のための反東条運動の中心となった。蘇峰の立場からは、この変節が許せないのである。裏切った味方に対する敵意は、前からの敵に対するものよりも強烈である。

このように、天皇や、官僚や軍人、そして政治家近衛など、他を批判して止まない蘇峰の矛先は、日本人一般にも向かい、次のように述べる。「全く日本人には、愛相が尽きている。我等の自身さえも、日本人たることを、愧ずる程である。出来得べくんば、日本人を辞職したいような気持もする」(SN1p349)。そして、自分に対しては自己憐憫の感情を表明している。「近頃予の最も痛感するは『幻滅』の二字である。予も浅ましき人間の一人として、かく感ずるであろうが、殆ど見るに従い、聞くに従い、幻滅せざるものはない。当人等に取っては、必ずしも裏切る訳ではあるまいが我等に取っては、殆ど皆裏切られざるはない感じがする。要するにこれは自分が不明の罪というより外はあるまい。誰れを咎むるというではないが、余りに日本及び日本人を買被ったる罪であろうと、自省するの外はない。露骨にいえば、戦争中は、全く日本は嘘で固めて来たようなものである。ただ莫迦正直なる我等が、その嘘を、そのまま信用して、今更ら幻滅を感ずるに至りたる次第であれば、我等は実に莫迦の骨頂といわねばなるまい。」(SN1p339–340)

馬鹿正直な自分が日本や日本人に裏切られたという、このような言葉が、この日記における蘇峰の自分自身に関する一貫した弁明である。自分は政治指導者や軍首脳と親密で、その政策を一貫して支持して、言論界の指導者として米英に対する根拠のない軽蔑と敵意を煽り、日本を戦争に導き亡国をもたらして、兵士や一般民衆を悲惨な境遇に陥れた国家の指導層の一員である、などという責任感も自省心も皆無である。彼がその無責任を批判する政治家近衛と好一対の無反省である。

近衛に対する敵意と対照的に、対外硬の姿勢を一貫して貫いた東条に対する態度は、はるかに温かく好意的である。蘇峰は「日本の為めに、出来得る限り、立派な人物を発見し、彼をしてその所を得せしむる事を以て、国家に対する奉公の一」(SN1p403) と考えていたとして、東条もその一人であったと述べる。このように、自分は教師役のつもりであったが、東条への政治的助言は殆ど顧みられなかったと告白している。そして、誰にも心を開くことがなく、偏屈狭隘な東条を次のように描写している。「東條首相は、予に対しても、恰かも議会の委員会に於て答弁でもするかの如き態度を以て接した。腹心を披らくこともなければ、況や赤心を他の胸中に置くこともない。その為めに、予は東條首相によって、何一つこれという軍国の大事を聞くことを得なかった。また予にも相当の自尊心があるから、強いてこれを聞かんことも、努めなかった。実を言えば、予も東條首相には、失望せざるを得なかった。それで最後は、その成行に一任する外はなかった」(SN1p406)。そして、緒戦の大勝利で慢心してからは全く誰の意見も聞かなくなったとして、東条が自分の言葉を聞いていれば大業をなしたと述べている。

蘇峰は日本の敗因を論じて、軍部や近衛などの政治家の責任を筆鋒鋭く追及している。その批判には的を射ているものも多い。しかし、戦前戦中にそれらの勢力と親密で強く支持していた自己の責任に関しては、全く触れることのないのが特徴である。

二、昭和二十一年前半

(一) 日本人批判

昭和二十年の段階では、終戦決定の最高責任者である昭和天皇、支配者であった軍部や政治家の批判が中心であったが、戦後の日本社会の状況や戦争の実態が明らかになりつつある昭和二十一年になると、堕落した軍隊の批判から、日本人が腐っていたと日本人全体に非難の矛先を向けるようになった。「無条件降伏以来、未だ半年に満たない。この間世の成行を眺むれば、敗戦の由来、よりて来る所のもの、偶然ならざるものあるを、しみじみ感ずる。それは結論からいえば、全く日本国民の内臓が、腐敗していた事である。一切の事が功利一遍となり、ただ当座の便宜、眼前の都合、その身その刹那の満足のみを事とし、口と肚は全く別であった為めである。自分等も全くこれに気付かぬでもなかった。実をいえば、むしろこの腐敗したる人心を救う為めに、鉄と火の洗礼を授けたらば、再生復活の道も、自から開くるであろうと考えていたが、正直の所我が国民の芯が、これ程迄腐っていようとは、思わなかった。今更乍ら実に箸にも棒にもかからぬとはこの事である。今日に於てこの事あるは、全く自業自得である。今更誰をか咎めんやだ。今更誰をか怨みんやだ。」(SN2p19–20)

天皇や軍人は無能で、日本の国民は腹の底から腐敗していたとして、それを買いかぶっていた自分は裏切られたというのが、この日記の一貫した立場である。そのような身勝手さに止まらない、国民を見下したような非人間性がこの文章にはある。蘇峰は国民の腐敗に気づいていたので、鉄と火の洗礼を与えて再生させるために戦争を主張したとさえ述べている。ここには戦争で殺され傷つき家を焼かれ財産も家族も失った国民への同情や哀悼の念は全く感じられず、まるで神の視点に立って国民を見下している。戦時中にも蘇峰は、首都の空襲は国民の自覚が足りないからだと述べて清沢を怒らせていた。国体主義というイデオロギーは、同胞国民への愛情共感さえも失わせる。

蘇峰の日本人批判は戦後の状況にも向けられる。「日本国民は、単に定操が無いばかりでなく、思想の権衡というものが無い。恰も竿を立つるが如く、右に倒れなければ左に倒れ、前に傾むかなければ後ろに傾むく」（SN2p49）と、日本人の思想が極端から極端に傾くことを批判している。その一例として、皇室に関する言論を取り上げて、「予は日本の歴史家が、余りに定操の貧しきに、驚ろかざるを得ない」（SN2p68）と、タブー視から抹殺論へと極端から極端に移る不見識な転向を批判して、「己れの本領を持たず、雷同性に富む者ほど困った者はない」（SN2p70）と述べている。言葉を変えれば、独立自尊の精神がなく、容易に強者や時勢に迎合するということである。これは日本人本来の性質もあるが、教育勅語の他律的道徳を強制する教育によって育まれた大勢順応主義の結果でもある。福沢は早くから、そのような教育からは、権力に従順な小心翼々の良民しか生まれないと警告していた[1]。

蘇峰はそのような戦後の日本人の中では例外的な存在として、文部大臣の安倍能成の演説を紹介している。その中で安倍は、戦前の右翼の事大主義を裏返したような左翼勢力の跋扈を批判して、民主主義における個人の義務と責任の自覚の必要を説いている。その演説における「神がかり的な攘夷思想によって日本を世界に冠絶せる神国と誇称し、自己の力を計らず国際関係をふみ外して他国を軽視し蔑視する」（SN2p73）という右翼批判は、まさに蘇峰が代表する国体主義に基づく対外硬論に対するものである。

安倍は皇室が日本の中心にあり、神話にも一定の意義があることを認めるが、神話と歴史の混交を否定して学問的研究の分野であることを認める。教育勅語発布直後に国体主義者から総攻撃を受けた久米邦武の研究姿勢を受け継ぐ立場である。この戦後の混乱期にあって、左右の極端主義に偏することなく、伝統を尊重しつつも戦後の日本の発展に自信を示している安倍の言葉は、蘇峰の日記に引用されているものの中では最も優れたものである。蘇峰は直接自分に関係しないことには客観的になれるし、批評眼もある。

蘇峰は安倍を「日本人の匂いがする」（SN2p75）と持ち上げているが、安倍が戦後も一貫した思想的節操を堅持し得たのは、リベラリストとして独立自尊の精神を有しているためである。すなわち蘇峰が非難して止まない米英流の個人主義の賜である。一方、文部省に対して蘇峰は、戦中は「言葉咎めや、不敬呼ばわりや、形式的励行や、まるで人を鉄の鋳型に入れて、鋳り潰すような事」（SN2p75）をしていたと批判している。しかし、教育勅語発布直後に勅語に最敬礼をしなかったとして教師の職を追われた内村鑑三不敬事件や、その論文の内容が不敬であるとして帝大教授を辞めさせられた久米邦武事件が示すように、それこそまさに他律的で形式的な道徳を全国一律に強制する教育勅語教育の本質である。蘇峰は敗戦原因の追及において、その批判の対象を天皇や軍人から日本人一般に広げている。戦後の醜態を見るまでもなく、日本人は戦前から既に腐敗していたというのが蘇峰の見解である。そのような中で、例外的な存在として安倍の演説を紹介して、一方で文部省を批判しているのは、教育こそ亡国の根本原因とするこの日記全体の結論とも一致するもので、蘇峰は少しずつ問題の核心に近づいている。

㈡ 福沢への敵意

戦後半年経った昭和二十一年二月十九日の日記で、蘇峰は世間との公式的接触を断つ決意を「自ら葬る」と表明する。そして、それまで主に外に向けていた目を自己に向けるようになった。自己の一生を回顧して、自分は凡人だが、「我が皇国を、世界第一の国」(SN2p99) にしたいという願望は自分独自のものであり、八十四年の生涯をそれに捧げてきたにもかかわらず、日本は今や朝鮮やフィリピンにさえ劣る国となり、「一切を幻滅に帰した」と述べる。「一切の利害寵辱も、国家の前には、何物もない。国と共に栄え、国と共に喜び、国と共に楽しみ、国と共に進み、国と共に成長するという事が、予の慾望の殆ど総てであった」として、「自己中心は小煩悩である。国家中心は大煩悩である。卒直に論ずれば、予は恐らくは、人間として、最も多慾多煩悩の一人であろう。しかし今日となって見れば、その頼みとする国から、見捨てられたような気持ちがする」(SN2p99) と述べる。自国を世界一にしたいという願望などは、フィリピンなどに対する安易な蔑視が示すように、一種の虚栄心に過ぎないのに、「大煩悩」などと呼んで、何か誇るべき理想のように彼は考えている。

それでも、これまでの他者への批判に代わり、蘇峰は敗戦に関する自己への反省を始めた。その中で、敵を過小評価し自力を過大評価して、同盟国のドイツとイタリアに期待しすぎたことが敗因と述べる。しかし、そのような「敵を知り己を知る」という戦争に対する最も根本的な心構えにおいて、全く誤っていたことへの本質的で深い思索は無い。対米開戦の主張や三国同盟の主唱で、その錯誤に対して最も大きな責任のある蘇峰は自己の誤りを深く反省することもなく、その不見識を「如何なる強情者も、叩頭せ」ざるを得ないなどと他人事のように話している。自滅的戦争に対する根本的省察ではなく、「時期が早過ぎた」(SN2p101) などという浅薄な反省にすぎない。

戦争の事実関係に関しては、満州事変から支那事変、支那事変から大東亜戦争までの展開を、「人が勢を制したのでなくして、むしろ勢が人を制したものといわねばならぬ」(SN2p102) などとして時勢に責任を転嫁して、結果として戦争を起こした軍部やそれを拡大した近衛、それらの対外硬政策を強く支持して対英米戦争を主唱した自己の責任を回避している。「今日となっては、自ら遺憾とする点少なからず」などという軽い言葉には責任感は感じられない。支那事変には反対であったが、「しかも火既に原野を焼く時に於ては、むしろこれを怪我の功名として善用せん事を期し、それが一転二転三転して遂に今日に到ったものである」(SN2p102)と、まるで自然現象のように述べている。

このように、自分や自分が支持した軍人や政治家の責任を認めない蘇峰が、現在の亡国の根本的責任者として名指しする人間が存在する。「元来日本が、かくまで堕落したのは、決して一年や二年の事ではない。少なくとも百年近き歳月が掛かっている。世間の人は、如何に判断するか知れぬが、日本を精神的に、今日の如き状態に陥れたのは、必ずしも福沢その人とはいわぬが、所謂る福沢流の学問が、与かって力ある事は、論を俟たない」(SN2p102–103)と述べて、日本を現在の状態までも堕落させたのは福沢諭吉であると、蘇峰は主張している。

前にも蘇峰は文化勲章問題で福沢への対抗心[1]を表していたが、ここに初めて絶対的な敵としての福沢が日記に登場した。福沢とその影響力こそが、百年近くかかって日本を堕落させて今日のような亡国状況に陥れた元凶であると主張している。言論界の指導者として、対外硬論で日本を無謀な戦争に導き敗戦の亡国に陥れた蘇峰が、国家権力によって抑圧されていた福沢の影響こそが、亡国の責任者であると告発している。少しも理屈に合わないが、蘇峰の福沢への敵意の強さをよく示している。福沢の影響力こそが抹殺すべき日本に対する最大の害毒であると信じる点で、徳富蘇峰がまさに井上毅の思想的後継者であることを示す文章である[2]。

蘇峰は、その福沢批判を次のように具体的に説明する。封建時代の教育が日本を偉大にさせた。栄光ある勝利をもたらした日清戦争の軍幹部はその教育を受けていたと述べて、彼等の捕虜の待遇における国際法遵守が示すような、西欧に学んだ文明思想を無視している。そしてその後の福沢流の教育によって今回の戦争の中堅幹部は堕落していたと主張する。「今回の戦争で、その弱点は何処に在ったかといえば、全く中堅幹部に在った。中堅幹部の人々は、全く明治以後の教育を受けたる人々である。即ち言い換うれば、福沢流の教育を受けたる人々である。ただ今度の戦争に於て、明治初期の教育を受けたる者の若干と、大正以後福沢流の教育に反動して、所謂る復古的教育を受けたる者の青年に、僅かに本来の日本人と、日本精神とを見出したのである。」(SN2p103)と述べる。

歴史家としての蘇峰の資質を疑わせる事実の歪曲であ

る。明治十四年政変後の反動で福沢流の教育思想が公立学校から一掃されて、明治二十三年には井上毅が起草した教育勅語が発布され、その国体主義が教育の根本とされ全国的に強力に実施された。年齢的にも、今回の戦争の中堅幹部に福沢流の教育を受けた人物など存在しない。彼等が愛用した「皇道」とか「八紘一宇」などという言葉が示すものは、福沢流ではなく、その対極にある国体主義の影響である。蘇峰は、昭和十年代の国体明徴論に基づく反動的教育こそ「日本流の教育の大道」であり、そのまま続いていれば立派なものになるはずだったが、「今や、漸く高閣に束ねかけた、福沢流の書物が取出され、その祖師である福沢の名さえ、事新らしく称えらるるに至って」(SN2p103–104) とあるように、福沢流の思想が復活したので、日本は「奈落の底」に落ちて二百年かかっても再生できないと主張している。

福沢流の個人主義を「我利我利亡者の利己主義」の「小我」主義であると敵視する蘇峰は、それに対して「一個人我を殺して、その我を一郷一藩に拡大し」、「日本に拡大して、自己の利益と、国家の利益とを、打って一丸となし、自己の存在を国家の存在の内に、托する」公的価値に奉仕する「大我」主義の人間を理想とする。「楠木正成、大石良雄より、近きところ西郷隆盛、乃木希典、皆なその通りであり、勝海舟の如きも」(SN2p104) ふくまれると述べる。個人自体の尊厳や権利を認めずに、全体に奉仕すべきとする封建的で全体主義的人間観である。まさに、福沢の楠公権助論の対極の議論である。蘇峰の福沢への敵意の根本には、この個人主義があり、経済的には自由主義にあった。蘇峰は「財政経済の事には、むしろ不長所である」(SN2p105) と述べながらも、電力を国有[3]にしたように食料も政府専売にすれば食糧問題が解決する、と主張する国家社会主義者であった。その点で、前の第二部で見てきたように、対外硬派の先輩である陸羯南と同じであり、福沢に対する反感も同一である。

蘇峰の過去に対する回顧や反省は、日本の現状に対する幻滅に転化する。蘇峰は、日本の敗北は、歴史上において比類無い惨めな敗北であると主張する。そして、日本人は「世界各国民の風上みに置くべき代物」(SN2p129) とは思えず、自分は日本人に「幻滅」したと述べて、その証拠が敗戦を境とする新聞の記事の激変であるとしている。戦後の日本人の軽薄な変化について、「何が一番日本国民に欠乏しているかといえば、国民としての真骨頭である。言い換うれば、日本国民としての自覚心が、皆無とはいわぬが、極めて稀薄、極めて散漫、極めて不純、且つ極めて軟弱である」(SN2p130) と述べて、敗戦を境とした、同じ記者によるものであろう新聞・放送の皇室関係記事の崇拝から蔑視への激変を例として挙げている。

敗戦を境とした皇室記事の変化に象徴される日本人の主体性の無さは、教育勅語に基づく教育による上からの他律的道徳が育てたものである。権力者によって命令されたものに礼拝し、権力者によって指示されたものを軽蔑するのである。戦中は英・米という字にケモノ偏をつける(SN2p131)ほど極端の国体主義者だからこそ、戦後には米国への極端な迎合者となったのである。蘇峰がこの日記で、敗戦によっても動かされないと取り上げた美濃部達吉(SN1p287)や安倍能成が、戦前の風潮に抵抗した独立自尊の精神を持つ自由主義者[4]であるのは偶然ではない。新聞における人心の激変を示す具体例として、日の丸や『君が代』、紀元節の廃止意見を紹介した後で、「甚だしきは」教育勅語の廃止論であると述べて、その変わり方は「我等の想像の及ぶ所ではない」(SN2p132)と、教育勅語を特に重視している事を示す。

しかし、その教育勅語も案外効能が無かったことを蘇峰も認めざるを得ない。教育勅語には義勇奉公という言葉があるが、日本人には「奉公という二字が頗る欠乏している」(SN2p136)ことが敗戦で暴露されたと蘇峰は述べる。日本人は総動員とか総力戦は口先だけで、実際は各々が利己的行動をして、「国家の半分の力」さえも挙げられなかったと彼は嘆く。西洋人や支那人の利己主義を軽蔑して、日本人は忠勇義烈と自慢していたが、人の見るところだけの忠勇義烈で、人の見ないところでは勝手放題をしていたと蘇峰は主張する。教育勅語のような他律的で形式的な道徳の強制は、表面的な偽善的な人間を生むだけであるという、福沢の警告を裏付けるものである[5]。

蘇峰はそれまでの、天皇や軍人などの他者への批判から、対象を自己に向けて反省を始めた。しかしその自省も長く続かずに福沢や日本人などの批判に終わっている。その中で示された福沢に対する強い敵意が、彼の内面におけるその存在の大きさを表している。

(三) 軍教育批判

蘇峰は軍部と軍人に対する本格的な批判を強める。彼は、「奉公の二字を服膺したらんには、海陸軍の折合も、亦た前線と銃後の聯絡も、また軍事、外交、政治の会通も」(SN2p137)うまくいったと蘇峰は主張して、政府内の陸海軍の不統一などの原因が奉公などという主観的な心がけが欠けていたことにあったと述べる。蘇峰は日本の軍人が「事苟くも皇室に渉れば、彼等はエレキをかけたる如く、儼然として居住まいを正す事」(SN2p139)を実見して「日本の精神」は陸海軍の間に扶植されていると信じていたが、戦争の実態は全く正反対であったと嘆く。そのような表面的態度は教育勅語への一斉最敬礼と同様で、他律的道徳の形式的な強制による条件反射的反応に過ぎない。

このような他動的な忠義が、如何に表面的で内容が空疎なものであるかは、戦争や敗戦の危機の事態に惨めに露呈した。

蘇峰は次のように述べて、「日本の軍隊に於て、我等が最も遺憾に感ずるは、上級将校と下級将校の間柄、若くは将兵の間柄である。我等の理想では、聯隊長は親の如く、中隊長は兄貴の如く、聯隊の将兵は子の如く、中隊のそれは弟の如く、互に相親善し、その間に一縷の静脈などというものはなく、滂々たる温かき血が、互に行き通うているものと考えていた。しかるに事実は全くそれを裏切っている」（SN2p142）と今更驚いている。軍隊という近代的組織において、肉親のような感情的関係が存在しうると考える蘇峰の愚劣さは、近代において、「義は君臣、情は父子」などという一君万民の家族国家を理想とする国体主義の結果である。福沢が警告していたように、精密機械である近代の制度に古い毒油を注ぐようなもので、古代の感情的親密さも、近代の能率性も生まれない。暴力による外面的強制がなくなると、弱肉強食の無秩序状態に陥る。蘇峰はその現実を見ることなく、本質に至ることも出来ずに、観念的に軍隊を美化して、現実が明らかになれば当事者の主観的な心がけの悪さを嘆くしかない。

日本軍の問題に関して、この日記で蘇峰は一貫して日本人が捕虜になることを否定している。[1] 今次の大戦における捕虜の存在について蘇峰は次のように論じている。「日本の軍人には、従来降参という事は、全く削除せられていた。従て捕虜となるという一項目は、日本の将兵にとっては、軍人の面目を毀損するものとして、誰れも歯する者はなかった」（SN2p143）と、蘇峰は戦後になっても捕虜は自死すべきという持論を繰り返す。日本軍の戦死者を不必要に増大させ、捕虜への軽蔑から多数の虐待事件により日本の名誉を汚した非人間的な信念である。その根本にあるのは国際法に基づく文明的戦争や、近代的軍隊制度を否定する国体主義である。[2] 捕虜について教育しなかったからこそ、蘇峰が言及しているような降参後に日本を裏切る軍人が多数出たのである。

蘇峰は日記において、捕虜となった沖野亦男大佐の手記を引用している（SN2p144）。沖野は元来外国人に友人も多い開かれた人間なので、日本の捕虜を侮辱する理不尽な態度を批判している。沖野は捕虜への否定的態度は、他国民ならず自国民への不信の現れであると主張する。普遍的な人間性を信じることが捕虜の存在を認める。外国に対する軽侮と不信に基づく国体主義においては、実は自国民のみならず他国民の捕虜の存在も認めずに、自他の兵士への残虐事件を生むことになるのである。捕虜となっても人間的に遇された沖野は、日米を比較して、米国の人間愛に対して、戦争愛好生命軽視の日本を対置している。その日本の属性とは、この日記でも蘇峰が展開している国体主義に基づく対外硬論そのものである。

ニューギニアの悲惨な戦闘は今次の日本の戦争を象徴している。十分な戦略も物資もなく、「神助」（SN2p154）に一縷の望みを繋いで、絶望的な戦闘を試みたが敗れて、補給もなく餓鬼となって逃げ回った兵士の悲惨な体験記の新聞記事を、蘇峰は引用している。極端な例であるが例外ではない。太平洋戦争におけるガダルカナルやインパールなどの日本軍の戦いを象徴するものである。敵を軽く見て不利な戦力で戦争を始めて、十分な兵器も物資も供給せずに、兵士の主観的な戦意と「天佑神助」を空頼みして、前線の兵隊に非人間的で絶望的な戦いを強いた。軍首脳に責任があるが、松岡洋右や蘇峰などの対外硬論者は、日本の国体故に「必ず神佑天助あらん[3]」（SN1p53）などと無謀な戦争を煽った共犯者である。そのことを、蘇峰は少しも自覚も反省もしていない。この飢餓地獄の兵士の残酷な体験談を、蘇峰は「事情已むを得ぬ事もあり、致方ない」（SN2p158）などと述べて、日本軍内部における対立問題と将校の資質の問題として片付け、日本軍の本質という根本問題として深くとらえようとしない。

蘇峰が述べているように、「幼年学校、士官学校の全く正規の階梯を履んで来た」（SN2p158）将校の質が最も粗悪であったことは、教育に重大な欠陥があったことを示している。ニューギニアの戦記が、日本軍の、そして近代日本の本質に関わっていることを、さすがに蘇峰は察知したのであろう。その根本原因たる教育の問題に目を向けた。「日本の将校がかくまで腐敗した理由は、何であるかといえば、全く教育の方針が、間違っていた為めといわねばならぬ。一口にいえば、正しき意味に於ての教養そのものが全く無視せられて、只だ形式だけの教育を施こした為めである。これを称してあるいは猿芝居教育といってもよし、あるいは鸚鵡教育といってもよし、兎に角訳も道理もなく、唯だ一の型を作って与えたまでであって、一度びその型を失えば、全く無教育者も同様となって、いわば一箇の野蛮人化するべきは、必然である」（SN2p160）と述べる。これは軍隊だけの問題ではない、生徒の個性や自発性を無視して、軍人勅諭の暗唱や教育勅語への最敬礼を強制させたような、形式的で画一的な日本の教育一般がその根本にある。

軍隊の精神教育が全く形式的であって、表面的外見以外何の役にも立たなかったことを蘇峰は強く批判する。それがまさに、教育勅語や軍人勅諭などの、上から強制する他律的道徳教育の本質である。独立自尊という人間の自律的道徳でないから、状況が変われば顔を塗り替えるように容易に変化する[4]。蘇峰が日記で苦々しく証言しているように、戦前の天皇主義者が敗戦後には民主主義者に早変わりして占領軍に迎合するようになる。蘇峰は軍隊において、猛訓練や軍人勅諭の暗唱などの精神教育が行われていたことを認めているが、それが何故効果が無かったかの反省は無い。そのような他律的な形式的教育そのものが、治にも乱にも誤ることのない人間の基礎となる独立自尊の精神の成長を阻害するという洞察は皆無である。

蘇峰は日本軍の宿痾とも言うべき「要領」の問題を次のように論じる。「如何に軍隊では、総ての事が形式であったかは、軍隊の通用語に要領よくやるという言葉がある。要領よくやるという事は、その当座を巧く誤魔化すという事である」と述べて、備品や兵器が足らなくなれば他から盗んでくることであり、「即ち要領学という事は露骨にいえば誤魔化し学である」（SN2p162）と結論づけている。要領とは泥棒である。根本的な原因は、教育勅語に最敬礼したり、軍人勅諭を正しく暗唱するというような、外面のみを異常に重視する他律的形式的道徳にある。

蘇峰は軍隊のみでなく日本の教育一般に関しても、「形式教育については必ずしも軍人の教育ばかりでなく、日本の教育それ自身が全くその為めに大なる禍根を養い来った。予は敢て言う、帝国大学あって、日本の腐敗せる官僚政治は出で来り。士官学校、兵学校あって、陸海軍の腐敗せる幹部は出で来った」（SN2p162–163）として、個々の人間は一定以上の水準であったが、一定の型にはめられた型どおりの人間で、その型から取り出されると何の役にも立たず、これは文武の官僚に共通であったと述べる。試験万能の官学が生み出した点取り虫の秀才達が、試験の成績により文武の官僚の頭となったが、彼等が真の危機の時に何の役にも立たなかったことを今度の戦争が暴露したと蘇峰は述べる。それでも彼等には「心の学問」（SN2p166）が足りなかったなどと、個々の人間の主観的態度に責任を帰している。

日本を敗戦に導いた軍と軍人の堕落に関して考察を進めてきた蘇峰は、結論として次のように述べる。「日本が今日の如き浅ましき情態を、打出するに至ったのは、全く多年の教育の結果」（SN2p167）であると、日本の滅亡の根本原因は教育にあったとする「教育亡国」を主張する。敗戦以来、和平派や天皇などの敗北の責任者を非難し続けてきた蘇峰は、官僚や軍部の批判を通じて、根本的に教育に問題があったと結論を出した。これは、この日記全体の結論部において、日本の敗因を本格的に考察した部分の結論と同一である。しかし、この時期の蘇峰の教育批判は、まだ官僚や軍人を生み出した高等教育中心で、その批判の底も浅く本質に迫っていない。

(四) 再度の天皇批判

昭和二十一年五月二十二日の「日本を挟む米ソの対立」

（SN2p316）という文章は、蘇峰が主要な関心を敗戦の原因と責任追及という過去の問題から、日本の将来の問題に移し始めた転換点と言える。蘇峰は米ソ対立の必然化において、最悪のソ連の影響を避けるために、次悪の米国を取れと主張するようになった。米国もソ連も共に日本の非武装を目的としているが、米国は日本の利用を考えているのに対して、ソ連は完全な無力化を目指していると述べる。「元来ソ聯は本土作戦で、日本が米英の上陸軍にやっ付けられ、所謂る焦土となった暁に、始めて日本に乗込んで来る積りであった。ところが本土決戦以前に、日本が無条件降伏をしたから、その一点だけは、全く当てが外れた」（SN2p320）と述べて、本土決戦で日本が焦土になり全的滅亡状態になることがソ連の希望であったと観察している。昭和天皇や鈴木首相が避けようとしたのは、まさにそのような事態であった。蘇峰は本土決戦もせずに降伏したと日記冒頭からこの二人を強く非難していた。蘇峰は徹底抗戦という以前の自分の主張が、まさにソ連の思う壺にはまる[1]ことであったことを自覚も反省もしていない。常に自分は正しいと主観的に思い込んでいて、今度は戦後の昭和天皇に対する批判を始めている。

　蘇峰にとって「何よりも大切」なものは天皇自身ではなく、「万世一系の皇統である」。その皇位は、「天照大神の神勅以来、若くは神武天皇の建国以来、天壌無窮」（SN2p259）であると述べて、蘇峰の主張する「皇室中心主義」なるものが、皇祖皇宗を絶対化する国体主義そのものであることを示している。その国体を守るためには、国民を犠牲にするだけではなく天皇も例外ではない。それ故に、「予は終戦の御放送と同時に、当然主上は御退位遊ばさるるものと、信じていた」（SN2p325）と、この日記では繰り返し昭和天皇が退位しなかったことを批判している。蘇峰にとって昭和天皇よりも国体を守ることが大事であり、戦争責任を皇室に及ぼさないために幼少の皇太子の即位を期待していた。

　根本には、蘇峰が昭和天皇に敗戦責任があると考えていることにある。「予は昭和の御代を通じて、最も遺憾であった事は、天皇が常に第三者の態度を以て、国民に臨み、国家に臨み、国家危急存亡の場合に臨ませ給うた事である。甚だ恐れ入たる申し分ではあるが、これが敗戦を来したる、唯一とはいわぬが、重もなる原因の一である事は、今日に於て、愈々これを信ぜざるを得ざるものがある」（SN2p331）と、昭和天皇が戦争中にも蘇峰の助言を聞かずに戦争の第一線に立たずに、親政を敷かなかったことが敗戦の大きな原因であると主張している。

　蘇峰は、二・二六事件以来、自分の何度もの天皇への意見が受け入れられなかったことを述べて、皇室安泰のために天皇に退位することを勧告している。さらに、天皇の政治的センスの無さを指摘して、側近批判の形で天皇への「満腔の遺憾の情」（SN2p333）を表明する。天皇が先頭に立ち本土決戦を敢行するという蘇峰の意見が受け入れられなかったからこそ、日本も全的滅亡を免れ皇室も安泰だったのである。戦前の無謀な主戦論から本土決戦論に至る、その愚劣さが明白になっても、自己の言動を反省することはなく、蘇峰はなおも天皇に意見しようとしている。

蘇峰は日本の将来に関して、日本が名誉ある地位を維持するには「万障を排して、皇室を保存する」（SN2p340）ことである、ある程度の尊厳を毀損しても皇室さえあれば日本の独自性は守れると主張している。このことこそ、昭和天皇はじめ和平派が考えて、皇位に関して議論のあったポツダム宣言を受諾して降伏した理由であった。終戦直後、蘇峰はそのような決断を「国体を破壊」（SN1p47）したとか、「国を売った」（SN1p132）と口を極めて非難していた。また蘇峰は、「幸に日本は独逸に比すれば、分割だけは免かれた」（SN2p342）とも述べている。終戦直後に蘇峰が主張していたように、降伏を拒否して本土決戦を実行していれば、ソ連も本土の戦闘に参戦して分割占領は必至であった。日本がポツダム宣言を受け入れたからこそ、日本は分割占領を免れたのである。困難の中で降伏を実現した昭和天皇の勇気と先見の明の賜である。

戦後におけるソ連と共産党の脅威を強く感じるようになった蘇峰は、今日の問題は、憲法上の天皇の権限などや、いかなる皇室にすべきかなどに拘泥せずに皇室を存続することに全力を注ぐべきと主張する。そして、長年の歴史と伝統によって天皇の尊厳が生じたのであって、近代の憲法などによって与えられたのではないと述べている。これは、今までこの日記で蘇峰が強硬に主張してきた、皇祖皇宗の神勅により与えられて、不磨の大典である憲法によって定められた皇位の神聖性は天皇自身によっても動かすことは出来ないとする、国体主義イデオロギーから明らかに離れるもので、むしろ昭和天皇の人間宣言の立場に近いものである。これも自ら意識することなく変節して、時代に順応する蘇峰の特徴の一つである。

蘇峰は日記に、英国『オブザーヴァー』誌の東京特派員の見た天皇の千葉巡幸の記事を引用している。その中で英国人の記者は、県民が心から感激している様子に感銘を受け、敗北で「何もかも破壊されてしまった日本人の社会にあっては天皇が唯一の安定点をなしている」（SN2p411）ことを認めている。昭和天皇は破壊の戦争においては先頭に立つことはなかったが、再生と建設の闘いである戦後の復興においては先頭に立って国民を勇気づけて、敗戦後の社会の混乱を鎮めて日本が再生復活するのに大きな役割を果たした。蘇峰や近衛が主張したように昭和天皇が退位して、幼い皇太子が天皇になった時には、そのようなリーダーシップは期待できなかった。

まさにそのような天皇が蘇峰にとって不満なのである。彼は「皇室中心主義者の幻滅」という一連の文章で皇室というよりも昭和天皇への批判を展開する。「如何に吾等が皇室中心主義を宣揚したりとて、皇室そのものが、それを否定せらるるに於ては、万事休する」(SN3p15) と述べる。天皇が蘇峰の皇室中心主義などを「迷惑千万」に考えている、という彼の推察は正しかった。自然科学者でもある天皇は、天皇機関説反対論を批判して美濃部を擁護し、国体主義の歴史学者平泉澄を寄せ付けなかったように、戦前から国体主義に否定的であった。国体主義の狂信者達が天皇の側近を殺し、国体主義の政治家近衛が天皇の意に反する方向に日本を導き、亡国を招いたのである。天皇が国体主義者を不快に感じるのは当然であり、蘇峰もそれを察して不平を持っている。

蘇峰は自説の正当性を、「皇室中心主義は、空念仏でもなく、空題目でもない。これを以て国民の政治思想の基調となし、国家政務の標準となし、日本特殊の政治を、世界の真中に押し立てんとする、希望であった」(SN3p16) と主張する。そして、その目的が、神がかりの「尊皇愛国の連中」、「議会中心主義」の西欧化論者、皇室を政治の外に置こうとする「天皇周辺の人々」の「三つの妨害者」によって阻止されたと述べている。何度も繰り返して指摘してきたように、蘇峰の「皇室中心主義」とは、皇祖の天壌無窮の神話に基づく国体主義と全く同一である。この普遍性のない「日本特殊」の政治を、世界の中心に置くなどという希望そのものが、妨害者の存在に関係なく、実現の可能性のない空疎な信仰に過ぎない。蘇峰はそれを半ば意識しているから、「空念仏」でも「空題目」でもないと強調するのである。

昭和天皇自身が蘇峰の国体主義を否定した。マッカーサーとの会談で「後の日本を英国流に、而して天皇と国家及国民との関係も、英国同様にしたい」(SN3p20) という意向を表明したことを、「天皇躬らが、国家の中心たる事」を否定するもので、「何よりも大なる幻滅」であると述べる。「英国の皇室は、元首ではあるが、頭ではなく、帽子である」[2]として、「我が皇国の皇室とは、根本的に訳が違っている。それを殊更に英国流を擬せんとせらるるに至っては、皇室中心主義は、もはや秋の木の葉の如く、飛んで行くより外に致方はあるまい」と嘆いて、「天皇陛下に対し奉って、怨言を吐いた訳ではない」とするが、昭和天皇に対する不満の意は明白である。

国体主義者である蘇峰は、「日本が本来家族的国家」で、「皇室中心的国家」(SN3p20) でもあったことは、「有史以後は、我が国史の流れは、正さしくこの通りに流れている」ので、皇室中心主義は歴史の流れに従うものだから、民主化は不自然であると主張している。有史以来の日本の古代は貴族国家で、中世以降の千年近くは武士の支配する封建国家であった。そのような歴史的事実も無視して、日本は開闢以来皇室中心国家と蘇峰は言い募る。そして、戦後の天皇の各地巡幸を、戦時中にやるべきであって今更意義がない「証文の出し遅れ」と批判する。戦後の巡幸は民心を元気づけ天皇への敬意と愛情を強め、日本の復興に大きな役割を果たした。戦後の皇室は、昭和天皇が先頭に立って蘇峰の国体主義を明白に否定することにより確立した。

(五) 国体主義への執着

皇室や軍人などの、自分が愛し信じていたもの全てに幻滅した蘇峰が、幻滅を表明しなかったものが国体主義であった。戦前における国体主義の勃興について蘇峰は、大正十一年のワシントン海軍軍縮会議が、「国民一般には、それ程の大衝動を与えなかったとしても、識者には非常なる刺戟を与えた。しかしこの刺戟を善用して、八紘為宇の皇謨を恢宏にせん事を力めた」（SN3p35）と述べている。翌年の米国における排日移民法と共に、蘇峰のような対外硬派にとって、軍縮条約が西欧による日本への包囲圧迫と受け止められ危機感を強めて、対外硬派の地位を高め国体主義勃興の契機となったことを示すものである。福沢が予言していたように、外部の四方からの圧迫が極端主義の社会支配の原因となった。昭和五年のロンドン軍縮条約や、昭和六年の満州事変により、発言力を強めた軍部と共に国体主義は国体明徴論で自由な言論を圧殺して社会を支配するようになり、昭和十二年の『国体の本義』で頂点に達した。蘇峰もこの波に乗って言論界の頂点に登りつめ、近衛文麿は政治の頂点に立った。

戦後における文部省による『国体の本義』と『臣民の道』の絶版に関して蘇峰は、「『国体の本義』は、日本の国体は万世一系の皇室を中心とした、世界無比、万国に冠絶する国体でありというに止まり、『臣民の道』はまた、聖徳太子の十七条憲法の中の、承詔必謹の趣意を、演繹したるものに過ぎない。それが何処が悪いのであるか」（SN3p37）と述べる。それを「悪魔払い」でもするように取り消す事を強く非難して、戦前における美濃部や津田の言論弾圧と同様であると主張する。この言葉は蘇峰が正真正銘の国体主義者で、言論の自由の意味が全く分かっていないことを示すものである。

美濃部や津田の学説は普遍的な価値のある個人の言論で、「国体の本義」は国家権力の強制する特殊な教義である。その万世一系の「世界無比、万国に冠絶する国体」などという唯我独尊の主観的な観念が、日本人から世界の中の日本を客観的に思考する能力を奪い、日本を世界に孤立させて、独善的な行動で世界の嫌われ者にして、自滅的戦争に乗り出させて、ついには亡国に導いたのである。諸悪の根源は、教育の場において、そのような有害な観念を日本人の意識に植え付けた教育勅語で、その派生物の「国体の本義」ではない。けれども、「悪魔払い」という蘇峰の言葉は、悪霊のように日本人にとりつき、狂わせ破滅させた教育勅語による国体主義の本質をついている。

蘇峰は自分について、「予はこの君を世界第一の君とし、この民を世界第一の民とし、この国を世界第一の国とする事が、予の畢生の希望であった」（SN3p39）と、日本を世界一にするということが、自分の終生の念願であったと告白している。これは一種の虚栄心であり、決して崇高な理想などではない[1]。そのような虚栄心こそが、万国に冠絶する日本などと称する国体主義に容易に結合する。

そして、自分の若い頃における西欧文明主義からの離脱と国体主義への転向について蘇峰は、「優越人種」のように高慢に振る舞う西洋人と卑屈に見えた日本人への憤慨が、条約励行論の対外硬運動への参入の理由と述べている。そこで「東亜に於ける人種の水平運動」に着眼して、「陸奥〔宗光〕伯その他の政友と、交りを絶つを顧みず」（SN3p41）と述べて、自らが文明主義者と絶交して対外硬派へ転向したことを認めている。条約改正問題における外国への反感が、蘇峰を対外硬に転向させて後に国体主義に導いたのである。昭和における、移民排斥や排日運動をする外国への日本人の反感が社会の対外硬の気風を高め、国体主義の支配に導いたのと同じ構図である。

蘇峰は自己について次のように述べる。「予は当初から、若し帝王の師となる事が出来なければ、民衆の指導者となりたい。民衆の指導者として、民に尽すは、やがては君に尽す所以である」（SN3p42）として新聞記者となったと言明する。注目すべきは、本来の志望は「帝王の師」になることであったことである。それ故に、この日記では明治天皇の師であった元田永孚には最大級の敬意が示されている。昭和の初期になって蘇峰は、言論界の頂点に立ち文化勲章も受賞して、名実ともに国民の指導者にはなった。

蘇峰は「人あるいは、君は国民の指導者を以て任じたと言うが、何事を指導したかと、問う人あらば、それは予の著作を見られよと言うの外はない」（SN3p46）と述べる。これは質問の答えになっていない。初期には文明的な平民主義を主張し、後には国体主義を唱えた変節の故に、答えることが出来ない。同じ国民の指導者でも、福沢は西洋文明と個人主義を教えたと明快に答えられるのと対照的である。蘇峰は「予の議論は、時と場合によって、相当変化を示しているが、それは対症投薬で、病に対して処方箋を書きたるもの」と弁解している。自分を時代の病症をとらえる国家の医師にたとえるのは、福沢と同じである。しかし、福沢は患者の体質と真の健康を考えるが、蘇峰は表面的対症療法のみである。

　蘇峰は日本を「世界第一の国家」（SN3p47）にするという目的のために、全ての意見議論を用いたと主張する。福沢はそのような虚栄的で空疎な目的には眼もくれず、日本の置かれた状況とその体質を冷徹に考察して、正確極まる警告と処方箋を書いた。[2] 蘇峰は自分の議論が間違っていたかも知れず、国家に不利益を醸したかも知れないが、主観的に「最善」を尽くしたからとして反省もせず責任も負わない。典型的な対外硬論者の態度である。間違った処方箋に従った患者が死んでも、自分は最善を尽くしたと反省もせず責任も感じない類の医者である。

　前に述べたように望んでいた「帝王の師」となることは出来なかったが、人民の指導者としての仕事は、日本で最大発行部数の『毎日新聞』という最高の機会を提供されて、「何等の不自由もなく」（SN3p49）思う通りに遂行できたと認めている。そこで蘇峰が主張したのは徹底的な国体主義であった。天皇に向けては「天皇の天職を御自覚あらせられ、それを御実践」（SN3p49）する事を、国民には「国民たるの義務を自覚し、その遂行」に全力を尽くす事を説き、日本国には「世界唯一無二の国体を自覚し、所謂る皇道日本の世界化を唱説した」と述べる。ひたすら主観的な心構えを説き、皇道の世界化など日本以外に通用しない普遍性のない自閉的な主張を展開した。国体主義に徹底すればするほど、主観的になり、世界に向けて盲目になるという、国体主義と対外硬のメカニズムを示している。

　蘇峰は皇道の世界化を次のように説明する。日本は歴史的に「世界から摂取したる物は、頗る多かったが、世界に寄与したる物は、むしろ少なかったといわねばならぬ。そこで今後の日本は、これ等の債務に充分の利息を付けて、弁済する必要がある」（SN3p49）として、それには「皇道を以て、世界を感化するに在りと信じていた」と述べる。そのために人種差別の撤去、即ち「白色人種の専制よりして、有色人種を解放」（SN3p50）する事が日本の「宿題であった」とする。蘇峰が認めるように台湾朝鮮すら同化できないのに、世界の皇道化など出来るのか。また、植民地を有する日本に有色人種解放などと主張する資格があるのか、などという自省を欠いた全く普遍的客観性の無い国体主義特有の独善的思考である。以上のように蘇峰が日本の天命と考えたことは、皇道を世界に広めるとか、西欧人の専制を破る国際革命とか、井上毅の「国際論」や「皇道之敵」の主張そのものである。[3] 蘇峰が井上毅の遺志を継ごうとした後継者であり、大東亜戦争というものが井上毅の思想の帰結であることを明確に示すものである。

　蘇峰は以上のような思想で「内に於ては一国一家族の国体の上に、家族的国家即ち倫理的国家を建設し、英国の議院政治や、米国の大統領政治や、ソ聯の共産主義、独逸のナチス、伊太利のファッショの外に、特殊の新面目新機軸を出さん事を期した」（SN3p50）が、国内においても満足すべき同志は少なく、「我が皇道日本の大旆を掲げ、世界をしてその嚮う所を知らしむるなど」という大事業は出来なかったと結論する。家族的国家とか倫理的国家などというものは、現実性も普遍性も無い空疎な概念にすぎない。

　国体主義の空疎さは、現実によって残酷に証明された。国家権力に支えられた国体主義という擬似宗教の消滅により、それに依拠した蘇峰の影響力も空無に帰した。国民の指導者としての六十年を超える長年の言論活動と大量の出版物にもかかわらず、その影響が跡形もなくなった。蘇峰の次のような言葉には、悲劇の主人公のような痛切な響きがある。「今日になって見れば、所謂る元の杢阿弥で、残ったものは自分唯だ一人、従来自分の著書や論説などを愛読したる人は、今何処に在るか。殆ど幽霊の如く立ち消えて、繹ぬべき迹がない」（SN3p58）。そして、彼は自分の影響力が消えたばかりではなく、「むしろ罵られ、怨まれ、憎まれ、咀われているような状態」で、「自己の感化が、何等の痕跡を留めなかった」ことに幻滅するだけでなく、「それに対する反感が勃興して来つつある現状に対して」（SN3p59）大きな不愉快を感じている。

　蘇峰の方でも次のように日本人に反発する。「昨日まで、世界無比の明治天皇と、賞め讃えたる天皇の盛徳大業を委棄し、放擲し、且つこれを蹂躪し、口を極めてこれを不義不正の、野蛮非文明的の行動として、これを非難し、唯だ一日も速やかに、これを払拭し去らん事を、維れ力めているようだ。これ程迄徹底的に、自暴自棄したる国民」（SN3p59）は世界に比類がないと述べる。客観的国際認識を排する国体主義により、日本ほど偉い国はないと無批判に自画自賛していたからこそ、敗戦の反動で日本ほど不正な国はないと極端に走るのである。そして蘇峰は「日本人自身は、日本に臨む外来の優勝者に迎合するの外、今日では何物をも持たないような状態である」（SN3p60）と批判している。独立自尊の精神を挫く他律的道徳を強制して、権力者に盲従する小心翼々の従順な良民を育てた教育勅語の結果である、という根本原因に至らない表面的批判である。

　松岡洋右は蘇峰の国体主義の同志[4]であった。昭和二十一年六月二十九日から二日間にわたって松岡の死を悼みその人物を論じている。この日記において、これほどの信頼と愛情を以て扱われた同時代人は皆無である。蘇峰は「松岡〔洋右〕前外相の病死は、あらゆる意味に於て痛恨の極みである」（SN3p61）と言う。特に戦争裁判における松岡の喪失を次のように嘆く。「二十八人の被告中、せめてこの人ならば、言うべき事は言うて呉れるであろうと、頼みにした大川周明氏は、発狂して役に立たず。この上は東條〔英機〕前首相と松岡前外相の外なしと、而も最も松岡氏に、重きを置いて考えていたが、その人が最早や発言すべき機会を失うたとすれば、彼自身の為めばかりでなく、我等に於ても、重大なる代表的弁論者を失なった」(SN3p62)

松岡その人について蘇峰は、明治末以来の知り合いで、「終始一貫、全く同一の道路を歩いたとはいわぬが、少くとも我が皇国の対外政策については、その方向を同じゅうしたる者であったと信じている。恐らくは松岡氏も、亦た予についても、かく考えていたのであろう」と対外硬の点で二人は同一であったと証言する。それまでも一定の交際があったが、「殊に昭和六年以後、松岡氏は予の演説につき、放送につき、論説につき、屢々賛同の辞を寄せた。時としては、その為めに、長文の電報を寄せた事がある」(SN3p63)として、満州事変以降親交が深まったと述べている。満州事変による対外硬の気風の高揚が、この二人の対外硬論者を社会の上層に押し上げて密接に結び付けた事を示すものである。

蘇峰は松岡を「彼は決して立身出世の為めに、外交官となったのではなくして、一個の志士として、国家に奉仕せんが為めに、外交官となった」(SN3p66)とか、「彼は自ら国士を以て任じていた。その点に於ては」、外交官の中でも、「彼は慥かに特色ある一人といわねばならぬ」と述べて、松岡の国士としての面を高く評価している。国士的な外交官とは、専門的な職業的義務感や規律よりも政治的な理想や野心を優先する存在で、同時代の若い「革新派外交官」[5]達もその同類である。彼等や松岡に批判的であった外交官の石射猪太郎が、職業的良心と規律に従った[6]のと対照的であった。我こそ憂国の志士と思い上がった軍人が、政府と軍隊の秩序を乱す下克上を実現したように、国士的外交官が日本を亡国に導いた。これも福沢の予言していた、近代的制度に古代の毒油の国体主義を注いだ結果である。

蘇峰は第二次近衛内閣成立には松岡が大きな役割を果たしたと証言して、「かくて松岡の活躍時代は出で来ったのである。それから半年間は、松岡にとっては、一生の中の最高峰であって、外務省あって以来、如何なる外務大臣も、かかる短時日の間に、これ程の仕事は、しなかったろうと思わるる」(SN3p69)と賞賛するが、その仕事とは日本の破滅と亡国を決定的にしただけでなく、国際的に日本を邪悪なナチスドイツの同類[7]として歴史に拭いきれない汚点を残した。蘇峰が自分や自分の同志、国体主義に関しては、全く客観的視点を失うことを示すものである。天皇以下の全てのものに幻滅を表明していた蘇峰は、その国体主義に関しては幻想を捨てることがなく、国体主義の立場から日本の現状の批判を続けていた。そのような蘇峰であるから、「同志者」（SN3p68）の松岡の死去が惜しまれるのである。

三、昭和二十一年後半

㈠ 歴史の再検討

昭和二十一年の七月、戦後一年近く経ち敗戦の衝撃も和らぎ、蘇峰は敗戦の直接の原因を探ることから、「日本歴史の再検討」という一連の文章で、より深く歴史を検討し直そうとしている。彼は日本歴史全般について貧弱な感じがするとして、支那の歴史と比べれば、日本史は規模も小さく面白みも少ないと述べる。日本史にとっては重大事件の元寇も、世界史的に見れば周辺的な問題に過ぎないとして、歴史的に見れば日本は世界から受け取っただけであり、日本と支那朝鮮との関係に関しても、日本は受け取るばかりで与えたものが殆ど無かったことを認めている。以上のような考察は、蘇峰が客観的思考も可能であり、日本を世界の中で相対的に評価する能力も持っていたことを示す。しかし、戦前戦中においては、国体主義がそのような客観的思考を圧殺していた。

日本は狭く小さい国なので、「退いて世界を敵として、自ら衛もる事も出来ず。進んで世界に進出して、自ら覇を称うる事も出来ず。いわば平凡なる東亜の一島国として、存在するより他に、致方なかったものと、諦らむるの外はあるまい。それが諦らめられぬから、我等も一骨折を見たが、その結果は、却て一を得んが為めに、十を失うに至った」（SN3p116）と述べる。従来の米英に挑まれての自衛の戦争という主張と異なり、日本はその与えられた条件に満足できずに、身分不相応な戦いをして全てを失ったと述べる。これは、この日記における最も深い反省の一つである。

さらに、「日本国民の縄張という縄張は、八紘一宇なぞと、現代では大きく出かけたが、歴史の事実の示す所によれば、日本本州内に限った事である」（SN3p118）と、日本の歴史も勢力範囲も日本列島内に限られ、自分も主張している皇道を世界に広げる八紘一宇などは、根拠のない大言壮語であったことを実質上認めている。

日本の近代史の画期となった明治維新についても、「要するに維新改革は、外来の勢力に刺戟せられ、それに反撥して、ここに開国進取の国是なるものは、出で来ったものである。しかし開国進取とはいいつつも、日本従来の仕来り通り、外国の智識を採用するという事が、主眼であって、日本国民が、日本領域外に進出するという意味ではなかった」（SN3p125）と、日本の維新改革は外部の刺激の結果であったという冷静な認識を示している。皇室の権威回復と対外進出を目的とするという国体主義的解釈とは全く異なる。日本の対外進出についても、「列国が鋒先を揃えて、日本人にむかって、帝国主義の芝居をして見せしむる時に於ては、日本人も舞台に踊り出して来る事も、むしろ当然といわねばならぬ」（SN3p129–130）と、皇道を世界に広める国体主義ではなく、西欧の真似の帝国主義であったと認めている。

そして、日本人の長所と欠点を次のように述べる。日本人は創造的ではないが、他のものを改良して自分のものとするところに長所があるとする。そして、「この天才あるが為めに、日本人は深く研究する事もせず、常住力作する事もせず、必要の際には、何時でも手に入るものと考え、平生の準備、用意、仕度、検討を懈たり、自然その日暮しの国民となる虞れがある。即ち今回日本人が、科学戦に於て、大失敗を来したのは、一は世界から新規の研究について ボイコットせられ、一は自己の能力を恃んで、油断をしたる結果であったと、いわねばなるまい」（SN3p136）と、日本の科学戦における敗北の原因を、主観的で非科学的な国体主義ではなく、日本人の模倣器用の才のせいにしている。

蘇峰は「日本人をして日本人たらしめ、日本国をして日本国たらしめたるもの」（SN3p137）こそ、日本人の「負けじ魂」であると述べる。支那や西洋の文化に陶酔しても、征服されることがなかったのも、この「負けじ魂」の故であると主張する。そして、「日本の皇室は万世一系であるといい、国体の自慢を以て、あらゆる日本の引け目、弱味、負け味を、一掃し去らんとするが、全くこの負けじ魂の致す所と、いわねばならぬ」（SN3p139）として、日本人の「宝」であると述べている。自身が国体主義者である蘇峰による、「負けじ魂」についての議論は、国体主義について大きな示唆を与えてくれる。

蘇峰は隣国に日本よりはるかに進んだ大国中国があったことが、日本の国の体質を作ったとしているように、中国への劣等感による補償作用が、「万世一系」などという国体自慢を生んだ。より進んだ西洋への劣等感が、日本人をますます国体という「宝」へ執着させた。福沢のような日本に自然な自信を持つものは、国体などに頼ることなく、西欧に対して卑下もせず、中国人も蔑視しない。対外硬論者の国際的な屈辱への異常な過敏さや、客観的な情勢に目を閉ざして主観に固執する国体主義者の硬直した態度は、劣等感による過剰で傷つきやすい自尊心が原因である。

蘇峰は、歴史の考察の対象を日本から世界に広げて、「自由主義と総体主義」（SN3p146）と題する文において、十九世紀の自由主義は「全く行き詰りを来し」たと述べて、弱肉強食を本質とする自由主義への軽蔑と敵意を表明して、「その行詰りを打開すべく」登場した社会主義と全体主義を、より「進歩的」なものとして好意的に評価している。ヒトラーはルーズベルトより、東条や田中義一は自由主義の幣原・吉田よりも進歩的であるとする。自由が根本にある西欧文明の本質が理解できない自由主義への軽蔑と敵意は、明治の対外硬派の指導者陸羯南と全く同一である。自由主義への敵意が福沢への反感の根本にあることにおいても、蘇峰と陸羯南は一致する。[1] 国体主義に基づく対外硬論者は常に国家社会主義の全体主義を指向する。

近代日本のあり方について蘇峰は、「日本は必ずしもムッソリーニやヒットラーを模倣して、軍国主義者となったという訳ではない」(SN3p149)として、「維新の改革は、日本人民の自由権利を伸暢すべく、起ったものではなく」、「維新の目的は、国を主として、その国を富国強兵ならしむる為め」であり、自由民権はその方便に過ぎなかったと主張して、「日本の国是として、国と民とが両立せざる場合には、国を犠牲として民に尽すではなくして、民を犠牲として国に尽すという事を、原則としている」(SN3p150)と述べる。日本が軍国主義であったことを認め、その起源が明治維新にあるとする。その根本にあるのが人民が国に奉仕することを義務とする、蘇峰が国是と呼ぶ国体主義であり、その教義を説き普及させたものが教育勅語である。日本の軍国主義の起源は明治維新ではなく、全体主義的精神を国民に植え付けた教育勅語である。維新後の文明開化期の自由主義の隆盛[2]は、蘇峰自身もこの日記で認めている。

蘇峰は次のように言う。日本も英米モデルの議会政治を試みたが、「日本を世界の偉大なる国と成すよりも、むしろ世界の微弱なる国と成す傾向あるを認め、かくの如くにして、政党政治には失望し」(SN3p150)て、流行のファシズムやナチスに飛びついたのであるが、それでもヒトラーに倣って軍国主義になったわけではなく、「軍国主義は、いわば日本本来の面目であった。それが彼等によって、拍車を掛けられたというべきであろう」として、その意味では東条等は幣原等より時代の先端を行っていたと主張する。通説である政党政治の腐敗への民衆の憤慨などではなく、日本の海外における勢力後退を憤る対外硬の気風が日本の議会政治を滅ぼした原因であることを証言している。自由主義は時代遅れで、全体主義こそ時代の先端を行くという考えは、蘇峰だけでなく近衛の主導した新体制運動に参加した人間達にも共通していた。[3]

戦後の主流思想となった個人主義を「日本を貧乏国と成し、日本を堕落国と成し、日本を享楽、文弱、放蕩、懶惰、我慢、私闘の国と成す」(SN3p151)ものと批判して、「日本を国家らしき国家とする為には、人民は国に奉仕すべきものであって、国は個人に奉仕すべきものではないという原則に、立返る」べきだと主張する。現在の戦後の混乱状況も「個人主義に中毒」した結果であると主張している。後に明白になるように、これは個人主義の本家である福沢の影響への批判である。福沢は個人こそが根本であり、国はそれを保護し伸張するための手段であるとしていた。

蘇峰は歴史を検討する一環として日中関係を回顧して、初期の『世界国尽』のような福沢の著作こそが、「チャンチャン坊主」(SN3p156)などと呼ぶ日本人の中国蔑視の元凶とする。しかし、日清戦争後の対外硬の自尊自大の風潮こそ、中国や朝鮮への蔑視を一般化させたのである。福沢がその風潮に反対して批判していたことは、第一部で見たように、その晩年の文章[4]に明白である。蘇峰は、事実を歪曲して福沢を中傷している。諸悪の根源を福沢に求める根深い反感が窺える。日清戦争後の中国への日本人教師の招聘や、中国人留学生の来日は、両国の関係強化には殆ど役にたたず、日本の教師達は、「何等充分の効果を奏する者」(SN3p161)ではなく、支那の留学生は、「種々の理由で、日本及び日本人に対する悪感情」を抱いて帰り、むしろ逆効果であったと述べる。そして「日支感情の縺れは、日決して支那人のみの責任ではなく、むしろその大半は、日本人が負う」ものと、日本側に責任があったことを蘇峰も認めている。しかし、その原因が日本の国体主義による自尊自大の中国人蔑視と、日本の帝国主義的領土欲にあったという根本的原因には触れていない。

第一次大戦後の、日本の「二十一箇条の要求」に象徴される対中政策が失敗であったことを、蘇峰は認める。しかし、その政策は対外硬の政治家大隈[5]の下で行われた、蘇峰の持論とする対外硬の実践であった。蘇峰が挙げるような、日本人が「田舎者」(SN3p163)であったとか、「ぶっきら捧」とか「押しの一手」などという手法が原因ではない。客観的国際情勢や国際的な世論を無視して、自己の利益のみを追求する対外硬という政策そのものに、根本的原因があったことが蘇峰には認識できない。日本が対中政策において「日支の提携」(SN3p164)を選ばずに、「英米追随」をしたから失敗したと蘇峰は主張する。日本が破滅したのは、欧米協調の幣原外交を破棄して、満州事変以来の一連の対外硬政策を遂行した結果である。「満州国」と「日支の提携」は両立しない。

日本をめぐる国際情勢について、蘇峰は次のように述べている。「日本はヴェルサイユ会議以来、ワシントン会議、ゼネヴ〔ジュネーブ〕会議、ロンドン会議、会議毎に袋叩きになって」(SN3p165)、日本は支那によって国際世論で叩かれて、「八方塞がりになって、行き着く場所は、満洲の一角だけに、追い詰められた」が、その満州の権益さえも危うくなり、「ぎりぎり決着の所で、満洲事変は出で来ったのである」として、「日本の出口を、世界の総ての方面から塞いだ結果が、即ち満洲に於てさえも塞いだ結果が爆発して、満洲事変なるものは出で来った」(SN3p166)と主張している。

この満州事変の原因に関する蘇峰の言葉は、四方に発展の道を塞がれた日本人の不平不満が内攻して暴発するという福沢の予言[6]を裏付ける貴重な証言である。満州侵略の正当化の理由にならないが、満州事変を強く支持した日本人の主観的心理を説明するものである。蘇峰は「満洲国の出来は、必然の結果」(SN3p166)であり、「日本人の工作としては、満洲国の出来は、傑作と信じている」と述べる。国際連盟から脱退したのも「必然の結果」と認める。しかし、そこで止まらずに支那事変を起こしたのが、「日本が自ら墓穴を掘った」ものと主張する。

蘇峰は、「支那事変以後は、全く日本顚落の歴史である」(SN3p167)と認める、満州国建国で「世界列強の殆ど全部を向うに廻した」から、十年間は自重すべきであったのに、日本は止まるところを知らずに滅亡したとする。自重しなかったからではなく、世界を敵に回したことが滅んだ原因である。蘇峰は満州事変を歓迎し、その後の陸軍の強硬政策を常に支持していた。彼は「日本人は支那について、全く誤解していた。殊に当時の支那については、根本的に誤解をしていた」(SN3p168)と、中国の愛国心や反日感情の強さを見誤っていた事を認める。中国に限ることではなく、米国人に関しても、蘇峰はその強さを軽視して強硬論を主唱していた。個々の場合における判断の誤りではなく、客観的情勢に盲目にする主観的国体主義が根本原因である。蘇峰や軍部だけではなく、対外硬の気風に煽られた近衛をはじめとする日本人一般も判断を誤った。事変当時の外務省東亜局長の石射猪太郎のように中国人の強さを正確に認識して、必死に戦争の拡大を止めようとした日本人は存在した。しかし、石射が次のように記す世論の前に無力であった。「事変発生以来、新聞雑誌は軍部迎合、政府の強硬態度礼讃で一色に塗りつぶされた。『中国膺懲』『断乎措置』に対して疑義を挿んだ論説や意見は、爪の垢ほども見当らなかった。[7]」

蘇峰は戦争を次のように反省する。「(日本は第一に地理的に巨大な支那の見当を間違えた)第二は、政治的の見当を誤まった。世界の憎まれ者である日本が、支那を叩き潰して亜細亜の覇者となる事を、他国が決して傍観座視する筈はない。少なくともこれに対しては、英、米、ソ聯の三国は、日本に反対して、支那に味方するは、当然である」(SN3p170)(()は引用者補足)。支那との長期戦は、米英ソとの対決を意味したが、日本には「そこまで考えている者は、一人もなかったとはいわぬが、殆どなかった」。かくして「日本は遂に、支那から引き摺り込まれて、進退維れ谷まるに至り、遂に無条件降伏に至った」と述べる。

中国との長期戦は世界を相手にすることを識者は警告していたのに、米英恐るるに足らずなどと、盲目的な強硬論を説いて、その正論を黙らせ戦争を煽った人間の代表が蘇峰である。それ故に清沢は蘇峰を「戦争放火者」と呼んだのである。日本が見当を間違えたのではない、国民の指導者としての蘇峰の対外硬論が間違えさせたのである。中国が日本を滅ぼしたのではない、蘇峰のような対外硬論者が滅ぼした。蘇峰の対中国関係の回想も、失敗を漠然と日本全体の誤りに帰して、言論の指導者として主戦論を説いた自分の責任を深く反省するものではない。以上の長文からなる蘇峰による歴史の検討は、客観的視点による鋭い分析もあるが、問題が自分に近づく程に、主観的な自己正当化に陥っている。

(二) 国体主義と理性

敗戦後一年経った頃から、この日記において、敗戦の原因や責任の追及と共に、ソ連に対する警戒や米国の占領政策などが論じられるようになった。占領軍への迎合に見られる日本人の被同化性について蘇峰は、日本人は「已れより以下の者と見縊る者に対しては、飽く迄已れを発揮するが、已れ以上と見る際には、忽ちその保護色の中に、身を没するという事が、日本人の通例である」(SN3p185) として、「徹上徹下、独自一己を以て、押し返す民族」ではないと述べる。下には尊大で上には卑屈という日本人のこの欠点を誰よりも痛感していたのが福沢諭吉で、それ故にこそ独立自尊の精神の必要を強調した。目上の者への従順を説く教育勅語は、日本人のその欠陥を助長した。教育勅語教育が育てた権威に従順な日本人の特性が、米国の占領政策を助けることになった。

蘇峰は占領軍の教育政策について次のように述べる。米国の目指す日本の民主化、米国化のために「教育の部面は、マッカーサーの最も関心する所となり、かつ最も力を効す所となった」(SN3p205) として、そのために教師を追放しただけでなく、歴史地理の教科書も追放し、御真影も奉安殿も追放して、「教育勅語とか、国歌とかは、追放の項目内に加えてはないが、それでも事実は、殆ど追放同様で、教育勅語の如きは、殆ど影を斂めて去った」(SN3p205) と嘆いている。国体主義イデオロギーの信奉者である蘇峰は、占領軍のイデオロギー政策に敏感で、その根本が教育にあることを察知していた。そして、国体主義イデオロギー教育の根幹であった教育勅語の追放に敏感に反応している。

蘇峰が日本を植民地化する、と恐れるその教育内容は次のようなものである。「日本は特殊の国ではない。日本の天皇は、特殊の天皇ではない。日本の国体は特殊の国体ではない。人間は皆な平等であり、自由であり、自由平等の一点に於ては、世界は皆な同一である。国家に於て模範国というべきは、米英諸国である」(SN3p207)。これは米英模範論をのぞけば、福沢が「修身要領」で主張した事とほぼ同一である。逆に言えば、教育勅語の国体主義というものが、日本の特殊性を強調して、日本人の精神から普遍性や世界性をなくす、独善的攘夷思想であることを示すものである。福沢は日本人に自然に生じる愛国心や誇りを信頼して普遍的価値の必要を説いた。一方、井上毅や蘇峰などの国体主義者は、特殊なイデオロギーで日本人を縛り支えなければ、西欧に同化されてしまうと恐れた。万国に卓越する国体を誇る国体主義者の心底には日本人への不信があった。

蘇峰も戦前の国体主義に問題があったことを認める。戦後の軽薄なまでの日本人の民主化熱は無条件降伏だけが理由ではなく、「日本国民は最近日本主義に食傷していた。余りに忠君愛国を強制せられた為めに、反動心が勃発していた」(SN3p210)と述べる。皇居の方向に向かって敬礼する宮城遙拝のような形式的な儀礼の強制や、「細条末節を取り上げ、「他人を不敬罪に陥るる事を以て、尊皇愛国の本分となすが如き」(SN3p211)思想が流行したので、その反動が来たと言う。しかし、これらの要素こそ、教育勅語を基本とする国体主義の本質である。教育勅語発布の直後に、教育勅語に最敬礼を行わなかった内村鑑三は不敬として社会的に葬られ、帝国大学教授の久米邦武はその論文の細条末節を攻撃されて職を追われた。この二人を攻撃した右翼勢力は、これ以降自らを尊皇愛国の代表者として実力以上の権威を社会に揮うに至った。これら右翼の暴力を伴う威嚇による、人心を萎縮させて国体タブーを社会に定着させた影響力は無視できない。世論を代表する新聞社において、右翼への対応が大きな役割を占めていたことは、戦前の新聞関係者が一致して証言している(1)。教育勅語が右翼勢力に、国家権力を背景にした不敬罪取り締まりに対する暗黙の錦の御旗を与えた。後年、代表的な体制派学者の井上哲次郎が、頭山満の不敬という攻撃に全面降伏したように、何が不敬であるかは右翼が決定する事になる。この問題は後に詳しく論じる。

蘇峰が失望したのは日本が負けた事ではなく、「我が国民は到底八紘為宇などといって、皇道を世界に宣布するという如き、大なる役目を果すべき柄でないという事を、あらゆる行動に於て、あらゆる場所に於て、あらゆる時に於て、あらゆる事について、一切合切暴露した事」(SN3p244)であると述べる。日本が戦争に負けた事よりも、皇道宣布などという国体主義を実現できなかったことを重視している。実際の国家よりも国体イデオロギーを優先させる倒錯した価値観である。それ故に蘇峰等の国体主義者は、国体を守るために国家の全的滅亡が必然の本土決戦を主張したのである。

蘇峰が認めるように、日本軍の占領した地域で「心から日本人と提携し、日本人に対して、愛慕の情を寄せたる者」（SN3p245）が「殆ど皆無」だった。その原因は、至る所に神社を建てそれに最敬礼を強要するような、独善的で偏狭な国体主義が、日本人を他国人の価値観や心情に盲目にして、占領地でも現地人を離反させその支持を失ったからである。「仮りに日本がこの戦争に勝利を得たとて、その結果は、土崩瓦壊に畢るべき」なのは、他国民蔑視を内蔵する国体主義イデオロギーの故で、蘇峰が言うように日本人が「拙劣なる腕前」だからではない。日本の破滅の真の原因と責任は、自己の信奉する国体主義にあるのに、蘇峰は上は天皇から下は自分以外の日本人全体の責任を追及する。

蘇峰は、「日本は到底東亜の盟主たるだけの、実力も持たねば、才能も持たない」（SN3p245–246）で英米などを相手に「雄を世界に争う」資格のない事が確定したが、「事前にこれを洞察すべきが、識者の識者たる所以である」（SN3p246）のに、「日本人を愛する余りとはいえ、これを買い被って」、手に負えぬ仕事を日本人に押しつけようとした事が自分の誤りであったと述べる。そのような個々の判断の誤りではなく、自他の客観的能力に盲目にする国体主義こそが真の誤りの原因である。戦前に英米の実力について警告する「識者」は存在した。それを親英米論者などと攻撃して、黙らせた対外硬論者の代表が蘇峰であった。

反英米の蘇峰は当初からファシズムの味方であった。イタリアを「英米諸国のデモクラシー」を一掃する「新たなる世界を開拓するの先登者」（SN3p247）として、大きな期待を抱き好意を抱いていたとして、「ムッソリーニのファッショ運動」を「何とか成功せしめたきものであると祈っていた」と言う。ヒトラーも当初は軽視していたが、ナポレオンにも劣らない手際を認めさせられ、その傍若無人の行動を全て是認するわけではないが、「アングロ・サクソンを叩かしむる為めには、彼は二つなき我等の味方であると考えた」（SN3p250）と述べる。蘇峰は、ヒトラーと結んだから英米と戦ったのではない。「アングロ・サクソンを向うに廻して戦う」ために、ヒトラーと握手したのだと主張する。反英米・反自由主義が根本にある国体主義が、自然に蘇峰を独伊の同盟者にした。彼の三国同盟の主唱はその思想による当然の帰結である。

米英との戦争に関して蘇峰は、「向うから仕掛けた喧嘩であれば、買わぬ訳には行かず。勝つか負けるか、一六勝負をやって見よう」（SN3p255）と昭和十五年には決意したと述べる。戦争のような国の存亡に関わる重大事を賭けのように軽く考えるのは対外硬派に特有である。そして、強く出れば相手が折れてくるだろうという甘い予断も同様である。松岡洋右の対米交渉戦術でも、対中戦争でも通じなかった主観的願望に過ぎない。蘇峰は、物質上の日本の不利は「百も承知の上」であったが、精神上の日本の「優越」（SN3p255）で補えると信じていたとする。これも「敵を知り己を知る」ための客観的で厳密な調査検討よりも、「必勝の信念」などという主観を優先する対外硬の安易な思考法である。

蘇峰の敗戦の原因追及は彼自身の正体を暴露することになる。今度の戦争は「米英が強いではない。日本が弱かった」から負けたと主張する。「敵を甘く見たという事は、我等の失策に相違ないが。それ以上の失策は、味方に余り惚れ込んだという事である」（SN3p256）として、米英はさほど強くはなかったが、「日本が、余りに弱かった」と繰り返している。米英の強大な武力と物量に対して、貧弱な装備で死闘を余儀なくされた日本人に対する冷酷極まる言葉である。米英の実力を軽視して、天佑我にあり恐るるに足らずなどと戦争を煽り、貧弱な武装で強力な機械力を持つ米英に立ち向かわせ、日本人に多大な損害を出した自己の言動を反省することなく、負けた日本人が弱かったと批判する。蘇峰という人間の本質が、無責任なだけでなく、徹頭徹尾自己を正当化する非人間性にあることを示す文章である。多くの無謀な作戦を企画して多大な損害を出しながら、反省もせず責任もとらなかった辻政信などの軍人にも同質の非人間性を感じる。彼等も、悪いのは敵を甘く見て作戦を立てた自分ではなく、日本兵が弱かったと思っているのであろう。

蘇峰が批判する日本人には昭和天皇も含まれる。日本にはチャーチル程の人物はいなかったが、日本には皇室中心主義があり、他国にはない天皇陛下万歳といって死ぬ日本兵がいた。「大元帥陛下が大旆を進め、国民が皆な錦旗の下に集まって、戦うという気分になれば」（SN3p257–258）どんな困難も克服できるはずであったと主張する。ところが「その中心たるべき大元帥陛下は、全く戦争以外に超然たる態度」（SN3p258）であったと述べる。昭和天皇が戦争の先頭に立たなかったことが敗戦の原因とする、何度も繰り返された批判である。天皇が先頭に立ちその下に国民が結集しても、原子爆弾を落とされれば蒸発するだけである。兵士が天皇陛下万歳を叫んで死んだというのも、戦争体験者に拠れば作り話に過ぎない。蘇峰は現実を見ずに、主観的イデオロギーの中にこもってものを言うだけである。天皇や清沢にとっては家が焼かれ焼死体が路傍に積み重なることが戦争であったが、皇道宣布などという観念に囚われた蘇峰にはそのような現実が目に入らない。蘇峰自身は日本を愛するあまり自ら盲目になったと、この場になっても自己正当化を繰り返す。日本を愛するからではなく、国体主義を信じるから盲目になったのである。

この時期に衆議院を通過した新憲法を、彼は次のように批判している。この新憲法の目的は、「その根本義に於ては、全く日本の国体、即ち皇室中心の大義を以て、一貫している」(SN3p261) 従来の憲法を打破して、議会中心の憲法を作るものだと非難する。そして、「日本には、殆ど固有の物というものは無い」、殆どが外国の模造品で『万葉集』でさえも支那文学の影響が強いと述べて、「唯だ日本の政治だけは、万世一系、神代より現代迄、貫通して、日本歴史の脊髄骨を成している。この万世一系皇室中心の国体だけは」世界に例がない日本の誇りだと主張して、「しかるに今回の憲法では、この特色を捨て、この誇りを棄て、全く平々凡々たる尋常一様の国家となって来た」(SN3p261) と批判している。

この新憲法批判は蘇峰の国体主義の本質を示すものである。日本や日本人に自然な自信の持てない劣等感の持ち主が、国体などという特殊で普遍性のない価値にしがみつき、それを物神化して、その効能に頼ろうとする。日本人を国体のために平気で犠牲にする、人間よりも国体を尊重する倒錯がここから生じる。日本を「尋常一様の国家」と認めるところから、真の国際性も客観性も生じる。日本人に自然な自信を抱いていた福沢による、教育勅語に対抗する「修身要領」においては、まさに日本が尋常一様な国家であることを認め、みだりに他国を軽蔑しないことを命じていた。日本の古代や中世においては国体主義など存在せず、近世後期に生まれたのである。国体主義は蘇峰を、国際情勢だけでなく歴史についても盲目にした。

戦後一年以上が経過して過去から現代に関心が移ってきた蘇峰は、米ソ対立の国際情勢を次のように考察する。「勘定の上からすれば、大東亜戦などは、決して勃発すべき理由はなかった。小は素より大に敵す可らず。寡は固より衆に克つ可らず。日本対米英の戦争の如きは、算盤の上で既に勝利は極まっていた」(SN3p298) と述べる。それでも「時としては感情が理性を制する事があり」、意外な事が起きる時があるとする。米ソ対決の分析ような第三者の地位にある時には、蘇峰は理性的になれる。日米戦争などは、算盤勘定から見て「衆寡敵せず」で日本の敗北は確実であり起こるべきでは無かったなどと、他人事のように言う。言い換えれば他人事だから客観的になれる。戦前の蘇峰はそのような意見を、功利主義とか米英主義者と攻撃して戦争を煽っていた。戦前の日本は感情が理性を制して予想外の結果を招いた。明治の条約改正反対運動以来、主観的感情論で世論を煽り理性的議論を不可能にするのが、対外硬派の常套手段であった。これに対し、軍事問題で「算盤上」の計算を絶対視していたのが福沢であった。[2]

蘇峰は、今後の日本の進むべき道について、ソ連と組むか米国と組むかの二者択一であり、「決して我等の理想ではない」(SN3p299) と断りつつも、断然米国と提携すべきとして、日米同盟を主張する。蘇峰は次のように米国利用論を説く。「米人は、算盤の勘定高きばかりでなく、感情そのものが、なかなか物を言う国民である。いわば米人には、相当宣伝が利く。遊説が利く。」(SN3p303) として、「彼等は大なる打算と、大なる感情とが、互に相錯綜して、両者各々その勢力を輿論の上に及ぼし、且つ国策の上にも及ぼす国民である」(SN3p304) ので、日本はその回復のために、如何なる犠牲を払ってもそのような米国と結び、利用すべきであると主張している。

そして次のように続ける。米国と提携するには従来の日本への悪感情を一掃すると共に、彼等の要求に応じた仕事をすることによって信用させれば、日本に相当な自由の余地を与えるであろう。これは全く理性的で的を射た米国への対応策である。戦後の保守党の政策とも一致するもので、戦後の日本の採った方向も蘇峰が展開したこの主張に沿ったものであった。注目すべきは、ここには、大義や体面を重視する対外硬の要素はない。理念ではなく実利のための外交を説いている。まさに対外硬派が敵視した福沢流の功利主義である。国体主義を離れた時には、蘇峰も理性的で賢明になれる。

蘇峰は、自分の皇室中心主義は「世界古今東西の歴史を通覧し、各種の政治政体等について、比較研究し、而して後初めて」(SN3p327) 打ち出したもので、これにより日本は「世界に冠絶する即ち無類無比の、家族的政府を建立し、倫理的政治を中外に行わん」としたものであったが、敗戦によって跡形もなくなり、自分の理想は泡沫に化したと述べる。世界に冠絶する国体などという、全く普遍性のない主観的盲目的主張が、外に向かっては対外硬主義となって現れる。戦争に負けたから理想が泡沫になったのではない。家族的政府とか倫理的政治のような、実態のない空疎なスローガンから成る国体主義そのものが泡沫であった。戦後の日本の方向に関する直前のリアルな考察とは対照的な痴呆的な言説である。国体主義というものが如何に人間を盲目に愚劣にするかを示すものである。

終戦後一年間が経ち、蘇峰はある程度精神の平衡を取り戻しているが、国体主義に対する執着は変わっていない。それでも、時折見せる国体主義を離れた言説には、蘇峰が客観的で理性的な思考が可能であることを示している。

(三) 戦争理由

この日記全体の四分の三程を過ぎたところで、蘇峰は明らかにこの日記にまとめを付けようと考え始めている。今まで断続的に断片的に語ってきた戦争とその敗北について、本格的に歴史的パースペクティブの中で論じようとしている。今度の戦争は英米が仕掛けたと、十分な根拠も示さずに一貫して主張してきた蘇峰は、日本が戦争に訴えた理由について昭和二十一年の末になって、「閉め出されたる日本」（SN3p350）という文で説明を始めている。これはまた、戦争に関する自己と日本を正当化する本格的な議論となっている。

蘇峰は、大正昭和の日本に一貫した政策がなく、特に昭和には「全くの無経綸無方針であった」（SN3p348）と述べて、そのようなその日暮らしの政治が日本を漂流させて、勢いが人を制して国を滅ぼしたとする。その勢いの「製造主」（SN3p349）は欧米であるとして、「今度の大東亜戦争の本家本元」は日本人ではなく「米欧諸国人である」と主張する。これは「歴史家の一人」として、私的利害を離れて「学問的良心を以て、かく判断する」ものだと言う。

蘇峰は日本を戦争に駆り立てた勢いを具体的に説明する。「日本人も慥かに勢に駆られた。しかしその勢を作った者は、欧米人である」（SN3p350）。その勢いを分析すれば、「少くとも物質上の圧迫、精神上の圧迫の二者に帰着する」と述べる。「物質上の圧迫」とは、このままでは生活が出来ない、簡単に言えば「食って行けない」（SN3p351）ということで、「そこで日本人は、本能的に、その食糧を求むる為に、外に出た」のだと説明、それで日本人は「世界のあらゆる方面に出掛けた」が、米国における「排日移民法」を始め、どの方面でも締め出しを食った。さらに「単に人間ばかりでなく、日本の所謂る貿易品も、亦た同様の憂目を見た」として、各国における対日貿易制限を挙げて、「毎年百万人の人口増加を控えたる日本が、人も物も動きがとれぬようになっては、突出するより外に道はあるまい」として、以上のことは「日本国民自存の問題」であって、「日本国民は、日本国内だけでは、食って行けぬという結論から」（SN3p352）国外に進出したのだと主張している。

この国民的生存の問題は戦争理由として、一定の客観的な正当性が認められるであろう。蘇峰とは全く正反対の立場にあり戦争にも反対であった清沢も、戦時中に日本を一方的に侵略国と決めつけるような連合国の主張に関しては、「真の問題は世界の富源と、市場と領土とを豊富に有する国が、その領域から他国を排斥して、移民、通商等の有無相通に対し高垣を張りめぐらし、その上にこの世界の不公平なる状態を平和的に解決する方途をも設けざる事態」[1]にあったと反論している。

以上のように自存の問題を論じた後に、次は「日本国民の自衛の問題である」（SN3p352）として、「日本国民は、開国以来、常にその独立を脅かさ」れて、「如何にしてこの日本を、外国の侵略より防禦すべきか」ということが、

「心配の種であった」と述べる。戦前の日本の行動を正当化するために、自衛という問題を持ち出して、戦争を開国以来の日本の独立への脅威に対する自衛の行動であったと弁護している。しかし、幕末以来の日本の独立に対する脅威など、外国への不信と警戒を高めるための対外硬派による誇張である。欧米列強の欲望の対象は隣の富裕な大国の中国で、小国日本には関心も薄く野心もなかった。そのことを日本政府は認識しており、明治前半の最大の対外的課題は条約改正問題で、日清戦争までの日本の武装は貧弱であった。昭和の日本においても日本侵略の脅威など存在しなかった。日本の満州侵略は自衛のためという主張は国際的には通用しない。

日本の行動を正当化するために、蘇峰は物質上の圧迫としては「自存」と「自衛」を挙げて、精神上の圧迫としては「自尊」を持ち出す。「日本人が、所謂る体面を重んじ、むしろ神経的ともいうべき程に、自尊心の昂揚」(SN3p354)している原因は、日本の隣に大国中国があり、「文化的にも物質的にも、常に日本人を威圧していた影響」であるとする。日本は物質的には中国にかなわないから、「せめて精神上に於て、劣らぬように」と気張ったことが「習い性」となり、この自尊心は日本人にとって「生命」であり、日本の国家はこの自尊心によって維持されてきたと主張する。「ところがこの自尊心は、西洋諸国と交わるようになって、連続的に毀損せられた」(SN3p355)として、その例としてペリーの来航、英仏陸軍の進駐、治外法権などを挙げている。これらは全て不平等条約に関連するもので、対外硬運動の発生原因となったものである。「神経的」に体面を気にするのが、まさに対外硬派の特徴である。この自尊の項目は、日本人というよりも対外硬派の精神状況の説明である。

蘇峰は自尊心への打撃としてワシントン軍縮会議の衝撃を挙げる。「もし日露戦争以後、米欧諸国が、日本人を対等に扱かったとしたならば、日本人は必ずそれに満足して」(SN3p356)、欧米の過去の侮辱を忘れて国際社会の優等生になったかも知れないとする。しかしそれ以後も「日本人の自尊心を損傷したる事」は減ることはなかったとして、ヴェルサイユ会議の人種平等案拒否と共に、その後のワシントン軍縮会議について、「日本人にとっては、アメリカ人の、真珠湾事件に於けるより以上の衝動を、与えた」(SN3p357)と述べて、日本は米英連合の力で「無理往生に、五・五・対三」という比率に海軍を制限された。日本人の中にはこれで結構と歓迎した者もいたが、それは「日本離れ」した者で「普通の日本人は、怪しからぬという憤りを発した」と主張している。軍縮問題が、対外硬論を活性化して日本人一般に広まる契機となったことを証言している。

満州事変の原因については、「日露戦争によって得たる、即ち条約上の日本の権利は、満洲に於ては、張作霖父子によって、殆ど無視せられ」(SN3p357–358)、欧米人はその背後で策動したと述べる。その例として平行鉄道の建設や新港の建築などを挙げて、在満日本人は満州からの引き揚げを覚悟する程であったが、「窮すれば変ず、その困迫のドン底に於て」満州事変が起きたと正当化する。この事情を知らずに事変を論じるのは、「根本問題を棚の上にあげて、末梢問題に熱中する」ことだと述べる。満州における日本の正当な国際法上の権利が蹂躙されたことが、満州事変の根本原因と主張する。しかし、権益を脅かされたことが満州全土の占領の正当化として国際的に通らないことは、日本を支持する国が全くなかった国際連盟の議決でも明白である。

以上のように蘇峰は、日本を戦争に向かわせた三大要目として、「日本国民の自存、日本国民の自衛、日本国民の自尊の三者」(SN3p358)を挙げて、日本の近代史においてこの三者が総合して、一大活力を発展させたとして、「この三つの事を不問に付して、唯だ日本人の満洲に於ける行動とか、支那に於ける行動とか、さては所謂大東亜戦に於ける行動とかを語る」ことは「本末、前後、大小、軽重を顚倒」するものであると主張する。これらの三項目とは、自存の問題をのぞいては、対外硬特有の被害妄想的で異常に体面を重視する主観的認識から生じるものである。必ずしも客観的な状況に適合するものではないし、戦争を正当化する客観的説得力は乏しい。

欧米社会も日本が国際的ルールに従い国際協調路線をとる限りは、日本を列強の一員として遇していた。第一次大戦後に、日本が国際連盟の常任理事国となったことが何よりの証拠である。大正時代には多くの国際機関において、日本人が主要幹部として活躍していた。日本にも、蘇峰自身が「日本離れ」(SN3p357)した人間と呼ぶ、軍縮を歓迎し日本人移民排斥問題での過剰反応をたしなめる、清沢洌のような人間も少なからず存在していた。対外硬論の社会への蔓延が、そのような穏健派を沈黙させて戦争に突入させた。蘇峰の主張するように、自衛自尊の観念に象徴される対外硬主義こそが、満州事変、支那事変、大東亜戦争を貫く主導的な動機としての、決定的重要性がある。

蘇峰は移民排斥や、貿易への障壁を自存の危機と言うが、日本は現実に存立を脅かされるような禁輸包囲(2)を受けたのではない。それはむしろ、外部への発展の道を閉ざされたという心理的な圧迫であった。圧迫は戦争に向かう一つの要因ではあるが、真の問題はそれによって爆発性の有毒ガスを国内に醸成したことであった。福沢が憂慮していたことも、外からの圧迫そのものよりも、それによって国内で高まる、暗殺や反乱となって暴発するような内部の対外硬の気風であった。そのような内なる対外硬精神の高まりが、軍部に大胆な行動を起こさせた。それが国内世論を熱狂させ、さらに軍部の冒険的行動を加速して、国際的世論の非難を招き、国内の反発を生じて対外硬の態度を一層強め、国際的孤立を深めるという悪循環に陥らせた。

蘇峰が日本が戦争に訴えることを余儀なくされたとして掲げた、自存、自衛、自尊などという理由による他国領土の侵略には、国際的な説得力は皆無である。それ故に、世界で日本の主張を支持する国が一国もなく[3]、日本は満州問題により国際連盟で惨めに孤立することになったのである。蘇峰が主張するように、決して中国の「宣伝上手」(SN3p303)だけが理由ではない。日本の客観的な国際情勢や国際世論を無視した独善的な行動が原因であった。蘇峰自身も、この自他の認識の乖離をある程度認識していたため、改めて、日本の立場の正当性を外国人にも訴えようとしている。

蘇峰は、「彼我試みに地を換えなば奈何」(SN3p358)という文で、次のように論じる。「今仮りに地を換えて」、米英ソが日本の立場に立ち日本のような取り扱いを受ければ、彼はどうするかと問いかける。いずれの国も有り余る資源があり、安全の問題においても小所帯の日本の比ではない。「斉しく自衛の問題」でも、「日本は生命線を脅かさるる危険」であり、「彼等は利益線を脅かさるる危険」にすぎない。彼等にとっては損得の問題が、日本にとっては「生きるか死ぬるか」の問題である。米英ソのような大国が日本のような小国の身になれば、日本の行動も理解され認められると主張している。

蘇峰としては、出来るだけ客観的立場に立って他者を説得しようとしている。しかし、実は他国に日本の立場を理解することだけを要求している。日本が、より弱い地位にあった中国の身になって、自国内に攻め込まれて傀儡国家を建設されればどう思うか、米国という自由の理念を建国の基礎とする国家から、日本の行動がどう見えるか、という想像力は働かない。あくまでも日本という自分の狭い立場に立っての、列強への対外硬派特有の被害妄想気味の主観的主張に過ぎない。権益の存する満州は日本にとっては利益線にすぎないが、固有の領土である中国にとってこそ生命線である[4]。それ故に、中国は劣勢にもかかわらず頑強に抵抗した。そのような中国人のナショナリズムを正しく理解できない蘇峰は、背後に英米の策動を見て、敵意を募らせていた[5]。日本の正当性を客観的に説明しようとして、この戦争に関しては、客観的な思考の出来ない蘇峰の対外硬の本質が明瞭に現れている。

蘇峰はさらに歴史的観点から日本の正当化を試みる。十九世紀後半の「帝国主義」(SN3p360)の時代に遅れて参加した日本は焦って間違いをしたが、その手本を見せたのは欧米諸国であり、日本が西欧に倣って帝国主義の下手な模倣をして失敗したからといって、西欧が日本を懲罰する道義的な資格は無いと主張する。しかし、第一次大戦で帝国主義の時代が終わって、国際連盟に見るように協調の時代が始まった。日本も理事国としてその国際秩序を維持する重要な一員となった。そのような国際情勢下において、露骨な侵略政策を始めたことを欧米に倣っただけと主張するのは、客観的な説得力のない主観的な言い訳にすぎない。

以上のような国際的弁明に加えて、蘇峰は日本史の内在的な流れの中で戦争を正当化しようとする。ペリー来航以来の日本の現代史は、「尊皇攘夷から開国進取となり、開国進取から八紘為宇となり」(SN3p366)、その間に一貫した「脈絡」があると主張し、「尊皇攘夷も、八紘為宇も、その精神、その目的」は同一であるとして、それは「日本が世界強国大国並の立場に立って、国際社会に、立派な一人前の働きをしたいというに、落着する」と述べる。消極的「尊皇攘夷」と積極的「開国進取」は同一目的の両面に過ぎずに、「八紘為宇という事は、開国進取の窮極の目的を」さしたものであり、それが「我が皇道を、世界に宣揚するという意味に外ならない」と述べる。即ち今回の戦争は維新以来の日本の歩みによる必然の結果であると主張している。

蘇峰の歴史解釈は全く混乱している。「尊皇攘夷」と「開国進取」は、近代日本の二つの対立する思想を象徴する標語である。開国政策をとった幕府を尊皇攘夷を掲げて倒幕を果たした新政府は、維新後に開国進取に転じて多くの国粋派を怒らせた。明治二十年代に、開国進取を国是とする伊藤博文の政府を攻撃したのが、陸羯南等の対外硬運動であり、蘇峰もそれに参入した。それに対して政府を擁護したのが、陸羯南を攘夷主義と批判した文明派の福沢であった。明治から昭和初期まで連続する開国進取の立場を代表するのが西園寺公望であった。昭和初期に、それらの親西欧の文明派を攻撃して台頭したのが、国体主義の八紘一宇を掲げる軍部等の対外硬勢力であり、近衛はその波に乗り政権に就いた。「皇道を世界に宣布する」ことを説いた対外硬運動の基礎となった井上毅の「国際論」においては、西欧の支配する国際秩序の打破と、「皇道の宣布」を日本の使命であると明確に主張している。「国際社会の立派な」一員となることを目指す文明派の「開国進取」と、皇道を世界に広める対外硬派の「八紘一宇」は、全く相対立する概念である。開国進取をとる文明主義の国際協調派を打倒して、国体主義の対外硬派が日本を支配して、戦争に導いたのである。この戦争は決して明治以来の歴史による必然の結果ではなく、国体主義という反動的な攘夷思想によるものである。

蘇峰はこの日記において本格的に日本の戦争理由を論じている。日本の戦争に向かう勢いを作ったのは英米の圧迫であり、日本は自存、自衛、自尊の観点から戦争を余儀なくされたと主張している。自衛と自尊の観念とは対外硬特有の主観的感情に過ぎず、戦争を正当化する客観的な説得力はない[6]。しかし、外部からの圧迫が内部の対外硬の気風を高揚させて戦争に導いたとする、戦争を主導した蘇峰による証言は、改めて明治における福沢の予言の正しさを裏付けるものであった。

四、昭和二十二年

(一) 敗戦の原因

蘇峰は昭和二十二年になって、次のように本格的に敗戦原因の追及を始めた。「今更敗戦の原因などを、詮議したとて、所謂る死児の齢を数うるの類で、愚痴の極みであるが、しかし、少なくとも我が日本人は、何故に今日の如き、浅ましき且つ惨めなる状態に陥ったかという事を、研究し置く必要がある。それは第一、日本国運の興廃存亡の正当なる智識を、得る為めである。第二には、将来に於て、再びかかる間違いを惹き起し、過ちを繰り返さない為めである。第三は、万一日本が、再興する場合がありとすれば、この苦がき経験を、先人が遺したる、大なる教訓として、受用すべき為めである」(SN4p23)として、「予は、終戦以来、何故に日本は敗れたかという事について、常に研究を凝らしていた」が、「過去の一年間は、むしろ何故に日本は、戦かわねばならなかったかという事を、多く考え、多く語り、何故に負けたかという事は」二次的であったが、本年はこの方面について語ると、その意志を表明している。

そして、「結論から先に言えば、惨敗の原因は」(SN4p25)数多いが、「根本的に一括して言えば、人物欠乏」と断言する。「人在りて物在りで、物在りて人在りではない」として、物量の不足ではなく人物の不足が敗因であると主張する。日露戦争当時の明治天皇以下の伊藤・山県などの政治軍事の主要人物と、今次の戦争における昭和天皇以下の近衛・東条などの人物を比較すれば、戦争の規模は十倍になったが、人物は十分の一どころか、「実は百分の一にも足らない」(SN4p26)と述べる。過去の人物との比較においてだけでなく、同時代の敵であるルーズベルトやチャーチルのような指導者と比べても、近衛と東条が率いる日本は貧弱であり、チャーチルについては「所謂る智勇弁力兼ね備えたる漢である。彼には十能八芸、何をしても出来ない事はない」(SN4p29)と評価している[1]。

人物の欠乏は指導層の人物に限られず、「我が大和民族そのもの」が、「余りにお粗末」で、「東亜民族の指導者たる資格」（SN4p30）がなかったと述べる。その例として朝鮮支配の失敗を挙げて、当初は「賢明なる政治家」の伊藤博文が、「朝鮮に於ける内地人の人望を失うとも、まず朝鮮人の心を得ねばならぬ」（SN4p31）という統治方針を実行して日本人の怒りを買ったが、その後の総督は「方針も無ければ、経論もなく」、少しも朝鮮の人心を得ることが出来ずに、戦後に日本の統治を惜しむような朝鮮人は一人もいなかったと言う。朝鮮や台湾の統治において、日本は資源開発など物質的には成功に近かったが、人心を得るという「精神的には、全く失敗した」として、その日本人が戦時中に大陸や南洋諸島で成功することなど最初から不可能であったと述べている。

日本民族の東亜の指導者たる資格の欠乏について、本質的欠陥と教養不足による欠陥があるとして、日本人の欠陥について論じる。本質的とは「我が日本人は、異民族といわんよりも、自己以外の者の心理状態を、洞察するには、殆ど無能力であって、相手方の気持などという事は、さっぱり判からず。ただ自分の気持を、相手方のそれと心得、それを押売する傾向がある。台湾や朝鮮で失敗したのも、専らこの欠陥の為め」（SN4p33）であった。今度の戦争において、この欠陥が「むしろ露骨に、無軌道に、乱暴に、行われた」ために、東亜の黄色人種は日本人よりも、旧来の支配者である白人を慕うことになった。日本人は野蛮人でも悪人でもなかったが、「相手構わず、己れの欲する所を、他に施こして、或る場合には、親切が却って、相手方の迷惑を招き、怒りを招き、やがては怨みを」（SN4p33–34）招くに至ったと述べる。これは先に紹介したビルマのバー・モウの証言と殆ど同一である。

本質的欠陥の他に後天的の欠点があるとして、「それは教養の欠乏である」と断言する。日本人は世界の片隅の田舎者で、「世界の風が、何処を吹いているという事が判らず」、「我が流儀のみを知って、他を知らず。一本調子で、世界を押し通す」（SN4p35）という調子で、「その教養が、余りに局部的に偏し、田舎者の上に、田舎者の上塗りをするに至った事が、その原因」であろうと述べる。「日本人の教育が、後天的に進歩すれば、或は進んで、総てとはいわぬが、多少先天的の欠陥を、補充する事が出来たと思うが、不幸にして維新以来、日本人の学問は、局部的には相当進歩したようであるが、所謂る国民的教養という水準の、極めて低調であった」[2]、その低調さが「最も遺憾なく暴露せられたのが、即ち今回の戦争」であり、捕虜虐待事件なども日本人の残酷さの表れではなく、「田舎者が、田舎流儀を、無遠慮に」（SN4p35）振り回した結果であると述べる。

日露戦争当時の主要人物である伊藤・山県よりも、人物として近衛・東条は「百分の一にも足らない」と蘇峰は主張するが、人間が自然に劣等化することはない。これほどの全般的な人物の劣化の原因は、すぐ後に蘇峰自身が認めるように教育以外にあり得ない。伊藤は西欧文明の普遍性を認める「西洋書生」であり、広い国際的視野を持ち外国に友人も多く、英国人ブリンクリーを非公式の外交顧問としていた。そのような伊藤だから、蘇峰が例外的に「賢明」と認める朝鮮政策を実現できた。[3]教育勅語に基づく自国を万邦無比などと称する国体主義こそが、そのような開かれた国際性を圧殺して、[4]蘇峰が「田舎者」と呼ぶ視野の狭い主観的独善性を育てた。

注目すべきは山県有朋である。陸軍軍閥の総帥であり教育勅語を制定した山県こそが、昭和軍国主義の元凶という見方が一般的である。しかし、彼は決して対外硬派でも国体主義者でもなかった。[5]親しかった蘇峰が「恐外病」と呼んだように、山県は対外問題においては、常に欧米列強の実力を強く警戒して、日本が孤立することを病的に恐れて、各国との協調・同盟関係の構築に積極的であった。その外交姿勢は対外軟として対外硬派の敵意の的であった伊藤博文と殆ど変わらなかった。その理由は、明治四十年に彼が井上馨から、ロンドン・タイムズ通信員チロノルからブリンクリーへの欧州事情に関する私信を見せられて参考にしているように、山県が外交問題においては伊藤博文や井上馨と殆ど一体であったからであった。常に客観的国際情勢に気を配る彼は、独善的な「激烈な新聞之論説」に代表される対外硬の世論に強く批判的であった。それゆえに、山県は「対華二十一箇条」問題において、井上馨や伊藤博文の後継者とも言える原敬と共に、強硬論一色の世論や、それに流された加藤高明外相の交渉姿勢に反対したのである。[6]晩年に彼が原敬と意気投合したのも、この対外関係における意見の一致が大きいと思われる。

対外硬に反対する山県は文明主義者でもあった。彼は日露戦争の勝利の原因を「欧洲文明の勢力偉大にして善く之れを学び得たる」結果であると述べている。[7]これは日清戦争の勝利を日本が西欧文明を学んだ結果であるとした福沢と全く同じで、「忠君愛国」の精神の勝利であるとした国体主義者の陸羯南や昭和の平泉澄の対極にあるものである。福沢が山県を含む明治維新政府の首脳を「西洋書生」と呼んだのは決して誤りでなかった。第六部五章で見るように、井上毅が教育勅語制定の際に山県に対して文明主義的な意義づけの偽装をしたのも、この山県の文明主義を認識していた為と思われる。

蘇峰が指摘する日本人の本質的欠陥と教養不足による欠陥も、実は国体主義の現れに過ぎない。本質的欠陥とされる相手の心理を理解できずに自己の主観を押しつけるということは、まさに国体主義者特有の主観主義である。日本人でも国体主義者が敵視する福沢や伊藤などの文明派の人物は、一国を超えた普遍的価値観を有し、相手の立場に立つことが出来た。それ故に、外国人の心理も理解できて、外国に友人も出来て、外国の世論に働きかけることが出来たのである。一方、その欠陥を最も顕著に示したのが軍部や松岡洋右などという、典型的な対外硬の国体主義者である。近衛が松岡を「妄想を現実と思い込んでいる」と評したように、彼等の主観に閉ざされた世界には、他者も客観的な世界も存在しない。自己の主観を投影した人間と現実しか見えない。このような人間達が日本を支配して、無謀な戦争に引きずりこみ亡国に陥れたのである。戦前戦中の蘇峰は先頭に立って、これらの対外硬勢力を代弁して支援していた。蘇峰による日本人の欠陥の指摘は正確であるが、その根本の原因には及ばない、表面的なものである。

そして、蘇峰が「教養の欠乏」と呼ぶ日本人の後天的欠点とは、日本人が「田舎者」で世界の風潮に盲目であり、自己の流儀のみを押し通して、その教養が局部にあまりに偏して、一層田舎者にしたと指摘したものこそ、まさに教育勅語による国体主義教育の効果を形容するものである。日本以外に通用しない普遍性のない、万世一系の万国に卓越する国体などという観念を、絶対的価値として幼い頃から頭脳に詰め込まれた結果、日本人は根拠のない優越感を植え付けられて唯我独尊の精神を育て、海外に学ぶ謙虚さを失い、世界の風潮に鈍感になり盲目になった。その挙げ句が、「皇道を世界に宣布」して「各国民にところを得しめる」などという、「田舎流儀」の独善的な教義を振り回して外国にも押し通し、ついには世界に孤立して自滅的戦争に乗り出すことになった。

蘇峰が指摘するように、教育の進歩によっては日本人の田舎者としての先天的な欠陥を補充できたかも知れない。そのために必要な教育とは、福沢の「修身要領」に象徴されるような、普遍的な人間の尊厳と世界各国の固有の価値を認め、同時に日本人としての自覚と独立自尊の精神の必要を説く文明主義の教育であった。しかし、明治中期以降全国の学校で強力に実行されたものは、太古の皇祖皇宗を神格化し、日本の特殊的価値観を国体の精華と自画自賛し、それを生徒の精神に刷り込みするような国体主義教育であった。

西園寺のような明治以来の文明派は、帝国主義から国際協調主義という世界の風潮の変化を明確に認識して、英米を主流とするその価値観への適応の必要を理解していた。しかし、戦前に、彼等は国体明徴運動のような国体主義思想の支配の前に沈黙させられた。近衛や松岡の人気が示すように、教育勅語で教育された国民の圧倒的多数はそのような思潮を強く支持した。日本人の先天的欠点をさらに拡大し「教養の欠乏」を生んだものこそ、井上毅の作った教育勅語による国体主義教育であった。

蘇峰は、敗戦の原因として人物の問題の次に、政治と戦略の欠陥を取り上げている。戦争における「一貫したる計画の欠乏した」(SN4p36) 全体的な組織と統制の欠如を敗因として挙げている。蘇峰は、日露戦争では当初から戦争の終わり方を考えていたが、今度の戦争では皆無であったと、まるで日露戦争と同様な終結が可能であったかのように批判している。蘇峰は総力戦と帝国主義戦争の区別さえ出来ていない。第一次大戦で示されたように、国の全ての資源を動員して戦う総力戦では一方の無条件降伏に至るまで終わらない。さらに、大陸の限定的利権のために戦った日露戦争と異なり、今回の戦争は東亜新秩序という大義を戦争目的としていた。このように、仲裁する能力のある西欧勢力を否定して敵とする理念を掲げたから、妥協は不可能である。

　日本を敗戦に追い込んだ日本の一定の国家戦略無き外交軍事の分裂状態を次のように述べる。「分析して言えば、我が大陸政策は、陸軍そのものの部内でさえも、歩調が揃うていなかった。況や海軍と申合せとか、打合せとか、協調とか、協力とかいうような事は、全くと言う事が出来なければ、殆ど皆無に幾かかった。況や我が皇国の外交政策、更に進んで国際方略の上にて、廟謨が一定し、一定の筋書に基づき、陸海軍鳥の両翼、車の両輪の如く、同一の目的に向って、同一の歩調を執るなぞという事は、口上や文句の上では、兎にも角にも、事実の上には、皆無に邇かった。それは支那事変中ばかりでなく、発展して大東亜戦争となっても、亦たこの通りであった。即ち最後の終戦に瀕する際まで、陸軍は陸軍、海軍は海軍、外交は外交、廟謨は廟謨、銘々勝手の建前によって、銘々勝手の行動をしたのである」(SN4p46)。蘇峰は現象を観察描写することは出来ても、その根本原因である制度面には及ばない。これが蘇峰が理想の体制とする一君万民の万機親裁と呼ぶ、実質的に無力な天皇の絶対的権威を笠に着る割拠的な官僚組織の専制体制の結果である。

　蘇峰は、最近の世界歴史において、「最も莫迦気た失策は、日本の支那事変と、独逸のソ聯進攻」(SN4p54) であると主張して、日独とも共通の国民的欠陥があるとして、「一切が主観を主として、我が流儀を以て、他に押し付くる傾向がある」と述べる。両者ともにそれによって大きく間違った。「ナチが見たソ聯は、所謂るナチのソ聯であり、日本が見た支那は、所謂る日本の支那であり」、ソ連人も支那人も日本人とドイツ人の視野に入らない実質があったと述べる。賢そうな批判に見えても皮相な観察に過ぎない。自己の主観のみによって客観的に敵を見ることが出来ないのは、国民的欠陥などと一般化すべきではない。国体主義という極端主義イデオロギーによって盲目になった結果である。蘇峰が認めているように、明治の日本の指導者は客観的思考が出来た。彼等は国体主義者ではなかった。

蘇峰は日本の失策について論じる。「日本は、少なくとも二つの大なる失策を犯した。その一は、相手国の支那に対する考え方を、全く誤まっていた事である。第二は、支那に対して考えを誤まったばかりでなく、支那の指導者、即ち蒋介石その人に対する考え方が、間違っていた。即ち日本の当局者は、支那そのものについて、その観察を誤まり、更に支那の指導者蒋介石そのものについて、観察を誤まり、かくの如くにして、全くお先真っ暗ら、向う不見の戦争をした為めに、遂に挙句の果は、我れ自ら我が力に負けて、殆ど一人角力を取って、ヘトヘトになり、挙句の果は、眼を瞑って暗中の飛躍、即ち第二世界戦争にまで、飛び込まねばならぬように至ったのは、笑止千万の至りである。」(SN4p57–58)

戦後の今になって日本が支那を過小評価していたことと、対米戦争開戦が「眼を瞑って暗中の飛躍[8]」で、成算のない賭博的行為であったことを認めている。蒋介石に関しても、政治家として敵国日本に関する知識や、時は支那の味方であると知る彼の世界の大局に対する見識は、田舎政治家の東条などがはるかに及ばなかったと高く評価している。蘇峰が第三者の地位に立てば、客観的な情勢認識や人物評価も可能である一例である。しかし、このような「彼を知る」能力が戦時中に発揮されることはなく、蘇峰は田舎政治家東条と同様の盲目性を示していたことは、『暗黒日記』に明白である。

その蘇峰が日本外交の盲目性を次のように指摘する。「日本の対支政策」は、「全く暗中模索であった」(SN4p62)として、日本と支那の外交上の立ち会いは、座頭の日本と眼明きの支那の戦いであったと述べて、「とても、こちらに都合よき駈け引は、出来得べき筈もなかった」として、「支那人は日本そのものについて、正しき了解を得ていたばかりでなく、時々刻々変化の情勢を手に取る如く、これを偵察した。しかるに日本では、全く暗中模索」だったとする。日本と支那の戦争は目の見えない盲と、敵も情勢もよく見える眼明きの戦争で勝ち目はなかったと述べる。これは対中国にとどまらずに、対米英ソにも通用することである。

このような蘇峰の現象面の観察は非常に正確であるが、何故日本が盲目になったのかという説明はないし、また自分自身が盲目であったかという自覚も反省もない。日本を国体主義による対外硬思想が風靡して、皇道を世界に広める「皇道外交[9]」などという主観的で独善的な思想が支配して、日本は国際情勢に盲目になって世界に孤立して[10]滅びた。国内でも清沢のような目の見える人々の言論は圧殺されて、蘇峰は対外硬の波に乗って言論界の頂点に立った。盲人が国論を指導したのである[11]。蘇峰は表面的事象はよく見えるが、その根本原因に眼が届かないので、その批判は常に表面的である。その批判は常に他者の批判に止まり、当事者であった自己への深い省察に及ぶことはない。

蘇峰は戦時中の政府当局を次のように批判する。「軽挙妄動、何等一貫したる見識も無ければ、方略も無く、唯だ弾圧一方と、虚偽の一手段を以て、国民の耳目を壅蔽し、眩惑し、敵軍が日本近海に迫るまで、尚お日本は大体に於て、勝っている、勝味があると、己惚れしむるに至った」(SN4p70)として、この己惚れが大きな害毒を流して、「国民の不熱心」も「飛行機製造」の不振も「軍需品の補充」の失敗も、皆この己惚れに起因すると主張している。蘇峰は、国民の己惚れのような主観的態度こそが敗北の根本原因と見ている。この己惚れ的心理を生み出したものこそ、万国に卓越する国体などと主張する国体主義にあったという事実が彼には見えない。また、国民が己惚れを去り、どれほど真面目に熱心に働いても、根本となる物質資材がなければ飛行機も軍需品も作ることは出来ない、という客観的物理的要因にも盲目である。

そして最後に次のように述べる。「要するに、日本の失敗は、自業自得である。政略も、軍略も、全く物になっていなかった。如何なる大国でも、驕慢であれば、必ず失敗する。況や未だ自ら世界の大国たる位地に到達せざる、言わば漸くその途上に在る日本たるに於てをやだ」(SN4p73)。蘇峰は、日本は如何にして敗れたのかという原因追及の結論として、第一に人物の欠乏、第二に政略軍略の「驕慢」による失敗を挙げている。これは正反対の立場にある昭和天皇の観察とも一致している。天皇は戦争直後の皇太子宛の手紙の中で、「我が国人が、あまりに皇国を信じすぎて、英米をあなどったこと」と、「明治天皇の時には、山県、大山、山本等の如き名将」があったが今度の時はなかったことを、敗戦の原因として挙げている。(12)

(二) 教育亡国論

蘇峰が敗戦の第一の原因として挙げたのは、人物の欠乏と驕慢であった。明治に比べて貧弱な人物しか生まなかったのは近代の教育の結果であり、万国に卓越する国体などという驕慢な精神を国民に植え付けたのは教育勅語である。日本の敗因の本格的考察を始めた蘇峰は、それらの根本的な原因としての教育の問題に目を向けることになる。軍事法廷で、日本軍の略奪や暴行の事実を突きつけられた元軍務局長の武藤章が「これは兵の素質が低下したもので、教育の欠陥が、何処にか存在するであろう」と言ったことに、蘇峰は「この教育の欠陥なるものは、兵ばかりでなく、士官にも及ぶ」もので、武藤自身にもその上司の東条にも、陸海軍の上層部にも、そして文官にも同様に、「この観察は及ぼす可きもの」(SN4p74)と信じると述べる。

蘇峰は言う。「武藤氏は、教育の欠陥という言葉に、恐らくは教育が不足したという意味を、含ませているようだが、我等は教育の不足とか、僅少とか、不充分とかいう意味でなく、教育そのものが、根本的に間違っていたのではないかと思う。改めてここに言えば、現代的日本の教育は、直接とは言わぬが、今回の大なる敗戦を来たし、我が国家を今日の境遇に陥れたるに於て、最も大なる分け前を、働らいたものであろうと思う。別言すれば、日本国は、日本の現行教育によって、亡ぼされたと言うても、余り過言ではあるまいと思う。要するに我が官学教育は、形式教育であった。また独善教育であった。それで軌道の上を走る事は知っていたが、軌道の外に走る事は知らなかった。こちらの筋書だけの道は、歩く事を知っていたが、その以外には、一歩も踏み出す事は出来なかった。而して自分の知っている事を最善と思い、自分の為す事を最上と思い、相手が何者であるとか、如何なる事をするとかという事には、一切無頓着であった」(SN4p74)。この言葉は、まさに、万国に卓越した国体と自尊自大の精神を育て、彼を知り己を知る客観性を抑圧した、教育勅語による国体主義教育の欠陥を鋭く指摘するものである。

日本の教育は根本的に間違っていた。今回の敗戦における最大の原因は日本の現行教育である。形式的で独善的な教育が、教えられたことしか出来ない自由のきかない、客観性のない偏狭な人間を生み出したからだ、と蘇峰は主張している。敗戦の原因を模索するこの日記において、蘇峰が問題の本質に最も近づいた部分であると私は思う。しかし、形式的で、独善的で、主観的人間を育てたのは、教育勅語による偏狭で独善的な国体主義教育こそが根本原因であるという核心までは至らなかった。それでも、何故、蘇峰は教育こそが敗戦の原因である、と断言できるのか。それは彼が、旧幕時代から明治初期の多様な教育を受けた明治の政治家・軍人と、近代の画一的教育を受けた昭和の政治家・軍人の両方をよく知っていたからである。そして、蘇峰自身も近代の整備された教育を受けずに、その欠陥を客観的に見ることが出来た。それが同じ国体主義の歴史家であるが、国体主義教育に純粋培養された平泉澄との決定的な相違である。

蘇峰は次のように続ける。形式的で独善的な教育の弊害は軍部ばかりでなく、一般政務についても同様であったとして、日本の政治は「官学の法学士政治」(SN4p75)であり、「机上に於ける文書政治」となって、統制経済も少しも機能しなかったとして、次のように述べる。「日本でも日露戦争までは、文武の大官中にも、学校教育を受けない者が相当あった。日清戦争に於ける川上〔操六〕、日露戦争に於ける児玉などは、別に名誉ある陸軍大学の卒業生でも何でもない。東郷提督なども、英国の留学生で、学校の成績は、左程香ばしきものではなかったという。また軍部以外に於ても、同様の事が言われ、伊藤、山縣、松方、井上なども、法学士でもなければ、文学士でもない」。しかし、昭和になってからは、「軍で幅を利かせた者は、陸海軍大学の卒業生であり、一般の役所で幅を利かせたる者は、内閣より地方の署長に至るまで、皆な殆ど大学の門戸を、潜ぐった者である。偶には変り種もないではなかったが、それは全く僅有絶無という姿であった。かくの如くにして、日本は形式と独善とで、活きた人間の活動というものは、何れの方面にも、及ぼす事は出来ず。遂に一人角力を取って、自から倒るるに至ったのである。」と述べている。

　蘇峰は、明治の日露戦争における時の文武の指導者の殆どが正式な学校教育を受けていなかったのに対して、昭和の指導者層は全員が大学などの高等教育を受けていたという事実を指摘する。そのことは、明治期に政府によって整備された官学教育に重大な欠陥があったことを意味すると主張している。しかし、その根本に井上毅が作った教育勅語があることは見えない。蘇峰の観察と指摘は鋭いが、例によって表層のみである。蘇峰がこの日記で繰り返してきた、明治と比較しての全体的な人物の劣化に関して、官学教育という原因を、その意味を十分に理解することなく提出している。それでも、教育こそが亡国の原因であると主張する蘇峰のこの辺りの文章には、長年の疑問を解決する重大な事実を発見したという、精神の高揚を示す調子がある。

「日本の教育日本を亡国たらしむ」(SN4p76)という題の文で蘇峰は、「学校は人材を造る所以でもあるが、また人材を殺す所以でもある。明治以来大正昭和を経て、日本は文武百官乃至在野の諸業務に至るまで、殆どその幹部は、官学で占めていた。しかるにその官学なるものが、前にも言った通り、形式と独善とによって、一定の型を作り、その型で人物を造ったから、茲に所謂る人物饑饉なるものが、出で来った」として、「泰平無事の時」には形式主義の独善者流でも無難に対処できるが、それらの畳の上の水練者は「一旦緩急あれば」、なすところを知らず溺れてしまったと述べる。そして、英国におけるチャーチルやロイド・ジョージ、米国の陸軍参謀総長ジョージ・C・マーシャルなどの非常時の国家の指導者が、不正規の教育を受けていた例を紹介して、日本の型にはまった教育制度を批判している。

　蘇峰は次のように続ける。太閤秀吉の経歴は言うに及ばず、維新の軍略家の大村益次郎も貧乏蘭学医に過ぎなかったが、「陸海軍倶に、善を尽し、美を尽し、士官学校、兵学校、砲術学校、水雷学校、あらゆる専門学校より、大学校に至るまで、完備していつつ、別段この人というような人間の、出来なかった事は、全く教育が人物を殺した為めと、言うより他には、説明は出来ない。そこで予は、日本の教育は、遂に日本をして、亡国たらしめたと、結論する者である」（SN4p78）と主張している。

蘇峰は「日本の人材欠乏が、官学に基く事は、予は予て久しき以前より、憂慮したる所であった。そこで明治の末期から大正の初期に掛けて、予は『統一病』と題し、今のように型にはまった人間を、製造する教育では、到底国家の御用に立つべき人間は、出来うべきものではない。一旦緩急あれば、国家は忽ち人材の欠乏に困るであろうという事を、屢々警告した」（SN4p79）が、誰も顧みるものは無く、官学出身者は官界ばかりでなく民間においても支配的地位を得て、官学における成績のみが社会における地位を決定するようになり、画一的人物しか生まなくなったと述べる。

自分は以前から官学の画一的教育に警告を発していたと蘇峰は先見の明を誇る。しかし、その批判の内容が一旦緩急あれば国家の役に立たないという国家のための手段という視点からでは、国家を至上目的とする官僚国家の教育批判にならない。福沢のような個性を尊重する個人主義からこそ、自由で型にはまらない人間が生まれる[1]。蘇峰がチャーチルなどを取り上げて、多様な人材を生む見本として挙げた米英がその典型的な例である。蘇峰の国体主義から画一的な人間を育てる教育が生じる。福沢や米英を敵視する蘇峰は、そのような原理的矛盾に盲目である。

蘇峰は歴史的観点からこの問題を取り上げて次のように述べる。「維新の際に、人物の輩出したのは、徳川氏時代各藩割拠の賜といわねばならぬ」として、各藩ごとに特色が有り人物にも特長が有り、それぞれに異なっていてそれが有益であったが、「維新以来、殊にその中期以後は、官学全盛の世の中となって、それが社会の中堅所を支配」して、「今度の亡国も、いわば統一教育の悲哀を示したものと、言うの他はない」（SN4p80）と言う。そして、「我等は所謂る亡国の種を播いて、亡国の果を収穫したる事の現在を見、今更らながら、因果応報の恐るべき鉄則に、戦慄する者である」（SN4p81）と述べている。蘇峰のこの言葉には、歴史の必然の厳しい因果律に触れて畏怖の念に打たれている者の真実の響きがある。

江戸時代の割拠体制が明治維新で活躍した多彩な人物を生んだのに、明治中期以降の官学全盛が画一的人物しか生み出さなくなり国を滅ぼしたと蘇峰は批判する。これは福沢による、江戸時代の方が多様で自由であったとする文部省主導の画一的教育批判にも通じる。蘇峰が言っているように、特に「明治中期」以降の私学を排除しての官学全盛にも、教育勅語による教育内容の画一化にも、最も大きく貢献したのは井上毅である。[2] 蘇峰の言う亡国の種を播いたのは井上毅である。蘇峰はそれと意識することなく、尊敬する恩人の井上毅に亡国の罪を宣言している。

日本に亡国をもたらした官学の弊害を緩和すべきであった「日本の私学も、明治の中期頃迄は、稍や特殊の気風を持っていたが、明治の末から大正昭和になっては、私学は全く官学に似て非なるもの」となって、官学を模倣するようになり、「政党などというものも、従来は特色ある人物が輩出した」が、総裁幹部は「官僚の古手、即ち官学出身の人間」が支配するようになり、政党も「官僚的雰囲気」の中に生息するようになり、新聞も同様であったと主張する（SN4p82）。「明治中期」までは特色を保っていた私学も、大正以降は官学を模倣するようになり、官界だけでなく政党や新聞なども官学出身者が支配するようになったと証言する。その流れを作ったのも、明治十四年政変以後に、福沢を敵視して私学の抑圧政策を政府首脳に進言し、官吏の任用などでも官学出身者を優遇した制度の設計者である井上毅が張本人である。蘇峰は例によって表面的現象は正しく観察できるが、根本的理由の理解には及ばない。

蘇峰は昭和二十二年になって、この日記の主要な目的であった日本の敗戦の原因の本格的追及において、まとまった議論を展開している。この文章は、それまでの考察を深化させて真実に切迫した、この日記の頂点であると私は思う。この敗戦の根本原因の追及には、蘇峰の歴史家としての優れた資質が発揮されている。その結論とは、日本の近代の教育は「根本的に間違っていた」（SN4p74）、教育こそが日本の敗戦と亡国の根本的原因であるという主張であった。これは主義思想が正反対の『暗黒日記』における清沢の意見と同一である。最晩年の西園寺が日支事変当時の国民の好戦的な雰囲気に、国民の知識と民度の低さに明治以来の教育方針が悪かったと絶望した[3]のも同じ原因である。また晩年になって、日本の将来に深刻な危機感を抱くようになった福沢の心配の原因も教育にあった。福沢の最晩年の著作や、「修身要領」普及運動も、根本は文部省主導の教育への危機感の表れであった。近代日本の教育政策の根本となったものは教育勅語である。この核心に触れることはなかったものの、蘇峰の、教育こそ亡国の原因とする判断は、晩年の福沢が抱いた憂慮が決して杞憂ではなかった事を裏付けるものとなっている。

(三) 回想と福沢

この日記における主要な目的であった日本の敗戦の原因に関する考察を完了した蘇峰は、明らかにこの日記を終わらせることを意識して、自己の後半生に関する本格的な回顧を始めている。その冒頭で、自分の生涯は不如意なばかりではなく、全く志に反するものであったと述べている。「要するに、予が得んと欲したるものは、少しも得ざるばかりでなく、予が駆除し去らんとしたるものが、遠慮会釈なく、繁殖増長しつつある。これでは予の働きは、無用であったばかりでなく、率直に言えば、有害であったと言い得られない事もあるまい。およそ事志と違うという文句があるが、予の一生にとって、全くその通りである」(SN4p122–123)と言う。そして「近く例を採って見れば、予は福沢〔諭吉〕流の功利主義には、当初から反対であり、この功利主義を、日本から払拭し去らん事には、予も力の限りを尽した」(SN4p123)と言い、福沢個人には悪意はないが、「福沢の哲学、福沢の議論には、根本的に敬服が出来なかった。それで自分の力の及ぶ限りは、それを排撃した。しかるに現在は、世を挙げて、福沢流となり、総ての方面にも、福沢の余光を拝する者のみであって、文部大臣なども、福沢の弟子でなければ、孫弟子である」と、今は福沢の時代になった事を認めている。

蘇峰は自分の生涯が全て失敗であったと自白して、その第一の根拠として現在の福沢の思想の隆盛を挙げる。蘇峰は福沢の思想には根本的に反対で、絶滅させるために全力を挙げたと、「駆除」、「払拭」と二度も同様の言葉で繰り返す。これは一人の言論人の、他の一人の思想家に対する言葉としては極めて異常なものである。むしろ、異端の廃滅を目的とする宗教家か、危険思想の排除を使命とする思想検察官の言葉である。蘇峰が終生尊敬していた井上毅による、福沢の影響力の排除を主張する明治十四年政変後の「人心教導意見」の意志を受け継ぐものである。[1] まさに蘇峰が井上毅が作り上げた国体主義思想の後継者であることを示すものである。

蘇峰は福沢の思想の中でも功利主義に最も強く反発している。これは同じく井上毅の思想の後継者であり、蘇峰の対外硬派の先輩の同志に当たる陸羯南と同じである。福沢が陸羯南を批判する文章を、「義侠に非ず自利の爲めなり」[2]と題したことは、象徴的である。功利主義否定の言葉は、国体主義が社会を支配した戦前戦中期の「基本国策要綱」[3]などの文章や、戦時中に日本を支配した政治家や軍人の言葉にも頻出する。功利主義とは、国体主義の立場から単純化すれば、我が身の幸福が第一と考えることである。さらに極言すれば命が惜しいということである。この命が惜しいということは、人間の根源的欲求であり、そこには人種や国境の区別はない。それを自他に認めることから人間の尊厳という観念が生じ、人類という普遍性の観念が生じる。功利主義の本拠地として、国体主義者の軽蔑の的であった英国と米国が、最も人命尊重の観念が強い国であるのは偶然ではない。ソ連やナチスドイツのようにイデオロギーという大義を掲げる国は、人命軽視の大量虐殺が生じた国でもあった。

国体主義者にあっては、第一に重要な事は国体の尊厳であり、その大義のためには生命をも捧げることが最も高貴な行為とされる。それ故に楠木正成がその偶像となり、戦時中には特攻作戦を生み出した。国体主義者の福沢への反感の底には、大義のために身命を捧げていると自負している人間の、幸福を求め命を惜しむ卑小な人間への蔑視がある。そのような功利主義への軽蔑が、その本拠地の英米に向けられて、命を惜しむ英米人は長期戦の被害に耐えられないと、蘇峰等の国体主義者は国力の差を無視して主戦論を煽ったのである。戦争の結果は、功利主義の米英は日本に劣らぬ勇気を持って戦うことを示した。米英の生命尊重の精神は自国の兵士の命を守るための有効な兵器や戦術を開発して、日本は戦闘において一方的に大きな損害を蒙り、惨めな敗戦となった。蘇峰などの国体主義者の信念を、前線の日本軍の兵士や空襲の被害を受けた国民が血で償うことになった。

蘇峰は思想に続けて、政治と皇室についての失望を次のように述べる。「政党内閣についても、予はその利害得失については、学問の上からも、実際の上からも、あらゆる方面から研究して、断案を下したのが、日本にはイギリス流の政党内閣は、不適当であるという結論であった。しかるに今日は、日本の新憲法では、イギリス流の政党内閣を、単に許容するというばかりでなく、憲法の条規に依て、かくあらねばならぬと、規定せらるるに至った。皇室中心主義に至っては、予の半生の汗血を尽して、その宣揚に努めていた。しかるに今日は、皇室御自身に、皇室中心主義を棄却遊ばされた。この上は我れまた何をか言わんやである。更らに外交上に於ては、東亜に於ける外国の勢力、殊にアングロ・サクソンの勢力の重圧を排除し、東亜の解放、人種的水平運動を、主張していた。しかるに現在日本は、米国の占領軍に依て支配せられ、今日では国家一切の主権は、総て占領軍若くは占領国の手に帰している。」(SN4p123–124)

蘇峰が呪う、英国流の議会政治、政治から超越した皇室、英米との友好的関係、これらの戦後に実現した政策は、明治初期からの福沢の一貫した主張であった。井上毅は、その福沢の影響を受けた交詢社の憲法草案を理由に、天皇を虚器とする議会政治実現を企む福沢の陰謀があると伊藤ら政府首脳を中傷して、明治十四年政変を引き起こして、思想界の指導者としての福沢の没落をもたらした。[4] そして自ら起草した憲法と教育勅語によって、国体主義を一種の国教とした。注目すべきは、慶應義塾における福沢以来の伝統である、英国流の議会政治、英米との友好関係、自由主義経済の尊重が、戦前に昭和天皇が大命降下の際に与えていた三原則とほぼ一致していることである。戦後になって、皇室が小泉信三などの慶應義塾関係者を重用したのは偶然ではない。

蘇峰が言う皇室自らによる皇室中心主義の棄却とは、明らかに所謂「天皇の人間宣言」を指している。この宣言の核心は、誰も信じていなかった天皇の神格の否定などではない。天皇と国民との間の紐帯は「相互の信頼と敬愛」によるもので、「神話と伝説」によって生じたものではないと、皇祖による天壌無窮の神勅の絶対性を否定し、日本国民が優越民族で「世界を支配すべき運命を有す」という観念を架空として、皇祖の遺訓とされた「八紘一宇」を否定している。この宣言の真の目的は、昭和天皇が教育勅語に基づく国体主義を破棄し、明治維新当初の文明主義に復帰する意志を明白にしたことにある。それ故に、五箇条の御誓文を冒頭に掲げたのである。文明開化を象徴する福沢の復活は当然であった。蘇峰の皇室中心主義とは国体主義そのものであり、昭和天皇自身がそれを否定したことを蘇峰は認識していた。福沢流の思想は、全て戦後の日本の復活と繁栄の基礎となったものである。一方、戦前における国体主義の支配は日本に汚名と破滅と屈辱をもたらした。井上毅の国体主義によって、福沢流の思想の駆除に「力の限りを尽くした」蘇峰の全活動は、日本にとって彼自身が認めるように「有害」であった。

次に蘇峰は自己の生涯の具体的な回顧に移って、自分の『国民新聞』の創刊当時を振り返って、その競争相手は、『東京日日新聞』でも『時事新報』でもなく、一年先に創刊していた陸羯南の新聞『日本』であったと述べている。ただし、蘇峰が対外硬派に転向した後には同志となったということは、後に『日本』関係者の多くが『国民新聞』に転入したことからも明らかである。この日記における陸羯南に関する記述も非常に好意的なものである。

政治に実際的野心を持っていた蘇峰は、政治家との親交も深かった。文明主義者として出発した蘇峰は、陸奥宗光とは幕末以来親交があり懇意であったが、第二次伊藤内閣になって、蘇峰は対外硬運動に参入して陸奥とは絶縁した。対外硬に転向した蘇峰は、陸羯南と同様に開明主義の伊藤内閣を敵視するようになった。伊藤博文については、蘇峰は早くから反感を抱いていた。「予が知る人で、未だ曽て心から伊藤を褒めたる者はなかった。」(SN4p157)と述べている。それらの知人というのは紫溟会の佐々友房など対外硬派の人間である。井上毅も「伊藤の徳を称するよりも、伊藤に対する不平とか、鬱憤」(SN4p158)を漏らしていたとする。伊藤の側近であった井上毅こそが、蘇峰の否定的態度に最も大きく影響したはずである。「日清戦争前後は、予が伊藤を嫌った絶頂」であったとしているが、これは第二部で見たように陸羯南と同じである。その第一の原因が「軟弱外交の権化」であったからと述べる。陸羯南などの政友からも伊藤博文に対する敵意を吹き込まれていた蘇峰の反感は、対外硬という原理から発するものであった。

伊藤と対照的に、当時蘇峰が好意を抱いていたのは大隈であった。「その頃が伊藤、陸奥の時代で、我等は彼等を『対外軟』と称し、自らを『対外硬』と称していた。而して大隈は伊藤に対して、隠然対外硬の本尊」(SN4p161)と吹聴されていたと述べて、対外硬か否かが蘇峰にとって、政治家の評価の根本の基準となっていたことを示している。

後になって蘇峰の伊藤に対する以前の敵意は消えたが、「政治上の意見は、悉くとはいわぬが、大体に於て一致していた」(SN4p189)とする山県に、より親近感を示している。そして山県の子分の桂太郎は「政治家の素質を、多く持っている」(SN4p197)ように思われ、「政友らしき政友」として、「熱心な協力者」となり、気がつけば「首迄投没して、抜き差しがならぬ程」の政治的盟友関係となった。大正政変による桂の政治的失脚と死は蘇峰を実際政治と縁を切らせることになった。

蘇峰は次のように大正デモクラシーへの強い反感を示している。「当時日本の輿論は、ヴェルサイユ会議の風潮を承けて、その程度は同一でないも、事実は敗戦日本の現在と、その趣を同じくするものがあった。予はその趨勢に慨然として起ち、それに反抗し、それと戦うたのである」(SN4p223)と言い、「軍備縮小、満蒙撤退、人種平等論放擲、英米後塵叩頭」の風潮へ反発したとする。ヴェルサイユ条約以降の、国際協調・軍備縮小の大正デモクラシーの世相は、蘇峰にとっては敗戦後の状況にも比べられる強い反感を生じさせる、彼の主張が顧みられない不遇の時代であった。

昭和の対外危機の到来が、蘇峰とその思想を復活させた。蘇峰は思想言論界の指導者として、教育問題に最も力を入れて活動し、日本各地にそれを支援する「蘇峰会」という組織が出来て、地元の有力者を網羅して昭和十年代に最盛期を迎えた。いずれも国家権力を背景とした国体主義の波に乗ったものであったから、敗戦とともに跡形もなくなった。それでも、蘇峰は自分の皇室中心主義が日本に徹底していたら、今回の敗戦はなかったと主張している。

蘇峰は自己の反米主義に関して、少年期までさかのぼり、熊本で外人教師に教えられた時代から米国人に反感を持ち、同志社に入っても「学校に充満するアメリカの雰囲気」(SN4p269)に反発し、師の新島襄から「攘夷家」(SN4p270)と言われたように、「一生反アメリカ」で通してきたと述べる。米国人の米国第一主義で高圧的な態度が嫌いで、ペリーの開国の方法は威嚇で日本にとっては「恥辱の歴史」であるとして、「日本から米国流の雰囲気を、一掃せん事」(SN4p270)を一生の大目標としたと述べる。

この言葉は、福沢流の雰囲気を一掃することが念願という言葉と同一である。

以上のように、自分の生涯の業績を回想してきた蘇峰は、最後に人生における一貫した米国に対する反感の存在を告白し、結論といえる部分において、それが福沢に対する反感と合流することを次のように述べる。「予が少年といわんよりも、むしろ幼年の時から、一生の仕事と考えていた事は、日本に於ける米国流の雰囲気と、福沢〔諭吉〕流の雰囲気を退治するに在った。勿論日米の相違はあるが、米国流と福沢流とには、共通の点が甚だ少なくなかった。これからは少しく、予が何故に福沢流の退治を、心掛けていたかという事について、語るであろう。理(ことわ)って置くが、福沢氏その人については、別に好感も持たない代りに、悪感も持たなかった。兎も角も現代に於ける一個の人物である事は、初めから知っていた。但だ如何なるものか、予は福沢流なるものについて、敬服が出来なかった。」(SN4p277–278)

蘇峰にとっては、世間で行われた自分と志賀重昂や陸羯南などとのライバル視や、頼山陽との比較さえも迷惑であったが、熊本バンドの一人で思想家の浮田和民による「前に福沢あり、後に徳富あり」という内容の、福沢との比較論のみは納得できたと述べる。「予は決して福沢翁と競争せんとするものでもない。固より彼れにとって代るべしと考えたものでもない。但だ国としては米国の雰囲気に反抗し、人としては福沢流の雰囲気に反抗したる迄の事である。それで福沢の勢力を一掃するには、我れも亦た福沢の執った方法と、その武器とを使用する必要ありと信じて、その為めに予も一の野人として暮し、且また武器としては、教育、著作等に力を致したるものである。但だ福沢の経済上に於ける活動は、予が当初から最も好まざる所であったから、その方面だけは、予には不入の地として、一切頓着しなかった」(SN4p281)。言葉上の否定にもかかわらず、蘇峰が福沢を「取って代わる」べき、生涯のライバルとみていたことは明白である。それゆえに、福沢流の雰囲気を一掃するために、福沢と同じ武器の教育と著作を使用したのである。

蘇峰は自分自身が目撃した明治初期の日本における福沢の絶大な勢力を次のように述べている。「福沢は学者としては、むしろ天下独歩という訳ではなかった。しかしその学問を応用し、活用するの力に至っては、天下独歩と称しても差支なかった。維新当初は、福沢は全く新知識の百貨店であった。卸売もした。小売もした。一般官界に向っても、福沢は相当に門下生を供給したが、殊に福沢の最も多く供給したる部面は、教育と新聞であった。およそ全国の師範学校、中学校、若くはあらゆる私塾などに、福沢門下の在らざる所はなかった。また新聞雑誌に於ては、最も然りで、当時日日新聞と対立して、論壇の雄を称したる報知新聞の如きは、殆ど福沢門下を以て占めていた。即ち矢野文雄、藤田茂吉、箕浦勝人、尾崎行雄、犬養毅以下末流の記者迄、殆ど慶應出身者たらざるはなかった。」(SN4p283)

しかしそのような言論界や教育界における慶應義塾出身者の支配的勢力は、政府を背後にした官学勢力の進出によって衰えることになった。その事情を蘇峰は、「文部省は慶應義塾派の手より、教育の領土を取返すべく、最も苦心をした。九鬼などもその一人であろう。それで九鬼は慶應義塾の仲間では、評判が香ばしくなかった。」(SN4p283–284)などと述べて、慶應義塾排斥の責任者として九鬼隆一や同じく慶應出身の渡辺洪基を挙げているのは、故意による事実の歪曲である。政府中枢にあって、明治十四年政変後に福沢思想排斥を説く「人心教導意見」などで政府首脳を動かし、その後も教育勅語を起草するなど文部行政に深く関与し最終的には文部大臣になった井上毅こそ、慶應義塾弾圧の主役であったことを井上と親密であった蘇峰はよく知っていたはずである。

その福沢の勢力後退の原因となった十四年政変について、蘇峰は次のように述べる。「福沢は慶應義塾なる一のマーケットを開いて、そこに日本国中の金持とか、土地持とか、あらゆる有産階級の子弟を集め、それをまた全国に配付した。それで明治の十四五年頃までは、福沢は優に明治政府の、隠然一敵国ともなっていた。そこで機を見るに敏なる大隈、伊藤、井上等は、福沢と握手して、明治政府の一大革新を計る約束であったが、大隈が伊藤、井上を出し抜いたとか、伊藤、井上が大隈を裏切ったとかいう事で、何れにしても大隈と伊藤、井上とは、手を別ち、その為めに大隈(引用者註、福沢か?)も、少なからざる損害といわんか、迫害といわんか、多大の打撃を受けた。」(SN4p284–285)

政変は伊藤博文・井上馨と大隈の政治家同士の内輪もめであり、福沢はその巻き添えを食ったように形容している。これも真実を曖昧にするような故意の歪曲である。蘇峰は後年の文章[5]において、この政変が福沢の影響力を一掃する目的で井上毅が起こしたものであることを知っていたことを示している。戦後になっても蘇峰が井上毅をかばい続けたのは、自分は信頼されて明かされた人の秘密は決して漏らしたことはないと誇っていた口の堅さの表れであろう[6]。もし真実が明かされれば、井上毅を信頼して重用してくれていた上司の伊藤博文を彼が裏切っていたことが明らかになり、「忠実無二」(徳大寺宛伊藤博文書翰)な官僚としての井上毅の名声に傷がつくことになる。

昭和二十二年の五月三日、新憲法の施行日に、蘇峰は福沢についての議論を中断して、次のように論じる。「予は昨夜以来、この事について、繰返し熟考した。これは誰が何と言おうと、日本国体の大変革である。およそ英国革命、仏国革命、その他世界中のあらゆる革命を、その対象に援き来っても、これ程重大の革命は無い。しかもそれが、一発の砲丸を発たず、一滴の血をも流さず、帝国議会の会議に懸け、貴衆両院の賛成を経、更に枢密院までも、御諮詢あって、愈々実行の今日に運んで来たという事は、その手際に於ては、上々吉といわねばならぬ。マッカーサー元帥が自賛する迄もなく、我等は心から彼れの腕前と、その成功とを認めざるを得ない」(SN4p294)として、それも軽薄な日本人が相手だから出来たことであると述べている。

蘇峰にとって新憲法施行は敗戦以来の衝撃となる決定的な「最後の打撃」であった。彼が「神武の古えに復える我が諸先輩の志を体し、情は父子、義は君臣の倫理的国家を、東洋に扶植し、世界の政治学上に比類なき皇道の宣揚を、この身一生の使命と心掛けた」(SN4p295)とする国体主義が、新憲法によって完全に否定されたからである。この文章は蘇峰が紛れもない国体主義者であることと、その国体主義の性質をよく示している。彼がその志を受け継いだ先輩とは、元田永孚や井上毅であり伊藤や山県ではない。元田と井上毅こそ「神武の古え」の皇祖皇宗の崇拝を教育勅語で確立し、その中で「情は父子、義は君臣の倫理」即ち忠孝の尊重を説き、井上毅は「皇道之敵」において「皇道の宣布」こそ皇祖皇宗の遺訓で国民の使命であると主張していた。蘇峰は「万国に卓越する国体」を「世界の政治学上に比類なき皇道」などと特有な言い換えをするが、蘇峰の「皇室中心主義」とは教育勅語に基づく国体主義そのものである。蘇峰は「皇道の宣揚を、この身一生の使命」と形容している、彼が「一生の仕事」と考えていた福沢流の一掃と表裏の関係にある。国体主義の宣布は福沢思想の排除を意味した。これは井上毅による教育勅語の本来の意図を示すものである。敗戦の衝撃から生まれたこの日記において、この最後の打撃が一種の止めを刺すものである。

蘇峰は新憲法によって、「日本から二千六百年の歴史その物を、取り去られた」(SN4p296)と主張しているが、否定されたのは教育勅語によって作られた五十年ほど通用した歴史に過ぎない。蘇峰は、「所謂る教学の上から、日本的というものは、余ます所なく取り去られ、これに代るに自由権利、個人本位の一点張りで、日本はまた、一度び死して新生する事となった。古人が国破れて山河在りというたが、今や日本には、日本固有の物は、何物もなくなった」と述べる。蘇峰が国体主義に代わり日本を支配すると予想した個人の自由権利を主張する民権主義は、福沢の文明主義の影響もあり開化期に続く明治十年代には社会的にはむしろ主流の多数派であった。

蘇峰自身が次のように証言している。「明治年間、殊に明治十三年から二十年頃迄は、民権論が猛烈であって、日本のインテリの大部分は勿論、農民階級にも、佐倉宗五郎もどきの気分の者が多く、訳けは分らぬ乍らも、ルソーの民約論などは、平気で受け入れられていたから、主権論などについても、主権は国民に在りという論と、国家全体に在りという論と、君民各々その主権を共有しているという論とあって、主権在天皇説は、唯だ官僚の間と、また所謂る保守頑僻の仲間にのみ、偏在していた。それで憲法なども、国約憲法が至当であるという論が、恐らくはむしろ多数であった。」（SN4p354）

それが教育勅語によって、国民が君主に奉仕すべき臣民に貶められ、自由や権利が抑圧されたのである。新憲法によって日本の歴史が奪われたのではない。五箇条の御誓文や福沢に象徴される明治維新の開かれた初心に返ったのである。これは「人間宣言」における昭和天皇の意見でもある。そのことを察知したらしい蘇峰は、この文の末尾で次のように昭和天皇を批判している。「恐れ乍ら今上陛下にも、この御位は、天照皇大神以来の御位で、勝手に御自身の思うままに、国体変革などに、御同意遊ばさるべきものではないという事を、予は臣道の本義に則って、ここに一言して措く」（SN4p297）。蘇峰のような国体主義者は、昭和天皇と福沢の共通の敵であった。

臣民を否定して国民の自由独立の権利を主張する新憲法が、まさに福沢主義の再興であることを蘇峰は認め、次のように言う。「今日は全く福沢流の再興時代である。晩年の福沢翁が、日蓮が南無妙法蓮華経を強調したる如く、親鸞が南無阿弥陀仏を強調したる如く、福沢門下に於ては、四字の名号ともいうべき独立自尊の文句を拈出して、これを福沢宗の一題目となした。我等は独立自尊その物には、何等異存はないが、我が日本国民としては、それを唯一若くは専一の要語とする事は、最も応わしくないと考えていた。独立自尊は、むしろ米国に通用する文句であって、日本には国民相合して皇室を中心とし、国家に奉仕するが、日本国民即ち日本臣民の大道であると、信じていた。」（SN4p297）

福沢の独立自尊という標語が、国民が臣民として国家に奉仕する国体主義の日本に最もふさわしくないという蘇峰のこの言葉は、福沢の思想こそが国体主義と相容れない対極のものであることを認めるものである。蘇峰が日本国民の大道であるとする、「国民相合して皇室を中心とし、国家に奉仕する」ことを説いているのは、明治憲法ではなく教育勅語である。前述したように、福沢が独立自尊を強調した「修身要領」を作成したのは、教育勅語に対抗する意図があった。井上毅の作った教育勅語こそが国体主義の根源であり、「人心教導意見」以来の福沢主義圧殺の意図を含んでいた。井上毅の思想的後継者の蘇峰は、その精神を忠実に受け継いで福沢流の払拭を一生の仕事としたのである。

それでも蘇峰は福沢に対する客観的考察が出来ないわけではなかった。「福沢流全盛の今日に、若し福沢その人が復活し来たならば、如何なる感をなすであろうか。さぞ満足するであろうと思う者もあろうが、我等としては、決して左様には考えない。」と述べて、「今日の如き、自由とか民主とかを言いつつも、日本国民が国民としての独立心、国民としての自尊心を失墜したる情態を見ては、福沢その人は、これは俺れの教条の履き違えであると、大息浩嘆しなければ、嘘であると考えらるる」（SN4p299–300）と主張しているのは、権力者から与えられる価値観への盲従を否定する福沢の独立自尊の精神を正しく認識している。

以上のように蘇峰は、自己の生涯の回顧の中で、かなり長く福沢について論じている。この日記において一個人に、これほどの分量を当てたものは他になかった。蘇峰における福沢の存在の大きさを示すものである。蘇峰の思想的生涯とは、隠された敵である福沢の思想との対決の歴史であった。

㈣　昭和天皇と徳富蘇峰

この日記においては、冒頭から終戦を決断した昭和天皇が一貫した批判の的であった。そして自己の生涯を回顧する結論部において、福沢こそが蘇峰にとって一生の敵であったことが明かされた。この二人が、昭和天皇の慶應義塾訪問という形で合流することになった。それに関して蘇峰は次のように述べる。「去る五月二十四日は、天皇陛下が慶應義塾に、九十年の祝典の為めに、臨御あらせられた。即今の文部大臣が、慶應義塾出身者であり、今日も恐らくは名誉教授の一人か、若くは学校に緊密なる関係ある一人であるとすれば、陛下が慶應義塾に臨御あらせられたる事は、自らその経緯が推察せらるる。我等はこの事について、別段文句を言う者ではない。陛下が慶應義塾の、九十年間に於ける、日本の文化に貢献せられたる事を、嘉賞し給う事は、何人も異存はない。但だ『福沢諭吉創業の精神を心として、日本再建に一層努力』せよという御言葉は、多少の御研究があって、しかるべき事であったろうと思う。福沢精神とは何物であるか。陛下は御承知であらせらるるか。今茲に陛下に向って、福沢精神の講釈を、申上げ奉る事は、恐れ多いが、予の如き多年福沢の著書によって、福沢精神を研究したる者は、日本の今日に必要なるものは、必ずしも福沢精神とは思わない。福沢精神の下落したるものは、拝金宗である。拝金宗が福沢精神の一般化したるものである。福沢精神の尤も浄化したるものが、独立自尊である。独立自尊は、福沢翁が晩年に、張胆明目して唱えたるものであって、その揮毫したるものも、世間には往々存している。今日の日本は、各個人が個人主義によって、各自の独立自尊を図るべき場合であるか。将た国家大難の後を承けて、身を殺して仁を成す的の、献身的精神を以て、国家に奉仕すべき時であるか。陛下は孰れを好ませ給うか。」(SN4p362–363)

　昭和天皇の慶應義塾訪問について蘇峰は、自分の多年の福沢研究の結論は福沢精神とは拝金宗であり、その上品な表現が独立自尊に過ぎないと述べて、敗戦後の今必要なものは個人主義ではなく身を殺して仁を為す献身的精神であると主張する。拝金宗とは右翼の福沢攻撃の決まり文句である。個人の尊厳を重んじる福沢精神は独立自尊を説く「修身要領」に代表され、滅私奉公を説く国体主義の根本は井上毅作の教育勅語である。蘇峰は「陛下は孰れを好ませ給うか」と問うが、天皇は福沢精神こそ日本の再建に必要と述べて福沢を選んだ。戦前の国体主義の支配は日本に滅亡をもたらしたが、戦後の平和と繁栄を生んだのは、福沢流の個人を基本とする自由な経済活動である。この天皇の慶應義塾訪問は、日本が井上毅の国体主義から福沢の文明思想に国家的に転換したことを象徴する出来事であった。天皇自身が国体主義を捨て福沢の文明主義を選んだのである。井上毅の思想的後継者である皇室中心主義者蘇峰にとって最大の屈辱である。それゆえに、この文章の詰問するような調子には、天皇への強い反感が感じられる。何よりも蘇峰の思想的な敗北が決定的になったこの事件が、蘇峰の生涯における失敗を象徴して、この日記の事実上の結末となっている。[1] この日記は昭和天皇批判で始まり、昭和天皇批判で終わっている。

　以上に見てきたように、昭和天皇と蘇峰は全く対照的な立場に立っていた。その事実は、この日記の対象となった戦後の時期に明白になったが、それは戦前から存在していたものであった。天皇は英米に親近感を持つ平和主義者[2]であり、自らを憲法に基づいて行動する立憲君主と位置づけていた。そのことは、大命降下の際に次期首相に与えていた憲法尊重、英米親善、経済界重視の三原則に明白である。その三原則は福沢以来の慶應義塾の、議会主義で親英米の自由主義経済の伝統と一致するものである。昭和天皇は蘇峰に講釈を受けるまでもなく、福沢精神とは何かを知り慶應義塾を訪問したのである。この前にも、福沢の直弟子であり、右翼の脅迫と国家の弾圧にもかかわらず、戦前戦中も国際協調主義と自由主義を貫いた、慶應義塾出身の代表的政治家の尾崎行雄は、天皇から「御召を蒙り、御茶を賜わり、寛談を仰付られたる、人臣としては無上の光栄」(SN1p422)を賜ったと蘇峰は述べている。昭和天皇の福沢の慶應義塾への親愛感は明白である。[3]

　一方蘇峰は、国際的にはアングロサクソン勢力の東洋からの一掃を宿願とする対外硬論者であり、経済的には国家統制の万能性を信じる国家社会主義者であり、政治的には天皇に国体主義に基づく一君万民の君主としての万機親裁を望んでいた。そして、それは近代日本を貫流する、文明主義による国際協調派と国体主義による対外硬派という、二つの相対立する立場を代表するものでもあった。それはこの二人の対人関係、誰を友と考え、誰を敵と見ていたのか、によって明確に示されている。

天皇はその立場上、個人的な好悪の感情を公にすることは殆どなかったが、数少ない場合において、戦前に国体主義者に命を狙われた米内や鈴木貫太郎に対する好意を示し[4]、特に困難を排して共に終戦にこぎ着けた鈴木に対する信頼と愛情は顕著である。一方、平沼騏一郎や真崎甚三郎、末次信正などの対外硬派への反感は明白であった。その中には、これらの人間と親密であった近衛も含まれると思われる[5]。近衛が首相辞任以来三年も天皇に会えなかったのは、木戸の妨害だけが原因ではないであろう。中でも、対外硬の権化とも言うべき松岡洋右に対しては、昭和天皇は嫌悪と言える程の強い反感を表明していた。学者に関しても、昭和天皇は国体明徴運動の標的となった天皇機関説の美濃部達吉を擁護し、機関説を異端邪説と非難した国体主義の平泉澄には反感を持ち寄せ付けなかった。明治の元田永孚のように天皇の師となることが本来の志望であった言論界の指導者の蘇峰も、宮中に招かれることはなかった。

昭和天皇の人脈とは、全く正反対なのが蘇峰の人間関係である。この日記において親交があったと好意的に言及されているのは、殆どが国体主義の対外硬派の人間であり、尾崎行雄[6]のような福沢の弟子の自由主義者や、戦前からの親英米派の吉田茂や幣原には強い反感を示している。自分を欺き終戦に持ち込んだ鈴木貫太郎を罵倒している。蘇峰が好意を示している人間の中でも、特筆すべきは、松岡に対する強い信頼と愛情である。それは前に紹介した松岡が死去した時における、蘇峰の心底からの哀惜の念の表明によっても明らかである。蘇峰は松岡を国体主義の同志として全面的に信頼していた。

蘇峰は戦争末期における松岡の次のような言葉を紹介している。「予は必勝を確信する。その理由は三つある。第一は日本の国体である。必ず神佑天助あらん。第二は予の直感がかく予を信ぜしむる。第三は予が今日迄学び、且つ経験し、それによって充分なる考慮の結果、その結論としてここに到達する。以上の三箇の理由によって、予は必勝を確信する者である」（SN1p53）。蘇峰はこの言葉に明らかに同感して引用している。

敗戦が明白になりつつある状況において、客観的情勢に完全に目を閉ざして、ひたすら自己の主観的な必勝の信念に固執する松岡の態度は、国体主義に基づく対外硬の精神状態を典型的に示すものである。万国に卓越する国体への信仰が客観的情勢に盲目にして、「天佑神助」を信じて無謀な戦争を引き起こし、その当然の結果として敗北が明らかになっても、目を開くどころか、ますます堅く目を閉じて国体への信仰に執着するのである。まさに「対外硬」とは「対外盲」であった。一方、同じ時期に昭和天皇が見ていたのは、原爆などの空襲による国民の甚大な被害と悲惨な困窮状態であり、それが天皇に終戦を決意させた[7]。松岡や蘇峰を国際情勢や戦争の実態に盲目にしたものこそ、国体主義であった。天皇はその国体主義を「人間宣言」で否定して、慶應義塾訪問で「福沢精神」を選んだ。この日記における天皇と蘇峰の原理的対立は、井上毅が元祖の国体主義と福沢の文明主義の対立に還元できる。この日記において、国体主義というものが福沢思想の排除を隠された目的としていることが、その指導者たる蘇峰によって明確に認められた。

五、戦争と『終戦後日記』

この日記の重要な価値は、今次の戦争を推進した思想である国体主義というものの正体を明らかにしたことにある。清沢が「戦争放火者」と呼び、その『暗黒日記』に引用されている文章の圧倒的多数が蘇峰のものであったように、蘇峰こそが言論人として大東亜戦争を主導した主役であった。その蘇峰は、この『終戦後日記』で示されているように、敗戦によっても少しも悔い改めることなく、国体主義の立場を堅持して、戦争における日本と自己の正当性を主張し続けていた。この蘇峰の日記は、戦後には国体主義が全否定されて国体主義者が完全に沈黙させられたので、国体主義によって戦われた大東亜戦争の意味を正しく理解する上で貴重である。この戦争において日本人が示した、明治の日清・日露戦争には見られなかった愚かさの理由は、蘇峰が日記において表明している国体主義によって初めて理解できるものである。

明治時代においては指導的な政治家や軍人は、大国ロシアに対抗するため世界一の海軍国の大英帝国と結んだように、国際情勢を客観的に見る鋭い観察力と、理性的に力関係を計算する功利的な戦略眼を有していた。換言すれば「彼を知り己を知る」文明主義者であった。日本の可能性を高く評価して、早くから英国との同盟を主張していた親日的なブリンクリーを、英国の代表的な新聞『タイムズ』の通信員として確保していたように、国際世論に訴える発信能力も優れていた。国際法に基づく捕虜の待遇にも、日本の信用を国際社会に広めるという目的があった。国際世論に敏感であるからこそ、それに訴えかける能力も研ぎ澄まされる。日露戦争においては、国際世論は明らかに日本の味方であった。大部分を外債に頼った戦費の調達も、最終的には米国の仲介による和平の達成も、日本に関する良好な国際世論が背景にあったからである。さらに戦術面においても、日本政府や軍部は兵士の主観的な戦意にのみ頼ることなく、最新鋭の武器を出来るだけ多く供給することに努めていた。日露戦争においても、旅順港閉塞のような決死的な作戦はあったが、広瀬中佐が最後まで行方不明の部下を探したように、決死の特攻作戦ではなかった。

昭和の戦争においては、ロシアというはるかに強大な国に勝ったという記憶以外は、日本を勝利に導いた前記の文明主義の要素はすべて失われただけでなく、国体主義により否定されるに至った。海外において日露戦争の資金調達に苦闘して、誰よりも国際的信用や世論の重要性を認識していた高橋是清が、国体主義の狂信者に惨殺されたのは象徴的である。昭和になると、日露戦争における捕虜の待遇を米英的で国体に反すると否定したように、それに取って代わったのが国体主義の独善性であった。歴史家の平泉澄は大国ロシアに対する小国日本の勝利を「世界の驚異」などと誇りながら、その原動力として「尽忠報国の至誠であり、その至誠に発する刻苦精励[1]」であると主観的な要因のみを挙げている。そして、日英同盟などの国際的要因や、当時の政府首脳の文明主義的な要素は全く無視している。代表的軍人の山県が欧州文明を学んだことを勝因としていたことは前に紹介した。平泉は、日清戦争の勝利の原因を忠君愛国の精神であるとし、武器などの文明的要素を無視した陸羯南と全く同じである。

平泉が高く評価する対外硬の政治家である東条は、国力に圧倒的な差のある米国との戦争を危ぶむ意見に対して、日露戦争の前例を挙げて反論している。昭和の戦争の指導者は、「彼を知り己を知る」客観的視点を失っただけでなく、歴史の教訓に対しても盲目になった。日露戦争は辛勝であったこと、国力の劣る日本の勝利には、世界一の大国英国との同盟や、国際世論の支持が不可欠な役割を果たしたことなどは忘れられて、大国のロシアに忠君愛国の精神力で勝ったなどという、夜郎自大の驕慢な精神のみが残った。昭和の日本は、世界の支配的勢力である米英を東洋から一掃するためとして、持たざる国で世界の弱者である無法国家（rogue state）のドイツ・イタリアと同盟した。満州問題に関する、国際連盟における四十二対一という票決が示すように、日本は国際社会で孤立し、世界の嫌われ者(pariah state）となった。最終的には、世界を敵に回して滅んだ。

明治のブリンクリーのように、国際社会で日本の立場を擁護弁明してくれる友人は皆無であった。友好国のドイツにおいてさえも中国への同情が強かったように、中国との国際世論獲得競争に完敗した。しかも、その重要性への自覚さえもなかった[2]。そのような国際世論への鈍感さの結果として、国際的な発信力は貧弱というよりゼロであった。客観的視点に欠け全く普遍性のない、東亜新秩序声明や大東亜宣言のような日本の世界への訴えかけは、自己満足以外に国際的に何の役にも立たなかった。東京大空襲のような、国際法にも人道にも反する残虐行為に対してさえも、世界の世論に訴えるという発想は日本に皆無であった。国際法や国際世論を無視した結果の捕虜や敵の民間人の虐待は、戦後に至るまで日本の汚名となった。

これらすべてが、皇祖皇宗以来の万世一系の天皇を戴く日本は万国に卓越する国体であり、神州である日本には皇祖皇宗の天佑神助があり、世界に皇道を普及する使命を有しているなどという、自尊自大の他国を蔑視する、教育勅語が植え付けた独善的な国体主義が、日本人から「彼を知り己を知る」という客観的認識能力や、自他の力関係を計算する理性的判断力を奪った結果である。そこから、天皇を大元帥に戴く日本は世界に無敵であり、「必勝の信念」こそが勝利をもたらし、武器や物量などに気を配るのは卑俗な功利主義であると否定する人命軽視の態度が生じる。国体を神格化した結果は、国民や兵士の生命はその大義に奉仕する消耗品のように乱用された。そして、戦争末期には国体主義者達によって、国体護持のための一億総討ち死にが主張されたのである。このような国体主義思想は、『暗黒日記』で紹介されているように、戦争中には新聞や放送で大声で喧伝され、戦後になっても蘇峰は、この日記において主張していた。

注目すべき事は、終戦を境として、これらの日本を奈落の底に突き落とそうとした国体主義の思想や言葉が、殆ど一夜にして言論の表舞台から姿を消したことである。これは占領軍の言論政策や日本人の軽薄さと共に、国体主義という思想が国家権力によって強制された付け焼き刃に過ぎなかったことを示すものである。敗戦によって、多くの国体主義者も含む大部分の国民は、蘇峰が日記で驚いているように、一夜のうちに民主主義者や平和主義者に早変わりした[3]。蘇峰が伝えているように、新聞や放送はその典型的なものであった。さらに、占領軍の言論統制によって、転向しなかった少数の国体主義者達も沈黙させられた。それに止まらず、占領軍は彼等の戦前の著書さえも廃棄処分にした。

そのような思想的外科手術は、必要でも望ましいものでもなかった。国体主義などは、国家の権力によって強制されたイデオロギーで、それ自体では生き延びることが出来ない空疎なドグマに過ぎなかった。このような強引な思想の摘出によって、日本近代史の中に空白が出来た。昭和十年代において、政治社会思想の全ての面において日本を支配し、日本を蒙昧状態に陥れて亡国に導いた国体主義思想というものが、後世の日本人から見えなくなってしまった。戦前戦中に関する戦後の歴史著述において、言論で戦争を主導した蘇峰の役割が殆ど無視されていることは、それを象徴するものである。(4)

戦後になって占領軍の政策と相俟って、国民全体が転向して一部の軍人と軍国主義者に戦争の全ての責任と罪を負わせた。蘇峰は日記において、戦争は全国民的なものであったと主張しているのは、彼の責任逃れだけではない。清沢の日記が示しているように、敗戦間際までは国民は好戦的で戦争を支持し、新聞や放送は政府や軍部に盲従して、その主張を代弁していた。そして、事あるごとに国家的賢人の言として蘇峰の意見を求めた。彼の著書はどれも何十万という発行部数を記録した。(5)戦後の眼で見れば、蘇峰の思想がどれほど空虚に見えても、彼が戦争における言論の絶対的な指導者であったという事実は虚構ではない。

どぎつい戦争宣伝で米英への敵意を煽っていた新聞や放送が、戦後になって全く過去を忘れたように、占領軍に迎合して東条や軍部を罵り始め、国民もそれに唱和した。自己保存の本能ともいうべき、保身のための殆ど無意識的な変身であった。彼らにとって、戦時中に祭り上げていた蘇峰などは、消し去りたい記憶の汚点であったであろう。そのような日本人の心理と、占領軍による国体主義関係の思想の全面排除政策との複合作用で、国体主義はその記憶共々消し去られた。しかし、そのような記憶の抹消ともいうべき心理操作の結果、日本人は集団的な健忘症に陥った。日本人の多くは満州事変を全面的に支持して、国際連盟脱退の主役松岡洋右の帰国を英雄のように歓迎して、貴公子近衛文麿の首相就任に歓喜して、その内外の革新政策を強く支持したのである。全てが国家権力によって強制されたものではなく、多くは国民の自発的な意思の表明であった。

蘇峰は、戦時中には英・米という字にケモノ偏をつける（SN2p131）ほど極端の国体主義者が、戦後には米国への極端な迎合者となったことを嘆いていた。蘇峰とはあらゆる点で対極にある、自らをエトランゼと呼んだ反戦反軍の詩人金子光晴も次のように述べて、日本人の特性を示すものと同じ現象に注目していた。「あれほど、アメリカやイギリスを憎み、米英にけものへんをつけて『狭猶』などと書いていた連中が、とたんに親米・親英の旗手になった。また、皇居に足を向けて寝なかったような人間が、舟を乗り換えるように共産党に大量入党した。(6)」

戦後の多くの日本人は、舟を換えるように向きを変えただけで、本質は変わらなかったのではないか。「米英」の字につけていたケモノ偏を、今度は「日」や「皇」の字につけるようになったのが、戦後の歴史の反省と呼ばれるものではないのか。「天皇制」や「ファシズム」が日本を破滅させた諸悪の根源とされて、戦時中の日本人の陥った愚劣さの説明として「封建制の残滓」という言葉がよく使われた。しかし、それでは、より封建時代に近かった明治時代のほうが、昭和より進歩的な面があるというパラドックスは説明できない。日本はこのような出来合いの説明を他から与えられて、自分自身の過去を正しく思い出せなくなった。

このような健忘症が一般的になった戦後の日本において、敗戦においても転向することなく、戦前戦中の国体主義を貫いた蘇峰のこの日記には、大きな価値がある。日本人が忘れようとして、占領軍が忘れさせようとしたことを、敗戦で失うものが何もなくなった蘇峰は、誰はばかることなく日記で主張し続けた。そこで表明されている思想は、後になってみれば理解が困難な、戦前の日本の行動の理由を説明してくれるのである。日本人は何故独伊と結び、強大な米国と戦うような無謀な行動に出たのか。戦争後半には敗北は確実であったのに、何故絶望的な戦争を続けたのか。戦時日本の言論界における国民の指導者であったと自他共に許す蘇峰の日記は、日本に戦争を始めさせて、戦争を続けさせた思想が国体主義であったという事実を、思い出させてくれるものなのである。

しかし、この日記の価値はそれに止まるものではない。蘇峰は国体主義者であったが、同時に優れた歴史家でもあった。歴史家としての蘇峰は、国体主義者としての蘇峰を超えている。その点が、その国体主義と歴史家としての立場が一体化していた平泉と決定的に異なる点である。蘇峰自身が亡国の原因とした近代日本の教育を受けることなく、明治維新の文明開化の洗礼を受け、文明主義の思想家として出発し、陸奥宗光をはじめ、伊藤博文、山県有朋、桂太郎などの明治の首脳との親密な交際があった蘇峰の歴史は、客観性と普遍性を失うことなく、平泉のように国体主義という偏狭なイデオロギーの枠に収まることはなかった。

そのことを明瞭に示すのが、政治家近衛文麿の歴史的評価である。蘇峰の近衛論は、現実の近衛という陰影に富んだ人物を客観的に捕らえているが、平泉の近衛論はイデオロギーに基づく紋切り型の平板な人物論に過ぎない。蘇峰の近衛像が写実的なデッサンとすれば、平泉のそれは日本画における類型的描写のようで少しも現実を反映していない。平泉は近衛を、「名門に生まれて英明の資を承け、滔々たる天下の風潮を非なりとして、慨然として之を匡救しようと志した人物」[7]などと形容している。平泉の歴史は、平面的で立体感を欠き、客観性も普遍性もないので、国体主義者以外には何の価値もない。それに対して、蘇峰の歴史は今でも生きていて、興味深く教えられる所が多い。

そのような優れた歴史家である蘇峰による、この日記の主なる目的であった、「日本は何故敗れたのか」という考察は非常に有益なものである。若くして早くから世に現れて、言論界の第一線において、明治の日清・日露戦争の現場の証人となり、伊藤・山県などの、明治の政治・軍事の指導者達とも親密であった蘇峰による、今次大戦の敗北原因の追及は、平泉のそれにはない客観性をもっている。

蘇峰は、昭和の戦争の指導者である近衛・東条の能力が、明治の伊藤・山県に対して、百分の一にも及ばないと述べている。さらには、明治時代には各国において賞賛の的であった軍隊の質が、昭和にあっては著しく低下したことも認めている。そして、それらの問題を追及していった蘇峰は、根本原因として、独善的で画一的な近代日本の教育の存在に行き着いた。そして、「近代日本の教育こそが日本を亡ぼした」という結論を出している。この結論は、蘇峰と正反対の自由主義者であった清沢洌の主張と同じであり、明治における福沢諭吉の晩年の憂慮を裏付けるものとなっている。明治・大正・昭和の三代を生きた、希有の歴史家である徳富蘇峰の、この日本の敗北の原因に関する分析は、今日においても大きな価値を持っている。

終わりに

徳富蘇峰の『終戦後日記』は、前の大戦を言論界において主導した蘇峰による、日本の敗戦後においても変わることのなかった国体主義者としての言葉を記録している。その蘇峰の思想は、現在から見れば全く価値のないものではあるが、戦時中においては、圧倒的に社会や政治を支配していたことは、清沢が『暗黒日記』で証言している。

日記の前半において、蘇峰は国体主義の立場から、上は天皇、政治家、官僚、軍人、下は国民に至るまで、彼が敗戦の責任者と考える人間を攻撃していた。しかし、日記の後半になると敗戦の衝撃が和らいで、一定の冷静さを取り戻した蘇峰に、戦中には影をひそめていた歴史家としての一面が再び現れるようになった。従来の感情的な他者に対する非難よりも、日本の戦争に至った経緯や、日本の敗戦の原因に関する理性的な考察を始めるようになった。その結果出された結論は、明治以降に近代日本で画一的に強制された教育に、日本の敗北の根本原因があったというものであった。

明治以前の教育にも通じていた蘇峰による、独善的で形式的な戦前の教育に対する批判には鋭いものがあり、彼は近代日本の教育が日本を滅ぼしたとさえ断言している。しかし、その蘇峰の批判も、日本の近代教育の核心にある教育勅語にも、その作者である井上毅にも及んでいない。教育勅語に対する最も根源的な批判者は福沢諭吉である。井上毅は福沢の文明思想の否定を隠された目的として教育勅語を作った。蘇峰の福沢に対する根強い反感も、井上毅の思想を引き継いだものである。次に全体の結論部として、日本の近代を二分した思想的対立の源流として、井上毅と福沢に関して改めて論じることにする。

第六部　井上毅と福沢諭吉

はじめに

これまで見てきたように、陸羯南と徳富蘇峰という二人の対外硬の言論人を通して、明治以来の国体主義の流れをたどり、それが昭和になって近衛文磨という政治家の形をとって、日本を支配するようになった歴史を回顧してきた。そして、国体主義が支配する社会がどのようなものであったのかを、清沢洌の日記によって見てきた。自由主義者の清沢は福沢諭吉を尊敬していたが、陸と蘇峰は福沢とは敵対する関係にあった。それは、その国体主義と共に、この二人のmentor（良き指導者）とも言うべき井上毅の立場を継承したものであった。井上毅は、福沢の影響力こそ滅ぼすべき敵と強い敵意を抱いていたが、蘇峰がその意志を継承していたことが、その『終戦後日記』で明らかになった。井上毅と福沢の対立関係は明治から昭和の時代まで引き継がれていた。

福沢と井上毅が直接に公然と対立したことはなかった。明治十四年政変に見るように、井上毅による、政治家の影に隠れて政府の力を利用する闇討ちのような一方的な攻撃に終始した。福沢は中傷讒言で陥れられて、政府の仮想敵のような存在になった。教育者の福沢と同様に、最終的に文部大臣となった井上毅も教育を重視していた。教育勅語の発布は、そのような井上毅による福沢攻撃のとどめの一撃であった。福沢思想の根本にある文明主義を、天皇の権威により国家権力を使い教育によって排除しようとしたのである。

教育の効果はすぐに出なくても長い期間の間に必ず結果となって現れる、という福沢の言葉通りに、教育勅語に基づく教育は効果を発揮した。昭和の十年代には文明主義は殆ど一掃されて、国体主義が日本を支配した。井上毅の思想的後継者ともいうべき徳富蘇峰が、言論思想界の絶対的首領となり、福沢の文明思想を引き継ぐ清沢などの自由主義者は逼塞させられた。その蘇峰の言論に代表される国体主義が、どのように日本を自滅的な戦争に導き亡国を招いたかは先に見てきた。そして敗戦による福沢の思想と人脈の復活が日本を復興に導いた。これが日本の近代を貫く井上毅対福沢諭吉の思想的対立の帰結であった。最後に改めて、教育勅語が核心にある福沢と井上毅の関係を検討する。

一、教育と亡国

徳富蘇峰は個人的親交の深さによっても、その国体主義思想によっても、『終戦後日記』において表明された、福沢の影響を日本から払拭すべき最大の害とする信念においても、まさに井上毅の思想的後継者であることは明白である。一方、昭和における福沢の思想的後継者を選ぶとすれば、清沢洌はその筆頭に位置するものである。それは、その思想、人間関係、実現を目指した政策の三点によって判断される。ロシア革命以来、共産主義ないしは社会主義こそが理想の未来と多くの知識人が信じた昭和にあって、清沢は吉野作造などと共に、例外的に古典的な自由主義思想を堅持していた。福沢の存命時代から、陸羯南のような対外硬の国家社会主義者は、福沢の自由主義を時代遅れと批判していた。蘇峰も『終戦後日記』で同様な意見を表明している。抽象的な主義の問題だけでなく、清沢は福沢を個人的に尊敬していた[1]。

実際的な政策論面においても、福沢と清沢には一致するところが大きい。外交政策において、福沢が「義侠に非ず自利の爲めなり」として、外交の基本を利害に置いて対外硬派の反発を招いたことは前に紹介した。清沢も、貿易を重視する「商業的国際関係観[2]」から経済的利害を中心として、山東出兵などを行った田中義一の外交政策を批判していた。経済政策面においても、福沢と清沢の近さは顕著である。福沢は晩年の論説において、鉄道国有論に対して強く反対して、官僚が経済問題に干渉する事に反発していた[3]。清沢も『暗黒日記』で、国有故の鉄道経営の遅れを批判し、官僚による統制経済の非効率と無駄を何度も取り上げていた。政府による経済への干渉に対する反発と、当局の思想言論の統制への反対は根は一つで、自由主義者特有の、政府が思想良心という個人の領域や、経済という民間の活動分野に踏みこむことへの健康な警戒感の現れである。

清沢の主要な交友範囲は、東洋経済新報社の石橋湛山や中央公論社社長の嶋中雄作などといった言論人や、自由主義的な学者であったが、清沢自身が福沢の弟子の小林一三が主宰する二六会の主要メンバーであったように、実業家との交際も親密であった。福沢は日本の実業界の父のような存在で、実業家こそ日本の発達の主役と期待を寄せていた。一方、東条のような軍人や奥村喜和男のような革新官僚の友であり、松岡洋右や頭山満のような右翼の同志であった蘇峰は、実業家とは殆ど没交渉であった。この二人の交友関係は殆ど重なることがなく、相対立するものであった。

戦前から戦中にかけての時代が、蘇峰にとっては彼の思想が社会に実現した得意の時代で、清沢は「徳富時代[4]」と呼んでいた。彼の理想とする国体主義が社会を支配し、彼と親密な官僚や軍人が専制的権力を振るい、蘇峰や頭山などの右翼が言論界を支配して、彼が主張していた対外硬の政策が実行され、東亜から英米勢力を一掃する戦争に突入した。一方、蘇峰が「福沢流の全盛」と形容した戦後は、国体主義が全面否定されて、清沢の思想が実現した時代でもあった。彼が戦中に願った自由と平和が至上価値となり、教育が根本的に改革された。彼と親交のあった、吉田茂、鳩山一郎、石橋湛山の三人の政治家が次々と首相になった事は象徴的である。このように清沢は、まさに徳富蘇峰と対極の地位にある言論人であり、その『暗黒日記』において、蘇峰が最大の敵となっているのは当然である。この二人の関係は、明治の福沢と井上毅の対立を昭和に再現したものであった。

しかし、それ故にこそ、これほど対照的な二人が日本の敗戦と亡国の根本的原因について、殆ど同一の結論を下している事は注目すべきである。清沢は『暗黒日記』の中で、日本政府の愚劣な政策、役人の客観性のない偏狭な姿勢、軍人の視野の狭い硬直した精神、国民の好戦的な態度などを批判する文章において、常にリフレインのように、教育の責任である、教育を根本的に変える必要があると繰り返し嘆じていた。

清沢にとっては、戦時中の日本のような悲劇的で愚昧な状態に陥れた根本的原因は、東条や蘇峰のような個々の人間の責任ではなく、日本の近代教育にある事は明白であった。決して日本人本来の欠陥であるとは見なかった。発言の場を奪われて打ち込んだ外交史の研究において、日本の近代史に深い知識を得た清沢は、明治の政治家達が昭和の政治家とは対照的に、柔軟で開かれた精神を持ち、客観性を保ち一般的に賢明な政策を遂行した事を知っていたからである。それらの明治の政治家達は、整備された画一的な近代の教育制度ではなく、江戸時代の多様な教育の産物であった。

一方、若くして言論人として世に現れ、明治前期から大正・昭和と長く第一線で活躍し、伊藤や山県などの明治の政府首脳だけでなく、昭和の東条や近衛などとも親密であった蘇峰も、自分自身の実体験から、昭和の政治指導者達の能力は明治のそれに比して「百分の一にも足らない[5]」と証言している。さらに指導層だけでなく、日本民族そのものも他人の心理を理解できない独善性で外国人の反発を招き、教養の欠乏から世界の状況が読めない「田舎者[6]」として盲目的に行動して世界に孤立し自滅したと述べている。そして蘇峰は、さらにその根本原因を追及して、日本の教育そのものが「根本的に間違っていた[7]」と述べている。形式教育、また独善教育であった日本の官学教育がその原因であったとして、「日本国は、日本の現行教育によって、亡ぼされた」[8]とさえ断言している。

清沢洌と徳富蘇峰という、政治的に思想的に対極にいるこの二人が、日本の亡国をもたらしたものとして教育という全く同一の原因を挙げている。さらにはその理由としているものも、形式的で独善的な教育内容としていることもほぼ同一である。それでも二人とも、日本の近代教育の根本的な何（what）が悪かったのか、それがどのようにして（how）亡国をもたらしたのかという問題については、詳しく論じてはいない。人間がその時代の雰囲気に全面的に浸っていると、その状況を客観的に分析することは困難であるため、因果関係を明確に把握するには、ある程度の距離が必要である。

日本の教育の何が悪かったのかという問題に、最も本質に迫った解答を出していたのは明治の福沢諭吉であると私は思う。福沢は明らかに、教育勅語による反動的教育は日本に亡国の運命をもたらしかねない、との強い懸念を持っていた。福沢は明治十四年政変以降の反動的教育を毒とさえ呼んで、一貫して強く批判的であった。特に、明治三十年の米国のハワイ併合は福沢に日本の将来に強い危機感を抱かせることになり、福沢の教育批判に緊急性が増した。それ以降の福沢の最晩年における著作や、「修身要領」普及運動に代表される行動は、名指しこそすることはなかったが、明らかに反動教育の思想的基礎となっている教育勅語に対抗するものであった。教育というものについて福沢は、酒を飲ませるようなもので、すぐに効果は出なくても、長期間の間に必ず結果となって現れると警告していた。[9]昭和になってその予言が現実のものとなった。戦前や戦中の日本全体が陥った、「八紘一宇」や「皇道」などという言葉に酔って理性を失ったような状態は、まさに国体主義の毒に当たった酩酊状態と呼ぶのがふさわしい。

それでは反動教育の何が悪かったのであろうか。それはその根本にある教育勅語の存在である。皇室の先祖とされる皇祖皇宗などという、その実在さえ明らかでない古代の神話的存在を神格として崇め、その遺訓とされる、実は官僚井上毅の作文に過ぎない普遍性の無い命令を、「古今を通して謬らず中外に施して」悖らない絶対的な価値のある教えであり、それを日本人が遵奉することが「国体の精華」であるなどと称して、厳粛な宗教的儀式によって国民に崇拝を強制し、日本の教育の絶対的な哲学的な基礎としたことである。明治天皇自身の言葉としてタブーとなった教育勅語を、福沢は直接に攻撃できなかった。けれども、第一部で見たように、「福翁百餘話」などの晩年の著作や、最晩年に普及運動に力を入れた「修身要領」の内容は、教育勅語に対する間接的批判・抵抗であることは明白で、体制派の代表的学者の井上哲次郎はその意図を察知していた。

詩人の中村稔氏はその回想記において、昭和の「国体の本義」について、「いかに荒唐無稽な言語であっても、くりかえし強圧的にたたきこまれると、いつか自らの思想として血肉化し、大多数の意見となり、時代を支配することになる。[10]」と述べている。『国体の本義』の原典と言える教育勅語については、そのことがより一層強く当てはまる。そのような教育によって育まれる特性は、万国に卓越する国体などと自尊自大する主観的独善性、教育勅語の単純な教義の絶対化が生む硬直した精神、厳粛な教育勅語奉戴の宗教的儀式が育む権威への盲従と大勢への順応性である。一方、排斥される特性は、対外的には、世界の中の日本を相対的に見る客観性、日本を超える普遍的価値を尊重する精神である。後に見る熊本英学校事件が示すように、国体主義者にとって「世界主義」が最大の悪であった。対内的に阻害されるのは、自らと異なる意見や態度への寛容、既成の権威や上から与えられる価値への批判的態度であり、そのために必要な権威や大勢にも屈しない独立自尊の精神である。それは、晩年の福沢がその普及に全力を注いだ「修身要領」で、日本人に広めようとした特性であった。実質的に井上毅の作である教育勅語は、「人心教導意見」以来の福沢の文明精神駆除の意図を秘めていた。標的となった福沢が[11]、その害に最も敏感で、その本質を誰より深く洞察できたのは、むしろ当然であった。

二、亡国への道

教育勅語に基づく教育が、どのように日本の社会に働いて、日本を亡国に導くのかという点についても、福沢は予言という形でその道筋を示していた。「眞實文明の主義を解して心身共に其主義の實行に勉むるもの」は社会の上層の少数派で、国勢が順調に進歩しているときには、その勢いに乗じて、世間の衆愚論を圧倒して社会を支配できるが、日本が四方の対外発展の道を閉ざされて、しばらく雌伏を忍ばなければならなくなったときには、「多数の衆愚論」は大局を見ることが出来ずに、みだりに他を敵視する攘夷論のような極端論が歓迎されて、内乱に等しいような混乱状態を生むかも知れないと憂慮していた。[1] そのような衆愚論の基となるのが、日本の教育思想の根本となっている教育勅語であった。

明治の日露戦争と大正の第一次大戦という二つの戦争の勝利者となった日本は、大戦後に創設された国際連盟の理事国ともなり、世界における大国としての地位を確立し、順調に発展しているように見えた。大正デモクラシーという言葉に象徴されるように、その社会の西欧化も進んでいた。政治面では政党内閣制の慣行が成立して、外交面では民政党内閣の外務大臣幣原の国際協調政策が基調となり、大幅な軍縮も実現していた。産業面では工業が発展して、社会の都市化も進み、円本の登場に見られるように、文化面での大衆化も進展していた。教育方面では自由教育が流行となっていた。しかし、明治天皇自身の文章とされていた教育勅語には、絶対的な権威として指一本触れることが出来ずに、勅語奉戴の儀式も堅持されていた。この古代の肇国を理想とする思想の毒油が、近代の文明主義が花開いたように見えた社会の土壌に流され続けていた。

このように大正の末までは、表面的には順調に発展していた社会の西欧化も進んでいたように見えた日本は、昭和になって、特に満州事変以降に対外硬の風潮が社会を風靡するとともに、その社会組織に病変現象を起こした。結果は日本の社会の全面的劣化であった。日清・日露の戦いでは勇敢さと厳しい規律によって日本の名誉となった軍隊[2]は、外には天皇の意向さえ無視して軍隊を動かし、内には武力を背景に国の方向を左右し、戦場では多くの残虐事件を引き起こし、軍隊の内部では上層部が部下を統制できない下克上状態を示した。明治初期の自由民権運動以来、藩閥官僚勢力と果敢に戦い、大正政変を経て実質的な政党内閣制度を実現させた政党政治家は、自ら政党を解散して議会政治を終わらせた。明治以来、常に言論自由の実現の為に政府当局と闘ってきた言論人は、政府の言論統制を唯々諾々と受け入れ、軍部・官僚の指導のままに戦争を煽った。直前の大正時代には、デモクラシー思潮に乗り、社会主義などの西欧の先端的思想を紹介していた思想家や学者も、国体主義思想の支配に殆ど抵抗を示さなかった。

社会の全面的劣化は思想面においては、普遍的で客観的な文明思想が後退して、偏狭で主観的な国体主義思想の興隆となって現れた。その過程は社会の全ての局面で進展した。別に軍部や政治家に限られたものではなかった。日本社会全体の退行現象であった。そのことを最もよく示すのが、外務省に起こった事態であった。外務省は日本で最も難しいとされる外交官試験に合格した日本の知的選良が集まる、外国との交渉を任務とする最も開明的であるべき役所であった。

戦後の日本においては復興を主導した吉田茂に代表されるように、外交官出身者が政治の指導的役割を果たした。幣原喜重郎と芦田均は首相になり、重光葵は外務大臣となり、佐藤尚武は参議院の議長となった。さらに、石射猪太郎や東郷茂徳も含む、これらの外務官僚達による回顧録は、その時代の貴重な証言として高く評価されている。一方、外務省と並ぶ有力官省であった大蔵省や内務省出身者の官僚には、戦後になって重要な政治的な役割を果たした人物は殆ど無く、それらの人物の回顧録が評判になることもなかった。それは、「世界の中の日本」という意識を離れることのなかった多くの外交官が、戦前戦中においても時流に流されることなく、客観性と正気を保ち、戦前の鎖国攘夷の時代から国際社会への復帰を指導して、客観的に日本をとらえる回想が可能であったからである。ところが、その外務省にも国体主義が勃興したのである。外務省革新派[3]と呼ばれる若いエリート外交官達である。それらの外交官は、決して一部の極端主義者ではなかった。彼等の多くが、戦後には主要国の大使となる省内の主流の人間達であった。彼等の登場には、時代の風潮に便乗したというよりは、より内発的なものがあったように思われる。

それらの革新派は、「西洋の世界観からの脱却」と「皇道外交」を主張していた。その一人の仁宮武夫が昭和十一年に作成した『日本固有の外交指導原理綱領』[4]において、日本古来の道義を基礎とした外交とは、「皇道を四海に宣布」することであると論じていた。これらの主張が、私が井上毅の文章と見る明治二十六年の「国際論」や、明治二十八年の「皇道之敵」の主旨と殆ど同一であることに注目すべきである。彼等は多分この二論文を読んだことはなかったであろう。井上毅が「国際論」において重視していた教育が効果を現したのである。国体主義が、教育勅語教育という形で教育の場で維持されて国民精神に浸透して、昭和の対外危機において原理主義として復活したと見るべきである。国体主義とは、記紀神話の皇祖皇宗崇拝を中心に組み立てられた浅く狭い思想であるので、鋳型にはめられたような似たような主張しか生まれない。外交官になるために必要な外国語の習得や大学における西欧の文明的な学問よりも、子供の時からたたき込まれた皇祖皇宗を絶対視する国体主義思想が、深刻な対外危機の時代に、血肉化[5]した核心的な価値観としてこれらの若い外交官の中に蘇ったと思われる。外務省のような最も文明的な役所で起きた原理主義の勃興は、日本全国のあらゆる団体や場所で起きたであろう。昭和前期に多数の共産主義者が離脱した、所謂「転向」と呼ばれる現象もその一環であると思われる。

このような社会の全面的な劣化において、近衛や徳富蘇峰という個々の人間は、その徴候であるが原因ではない。社会の底面に潜んでいた病根が表面化したと見るべきである。それは全国民に強制されていた教育勅語により、意識下に培われていた皇祖皇宗を絶対化する国体主義思想である。古代を理想とする国体主義は近代文明とは相容れない。日本の社会は明らかに知的に後退した。良識的で優れた学者の美濃部達吉ではなく、狂信的な右翼の簑田胸喜や軍人が憲法の解釈を決定し、自由主義者の津田左右吉や清沢等が黙らせられて、平泉澄や徳富蘇峰など国体主義者が学問の世界や言論界を支配した。

美濃部を失脚させた国体明徴論の波に乗り、文部省が編纂した『国体の本義』は国体主義思想を集大成したものである。近代文明の基礎となっている個人主義や自由主義に代表される西欧文明思想を否定して、教育勅語の価値観に基づく肇国の理想と称する古代思想を日本の絶対的基礎とした。近代的社会を形成している議会や軍隊などの基本的制度が、その本来の機能を果たさなくなったのは当然の結果である。神話的な皇祖皇宗の遺訓によって近代社会を運用しようとすることは、福沢が警告していたように、文明の精巧な鋼鉄製の器械に、潤滑油として古代の毒油を注ぐようなものであり、全体を破壊する結果に終わった[6]。

文武の官僚達は、天皇や皇祖皇宗を絶対化して、その権威を笠に着て国家を経営し専制的に民衆を支配しようとしたのである。この時代に強調された「承詔必謹」とは、簡単に言えば政府の命令には盲従せよということである。教育勅語により皇祖皇宗や天皇への絶対的服従をたたき込まれて、自由や個人を尊重する独立自尊の精神を養うことの無かった日本人は、権威を恐れ大勢に順応する「小心翼々」の良民[7]として、上からの命令に従順に従った。この時代の日本の体制を同盟国の独・伊との連想からファシズムとすることには疑問がある。日本にはヒトラーやムッソリーニのような絶対的独裁者はいなかった。日本の戦時体制には近代的独裁制の効率性も徹底性もない。形だけでも議会制度は残り、翼賛選挙でも政府に批判的議員を一掃できなかった。司法制度も独立性を保った。公然たる体制批判を繰り返していた自由主義者の尾崎行雄への、政治的な意図による不敬罪の裁判で、最高裁判所は無罪の判決を下した。真のファシズム体制ならば権力により抹殺されていたであろう尾崎には、右翼から保護するため常時警官が付き添っていた。

海軍と陸軍の対立に示されるように軍の指揮系統は分裂したままであった。明治時代に、「（政権は）上帝室ニ在ラス下人民ニ在ラス」と形容された有司専制の現代版と見るべきではないか。独裁者に近い権勢を誇っていた東条英機も、官職を離れれば一軍人に過ぎなかった。井上毅が明治十四年政変後の「人心教導意見」で主張した、福沢の文明思想を一掃した官僚専制の政治体制が、井上毅が作った教育勅語の社会への浸透によって、対外危機の時代に実現したのである。ただし、井上毅も時代とともに明治初期の政府の一体性が失われ、官僚制度の割拠性が支配的になることは予見できなかった。

政治家としての近衛文麿が、日中の紛争を全面戦争化し、日独伊三国同盟により対英米戦を不可避のものとし、大政翼賛会によって議会政治を終わらせ、国家総動員法による統制経済で思想言論の自由を奪い[8]、実質上日本を官僚支配の全体主義国家にしたことに、最大の責任があることは疑問の余地がない。しかし、彼は独裁者でも強力な政治指導者でもなかった。彼は国体主義の大波に乗って政治の頂点に立っただけであった。戦後に蘇峰が述べたように「勢が人を制した[9]」のである。昭和の破滅の根本的原因は、西欧の文明思想を否定する、昭和になって全面開花した排外主義を基調とする国体主義という毒を、日本人の精神に植え付けた教育勅語にあった。

昭和初期は、大正末の米国における排日移民法成立以来の対外危機感が、有毒なガスのように社会に充満しつつある時代であった。米国への発展の道を閉ざされた日本が、そのはけ口として望みをつないだ大陸においても、蒋介石による北伐の進展や張作霖によって日本の既得権益が圧迫されつつあった。まさに福沢の予言通りに、四方の発展の道が塞がれて、国民の不平不満[10]が蓄積して、国内の対立が深まり極端論が社会を支配する環境が生まれつつあった。この時期におけるテロ事件の頻発や、ロンドン軍縮問題に関する激しい対立も、この様な国際環境の悪化が底流にあった。誰も前途に自信の持てない不安と危機の時代においては、絶対的確信を持って発言する極端論者が社会の指導的地位に立つ。国際連盟脱退の松岡洋右や、満州事変の主謀者の石原莞爾、歴史学者の平泉澄などがその典型である。これらの三人は、それぞれ法華経や国体の信者（true believer）であった。

戦後のインタビューで、その時代に「私が日本を指導した」と公言した平泉は、自己の役割を、「日本中その時はどうしていいかわからなかったわけです。政治、軍事、教育、学問、どういう方向にいったい日本は向かうべきであるのか、だれも見当がつかない。それをこうだということを、私が確信を持って断定」し得たからだと説明している。平泉はその断定する力はフランス・ドイツへの留学で養われたと述べているが、国体主義に対する狂信であることは明白である。さらに、平泉はその地位は「陛下によって与えられた[11]」などと言っているが、美濃部に同情し平泉に反感を抱いた昭和天皇ではありえない。平泉を指導的地位に押し上げたのは、近衛に代表される国体主義の波に乗った軍部や官僚などの時代の支配的勢力であった。

松岡の「満蒙は日本の生命線」という独善的な主張は、生命線と称する他国の領土の征服を煽動するものである。日露戦争後の陸軍の満州を獲得したかのような言動に、満州は「純然たる清国の領土[12]」であると断言した、国際的で客観的な視点を失わなかった明治の伊藤博文とは全く対照的である。石原の持論である、日米が世界の覇権を賭けて戦う「世界最終戦」論などは、二流の軍隊と貧弱な経済力しかない日本の実力を考えれば、「敵を知り己を知る」ことの対極にある誇大妄想に過ぎない。この二人は共に、近衛の松岡を評した言葉を用いれば、「妄想を事実と思い込む主観主義において共通している。

石原莞爾の満州を「王道楽土」にするなどという主張は、客観性も普遍性もない独善的願望に過ぎない。松岡や石原の視界には、決して自分の思い通りに動くものではない他者や、自己の願望や意志のみでは変えることの出来ない厳然たる客観的な現実世界は存在しない。満州事変を、ソ・中・米の狭間にある日本が「ネズミ取りに引っかかった」[13]ととらえた、スターリンの冷徹で現実的な観察力と対照的である。満州という餌に飛びついた日本は、結局はそれを守るために世界を相手にして戦い自滅して滅んだ。満州が日本の命取りになったという意味では、日本の生命線という言葉は正しかった。戦後、松岡の人気は暴落したのに、東条に反抗した石原の人気は高い。しかし、十五年戦争という言葉は事実でないが、満州事変がその後の日本の運命を決定づけた。憲法にも法律にも反して、天皇の意思さえ無視して軍隊を動かした究極の下克上とも言うべき行動で、日本を亡国に導いた事変の主謀者としての石原の責任は、東条より重いと私は考える。

松岡が種をまき、石原が引き起こした満州事変が発火点と成り、五・一五事件、国際連盟脱退、国体明徴運動と、国体論に基づく対外硬の極端主義の勢力が増進して、皇道派の青年将校が「国体破壊ノ元凶」を惨殺した二・二六事件の結果、極端論の社会支配が決定的となった。それには新聞に代表される大衆の支持が大きな役割を果たした。満州事変において、軍部の行動を挙国一致的に支持した新聞は、現役の首相を殺害した軍人達の五・一五事件の裁判において、被告の主張を同情的に煽動的に報道して、対外硬の気風を煽り立てた。

二・二六事件後の広田内閣などの中間段階を経て、昭和十二年における国民の圧倒的な支持に迎えられた国体主義者の近衛文麿を首班とする内閣の成立は、国体主義に基づく対外硬思想が思想的にも政治的にも支配権を確立した画期であった。この近衛内閣成立の早々に、日支事変が勃発したのは決して偶然ではない。局地で解決可能であった紛争を全面戦争に拡大したのは、事変勃発当時、外務省東亜局長として事変の解決に奔走した石射猪太郎の証言にあるように近衛文麿である。[14]「蔣介石政権を対手とせず」などと「慢に他を敵視して恰も攘夷論に等しき暴論」[15]をなした近衛の強硬姿勢は、福沢の予言通りに「一般に歓迎」[16]された。対外硬の権化とも言うべき松岡洋右を外相に迎えた、第二次近衛内閣は究極の対外硬内閣であった。この内閣の下で、大陸に対する侵略を進め、天皇等の反対を押し切り三国同盟を締結するなど、強大な米国に対する「自滅的戦争」の方向が定められた。これも福沢が明治において、対外硬の気風が盛んな国の運命として予言していたものであった。[17]日本が四方における発展の道を塞がれたという危機の時代において、教育によって国民の間に培われた国体主義に基づく対外硬の気風が社会を支配して近衛内閣を生み、その対外硬の政策が国民の圧倒的支持を得て騎虎の勢いで亡国への道を驀進したのである。

三、右翼の役割

対外硬の気風に乗って始めた対米戦争において、日本の緒戦の勝利は、一年も続かなかった。それ以降は戦場においては敗北の連続であり、各地から撤退や玉砕の報が届くようになり、特攻作戦が日常化して、国内においては物資不足や食糧不足が深刻になり、空襲の開始で対外硬論者の決まり文句である、「国を焦土にしても」という言葉が現実のものとなり、焦土は全国に広まった。当初は当局の大勝利という戦争宣伝を信じていた国民も、食糧難や空襲の現実を目の前にしては、開戦当初の酒に酔ったような有頂天の気分[1]は消えて、自分自身の目で客観的に現実を見るようになった。そして、敗戦という事実は、酩酊による幻想の世界から厳しい現実に引き戻されたような不快な覚醒であった。それは時に非常に明晰な知覚を伴っていた。菊池寛の次のような言葉は、その代表的なものである。敗戦直後に彼は次のような断章的な文章を『文藝春秋』誌上に発表した。

「戦前の日本が、それほどの危機に瀕していたとは誰も考えられないだろう。日清戦争や日露戦争の時ほど、相手国が攻勢に出ていたとは思われない。しなくってもすんだ戦争だと思う。[2]」

米英にとってドイツこそが最大の脅威であり、英国だけでなく、ある時期までは米国さえも日本との戦争を避けようとしていた。日本が自ら飛び込んだのである。蘇峰の米英が仕掛けた戦争などという主張を菊池は認めていない。

「敗因が、色々云われているが、最大の敗因は戦争をしたことだと思う。開戦当時の飛行機の月産額を知って、茫然とならなかった国民は、少ないだろう。軍の指導者達は、天魔に憑かれていたのだろう。しかし、強いて敗因を探れば、間接の原因は満州国の建設と軍部及び右傾団体の輿論の圧迫であり、直接の原因はドイツの勝利を信じたことと米国の国力の誤算であると思う。」

戦争をしたことが最大の敗因とは卓抜な戦争の総括である。この自滅的な戦争を開始したからには、勝機などは全くなかった。戦争の遠因として述べた満州国建設と軍部と右翼の圧迫とは、まさに対外硬勢力の支配を指すものであり、ドイツの勝利を信じ米国の国力を誤算したとは、第二次近衛内閣の実行した政策であり、対外硬の指導者蘇峰の言動に典型的であった。

「国民はよく戦ったと思う。多少の不心得者があったとしても、多くの国民はよく戦ったと思う。負けた後で責任を国民に転嫁しようなどとは、無理を通り越して非道である。ただ、軍部の専横を防止すべき位置にあった議会とか言論機関とかの責任は軽いとは云えない。

しかし、過去十数年にわたって、テロと弾圧とで、徐々に言論の力を奪われたのでは、一歩一歩無力になる外はなかったのである。僕のような人間さえ、暗殺の目標にされて、私邸を十数人の警官によって護衛されたことがある。しかも、こんな時に、暗殺された方が、非国民のような感じになり、相手が憂国の志士になるのである。実際、彼等の公判の結果を見ると、多くは執行猶予であり、半年か一年後には、そのために右翼勢力として、天下に闊歩しているのである。」

菊池が非道であるとした敗戦の責任を国民に転嫁したのは、米英は強くなかったが「日本が弱かった」と主張した蘇峰である[3]。軍部の横暴を阻止する可能性のあったのは、国民を代表する議会と、国民世論を代弁する言論機関であったはずだが、満州事変以来、言論機関が真っ先に軍に迎合し、議会は大政翼賛会で自らを無力化した。そこには右翼の脅威が大きな役割を果たしたことを自分も標的になった菊池は鋭く指摘している。

「戦争中は、佐官級の軍人や、虎の威を借る小役人連中が、雑誌や文壇に容喙して、作家に対して生殺与奪の権を握っていた。本当は、彼等が我等の方面に口出しする余裕などはなかったので、逆に我々文化人の豊富な常識や総意を政治や軍事に採択すべきであった。それなら、少しでも手際のいい結末になったかも知れないのだ。」

戦争中に無知な佐官級の軍人が社会や言論界に対して、武力を背景に支配的な影響力を振るい、真に知識教養のある人間が抑圧されていたことは、『暗黒日記』で清沢が異常であると強く批判していたことであった。

「しかし、こんなに軍部が専横を極めたのは、日本人がダラシないからである。日本人は、強権に屈従し易いのである。戦場では強いが、軍部や官僚に対してはごく弱いのである。日本人は、軍国主義に追随したのではない、誰も戦争を欲しなかったのであるが、強権に抗しられないので戦争に引きずられてしまったのである。」

そして結論として菊池は、軍部に専横を許した日本人がダラシなかったと、強権に弱い国民に最終的責任があったことを認めている。以上のような菊池の総括は、この戦争が、まさに対外硬の気風に乗ったものであることを証言している。満州事変以来の対外硬の軍部・右翼の支配が、言論機関や議会を無力化して、無謀な戦争に突入させた。そして、国民はそのような強権に引きずられた。菊池は言及していないが、そのような権力に従順な国民を作り、軍部や右翼が支配する土壌を作ったのは、晩年の西園寺が嘆いたように、明治以来の教育であった。

戦時中の菊池寛の言動には、無批判に時流に乗ったものがあったことは、『暗黒日記』において、正宗白鳥の証言[4]として紹介されている。それでも終戦直後における、菊池寛の戦争に関する感想には見るべきものがある。全体的に悪酔いから醒めた直後のような苦々しい調子であるが、今次の戦争の本質を短い言葉で的確にとらえている。

軍人と官僚と右翼[5]が日本を支配して、日本を無謀な戦争に導き、悲惨な戦争を指導した主役であった。国体主義の支配とは、政治的には、この三つの勢力による日本の支配であった。直接局に当たった軍人や官僚の役割は見やすいが、見逃されがちなのが右翼の勢力である。国体主義の社会支配の確立において、軍人や官僚が直接に手を下すことは、二・二六事件などの数少ない例外であった。多くの場合、右翼暴力団が暗殺やテロの実行役となり、それを国家が手ぬるい取り締まりや裁判において半ば追認するという形で、国体主義イデオロギーの社会への強制を実現した。清沢は他日作られるべき憲法には、言論の自由と共に、暗殺に対する厳罰の明文化を求めるほどに[6]、右翼による暗殺を社会に対する重大な脅威と考えていた。頭山満がそのような右翼の象徴的な存在であり、戦時中には主要新聞が競ってその談話を求める国家的賢人のような地位に祭り上げられていたことは、『暗黒日記』に紹介されている。

明治前期にも、森有礼暗殺事件や大隈外相襲撃などの右翼による個々のテロ事件はあったが、散発的なもので社会的な脅威とはなっていなかった。しかし、教育勅語の登場が、これらの右翼勢力に正当性と国家公認の権威を与えることになった。教育勅語発布直後に起きた内村鑑三不敬事件と久米邦武事件において、二人を攻撃した中心は右翼勢力であり、主流の新聞雑誌や政党関係者は参加していない。彼等の錦の御旗は教育勅語であった。彼等の当局の支持を確信しているような居丈高な言動や、内村と久米の迅速な処分は、彼等が政府の一部から暗黙の了解を得ていたことを示している。右翼は、教育勅語に最敬礼しなかった内村を不敬と攻撃し、久米の「神道ハ祭天ノ古俗」という歴史論文を教育勅語に反すると責め立てた。当局は、これらの右翼の主張を受け入れるように、二人を実質上罷免したのである。昭和の滝川事件や天皇機関説問題における、右翼勢力の教育者・学者に対する勝利はこの事件が原点である。この二つの事件は、第一高等中学校という一学校と、歴史学会という比較的狭い社会で起きた小事件にもかかわらずに、全国的で広範囲な騒動を引き起こした。その攻撃者の主張の内容も型にはまった画一的なものである。運動を陰で操った中心的な指揮者の存在を疑わせるものがある。

教育勅語に全国民がひれ伏すような宗教的権威を持たせることを意図していれば、信者に排他的で全面的な信仰を要求する外来の宗教キリスト教は排除すべき敵である。皇祖皇宗の言葉に絶対的な価値を持たせようと考えていれば、「神道は祭天の古俗」と主張して古代人を野蛮視する久米の論文のような自由な学問研究の存在は許されない。

内村事件と久米事件は、教育勅語の核心的価値に関わる問題で、決して偶発的な事件ではない。両事件は周到に標的を選んで、効果的に攻撃を集中して排除した政治的な事件である。内村はキリスト教における、久米は近代的歴史研究における、代表的な存在であった。この事件以降、キリスト教の普及は急速に下火になり、古代史の学問的研究は不可能になった。

教育勅語の実質的な作者の井上毅は、在野の右翼勢力と密接な関係を持っていた。明治政府の主要な人物で、他にこのような例は存在しない。彼は地元の熊本紫溟会結成において、その檄文を起草するなど中心的役割を果たし[7]、その会員の古荘嘉門の政府登用を伊藤博文に依頼するなど、その勢力拡大を助けて政治的な手兵として使っていた[8]。紫溟会は頭山の玄洋社と並ぶ右翼の中心勢力であった。井上毅は物事を達成するには、激しい軋轢を起こす必要があると考える特異な人物であった[9]。事実において、井上毅が起点となって明治十四年政変における開拓使払い下げ反対運動や、条約改正反対運動などの全国的騒動が起こり、国内対立が激化して政変が起こり、彼が敵と考える福沢と井上馨は失脚して権威を失墜させた。その結果、内政と外交における彼の反動的な政治的目的が実現していた[10]。私はこの内村・久米の二事件の中心にも井上毅がいたと考えている。内村事件当時の第一高等中学校の校長は、紫溟会の古荘の後を継いだ井上毅の義弟の木下広次であった[11]。井上毅が文部大臣に就任して第一に行った仕事が、久米が中心的役割を果たしていた史誌編纂掛を潰すことであった。彼自身が、その前身の修史局以来の国体をわきまえぬ自由な学風の故に「打チ破ツタ」のだと明言している[12]。

明治二十五年一月の「熊本英学校事件[13]」は、教育勅語のイデオロギー支配の道具としての本質をより明確に示すものであり、内村・久米事件程には知られていないので少し詳しく紹介する。内村も教師として在籍したことのあるキリスト教系の熊本英学校の式典における、学校の教育方針は日本主義でも欧米主義でもなく「博愛世界主義」であるとする教員奥村禎次郎の演説を、紫溟会の後身の熊本国権党機関誌『九州日日新聞』が取り上げて、教育勅語に対する不敬として攻撃して、県令がその主張を支持して、熊本英学校に奥村の解雇を命令し最終的には同学校を廃校に追い込んだ事件であった。これ以降に、「世界主義」という言葉が、陸羯南などの国体主義者が西園寺などの文明主義者を攻撃する時に、非国民に近い意味のレッテルとして使われたのは第二部で見た。そして第三部で見たように、昭和になっても近衛文麿が同様の意味で使っている。それはこの事件が原型かも知れない。

世界主義とは、日本を特別なものとして自国のみに視野と関心を限定することなく、世界の中における日本という客観的視点を忘れることなく、国際社会の一員として日本の発展を進めていこうとする態度で、福沢にも西園寺にも共通する開かれたナショナリズムともいうべき立場である。西園寺が福沢の弟子の竹越と共に発行した雑誌が、『世界之日本』であるのは象徴的である。教育勅語の起草者である井上毅とは深い関係のある熊本紫溟会が、世界主義を教育勅語に反する不敬であると攻撃したのは、教育勅語というものが、日本の特殊な国体への排他的な崇拝を強制して、世界主義のような客観的で開かれた態度を、日本人の精神から一掃することを目的としていたことを示すものである。

奥村の演説の内容は、現場にいた中立的な立場の『熊本新聞』から見れば全く問題のないものであったが、一部の右翼が不敬と騒ぎ立てて、当局もそれを後押しするように、法律的にも道義的にも問題のない一つの学校を潰したのである。熊本は、教育勅語を起草した井上毅と元田永孚の出身地であり、代表的な右翼団体の紫溟会の地元であった。さらに、県知事の松平正直は教育勅語の発布を求める発議をした地方官会議の中心的メンバーであった。いわば熊本は教育勅語の本拠地であった。この事件全体の構図と印象は、簑田胸喜のような一部の右翼が騒ぎ、文部省がそれに応じて伝統ある京都帝大法学部を実質上潰した昭和の滝川事件ととてもよく似ている。学校内部に当局の命令を受け入れるかどうか分裂が生じたのも同じであった。教育勅語が社会に定着した昭和になると、日本全国が明治の熊本のようになった。

井上毅の死去に際してまるで聖人を讃えるような追悼記事を掲載した、彼と関係の深い教育雑誌の『教育報知』は、『九州日日新聞』や当局の行動を全面的に支持する記事を掲載した。これに対して同じく教育誌の『教育時論』は強く批判的であった。軽々しく教育勅語を持ち出して、反対論を攻撃するのは「日本国の為め極めて憂ふべきの事態なり」として、「深く勅語の精神を窺ふ能はずして、少しく異説を唱ふる者あれば、たちまち斥けて違勅なりと罵り、聖旨に戻れりと称へて、之を攻撃するの風あるは、独り勅語に対して、恐多き次第なるのみならず、将来極めて不都合なる結果」を生じる恐れがあると論じていた。この心配が杞憂でなかったことは歴史が証明した。

当時の日本に、天皇や皇室に対して、公然と反対し侮辱する人間など存在しなかった。それ故に刑法上の不敬罪などというものは事実上無害なものであった。しかし、ここに新たに、教育勅語とそれに基づく国体に対する不敬という観念が作り出され、社会の大きな脅威となった。それは、教育勅語の登場と、先の三大不敬事件によって確立したものである。それは教育勅語の起草者たる井上毅の当初からの目論見と考えるべきである。そのことは、教育勅語発布直後の、教育勅語の趣旨に従わない者は厳しく弾劾すべき非国民であるとする、井上毅の義弟で第一高等中学校校長の木下広次の演説[14]に明白である。この不敬罪は法律のように厳密に規定されたものではなく、右翼や権力の恣意的解釈によるものであった。それ故にこそ、日本人は常に不敬という非難に怯えるようになり、精神を萎縮させて、社会における自由な思想や言論を抑圧する効果は大きかった。日本人の精神の内部に国体や歴史に関して絶えず用心する検閲官が住みつくことになった。

これらの事件の主役である内村や久米や奥村は、現代から見ても当時の中立的な人間から見ても、決して不敬でも非国民でもなかった。戦後になって蘇峰は、簑田胸喜などを念頭に置いて、戦前に「細条末節」を取り上げ「他人を不敬罪に陥るる事を以て、尊皇愛国の本分となすが如き」思想が流行したので、その反動が来た、と述べている[15]。この三事件は、まさにそのような冤罪（frame up）の原型となったものである。右翼は当局の猟犬役となって標的となった人間を狩り出して追い詰め、教育勅語は無実の人間を陥れる罠の役割を果たした。その受ける印象は、何の落ち度もない立派な人間が、狂犬[16]のような人間達によって攻撃され失脚させられたという陰惨なものである。明治の前期にも厳しい思想弾圧はあったが、このような陰湿な印象はない。福沢に親炙して強い影響を受けた実業家の松永安左エ門は、明治の明朗と自由闊達さを代表するような奔放な人間であった。彼は、明治初期の福沢に象徴される明るさと対照的に、日清戦争前後の時期から敗戦に通じる暗い嫌な時代が始まったと述べている[17]。

特筆すべきことは、この三大不敬事件の被害者達は、法律的には何の罪も犯していないことである。法律に反した者は、法律の厳密な条項に照らして国家が罰することが出来る。国体主義に沿わない行動をとったからといって、国家は彼らに手を触れることは出来ない。ここに右翼の出番と役割がある。右翼の暴力的威嚇を伴った個人攻撃は、内村を重病に陥れ、その看病に当たった妻を死なせてしまったように、単なる法律的な処罰よりも遥かに大きなダメージを与えた。それは教育勅語の権威確立のための方策[18]として、非常に有効であった。当局が言う世論とは騒々しい少数派に過ぎなかったが、その世論に応じるという形で、内村や久米を罷免し熊本英学校を潰した。教育勅語に基づく国体主義イデオロギーの支配確立において、右翼勢力は欠くことの出来ない要素であった。昭和前期のように、政府内に内応する分子がある時には、右翼は特に威力を発揮した。

一方、戦後になって教育勅語の絶対性が否定されたことにより、皇祖皇宗の権威も失墜した。右翼が天皇より上位の権威を僭称して王様よりも王党的になって、天皇機関説問題におけるように、天皇の意向を無視して、社会に実力以上の暴威を揮う可能性がなくなった。昭和天皇が、議会の尊重と、米国との友好、資本主義的な制度の維持を望む限り、天皇を最高の権威と仰ぐ右翼はそれを否定できない。戦時中に清沢洌が恐れていたような、敗戦後に極右と極左の勢力の対立が激化して日本が混乱状態に陥るという事態が回避されたのも、昭和天皇の果たした右翼の妄動に対する重石の役割が大きいと思われる。戦前にあれほど猛威を揮った右翼勢力は、本来の社会の周辺的な地位に押し込められた。教育勅語に基づく国体主義と右翼勢力の消長は密接な関係がある。

一つのドグマを社会に強制しようとするならば、立派な教義を公表宣伝するだけでは十分ではない。表面的に押し頂いて実質的に無視される恐れがあった。それが明治十五年に各学校に下賜された、元田永孚が熱心に作成した儒教道徳を説く『幼学綱要』の辿った運命であった。教育勅語では、同じ過ちを繰り返すことは出来ない。その教義に従わない者に、降りかかる罰の恐ろしさで威嚇する必要がある。右翼はその罰の実行役を果たした。罰という牙のない教訓は無力である。右翼を使うことで、国家は思想宗教の自由を規定した憲法に反していないという建前を維持できた[19]し、社会の下層近くに位置する右翼は[20]、社会の上層にあり彼等を蔑視していた学者や思想家に、不敬という錦の御旗を持ち出して復讐する機会を得ることが出来た。

大正時代に、頭山満は体制派の代表的な学者である井上哲次郎を、不敬と攻撃して失脚させた。井上哲次郎は半官製の教育勅語の注釈書の著書で、福沢の「修身要領」を教育勅語に反すると攻撃した学者であるが、頭山には一言も反論することなく全面的に屈服した。右翼の暴力に怯えたのであろう。独立自尊の精神のない学者は、権威にも暴力にも容易に屈従する。この井上哲次郎の振る舞いは、国体主義の脅威を前にした昭和の学者の運命を予見させるものであった。頭山と井上毅との直接的関係は不明であるが、頭山は熊本紫溟会の指導者の佐々友房とは盟友関係にあった。さらに頭山は井上毅の同郷の後輩で思想的後継者とも言うべき徳富蘇峰とも強い同志的関係にあり、昭和の対外硬運動でも共闘することが多かった。このように戦時期における国体主義の日本支配を象徴する、言論界の蘇峰と右翼の頭山満の社会的上昇は、明治の井上毅にさかのぼることが出来る。

四、国体主義と井上毅

国体主義を支える人脈は井上毅にさかのぼれるが、国体主義の思想に関しても同様のことが言える。国体論に関する著作『近代日本の国体論』（ぺりかん社、二〇〇八）において、その著者の昆野伸幸氏は、『国体』自体きわめて曖昧なもの」と断りながら国体論を次のように定義している。「国体論を最大公約数的にいえば、皇室典範・帝国憲法制定に関する告文や教育勅語に端的に示されるように、日本の独自性を万世一系の皇統に求め、いわゆる天壌無窮の神勅に代表される神代の伝統と、歴史を一貫して変らぬ国民の天皇に対する忠とがその国体を支えてきたと強調する議論だとひとまずいえるだろう。」と述べている。昆野氏が端的に国体論を示しているとする、憲法制定の告文も、教育勅語も、実質上井上毅一人の筆によるものである。国体主義の源流は井上毅にある。

昆野氏は「国体論の鋳型が徐々に固まりつつあった明治半ば」と形容して、まるで国体論というものが自然に徐々に形成されたように表現しているのは事実に反する。井上毅という一人の官僚が、教育勅語によって単独で作り上げたものである。井上毅が強硬に主張して実現させた、この勅語が明治天皇自身の言葉であるという虚構によって、この勅語に関する議論や批判が不可能になり、その結果国体論の起源の議論も曖昧になってしまった。既に多くの研究が明らかにしているように、教育勅語は井上毅の文章であるという事実を基本にすべきである。[1]

明治憲法の発布の際に出された告文と勅語は、共に井上毅の手によるものであるが、一年後に出される教育勅語と、言語と内容と構造が酷似している。[2] 告文では、冒頭で皇祖皇宗の神霊を喚起し、天皇の権威と権力がそこに由来するとしてその連続性が強調されている。そして、憲法が皇祖皇宗の遺訓を明徴にしたものであると、憲法が皇祖皇宗という神格に由来することが述べられて、最後に将来にわたって臣民と共にこれを遵守すべきだと皇祖皇宗の神霊に誓っている。憲法発布の勅語も同様である。これは、憲法を道徳の徳目に入れ替えれば教育勅語と殆ど同じ構成である。皇祖皇宗の遺訓を、天皇をはじめ臣民達がその遵守を皇祖皇宗の霊に誓うというものである。その目的は、憲法や道徳の教義の問題を、皇祖皇宗の権威を持ち出して批判や反対を封じ込めて、タブーとすることである。

憲法が発布される前には、民間では主権論争などの活発な議論が交わされていたことを蘇峰が証言していたことは前に紹介したが、それに続けて彼は次のように述べていた。「明治二十二年紀元節に、欽定憲法が発布せられて、そこで一切の問題は、全く解決し、爾来何人も、主権論などというものを、口にする者はなかった」。[3] 憲法発布後には、社会における憲法に関する自由な議論が全く沈黙させられたのである。欽定憲法そのものが原因ではない。憲法が欽定であるべきことは明治十四年政変後の国会開設の詔勅によって表明されていた。井上毅が起草した大日本帝国憲法発布の告文と勅語が、民間の議論の封殺に大きな役割を果たしたと思われる。その内容は皇祖皇宗の権威を受け継ぐ明治天皇自身が憲法を不磨の大典として国民に下し、国民に協力を求めるというものである。もし憲法を批判したり反対する者は、明治天皇の言葉と皇祖皇宗の権威に逆らう者ということになる。昭和の天皇機関説問題で反対論者達は、憲法自体よりもこの告文や勅語を持ち出して皇祖皇宗の権威を掲げて美濃部を攻撃していた。天皇機関説を異端邪説と非難した平泉澄も、美濃部は欽定憲法を理解するのに、歴代天皇の詔勅や御製（遺訓）でなく、外国の理論に頼っていると戦後になっても非難している[4]。

一年後に同じく井上毅が起草した教育勅語[5]も、同じ目的を持っていたと考えるのは自然である。冒頭に皇祖皇宗が持ち出されて、憲法が皇祖皇宗の遺訓であるとされたように、教育勅語も冒頭に皇祖皇宗が樹立した深厚なる道徳の成文化であるとされて、忠孝などの守るべき徳目が列挙されて、末尾で再び皇祖皇宗を持ち出し臣民である国民がそれに従うことが求められている。この明治天皇自身の言葉とされた勅語には、誰も反対も批判も出来ない。憲法のタブー化を目的とする憲法発布の告文・勅語と異なり、教育勅語においては、その一見無害で単純な徳目よりも、むしろ皇祖皇宗という存在の神格化が目指されていた。それ故に、この勅語に対する最敬礼を中心とする厳粛な儀式や、勅語を安置する奉安殿の設置などの物神化が重視されたのである。この勅語を錦の御旗として、内村鑑三不敬事件や久米邦武事件のような、右翼勢力の非国民摘発の不敬者狩りが始まった。政府はその動きを抑止することなく追認した。

国体主義の原点は教育勅語の発布にある。教育勅語以前にはタブーとしての国体論など存在しなかった。天皇自身や皇室に対する攻撃や批判は不敬罪に問われたが、それ以外の分野では比較的自由であった。憲法発布以前に主権論争が自由に闘われていたように、学問研究においても、「神道は祭天の古俗」と論じる久米邦武や同僚の重野安繹などの帝大の歴史学者達が「抹殺博士」と呼ばれたように、伝説と史実を峻別する自由な研究を意欲的に進めていた。明治天皇の権威を振りかざした教育勅語の登場と、その直後の内村鑑三不敬事件と久米邦武事件によって、タブーとしての国体論は一挙に確立した。教育勅語とそれに基づく国体という曖昧なものが不敬の対象となった。その後においては、古代の歴史や国体に関する自由な議論と研究は殆ど不可能になった。この国体論タブーの社会支配は、決して自然に徐々に形成されたものではない。

国体と教育勅語の関係について、最も明確な説明をしているのは陸羯南である。「国体とは、建国以来連綿不易の皇室を万世に奉戴して其の尊厳を中外に保つ、といふの事体を指すもの」であり、その国体を維持するために最も適切な制度とは、「皇祖皇宗の神霊に対する敬礼をば、日本臣民の公徳上共通の義務とする制度」[6]であると陸は述べている。その制度が、全国の公立学校で教員生徒全員に教育勅語に対し最敬礼をさせる厳粛な奉戴の儀式であることは明白である。彼がこのような明快で本質をついた解説が出来るのは、親密であった教育勅語の起草者である井上毅からその意図を教えられていたからであろう。

教育勅語が登場した明治二十年代の初期に、国体主義を奉じている人間は元田永孚などの少数の保守派[7]に過ぎなかった。それ故に教育勅語が発布された当初には、対外硬派の熊本紫溟会や陸羯南の新聞『日本』などは大歓迎したが、主要な言論機関の反応は当惑の混じった冷淡なものであった[8]。それでも、明治天皇自身の文章とされたこの勅語を、批判することは誰にも出来なかった。この時期以降、国家権力によって強力に実行された教育勅語教育で、国体主義は社会に浸透普及して、昭和の初期には一種の国教のような存在となった。教育勅語こそが近代国体論の聖典で、その奉戴の儀式はそれを支える柱であった。明治初期から長く日本に住み、日本人の皇室に対する態度の変化を目撃していた英国人の日本研究者のチェンバレンが、「日本の天皇崇拝は近時の発明」であるとして、「新宗教の発明」[9]と呼んだのは国体主義の本質をつくものであった。

この宗教の発明者と言えるものは、ほぼ一人で教育勅語を起草して、その奉戴の儀式次第を作り上げ、文部大臣となってからは教育勅語中心の教育制度を整備した井上毅一人である。教育勅語発布当時の総理大臣の山県有朋[10]や、名目上の責任者の芳川顕正文部大臣でもない。彼等は井上毅に総てを任せていた。明治時代の代表的な政治家で、藩閥政治の代名詞といえる伊藤博文もこの新宗教には関係ない。明治憲法起草の中心者で、明治立憲体制の制作者である伊藤は、天皇制国家を正当化するために国体主義を採用したと説かれることがある。しかし、保守派の山県にも、進歩派の伊藤にも、国体主義の要素は殆どない[11]。文明主義者の伊藤などは、陸羯南のような国体主義者の敵意の的であったことは、第二部で見たとおりである。

第二次伊藤内閣の条約改正交渉について、陸羯南などの対外硬派が条約励行論を掲げて内閣を激しく攻撃したことは前にも紹介した。その思想的根拠となったものが陸自身が認めているように「国際論」であった。この論文が実は井上毅の文章であると、私は信じていることに関しても前に論じた。「国際論」においては、国際関係を、食うか食われるかの直接的な侵略征服である「狼呑」と、内部から侵食して属国とする「蚕食」という二つの根本概念によって説明している。そして、西欧は強力なので日本を含む他の非西欧諸国との関係は、西欧自身にその意図がなくても蚕食と狼呑に帰結すると主張する。その西欧の強さの根本は、武力でもなく精神組織が整備されていることにあると述べる。日本が今警戒すべきことは、西欧による精神的な蚕食であるとして、日本の政治家や知識人は西欧文明に心酔して、それに倣おうとしているが、それこそが西欧の心理的な蚕食を受けている証拠であり亡国に導くものであると強く批判している。

そして、そのような心理的な蚕食を防ぐのは、国民の精神的組織を整理して伸張する教育の役割であるとする。その精神的組織の基礎となるものが人の天命に当たる「国命」であり、国の盛衰は国民が「国命」を理解するかどうかにかかっているとする。その国命とは肇国（国のはじめ）に皇祖が下した「六合を兼ね八紘を掩う」という命令で、日本の風を世界に広げ天皇の道を世界に延ばすことであると主張している。そして、本来国際法というものは、キリスト教の白人国の間に成立したもので、適用範囲もその国々に限られる。非西欧世界においては彼等の都合のよい時は利用されるが、不利な場合は無視される。西欧諸国は往事の武士の切り捨て御免の特権のように国際法を利用している。日本がとるべき道は西欧支配の国際秩序に順応することではなく、その特権を破る革命にあると主張している。

この「国際論」こそが、その思想が十全に表明されている井上毅の最も重要な文章である。井上毅の思想の根本には幕末の攘夷派と殆ど変わらない根深い反西欧思想がある。忠孝などの伝統的価値観に固執する彼は、西欧文明思想の普遍的価値など少しも信じずに、その日本への浸透を侵略の手段に過ぎないと危機感と敵意を募らせている。彼にとっては、国内において日本の西欧化を主導するような人間こそ、西欧の日本蚕食の手先であり打倒すべき絶対的敵であった。[12] 井上毅が、福沢を陰険な中傷によって陥れたのも、自分を信じ重用してくれた伊藤博文を裏切り、反伊藤の対外硬運動を煽ったのも、日本の西欧化は亡国への道であるという彼の狂信的信念から生じたものである。西欧文明思想の浸食を防ぐために必要なものこそ、日本人の精神的組織を整理して教育の根本価値となる、皇祖による肇国における対内的「国命」である教育勅語であった。この「国際論」で井上毅は、日本の西欧化の阻止という教育勅語の真の狙いを明白にしている。[13] 井上毅こそが、教育勅語によって近代日本の国体主義を確立したのである。

「明治の精神に矛盾し背反する教育をうけた覚えがない」と公言していた平泉澄こそ、教育勅語に基づく国体主義教育に純粋培養された最高の成果であり、井上毅の思想学識を最も濃厚に受け継いだ人物である。その儒教的価値への執着、西欧文明一般への敵意、西園寺や美濃部などの文明主義者への陰険執拗な憎悪など、まさに井上毅を彷彿とさせるものがある。井上毅同様に、彼の高い知性と学識は疑問の余地はないが、狭いイデオロギーに凝り固まって、外に開かれたところが少しもない。彼は外国語が出来て外国への留学の経験もあるのに、自己の国体主義の確信を深めるのみであった。敗戦という深刻な経験も、彼の国体主義への確信を、少しも揺るがせなかった。「何事も忘れず、何事も学ばず」という言葉を思い出させる。井上毅が教育で目指した、西欧思想の影響を受け付けない「ナシィヨン(国民)[14]」を作るという目的は、平泉において見事に達成された。

五、教育勅語の意図（新聞に見る本音）

井上毅が教育勅語に対する見解を表明している文章が存在する。普通ならば、他人名義の「国際論」によってその意図を推察するよりも、その文章を重視すべきと考えるのが自然である。しかし、井上毅は普通の人間ではない。その文章とは、最初に教育勅語の起草を依頼された中村正直の草案を批判して、自分の草案を提出した山県有朋宛の書翰である。その書簡の書き出しは次の通りである。

「被仰付候教育主義之件ニ付遅延之罪恐縮奉存候　實ニ此事ニ付而は非常の困難を感し候て兩三日来苦心仕候其故ハ第一此勅語ハ他之普通之政事上の勅語と同様一例たるべからず　天生聰明爲之君爲之師とは支那之舊説なれとも今日之立憲政體之主義に従へハ君主ハ臣民之良心之自由ニ干渉せず　英国露国ニて宗旨上国教主義を存し君主自ら教主を兼ぬるハ別格　今勅諭を發して教育之方嚮を示さるるは政事上之命令と區別して社會上之君主の著作公告として看ざるべからず」

そして、それに続けて、陸軍における軍令と同一にすべきでない、宗教の争いを引き起こすから敬天尊神の言葉は避けるべき、幽遠深微な哲学上の理論を避けるべき、政治上の臭みを避けるべき、漢学の口吻も洋学の調子も出すべきでない、消極的な訓戒の語を出すべきでなく「君主の訓戒ハ汪々として大海の水の如く」なるべき、一つの宗派を喜ばせ他を怒らせるべきでない、などと井上毅の考える勅語の条件を列挙している。そして結論として、文部省の立案はその体をなしていないと、中村草案を全面的に否定して、教育勅語となる自分の草案を提出しているのである[1]。

この書簡は、教育勅語に関して論じる人間が必ず引用する文章である。そして、教育勅語を実際に起草した井上毅が、ここで列挙した条件に従って教育勅語を作成したことを全く自明の前提としている。それ故にその完成物たる教育勅語も、この条件から解釈されることになったのである。そこから勅語発布後の不敬事件に関して、次のように説明されることになる。

「井上や山縣にしてみれば、『教育勅語』の形式や内容、布告の方法などで、国民の良心の自由と両立するように、細心の注意をできるかぎり払ってきたのに、宸署に礼拝を求めるなどという予想もしなかった儀式が学校現場で発明されて、事件が起こってしまったということだろう。彼等は学校官僚のその発明に余計なことをしでかしてくれたと思ったにちがいない。事件で内村が事実上失脚したことで、溜飲がさがる思いがしたのは、キリスト教徒憎しの念にこり固まった元田ぐらいではないか。[2]」

教育勅語の国教化に通じるタブー化の動きは学校現場の発明で、起草者の井上毅にとっては予想外であり、不本意であったにちがいないと解釈されている。不敬事件の舞台の第一高等中学校の校長は自分の義弟の木下広次であり、熊本英学校事件を引き起こしたのは熊本紫溟会である。井上毅がそれほど良心の自由を重視しているならば、両方とも偶然にも井上毅と密接な関係があり、強い影響力を振るえる相手なのであるから、その心得違いを諭してその行動を抑止することが出来たはずである。さらに後に文部大臣として教育行政のトップに立った井上毅は、教育勅語の宗教的儀式化の方向を推進はしても、それに反するような動きはしていない。井上毅のように、ボアソナードが正反対の見解であることを知りながら、外人判事はエジプト並みの屈辱という自己の主張をボアソナードの意見として宣伝するように[3]、平気で事実とは正反対の言葉を述べるような人間は、その言葉ではなく、その行動によって判断すべきである。教育勅語によって、内村鑑三不敬事件のような「教育と宗教の衝突」論争のような、宗教の争いが起こったのではないのか。忠孝を至上価値とするこの勅語は「漢学の口吻」そのものではないのか。教育勅語は国体主義の紫溟会のような一つの宗派のみを喜ばせたのではないのか。何よりも教育勅語は、「臣民の良心」に干渉する国教の聖典となり、最敬礼をしなかった内村は非国民として厳しい社会的制裁を受けた。どこに「汪々として大海の水の如く」というような寛容さが存在するのか。井上毅の前記の山県宛書翰の言葉は、その反動的本音を隠すための建前に過ぎなかったと見るべきである。第五部四章㈠で見たように、山県は「欧州文明」の偉大を信じる文明主義の「西洋書生」であった。井上毅は教育勅語の真の意図を隠蔽偽装する必要があった。

そのような建前とは正反対の、教育勅語に関する井上毅の本音を示しているような文章が存在する。それは、教育勅語発布の直後に、『朝日新聞』、『日本』、『東京日日新聞』、『教育報知』などに、一斉に掲載された、教育勅語発布を歓迎し、それを積極的に支持して、解説した記事である。[4]これらは、それぞれに井上毅と特殊な関係を持つ新聞や雑誌であった。井上毅は、情報の漏洩などによる新聞を通じての世論の操作に積極的であり、自分自身も匿名または仮名で新聞に意見を表明することに意欲を持っていた[5]。事実として、井上毅の史料集には、吾曹と自称して福地桜痴の記事に仮装した文章が残されている[6]。さらに「国際論」に示されるように、井上毅が偽名ないし匿名で発表した文章にこそ、彼の真の本音が現れることは今まで論じてきたとおりである。

これらの一群の記事は、その内容が非常に似通っている。他の新聞や雑誌は、天皇自身の言葉として発表された教育勅語を、どう評論すべきか自信が持てずに、全く評論をしない新聞さえ少なくなかった。取り上げた新聞さえも遠慮がちで腰が引けたような内容であった。その中で、これらの記事は、教育勅語の意図するものや目的に関して、自信満々に確信を持って発言している。その内容が井上毅の意見や感情と一致すること、文章に独特の迫力があることなどから、私は井上毅の筆によるものと認定する。今まであまり注目されなかったこれらの文章は、教育勅語に関する井上毅の真の意図を示すものとして大きな価値があると思うので、ここで詳しく紹介して、検討することにする。

教育勅語発布直後の、翌日十一月一日の『朝日新聞』に「教育に關する勅語」という題名の次のような社説が掲載された。

「……維新の革命百物を打破盡して玉石共に砕け、教育の大本また共に砕かれて一も依る所なし。或は偏に外国の風に則り、或は偏に私考の左右に任す。教育は何の爲にするものなりやといふ其主義殆んど之れあることなきなり。而して浮華徒に泰西文明の皮相を學びたるものは、漫然個人的教育を唱へ、漫然自由的教育と稱し、教育なるものは國民を養成するものなりといふ大主義を度外に措きて、只僅に一人類を養成するを以て足れりとするに陥り、而して揚々自ら得たりと稱す。我國俗を破り我美風を廃し深く事理を考ふることもなくして、泰西文明の國に於て云々たるが故に、我また斯く斯くすべし、我また云々せざるべからずといひ、國俗を傷け國風を蔑して而して進歩したる教育者なりといふ。滔々たる方今の浮華教育者、否偽識者偽學者は皆斯の如くならざるはなきなり、凡そ物極まれば必ず反動を生ず。是に於て乎國家教育云々の喚聲は嘖々として教育社會に反響するに至れり。此反響起りて始めて能く將に倒れんとするを倒れざるに済ふものといふべし。」

維新の革命後の度を過ぎた欧化の風潮によって、本来は守るべき伝統さえも一掃されてしまったというのが井上毅の持論であった[7]。「國俗を傷け國風を蔑して而して進歩したる教育者なりといふ。滔々たる方今の浮華教育者、否偽識者偽學者」とは、学者一般を指しているのではない、明らかに「個人的教育」と「自由的教育」を主唱する福沢という個人を標的としている。開化の風潮が極まって反動が始まるという表現は、井上毅の「世変論」にもあり、よき伝統の「将に倒れんとするを倒れざるに済ふ」という言葉は、「人心教導意見」における、漢学を「之ヲ将ニ廃レントスルニ興ス」と、極めて似た内容と言葉遣いである。さらに同紙は次のように続ける。

「叡聖文武我天皇陛下は……親しく教育に關し痛切なる勅語を下し給へり。……我日本帝國に於ける教育の大本之に存し、我國民教育の主義全く勅語に在り。蓋し此勅語は必ずしも敢て新奇なるに非ざるなり。我皇祖皇宗の遺訓なり。我國風國俗の有体なり。……我教育の散漫にして大本を失するを憂ひ給ひ、我國体の存する所を示し給ひて以て此迷夢を喚醒し給へるなり。勅諭痛凱一々時弊に適切す。我教育の大本乱れ、我教育の主義頽廃し、遂に陛下をして此勅論を發させ給はしむるに至らしめたり。臣民たるもの豈恐懼の至りに堪へんや。」

憲法発布の告文や勅語と同様に、皇祖皇宗の権威を持ち出して、批判や異論を封殺しようとする意図は明らかである。国の教育の混乱状態を天皇が憂いて、天皇が皇祖皇宗の遺訓に従い、天皇が国体の存するところを示して、天皇自身が勅語を発したのであると、天皇の自発性をくどいくらいに繰り返している。勅語が天皇自身の言葉でないと知っているからこそ強調するのである。この記事の意図は、この勅語は全く天皇自身の発意による天皇の言葉であることを強調することにあり、それ故国民は恐懼して服従すべきであると主張して、勅語の絶対性を宣伝して定着させようとしている。井上毅は自分の作文を天皇の名によって発表し、皇祖皇宗を持ち出し最大限に権威付けて、それに対する絶対的な拝跪と服従を国民に求めている。

井上毅と極めて近い陸羯南が主筆の、新聞『日本』は同じ十一月一日の「謹讀勅語」と題する論説の中で次のように論じている。

「綱常の教我國に行はるるや舊く仁義忠孝の道、我國人の心に入るや深し。封建三百年の平和は社會の風俗を頽廃せしめ、仁義の流は迂闊に赴き忠孝の習は卑屈に陥り、綱常の教は途に腐儒糊口の一方と目せらるるに至る。維新改革の餘波は此積弊に乗じて社會の根抵にまで及び新學説を導きて國民教育の上に尚へ修身書の反譯せしものは一時小學校の教科に組入れられたり。是に於てか国人の心は舊習新説の間に彷徨し、倫理道徳の燈光皆疑惑の雲を以て蔽はれ、社會は将に無君無父の暗黒世界に陥らんとす。謹んで惟るに叡聖文武なる天皇陛下皇祖皇宗の遺訓を繼体して夙に禮讓爲國の道を施し、易風移俗の事に大御心を用ひ教育に關する勅語を下だし、昨三十日文部大臣をして廣く國内に訓示せしむ。吾輩は其全文を爰に揚げて永く日本臣民が倫理道徳の證明と爲さん」

この文章も、読者層の違いによって文体を堅苦しいものにしているが、言わんとしている内容は『朝日新聞』と同じであり、西欧化の行き過ぎにより道徳の乱れが甚だしくなったのを天皇が憂い、天皇自身が祖宗の遺訓による勅語を出したのであるから、国民は畏まるべきであると述べている。文明開化の社会を「無君無父の暗黒世界」などと表現して、西洋風文明思想の排斥と旧時代的儒教倫理の復活こそが教育勅語の目的であることを示し、井上毅の思想の根本が全く反動的なものであることを示している。私は陸羯南の進歩性は過大に評価されていると思っているが、彼にはこれほど露骨に反動的な面はない。論説はさらに続く。

「夫れ立憲政體は忠君愛民の政体なり、上下相譲りて相侵さざるの政体なり、禮讓以て國を治むるの王道なり。而して佞者曾て或は政治を道徳と相關せざるの妄説を唱へ、群小射利の徒をして口を籍る所を得せしめたり。……家既に私徳なく、國亦た公徳なし。斯の如くなれば社會の前途甚だ憂ふべきにあらずや。勅に曰く、斯の道は實に我が皇祖皇宗の遺訓にして子孫臣民の倶に遵守すべき所之を古今に通して謬らず之を中外に施して悖らず朕爾臣民と倶に拳々服膺して咸其徳を一にせんことを庶幾ふと。聖明躬ら行ひて而して臣民に及さんことを期し、敢て皇威を以て、徳育の標準を立つるに非るを知る。思ふに皇室は仁徳の源なり。臣民仰ぎて其光輝を瞻ること衆星の北辰に向ふが如し、王者の道豈に獨り政界のみに行ふものならんや。……」

教育勅語に直接関係のない政治について、立憲制度は忠君愛民の政体であり、相譲る政治であるなどと主張して、政治における道徳の必要を説き、その意味でも教育勅語の主旨を遵守すべきことを主張している。この主張は、勅語を単に教育に関するだけでなく、社会活動一般を律する教義としようとする意図、すなわち国教の樹立の試みであることを示している。政治における「相譲る」徳義などという言葉は井上毅の常用語である[8]。ここで、政治と道徳の分離を説いた口先はうまいが心のねじけている「佞者」として非難されているのは明らかに福沢である。福沢こそ独立自尊の精神を説き、封建的な相譲る主義を排斥し、啓発された個人による競争を基本とする功利主義的な主張で、社会に大きな影響を与えていた。

『東京日日新聞』は、翌十一月二日の論説「教育に關する勅論」において、勅語の本文を敷衍しながら全文を引用して、「一言以て之を掩へば日本の教育は日本の歴史よりせる國体を以て其精神たらしめ而して日本國民の資格を有せざるべからずと云ふの大御心たること其詔勅に於て昭々たりと云ふべし」と述べている。すなわち、日本の教育は忠孝を重んじる国体を基本として、日本国民としての資格を養わなければならないというのが天皇の意志であると解説している。それ故に、勅語に最敬礼をしなかった内村鑑三は国民の資格のない非国民として排斥されねばならなかったのである。

『朝日新聞』も『日本』も、この『日日新聞』の記事も、教育勅語について、その意図するものと内容に関して、まるで天皇自身に成り代わったかの様に、自信たっぷりに確信を持って解説している。場合によっては、天皇の意図をみだりに揣摩憶測する不敬として弾劾されても不思議ではない。それ故に、他の新聞や雑誌は、遠くから天皇の意図を憶測して遠回りな言い回しをしていたのである。『朝日』以下の文章の筆者が勅語の真の著者である井上毅ならば、そのような心配は無用である。さらには、この勅語が天皇自身の意見であることをくどいくらいに強調して、それに対する自由な議論を封殺しようとする意図が窺われるのである。

先の文章に続けて『日日新聞』は、維新以来の思想の変遷の状態を回顧しているが、儒教主義の立場に立って維新以来の西欧文明思想の流行を許しがたい逸脱と見て、今回の勅語によって不動の方針が決定されたと歓迎しているのである。西洋化の行き過ぎを示す一例として、「政治上の議論にも欧米の理論を採用して日本國体に容るべからざる議論を唱ふるものある程のことになり行きたり。」と述べているのは、『民情一新』などで、英国流の議会政治の採用を説いていた福沢を指すとしか思えない。明治初期の文明開化の世相とそれを主導した福沢への強い敵意においても、この三新聞の記事は共通しているのである。『日日新聞』の社説は最後に次のように述べている。

「勅諭に宣はせたる父母に孝に兄弟に友に夫婦相和し朋友相信しといふが如きは即ち倫理綱常の事にして儒教に於てもこれを説く所なりと雖も我国体は臣民忠孝の大義を重んずるに成りたるに依て斯く勅させたるものたれば是れ儒教主義に非ずして國体主義なり。又儒教は道徳を保つに裨補ありと雖も智識の啓發に缺くる所あるに勅諭には智識才能を發達して世に益すべき旨を詔らせたり。是れ實に道徳智能其一を缺くべからざるを諭させ玉ひしものにして教育の方針斯くありてこそ其完全を得たるものといふべきなれ。聞くが如くなれば明治十五年の初めに軍隊に勅諭を垂れさせてより軍隊は其標準を得て一層帝室の干城たるの精神を増せしと云へり。今回の勅諭も又此の如くにして依て以て日本人の資格を失はざるの人民を作り出すことを得べしと信じ奉るなり。」

すなわち、教育勅語は五倫の道徳を説いているが、日本の国体が忠孝を重んじている結果で、儒教主義ではなく国体主義であると主張している、元田永孚などの国体主義者が使う論法である。天皇自身の言葉であるはずの勅語の主義を、自分だけが天皇の真意を知っているかのように国体主義であると断定している。この文章の筆者が勅語の作者であることを自白しているようなものである。全国民が服従すべきとする勅語の作者自身がその主義は国体主義であると明言している。まさに教育勅語こそが近代日本の国体主義の源流であった。さらにこの記事において、教育勅語に軍隊における軍人勅諭と同様の効果を日本全体に期待しているのは、それこそが山県や井上毅の本来の意図であった。それを知っているのは山県と井上毅だけであった。[9]

さらに、『朝日新聞』の十一月五日の「是れ豈青年子弟の爲のみならんや」と題する社説で、「教育勅語煥発せられて、泰西の俗を崇拝し我国体を蔑した偽文明者流も赫々たる日月に照された妖怪変化同様に畏縮して一の蕪辞を唱えるものがない。然れども彼等は称して曰く、この勅語は青年子弟の為に発せられたと、単に青年子弟若しくは教育者のみ服膺すべきものとするは誤れるも甚だしい、如何に末なる学校教育を励精するもその本たる社会の風教立たざればその道を生ずるを得ない。我が日本臣民たるもののあげて服膺すべき所である」[10]と論じたのである。

政府というより井上毅と深い関係を有する『朝日新聞』[11]は、教育勅語が発せられた結果、西洋の文明を崇拝して日本の国体を蔑視していた文明学者達は、一言の反論も述べることが出来ないで萎縮してしまったと満足そうに述懐している。この記事で「泰西の俗を崇拝し我国体を蔑した偽文明者」とは、一日の社説で「國俗を傷け國風を蔑し」た「偽識者偽學者」と同じく福沢を指すことは明白である。この勅語が西欧文明の導入の必要を説く福沢に代表される文明論者達を、天皇の権威を持ち出して黙らせることに、主要な目的があったことをよく示している。典型的な虎の威を借る狐の論法である。福沢などの文明論者達が反論できなかったのは、勅語の内容が完全無欠だからではない。この勅語が天皇自身の言葉として出された結果、それへの批判は天皇自体への攻撃となり、それによる政府の弾圧を恐れた結果である。まさに、この勅語というものが、天皇の伝統的権威と国家の権力により異論や反論を封じて、思想を統制しようとする武器以外の何ものでもない本質を示している。青少年だけでなく日本臣民全体が服従すべきであると説くこの記事は、この勅語を国教として社会全体に強制する意図を表明して、内村事件や久米事件を予告するものである。

熊本英学校事件で紫溟会と当局を全面的に支持した、井上毅と関係の深い『教育報知』は、十一月八日の「謹讀勅語」と題する論説で、「維新の変革後西洋の新学説頻りに世の喜ぶ所となり、ルーソーの自由主義、ミルの実利主義はこれを一種の理論として攻究せずして、直にこれを真理として、我国家機関の上に応用しようとし、これが為に君臣父子の関係、愛国義侠の精神は、これを目して圧制とし実利にあらずとし、いわゆる因循陋習としてこれを排斥し、天下相ひきいて数百年来歴史上養成し得たる善良の秩序を破壊し、堂々たる学者先生にして、正成の忠死をもって、直ちにこれを三介の縊死と同一視するものあるに至り、かくて社会の各人を検束して国家の目的に適合せしむる所の旧羈絆はすでに悉く破壊し、殊に国家教育の基礎たるべき一国の道徳は動揺して定まるところがないとし、かかる時期において、この動揺の余勢を鎮定し、国家百年の大本を鞏固ならしむべき勅語を下し賜うたことに感泣せざるを得ない[12]」と論じたのである。

教育雑誌の『教育報知』は、教育勅語を、維新の変革によって西洋の学説が流行して、日本固有の善良の道徳秩序を破壊し尽くそうとしたときに、この勅語によって国家教育の基礎を固める事が出来たと歓迎している。西洋の文明によって、日本の良俗美風を破壊した象徴として、三介縊死論と福沢の楠公権助論に言及している。前記の一連の文章で一貫して攻撃の対象となっている軽薄な文明学者とは、学者一般ではなく、まさしく福沢諭吉を対象としていたことを示すものである。維新の後の社会変革によって、当然破壊されるべきものと同時に、決して破壊すべきではない日本の最上の伝統までも破壊されたというのが井上毅の持論であった。十四年政変を起こした井上毅の究極の目的は、福沢流の文明主義の否定と儒教的価値の再生復活にあった。今や井上毅はその主張に天皇の権威のお墨付きを得たのである。明治十四年政変の思想的帰結が教育勅語である。それは、五箇条の御誓文に象徴される開明的な維新改革に対する反動革命の宣言であった。

教育勅語が公布された直後、まだ他の新聞が、副署無しで出されたこの異様な勅語をどう論じるべきかを決めかねていた[13]時期に、満を持したように一斉に発表された前記の文章群には強い共通性がある。第一に、この勅語が皇祖皇宗の権威に基づき、天皇自身によって発せられた天皇の言葉であり、国民は拳々服膺すべきであることの強調。第二に、この勅語の目的が、維新以来の文明化の行き過ぎによって損なわれた日本固有の伝統の美風の復活にあることの主張。第三に、この勅語が決して教育の場のみを対象にしているのではないことが指摘されている。ここに見られる維新以来の日本社会の西欧化に対する強い反感は、「人心教導意見」から「国際論」にいたる井上毅の持論と全く同一である。教育現場に限らない教育勅語の社会全般への適用に関しても、後の実践と完全に一致している。さらに根底に貫流しているのが、日本の美風を破壊したとする文明学者に対する強い敵意の存在である。天皇が国民に付与する一視同仁であるべき道徳の教訓の解説としてはあまりにも偏狭である。この執拗な憎悪こそが、何よりもこれらの文章の筆者が、憎悪者（hater）である井上毅であると私に確信させるものである。

この文章群の直接の目的は、新聞や雑誌がその内容について自由に議論を始める前に、皇祖皇宗の権威や天皇自身の言葉であることを強調して、異論や反論を唱えるものは天皇自身に反する不敬であることを示唆して、議論そのものを前もって封殺しようということは明白である。この戦術は有効で、五日の『朝日新聞』が小気味よさそうに述べているように、文明者流は萎縮して一言も反論することが出来なかった。進歩派が多い言論人の間で、こんな反動的な文章に異論や反論がないはずがなかった。勅語作成の最も初期の段階から、井上毅がこの勅語は副署無しにして政治家など周囲の人間の関与を窺わせてはならない、と強調していた真の意図はここにあった。

この勅語に関しては、保守的な山県内閣の内部においてさえも、閣議において次のような強い異論が出て議論となったのである。

「曰ク政ト教トハ各別ナリ。此等教訓ノ如キハ君権ノ與ル所ニアラス。且ツ今日文明ノ運ニ棹セリ。而シテ忠孝仁義ノ説ハ東洋古人ノ唱フル所ニシテ、恐ラクハ時勢ニ適セス。果シテ此説ノ如クナレハ則チ昔日ニ於ケル攘夷鎖国論ノ再燃ヲ致サスヤ、外交ヲ損シ交誼ヲ害シ而シテ復讐之擧復タ起ルコトナキカト唱フル者アリ[14]。」

「政治と道徳は別物である、このような教訓を君主は与えるべきではない。」「今日の文明の風潮に反する。忠孝仁義の強調は時勢に適さない。」「このような反動的な主張は鎖国攘夷論を再燃させて、国際関係を損ない。外国に対する排外的議論が再燃する恐れがある。」

各大臣達はこのように述べて異論を唱えたのであった。

まさに文明開化の思想による近代的な意見であり、教育勅語というものの非文明的本質を見抜いていた。攘夷論を再燃させるという警告は、その後の条約励行論による内地雑居反対運動や日清戦争に導く対外硬運動で実現した。福沢が民間の対外硬運動の参加者に対して、政府首脳を「西洋書生」として信頼したのも無理はない。もし自由な本音の議論が許されていたならば、大部分が進歩派である民間の新聞雑誌も、これと同じような主張を展開したことは疑問の余地がない。民間人と異なり、大臣達は、この勅語が天皇自身の言葉などでないことを知っていたから、これほど自由に率直な議論ができたのである。首相の山県だけでなく、その閣僚も文明主義者であった。改めて、井上毅と元田の起草した教育勅語というものが、当時の常識からもかけ離れた反動的なものであったことを示すものである。

芳川文部大臣は、これらの大臣の異論を天皇自身が批正したと述べて黙らせたのであった[15]。絶対的な権威を持ち出して相手を黙らせ、議論を不可能にする教育勅語の本質的な機能が早くも現れている。井上毅は、言論界において、この方法を用いて、議論が始まる可能性さえも抹殺した。まさに、教育勅語とは、「世の異説雑流を駆除スルノ器械[16]」であった。その様に絶対的な天皇の権威を利用する異説駆除の器械を、どのように利用すべきか誰よりも知っていたのは、その真の作者である井上毅である。教育勅語の公布の直後に、内村鑑三事件が起きて、キリスト教の普及にブレーキがかかり、久米邦武事件で自由な歴史研究が不可能になったのは、むしろ当然の成り行きであった。

「人心教導意見」に見るように、井上毅が一貫して強い敵意を抱いていたのは、啓蒙思想家として誰よりも旧時代の陋習（ろうしゅう）の打破に貢献した福沢諭吉であった。私がここで紹介した各新聞雑誌の記事の筆者を井上毅と確信するのは、それらの文章に一貫して示された福沢に対する怨恨とも言えるような強い憎悪[17]と、今やその敵を問答無用で退治できる絶対的な武器を得たという個人的な復讐の喜びが感じられるからである。政変以来の暗く執拗なこの敵意には慄然とさせるものがある。昭和における井上毅の国体主義の後継者である徳富蘇峰は、この執念を受け継いで戦後になって、福沢の思想を一掃することが自分の一生の目的であったと告白している。もっとも、蘇峰には憎悪者としての資質はない。一方、国体明徴運動における非国民摘発で活躍した簑田胸喜や平泉澄には、文明主義者への井上毅譲りの憎悪[18]が感じられる。国体主義の根拠の教育勅語には、福沢流の文明思想駆除という井上毅の意志が貫徹している。

明治二十三年公布の教育勅語は、地方官会議の「徳育涵養の義に付建議」の要求に応じて、首相山県が文部大臣芳川顕正に命じて起草させたものだが、最初に依頼されたのは、『西国立志編』の翻訳者である中村正直であった。その起草した案文は、普遍的な良心に基づき国民の理性に訴えて説得するもので、忠孝の徳を強調するが国体主義の要素は皆無であった。もし井上毅が介入しなければ、それが教育勅語になる可能性があった。それに関して意見を求められた井上毅が、宗教色が強いと言いがかりに等しい難癖をつけて否定して、はるかに国体論の宗教色が強い、神話的な皇祖皇宗の遺訓に盲従を強いる自分の草案を提出して、小さな修正を施して最終的にそれが教育勅語になったのである。最初に「人心教導意見」で福沢を教育の場から排除した井上毅が、福沢と並ぶ啓蒙思想家の中村の案を否定することによって、国体主義の教育勅語は成立した。その反啓蒙主義的な本質を象徴するものである。国体主義が社会を完全に支配した前大戦の戦時中に、日本が『暗黒日記』に記録されたような蒙昧状態に陥ったのは当然であった。

「国際論」に見るように、井上毅には、教育によって西欧文明の影響を受け付けない国民（ナシィヨン）を作るという明確な目的と意志があった。教育勅語こそ、その基礎となるものであった。その普及の最大の武器となり、その究極の権威となったものこそ、誰も本気で信じてはいないが、表立って反対もできない皇祖皇宗の権威であった。神話的存在である皇祖皇宗に、明治の日本人に与えるべき訓戒など存在するはずがない。皇祖皇宗の遺訓とは実は井上毅の意志であった。ボアソナード意見書に典型的に見られるように[19]、井上毅は他人の権威を偽称して自己の意志を押し通すことを少しも躊躇しない人間であった。明治中期以降の教育により形成された日本のナショナリズムは、維新当初の「五箇条の御誓文」の「旧来の陋習を破り」「智識を世界に求め」、という世界に開かれた普遍的なものから、国体主義という閉ざされた偏狭なものに変質した。それは皇道宣布を至上命令とする、他国のナショナリズムに盲目の独善的で攻撃的ナショナリズムであった。

教育勅語による教育によって、国体主義の支配が確立した昭和になると、二・二六事件を起こした皇道派の青年将校に見られるように、天皇の軍隊を勝手に動かし、天皇の信頼する重臣を虐殺して、討伐命令を下した天皇を皇祖皇宗の名によって叱責するという異様な事態が出現した[20]。皇祖皇宗の権威を僭称する彼等は、井上毅の直系の後継者である。教育勅語教育の結果である皇祖皇宗という空疎な権威の確立は、虎の威を借る狐達が支配する社会を生み出した[21]。「国際論」の続編として書かれた、皇祖皇宗という言葉を何度も繰り返す「皇道之敵」は、皇道を妨げる者は何人も刀の血膏にすべきと主張する血生臭い殺気[22]において、その末尾にテロという殺人行為に皇祖皇宗の神霊の加護を願う二・二六事件の蹶起趣意書[23]と不気味な共通性を持つ。皇祖皇宗という最高権威が、高い理想へ方向を示すのではなく、殺人を正当化する為の根拠として使われている。昭和に猛威を振るった国体主義の源流は井上毅にある。

六、井上毅対福沢諭吉

約半世紀にわたって国家権力により強制された、教育の場における教育勅語の国体主義イデオロギー注入は、その影響が意識されないほどに、その価値観が自明の理想として日本人の精神の基層部に根付いた。「いかに荒唐無稽な言語であっても、くりかえし強圧的にたたきこまれると、いつか自らの思想として血肉化し、大多数の意見となり、時代を支配すること[1]」になったのである。そして皇祖皇宗の崇拝が社会に普及定着した。神武天皇即位を紀元とする皇紀などは、その半世紀前には、陸羯南のような国体主義者以外に、顧慮する者など殆どいなかったのに、昭和十五年の紀元二千六百年祭は国家を挙げて大々的に祝われた。

昭和になると軍人や右翼的な思想家・政治家が、異口同音に主張するようになった、皇道を世界に普及する「八紘一宇」こそが国是であるという主張は、明治二十六年の陸羯南名義の「国際論」が原点である。それ以前に、このような主張は見たことがない。彼等が「国際論」に従ったというわけではない。昭和前期には、この論文は殆ど忘れられていた。私が「国際論」の真の著者と見る井上毅が重視した教育によって、皇祖皇宗の神格化が進んで、皇祖の言葉であるとする「八紘一宇」が、誰も異論を挟めないスローガンとなった。「国体の本義」の反西欧主義も、この時代に国体主義者にとって、文明主義者と同義の親英米主義者が殆ど非国民の代名詞となったのも、この「国際論」が源流である。そして、近衛内閣の目指した東亜新秩序は、まさに「国際論」が説く欧米支配の国際秩序を破る革命である。

しかし、教育だけで国体主義の日本支配が実現したわけではない。教育勅語による教育が行われていた明治末から大正時代にかけても、文明主義が支配的であった。日露戦争も第一次大戦も、その捕虜への人道的待遇が示すように、文明主義によって遂行された。日本が平和で順調な発展の道を進んでいれば、美濃部達吉の天皇機関説が支配的学説になっていたように、文明主義の支配が続いたかも知れない。しかし、大正末の米国における排日移民法の成立が大きな転換点になった。この点に関しては、鋭い歴史的感覚を有していた昭和天皇[2]も、徳富蘇峰も一致している。この日本人に対する露骨な蔑視と差別待遇は、日本人の感情と自尊心を深く傷つけ、欧米への信頼を基礎にしている国際協調派の立場を弱めて、外国への不信と敵意が根本にある対外硬派を力づけるものであった。

大正期には、民主主義、国際主義、平和主義が時代の支配的な思潮であった[3]。普通選挙や政党政治に代表される民主主義や、軍縮条約に示された平和主義は見やすいものであるが、国際主義に関しては、現代においては見落とされがちな重要な要素である。第一次大戦の勝者となり、国際連盟の常任理事国となった日本は、国際舞台においても重要な役割を果たすようになった。井上寿一氏は大正時代を描いた『第一次世界大戦と日本』（講談社現代新書、二〇一四）において、国際連盟などの国際機構で活躍していた「国際会議屋」と呼ばれていた四人の外交官[4]を、この時代を代表するものとして取り上げている。昭和になると、特に満州事変以降には、これらの外交官は全て失意の人間になった。

彼等に代わり昭和を代表する外交官となったのが、国際連盟脱退の立役者として国民的人気者となった松岡洋右であった。松岡は皇祖皇宗の天佑神助を信じる国体主義者[5]であった。「世界の中の日本」から、「皇祖皇宗の日本」へ、という日本の自己認識の変化が、大正から昭和への移行を象徴するものである。外に開かれて世界の文明の進歩に同調して歩んでいた日本が、世界に心を閉ざし神話的皇祖皇宗の遺訓である「八紘一宇」を国是として独行するようになった。大正デモクラシーから昭和の軍国主義への変化の原因として、この国家観の転換が決定的であったと私には思われる。

従来の歴史著述においては、大正デモクラシーの権威と人気の失墜の原因として、政党による政権獲得のための醜い争いや、その腐敗に対する民衆の反感が、議会政治への失望に導いたと説かれることが多い。しかし、国際関係に対する国民意識の変化こそが、先行する根本的原因であったのではないか。国民の意識を反映する新聞の論調の変化にそれは現れている。昭和五年のロンドン軍縮条約に関する統帥権独立問題では、憲政擁護・軍部批判の論陣を張った『朝日』『日日』の二大新聞は、同時期の満州の権益擁護に関しては、軍部の側に立ち政府の弱腰を批判していた。既に新聞の変質は始まっていた。そして、翌年の満州事変勃発後には完全に軍部と一体化して事変を全面的に支持するに至った。そして、その後の五・一五事件などでは、その裁判において、生粋の政党人であった犬養首相を暗殺した被告軍人による、政治の腐敗に対する抗議として事件を正当化する主張を煽動的に報じて、軍国主義の風潮を加速させることになる。[6] 新聞の憲政擁護から軍部同調の対外硬への転換の決定的な契機は、対外危機感にあった。

大正末の米国における排日移民禁止法や、中国における排日運動の高まりによる、日本が四方への発展の道を塞がれ抑圧されているという閉塞感と、敵意ある国に囲まれているという被害者意識（siege mentality）が、軍部のみならず国民全般にも共有されていた。そのような外国の「悪意」に対しては、国際協調を説く政治家や外交官はいかにも無力で頼りなく見えて信用が低下した。一方、武力による断乎たる権益擁護を主張する軍部への信頼が強まり、[7] 外国の敵意への警戒を説き、外国に迎合していると見る政治家を卑屈と攻撃する攘夷主義的な右翼勢力の人気が高まってきた。

当時の陸軍において最も先見力があり、満州事変の主謀者となった石原莞爾は昭和二年に、当時の日本の置かれていた国際状況を次のように考えていた。「我国情ハ殆ント行詰リ、人口糧食ノ重要問題皆解決ノ途ナキカ如シ。唯一ノ途ハ満蒙開発ノ断行ニアルハ輿論ノ認ムル所ナリ。[8]」。日本にとっては満蒙の開発こそ、残された唯一の発展の道であることは軍部のみならず国民の共通認識でもあった。それが中国の反発を招き戦争となり、最終的には欧米諸国との衝突につながることさえも石原は予想していた。そして、「此戦争ノ為メニハ、各方面広汎ナル大準備大計画ヲ要スルコト前述セルカ如シ。而シテ此ノ如キ消耗戦争ハ武力ノミヲ以テ解決シ難ク、政戦略ノ関係尤モ緊密ナルヲ要ス。即チ軍人ハヨク政治ノ大綱ヲ知リ、政治家ハ亦軍事ノ大勢ニ通セサルヘカラス……」として、その戦争が消耗戦となることを予期し、軍人が政治に関与すべき事を論じていた。その後の、張作霖暗殺から満州事変、そして国内におけるクーデター計画などの陸軍の政治化は、この石原の考えの実現であった。その根本原因は、日本が四方への発展の道を閉ざされたことによる、満州こそが滅亡を避けるための唯一の突破口であるという、切迫した危機感であった。

この殆ど全国民に共有された危機感による国民意識の変化が、国体主義の支配へ道を開いた。明治における条約改正反対運動による国民の間に広がった対外硬の攘夷的感情の昂揚が、国体主義者達の勢力と地位を上昇させたように、大正末期の米国による排日移民法以来の対外危機感の深化が、国体主義の担い手たる対外硬の軍部や右翼などの勢力を強化して、彼等が暗殺などのテロにより文明主義の政治家や知識人達を圧倒して黙らせるに至った。そして軍部・右翼の政治的主導権の獲得が、国体明徴論による国体主義の思想的支配に導いたのである。皇祖皇宗を崇拝する古代思想の支配する社会に、西欧の文明主義に基づく自由主義・個人主義の思想や、政党や議会などの近代的制度の存在する余地はない。その結果として議会政治は没落した。

出先の軍部が、本国政府や天皇の意向さえも無視して、満州の権益を守るためとして軍事行動を起こした昭和六年の満州事変こそ、そのような風潮を生み出して反動的な革命の発火点となり、軍部と右翼勢力の社会的支配を決定づけた事件であった。この軍部の行動に対しては、新聞をはじめとする草の根的な世論の圧倒的な支持があった。掛川トミ子氏が「マスメディアの統制と対米論調」で、「反対意見なき、全員一致[9]」と形容した対外硬一辺倒の新聞の論調は、この満州事変で確立し結局日米開戦まで続き、それ以後の政治を大きく規定した。軍部の勃興も近衛内閣の政策もこの流れに乗ったものである。

「国際会議屋」の一人で国際連盟代表であった佐藤尚武は、一時帰国した時に、国際連盟への反感が「全国の津々浦々まで」はびこっていることに落胆した[10]。日本の津々浦々まで浸透した教育勅語に基づく教育は、皇祖皇宗への崇拝と万邦無比の国体という観念のみを教え、世界の中の日本という意識を植え付けることはなかった。大正期には文明主義者であった近衛文麿が、日本の教育では「平和的なインターナショナル・シティズン」の養成を忘れていると非難していた[11]。この国民の意識の基層に浸透した国体主義が、対外硬論の社会支配の基礎となった。

大衆世論の対外硬論への圧倒的な支持は、普通選挙の時代となっていた政党の行動にも大きく影響した。国会は全会一致で満州国独立を支持した。内政面における国体明徴声明などの自殺的に見える議会の行動も、大衆の意見に動かされたのであろう。一般大衆は満州事変以来の軍部の大陸への侵略的政策を熱烈に支持し、国際連盟脱退の主役である松岡の帰国を英雄のように歓迎した。国体主義で過激派の軍人が首相を暗殺するという、前代未聞の不祥事である五・一五に事件おいても、新聞を代表として犯人達への同情の世論が盛り上がり時代の風潮を加速させた。この時期から戦中までの新聞には、「皇道」とか、「国体の精華」とか「肇国の理想」などの国体主義による紋切り型の言葉であふれている。そのような言葉こそ、大衆が公教育において最高の価値であると教え込まれ、よく理解できる言葉であった。

そのような大衆の圧倒的な支持により政権に就いた近衛文麿こそ、その風潮を象徴する人物であった。近衛の人気の原因として、その高い家柄、優れた知性と教養、立派な容姿などが言われている。しかし、見逃せないのが、その国体主義である。この時期の近衛は、狂信的な国体主義者である学者の平泉澄に傾倒して、重要な文書を起草させるなどブレインとして用い、宮中にも入れようとしていた。近衛は、大正時代の西園寺譲りの文明主義を完全に捨て、筋金入りの国体主義者になっていた。彼は、旧友の原田を「米内の『いぬ』」と罵ったように、文明主義者には強い敵意を表明した。一方、頭山満の参議起用を試みたように、国体主義の人間を信頼して登用し、国体主義の言葉を語っていた。大衆は自分達が理解できる言葉を語る近衛と、国体主義に基づくその内外の政策を強く支持した。

このような教育の内容と対外危機の相乗効果における重大な危険性を、誰よりも鋭く洞察し深く憂慮していたのが福沢諭吉であった。明治三十年の米国のハワイ併合に強い危機感を抱いた福沢が、四方への発展の道を閉ざされた未来の日本において、不平不満の感情が蓄積して国内の対立が深まり一種の内乱状態に陥り、対外硬の攘夷的な議論が民衆の人気を博して、極端主義者が勝利して対外硬の精神が社会を支配して暴発し、やがては自滅的戦争に乗り出すという恐るべき正確な予言[12]をしていた。この時期以降の最晩年の福沢の活動は、「修身要領」普及運動に代表されるように、教育勅語による反動的な教育への抵抗に当てられた。慶應義塾を挙げて精力を注いだ「修身要領」普及運動の真の目的は、この要領の内容を普及するというよりは、教育勅語による普遍性のない独善的教義が社会へ定着しないよう阻止することにあった。しかし、福沢という個人の力では国家権力に対抗することは出来なかった。福沢による晩年の懸命な活動も無効に終わった。あるいは、福沢が明治前期のような社会への圧倒的な影響力を維持していれば、この運動も一定の効果を持っていたかも知れない。しかし、蘇峰が評したように、明治後期の福沢の影響力は前半期の十分の一にも及ばなかった。[13]これも根本は井上毅の政治工作の結果であった。

昭和六年の満州事変後の日本の社会は、官僚や軍部と、右翼勢力といった国体主義を奉じる勢力が、二・二六事件に象徴されるような、テロや暴力も用いて社会における支配権を確立していき、それにつれて思想面においても国体主義が支配的となっていった。昭和十二年の国民の圧倒的人気に迎えられた近衛内閣の成立と、国体主義を国家の権威により国家の基本思想と規定した文書である『国体の本義』の公刊はその画期であった。同年に日支事変が始まったことは、象徴的であると同時に必然的であった。国体主義による支配の確立は、日本の亡国の始まりでもあった。

近衛は軍部が首相候補として一貫して推した人間であった。大陸で侵略的政策を進め、国内では高度国防体制を作るための革新政策を推進している軍部の最大の抵抗勢力が、唯一の元老である西園寺であった。革新政策とは、内政的には反自由主義、外交的には反英米主義と要約できる。西園寺は陸軍の革新政策に直接に反対できなくても、抵抗してブレーキをかけることを試みた。西園寺と親密で、その後継者と目されていた近衛は、昭和十年代には明確に西園寺と敵対する国体主義の対外硬陣営に属していた。近衛は、軍部や右翼の革新政策に同調的で、西園寺のブレーキ政策には反対であった。高い家柄と大衆的人気のある近衛は、陸軍が政策を実現するために担ぐ理想的な御神輿であった。けれども、近衛は軍部の野心に利用された一方的な被害者ではない。合意の上の共犯者である。近衛は自発的に、日支事変、国家総動員法、三国同盟などの内外の革新政策を積極的に遂行した。近衛は国体主義の支配を制度化する新体制運動を主導した。彼は、日米開戦間際になって、怖じ気づいて御神輿から逃げ出したに過ぎない。

国体主義が日本を支配した時代の主役となった勢力は、何らかの形で井上毅と関係のある後継者と言える存在であった。近衛文麿は明治の対外硬運動の指導者であった父篤麿を経て陸羯南から井上毅につながっている。[14]政治的に日本を支配した文武の官僚達は、外務省の国体主義イデオロギーにより政治化した革新派外交官に典型的に見られるように、井上毅の思想的政治的後継者であった。[15]言論思想界の首領であった徳富蘇峰は、井上毅とは同郷で個人的にも親密な思想的後継者であった。一方、福沢の直弟子で代表的自由主義政治家の尾崎行雄は右翼に命を狙われ政府に弾圧された。福沢の思想的後継者と言える清沢は殆ど口を封じられた。福沢の自由主義経済思想を最も強く受け継いだ実業家の松永安左エ門は、官僚の経済統制に徹底的に反対して隠遁して時代に背を向けた。時代を単純に人間に代表させれば、戦前戦中の国体主義の時代は、井上毅の政治思想が実現した全盛時代であった。そして、敗戦で国体主義の破産が明白になり、抑圧されていた自由と個人主義が復活した戦後を、蘇峰は「福沢流の全盛」と認めざるを得なかった。

しかし、福沢の真の偉大さは、単に自由と個人主義を主唱したことにあるのではない。福沢は自由自体を抽象的な徳目として賛美したことは殆どない。彼にとって自由は目的ではなく、文明の当然の条件に過ぎなかった。福沢はより根源的に、価値多元主義（pluralism）に基づく、自由な多様性と創造性が花咲く土壌を日本に根付かせようとしたのである。政治の理想を政府に求めることなく、下から自由な社会を作り上げようとしたのである。それ故に、彼は独立した個人の基礎となる自由な経済活動を重視して、政府の上からの経済干渉には強く反発した。福沢の理想とした多事論争の社会は、絶対的な独裁者や、一つの絶対的思想が支配する全体主義社会の対極にある[16]。それ故に、左右の極端論者は福沢を敵視するのである。

孤立を恐れ常に周囲の空気に適応することに気を遣い、目上の権威に服従することが習性となっている個人からなる国家では、たとえ法律が完全な思想言論の自由を許しても、福沢が望んだ自由闊達で創造性に富んだ社会は生まれない。そこでは、一定の権威や正義を振りかざす少数派が実力以上の影響力を振るい、異論が封じられて世論が一辺倒になりがちとなる。それ故に福沢は、自由を唱えるよりも、自由を支える個人に独立自尊の精神を求めたのである。教育勅語は普遍性のない独善的ドグマの権力による強制により、日本人の体制順応主義と画一性を強化するものであった。

同時代には、福沢よりも急進的な自由を唱えた中江兆民のような言論人が存在したにもかかわらず、井上毅とその思想的後継者の徳富蘇峰にとって、福沢こそが根源的な敵であった[17]。福沢の影響力には人を偏見や固定概念から解き放ち、精神を自由にする働きがある。福沢自身が自由であったから、それに触れた他人も自由にする。福沢存命中から、陸羯南や井上哲次郎などは、その自由主義を時代遅れと軽蔑的に評していた。しかし古くさくなったのは、当時の西欧最先端の国家社会主義などで武装した福沢の批判者達であった。福沢には日本の他の思想家にはない本質的な新しさが存在する。福沢は西欧文明の根本に自由を見出して、その確信から動かなかった。

そのような自由に関する福沢の洞察力の深さが社会に対しても発揮されて、日本に関する診察医として現状に関する診断を下し、その将来に関して正確極まる警告を発していた。近代日本において、国を診察する国手とも言うべき福沢のような存在は他に存在しない。日本の対外発展の原点とも言うべき日清戦争後の明治三十年の段階で、日本が将来直面するであろう窮状を予見して、日本が陥る危険の性質を驚くべき正確さで予言していた。日本の対外的発展に対する外国の排斥圧迫は、人種や宗教の相違などといった日本の置かれた客観的状況による宿命的なもので、日本にはどうすることも出来ずに雌伏を忍ぶしかないと福沢は考えていた[18]。

福沢は真の危険は日本国内にあると考えていた。それは、対外危機のたびに噴出する非理性的で感情的な攘夷主義という対外硬の気風であった。明治時代には、伊藤のような文明主義者が政権の頂点にいて、そのような対外硬運動を抑えることが出来た。しかし、福沢は将来に関して安心することは出来なかった。そのような対外硬の思想的な根拠となる、普遍性のない独善的な教育勅語の国体論が全国の公立学校で絶対的な価値として教え込まれていたからである。教育者でもある福沢は、教育というものは必ず結果となって現れると教育の効能を信じていた。文部省により国家権力を背景に強力に実行される教育勅語教育によって、民衆の間に深く浸透する国体主義が、危機の時代に政治家や知識人達の表層にある文明主義を下から突き破る事態が生じることを恐れていた。

明治以来、政友会は、その前身の自由党時代から、後に党首となる文明主義の伊藤博文と対外政策において近く、改進党などの対外硬勢力と対立していた。それが昭和になると、その政友会が、明治の対外硬派の流れをくむ民政党の幣原外交を軟弱と攻撃し、国体明徴を主張する対外硬の政党になった。この立場の逆転は、より都会的な民政党に比して、政友会が明治の自由民権運動以来の農村が地盤という草の根に近い政党であったためであると思われる。教育により民衆の間に国体主義が定着し、下から党上層部における伝統を覆したのではないか。

昭和の初期に日本に起こったのは、そのような思想的下克上であった。教育勅語で教えられていた肇国の古代を理想視する下流の国体主義が、日本の近代を作り上げてきた上流の西欧文明主義に取って代わったのである。現代の総力戦に八紘一宇の精神が謳われた。戦争は法律的に対等な国家の間で、国際法に基づき戦闘員によって戦われるものではなくなった。日本を神州と呼び、敵を醜類と蔑み、神武以来の国民皆兵の伝統が叫ばれ、戦争は国体護持のための聖戦とされた。サイパンで起きたような民間人の玉砕、特攻作戦、敵の捕虜や民間人の虐殺も、この古代精神から生まれた。議論が命の議会政治に承詔必謹の精神が提唱された。それは、福沢の警告していたように、古代の毒油によって最終的に日本の近代社会全体を破壊する結果に終わった。

そのような思想的な交代は、支配的な政治的勢力や人間の交代となって現れた。明治半ば以降、政治の主役であった政党が無力化して軍部・官僚が支配権を握り、明治・大正の開明派の元老西園寺が没落して、近衛が政治の主役として登場した。代表的な憲法学者の美濃部達吉は右翼の攻撃の的になり屏息して、天皇機関説を異端邪説と呼んだ歴史学者の平泉澄が時代の指導的な学者となった。清沢洌などの自由主義的言論人は半ば口を封じられて、徳富蘇峰が言論界の首領となった。大きな事件の度に主要新聞から意見を求められる賢人は、美濃部のような代表的知識人ではなく、天皇機関説排撃運動でも先頭に立った右翼の巨頭、頭山満になった[19]。頭山と親密でその内閣参議登用を試み、平泉をブレインとした近衛は、このような思想傾向を一身に体現した政治家であった。

注目すべきは、このような思想の交代劇が個々の人間の内部にも起こったことである。前にも紹介した外務省革新派と呼ばれる若い外交官達は、そのような典型である。彼等の内部では、外交官試験に必要な高等教育で身につけた西欧的学問知識を、初等教育でたたき込まれていた、より根底的な国体主義の信仰が取って代わった。彼等には時代に迎合したという側面があったとしても、彼等の変身にはより本然の自我に返ったような内面的なものがある。これは外務省という最も開明的であるべき役所にだけに起こったものではなく、日本のあらゆる場所と組織において見られたことである。それまでは、ごく常識的な振る舞いをしていた人間が、突然に神がかりの言動を始めたという事例は少なくない。

そのような人間は少数派ではあったが、彼等が社会の主導権を握り、大多数の人間はその風潮に抵抗することもなく流されていった。そのような時代に断乎として妥協することなく、批判精神を失わずに正気を保ったのは、尾崎行雄や清沢洌などの本当に例外的な人間に過ぎなかった。確かに日本人の、権威に従順で大勢に順応して、非合理な時代精神に無批判に従う知的な弱さや道徳的な勇気の無さ[20]は嘆かわしいが、そのことについて、当時の日本人をあまり強く批判することは出来ない。日本人は教育の全期間を通じて、皇祖皇宗を崇拝し、万邦無比の国体を謳歌し、権威には従順に頭を下げ、大勢の行動には素直に従う小心翼々の良民となるように教育を受けてきたのである。福沢の表現[21]を借りれば、酒を飲ませられ続けて酔いを発したようなものであった。

近衛の伝記の著者である矢部貞治は、東京帝国大学法学部の政治学の教授であった。いわば日本の政治学の頂点に立つ学者であった。昭和九年の論文「現代日本主義の考察」において、彼は次のような国体観を表明していた。

「国体は誰も否定できない『厳然たる現実』であり、『如何なる日本独特の精神乃至道徳も、この万邦無比の国体を基本とせずとしては存立』しない。そして、『〔原始〕共同体の生活原理と形態』が、最も純真なる姿に於いて、数千年の間一貫して変わらざる国は、日本の他には存在しないのである。」

この様な信念を矢部に植え付けたものは、これに続く文章において、「中外に悖らざる日本精神と道徳は、ここに不動の核心を置いて存立すべきこと――教育勅語であるその模型である」と述べているように、教育勅語は崇厳なとは明白である。矢部自身は、大学において右翼学生から攻撃され、簑田胸喜のような狂信者を嫌悪していたが、彼等と対峙し否定することはなかった。国体という根本的価値観を彼等と共有していたからである。それ故に、矢部は衆民政と称する民主政を捧持しながら、国体主義の時流に流されて、議会制度を無力化し自由を否定する官僚支配の新体制のアーキテクトの一人となったのである。国体主義の害毒は、簑田のような人物を社会に跋扈させただけでなく、タブーとして、矢部のような一流の学者の学説や言論さえも、呪縛し萎縮させたことにある。

戦後になると矢部は、国体主義に関する否定的見解を表明している。[22]彼の学説から国体主義の要素が完全に姿を消した。この沈黙の内に為された国体主義の抛棄は、転向とも言える根本的価値転換であった。その結果、自己の内なる検閲官は消失し、非学問的顧慮から解放された。国体主義という不純物を無くした戦後の矢部による政治学の著書は、高く評価されて文庫化されたものもある。それは殆ど無意識的に為された、日本全体の国体主義から民主主義への転向を象徴するものでもあった。殆どの国民は、敗戦のショックと国体主義を強制していた権力の権威の喪失により、悪酔いからさめたように国体イデオロギーの酩酊状態から正気に返った。外務省革新派の外交官の大部分も、戦後には戦前の「皇道外交」などという奇矯な主張を忘れたように、米国との同盟関係を基調とした戦後の外交路線に忠実になり、有能な外交官として職務を遂行した。彼等自身も戦後になれば、以前の自己の言動を恥じて、何故あのような行動に出たのか分からなかったのではないのか。真に批判すべきは、酔っ払った者ではなく、そのような酒を飲ませた者である。

教育勅語こそ、そのような毒酒の源泉であり、普遍性のない独善的な国体主義教育の基礎となった。それは皇祖皇宗という神格より下付された他律的道徳への盲目的服従を強制するものであった。この毒に対しては、福沢が晩年に普及運動に力を入れた、独立自尊の精神から生じる自律的な道徳の必要を説いた「修身要領」こそ、アンチテーゼでありアンチドート（解毒剤）となるものであった。皇祖皇宗の崇拝ではなく、独立自尊の精神の尊重を説き、国体の精華を自賛するのではなく、国際社会における一員としての自覚を求め、忠孝を至上価値として人民に国家への一方的奉仕を命じるのではなく、国民の兵役や納税の義務を代償とした参政の権利からなる議会の意義を説明している。それは、精巧な精密機械とも言うべき近代の諸制度の運用に必要な知識とエトスを教えるものであった。

しかし、国家権力を前にした福沢の個人の力による解毒剤はあまりに無力であった。教育の毒は日本の全身に回って日本を滅ぼした。このことは、自身が井上毅と親密な国体主義者であり優れた歴史家でもあった徳富蘇峰が、戦後に日本の敗因を分析して、「日本の近代教育が日本を亡ぼした」と結論を出している。特筆すべきは、福沢がまさにその危険性を予見していたことである。蘇峰は、下司の知恵は後から来るが、事が起きる前に事態を予知するものこそ「識者」[23]であると述べているが、福沢諭吉こそ、日本の歴史において他に類例のない深い洞察力を示した真の識者であった。私が本書で、教育勅語と日本の亡国の歴史的脈絡をどうにか辿ることが出来たのも、福沢の予言というリードに従ったからである。

国家はその政策と権力によって、ある特定の思想家の影響力を大きく左右することが出来る。福沢諭吉はその典型である。明治初期に福沢は、『学問のすゝめ』などの啓蒙的著作によって、文明開化の時代の波に乗り、社会に対する圧倒的な影響力を誇っていた。そのことは、敵である井上毅が「人心教導意見」で証言していたとおり[24]であった。しかし、ある時期から福沢の威信と影響力は大きく低下することになった。同時代に生きた蘇峰は前に紹介したように、福沢の明治後期の影響力は前期の十分の一にも及ばないと証言している。そこには井上毅の「人心教導意見」の提言による、政府の文教政策が大きな役割を果たしていた。

明治十四年政変によって、福沢の書籍は教科書は勿論、副読本に至るまで、公立学校から全面的に排斥された。学校現場において、政府による福沢の文明思想の否定という意図を理解し教育に反映させるのは当然である。それに続く文明主義に反する教育勅語の制定や、国体主義に基づく教育思想の本拠地である師範学校出身の教師が、生徒に及ぼした影響は重大なものがあったと思われる。明治・大正・昭和と三代にわたって活躍した優れた批評家の正宗白鳥は、そのような教育を受けた第一世代の人間であった。彼が社会に関心を抱く年頃になった明治二十年代後半には、福沢は既に過去の人物であった。彼は福沢には関心もなく、むしろ「拝金宗」との世評を信じて反感を持っていた。青年期には、まだ存命であった晩年の福沢の文章を読むこともなかった。当時の彼にとっては、徳富蘇峰こそが時代の先端を行くあこがれの言論人であった。

そのような白鳥は昭和の十年代になって、初めて福沢の著書を読んで、その文章の少しも古びていない新鮮な魅力に驚いて、「あの時世に生まれながら、のびやかな世界人たる面影を、福沢翁は具へてゐた」と感嘆し、「旧習を脱却して直ちに事物の真相を見てゐる点では、世にも稀れなる人であつた」と最大限の評価を与えていた[25]。白鳥は『暗黒日記』における主要な登場人物の一人で、清沢と同様に国体主義が支配する当時の社会に強い反感を持っていた。このような時代において、白鳥が福沢を再発見したことは偶然とは思えない。批評家特有の鋭い感覚で、国家の強制する国体主義思想が支配する暗い時代だからこそ、国家に抑圧された対極の地位にある福沢の明るい思想を見出したのではないか。国体主義が日本を滅ぼしたことが誰の眼にも明白になった敗戦後になって、重石がとれたバネのように福沢の思想は反発を示して、蘇峰が「福沢流の全盛」と呼ぶ時代が始まったのである。一方、国体主義という国家権力に依拠した蘇峰の六十年の思想的営為は無に帰した。

日本の近代は、長い目で見れば、福沢の西欧文明思想と井上毅の国体主義思想の相剋した歴史であった。それは明治十四年政変後の井上毅による福沢の開明思想排斥を国家の政策とすべきとする「人心教導意見」に始まった。その意見に沿った教育の反動化は明治二十三年における井上毅起草の国体主義の教育勅語により定着した。一方福沢は、政変後の反動教育こそ明治政府最大の失政であるとして、その是正を死に至るまで求め続けた。

井上毅も福沢も共に日本の亡国を予言していた。明治二十六年の「国際論」で井上毅は、西欧文明思想に心酔する日本の知識人・政治家を批判して、西欧の心理的な蚕食を招き、百年後に亡国の運命を見ると予言していた。一方、福沢は明治三十年の米国のハワイ併合による危機感から生じた文章において、西欧文明が支配的な世界において、日本の特異性に固執することは、国際的な孤立と排斥を招き存亡の危機に導くと西欧化のさらなる強化を主張していた。西欧による心理的な蚕食を防ぐための教育の役割を重視していた井上毅は、近代文明と相容れない古代の皇祖皇宗崇拝の教育勅語を教育の絶対的な基礎とすることに成功した。

福沢は晩年に、「修身要領」普及運動などで教育勅語に抵抗を試みたが、国家権力に対抗できずに国体主義が日本人の精神に根付いた。明治後半から大正にかけての日本の西欧化は、皇祖皇宗を神格化する古代崇拝精神の土壌に咲く根の浅い花に過ぎなかった。福沢が予言していた対外危機という嵐が訪れたときに、それらの外来の花は一掃されて、国体主義思想という土着の毒草が社会の全面を覆った。その普遍性のない独善的思想の支配が、文明主義の成果を破壊して、強大な米国との自滅的戦争に導いたことも、福沢の予言していたものであった。

日本はその国体主義の支配と、その結果起こった愚劣な戦争で、明治維新以来の文明主義によって獲得し築き上げたものを全て失った。国外においては台湾以下の領土も、国際連盟における常任理事国という国際的な名誉も地位も失った。国内においては自由民権運動以来の思想言論における自由の一定の達成も、立憲政治の制度慣例も無に帰して、新たに占領国から授けられるという屈辱を蒙った。井上毅の国体主義が日本にもたらしたものは、悲惨と汚名と屈辱のみであった。戦後の日本の復興と繁栄は、文明主義に基づく社会の全面的な西欧化という明治の福沢の主張に回帰した結果であった。

福沢諭吉と井上毅の対立とは、決して対等な立場に立つ対称的な関係ではなかった。井上毅による福沢への一方的な敵意によるものであった。それはその拠って立つ、文明主義と国体主義の関係にも反映されている。国体主義が支配した昭和の前期には、二・二六事件に代表されるようにテロが猖獗を極めて、尾﨑行雄や美濃部達吉のような、その風潮に勇敢に立ち向かった人物には、尾﨑に警官が常時付き添ったように、常に右翼による暗殺の危険が伴った。一方、戦後の文明主義全盛の時代になっても、平泉や蘇峰などの国体主義者には生命の危険など皆無であった。国体主義思想にはテロが内蔵されている。井上毅という教祖の憎悪から生まれたイデオロギーの結果である。

国体主義というものは、日本に何も価値あるものをもたらすことはなく、狂信と破壊と殺人を生じただけであった。万邦に卓越する国体などという独善的な観念が、日本人を痴呆化させて、軍隊を堕落させ、日本の歴史に拭いきれぬ汚点を残し、世界における日本の名声に現在に至るまで続く汚名を被らせた。その代表的事例が捕虜の待遇の問題である。大正期に日本が、西欧諸国が支配する世界で唯一のアジアの国として、国際連盟の理事国となれたのは、文明国として認められるための政府の努力があったからである。伊藤の外交顧問であったブリンクリーは、異質な日本であるからこそ、国際法などのルールを遵守すべきと強調していた。日本は単に軍事力の強さ故に西欧列強の一員として認められたのではない。敗北した無力な敵である捕虜に対する人道的な対応こそ文明主義の真髄である。日露戦争における捕虜に対する模範的な待遇が、日本の信用と名声を高めるのに大きな役割を果たした。捕虜の厚遇は日本の伝統によるものではない。西欧の価値観に順応するという、政府の文明主義の政策の結果であった。

それと正反対に、今次大戦の捕虜に対する虐待は、日本の信用を失墜させ、日本人に対する憎悪を強める大きな要因となった。重光は、「過去の名声を一朝にして失墜し、剰え日本人が一般的に残虐非道なる人種であるが如き印象を残した」[26]と嘆いている。重光によれば、そのような日露戦争当時と異なる風潮が生じたのは、「軍及右翼を中心」として、「満州事件前後より急激に反動的となり『日本精神』『皇軍思想』は無意味なる優越感となり、外国軽侮となり、敵性国家の排撃となつて居つた」。そして「軍は、日本人は俘虜とはならぬ、俘虜は認めないのであるから敵の俘虜も認むるに及ばぬ、と云ふ思想」をもっていたと述べる。そして、軍部だけでなく民間人においても捕虜に対する軽蔑と敵意が一般的であったと証言している[27]。

以上のように重光が紹介している捕虜への態度の変化は、まさに満州事変以降の文明主義の後退と、軍と右翼主導の国体主義に基づく対外硬思想による社会の支配の結果であることを物語っている。近代日本を回顧する多くの人が慨嘆する明治日本と比べての昭和日本の堕落とは、文明主義の観点からの一方的な見方に過ぎない。反対側の視点に立てば、昭和の日本は、明治以来の西欧への卑屈な追従をやめて、日本本来の国体主義に復帰した喜ぶべき状況であった。近衛の『国家主義の再現』論文はそのような意見の典型である。その近衛は圧倒的な国民的人気を享受していた。軍部右翼に止まらない国民一般の独善的な反動的思想の高揚は、明治半ば以降に全国の学校で実施された、皇祖皇宗と国体への崇拝と盲従を強制する教育勅語教育の成果であった。戦後になって、明治から昭和への転落のみが論じられて、その反面である教育による国体主義の興隆が殆ど言及されることもないのは、日本近代史における大きな盲点の存在を示す。

日本を亡国の淵に陥れ皇室を真に存続の危機にさらしたものは、戦前には天皇の名による圧政横暴で国民の中に「天皇制」への反感を生じさせ、戦争末期には「本土決戦一億玉砕」を叫んだ国体主義者であった。福沢が、井上毅が主導した反動教育を、毒と呼んだのは決して誇張ではなかった。

おわりに

明治三十年六月の米国によるハワイ併合は、福沢諭吉に重大な影響をもたらした。日清戦争によるそれまでの楽観的論調は一変して、福沢は日本の将来について深刻な危機感を抱くようになった。圧倒的な力で世界を支配している、西洋のキリスト教の白人による支配的な世界における、人種も宗教も異なる東洋の小国日本の運命は決して楽観できるものではなかった。しかし、福沢の危機感の根本は国内にあった。幕末以来、条約改正問題などの対外危機において、国民の間に噴出する非理性的な攘夷的感情こそが国の存亡に関わる危険の種で、福沢の真に憂慮するものであった。さらに問題であったのは、そのような対外硬思想の根本となる国体主義が、教育勅語によって教育の絶対的な基礎として、全国の学校において強制されていることであった。福沢の晩年は、その対抗に当てられた。『福翁自伝』などの晩年の文章や、「修身要領」普及運動などの活動は、この危機感に照らして初めてその真意が理解できる。

福沢のそのような強い危機感は彼に驚くべき予言をさせることになった。海外の四方への発展の道を閉ざされた未来の日本において、国内で不平不満が蓄積して開国派と攘夷派の国内対立が深まり、暴力さえ用いる対外硬の極端主義が勝利して、その攘夷的主張は民衆に歓迎されて、日本は存亡の危機を迎えるというものであった。これは、昭和における日本の運命を正確に予見するものであった。しかし、あまりにも時代に先行していると、同時代の人間に理解されないという悲運に陥る。この時期の彼の危機感は、当時彼と対立していた対外硬派の陸羯南には理解不能であったように、福沢の仲間や弟子達にも共有されていたとは思えない。「修身要領」普及運動が彼の死後しばらくして廃止されたのも、福沢の危機感が弟子達に十分に理解されていなかったためであろう。

福沢の予言とは、現在存在していないものの未来の出現を予知する、というような神秘的なものでは決してない。彼は、患者の身体の状態を詳しく診察して将来における問題点を指摘する医師のように、日本の健康状態に対する警告を発したのである。日本を対外硬論が支配するようになればどのようになるかは、当時福沢が敵対していた対外硬の指導者陸羯南の言論が示していた。昭和における政治・軍事の指導者の主観的で独善的な言動は、驚く程、陸羯南のものと一致している。それは陸羯南の影響ではない。彼は昭和に入る頃には殆ど忘れられていた。しかし、陸羯南の対外硬論の基礎となっていた国体主義が、教育勅語教育によって国民の間に広く定着したことにより、明治期には少数派であった陸羯南の対外硬論が昭和になって支配的になったのである。

福沢の予言の意味は、国体主義の社会支配による自滅的戦争によって、亡国の運命を見た今次の大戦の後にこそ正しく理解されるべきものであった。しかし、敗戦後に国体主義が否定されただけでなく、戦前の軍国主義の復活を恐れる占領軍の検閲によって、その記憶さえ抹消されてしまった。その結果、戦前における国体主義の重要性と、それに対する福沢の抵抗の意味も理解することが難しくなった。さらに、戦後の福沢思想の復活と流行において、初期の明るい啓蒙思想家としての側面にのみ焦点が当てられて、福沢の後半生は体制に妥協したものと軽視されてきた。その結果、晩年に代表される暗い側面が見落とされてきた。それは同時に、敗戦の真の原因の追及と反省がなされなかったことを意味する。福沢の真の偉大さは、その啓蒙思想よりも、予言に示された彼の深い歴史的洞察力にこそあると私は考える。この点において、彼は近代日本において比類のない真の識者であり、まさに「三田の賢人」と呼ばれるにふさわしい。日本の近代の破滅の原因は、この賢人の言葉が聞かれなくなり、皇祖皇宗の遺訓であるとする井上毅の作文の教育勅語が、絶対的真理であるとして国民に強制された結果であった。

福沢諭吉の予言　註及び参考・参照文献

序論

（1）遠山茂樹『福沢諭吉』（UP選書、東京大学出版会）が代表的である。

（2）平泉は戦後に『東京大学百年史』に関する取材に応じて、昭和十年代の自分の役割について、「これから私が日本を指導した時代についてお話します」と述べて、インタビューをした伊藤隆氏を鼻白ませている。（伊藤隆『歴史と私』〈中公新書〉一五四頁）

（3）「外患未だ去らず内憂來る」『福澤諭吉全集　第十六巻』〈以降『福澤全集』〉（岩波書店）五五頁

（4）木野主計『井上毅研究』（続群書類従完成会、一九九五）一一頁

（5）清沢洌は『現代日本文明史3　外交史』（東洋経済新報社）において、次のように近衛内閣の特異性を指摘している。「幕府の——外交に始まって約九十年の間、外交軟弱を以て攻撃されぬ政府を、我等はただ一つも——恐らくは第一次、第二次近衛内閣を例外として指摘することは出来ぬ。」

（6）近衛は戦後になって、戦争の帰着点を追究していけば、結局統帥権の問題になり、究極は陛下の責任になるなどと主張していた（矢部貞治『近衛文麿　下』〈弘文堂、一九五二〉六〇四頁）。常に軍部に同調して、天皇の国際協調への意向に反した政治決定をした、首相としての自己の輔弼（ほひつ）行為の責任を無視するものである。「天皇制ファシズム」に戦争の原因を求める戦後の主流の歴史研究においても、天皇の責任が強調され、近衛の役割は軽視されている。

（7）「米西兩國の開戰」『福澤全集　第十六巻』三一六頁

第一部　福沢諭吉の晩年

一、日清戦争前（明治二十八年まで）

（1）拙著『井上毅と福沢諭吉』（日本図書センター、二〇〇四）

（2）『井上毅傳史料篇　第一』（國學院大學）二四九頁

（3）拙稿「福沢諭吉と『対外硬』運動」『近代日本研究19』（慶應義塾福澤研究センター、二〇〇二）

（4）大石一男『条約改正交渉史　一八八七〜一八九四』（思文閣出版、二〇〇八）

（5）対外硬運動の指導者の高橋健三は、「死馬に鞭つ」ように「吾々の刺激にて」伊藤政府を「心にもなき戦争沙汰」に引き出したと述べている。陸実宛高橋健三書翰、明治二十七年八月二十二日付。（川那辺貞太郎編『自恃言行録』〈政教社、一八九八〉）

（6）「戰勝の虚榮に誇る可らず」『福澤全集　第十六巻』三〇頁

二、戦争直後（明治二十八年）

（1）『陸羯南全集　第五巻』〈以降『陸全集』〉（みすず書房）四頁

（2）陸羯南の「物質的標準の誤り」（『陸全集　第五巻』四三頁）は、その典型的なものである。

（3）「藩閥権門と欧州列強」（『陸全集　第六巻』七二頁）において、「当時一部の西洋通等は、乃ち之を嘲りて曰く、国際の事は唯だ利害あるのみ。義侠の為に戦争すといふは愚論なり」という言葉は、明らかに福沢を指している。

（4）「教育瑣言」（立命館西園寺公望伝編集委員会編『西園寺公望傳　第二巻』〈岩波書店〉二一四頁）、笑月斎主人という署名で、文体からも明らかに陸羯南の筆によるものではない。

（5）徳富猪一郎『蘇峯自傳』（中央公論社、一九三五）三一〇頁

（6）同じ日付の陸羯南の論説「対韓政策の強弱」（『陸全集　第五巻』一三八頁）において、韓国に対して威をもって強硬策をとるべきと論じているのと対照的である。

（7）「広島疑獄の落着」『陸全集　第五巻』二九六頁

（8）対外硬の思想を代表するものとして、前述の「皇道之敵」と、後に詳しく紹介する「国際論」（『陸全集　第一巻』）がある。

（9）「皇道の本義」は「宇内の人類をして仁愛義侠なる皇道の化に浴せしめるに存す」と主張していた。（「皇道之敵」）

（10）筆者が前掲拙稿「福沢諭吉と『対外硬』運動」で、客観的国際情勢に故意に目を閉ざすような対外硬主義者の特徴を示すものとして使用した言葉である。

（11）対外硬運動が高揚した時に福沢は、その題名も「彼を知ること肝要なり」（『福澤全集　第十四巻』一五三頁）という論文で、実例を挙げて真実を知れば外国人は決して恐れるべき者ではないと述べて、非内地雑居を主張する対外硬論は表面上の強さに

もかかわらず、無知から生じる他者を恐れる臆病心の表れであり、攘夷論者の口癖のような日本を「焦土」としても夷狄を払うなどという主張は、自棄の表れであり国際関係に容易ならぬ事態を生じる恐れがあると警告していた。

三、戦後の楽観（明治二十九年から三十年前半）

（1）「対韓策の大失敗」『陸全集　第五巻』三一三頁
（2）陸羯南の三月六日付の論説「所謂政商の勢力」（『陸全集　第五巻』三三一頁）は、この論説への反論と思われる。
（3）「対韓政策の強弱」（『陸全集　第五巻』一三八頁）において、陸羯南は「朝鮮は実に女子なり小人なり」と決めつけている。
（4）四月二十日の「薩長と往時の公家」（『陸全集　第五巻』三四八頁）以下の一連の論説。
（5）福沢と松下については、赤坂昭『福沢諭吉と松下幸之助』（ＰＨＰ研究所、一九九二）が示唆に富む。
（6）前掲「所謂政商の勢力」などの諸論説において、「唯だ投機売買を事業とし、又は配当利益を目的とする」などと一貫して強い敵意を表している。
（7）陸羯南の『日本』だけでなく、『東京朝日新聞』、『国会』などが、いずれも文部大臣に就任した西園寺の主張を「世界主義」として一斉に攻撃した（前掲『西園寺公望傳　第二巻』二〇六頁）。これらの諸新聞は、対外硬派であるだけでなく井上毅と深い関係にあることで共通している。本書、第六部で見るように教育勅語発布直後にその賞賛記事を一斉に載せたのもこれらの新聞である。
（8）岩井忠熊『西園寺公望』（岩波新書）八四頁
（9）「新聞紙法の改正」（『陸全集　第五巻』四六九頁）以下の一連の論説。
（10）三月二十一日から二十九日にかけての七編の長文論説。（『陸全集　第五巻』五二〇～五二九頁）

四、ハワイ併合の衝撃（明治三十年六月）

（1）福沢は明治十六年に同様の対外危機感に襲われたときにも、「日本の用終れり」（『福澤全集　第九巻』二三七頁）で同様な議論を展開している。
（2）福沢が世界における日本に関する世論に鋭敏に気を配っていたことを示すものである。明治二十年頃から世界における日本に関する認識は、従来の中国と同列に扱っていた態度から変化を示した。英国の代表的新聞の『タイムズ』は、日本における各方面の近代化の進展を好意的に紹介して、当時進行中であった条約改正問題について、早く日本の要望を容れて不平等条約を改正し国際社会の一員として迎え容れるべきと論じていた。条約改正反対派の、新条約は日本を半植民地のエジプト並みとするもの、などという宣伝が如何に事実に反したものであるかを示すものである。同時に貿易関係者などから、当初は全面的に輸入していた蝙蝠傘などを、自国生産するだけでなく輸出も始めた日本の能力に警戒する声があげられ始めたのもこの頃である。

（3）拙稿「フランスのベトナム侵略と福沢諭吉」『近代日本研究　8』（慶應義塾福澤研究センター、一九九一）

（4）後に福沢は明治三十一年八月十六日の論説「外務大臣問題」（『福澤全集　第十六巻』四五一頁）で、数少ない外務大臣の適格者としてこの二人を挙げている。

（5）パーマーについては『黎明期の日本からの手紙』（ヘンリー・S・パーマー、筑摩書房、一九八二）と『条約改正と英国人ジャーナリスト』（樋口次郎・大山瑞代編、思文閣出版、一九八七）、ブリンクリーについては拙稿「福沢諭吉とブリンクリー」（『福澤諭吉年鑑　二十四、二十五』〈福澤諭吉協会〉）。

（6）拙稿「リード来日と箕田老夫論説」（『福澤手帖』一〇二号〈福沢諭吉協会、一九九九〉）

（7）前掲「国際論」

（8）この意見は、ブリンクリーがその経営する英字新聞『ジャパン・メイル』紙上で繰り返し表明していたもので、伊藤博文や井上馨は明らかにその忠告に従っていた。また、ブリンクリー自身が来日した政治家やジャーナリストを自宅で接待し、伊藤などの政治家に紹介して交際の仲介をし、日本の外国の友人獲得に貢献していた。本文で紹介したリードやヘネシーの他に、第二次大戦中の英国の首相のチャーチルの両親もそのようにもてなされて日本に好印象を抱き、その影響で息子のウィンストンも後年まで日本に好意を持ち続けた。（関榮次『チャーチルが愛した日本』〈PHP新書、二〇〇八〉）

（9）鹿鳴館の名花と謳われた大山巌夫人の捨松が日露戦争において、一女性として米国の雑誌で日本の立場を米国の世論に訴えるという広報活動が出来たのも（久野明子『鹿鳴館の貴婦人　大山捨松』〈中央公論社、一九八八〉）、鹿鳴館時代の国際的環境の名残であり、条約改正反対運動による攘夷的風潮によって、そのような女性による民間外交活動は後を絶った。昭和における蒋介石夫人宋美齢の米国における活躍と対照的であった。

（10）明治十六年三月の「開国論」（『福澤全集　第八巻』五四一頁）

五、予言（明治三十年七月）

（1）前掲拙稿「福沢諭吉と『対外硬』運動」

（2）陸羯南は、軽佻者流が主張する「十九世紀の大勢及原則」に対抗して、「皇祖即位」以来二千数百年の「一系不易の皇統」を護持する事こそが、『日本』創刊の理由であったと述べている。「記念日の所感」（『陸全集　第五巻』五〇二頁）

（3）前掲拙稿「福沢諭吉と『対外硬』運動」

（4）同稿

（5）熊本紫溟会（当時は学会）は次のように教育勅語を歓迎した。「教育ノ勅語一ヒ出テヽ学会ノ方針トスル所始メテ雲霧ヲ披ヒテ青天ヲ見ルノ運ニ会セリ是レヨリ天下教育ノ方針一変シテ勅語ノ主旨ニ向ヒ学会ノ執ル所ハ殆ド順風ニ帆ヲ揚ルカ如シ」（佐々博雄「教育勅語成立期における在野思想の一考察」『人文学会紀要　20』〈国士舘大学〉）

（6）前掲拙稿「フランスのベトナム侵略と福沢諭吉」

六、教育勅語への注目（明治三十年後半）

（1）「今日は破壊の時代」『陸全集　第五巻』六〇八頁

（2）明治三十六年に『読売新聞』は創刊三十年を記念して、明治の人物千人の一口評という特別記事を掲載した。現代でも通用する機知に富んだ概ね公平なものだが、その中で伊藤博文は、「誇才而愚、居貴尚鄙、老益好色、懦夫之魁」と酷評されている。この文を紹介した森銑三は、日露戦争直前のこの時期は、伊藤は恐露病患者として、ほとんど国民全体からはがゆがられていたと解説している。（森銑三『史伝閑歩』〈中央公論社〉一一三頁）対外硬派の個人攻撃は有効で社会に浸透したことを示す。

（3）猪瀬直樹「黒船の世紀」『猪瀬直樹著作集　12』（小学館、二〇〇二）

（4）明治二十九年十一月の「氣品の泉源智徳の模範」（『福澤全集　第十五巻』五三一頁）

（5）『陸全集　第二巻』三頁

（6）対外硬の思想を代表する前掲「国際論」において、西欧列強の対外活動は全て「狼呑」と「蚕食」という形をとる侵略行動であるとして、それに対する敵意と警戒心を煽っている。

（7）明治十四年政変時に井上毅の伊藤博文への推薦

で政府に登用された。（『井上毅傳史料篇　第四』四六頁）

（8）木下は、キリスト教徒の教師内村鑑三の教育勅語に対する不充分な敬礼が問題になった不敬事件が起きた時の校長であった。後に文部大臣となった井上毅を直属の部下として支えるなど、義弟木下と井上毅は密接な関係にあった。教育勅語の起草者井上毅が、この事件に無関係とは考えられない。

（9）前掲拙稿「福沢諭吉と『対外硬』運動」

七、文筆家としての最晩年（明治三十一年）

（1）井上毅は文部大臣として高等師範学校の卒業生に、諸君は教育勅語の錦旗の下に働くこの上ない栄誉ある地位にあると演説した。（『井上毅傳史料篇　第五』四四八頁）

（2）沼田哲『元田永孚と明治国家』（吉川弘文館、二〇〇五）

（3）本書、一章、または前掲拙著『井上毅と福沢諭吉』

（4）『陸全集　第五巻』七九頁

（5）『陸全集　第五巻』一三九頁

八、最晩年の著作と教育勅語

（1）松崎欣一「解説」『福澤諭吉著作集　第十二巻』（慶應義塾大学出版会、二〇〇三）

（2）教育勅語には一言も発しなかった福沢も、この御誓文には何度か肯定的に言及している。第二次大戦後の昭和天皇の「人間宣言」は、実質的に教育勅語に基づく国体主義の否定であるが、その冒頭に五箇条の御誓文を掲げたのは、天皇がこの対立関係を認識していたことを示す。

（3）明治二十三年二月の地方官会議において、現状では子弟が不遜でこのままでは「長上ヲ凌ギ社会ノ秩序ヲ紊乱シ終ニ国家ヲ危クスル」と「徳育涵養ノ義ニ付建議」を提出して、徳育の主義を一定すべきと要求した。（稲田正次『教育勅語成立過程の研究』〈講談社、一九七一〉）

（4）沼田前掲書

（5）閔妃を虐殺した対外硬派の三浦や安達、張作霖を爆殺し、独断で軍を動かして満州事変を引き起こした関東軍の軍人や、天皇の信任厚い重臣を暗殺した青年将校達も、主観的には忠君愛国の精神に忠実であった。戦後に蘇峰は次のように述べている。「従来忠君愛国という名義で、強請りもやれば、騙りもやり、押売強談あらゆる悪事も、その名の下には、行い得べしとせられた」（徳富蘇峰『徳富蘇峰　終戦後日記　II』〈以降『終戦後日

記』〉〈講談社、二〇〇六〉三五六～三五七頁)

(6)「日本の教育は政治から切り離した。その教うるものは『旧い日本主義』である。そしてその日本主義は議会については全くの無知であり、反対ですらもあった。そこに議会主義の没落の理由がある。」清沢洌『暗黒日記』(評論社、一九七九)七五〇~七五一頁

(7)井上哲次郎は総合雑誌『太陽』や、学術誌の『教育学術界』、『哲学雑誌』などを舞台として、「修身要領」批判を展開した。

(8)明治三十三年十二月二十七日、日原昌造宛鎌田栄吉書簡「一日も早く廃塾の上、其金を修身要領等の運動に使用致候方宜敷との様子も相見へ申候」(『福澤全集　第二十一巻』三五三頁)

第二部　陸羯南と国体主義

一、「国際論」と「皇道之敵」

(1)前に紹介した高橋健三だけでなく、陸自身も対外硬派の攻勢に追い詰められた伊藤政府が「遂に一条の走路を朝鮮出兵の事に求めたり。是れ、彼れが思ひも掛けぬ戦争に逢着せし所以」と述べて、対外硬運動こそが戦争の原因であったと考えている。(『陸全集　第五巻』五九七頁)

(2)品川弥二郎宛書簡『陸全集　第十巻』所収

(3)「即ち彼勵行案なるものは(中略)、事の實際に現はるゝ所の結果は排外の氣風を煽動して無知の人民をして外人を嫌はしむるに過ぎず。事實既に然りとすれば、其精神は兎も角も、鎖國攘夷の言議と見做さるゝも辨解の辭はなきことならん。」『福澤全集　第十四巻』三七二頁

(4)『福澤全集　第十五巻』三一二頁

(5)『福澤全集　第十五巻』三〇四頁

(6)保阪正康『昭和史の謎――〝檄文〟に秘められた真実』(朝日文庫、二〇〇三)七〇頁。趣意書の内容は不明。

(7)『福澤全集　第十六巻』一三二頁

(8)後に見るように、それは明治二十年の井上馨の条約改正の失敗に始まっていた。外国の友人獲得の先頭に立っていた開明派政治家の井上馨が国辱条約の汚名を着て失脚して以来、日本は有力な外国人の友人を得られなくなった。

(9)明治三十四年の八月に一度だけ使ったが、開明派政治家攻撃とは異なる文脈で使っている。(『陸全集　第六巻』二四四頁)

二、福沢晩年期における陸羯南

㈠　明治二十八年

（1）「兵馬の戰に勝つ者は亦商賣の戰に勝つ可し」『福澤全集　第十五巻』一三頁

（2）『福澤全集　第十五巻』三〇頁

（3）『福澤全集　第十五巻』一一八頁

（4）『福澤全集　第十四巻』一五三頁

（5）昭和七年の外務大臣内田康哉の「国を焦土にしてもこの主張（満州国承認）を徹することに於ては一歩も譲らない決心」という演説は、まさに対外硬主義の真髄を示すものであった。内田は対外硬思想の本拠地熊本県の出身であった。

（6）「兇漢小山六之助」『福澤全集　第十五巻』一〇六頁

（7）同年十月十五日の論説「事の眞相を明にす可し」『福澤全集　第十五巻』三〇四頁

（8）井上馨の条約改正反対運動における、外人判事は半植民地であるエジプト並みの屈辱という主張は、その典型であった。日本政府が任命する外人判事と、各国が各々指名するエジプトの混合裁判では全く事情が異なるという、井上馨の友人ブリンクリーの理性的な反論などは感情的議論にかき消されてしまった。

（9）対外硬運動と対決した外務大臣の陸奥が指摘していたように、一度条約改正という問題が政界に提起されると、「国内人民ノ心胸ニ発狂剤ヲ投スル如キ状」をつくりだし、「国民全体ノ形体上及精神上ノ大争乱ヲ惹起」するのが通例であった。（藤村道生「初期議会のいわゆる対外硬派について」『名古屋大学文学部研究論集ⅩⅩⅩⅡ　史学十一』）

（10）西園寺自身は使わないのに、陸羯南のような国体主義者が西園寺の開明的思想を形容するのに「世界主義」という言葉を使って攻撃するのが常であった。本書、第三部で見るように、昭和の対外硬主義者の近衛文麿もその言葉を国体に反する文明主義への攻撃として使用していた。

（11）陸羯南は、新聞『日本』において、部外者が知り得ないような政府中枢や、宮中における政治家の言葉や情報などを報じることがあった。その内容の真実性は高く、それ故に政府にとっては危険であった。『日本』の発行禁止の多さは、そのことも大きな要因であったと思われる。その情報源は、常に政府の中枢にあり、機密漏洩の常習者であった井上毅以外にあり得ない。

（12）『福澤全集　第十五巻』二三〇頁

（13）『福澤全集　第十五巻』三〇四頁

(14) 明治二十八年十二月十九日佐々友房宛書簡「三浦氏外数有志ヲ救出ノコトハ最早第一之急と相成候。近来之対韓策なれハ犬死ハ愚なり。」(『陸全集　第十巻』四五頁)

(15) 本書、第一部七章

(16) 忠孝を最高道徳とした教育勅語の起草者の井上毅には、文字通りの「儒教を存す」(『井上毅傳史料篇　第三』四九七頁)という論文がある。

(二) 明治二十九年

(1) 安達謙蔵『安達謙蔵自叙伝』(新樹社、一九六〇)二三二頁

(2) 「官有鐵道論」『福澤全集　第十六巻』四五六頁

(3) 三輪公忠『松岡洋右』(中公新書、一九七七)一五七頁

(4) 『福澤全集　第十五巻』三九二頁

(5) 外務省革新派は、「西洋の世界観からの脱却」と「皇道外交」を主張し、その一人が作成した『日本固有の外交指導原理綱領』において、日本古来の道義を基礎とした外交とは、「皇道を四海に宣布」することであると論じていた。(戸部良一『外務省革新派』〈中公新書、二〇一〇〉)

(6) 『福澤全集　第十五巻』四一三頁

(7) 前掲『蘇峯自傳』二八四頁

(8) この理想を昭和の近衛文麿も共有していた。彼が一貫して「挙国一致」を主張して、政党を解散に追い込み大政翼賛会により翼賛議会を作り上げたことは、次の本書、第三部で詳しく見ていく。

(9) 「皇祖皇宗ノ神霊ニ誥ケ」「皇祖皇宗ノ遺訓ヲ明徴ニシ典憲ヲ成立シ」と皇祖皇宗の権威を強調した憲法制定の告文と、「祖宗ニ承クルノ大権ニ依リ」「不磨ノ大典ヲ宣布ス」とした憲法発布の勅語は、共に陸が兄事した井上毅の文章である。

(10) 後に紹介する教育勅語発布後に起きた「熊本英学校事件」において、熊本紫溟会は、英学校の一教師の言葉が「世界主義」で教育勅語に対する不敬であると攻撃した。これが世界主義という言葉が文明主義者に対する攻撃の武器となった原型であると思われる。紫溟会も陸羯南も教育勅語の起草者井上毅と親密であった。この一致は偶然ではない。

(11) 本書、第三部で紹介する昭和九年の近衛文麿「国家主義の再現」。

(12) 昭和八年に発行された竹越の『旋風裡の日本』は、高まるファシズムの時流に抗して「個人の尊貴」を強調して近代文明の維持を説いた勇気ある著作

であった（高坂盛彦『ある明治リベラリストの記録』〈中央公論新社、二〇〇二〉）。竹越自身の福沢に関する回想はやや冷淡であるが、彼が深いところで根本的な影響を受けていたことを示すものである。『小山完吾日記』（慶応通信、一九五五）を残した小山も、散歩党の一人として福沢に親炙した人間であり、日記においても西園寺との親密な関係を記している。

（13）西園寺は井上毅の遺稿『梧陰存稿』に書き込みをして、「梧陰の説にして哲学に類するものは総て見るにたらず。あまりに幼稚なり」、「議論稽々哲学ニ渉レバ及（すなわ）チ見ルニ足ラズ」と酷評し、結論として「余、此書ヲ読ンデ甚（ダ）失望ス。梧陰徹底ノ見解ナク学問ナキヲ自白セリ。梧陰遂ニ一種ノ偽君子タルヲ免レズ」と断定していた。（鈴木良・福井純子「西園寺公望の井上毅批判――『梧陰存稿』書き込み本について」『日本史研究』三三八号）

（14）昭和十五年七月に第二次近衛内閣の外相となった松岡洋右による、四十名もの外交官に帰朝を命じた「松岡旋風」と呼ばれた大幅な人事異動は、まさにこの陸の提言を時代を越えて実行したようなものであった。

㈢ 明治三十年

（1）『陸全集　第五巻』二〇頁

（2）『陸全集　第五巻』五一九頁に一覧表を掲げている。

（3）『陸全集　第五巻』五二九頁

（4）『福澤全集　第十五巻』六三六頁

（5）『福澤全集　第十六巻』七七頁

㈣ 明治三十一年以降

（1）『福澤全集　第十六巻』二五頁

（2）「外交問題に對する政客の擧動」（『福澤全集　第十六巻』三〇六頁）、「大聲の相談は止して貰ひませう」（同三〇八頁）、「對外の硬軟」（同三一二頁）、「米西兩國の開戰」（同三一六頁）

（3）前掲「米西兩國の開戰」において、強大な米国に対して「対外硬の気風」が盛んなスペインが、自滅的なことが明白な戦争に乗り出したとして、対外硬主義の行き着く先を警告していた。

（4）有沢広巳などの学者を動員した陸軍の秋丸機関の調査結果（秋丸次朗「秋丸機関の顚末」）、猪瀬直樹「日本人はなぜ戦争をしたか」（『猪瀬直樹著作集　8』）で紹介している「総力戦研究所」の調査研究。

（5）非内地雑居を唱える対外硬勢力を「狂愚者老耄者輩」（「敢て非内地雑居論者に告ぐ」『福澤全集　第十四巻』二〇二頁）と罵倒し、対外硬運動に参加した改進党勢力に対して、文明的学識者でありながら公然と排外論を論じるものは、「匹夫下郎」（「議會の排外論」『福澤全集　第十四巻』三七〇頁）のまねをするものであると非難して、対外硬派への嫌悪を表明していた。

三、陸羯南における国体主義

（1）蘇峰はその『終戦後日記　Ⅳ』（三五八頁）において、戦前での巡幸における過剰な警備や、新聞社における皇室の記事の誤りに関する異常な警戒が、皇室と人民の間に壁を作ったとして、事なかれ主義の官僚を非難している。しかし、自分もその一員であった右翼による、この陸の記事のような攻撃が、役人や新聞社を異常に過敏にしたという原因に触れていない。さらには、右翼勢力にそのような権威を与える錦の御旗となったのが、教育勅語であることには思い及ばない。教育勅語が出現して初めて、内村鑑三不敬事件や久米邦武筆禍事件が起きた。

（2）地方官会議の要求を受けて、最初に明治天皇が山県首相と榎本文相に命じたのは「教育上の箴言」を編纂せよということであった。国の教育の方向を定める教育勅語の方向に転じたのは、法制局長官の井上毅登場の後であった。（拙稿「教育勅語と福沢諭吉」『近代日本研究　21』〈慶應義塾福澤研究センター、二〇〇四〉）

（3）教育勅語の起草に当たって井上毅は山県宛の書簡において当初は、「政事上の命令と区別して、君主の社会上における著作公告と看さなければならない」と述べていた（芳川顕正文書）。これは建前にすぎず本音は別にあったことは明白である。

（4）木下広次は、井上毅の妻多鶴の弟で、井上毅の儒学の師であった木下犀潭の四男であった。

（5）小沢三郎『内村鑑三不敬事件』（新教出版社、一九八〇）三九頁

（6）教育勅語制定の名目上の責任者の文部大臣芳川顕正は、文章の起草から勅語奉戴の儀式次第まで、井上毅に全面的に依頼していた。（稲田前掲書）

（7）教育勅語の公式注釈書の著者でもある帝国大学教授の井上哲次郎は、「教育ト宗教ノ衝突」と題する論説において、教育勅語の主意は、「国家主義」なのに、キリスト教は国家的精神に乏しく国家精神に反するので、教育勅語とは相容れないと主張し

ていた。

（8）陸はここではその制度として別の例を出している。井上毅が教育勅語の真の性質と役割を徹底的に隠蔽した手本に従ったものと思われる。

（9）「国体破壊の元凶」（蹶起趣意書）と目する人間を無慈悲に殺害した二・二六事件の犯人達こそ、国体主義の権化と呼ぶにふさわしい。彼等は天皇の信頼する重臣達を惨殺することを少しもためらわなかった。後に昭和天皇自身が自分達の討伐を命じたことを知ると、犯人の一人磯部浅一は天皇に「何と云ふザマです。皇祖皇宗に御あやまりになされませ」（「磯部浅一の獄中日記」保阪前掲書、八六頁）とくってかかった。彼等にとって神聖なのは、天皇ではなく皇祖皇宗なのである。

四、「国際論」と対外硬運動

（1）前掲拙稿「福沢諭吉と『対外硬』運動」

（2）明治十五年の段階から、日本は領事裁判を受け入れたが、外国人も居留地に限定されているから「互角」であると井上毅は述べて、現行条約の不平等性を否定するような主張をしていた。（『井上毅傳史料篇　第一』二七二頁、同二七四頁）

（3）チェンバレンやブリンクリーなどの日本で長年暮らし日本の事情に精通していた外国人は、異口同音に、この条約改正反対運動が日本人の排外的ナショナリズムをかき立て、日本人と外国人の一般的に良好であった関係を一変させたと証言している。

（4）前掲拙稿「福沢諭吉とブリンクリー」

（5）沼田前掲書

（6）本書、第一部一章の註（5）、第二部一章の註（1）

（7）当時の国際世論においては、井上馨の条約改正に関して、外国人判事などの部分的譲歩はあるが、全体としては非西欧の日本が欧米と対等な条約を獲得した画期的なものという高い評価が一般的であった。

五、「国際論」の著者

㈠「国際論」と陸羯南

（1）『陸全集　第十巻』六二頁

（2）この事実に関しては松田宏一郎氏の『陸羯南』（ミネルヴァ書房、二〇〇八）に教えられた。

（3）明治三十三年の「国是談」（K6p447）において陸は、「（国の目的は）斯民をして其の慶福を享けしめ其の智徳を開かしめ、尚ほ世界人類の進歩に貢献せしめん」ことにあると論じている。「国際論」

にはこのような世界人類の進歩という観念は皆無である。
（4）松田前掲書、二八頁
（5）『陸全集　第五巻』五二八頁
（6）『陸全集　第一巻』一八二頁
（7）拙稿「『ボアソナード意見書』の再検討」（『史学雑誌』一〇九編三号〈二〇〇〇〉）

㈡「国際論」と井上毅

（1）拙稿「『ボアソナード意見書』の再検討」
（2）「外國人官仕ノ件ニ関スル答議」（『井上毅伝外編・近代日本法制史料集　第八』一二四頁）において、外国人判事はエジプト並みの屈辱という井上毅の主張に対する意見を問われたボアソナードは、居留地の存続の方が外国人判事より日本にとって屈辱的であると明確に否定していた。
（3）前掲拙稿「福沢諭吉とブリンクリー」
（4）『井上毅傳史料篇　第三』五七一頁。「奢是吾敵論」同五三〇頁も同趣旨。
（5）『井上毅傳史料篇　第一』所収の十五本の条約改正意見。
（6）同書、二七二頁
（7）同書、三〇一頁
（8）『井上毅傳史料篇　第四』七二頁
（9）『井上毅傳史料篇　第四』五八八頁、『井上毅傳史料篇　第五』二〇二頁
（10）沼田前掲書
（11）井上毅には次のような注目すべき物事を成就するための方法論が存在した。「兎角烈布軋轢ヲ引起不申候而者、好結果を得へからず存候、火ヲタキ付ル工夫専一存候」（『井上毅傳史料篇　第四』五九九頁）。彼が関わった問題において、常に激しい対立と軋轢が生じた。
（12）拙稿「井上毅と福沢諭吉」（『論集　近代日本研究18』〈山川出版社、一九九六〉）
（13）前掲拙稿「福沢諭吉とブリンクリー」
（14）前掲拙稿「福沢諭吉と『対外硬』運動」
（15）井上哲次郎による前述の「修身要領」批判においても、福沢やその思想の個人主義や自由主義は時代遅れであるという主張を強く出している。
（16）ライバルとして福沢を常に意識していた蘇峰は、福沢の明治後半期における影響力は前半期の十分の一にも及ばなかったと証言している。（徳富蘇峰『大正の青年と帝国の前途』〈時事通信社、一九六五〉二三七頁）
（17）徳富蘇峰「書翰を展べて大隈侯を語る」『大隈研

究　三』（早稲田大学大隈記念社会科学研究所、一九五二）一四七〜一四八頁

（18）稲田前掲書、三二七頁

（19）井上哲次郎や和辻哲郎のような東京帝国大学の思想関係の代表的教授は、いずれも教育勅語を擁護して、結果として国体主義の潮流に押し流された。この二人が共に福沢に軽蔑的であったのは偶然ではない。一方、福沢の教育や影響を受けた人間には、尾崎行雄、清沢洌や竹越のように国体主義に対する免疫と抵抗力を示したものが少なくない。

（20）晩年のヨーロッパ旅行の際にも、自分が下訳をした井上毅訳『奢是吾敵論』の原本を探し求めたという逸話にも、死後にも変わることがなかった井上毅への敬意とその思想を継承しようとする熱意が認められる。

（21）明治二十二年二月十一日、皇室典範及び憲法御制定についての告文においても、「皇祖皇宗ノ神霊ニ誥ケ」、「皇祖皇宗ノ遺訓ヲ明徴ニシ典憲ヲ成立シ」と二度も皇祖皇宗に言及している。憲法発布の勅語でも同様である。

（22）『井上毅傳史料篇　第三』五三〇頁、この本はフランス人ビュホンの著書の翻訳ということになっているが、書中の主要な議論があまりにも井上毅の主張に近く、奇妙に儒教的価値観に彩られている。ボアソナードの意見書と同様に、原本にかなり加筆を施して、自己の主張を展開する道具として使ったのではないかと思われる。（前掲拙著『井上毅と福沢諭吉』）

第三部　近衛文麿と国体主義

はじめに

（1）大正デモクラシーの指導者層となった年齢が四十、五十代の人々は、明治維新前後に生まれた人間で、明治十四年政変後の反動教育や、教育勅語の影響を受けることが少なく、明治初期の文明教育を受けた人間であったことが大きな役割を果たしたと思われる。昭和になって社会の主力となったのは教育勅語教育を受けた世代であった。

（2）『福澤全集　第十六巻』五五頁

（3）庄司潤一郎氏は、近衛の戦争に関する手記を太平洋戦争開戦を境に、前期のものと後期のものに二分して、前者が「当時の日本の立場を弁明する国際政治認識を基礎に、日本の大陸政策を中心とする外交を積極的に肯定している」のに対し、後者は「三度にわたる内閣を回想しつつ、統帥に操られる無力な立場であったとして責任を転嫁する傾

向が強い」と述べて、戦局の悪化と敗戦という状況下で「近衛は弁解に終始し始めたのであり、前者の手記がより近衛の本来の考えを吐露している」と認めている（史料紹介、近衛文麿手記「日支関係の歴史〈明治以後〉と大東亜新秩序の理念」〈『軍事史学』二十九巻、四号〉の解説）。昭和天皇はより端的に、「近衛は自分にだけ都合のよいことを言っている」と評した。

（4）外交官の石射猪太郎による「本領の無いインテリ」（石射猪太郎『外交官の一生』〈太平出版社、一九七二〉二三七頁）という近衛の評価は本質を突いている。近衛は世襲議員として貴族院の議員となり、議長にもなったが、政治家としての資質も実績もなかった。そのことは庇護者である西園寺と比べれば明白である。新聞や雑誌に、時流に乗った賢そうな意見を発表することによって、革新的で清新な政治家として名声と人気を獲得したのである。勿論、近衛は思想家でも学者でもなかった。当時はもてはやされた彼の文章も時代を超えるものではない。

（5）重光葵『昭和の動乱　上下』（中公文庫）、『重光葵手記』（中央公論社）、『続重光葵手記』（中央公論社）。引用文の直後にかっこ内に、動乱、手記、続手記と頁数を表記する。

一、西園寺の庇護の下に

㈠ 文明の旗手

（1）「復たも教育の改革」『陸全集　第五巻』一一三頁

（2）原田熊雄『西園寺公と政局　六』一四五頁

㈡ 近衛の変質

（1）この事件には、前にも紹介した閔妃暗殺事件という先例があった。北一輝などの関係者はそれを意識して、民政党の実力者であり暗殺に参加した安達謙蔵に、国会における追及阻止の圧力をかけていた（安達前掲書、二三二頁）。当時の伊藤内閣は犯人達を厳格に処罰できずに、陸羯南のような対外硬派が勝利した。この張作霖爆殺事件も対外硬派の勝利を予告するものであった。

（2）鈴木晟「昭和5～16年における新聞の対外硬論」『社会科学討究』三十三巻、一号（一九八七）

（3）在満州の外交官の石射猪太郎は次のように事変を関東軍の mutiny（反乱）と呼んだ。「政府が何といおうとも、軍中央がどう留めようとも、満州を制覇して自分の自由意思で運営し得る国家機構を造る。これを遮るならば、本国といえども容赦しな

い。この行き方がミユテニでなくて何であろう」(石射前掲書、一七二頁)

(4)『西園寺公と政局　二』七七頁

(5)十月に発表されたリットン報告書に対して、『毎日』『朝日』『読売』の三大紙をはじめ、全国百三十二社が「満州国の厳然たる存立を危うくするが如き解決案」は「断じて受託すべきものにあらざること」とする共同宣言を発表した。国際連盟脱退に最後まで異論を唱え続けた主要紙は『時事新報』一社だけであった。明治の条約励行運動で全国の主要紙が伊藤博文政府攻撃に一致して、福沢のみが政府を擁護した事態の再現であった。

(6)『西園寺公と政局　二』二四八頁

(7)同書、二五〇頁

(8)同書、二五一頁

(9)同書、二八八頁

(10)『西園寺公と政局　三』一二四頁

(11)この主張は、戦後になって徳富蘇峰が展開した日本正当化の「閉め出されたる日本」(『終戦後日記III』三五〇頁)と殆ど同趣旨で、この時期の近衛は対外硬の蘇峰と同一陣営に属していたことを示す。

(12)『西園寺公と政局　三』一六一頁

(三) 近衛の米国旅行

(1)ブリンクリーは単なる日本の無批判な代弁人ではなかった。彼は日清戦争には反対して李鴻章に買収されたと噂された。彼は産業国家としての日本の将来性を高く評価して、日本が大陸国家となれば、それに必要な莫大な軍事費が産業発展を阻害すると大陸進出に反対したのである。現代でも通用するその優れた国際認識は、親密な伊藤博文の国際観に明らかに影響を与えていた。

(2)近衛自身が日本の教育に欠けていると批判した言葉である。(上p113)

(3)後述の帰国後の論文「国家主義の再現」でも、米国において軍部の擁護に最も力を入れたと述べている。

(4)『西園寺公と政局　三』三四九頁

(5)日支事変に関して近衛を強く批判していた外交官の石射猪太郎はその例外的存在で、中国人に友人も多くそのナショナリズムを理解して、日中戦争初期から中国による強い抵抗を予言していた。古くからのアジア主義者も、中国人の近代的なナショナリズムには盲目であった。一方、最晩年の一連の中国に関する文章で、福沢はその芽生え始めたナショナリズムに理解を示し、中国人の独立の維持と失地回復の希望に、「我輩は日本人として殊に同情に堪へず」と述べていた。(「支那人失望す可らず」『福澤全集　第十六巻』三〇三頁)

(6)「支那事變の解決が遷延するのは、ソ連と英米が支那を支援するからである。從つて事變の根本的解決のためには、今より北方に對してはソ連、南方に對しては英米との戰爭を決意しなければならぬ」(上p574-575)という東条の言葉が典型的である。

㈣ 西園寺との離反(「国家主義の再現」)

(1)『西園寺公と政局　四』五九頁

(2) 同書、八五頁

(3) 杉森久英の『近衛文麿』(河出書房、一九八六)は、同時代に生きた文学者による伝記である。対象に対する共感が強すぎて近衛の文章に引きずられて、批判精神がなく平板であるが、時に学者にはない鋭い観察や表現がある。杉森は、右翼の首領である五百木良三や頭山満などに対する近衛の生涯にわたる強い信頼と親愛の情や、若い時からの文章における一貫した主張から、近衛を「筋金入りの右翼」(四五七頁)と形容している。

(4) 原文は見ることが出来ずに、平泉澄『日本の悲劇と理想』(原書房、一九七七)に引用されているものを使用している。

(5) 平泉前掲書において、平泉は「近衛公の本志」という表題の文章で、近衛文麿の本質を示す最も重要なものとして、この論文を詳しく紹介している。

(6) 平泉前掲書、一六八頁

(7) 富田健治『敗戦日本の内側』(古今書院、一九六二)三一七頁

(8) 若井敏明『平泉澄』(ミネルヴァ書房、二〇〇六)一一頁

(9) 平泉は教学刷新評議会の席上において天皇機関説に関して、「斯ノ如キ異端邪説ノ跳梁跋扈ニ委ネタト云フコトハ、学界教育界ノ末席ヲ汚ス一人ト致シマシテ私自身深ク慚塊スル次第デアリマス」と述べて、「君臣ノ義ヲ正シ華夷ノ弁ヲ明カニスルコト」が明治維新の大精神だなどと主張していた。美濃部の学説への反感は蓑田胸喜と殆ど変わらないもので、戦後にも続いていた。国体主義に対する盲目的信仰や、西園寺のような文明論者に対する激しい敵意や、儒教的価値観への執着などは、まさに井上毅の後継者である。

(10)『西園寺公と政局　四』二〇六頁

(11) 同書、三〇〇頁

(12) 昭和十四年の「元老重臣と余」という文章で次の

ように述べている。「余一個は、是等（西園寺等の重臣）の人々と稍々觀點を異にし、次の如く判斷して居つたのである。卽ち少壯軍人等の個々の言說〔傍点近衛〕を捉えて來れば、我々の容認出來ぬ事は多々あるが、是等の人々が滿洲事變以來推進し來つた方向は、これは我日本として辿るべき必然の運命であるということである」（上p222）（（ ）は引用者補足）

(13)「国是の進展の上からいうと、（西園寺の存在は）邪魔になる」（『西園寺公と政局　五』二二八頁）。「議会政治の守り本尊は元老西園寺公です。これが牙城ですよ」（富田前掲書、一一一頁）

(14) 西園寺は近衛に次のように言っていた。「今日少壯軍人等は熱に浮かされている。此の熱のある間は、なるべく彼等を刺戟しない様にして、冷えるのを待つに限る。冷静に復したら外交も軌道に乗り、幣原時代の協調主義に戻るだろう」（上p224）

(15)「今日、美濃部ほどの人が一體何人日本にをるか。あゝいふ學者を葬ることは頗る惜しいもんだ」と美濃部を弁護していた（『西園寺公と政局　四』二三八頁）。昭和天皇が美濃部の学説や意見をよく知っていて擁護していることは明白である。美濃部の天皇機関説を「異端邪説」と攻撃していた平泉澄の対極にある。

(16) その末尾が「茲ニ同憂同志機ヲ一ニシテ蹶起シ奸賊ヲ誅滅シテ大義ヲ正シ国体ノ擁護開顕ニ肝脳ヲ竭クシ以テ神州ノ赤子ノ微衷ヲ献ゼントス。皇祖皇宗ノ神霊冀クバ照覧冥助ヲ垂レ給ハンコトヲ。」と、皇祖皇宗への呼びかけに終わっているように、皇祖皇宗こそが国体主義の究極の価値であり、天皇ではない。

(17) 反乱の主犯の磯部浅一が、昭和天皇自身が反乱鎮圧の主役であったことを知ったときに、天皇を呪詛して「皇祖皇宗におあやまりなされませ」（「磯部浅一の獄中日記」保阪前掲書、八六頁）という言葉を残した。自分こそが皇祖皇宗に忠実であるので、天皇の意思を無視することも、その信頼する重臣を虐殺することも正当化されると信じていたのである。

(18) 前掲「元老重臣と余」で次のように述べている。「滿洲事變を契機として、我外交は一大轉換をなさざるを得なくなつた。元老重臣の指導的立場は俄に弱化し、軍部が之に代つた。勿論内閣の首班は、元老等の眼鏡に叶いし所謂穩健の人々が次々に擧げられたが、實際の推進力は軍部殊に少壯軍人であつて、之を取り卷く民間右派團體の人々の力も、無視出來なくなつて來た。反動は恐ろしいもので、是等の人々は過去十年間の平和主義、協調主義（國内では議會政黨萬能主義）への鬱憤を一時に爆發させて、元老重臣は君側の奸なり、政黨政治家は國體の破壊者なり、という風に排撃の火の手を擧げ、其結果が五・一五となり二・二六となつた」（上p221）

（19）荒木に対する近衛の信頼と好意は昭和初期以来一貫している。昭和七年三月に、近衛は西園寺に対して「新しく政局を担当する者」として「平沼を出すとか、荒木を出す」と主張していた（『西園寺公と政局　二』二五〇頁）。昭和八年の十月には、陸相荒木の左傾右傾の犯罪人の恩赦という提案を西園寺に取り次ぎ、厳しく否定されている。昭和九年在米中の近衛は斉藤内閣総辞職に関して日本の新聞特派員に対して、自分の理想の内閣として荒木や末次を重要閣僚とする挙国内閣の構想を表明している（上p271）。荒木の閣僚起用は近衛の持論の実現である。ところが、近衛の第一の側近とされる牛場友彦は次のように弁解している。「第一次の内閣改造では、荒木貞夫文部大臣とか末次信正内務大臣とか、首をかしげたくなる大臣が入った。荒木文部とか末次内務というのは一種の、右翼勢力の攻勢をかわす広告だった。近衛一流のやり方だ。文部行政とか内務行政が問題ではない。ただ名前だけだ。右翼もちゃんと重用しておりますと見せる広告――そういうところが近衛さんにはあった。」（松本重治『近衛時代　上』〈中公新書、一九八六〉一四五頁）。これも近衛側近による、近衛が右翼の一味であった事実を隠蔽し、責任を回避するための歴史の歪曲工作の一例である。もし、牛場の話が事実であるとすれば、近衛は右翼への単なる申し訳のために、資質に欠ける大臣を起用し、重要な文教政策や国内治安政策を犠牲にしたことになる。

二、近衛の自立（第一次近衛内閣）

㈠ 大命拒否

（1）木戸幸一『木戸幸一日記　上巻』〈以降『木戸日記』〉（東京大学出版会、一九六六）四七二頁

（2）この様な思想の起源は、皇道の普及を国命とした井上毅の「国際論」である。

（3）後に紹介するように、作家の永井荷風による西園寺の死を悼む日記の文章において、結局反乱軍の目的は達成されて、今となっては二月の反乱は「義戦」であり、反乱兵士は「義士」であったと述

べている。〈永井荷風『断腸亭日乗　五』〈岩波書店〉一〇六頁〉

（4）新体制運動について「この運動は、根本は國體明徵運動だ」（下p199）と近衛自身が述べている。

（5）『西園寺公と政局　五』二一一頁

（6）日独防共協定締結の知らせを、近衛は軽井沢の別荘で平泉澄と共に聞いたが、その時、近衛は「日本外交の大成功」と言い、「英米に全世界を握られては、たまりません」と述べたという。（平泉前掲書、四五頁）

（7）「西園寺公爵ももう年をとつて、人に会へばくたびれるし、世の中に対する認識も大分違ふ、大体重臣達もそんなやうに思はれる、まあ国是の進展の上からいふとやつぱり邪魔になるやうに思ふ」（『西園寺公と政局　五』一二八頁）

（8）『西園寺公と政局　五』一二九頁

（9）同書、一三〇頁

（10）昭和天皇の平泉の話への反発には、単に後醍醐天皇に関する評価のみでなく、事実を客観的に研究して真理を追究する自然科学者として、独善的なドグマを奉じる狂信者への反感が感じられる。湯浅に代わって平泉に好意を持つ木戸が内大臣になっても、秩父宮や高松宮の元には出入りできたのに、天皇は平泉を寄せ付けなかった。天皇が擁護した美濃部の天皇機関説を、平泉は前に紹介したように異端邪説と非難していた。

（二）近衛内閣誕生

（1）近衛新党の組織に関して、一貫して中心的役割を果たした社会大衆党の麻生久は次のように述べている。「昭和十三年二月、第七十三議会の開会中、防共護国団による政友、民政両党の本部占拠があった。これをやったのは中溝多摩吉であるが、彼を背後から躍らしてやったのは近衛であった。国会開会中にその離れ業をやらして口を拭ってしゃあしゃあしている度胸。——これは革新をやるにたる人物だと思って自分は近衛に接近する気になった。」（伊藤隆『近衛新体制』〈中公新書、一九八三〉七四頁）

（2）日支事変勃発の前から、近衛がこの様な対中観を抱いていたことは重要である。日中関係悪化の根本原因を、彼は日本の満州事変に始まる大陸侵攻政策ではなく、中国の抗日運動と見ていた。この様な中国認識の近衛であるから、開戦後は一貫して中国に「反省」を求め続けて、首都南京陥落後にも抗戦を続ける国民政府に対しては、爾後「対手とせず」と声明したのである。

(3) この論文を論じた中国紙の『天津益世報』が、中国の排日抗日の根本原因は満州事変であり、日中の親善のためには日本人が漢奸や土匪などを利用することを止めて、外交を正しい軌道に乗せて、在支日本特務機関、秘密機関を撤廃し、日本浪人の不法行為を取り締まることから始めねばならぬと論じているのは(上p355)、戦後になっても通用する客観的な議論であるのと対照的である。

(4) 『西園寺公と政局　五』二二五頁

(5) 陸羯南にとって日清戦争中の「国民一致」した日本は、「官民の衝突なきのみならず、貴衆両院間の一致、民党諸派と自由党との折合、皆以て民間人士の公徳を証するに足る」、「憲政史上恐らくは空前絶後の美観」で、「殆ど理想的帝国」であった。(「我が立憲政記略」『陸全集　第五巻』)

(6) 近衛が陸軍の態度に疑問を抱き平泉を招き、陸軍に反省を要求することを決めた後に、「座右の書棚より『穂積博士論文集』を取出され、朗々と読み上げられ、頗る会心の御様子でありました。」と平泉は証言している(平泉前掲書、三七四頁)。近衛の意見は、天皇機関説に反対する穂積八束の天皇主権説による、陸軍と同一の立場からの批判であった。

(7) 宇垣は後の日支事変についても、「我戦時政策の大道は明確ならしめ置くの必要がある。而して少なくも英米に理解せしむる程度のものでなければならぬ。……何と云ふても戦局の収拾、戦後の経営に英米を善用して、十二分の戦火を収得することが、帝国として採るべき賢明な道であると信ずる。」(宇垣一成『宇垣日記』〈朝日新聞社、一九五四〉三一六頁)と日記に記していた。戦中においても戦局の収拾と戦後の経営を考え、その時には経済的な実力のある英米との協力が必要と考える、利害に基づいた現実的な考えをもっていた。国際正義の実現を主張し、東亜の新秩序を目的とする近衛の抽象的で大義重視の対外硬主義とは対照的であった。

(8) 『西園寺公と政局　六』三三〇頁

(9) 『西園寺公と政局　五』三二一頁

(10) 中野は、親友の緒方竹虎に「憑きものがしたとしか思えなかった」と言われる程に、ナチスにかぶれ、ヒトラーに心酔していた。この中野や同じくナチスを礼賛する末次などが推進力となった新体制運動というものが、ナチスを見本としていたことは明白であった。

（11）風見はその著書の『近衛内閣』（中公文庫、一九八二）において、内閣参議に近衛が希望した右翼の頭山満を加えようとしたのを、湯浅内相が拒否したことを官僚的と強く批判しているのは（二三四頁）、近衛と同じ反応である。近衛と同様に風見は湯浅の文明主義など少しも評価しなかった。その他にも、風見は近衛が友とする人間に好意を示して、近衛が敵と考える人間に反感を示している。

（12）『西園寺公と政局　六』八一頁

（13）同書、八五頁

（14）同書、一一三頁

（15）同書、一一四頁

（16）ナチスとか共産主義の模倣との非難を受けた新体制について、近衛自身が次のように弁明している。「（新体制）運動は、根本は國體明徴運動だ。（中略）その本音は、日本の國體に根ざし、その行動は徹底した臣道観から出たものでなければならぬ。」（下p199）（（）は引用者補足）。確かにこれはナチスでも共産主義でもないが、近代的立憲制とも全く無縁のものである。

㈢　日支事変

（1）佐藤尚武『回顧八十年』（時事通信社、一九六三）三七六頁。佐藤のこの回顧録は、公的なメモワールというよりも私的な回想であり、佐藤の穏和な性格からか、他の人物に対する批判的な言葉は殆どない。不満を持っていたと思われる松岡洋右に対しても直接的に批判はしていない。例外的に強い批判の対象となったのは、佐藤の忠告を無視した広田弘毅と、明らかに日支事変拡大の責任者と見ていた近衛文麿であった。

（2）石射前掲書、二四〇頁

（3）石射は近衛について次のように述べる。「心の中では、常に公を軽蔑しきっていた。善悪を識別する明敏な良識はありながら、善を貫くだけの意思力がなく、外部からの強制力に手もなく屈従する。かかるが故に中日事変は強硬論のまにまに止め度もなく拡大された。信念に不忠実も極まれりではないか。こんな人物を、非常時首相と仰ぐ日本は禍なる哉。」（『外交官の一生』三五三頁）。後年になって、近衛から会見の申し出があっても、石射は頑なに拒否した。

（4）風見は次のように説明している。「この参議制は、もともと、もっぱら日華事変処理のために、首相の相談相手になってくれるものを、内閣の内輪にもっていたいというので、もうけられたものであ

る。」（風見前掲書、二三三頁）

（5）頭山満の逸話に象徴されるように、松岡や末次や荒木などの国体主義の対外硬派が主流をなす参議の顔ぶれは、近衛の右翼思想を明確に示すものである。右翼の攻撃を避けるために、荒木と末次を入閣させたなどという、前に紹介した牛場の弁解の虚偽を露呈している。参議の中では文明派と見られる三井財閥の池田成彬も平沼騏一郎の国本社の一員であり、松岡等と比較すれば文明派であるにすぎない。池田は決して福沢流の文明主義者とは言えない。福沢への反感を隠さなかった池田は、慶應義塾出身者ではあるが福沢の弟子ではない。福沢の思想を受け継いでいたのは、電力国家管理などの統制経済に徹底的に反対した松永安左エ門や西園寺と親しい小山完吾のような人物である。

（6）『西園寺公と政局　七』一四五頁

（7）『外交官の一生』二六二頁

（8）『終戦後日記　Ⅳ』六二頁

（9）『外交官の一生』二六三頁

（10）近衛は末次が対中強硬論者であることをよく知り、内務相に起用して会議中は沈黙していた自分の代わりに、自由に強硬意見を吐かせたのである。庄司潤一郎「日中戦争の勃発と近衛文麿の対応」（『新防衛論集　十五巻』三号）に詳しい。庄司論文は、中国人のナショナリズムへの盲目や、中国政府への蔑視により、近衛は時に軍部よりも中国に対して強硬態度であったことを当時の史料によって明らかにした優れた研究である。結局は対外硬という近衛の本質から生じるものであった。

（11）「（国民政府が若し和を求めないなら）帝國は爾後之を相手とする事變解決に期待を掛けず、新興支那政権の成立を助長し、これと兩國國交の調整を協定し、更生新支那の建設に協力す。支那現中央政府に對しては帝國は之が潰滅を圖り、又は新興中央政權の傘下に収容せらるる如く施策す」（上p466）（（　）は引用者補足）としていた。

（12）石射は次のように証言している。「事変発生以来、新聞雑誌は軍部迎合、政府の強硬態度礼讃で一色に塗りつぶされた。『中国膺懲』『断乎措置』に対して疑義を挿んだ論説や意見は、爪の垢ほども見当らなかった。」（『外交官の一生』二五二頁）、「元来好戦的である上に、言論機関とラジオで鼓舞された国民大衆は意気軒昂、無反省に事変を謳歌した。」（同三五三頁）

（13）そのような客観的観点から利害を説いて敵対する相手を説得しようとする文章の典型が、後に紹介するチャーチルが松岡洋右に与えた書簡であった。
(14)『西園寺公と政局　七』二四九頁
(15)昭和九年の「国家主義の再現」において、近衛は「個人主義、自由主義、デモクラシー等の思想の流れをくむ『世界主義』は日本国民の本来の要求とは相容れない」と否定して国体主義の復興を支持していた。自由主義とデモクラシーが議会政治の基礎である。国体主義に基づく新体制において議会は実質上死滅した。
(16)この法案を審議する衆議院の委員会で、説明員である陸軍の佐藤賢了中佐が、議員を「黙れ」と一喝した有名なエピソードは、この法律を象徴するものである。
(17)「(昭和十五年)十一月十二日に近衛が、周作民を通しての蒋工作に期待していると言つていたことを(原田が)傳えたら、西園寺はこれには『蒋介石に関する限り、いまなんとしたつて日本の言ふことなんかきくもんか。』と独り言のやうに言つた。」(『西園寺公と政局　八』三九八頁)

(四)内閣改造

(1)『西園寺公と政局　七』三三〇頁
(2)『西園寺公と政局　六』三三八頁
(3)『西園寺公と政局　七』三頁
(4)彼等を「ファッショ派」(『外交官の一生』二七四頁)と呼んだ石射は、同時に「皇道外交を論ずる彼等は、言わば外務省の青年将校」(同二七九頁)であるとし、「後に至って、これらの事務官の中から、狂信的な日独同盟論者や、ドイツ心酔者が出て、皇道外交を奉ぜざるものは斬る」(同二八〇頁)などと揚言していたと証言している。まさに、二・二六事件を起こした青年将校の国体主義と同根であり、皇道を妨げるものを刀の血脂にすると主張した、井上毅の「皇道之敵」思想の後継者達であった。
(5)庄司潤一郎「日中戦争の勃発と近衛文麿の『国際正義』論」(『国際政治』九一号)
(6)同書
(7)松岡は後に池田を訪れ、自分に外相起用をにおわせながら、池田の反対に後退した近衛を非難した(上p558)。提案した板垣は近衛の意向を代弁したのであろう。問題を生じるような提案や主張を他人に代弁させる近衛の典型的な手法である。
(8)『西園寺公と政局　七』九三頁
(9)日本の唯一の友邦と言えたドイツにおいてさえも、第一次近衛内閣以降の日本の行動を次のように見ていた。「中国で武力侵攻を始めて以来、日本の歴代内閣は、アメリカ、イギリスとの関係を改善しようとしたが、それは失敗する運命だった。中国の主権と領土の保全を日本は認めず、存在する条約を明らかに侵害していて、自分達が打ち立てた事実を追認させることばかり要求してきたからだ。」（渡辺延志『虚妄の三国同盟』〈岩波書店、二〇一三〉一一四頁）。これは、駐日ドイツ大使館に勤務していた二人の外交官が、東京軍事法廷の国際検察局（ＩＰＳ）に提出したリポートの一部であるが、その目的による政治的偏向はあるとしても、ほぼ客観的なものと認められる。

（10）『西園寺公と政局　七』二三四頁

（11）同書、二三五頁

（12）西園寺公一『貴族の退場』（ちくま学芸文庫、一九九五）三八頁

（13）『西園寺公と政局　七』二五一頁

（14）同書、二五二頁

三、新体制運動

㈠　米内内閣への反感

（1）『西園寺公と政局　八』一五九頁

（2）戦前戦中をギリシャ哲学の研究に没頭しながらも、戦争に向かう世相を絶望的に見ていた田中美知太郎は、その回想『時代と私』（文藝春秋、一九八四）において、米内内閣の成立に、その大勢に抗する、昭和天皇による「反軍的な政治干渉」（三六一頁）を認めていた。

（3）『西園寺公と政局』における原田が描く近衛像は、近衛の西園寺に向けての文明派としての偽装と、旧友としての原田の親愛の情によって歪められているように思われる。たとえば近衛の明確に右翼的な言動を、原田は本心と見ずに軍部や右翼に怯える弱さのためと好意的に解釈している。後に対外硬派から離れた近衛自身が、この誤解を利用して、弱さ故に軍に引きずられたと自己の責任逃れの口実にしている。

（4）この時期に木戸は前任者の湯浅が嫌い排斥していた平泉澄と接近していた。（若井前掲書、二三七頁）

（5）『西園寺公と政局　八』二六四頁

（6）後に近衛自身が側近の富田に「大政翼賛會という譯の判らないもの」を作ったが、やっぱり「政黨政治がよかつた」（下p106）と後悔の念を表明している。

（7）前述の田中美知太郎は、当時のマスコミが「米内はヨウナイ」などという低調な語呂合わせで攻撃

して、「(戦争に向かう）大勢に抵抗するどころか、むしろこれを助長することに努力」していたと証言している。(田中前掲書、二九九頁)
(8)『木戸日記　下』七八九頁
(9) 田中前掲書、三七八頁
(10) 木戸日記研究会編『木戸幸一関係文書』(東京大学出版会、一九六六) 一五頁
(11) 秦郁彦『昭和史の軍人たち』(文藝春秋、一九八二) 三一九頁
(12) 寺崎英成／マリコ・テラサキ・ミラー『昭和天皇独白録』(文春文庫、一九九五) 六七頁
(13) 明治・大正・昭和と三代の天皇に仕えた西園寺は、「(今の) 陛下は一番ご聡明な方と思うが」、側近に有力な政治家がいなくて「本当にお気の毒だ」と涙を流した。(勝田龍夫『重臣たちの昭和史　上』〈文春文庫、一九八四〉三六八頁)
(14)『終戦後日記　I』七七頁などで、くり返し昭和天皇の英国流の立憲君主的な態度を批判している。
(15) 近衛はこの昭和十五年のポケット日記の巻末に次のような不穏な文章を書き連ねていた。「君君たらずんば臣臣たらず」、「君の臣を視ること土芥の如くなれば、即ち臣の君を視ること寇讎の如し」、「君臣を択べば臣亦君を択ばん」、「君命受けざる所あり」(『重臣たちの昭和史　下』二〇三頁)
(16)『木戸日記　下』八一八頁
(17) 同書、八〇七頁

㈡ 第二次近衛内閣成立

(1)『西園寺公と政局　八』二九四頁
(2) 同書、二九六頁
(3) 平泉が美濃部の天皇機関説を「異端邪説」と非難していたことは前に紹介した。平泉はその思想と気質から、一般大衆に働きかけるというよりも、新体制の支配者となっていた軍人や官僚、政府上層部への思想的教化を重視して、高い威信と影響力を獲得していた。平泉の影響を受けた軍人が特攻兵器などの開発に関わっていた事実は（若井前掲書）、その反文明主義的な本質を示すものである。
(4) 戦後になっても、平泉は「各国民各民族それぞれ其の所を得せしむるに在り」ということが、皇道の理想とする八紘一宇の意味するものであり（平泉前掲書、四八頁)、「崇高にして雄大なる御理想」(同一九一頁）などと呼んでいた。この言葉は、国体主義の独善性をよく示している。結局は日本が神のように世界における各国の位置と役割を決定

することを意味し、それに従わない中国などを膺懲することになる。

（5）昭和十年五月に近衛は新党構想について有馬と木戸に相談し、三人の申し合わせで、「新黨樹立の決意を表明し、各政黨に對し解黨を要求する」（下p78）としている。さらに、風見や有馬が「政党破壊運動」を行っていたことを有馬が証言している。

（6）内閣と議員によるなれ合いの八百長芝居のような議会の実態がどのようなものであったのかを、清沢洌は詳しく紹介している。（『暗黒日記』二三五頁）

（7）風見前掲書、二〇四頁

（8）近衛を取り巻く状況を重光は次のように形容していた。「皇室に最も近き公卿華族の出であるため、おのずから上下に重きをなし、この人によつて、国家は救われるのではないかという、何となき信頼感が上下一般に有たれていた。かかる性格から、近衛公ほど軍部の傀儡として適当の人物はなく、且つ近衛公も自ら期せずして、軍部の傀儡的存在となり、重大なる責任をとるに至つた。」（『昭和の動乱　上』一六四頁）

㈢　三国同盟と新体制

（1）『西園寺公と政局　八』三三〇頁

（2）同書、三三一頁

（3）同書、三五八頁

（4）『木戸日記　下』八二二頁

（5）『西園寺公と政局　八』三五九頁

（6）松岡は「自分は皇国の使命は皇道を世界に宣布することであると主張してきたが、国際関係の上から皇道をみると、それは、各国民、各民族に各々その処をえしめることに他ならないと思う。わが国現下の外交方針は、この皇道の大方針にもとづいて先ず日満支を一環とする大東亜共栄圏の確立をはかることでならなければならない。」（岡義武『近衛文麿』〈岩波新書、一九七二〉一二一頁）と述べていた。

（7）渡辺前掲書、四五頁

（8）同書、一〇一頁

（9）清沢洌も後年、「（三国同盟締結）直後、近衛松岡共に『戦争』を公然（と）いった」と証言している（『暗黒日記』四〇〇頁）（（）は引用者補足）。重光葵は、この時期に「近衛公は車中に新聞記者に対して『日本は必要とあらば英米との開戦をも辞せず』と放送した」と述べている。（『続重光葵

手記』六七頁）

(10) 近衛は早く、昭和十三（一九三八）年の新年に際して、世界の新秩序建設のためには、戦いが必要であり、進歩的国家は日本の行動に対して共鳴を惜しまぬであろうが、保守的陣営からは強大な抵抗を受けている。しかし、「日本にあるものは前進あるのみ」だと述べて、新秩序建設のための戦争への強い決意を表明していた。（庄司前掲稿）

(11) 『木戸日記　下』一八頁

(12) 『西園寺公と政局　八』三八五頁

(13) 同書、三九一頁

(14) 後に紹介する主治医の勝沼博士の証言にあるように、西園寺は死の床においても日本の内政や外交に関する憂慮の言葉を吐き続けた。（『西園寺公と政局　八』三九六頁）

(15) 『断腸亭日乗　五』一〇六頁

(16) 『西園寺公と政局　八』三六六頁

(17) 木戸幸一によれば、松岡旋風は「近衛の発議であった」という。「それまでの外交がキャリアの外交官が主流でずっとやっていて、一方から言えば、軟弱なんだよね。それで軍部が喧しく言い出す。だからひとつ松岡を外相にしてすっかり〝リシャッフル〟してしまおうという考えを持っていたんだね、近衛はね。で、松岡ならやるだろうと思ってやったら、逆に松岡に食いつかれてしまった」（『重臣たちの昭和史　下』二一三頁）

(18) 伝統的な国際協調主義である外交官の石射は次のように証言している。「国民は外務省を、皆無省と嘲り、その没落を痛快事とした。国民は常に、無反省に猛き者とともにあった。」（『外交官の一生』四〇五頁）

(19) 原田が「松岡は、ことによると、気が狂ってゐるんぢやないか、といふ人があります。実際どうかと思つて心配してをります」と言ったら西園寺は「気でも狂やあそれはいゝ方だ。かへつて今度は正気に返るかもしれないよ。」と笑って言った（『西園寺公と政局　八』三六〇頁）。西園寺の松岡観を端的に示すものである。湯浅も「かねて日本を誤らしめる危険のある政治家として、近衛、平沼、松岡を擧げていた」（上p623–624）とある。

(20) 『西園寺公と政局　八』三九六頁

(21) 『断腸亭日乗　五』八九頁

(22) 新体制が確立した戦時下の思想風潮に関して清沢洌は次のように証言している。「明治維新には、攘夷派が敗れて、開国派が勝った。今は反対だ。だから今は明治、大正に対する激しい反感が所在に見られる。」(『暗黒日記』三九頁)。そして「大東亜戦争は封建主義が、開化主義に対する勝利だ」(同五〇頁)とも述べている。

(23) 明治初期に福沢の封建的な忠孝精神を批判した文章が、文中に楠木の名はないのに「楠公権助論」として右翼勢力の強い反発を受けた。国体主義の真の敵が福沢の文明主義であることを証明するものであった。彼の故郷の中津においてさえも、「福沢は『西洋かぶれ』の国賊として扱われていた。著書の多くは刊行を停止され、明治の初めに彼を国賊として暗殺しようとした増田栄太郎(西南の役中津隊長)がもち上げられていた。」(横松宗『福沢諭吉 中津からの出発』〈朝日選書、一九九一〉六頁)

(24) 西園寺は次のように言っていた。「近衛は、道具立てのみに一生懸命で、実際の政治の仕事をやってをるかどうか。」(『西園寺公と政局 八』三六〇頁)

(25) そのような近衛を蘇峰は次のように評している。「新しもの好きで飽き性」、「計画家で不実行者」、「難局に会えばいつも逃げ出す無責任者」(『終戦後日記 I』三九七頁)。

(26) 伝記では「近衛も、議會中難關に直面する度に、議會に組織的勢力の背景を持たない不安を痛感して、新黨のことを考えたようである。有馬もそのことを肯定している。」(上p492)と説明している。

(27) 戦後になって蘇峰は、軍閥の行動には議会にも責任があるとして、莫大な軍事費を無条件に承認したことを、「議会が自らその権能を抛棄したる所以にして、国財を浪費したる者は、軍閥であるが、軍閥をして浪費せしめたる者は、帝国議会である」(『終戦後日記 I』二九六頁)と非難している。

(28) 「国家主義の再現」平泉前掲書

(四) 対米戦争への道

(1) 『木戸幸一関係文書』二四頁

(2) 同書、二三頁

(3) 渡辺前掲書、一九六頁

(4) 同書、一九六頁

(5) 清沢は典型的な国体主義の革新官僚である奥村喜和男情報局次長に関して次のように述べる。「この人々は対手の心理を知らず、自己満足がすなわち対手の満足だと考えている。彼等は永遠に覚るところはあるまい」(『暗黒日記』四四頁)。松岡も奥村も国体主義者蘇峰の最も親密な人間であった。

(6) 関榮次『チャーチルが愛した日本』。チャーチル夫妻をもてなして日本におけるホスト役となったのが、「日本の友人」のブリンクリーであった。この様に友人には、友人の輪を広げてくれるという役割もあった。

（7）近衛も日ソ中立条約締結の報に松岡を「エーブル」な人だと賞賛した。（大橋忠一『太平洋戦争由来記――松岡外交の真相』〈要書房、一九五二〉九七頁）

（8）戦後に蘇峰はその点を次のように述べている。「日本人は、異民族といわんよりも、自己以外の者の心理状態を、洞察するには、殆ど無能力であって、相手方の気持などという事は、さっぱり判からず。ただ自分の気持を、相手方のそれと心得、それを押売する傾向がある」（『終戦後日記　Ⅳ』三三頁）。そして「世界の風が、何処を吹いているという事が判らず」、「我が流儀のみを知って、他を知らず。一本調子で、世界を押し通す」（同書、三五頁）。同じ国体主義の歴史家でも、明治の文明主義の洗礼を受けた蘇峰には、平泉澄にはない客観性と自己省察の能力があった。平泉の歴史論や時論は生命力を失っているが、蘇峰の議論は生きている。

（9）四月の日米交渉の当初からハルは次のような四原則を持ち出していた。一、凡ゆる国の領土保全、主権の尊重。二、他国の内政に干渉せざる主義の支持。三、機会均等主義（商業上も含む）の支持。四、太平洋地域における現状維持――現状変更は平和的手段による――。

（10）幣原喜重郎『外交五十年』（原書房）二〇三頁。幣原と同様に、客観的国際情勢を見ることが出来る国際協調派の外交官の重光葵も、「南仏印占領の軍事上の意義は極めて明瞭である。カムラン湾は、海を隔ててマニラとシンガポールとに対し、陸はシャムに続いている。英米の東亜における根拠地は、すでに日本軍の一撃の距離の内に収められた。」それゆえに重光は英米蘭が日本の意図を警戒して、日本の資産を凍結し、日本との通商を全面的に停止して、臨戦態勢に入ったことを当然視している。（『昭和の動乱　下』一〇〇頁）

（11）近衛は「幣原と話すと米英人の考え方が判ると言っていた」（下p341）が、それは、以前に近衛が事なかれ主義と軽蔑していた文明主義の結果であった。それ故に西園寺は幣原を「近來の名外相」（上p221）と高く評価していた。一方、近衛は自分が欧米人の思考を理解できないのは、独善的な対外硬主義の結果であるという根本的原因の自覚には至らなかった。

(12) 蘇峰は次のように言う、「元来戦争の準備は、九分九厘まで、近衛及び近衛の内閣によって行われた。しかるに九分九厘の所で、彼は踏み留まった。かくて戦争中は、荐りに戦争反対の運動を為し続けた。当初から戦争をせぬ積りならば、その準備を九分九厘まで、するべき理由はない。」(『終戦後日記　I』三九五頁)。

(13) 天皇の指揮下にある軍隊を使い、天皇の信任の厚い重臣達を惨殺した二・二六事件の主犯の磯部浅一は、天皇が事件を怒り反乱鎮圧の主役であったことを知って、反省して悔悟するどころか、「皇祖皇宗におあやまりなされ」と天皇を非難して呪詛した。国体主義の狂信者は、自身を皇祖皇宗に一体化して如何なる行動も正当化されると信じるにいたる。永田鉄山を斬殺した相沢中佐もその一例である。

(14) 『木戸日記　下』六八頁。近衛とは学生時代以来の親密な仲で、新体制運動においては盟友として協力した木戸も、この頃になると近衛の無責任さには失望して愛想を尽かしたように見える。近衛が日米交渉の危機に内閣を投げ出した時には、「日本という船が、嵐の中で顛覆せんとしつつある時に、船長が船を離れる」ようなものであるという強い不満を重光に表明している。(『昭和の動乱　下』一二一頁)

(15) そのような近衛の両端を持すような姿勢を蘇峰は「梶原景時の逆艪主義」と強く批判していた。(『終戦後日記　I』三三〇頁)

(16) 註(12)参照

(17) 近衛は美濃部の天皇機関説を「異端邪説」と非難する歴史学者平泉澄をブレインとして重用していた。平泉は、近衛が井上毅の庇護を受けた明治の天皇主権説の憲法学者の「穂積八束博士論文集」を愛読書として、常に座右に置いていたと証言している(平泉前掲書、三七四頁)。「国体の異説と人心の傾向」という論文で、明治末に国体主義から美濃部を攻撃した穂積は、簑田の先行者であった。近衛自身は天皇機関説問題に関して明確な態度を表明しなかったが、どちらの側にあったかは明白である。

(18) 藤田尚徳『侍従長の回想』(講談社、一九六一)一八五頁

(19) 若槻礼次郎『明治・大正・昭和政界秘史——古風庵回顧録』(講談社学術文庫)にも載っている。

㈤ 敗戦と死

（1）『暗黒日記』五七二頁

（2）清沢は鈴木の首相就任を「二・二六事件をやった人によって起された大東亜戦争を、この人々によって狙われた人たちが収拾しようとしている」（同書、六五〇頁）と述べている。

（3）『木戸幸一関係文書』七五頁

（4）蘇峰は戦後になっても、「敵が原子爆弾を濫用したとしても、その為めに我が大和民族が一人も残らず滅亡する心配はない」、「日本国民が仮りにその半数である四千万となっても」云々などという非人間的な人命軽視の強硬論を説いていた（『終戦後日記　Ⅰ』三九頁）。「命は鴻毛より軽し」とは、対外硬論者の口癖だが、その命は常に他人の命であった。蘇峰も自分の命は大事にして長生きした。

（5）開戦目前の昭和十六年十二月の『朝日』・『日日』の二大新聞は、「ＡＢＣＤ陣営の妄動／今や対日攻勢化す」「わが平和意図蹂躙／四国一斉に準備開始」（『朝日』12月3日、12月6日）という情勢に臨み、両紙は「米国が現状に目を蔽うて、原則論を振り翳す限り、日米間に交渉の余地はあり得ないのである」（『朝日』12月2日）、「政府の採りつつある外交上の最後的努力は多とするが、米国の偽装的平和論に、これ以上耳を傾けるのは徒労である。国民は今や一丸となって、政府の断乎たる対策に満幅の支持を寄せている」（『日日』12月2日）と、口をそろえて即時開戦論を主張していた。（鈴木晟「昭和五〜一六年における新聞の対外硬論」『社會科學討究』）

（6）第一次近衛内閣の前任である林内閣で外相だった佐藤尚武は、その回顧録の支那事変を論じる文章で、ヒトラーへの宥和外交で悪名高い英国首相のネビル・チェンバレンを特に取り上げている。結果的には失敗に終わったが、ヨーロッパを悲惨な大戦争から救うためには、軟弱外交の批判を恐れずにあらゆる努力を惜しまなかった「信念の人」と賞賛している。これは次の言葉が示すように、明らかに対照的な近衛への間接的な批判であった。「世のいわゆる強硬外交を看板とし、これを以て大向こうのかっさいを博し外に向かうことは決して困難なことではない。いや、私にいわせれば、わずかの決意さえあれば何人にもできることであって、そして後は野となれ山となれで、いわゆる強硬外交の結果にたいしては、この人達は少しも責任をとらない。」（佐藤前掲書、四〇四頁）。事変の拡大防止に全力を尽くしたなどという近衛の言葉を、佐藤は決して認めないであろう。

終わりに

（1）『終戦後日記　I』三四八頁

第四部　『暗黒日記』と国体主義

はじめに

（1）田中前掲書、三七八頁

（2）若槻前掲書、三七八頁

一、戦争の激化

㈠大東亜戦争と『暗黒日記』

（1）「兵馬の戰に勝つ者は亦商賣の戰に勝つ可し」『福澤全集　第十五巻』一三頁

（2）明治二十八年一月二十四日の『時事新報』掲載の慶應義塾における演説。（『福澤全集　第十五巻』二八頁）

（3）本書、第三部一章㈣註（16）

（4）「磯部浅一の獄中日記」保阪前掲書、八六頁

（5）橋川文三による『暗黒日記』の「解題」。橋川によるこの日記の「解題」は非常に優れたもので教えられるところが多かった。

（6）徳富蘇峰の序文を付した奥村喜和男の著書『尊皇攘夷の血戦』（旺文社、一九四三）は、徹底的に国体主義の立場の主張である。

（7）この日記で紹介（七三頁）されている米国における世論調査において、日本はナチスドイツよりもはるかに憎まれていた。ドイツと親交を回復しうると解答した者が67パーセントに対して、日本に関しては8パーセントに過ぎなかった。

㈡戦局転換（昭和十八年）

（1）蘇峰などは戦後になっても「戦争を片付けんと焦り出した事は、日本よりも敵側が甚だしかった」などと、その主張を繰り返していた。（『終戦後日記　I』四五頁）

（2）この頭山の言葉は卑俗であるが、「国際論」以来の英米に代表される西欧文明に対する敵意と、それに追従する日本人への軽蔑を示す典型的な対外硬主義の立場を現している。前に紹介した「（日本人が）西洋人に気兼ねとお世辞をしたものだから西洋人が日本人を馬鹿にし切っている」という松岡洋右の言葉ときわめて近いもので、この時代を支配した対外硬の精神を示すものである。

（3）文芸評論家赤木桁平として出発した池崎は、それ以後毎年のように、『宿命の日米戦争論』（先進社、

一九三二）などの好戦的著書を出版して戦争熱を煽った。

(4) 防共協定強化に関する海軍の反対などに手を焼いていた近衛は、次のような本音を白鳥に漏らしていた。「内地の方じゃなかなか三国同盟案はうまくいっていないんだ。だからむしろ、〝ドイツ、イタリアの現地の方から、こっちを引っ張ってくれ〟（前掲「日中戦争の勃発と近衛文麿の『国際正義』論」）。大島駐独大使や白鳥の本国政府の指令にも頑強に抵抗する異常な態度の背後には、この様な暗黙の近衛の支持があったとすれば理解できる。ドイツ大島大使と白鳥イタリア公使の任命は欧州現場から本国を動かそうとして近衛が取りはからったと、重光も証言している（『昭和の動乱上』二一〇頁）。

(三) 首相東条の思考方法（昭和十八年後半）

(1) 戦中の政治をカキストクラシーと呼んだ哲学者の田中美知太郎も、「中野正剛が十八年十月に割腹自殺するが、かれの満州事変以来の行動、特に米英撃つべしの主戦論を唱えて、煽動演説を行い、米内内閣などを非難し、結局は東条内閣の成立を側面から助けたことを思うと、後になって東条を批判して捕らえられても、半ば自業自得」（田中前掲書、三八六頁）と少しも同情せず、「近衛も中野も新聞では人気のある政治家」であったと述べている。清沢に「戦争放火者」と名指しされた蘇峰自身が、中野の墓の碑文において「国民大衆を鼓舞激励してついに太平洋戦争にいたらしめたものは、実に中野君の力であった」（緒方竹虎『人間中野正剛』〈中公文庫、一九八八〉一八頁）と記している。

(2) 明治の国体主義者の陸羯南は国際法に基づく捕虜の待遇に反対し（「降艦及降虜の処分」『陸全集第五巻』三四頁）、徳富蘇峰は戦後になっても日本軍人が捕虜になることを国体に反するとくりかえし否定していた。自国民の捕虜の存在の否定は、容易に他国の捕虜に対する虐待に通じる。

(3) 共存共栄や自主独立の尊重などの美辞麗句を並べた「大東亜共同宣言」を対外硬主義者が盛んに宣伝していることに関して、清沢は「日本以外は信ぜざるべし。狼が羊の啼き真似をする如し。」（『暗黒日記』二三二頁）と冷評している。

(4) バー・モウ『ビルマの活路――一九三九―一九四六年　革命の回想』（一九六八）

(5) 徳富蘇峰は戦中も（『暗黒日記』三八四頁）、戦後になっても東条のこの強気を高く評価していた。対外硬の気風が支配する社会では、東条や辻政信のような主観主義の強気一点張りの人間が常に主導権を握る。

(6)蘇峰は戦後になって、物質上の日本の不利は「百も承知の上」であったが、精神上の日本の「優越」で補えると信じていたと述べている。(『終戦後日記　Ⅲ』二五五頁)

(7)『検証　戦争責任』(中央公論新社、二〇〇六)二三四頁

(8)福沢は数理的思考を、戦争において「一事一物」もその「範囲外に逸するを」許さないと形容して絶対視した。(「福澤先生の演説」『福澤全集　第十五巻』二八頁)

㈣ 国体主義の言論(昭和十九年前半)

(1)昭和十九年四月『東洋経済』掲載の清沢による、「議員は矜持を持ち　政府は議会の要望に答へよ」(『暗黒日記』七九一頁)における議会批判は、戦時中においても議会がなすべきことを述べた優れた論文である。一方このような議論の無い挙国一致の議会こそ、陸羯南が理想(『陸全集　第五巻』三八六頁)としたものであった。

(2)清沢が昭和十九年一月『東洋経済』に載せた「決戦と言論報国」(『暗黒日記』七七六頁)は、戦時中の厳しい制限下においても、言論機関の果たすべき役割を論じた優れた論文である。

(3)地方に公演旅行に出かけた清沢は、鬼畜米英の宣伝が民間に普及して、「日本人に子を生ませないように、睾丸をとるとか、或は孤島に追いやるとかいうことも、一般人の間には信じられている。」と記している。(『暗黒日記』二六二頁)

(4)国体主義イデオロギーが国家権力によって国全体に強制されていた戦前には、一つの思想を指す国体主義という言葉は存在しなかったと思われる。

二、敗戦の足音

㈠サイパン陥落と東条の退場

(1)明治の対外硬運動の指導者の陸羯南は武器を軽視して精神力を重んじていた(「降艦及降虜の処分」『陸全集　第五巻』三四頁)。昭和の政治家軍人はその態度を継承している。

(2)この二・二六事件の犯人達に共感し協力した歌人でもあるこの元陸軍少将は、戦時中においては蘇峰等と並んで言論の表舞台に立って国体主義により戦争を煽っていた。二・二六事件を起こした思

想が戦争を主導したことを示すものである。

（3）戦後になって蘇峰は、「向う（米英）から仕掛けた喧嘩であれば、買わぬ訳には行かず。勝つか負けるか、一六勝負をやって見よう」と昭和十五年には決意したと述べている。（『終戦後日記　Ⅲ』二五五頁）（（　）は引用者補足）

（4）蘇峰は戦後になって、東条が日露戦争に軍を率いていれば、「乃木大将位の戦さは、したかも知れぬ」（『終戦後日記　Ⅳ』二七頁）と述べて、東条を乃木と同等と評価していた。けれども、日露戦争中に第三軍に従軍した英米人の記者は乃木の人格を高く評価し、面識のあったブリンクリーも尊敬していた。一方、東条に関しては、外国人によるそのような評価は全く期待できない。

㈡ 小磯新内閣（昭和十九年後半）

（1）前に論じたように皇祖皇宗の神霊の崇拝こそ、国体主義という擬似宗教の根幹である。東条首相の後任を決める重臣会議では、誰も小磯を積極的に推す者はいなかったが、国体主義者の平沼が「人物の大きい敬神家」であると推奨していた。（下p512）

（2）『昭和天皇独白録』における天皇の言葉には、米内に対する強い信頼感と対照的に、小磯に対しては全く好意が感じられない。平泉に対する反発が示すように、天皇の個人に関する大きな判断基準として国体主義がある。松岡、平沼、真崎、末次など、天皇が何らかの形で反感を示した人間は国体主義者であった。

（3）戦争末期に松岡の次のような言葉を残している。「予は必勝を確信する。その理由は三つある。第一は日本の国体である。必ず神佑天助あらん。」（『終戦後日記　Ⅰ』五三頁）

㈢ 玉砕と特攻

（1）楠木正成を崇拝していた平泉と親密な軍人には、人間魚雷回天の開発を主導した海軍将校があり、平泉もその主張を是認していた。平泉は戦争末期になると、特攻作戦の積極的な使用を主張している。（若井前掲書）

（2）国体主義が支配した戦前戦中の日本においては、楠木正成が聖人のような地位に祭り上げられ、平泉もその顕彰に積極的に参与した。

（3）蘇峰の『終戦後日記』の冒頭における、自分は真剣に自殺を考えたが、他人にいろいろとその真意を憶測されるのが嫌なので実行しなかったという弁解は、功利主義そのものである。自分が常に賞揚しているように大義のために死ぬのならば、他人の思惑など眼中に入るはずがない。二・二六事件で「国体破壊の元凶」として国家の功臣やその護衛の警官達を無慈悲に虐殺した磯部浅一も、死刑が宣告されて自分の命が危うくなれば、狼狽して「生命」の重さを説き、見苦しくも逆上して天皇を呪った。

三、空襲の本格化

(一) 東京空襲開始（昭和十九年末期）

（1）海軍軍人であった水野広徳は第一次大戦中に欧州を視察し、ロンドンにおいては空襲を実際に体験している。近代戦争による破壊と荒廃に大きな衝撃を受けて、後に平和主義者に転じた。次の大戦では兵器の破壊力ははるかに大きくなることを予見して、昭和の初期に、その著書の『海と空』などにおいて、東京大空襲を思わせるような恐ろしいほどに正確な空襲の予言をしていた。しかし、その著書は発禁となり、戦争中は全く口を封じられた。このように目のみえる者が、沈黙させられたことが先の大戦の大きな特徴であった。日本は目を閉じ耳を塞いで戦争に飛び込んだ。

（2）後に見るように、海軍大将の末次信正の言葉である。本書、第三部で見たように、戦前から戦中にかけて末次は、近衛に信頼され重用されて内務大臣などの要職を歴任した。末次や白鳥敏夫のような目の見えない対外硬論者が、時を得顔に社会を支配して、大きな発言力を持ったことには、彼等を登用した近衛が大きな役割を果たした。

(二) 絶望的戦況（昭和二十年）

（1）昭和九年に陸軍が出した『国防の本義と其強化の提唱』というパンフレットの冒頭の文。正確には、「たたかいは創造の父、文化の母である」という文章である。その内容は、「建国の理想、皇国の使命」という国体主義を高唱して、国際主義、個人主義、自由主義思想の排除を主張している。美濃部達吉がこのパンフレットを強く批判したことが、後の天皇機関説問題の原因ともなった。これも国体主義対文明主義の根本的対立の一環であった。

（2）本書、第五部「蘇峰の『終戦後日記』」で見るように、戦後になっても蘇峰は戦争に関する自己の責任など少しも感じていなかった。上は昭和天皇から下は国民に至るまで、自分以外の人間を敗戦の責任者として批判し続けた。

(三) 伊勢神宮空襲（昭和二十年一月）

（1）国体主義イデオロギーの柱であった教育勅語の教育の現場からの排除と、その奉戴の儀式の廃止が決定的であった。

（2）深井英五『枢密院重要議事覚書』（岩波書店、一九五三）二〇六頁

（3）戦後に米国の占領期間が終わると、追放されていた政治家など様々な戦前の勢力が復活したが、蘇峰が戦後には全く影響力を失ったように、国体主義イデオロギーは決して再興しなかった。

(四) 国体主義への反感の芽生え

（1）明治初期の比較的に言論が自由な時代や、戦後に戦前日本の思想言論統制が廃止された時に、福沢諭吉が圧倒的な人気を得たという事実は、権力による思想教育支配が廃止されたときに、日本人が自然に赴く方向を示している。

（2）戦前の日本が陥った異常な状態を説明するのに、「天皇制」や「ファシズム」を原因とする論文は山ほどあるのに、日本を支配した国体主義イデオロギーの根源として教育勅語を論じたものは、私は殆ど見たことがない。

四、本土決戦か終戦か

(一) 戦況のさらなる悪化と国体主義（一億総討ち死に）

（1）「明治維新には、攘夷派が敗れて、開国派が勝った。今は反対だ。だから今は明治、大正に対する激しい反感が所在に見られる。」（『暗黒日記』三九頁）と清沢は述べていたが、本書、第三部で紹介した昭和九年の近衛の論文「国家主義の再現」はその精神を表していた。

（2）東条はあるとき、英語に堪能で和平派の本間雅晴中将の軟弱な態度にあきたらず、机を叩いて「貴様は何だ、英国が怖いのか」と本間を怒鳴りつけた。（『終戦後日記　Ⅱ』五三頁）

（3）例外は対外硬の指導者で蘇峰の同志であった陸羯南である。（『陸全集　第五巻』二九頁）

(二) 東京大空襲と本土決戦

（1）「排外思想と儒教主義」（『福澤全集　第十六巻』二七三頁）において、「人間社會に恐る可きの災害少なからず。地震、洪水、饑饉の如きは災の大なるものにして、非常の慘狀を呈するの常なれども、若しも排外熱の流行に比較するときは、其流毒尚ほ小なりと云はざるを得ず。」とあるが、この言葉は特に東日本大震災を身近に経験した者として、

感銘が強い。津波に襲われた市街地の頑丈な建造物以外が一掃された荒涼とした景色は、不気味な程に大空襲を受けた都市の風景と似ていた。しかし、政府からも殆ど見放された空襲の被害者と異なり、震災の被災者には全国から、そして外国からも救援の手が差し伸べられたのである。

（2）この川西なる人物は東京府知事などを務めた内務省官僚で、戦後長生きして日本赤十字社の社長を務めた。生命を尊重する赤十字の精神と、女性を戦場に投入しようとする人命軽視が、この人間の内部でどのように整理されていたのだろうか。川西は新渡戸稲造・内村鑑三に師事するキリスト教徒の社会派官僚であった。そのような人間さえも容易に時代精神に流される、教育勅語による国体主義教育の影響力の強さを示すものであろう。

（3）この時の空襲被害の視察の結果、その惨状に衝撃を受けた天皇は終戦に大きく傾くことになった。

（4）北岡伸一『清沢洌』（中公新書、一九八七）一七三頁

（5）英国公使のパークスの強硬な態度で条約改正交渉が困難に見えた時に、日本政府は井上馨と伊藤博文が主導して、親日的なジャーナリストの英国人のブリンクリーや米国人のハウスを使い外国世論に訴え、リードなどの英国の国会議員や有力者を招待して、日本の立場を訴えた。これらの国際世論工作は成果を上げて、日本の居留地にいる外国人などは絶対反対であったが、明治二十年の井上馨の条約改正交渉の頃には、英本国などの海外世論は日本の改正要求に好意的になっていた。

（6）ポツダム宣言の受諾を決定した八月九日の御前会議において、阿南陸軍大臣などは、「一億玉砕してこそ本懐である」などと、日本民族の名を歴史に止めることこそ本懐である」などと、典型的な国体主義イデオロギーに基づく主張をした。発言を求められた天皇は「日本人が根絶やしになれば、日本を子孫に伝えることが出来なくなる」と述べて、ポツダム宣言受諾に賛成の意見を表明した。日本人がいなくなれば、日本という国もなく、歴史に名を止めても、何の意味もない。あまりにも当然な言葉であった。そのような自明な常識が通じなくなっていたのが、軍人と右翼が支配した当時の日本の異常な空気であった。陸軍の一部の軍人達は、この天皇の決定に服することなく、クーデターによって覆そうとした。天皇の決断と勇気が、この狂気の時代を終わらせることが出来た。

（7）徳富蘇峰は戦後になって、文部省に対して「言葉

咎めや、不敬呼ばわりや、形式的励行や、まるで人を鉄の鋳型に入れて、鋳り潰すような事」をしていたと批判している。(『終戦後日記　II』七五頁)

(三) 終わりの始まり、鈴木新内閣

(1)「鈴木内閣の出で来るや否や、世間ではバドリオ内閣という評判があった」『終戦後日記　I』四九頁

(2) 軍部と近かった蘇峰も次のように証言している。「日本の軍人は(中略)軍人以外の者に対して、頗る増上慢の態度を示し、国民をして、その疾苦に泣かしめた。彼等の一個一個は、悉く皆な国民に対する、一個の暴君的存在であった。今日に於て、国民の多数を挙げて、軍閥を攻撃するに至りたるは、必ずしも米国の進駐軍に対しての、迎合ばかりでなく、多年の鬱屈したる憤慨が、ここに至って爆発したるものと、見るべきであろう。」(『終戦後日記　I』三二一頁)

五、『暗黒日記』と国体主義

(1) 清沢が本来この日記に付けていた名前である。

(2) 鈴木は内閣顧問就任を要請するなど蘇峰の籠絡に気をつかっていた。蘇峰の言論界における影響力を考えれば、彼を敵に回せば終戦工作は殆ど不可能になっていただろう。蘇峰も鈴木の建前の強硬論を信じて支持する気持ちになっていた。それ故に戦後に騙されていたと気づき、「全く古狸に誑(ばか)されていた」(『終戦後日記　I』五〇頁)とか、「彼は徹頭徹尾予の好意を裏切り、必ずしも作為的に、予をペテンにかけた」(『終戦後日記　I』四一一頁)と怒っていた。確かに誉められる行為ではないが、国全体の運命を救うためには必要でやむを得ない術策であった。

(3)『断腸亭日乗　五』三五八頁

(4) 田中前掲書、三七八頁

(5) 菊池寛「其心記」『昭和二十年の「文藝春秋」』(文春新書、二〇〇八)二〇七頁

(6)「谷萩陸軍報道部長が、宇都宮で講演し、例によって新聞は大々的に報じている。陸海軍の少中佐の演説が、外国においては首相程度の取扱いを受けているのは近頃の特徴だ。誰が新聞雑誌を動かしているかも知れよう。」『暗黒日記』一三四頁

(7) 佐々木邦『心の歴史』(みすず書房、二〇〇二)六九頁。この佐々木の文章は渡部昇一『随筆家列伝』(文藝春秋、一九八九)からその存在を教えられた。

（8）東条内閣の岡部文相に関して、「彼等（軍人）の言うことを唯々として聞く文相の岡部は、何という腰ぬけな男だろう。」（『暗黒日記』三五六頁）（（）は引用者補足）と非難。鈴木内閣の太田文相の新聞談話には「この愚劣な神がかり思想を見よ」（『暗黒日記』六七三頁）と罵倒。

（9）戦争末期の昭和二十年三月十七日に、清沢は「徳富蘇峰に与ふ」という論文で、正面から蘇峰を批判したが、それはその発表舞台の『東洋経済新報』の石橋湛山が、もう紙も貰えないから大胆に書こうと激励した結果で、蘇峰の批判には発禁処分を覚悟する程の勇気が必要であった。（北岡前掲書、一七五頁）

（10）文学者を網羅した日本文学報国会や、国策色の強い大日本言論報国会の会長を務め、その配下である鹿子木員信などの人間達が、新聞や主要雑誌の表舞台を殆ど独占していたことを、清沢は日記で苦々しく記録している。

（11）「彼等（軍人）の奴隷でもなければ、彼等の使用人でもなく、戦争中でも、屢々彼等と反対の意見を世に公けにし、またその為めに、予の原稿は、あるいは削除せられ、あるいは全部没書せられた事は、相当多数に上っている。世間は何と言おうが、自分だけは、俯仰天地に愧じぬ、独立一己の新聞記者であったと、信じている。」『終戦後日記 Ⅲ』三七一頁（（）は引用者補足）

第五部　蘇峰の『終戦後日記』

一、終戦直後（昭和二十年後半）

㈠ 昭和天皇批判

（1）敵は焦っているというのが戦時中からの対外硬派の一貫した主張であった事は、本書、第四部で見たとおりである。

（2）沼田前掲書

（3）蘇峰と正反対の立場にあった外交官の石射猪太郎は、まさにこの言葉に天皇の主戦論に対する抗議をみて、その平和主義に感銘を受けていた。（石射前掲書、三九八頁）

（4）「予の友人に言論情報の局に在る者が、あれでは困るというような思し召が、その上司に伝えられ、遂に彼は退職の已むなきに至ったという事も聞いている。しかるにその男も、何故にかかる思召を蒙らねばならぬように立到ったかといえば、彼は余りに職務に熱心の余り、その職務に忠実の余り、普通の月並役人ばなれのしたる言論をしたるのである。即ち尊皇攘夷などという事を強調したのである。しかし戦時中に尊皇攘夷の論を唱うるという事は、我等に取っては、むしろ当然過ぎる程当然で、御叡感こそ蒙るべきに、それが為めに彼は失路の人となったという事は、洵に意外千万である。」(『終戦後日記　I』九二頁)。奥村は戦時中に社会を支配した狂信的な官僚の典型として清沢の批判の的であった。昭和天皇も同様な印象を持っていた事がわかる。

㈡ 軍部の責任

(1) まさに福沢が「外患未だ去らず內憂來る」(『福澤全集　第十六巻』五五頁)で、次のように予言していた状況である。「世界の形勢甚だ可ならずして、日本は東洋に孤立するのみか、次第に外より壓迫せられて一歩も外に出づるを得ず。外交は勿論、貿易殖民の事業も只退縮の一方にして、自から雄飛の心を抑へて國內に雌伏の止むを得ざる場合」

(2) これが清沢の蘇峰批判の「徳富蘇峰に与ふ」の主旨でもあった。(『暗黒日記』八四〇頁)

(3) 大正十三年の米国の排日移民法に代表される日本人移民排斥が、日本の国際協調から対外硬の風潮への変化に大きな役割を果たしたとする点においては、昭和天皇も同意見であった。(『昭和天皇独白録』二五頁)

㈢ 軍人批判

(1) 天皇機関説問題に関して、主流の言論機関は美濃部に同情的であったが、『東京日日新聞』に拠る徳富蘇峰は例外であった。「外国の国体論を、直ちに日本の国体論に適用することは、断じて不可能」で「その尊厳を冒涜する」と非難して、美濃部と機関説に敵意を露わにした。(宮沢俊義『天皇機関説事件　上』〈有斐閣、一九七〇〉一〇四頁)

(2) 陸軍の大幅な予算増額要求を抑制した大蔵大臣の高橋是清は、二・二六事件で惨殺された。

(3) 今次の大戦における明治時代と異なる敵捕虜の待遇が国体主義の社会支配の結果である事は、本書、第四部「『暗黒日記』と国体主義」において詳しく論じた。

(4) 明治時代に、福沢が国体主義者に対抗する伊藤博文に代表される西洋文明主義である明治政府の首脳をこのように形容したことは本書、第一部で紹介した。本書、第五部四章㈠で詳しく紹介するように、陸軍軍閥の首魁とされる山県も、日露戦争勝利の原因を欧州文明摂取の賜と考える文明主義者であった。

（5）「我輩は寧ろ古主義の主張者なり」『福澤全集　第十六巻』二八一頁

㈣ 近衛批判

（1）平泉前掲書、一八二頁

（2）近衛の自由主義がポーズに過ぎず、その文章、交友関係と起用した人間、実施した政策から本質は国体主義者であったことは、本書、第三部「近衛文麿と国体主義」で詳しく論じたとおりである。

（3）「所謂和平運動なるものは、恐らくは東條内閣の頃からの出来事で、東條内閣の没落も、恐らくは和平運動者の毒手に罹かったものと思わるる。」（『終戦後日記　Ⅰ』三二一頁）と東条内閣への好意と、和平派への敵意を表明していた。

（4）近衛の側近のジャーナリスト松本重治の著書の題名（松本前掲書『近衛時代』）であるが、国民の圧倒的な人気を背景に三度も政権に就いたこの政治家が、日本の運命を決定した昭和十年代を形容するのに、最もふさわしい名称であると思う。

（5）この松本の著書も、側近による近衛を擁護し美化する文章の一つである。近衛の失政の数々を、その「真の意図」と称するもので弁護して、その中でも弁解の余地のないものは軍部の強制に帰している。そして、平和な時に首相となっていれば、吉田茂の三倍以上の政治家になっていたなどと、何の根拠もない主張をしている。蘇峰自身も「近衛内閣成立の報は、積雲霽れ来りて青天白日を望む心地を、我等国民に与ふ」（『近衛時代　上』一六一頁）などと手放しで賞賛していた。

二、昭和二十一年前半

㈠ 日本人批判

（1）「急變論」『福澤全集　第八巻』四六二頁

㈡ 福沢への敵意

（1）自分が第一回ではなく第三回に文化勲章が授与された事に関して、「若し予に文化勲章を与うるべしとすれば、第一回第一号を以て、与えらるべきものであろうと思う。日本の文化に貢献したる者としては、予は福澤諭吉以後に於て、何人にも後れを取らぬと信じている。」（『終戦後日記　Ⅰ』四〇七頁）と不満を表明していた。

（2）徳富蘇峰は後の昭和二十七年に、井上毅から「福沢の政治主義は日本の政治に良くない、何とかして福沢の政治思想をたたき直さなければいけない」

（「書翰を展べて大隈候を語る」『大隈研究　三』）という言葉を聞いたと述べていたが、蘇峰自身の見解は不明であった。しかし、この文章により、これに全く同意見であったことが明らかになった。

（3）電力の国有に関しては、福沢の直弟子ともいうべき松永安左エ門が徹底的に反対し、蘇峰がその著書の序文も書いたほど親密な革新官僚の奥村喜和男が推進した政策であった。この問題も蘇峰と福沢の相容れない対立の一端であった。

（4）美濃部は、「たたかひは創造の父、文化の母」と戦争を賛美した陸軍パンフレットを軍国主義的と痛烈に批判して、「個人的な自由こそ実に創造の父であり、文化の母である」と主張した。（『中央公論』昭和九年十一月号）

（5）「福翁百餘話　第十話」『福澤全集　第六巻』四〇八頁

㈢ 軍教育批判

（1）「世界では、降参を戦争の常規の一に加えているが、我が皇軍の特色は、降参を全く常規の外に省いた事である。即ち苟くも日本の軍人となれば、勝つか死するかの二者あるのみで、降参という事は、一切認めていない。ここに我が皇軍の本色がある。」（『終戦後日記　II』二〇頁）。日本軍を皇軍と呼ぶような国体主義がその根拠である。

（2）この問題に関しては、本書、第四部「『暗黒日記』と国体主義」参照。福沢諭吉は早く日清戦争後において、次のように述べて「古來戰國の時代に於て苟も敵に擒にせらるゝは武士の恥辱なりとして之を擯斥するの風なりしが故に、今日に至りても尚ほ其餘習を存し、單に捕虜の名を聞て之に對するの情自から冷淡なるが如し。謂れなきの甚だしきもの」（「捕虜兵の處分如何」『福澤全集　第十五巻』一七七〜一七八頁）と批判して、捕虜の功労を正しく評価すべきと論じていた。自国の捕虜の評価は敵国の捕虜の優遇に通じる。福沢の文明主義の表れである。

（3）松岡洋右が戦争末期になっても戦争継続を主張して、自分は日本の必勝を確信するとして挙げた理由の言葉である。この確信が戦前において松岡に徹底的な対外硬論を主張させたのであろう。

（4）本書、第一部八章で述べたように、福沢の「福翁百餘話」の一つ、「獨立の忠」にある、その忠義が上からの教育や命令の結果の他動のものであるときは、忠義一遍で自主独立の判断がなく他の言に従うのみで、時に大いに方針を誤ることがあるであろう、という言葉は昭和の軍部にまさに当てはまる。天皇絶対を主張しながら、天皇の意向にさえ背いて戦争と亡国に導いた。

㈣　再度の天皇批判

（1）ソ連のスパイである尾崎秀実が日中戦争において、講和や不拡大方針に反対して、戦争継続を強く主張したように、動機は正反対であるが対外硬派と共産主義者の主張には共通しているものがある。後になって近衛が戦争拡大は共産主義者の陰謀であると主張したのは、対外硬論者としての自分の責任を共産主義者に転嫁する近衛一流の術策である。

（2）井上毅は明治十四年政変時に、「王則儼然擁虚器、當其政黨両立、互有勝敗、而王命依違、如風中之旒、名為立王之国、而実行共和之政者、英国是也」（『井上毅傳史料篇　第一』二四頁）、英国の君主は虚器で実質は共和制で日本に相容れないとして、福沢の作であるとした大隈の英国流の憲法意見を攻撃した。蘇峰は井上毅の主張を忠実に受け継いでいる。

㈤　国体主義への執着

（1）福沢も愛国者として、日本が立派で豊かな文明国となり、世界から尊敬を受けるような国家となる事を願っていたが、世界一の国になるなどという望みを口にした事はなかった。

（2）福沢の最晩年における日本の厳しい国際環境に対する分析や予言、「修身要領」普及運動などの行動は、日本の置かれた環境やその体質に関する正確な診察と処方箋であった。

（3）「国際論」において井上毅は、皇祖の遠猷である「日本の風を世界に広げ天皇の道を世界に伸ばす」ことが「国命」であり、国際舞台において「日本がとるべき道は欧州の特権を破る革命にある」と主張していた。

（4）開戦前後のほぼ同じ時期に、松岡は『興亜の大業』（第一公論社、一九四一）、蘇峰は『興亜の大義』（明治書院、一九四二）という一字違いの著書を出版していた。前者において、松岡は自分は「皇国の天佑を信ずる者であり、神風を疑わない者である」（一二一頁）と国体主義宗教の信者であることを明確にしていた。

（5）戸部前掲書

（6）自由主義と国際協調を重んじる石射は、陸軍の大陸侵略政策に強い反感を抱き、「軍に対するパッシヴ・レジスタンス」が一貫した態度となったが、あくまでも職域内のことで、不満はあっても外務省の規律に従っていた。昭和十二年東亜局長に就任して、「軍部と右翼に抵抗力の弱い」広田外相に大きな不満を持っていたが、その下で勃発した日支事変の解決に全力を尽くしていた。日支事変の拡大は、外務当局の力を超えた政治の決定であった。その後は、オランダやブラジル、ビルマなどの傍流のポストを転々としたが、石射はその与えられた地位で職務を忠実に全うしていた。（石射前掲書）

（7）現在においても、日本に特別の関心も知識もない外国の一般世論においては、戦前の日本は同盟国ナチスドイツとの連想において語られている。天皇はヒトラーに、政治体制はナチスに比定されている。日本の戦時中の行動もナチスの残虐行為から類推されている。昭和天皇が松岡を許さなかったのは、この点が大きいと私は考えている。

三、昭和二十一年後半

㈠歴史の再検討

（1）「国家的社会主義」『陸全集　第五巻』五二〇頁

（2）蘇峰が、明治二十年に『国民之友』を発刊した当時は、「言論自由といわんより、無制限の時代」（『終戦後日記　Ｉ』二三一頁）であって、タブーなしに、どのような過激な言論も自由に発表されていたと証言している。自身が言論機関発行に携わっていた蘇峰のこの証言は貴重である。

（3）彼等は資本主義や自由主義に対する反感や軽蔑を抱いていたことが共通している。戦後になると、親ソ派で社会党最左翼の議員となった風見章に代表されるように、彼らの多くが自由民主党政府や自由主義陣営に反対する革新陣営に属した。

（4）「支那の改革に就て」（『福澤全集　第十六巻』四七八頁）に代表される、明治三十一年の一連の中国関係の論文参照。それらの文章で、福沢は文明に目覚めた中国人の近代的ナショナリズムを認め、それに同情している。

（5）後にその政治力に失望して離れる事になったが、対外軟の伊藤に対抗して対外硬の大隈を強く支持していた事は蘇峰がこの日記で認めている。（『終戦後日記　Ⅳ』一六一頁）

（6）「外患未だ去らず内憂來る」『福澤全集　第十六巻』五五五頁

（7）石射前掲書、二五二頁

㈡ 国体主義と理性

（1）戦前に『読売新聞』の論説委員であった評論家の清水幾太郎は、「少しでも隙があると、右翼から怒鳴り込まれる危険」があったので、皇室関係の記事だけを書く専門の論説委員を置いていた事を証言している。（清水幾太郎『わが人生の断片　上』〈文藝春秋、一九七五〉九四頁）

（2）本書、第四部三章の註（8）

㈢ 戦争理由

（1）『暗黒日記』八二三頁

（2）日本の大陸侵略の進展に対抗するための、日米開戦直前の石油禁輸などの米国の強硬政策以前には、日本は米国から輸入した軍需品により対中国戦争を行っていた。

（3）蘇峰自身が「世界列強の殆ど全部を向うに廻した」（『終戦後日記　Ⅲ』一六七頁）と形容していたように、唯一の友邦と言えるドイツさえも中国に同情的であった。

（4）「満蒙は日本の生命線」などという、俗耳には入りやすい有害なスローガンをはやらせたのが、蘇峰の対外硬派の同志、松岡であった。一方、明治の対外硬運動の敵意の的であった伊藤博文は、日露戦争後に満州経営などと揚言する軍部に、満州は「純然たる清国の領土」であり、日本の有する国際法上の権利は満州鉄道とそれに付属する権益のみと批判していた。（栗原健編『対満蒙政策史の一面』〈原書房、一九六六〉）

（5）蘇峰は支那事変の根本動機は英米にあり、その解決には「策源地」たる英米を伐つに如かずと考えるようになったと回顧している（『終戦後日記Ⅱ』一二一頁）。これは以前にも紹介したように、蘇峰と親しい典型的な対外硬の軍人東条と全く同じ考え方である。

（6）蘇峰が東京裁判に提出した「事実に徴して、日本が自存、自衛、自尊の三大原則に支配せられ、竟に百計竭きて今日に至りたる、その道程を物語った」（『終戦後日記　Ⅳ』二一七頁）とする宣誓供述書を、検事は「意見と結論のみ」と異議を唱え、裁判長は「感情的」な「哀訴嘆願」と却下した。裁判の政治的意図を考慮しても、蘇峰の主観的主張の客観的説得性の無さを物語るものである。

四、昭和二十二年

㈠ 敗戦の原因

（1）戦時中に蘇峰は、チャーチルやルーズベルトに関して、このような客観的評価をすることなく、「今日の悪魔国の大将等はとてもミルトンの大手筆に描く程の材料ではない。彼等は実に掏摸や辻強盗の巨魁といふより外に最上の讃辞を与ふることは出来ない。」などと罵倒していた。（『暗黒日記』二五一頁）

（2）前に紹介した「国民の知識が非常に低いし、国民が低調過ぎる。結局まだ洗練されてをらぬといふか、知識的の向上が足りないといふか、実に困ったもんだ。これまで一体何を教育してゐたか。」という戦前の西園寺の慨嘆と殆ど同じであることは興味深い。

（3）当時から英国の内政における一大難問であったアイルランド問題に関して、彼自身はカトリックではなかったが、アイルランドの名門出身のブリンクリーは、当時問題となっていた自治に止まらず、究極的には独立を与えなければ解決しないと主張していた。当然他民族の支配に関しては否定的であり、伊藤にも影響を与えていたと思われる。

（4）外国人と親しく交際しその意見に耳を傾けていた井上馨や伊藤博文を、対外硬の陸羯南が「外人の手を握り同胞に足を加ふ」者と攻撃していたことは本書、第二部で見た。

（5）この山県の知られざる一面に関しては、ジョージ・アキタ、伊藤隆「山県有朋と『人種競争』論」（『年報・近代日本研究会、日本研究七　日本外交の危機認識』〈近代日本研究会、一九八五〉）という優れた論文に全面的に依拠している。

（6）奈良岡聰智『対華二十一カ条要求とは何だったのか』（名古屋大学出版会、二〇一五）

（7）「山県有朋と『人種競争』論」

（8）対米英戦争を決定した御前会議の再検討を懇願した近衛に東条が述べた、「人間たまには清水の舞台から目をつぶつて飛び降りることも必要だ」という言葉の実践であった。そのような東条の強気一点張りを蘇峰は一貫して支持していた。

（9）第二次近衛内閣の外相で、蘇峰の同志であった松岡洋右が「皇道外交」を標榜し、第一次近衛内閣における文明主義の宇垣外相の対中政策に反対した外務省革新派と称する若手の外交官達は、「皇道外交」を旗印に掲げていた。

（10）『暗黒日記』には、清沢の戦前の本が戦争の現実を正確に予言していたことを賞賛する人々の記述がある。「朝日スレートの社長寺門氏が、馬鹿に僕に感服している。実に偉い、予言者のような人だといっているそうだ。聞いてみると『米国は日本と戦わず』に書いてある内容が現代を予言しているというのである。（中略）先頃は、正木弁護士が『転換期の日本』を読んで端書をくれた。予言を讃めたのである。」（三八〇〜三八一頁）

（11）清沢は戦時中の新聞やラジオにおいて、蘇峰などのような「全然見透しを謬った連中が、処得顔にのさばっている。」ことに関して常に憤慨を表明していた。（『暗黒日記』二五六頁）

（12）『昭和天皇独白録』一〇〇頁

㈡ 教育亡国論

（1）福沢の薫陶を受けた実業家の松永安左エ門のような奔放で型破りの人間は、決して官学からは生まれない。典型的な出世コースである一高東大を出た大正昭和期の日本のベスト・アンド・ブライテストともいうべき秀才官僚から、これというような個性的な人物が殆ど生まれなかったことは、明治時代の多彩な人物群と大きな対照を見せている。

（2）井上毅は教育勅語の作者となって、イデオロギーの方向を定めただけではない。早く明治十四年政変直後の「人心教導意見」において、福沢の慶應義塾に対抗するための官学の充実を提唱していたように、文部大臣に就任する前から各種の意見書などによって官学の制度の整備に大きな役割を果たしていた。それらの根底には、福沢の自由主義・個人主義に対する敵意が一貫して働いていた。その結果生まれた日本の教育制度が官僚的画一制を特徴とするのは当然であった。

（3）『西園寺公と政局　七』九三頁

㈢ 回想と福沢

（1）福沢の著書の影響力こそ過激な政治論の元凶であると主張して、「彼レノ為ル所ニ反スルノミ」として、福沢の英米流の自由主義を排斥するための、私学抑圧、漢学復興、ドイツ学の奨励などを提案していた。

（2）『福澤全集　第十五巻』九四頁

（3）昭和十五年七月に第二次近衛内閣で閣議決定された、「肇国の大精神に基く皇国の国是」を完遂するためとして定められた政策方針の「基本国策要綱」では、国内体制の刷新の項目で「国体の本義に透徹する教学の刷新と相候ち自我功利の思想を排し」と主張されていた。

(4)拙著『井上毅と福沢諭吉』
(5)徳富蘇峰は井上毅から「福沢の政治主義は日本の政治に良くない、何とかして福沢の政治思想をたたき直さなければいけない」と十四年政変を起こした理由を聞いていた。(「書翰を展べて大隈候を語る」『大隈研究　三』一四七〜一四八頁)
(6)「予は他人より如何なる機密を打明けられても、語る可らざる処に於ては、未だ曽て語った事がない。」『終戦後日記　Ⅳ』三〇一頁

㈣　昭和天皇と徳富蘇峰

(1)これ以降の末尾までの数十ページの文章は、米ソ対立などの国際問題などに関する雑多な感想に過ぎない。
(2)蘇峰は昭和天皇に関して、「要するに戦争そのものが、至尊の好ませ給うところでなく、何れにしても、戦争を速かに切り上げる事のみに、軫念あらせ給うたることは、草莽の我等にさえも、拝察し奉ることが出来」と記し、敵はその「平和主義」につけ込んだと主張していた。(『終戦後日記　Ⅰ』九三〜九四頁)
(3)単に慶應義塾出身の政治家という理由だけで、尾崎が宮中に召されたのではないであろう。山本七平が『昭和天皇の研究』(祥伝社、一九九一)で紹介している、尾崎の戦時中にあっては驚く程に大胆な自由主義を擁護する発言は、まさに福沢譲りの文明主義を示すものであった。その勇気ある言動の故に、尾崎は不敬罪として起訴され一審では有罪となった。五箇条の御誓文や憲法を根拠として新体制を否定する尾崎の主張は、山本が述べているように、昭和天皇の立憲主義に非常に近いものであった。昭和天皇は木戸を通じて事情を知っていて(『木戸日記』)、尾崎を宮中に召したと思われる。
(4)侍従長として側近にいた鈴木貫太郎に対する天皇の好意と信頼は木下道雄の『側近日誌』(文藝春秋、一九九〇)にも明白である。また『昭和天皇独白録』においては、度々米内に対する好意的な言葉が語られ、解説者は「米内に対する信用の絶大さ」は注目されると述べている(一一六頁)。
(5)日中戦争の悪化する状況下に苦悩を深めた昭和天皇は、侍従の岡部に独り言のように「真崎、荒木、それに海軍では末次信正がわるいんだよ」(保阪正康『秩父宮と昭和天皇』〈文藝春秋、一九八九〉三二七頁)と言っていた。この典型的な対外硬の三人の将軍は、近衛が最も信頼して、重用した軍

（2）清沢はこの国際世論の軽視に関して次のように述べていた。「（捕虜の殺害に対して）米国その他の輿論がいかに悪化しているかは想像に足る。この前の第一大戦のドイツに対するように。この輿論が、結局戦争遂行にどんなに大切なものであるかは今の指導者には絶対に分らぬ。力主義のみだからである。」（『暗黒日記』五八頁）（（）は引用者補足）

（3）「昨日まで熱心なる米英撃滅の仲間であり、甚だしきは、その急先鋒であったとも思わるる人々が、一夜の内に豹変して、忽ち米英礼讃者となり、古事記一点張りの人々が、民主主義の説法者となり、戦争一本建ての人が、直ちに平和文明の主張者となったる者の多きには、流石にその機敏快速なる豹変ぶりに、驚かざるを得ざるものがある。」『終戦後日記　I』二二七頁

（4）掛川トミ子「マス・メディアの統制と対米論調」（『日米関係史　四』〈東京大学出版会、一九七一〉）は数少ない例外である。同論文では、『東京日日新聞』による蘇峰が徹底した強硬論で、満州事変後の新聞による対外世論を一貫して主導したことを紹介している。その中において掛川氏が強く批判している当時の新聞の独善的な論調は、まさに国人達であった。昭和天皇の近衛への感情も推察に難くない。

（6）尾崎行雄は蘇峰がこの日記で一貫して最も強い敵意を示した政治家の一人である。尾崎は蘇峰が先に紹介した天皇のお召しを受けた後に、「天皇陛下の為めに、死するなどという事は、奴隷根性である、今日の青年は何よりも先ずこの奴隷根性を、去らねばならぬと言っている。予は実にこれを聞いて、開いた口が塞がらない。人間も齢をとれば、よくもかくまで、老耄をするものか」（『終戦後日記　I』四二二頁）と罵倒している。尾崎の言葉は、盲目的忠誠心を否定する福沢の楠公権助論の一種であり、蘇峰の尾崎への反感は、文明主義対国体主義の原理的対立によるものであることを示す。

（7）「爆撃に　たふれゆく民の　上をおもひ　いくさとめけり　身はいかならむとも」という御製にみる昭和天皇の空襲の被災者への同情と思いやりは、空襲を天罰などと言う蘇峰の非情な無関心と対照的である。

五、戦争と『終戦後日記』

（1）平泉前掲書、三五九頁

体主義に基づく対外硬論の特徴を示すものである。それが「反対意見なき、全員一致」という形で全ての新聞に共有されていたということは、論文で批判されている蘇峰や『朝日新聞』主筆の緒方竹虎などの特定の個人の責任ではなく、公教育のような全般的な教化の結果によるものであることを示している。

(5) 蘇峰はこの日記において、戦前戦中における著書の多さと、それらのいずれもが何十万という発行部数を記録したことを得意げに記している。(『終戦後日記 Ⅲ』二三三頁)

(6) 金子光晴『絶望の精神史』(講談社文芸文庫、一九九六)一〇頁

(7) 平泉前掲書、三七三頁

第六部　井上毅と福沢諭吉

一、教育と亡国

(1) 北岡前掲書、一三四頁

(2) 同書、六〇頁

(3)「官有鐵道論」『福澤全集　第十六巻』四五六頁

(4)「このところ、徳富時代である。この曲学阿世の徒！　この人が日本を謬ったこと最も大なり。」『暗黒日記』六九頁

(5)『終戦後日記　Ⅳ』二六頁

(6) 同書、三五頁

(7) 同書、七四頁

(8) 同書、七四頁

(9)「排外思想と儒教主義」『福澤全集　第十六巻』二七三頁

(10) 中村稔『私の昭和史』(青土社、二〇〇四) 一三一頁

(11) 後の五章で紹介する教育勅語発布直後における、教育勅語の意図や目的を賞揚賛美する井上毅自身の筆によるものと思われる新聞・雑誌の一連の記事において、共通して明治初期の文明開化期を良き伝統を破壊した堕落した時代と非難して、それを指導した福沢を指すと思われる文明学者が攻撃の的となっている。

二、亡国への道

(1)「外患未だ去らず内憂來る」『福澤全集　第十六巻』五五頁

(2) 日清・日露戦争においては、多数の英米の特派員を前線の部隊に随行させて、かなり自由に取材させた。彼等の多くは日本軍に好意的な記事を書いて、日本の主張の正当性と名声を世界に広める

役割を果たした。その捕虜の待遇と同様に、世界の中の日本を意識した文明主義に基づいた戦争であったことを示す。国体主義による今次の戦争では想像さえ出来ない事態であった。

(3) この外務省革新派の記述については、この問題に関する優れた著作である、戸部良一『外務省革新派』に全面的に依拠している。

(4) 戸部前掲書、七六頁

(5) 前に紹介した中村稔氏の言葉にあるように、「荒唐無稽な言語であっても、くりかえし強圧的にたたきこまれると、いつか自らの思想として血肉化」するという事態が生じたのである。

(6)「我輩は寧ろ古主義の主張者なり」『福澤全集 第十六巻』二八一頁

(7)『福澤全集 第八巻』四六二頁

(8) 戦前の軍部の専制支配に誰よりも勇敢に徹底的に抵抗した言論人の桐生悠々は、その最後の砦となった個人誌『他山の石』廃刊の辞において、「政府当局は本誌を国家総動員法の邪魔者として取り扱い、相成るべくは本誌の廃刊を希望致居候」故に廃刊を決意したと宣言している。どんな思想取締法よりも、国家総動員法は日本の言論の自由を効果的に圧殺した。

(9)『終戦後日記 II』一〇二頁

(10)『朝日新聞』は満州事変勃発直後の日本軍の行動を正当化して全面的に支持する社説において、「満蒙における日支関係は不愉快そのものの累積」だと不快感を吐露して、その理由を支那側による排日反日政策に帰していた(掛川前掲論文)。この様な感情は当時の新聞に共通して見られるものである。日本に残された唯一の発展の場である満州における、中国の妨害工作と見るものに対する日本人の不平不満の高まりの強さを示すものである。それ故に、この難問を軍事力で一挙に解決した軍部に対して挙国一致的に支持する世論が爆発的に広がったのである。

(11) 伊藤隆『歴史と私』一五五頁

(12) 明治三十九年五月の戦後の満州における政策を議論する、首相官邸における、元老、軍首脳部、関係閣僚らによる「満州問題協議会」において、軍部のまるで満州を獲得したかのような言動に対して、伊藤は「陸軍首脳部は満州における日本の地位を根本的に誤解しているようだ」と言い、「満州における日本の権利は、講和条約によって露国より譲り受けたもの、即ち遼東半島租借地と鉄道の他には何物もない」、また「満州は決して我国の属地ではない。純然たる清国の領土の一部である」と強く批判した(『対満蒙政策史の一面』)。この言葉には、国際社会において異質な日本であるからこそ、国際法などのルールを遵守すべきだと説いていたブリンクリーの影響が感じられる。この伊藤に代表され、昭和の幣原に受け継がれた国際法や国際世論を重視する姿勢を「西洋人に気兼ねとお世辞を」するなどと非難していたのが、松岡などの対外硬派であった。国際世論を味方にしたかちこそ、日露戦争に勝利し満州の権益も獲得できたことを伊藤はよく知っていた。昭和の日本は満州の権益を守るために国際世論を敵にした。

(13) 麻田雅文『満蒙』(講談社選書メチエ、二〇一四)

(14) 『外交官の一生』において石射は、軍部に追従するだけでなく、それに先回りさえして事変を拡大した近衛の責任を厳しく弾劾している。

(15) 「外患未だ去らず内憂來る」『福澤全集　第十六巻』五五頁

(16) 当時の世相を石射は次のように証言している。「事変発生以来、新聞雑誌は軍部迎合、政府の強硬態度礼讃で一色に塗りつぶされ」、「元来好戦的であるうえに、言論機関とラジオで鼓舞された国民大衆は意気軒昂、無反省に事変を謳歌した。」(『外交官の一生』二五三頁)

(17) 「米西兩國の開戰」『福澤全集　第十六巻』三一六頁

三、右翼の役割

(1) 外地で開戦を迎えた外交官の石射が昭和十七年七月に帰国して見たものは、「『断固』『必勝の信念』『八紘一宇』『大東亜共栄圏』というがごとき一連の空疎な語音が単純な大衆を酔わせていた」光景であった。(『外交官の一生』三三九頁)

(2) 菊池前掲書、二〇七頁

(3) 『終戦後日記　Ⅲ』二五六頁

(4) 『暗黒日記』四六頁

(5) 清沢は日記の冒頭で次のように述べていた。「右翼やゴロツキの世界だ。東京の都市は『赤尾敏』(代議士)という反共主義をかかげる無頼漢の演説のビラで一杯であり、新聞は国粋党主(ママ)(国粋同盟総裁)という笹川良一(代議士)という男の大阪東京間の往来までゴヂ活字でデカデカと書く。こうした人が時局を指導するのだ。」(『暗黒日記』二八頁)

(6) 『暗黒日記』三五六頁

(7) 明治十四年政変前夜の七月五日に、後に第一高等中学校の校長になった古荘嘉門の政府への登用を伊藤博文に依頼している。(「伊藤博文宛井上毅書翰」『井上毅傳史料篇　第四』四六頁)

(8) 明治十四年政変前夜の七月の段階から紫溟会の佐々友房が、保守派の政治家の佐々木高行などの元に出入りして、谷干城などの政府内の保守派との連携や、熊本や高知の右翼勢力の団結を周旋している。(前掲拙著『井上毅と福沢諭吉』)

(9) 「兎角烈布軋轢ヲ引起不申候而者、好結果を得へからず存候、火ヲタキ付ル工夫専一存候」『井上毅傳史料篇　第四』五九九頁

(10) 井上毅が中心的役割を果たしたこの明治十四年政変と明治二十年の条約改正問題の二事件については、詳しくは前掲拙著『井上毅と福沢諭吉』参照。

(11) 木下が教育勅語発布直後の演説において、まるで翌年の不敬事件を予期しているかのような言動をしていたことに関しては、本書一三七頁を参照。

(12) 『井上毅傳史料篇　第二』六〇五頁

(13) この事件に関しては次の論文に全面的に依拠している。小野雅章「熊本英学校事件の顛末と教育界」『教育學雑誌』二八号(一九九四)

(14) 小沢前掲書、三九頁

(15) 『終戦後日記　Ⅲ』二一一頁

(16) 福沢は反動教育を受けた人間の狂態を狂犬にたとえていた(「古毒治療の手段如何」『福澤全集　第十六巻』一四一頁)。内村鑑三不敬事件においては、福沢の幕府時代以来の親しい友人木村芥舟の次男駿吉が、何の落ち度もないのに内村を擁護したとして第一高等中学校を罷免されていた。ある意味では内村の処罰よりも不当であった。福沢がこの事件に無関心であったはずがない。狂犬とは内村等を無法に攻撃した第一高等中学校の生徒をはじめとする右翼勢力を指していると思われる。

(17) 松永安左エ門『松永安左エ門著作集　第一巻』(五月書房、一九八二)二二二頁

(18) 内村を庇い罷免された一高教師木村駿吉の処分に対する抗議に木下校長は、処分が不当なのは承知しているが「勅諭を尊崇せしむるの方法は、先づ外形上の式を第一とするが故に、暫らく此精神に反くとも自から安心す。」と述べて、その権威確立の為には外見の形式を重視して、手段を選ばない意志を表明している。(小沢前掲書、一一八頁)

(19) この建前は、未だ不平等条約の改正が実現していない当時においては、西欧諸国に日本の文明化を納得させるために、対外関係において重要であった。

（20）戦前においても「右翼というと、世間では蛇蝎のように忌み嫌って、道で遭っても避けるのが普通」と、作家杉森久英は『近衛文麿』（二六三頁）で述べている。

四、国体主義と井上毅

（1）実証的で包括的な研究で代表される海後宗臣の「教育勅語成立史の研究」（『海後宗臣著作全集　第十巻』）や稲田正次の『教育勅語成立過程の研究』は次の点で一致している。一部の字句のみが元田永孚のもので、その他は全く井上毅の文章であり、明治天皇の言葉など一言も含まれていない。明治天皇の主導ではなく地方官会議の提言から生まれたもので、天皇は最初から最後まで受け身で消極的であった。その作成に積極的に関与した『幼学綱要』の場合とは対照的であった。

（2）告文
「皇朕レ謹ミ畏ミ皇祖皇宗ノ神霊ニ誥ケ白サク皇朕レ天壌無窮ノ宏謨ニ循ヒ惟神ノ宝祚ヲ承継シ旧図ヲ保持シテ敢テ失墜スルコト無シ顧ミルニ世局ノ進運ニ膺リ人文ノ発達ニ随ヒ宜ク皇祖皇宗ノ遺訓ヲ明徴ニシ典憲ヲ成立シ条章ヲ昭示シ内ハ以テ子孫ノ率由スル所ト為シ外ハ以テ臣民翼賛ノ道ヲ広メ永遠ニ遵行セシメ益々国家ノ丕基ヲ鞏固ニシ八洲民生ノ慶福ヲ増進スヘシ茲ニ皇室典範及憲法ヲ制定ス」
憲法発布勅語
「朕国家ノ隆昌ト臣民ノ慶福トヲ以テ中心ノ欣栄トシ朕カ祖宗ニ承クルノ大権ニ依リ現在及将来ノ臣民ニ対シ此ノ不磨ノ大典ヲ宣布ス
惟フニ我カ祖我カ宗ハ我カ臣民祖先ノ協力輔翼ニ倚リ我カ帝國ヲ肇造シ以テ無窮ニ垂レタリ此レ我カ神聖ナル祖宗ノ威徳ト竝ニ臣民ノ忠實勇武ニシテ國ヲ愛シ公ニ殉ヒ以テ此ノ光輝アル國史ノ成跡ヲ貽シタルナリ朕我カ臣民ハ即チ祖宗ノ忠良ナル臣民ノ子孫ナルヲ回想シ其ノ朕カ意ヲ奉體シ朕カ事ヲ奨順シ相與ニ和衷協同シ益々我カ帝國ノ光榮ヲ中外ニ宣揚シ祖宗ノ遺業ヲ永久ニ鞏固ナラシムルノ希望ヲ同クシ此ノ負擔ヲ分ツニ堪フルコトヲ疑ハサルナリ」

（3）『終戦後日記　Ⅳ』三五四頁

（4）平泉前掲書、三七一頁

（5）教育勅語原文
「朕惟フニ我カ皇祖皇宗国ヲ肇ムルコト宏遠ニ徳ヲ樹ツルコト深厚ナリ我カ臣民克ク忠ニ克ク孝ニ億兆心ヲ一ニシテ世々厥ノ美ヲ済セルハ此レ我カ

国体ノ精華ニシテ教育ノ淵源亦実ニ此ニ存ス（徳目の列挙略）斯ノ道ハ実ニ我カ皇祖皇宗ノ遺訓ニシテ子孫臣民ノ倶ニ遵守スヘキ所之ヲ古今ニ通シテ謬ラス之ヲ中外ニ施シテ悖ラス朕爾臣民ト倶ニ拳々服膺シテ咸其徳ヲ一ニセンコトヲ庶幾フ」

（6）『陸全集　第六巻』三一二頁

（7）当時の主権論について蘇峰は次のように証言している。「主権は国民に在りという論と、国家全体に在りという論と、君民各々その主権を共有しているという論」が多数派であって、「主権在天皇説は、唯だ官僚の間と、また所謂る保守頑僻の仲間にのみ、偏在」（『終戦後日記　Ⅳ』三五四頁）する少数派に過ぎなかった。同様に少数派であった国体主義も、皇祖皇宗と天皇の権威で多数派を黙らせたのである。

（8）稲田正次氏は前掲書で教育勅語に対する対応を次の三類に分類している。第一は、勅語の発布を積極的に支持し礼賛しているもの、『朝日新聞』、『日本』、『東京日日』、『教育報知』である。その内容は後に詳しく紹介する。第二は、勅語の発布を一応支持しているが、内容についてはやや冷ややかな態度をとったもの、『時事新報』、『国民之友』、『郵便報知』などである。第三に、社説において全く触れなかったもので、「沈黙していた新聞は勅語の発布に対して多少割り切れぬ感じを抱き、冷淡な態度をとっていたからではなかろうか」と評している。これには、『朝野新聞』、『国民新聞』、『読売新聞』、『毎日新聞』などの主要新聞が含まれる。

（9）Basil Hall Chamberlain, *The Invention of a New Religion*, 1911

（10）山県が回想談話において、教育勅語が出る前にはキリスト教の欧州諸国との衝突や、閣内の青木周蔵などの「欧風ノ政治家」の反対意見を懸念していたが、勅語の発表後に「加藤弘之ヨリ誠ニ結構ナルモノ出デタリ」との評価を得て「初メテ安堵」したと述べているほどに、この国体主義の勅語には自信を持てないでいたのである。（海後前掲書五六二頁）

（11）伊藤らの上司先輩に当たる、文明開化をもたらした明治維新革命の主役である西郷、大久保、木戸の三人にも、国体主義の要素はない。この三人は濃淡の差はあっても福沢とは関係があり、その文明思想に好意的であった。教育勅語がもたらした国体主義とは、維新改革に対する反動革命の思想であった。

（12）この「国際論」に表された「外人の手を握り同胞

に足を加ふ」という開明派の形容はその敵意を端的に示すものである。さらに次の章で紹介する教育勅語発布直後の、井上毅によるものと思われる一連の新聞雑誌の記事においても、西欧文明に倣おうとする学者に対する強い敵意が表明されている。

(13) 国体明徴運動の結果生まれ、国体主義の社会支配を象徴する『国体の本義』や、国体主義の担い手たる軍部や、外務省革新派のような革新官僚達における強い反西欧主義は、教育勅語による国体主義教育の成果であり、西欧の心理的蚕食を防ぐという、教育勅語の作成者の意図が実現したことを示すものである。

(14) 「国際論」『陸全集　第一巻』

五、教育勅語の意図（新聞に見る本音）

(1) 稲田前掲書、一九六頁

(2) 副田義也『教育勅語の社会史』（有信堂高文社、一九九七）一四三頁

(3) 拙稿「ボアソナード意見書の再検討」

(4) これらの新聞・雑誌の記事は稲田正次氏が『教育勅語成立過程の研究』において紹介しているものである。以降に引用してある記事は、稲田前掲書からの再引用である。

(5) 明治十四年政変後の新聞対策に関して、「扨向後ニウスを篭絡する者、第一緊要之事に候処（略）小生等もとてもの悪まれ序に、陰々に尽力いたし候ても不苦奉存候」（『井上毅傳史料篇　第四』五二頁）と述べて、新聞操縦だけでなく自ら筆を執る意欲を示していた。

(6) 「非議院内閣制論」（『井上毅傳史料篇　第三』六二二〜六三六頁）、他にも数本の論説がある。

(7) 「世変論」（『井上毅傳史料篇　第三』五二六頁）で次のように述べていた。「（急激な開化によって）我国固有ノ風俗好尚ハ一掃シテ蹤ナク是レヲ精神上ノ洪水ト謂ハン」

(8) 「立憲の政ハ官民相譲るの徳義を以て精神とするものにして決して単純なる法律的の作用を以て視るへからず」（『井上毅傳史料篇　第二』二二八頁）。「立憲ノ機關タル權勢ハ、互ニ相譲ルヘクシテ互ニ相対抗スヘカラズ」（『井上毅傳史料篇　第五』七四四頁）

(9) 山県は教育勅語について次のように述べている（「山縣有朋教育勅語渙發に關する談話筆記」）。「當時ハ頗ル多忙ノ時期ニテ勅令亂發ストモ云フベキ際ナリ是レ明治維新ノ大切ヲツケ、條約ヲ改正

シ、憲法實施ノ準備ヲ整フル等ノ事處理スベキ事甚ダ多カリキ而シテ余ハ軍人勅諭ノコトガ頭ニアル故ニ教育ニモ同様ノモノヲ得ンコトヲ望メリ」、「時ノ法制局長官井上毅ナドモ同論ナリシガ此時ハ未ダ教育勅語マデニ熟セル考ハナク唯互ニ論議シテ十二時頃ニモ至ル有様ナリキ」（海後前掲書、二一九頁）

(10) 社説の文章は要約であるが、稲田氏による要約を借用した。

(11) 井上毅の文部大臣就任後の、修史局廃止後の構想に関する井上毅による新聞操作において、主要な役割を果たしたのが『朝日新聞』であった。（秋元信英「『梧陰文庫』関係史料よりみた文相井上毅の修史事業と文体への関心」『國學院大学図書館紀要』三号〈一九九一年三月〉）。『日本』新聞の記者であった池辺三山が、『大阪朝日新聞』の主筆になったように、『朝日新聞』は『日本』と関係の深い対外硬系の新聞であった。

(12) これも稲田氏による要約である。

(13) 四章の註（8）参照

(14) 稲田前掲書、二五〇頁

(15) 同書、二五〇頁

(16) 六月二十五日の山県宛書簡で「一ノ哲理の旗頭となりて世の異説雑流を駆除スルノ器械ノ爲ニ至尊の勅語を利用するとハ餘リ無遠慮なる為方」などと言っていた井上毅は、細心の注意と全力を挙げてその器械を作り出した。六月二十日の書簡で、「君主ハ臣民之良心之自由ニ干渉せず」などと言って、教育勅語を国民の良心の自由に干渉する最大の武器とした事例と全く同じである。心にもないこと、あるいは意図していることと正反対のことを、平気で言うことができる井上毅という人物の異常性を理解できなければ、教育勅語を正しく理解することはできない。

(17) 戦時下における、「明治維新には、攘夷派が敗れて、開国派が勝った。今は反対だ。だから今は明治、大正に対する激しい反感が所在に見られる。」（『暗黒日記』三九頁）という清沢の観察は、当時日本を支配した国体主義者達が教祖とも言うべき井上毅の敵意を引き継いでいることを示している。国体主義の根底には文明主義への憎悪がある。

(18) 戦前に天皇機関説を「異端邪説」と攻撃していた平泉は、戦後になっても、次のように執拗に美濃部を非難している。「明治の精神は、忠君愛国、忠孝一致、質実剛健、謹倹力行の標語に、端的に表れていました。それが今や一変して、国家よりは個人、或は社会に重きを置き、質実よりは浮華を喜ぶに至ったのであります。こうなれば、国の箍は緩むの他ありますまい。それを一層緩めて、明治精神の根底を脆弱ならしめた者は、東京帝国大学教授美濃部達吉博士であります。」（平泉前掲書、三六九頁）

(19) 拙稿「ボアソナード意見書の再検討」

(20) 二・二六事件の被告である磯部浅一は、「今の私は怒髪天を突くの怒りにもえてゐます。私は今は、陛下をお叱り申し上げるところに迄、精神が高まりました、だから毎日朝から晩迄、陛下をお叱り申してをります、天皇陛下何という御失敗でありますか　何というザマです、皇祖皇宗に御あやまりなされませ」と呪った。（「磯部浅一の獄中日記」保阪前掲書、八五頁）

(21) 前に述べたように日本の軍部が「軍人以外の者に対して、頗る増上慢の態度を示し、国民をして、その疾苦に泣かしめた。彼等の一個一個は、悉く皆な国民に対する、一個の暴君的存在であった」（『終戦後日記　I』三二一頁）と蘇峰は証言している。一方、文官も天皇の官吏であるとして、人民に対して尊大な態度で臨んだ。福沢の弟子で独立自尊と自由の精神を体現していた松永安左エ門が、一末端官吏に官僚批判の言葉を咎められて拳銃で脅迫されて謝罪を余儀なくされた逸話は、天皇という虎の威を借る官吏という狐の実態をよく示すものである。

(22)「皇道を妨礙するは則ち皇祖皇宗の大御旨を妨礙するものにして、此の妨礙を排せざるは継紹の人義に於て欠くる所ろあるを免れず。」として、「護皇道上若妨我、饒血飽膏日本刀」と主張している。（「皇道之敵」『陸全集　第五巻』）

(23) 蹶起趣意書においては、「国体破壊ノ元凶」とされる重臣達を「誅戮」し、「芟除」し、「誅滅」するという、殺害を意味する言葉が繰り返されている。（保阪前掲書、七〇頁）

六、井上毅対福沢諭吉

(1) 中村前掲書、一三一頁

(2) 昭和天皇は大東亜戦争の遠因について次のように述べている。「この原因を尋ねれば、遠く第一次世界大戦後の平和条約の内容に伏在してゐる。日本の主張した人種平等案は列国の容認する処とならず。黄白の差別感は依然残存し加州移民拒否の如きは日本国民を憤慨させるに充分なものである。また青島還付を強いられたことも亦然りである。かゝる国民的憤慨を背景として一度、軍が立ち上がつた時に、之を抑えることは容易な業ではない。」（『昭和天皇独白録』二四頁）

（3）大正期には不遇であった対外硬派の蘇峰は、ヴェルサイユ会議以降の風潮を「軍備縮小、満蒙撤退、人種平等論放抛、英米後塵叩頭」と形容している。（『終戦後日記 Ⅳ』二二三頁）

（4）国際連盟の初代日本代表の石井菊次郎、国際司法裁判所の所長となった安達峰一郎、国際連盟事務次長となった杉村陽太郎、満州事変当時の国際連盟の日本代表の佐藤尚武。

（5）本書、第五部二章㈤の註（4）でも述べたように、松岡は自分は「皇国の天佑を信ずる者であり、神風を疑わない者である」（『興亜の大業』二二一頁）と明言していた。

（6）鈴木前掲稿

（7）前述したように蘇峰は、「昭和六年から昭和二十年迄、軍が殆ど日本の、指導権ばかりでなく、支配権を握っていた。国民は皆な軍に追随して来た。」と、民衆の軍に対する全面的信頼を証言して、国民は政党や官僚に任せていれば、「国運は日々に蹙まり、国勢は日々に衰微し、国民生活さえも脅威せらるるに至る恐れがあった」と信じたからであると述べている。（『終戦後日記 Ⅰ』一〇九～一一〇頁）

（8）橋川文三『昭和ナショナリズムの諸相』（名古屋大学出版会、一九九四）八九～九〇頁

（9）『日米関係史 4』三頁

（10）井上前掲書、二五二頁

（11）『近衛文麿 上』一一三頁

（12）「外患未だ去らず内憂來る」（『福澤全集 第十六巻』五五頁）、「米西兩國の開戰」（『福澤全集 第十六巻』三一六頁）。

（13）徳富蘇峰『大正の青年と帝国の前途』二三七頁

（14）平泉澄は、近衛が井上毅の庇護を受け彼を崇拝していた憲法学者の穂積八束の著書を愛読し、明治天皇の宸翰に感銘を受けて、「是れは教育勅語と相並んで奉戴すべきもの、政治最高の指針、之にまさる教は無い」と詠嘆したと証言している（平泉前掲書、三七五頁）。近衛は教育勅語を奉戴すべき最高の指針と考えていたことになる。思想的にも井上毅と近衛は連続していた。

（15）外務省革新派の一人である仁宮の『日本固有の外交指導原理綱領』が「国際論」の主張と酷似している事は前に紹介した。彼等が集団で宇垣外相の自宅に押しかけて自説を強要するような、役所の

秩序や規律を無視した官僚の政治的行動も、舞台裏で政治的に暗躍した明治の井上毅に源流がある。革新派と名乗るが、彼等の思想も行動も著しく反動的である。

(16) 福沢は彼が設立した社交クラブの交詢社における最後の演説において、次のように述べた。「恐ろしく詮索をして、成たけ議論を多くするが宜い。決して大人君子が一聲を發したからと云つて草木の風に靡く如く承知するでない。」(「交詢社大會席上に於ける演説」『福澤全集　第十六巻』三一九頁)

(17) 井上毅と蘇峰は中江兆民とは交際があり、伊藤博文などを罵倒して已まなかった中江は井上毅を高く評価し、死去に際して「近時我邦政事家井上毅君較や考ふることを知れり、今や則亡し」と悼んだ(中江兆民『一年有半・続一年有半』〈岩波文庫、一九九五〉)。

(18) 「外患未だ去らず內憂來る」『福澤全集　第十六巻』五五五頁

(19) 陸軍パンレットなどの政治問題に関しても積極的に発言していた美濃部の言葉は、現代でも通用する優れた社会のコメンタリーになっている(掛川トミ子「『天皇機関説』事件」『近代日本政治思想史 II』〈有斐閣、一九七〇〉)。一方、『暗黒日記』に引用されている主要新聞紙上の頭山の言葉は愚劣そのもので、文明主義から国体主義への知的落差の大きさを示し、カキストクラシー(劣悪者支配)を象徴するものとなっている。

(20) 菊池寛は終戦直後の戦争に関する反省の結論で、次のように述べていた。「こんなに軍部が専横を極めたのは、日本人がダラシないからである。日本人は、強権に屈従し易いのである。戦場では強いが、軍部や官僚に対してはごく弱いのである。日本人は、軍国主義に追随したのではない、誰も戦争を欲しなかったのであるが、強権に抗しられないので戦争に引きずられてしまったのである。」

(21) 「蓋し教育は人に酒を飲ましむるが如し。單純の酒ならんには一盃々々又一盃、或は大醉、亂に至るも、醉へば則ち醒めざるを得ず、醒むれば則ち本の本性に復して、醒醉の因果忽ち現然たれども、教育の醉は酒と殊にして、容易に現はれず、其現はるゝや自から若干の歳月を要して、然かも一たび色に出づるときは、又容易に醒めずして其間に種々の狂態を呈するの常なり。」「排外思想と儒教主義」『福澤全集　第十六巻』二七三頁

(22) 矢部は民族主義に関して、知性と自覚に指導抑制されない時は、「個人、社会団体、少数民族の自

由を無視し、国民を権力の道具と観じ、民族の名において権力者への盲従を強い、そのような盲従と犠牲と同化を神聖な義務だとするようになるし、外に向かっては、他民族の独立を尊重せず、自国の文化の優越を誇り、他民族を征服してその文化の光に浴せしめることが、自己民族の神聖な使命だとし、世界制覇を高唱するようになるのである。」（矢部貞治『政治学入門』〈講談社学術文庫、一九七七〉七五頁）と述べている。これは明らかに教育勅語に基づく国体主義教育と八紘一宇概念に対する批判であり、「万邦無比の国体」を信じていた戦前における自己の価値観の否定である。

(23)「（国家の命運に関わるような重大事を）事前にこれを洞察すべきが、識者の識者たる所以である。」『終戦後日記　Ⅲ』二四六頁

(24)「福沢諭吉ノ著書一タヒ出テヽ、天下ノ少年、靡然トシテ之ニ従フ、其脳漿ニ感シ、肺腑ニ浸スニ當テ、父其子ヲ制スルコト能ハス、兄其弟ヲ禁スルコト能ハス」と、形容している。

(25) 以上の正宗白鳥の福沢諭吉の発見と評価に関しては、平川祐弘『進歩がまだ希望であった頃――フランクリンと福沢諭吉』（新潮社、一九八四）に全面的に負っている。

(26)『昭和の動乱　下』三〇〇頁

(27)『続重光葵手記』二九四頁

渡辺　俊一（わたなべ　しゅんいち）

1949年　宮城県仙台市生まれ
1981年　東北大学英文科卒業
1984年　都立大学人文学部（日本史専攻）卒業
1988年　都立大学大学院人文科学研究科修士課程修了
専攻分野：日本近代史
研究主題：明治の英字新聞編集者ブリンクリー

著書
『井上毅と福沢諭吉』（日本図書センター、2004）

主要論文
「チェンバレンとブリンクリー」
（『比較文化雑誌　4』東京工業大学比較文化研究会、1989）
「フランスのベトナム侵略と福沢諭吉」
（『近代日本研究　8』慶應義塾福澤研究センター、1991）
「井上毅と福沢諭吉」（『論集　近代日本研究　18』山川出版社、1996）
「福沢諭吉とブリンクリー」
（『福澤諭吉年鑑　24、25巻』福澤諭吉協会　1997、1998）
「ボアソナード意見書の再検討」（『史学雑誌』109編3号、2000）
「福沢諭吉と『対外硬』運動」
（『近代日本研究　19』慶應義塾福澤研究センター、2002）
「教育勅語と福沢諭吉」
（『近代日本研究　21』慶應義塾福澤研究センター、2004）

福沢諭吉の予言
— 文明主義対国体主義 —

2016年４月15日　初版発行

著　者　渡 辺 俊 一
発行者　中 田 典 昭
発行所　東京図書出版
発売元　株式会社 リフレ出版
〒113-0021　東京都文京区本駒込 3-10-4
電話 (03)3823-9171　FAX 0120-41-8080
印　刷　株式会社 ブレイン

ISBN978-4-86223-896-2 C0031
Printed in Japan 2016

ご意見、ご感想をお寄せ下さい。

[宛先] 〒113-0021　東京都文京区本駒込 3-10-4
東京図書出版